KB085142

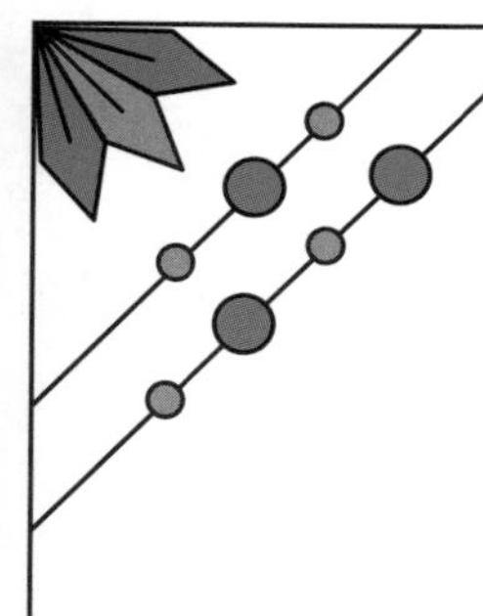

Ⅱ
행정법
객관식 연습

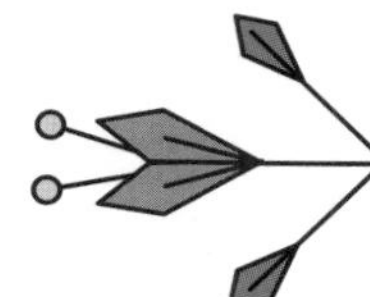
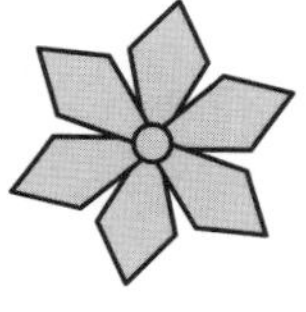

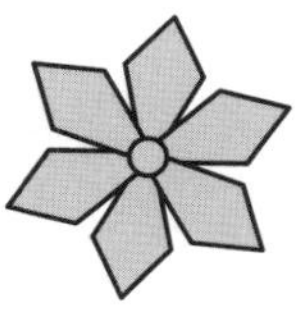

제 2 판

김연태 · 성봉근 공저

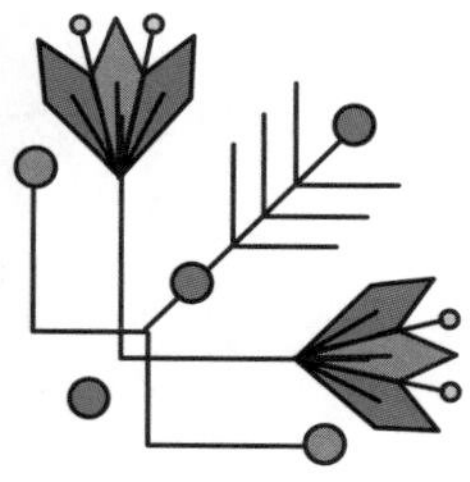

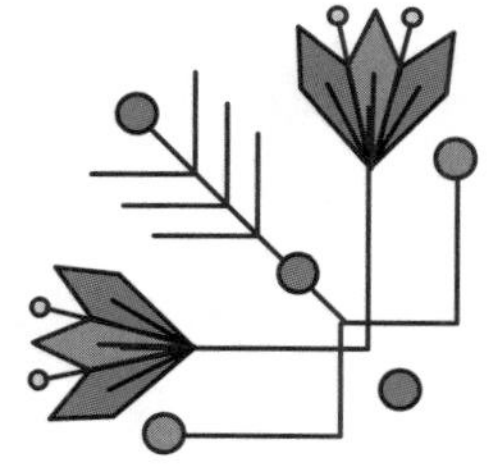

박영사

권 구분 차례

1권

2권

차 례

제20장 행정소송법3 — 행정소송의 본안심리와 소의 이유유무 심사

제21장 행정소송법4 — 행정소송의 판결종류와 판결의 효력

제22장 행정소송법5 — 특수한 행정소송과 개정논의 심층분석

제23장 행정법 각론 — 경찰법

제24장 행정법 각론 — 공무원법

제25장 행정법 각론 — 공물법

제26장 행정법 각론 — 토지보상법

제27장 행정법 각론 — 지방자치법

객관식 문제 부분

제 20 장

행정소송법3 — 행정소송의 본안심리와 소의 이유유무 심사

제 1 절

소송물은 재판의 주제를 의미하는 중요개념이다

☞ 소송물은 재판의 주제를 의미한다. 취소소송의 재판의 주제에 대하여 다음과 같은 견해 대립이 있다.

(1) 학 설

취소소송의 소송물에 대하여는 ① ★★'**처분의 위법성 일반**'으로 보는 견해, ② '**대상이 되는 처분을 통하여** 자신의 **권리가 침해**되었다는 원고의 **법적 권리 주장**'으로 보는 견해, ③ ★'**행정처분이 위법**하고 자기의 **권리를 침해한다는 원고의 법률상 주장**'이라는 견해, ④ '처분으로 인하여 생긴 **위법상태의 배제**'로 보는 견해 등이 제시된다.

(2) 판 례

대법원은 일반 행정소송의 소송물에 관하여 명확한 입장을 표명하고 있지는 않다.[1] 다만, **과세처분 취소소송의** 경우 **총액주의를 취하**는 입장에서 **과세처분의 위법성 일반**이 **소송물이** 된다고 판시하고 있다. 빈출

1 행정소송실무편람, 서울고등법원, 2003, 244면.

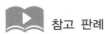

 참고 판례

빈출 판례

① **취소판결의 기판력은 소송물로 된 행정처분의 위법성 존부에 관한 판단 그 자체에만 미치는 것이다**(대법원 1996. 4. 26. 선고 95누5820 판결).
② **과세처분 취소소송의 소송물은 그 취소원인이 되는 위법성 일반이다**(대법원 1990. 3. 23. 선고 89누5386 판결).

(3) 검 토

행정소송법은 취소소송에 있어서 주관적 권리의 침해를 본안심리의 대상으로 한다는 명문규정을 두고 있지 않고, 단지 법률상 이익의 존재를 소송의 요건으로 요구하고 있을 뿐이다(제12조 제1문 참조). 즉 취소소송의 원고적격 유무를 판단함에 있어서는 법률상 이익과의 관련성 여부가 판단의 대상이 되고, 본안심리에 있어서는 행정처분의 위법성만이 판단대상이 되는 것이다. 따라서 **취소소송의 소송물은 처분의 위법성 일반으로 이해하여야 한다.**

제 2 절

법원의 본안심리원칙과 주장책임 · 입증책임

(1) 행정소송법 제26조에서 규정하고 있다

기출 조문

행정소송법은 **민사소송법을 준용**함으로써 **변론주의를 심리의 원칙**으로 하면서도 「**법원은 필요하다고 인정할 때에는 직권으로 증거조사를 할 수 있고 당사자가 주장하지 아니한 사실에 대하여도 판단할 수 있다**」고 규정하고 있어 직권심리의 범위를 둘러싸고 견해가 대립된다.

(2) 학설은 대립한다

1) 변론주의보충설

이 설은 **민사소송과** 행정소송의 심리를 철저하게 **동일하게** 파악하는 입장으로서 행정소송법 제26조의 취지를 당사자의 주장이나 주장하는 사실에 대한 입증활동이 충분하지 않는 경우에 법관이 직권으로 증거조사를 할 수 있다는 정도로 새긴다.

2) 직권탐지주의 가미설

이 설은 **당사자주의를 원칙**으로 하되, **행정소송의 공익적 특성을 강조**할 때 **행정소송과 민사소송은 동일하지 아니하다**는 입장에서 행정소송법 제26조에 있어서의 "당사자가 주장하지 아니한 사실에 대하여도 판단할 수 있다"라는 규정에 대해 **좀더 적극적인 의미**를 부여하려고 "직권탐지주의의 **가미**"라는 표현을 사용한다. 동시에 당해 규정은 우리 행정소송법의 모델이 된 일본의 행정사건소송법에는 없는 규정으로서 행정소송의 **공익소송으로서의 성격을 감안**하여 입법자가 의도적으로 명문화한 것임을 강조한다.

3) 직권주의설

독일처럼 아예 직권주의 원칙으로 파악하자는 입장이다.

(3) 판례의 입장을 알아두자

행정소송법 제26조에 「법원은 **필요하다고 인정할 때**에는 **직권으로 증거조사**를 할 수 있고 당사자가 **주장하지 아니한 사실에 대하여도 판단할 수 있다**」 **고 규정**되어 있다 하여 법원은 **아무런 제한 없이** 당사자가 **주장하지도 않은 사실을 판단할 수 있는 것은 아니고 일건 기록상 현출되어 있는 사항에 관하여서만 이**를 직권으로 **심리조사**하고 **이를 기초로 하여 판단할 수** 있을 따름이다 (대법원 1988. 4. 27. 선고 87누1182 판결)라고 판시하였다. 빈출

(4) 결 론

생각건대, 행정소송법 제26조는 행정소송의 경우 민사소송에 비하여 공공성에 부합되는 사건해결을 도모할 필요가 크다는 점을 감안하여 마련된 규정으로 보이므로 행정소송에서의 직권심리가 민사소송에서의 그것보다는 그 정도가 강한 것이라고 볼 수 있다는 견지에서 행정소송법 제26조 소정의 '필요하다고 인정할 때'라 함은 소송자료 및 증거자료가 풍부하게 되어 그 결과 사건의 적정한 심리와 재판을 하기 위하여 필요한 경우를 가리키는 것으로 볼 수 있다.[2]

따라서 직권탐지주의 가미설이 타당하며, 기록상 나타나 있는 사실임에도

---

2 이혁우, 행정소송에서의 직권심리 범위 —행정소송법 제26조의 해석과 관련하여—, 특별법연구 제5권, 1997, 45면.

당사자가 이를 주장하지 않음으로써 재판자료로 삼지 않을 경우 현저히 정의에 반하는 결론에 이를 우려가 있다면 직권심리를 인정할 수 있다고 본다.

(5) 특수문제로서 – 직권에 의해 사정판결을 내리는 것이 가능한가

최근 기출

판례와 직권주의탐지가미설은 일건 기록에 나타난 사실을 기초로 하여 사정판결을 할 필요성이 있음에도 이를 그대로 방치한다면 **현저히 정의에 반하는 결론에** 이를 우려가 있으므로 **직권에 의한 사정판결이 가능**하다고 본다.

제 3 절

처분사유의 추가 · 변경은 소송도중에 처분이유를 추가하거나 변경하는 행위이다★★★

(1) 처분사유의 추가 · 변경의 의의에 대하여 알아두자

1) 처분사유의 추가 · 변경의 의의는

개념 기출

처분사유의 추가 · 변경이란 **처분의 이유로 제시된 법적 또는 사실적 근거를 추가 · 변경**하는 것을 말한다. 이와 관련하여 처분청이 취소소송의 심리과정에서 처분시에 처분사유로 삼지 않은 새로운 사실상 · 법률상 근거를 내세워 처분의 적법성을 주장할 수 있는지가 주로 문제된다.

2) 개념을 구별하자

첫째, "처분사유의 추가 · 변경"은 그 객관적 범위에 있어서 후술하는 바와 같이 처분의 '동일성의 유지'가 전제된다는 점에서 하자 있는 행정행위를 하자 없는 '다른' 행정행위로서의 효력을 발생하게 하는 "**하자 있는 행정행위의 전환**"과 구별된다.

하자치유는 소송도중에는 안 됨 vs 처추변은 소송도중에 됨

둘째, "처분사유의 추가 · 변경"은 그 시적 범위에 있어서 '쟁송단계에서' '처분당시에' 이미 존재하던 사유를 추가하거나 변경하는 것이라는 점에서 '처분에 대한 불복여부를 결정하기 전까지' 성립 당시에 하자 있는 행정행위를 하자의 '사후적인' 보완을 통해 그 효력을 유지시키는 "**하자의 치유**"와 구별된다.

아래에서는 이러한 처분사유의 추가 · 변경의 객관적 범위와 시적 범위에

대하여 보다 상세히 살펴보기로 하겠다.

(2) 처분사유의 추가 · 변경의 객관적 범위에 대한 다툼이 있다

1) 처분사유의 추가 · 변경에 관한 논의

처분사유의 추가 · 변경의 허용 여부에 대하여는 **긍정설**(☞ 소송경제와 분쟁을 일거에 해결)과 **부**정설(☞ 국민의 예측가능성 침해와 불의타 방지), **절**충설(☞ 양자의 조화)이 대립하고 있으나, 원칙적으로 이를 인정하면서, 합리적인 범위 내에서 제한하여야 한다는 **절충설이 다수설과 판례의 입장**으로서 일반적으로 주장되고 있다. 그 객관적 범위와 관련하여서는 **'처분의 동일성'을 해치지 않는 범위라야** 한다는 점에 대하여 대체로 견해가 일치하고 있다.[3] 기출

2) 처분의 동일성 판단기준에 대해 판례는 기본적 사실관계의 동일성을 요구한다

'처분의 동일성'이 무엇인지에 관하여 판례는 원칙적으로 실질적 법치주의와 행정처분의 상대방인 국민에 대한 신뢰보호라는 견지에서 당초 처분의 근거로 삼은 사유와 '기본적인 사실관계의 동일성'이 인정되는 한도 내에서만 이를 추가하거나 변경할 수 있다고 하여 **'기본적인 사실관계의 동일성'**을 처분의 동일성 판단기준으로 내세우고 있다. 기출

3) 기본적 사실관계의 동일성을 판단하는 기준에 대하여 자세히 공부해두자

1) 판례가 적용하는 일반적 기준을 배워두자

판례는 '**기**본적 **사실**관계의 **동**일성'을 판단하는 기준에 관하여 일반적으로 **시**간적 · **장**소적 근접성, **행**위의 태양 · **결**과 등의 **제반사정을 종합적으로 고려하여** 판단할 것이라고 하는 바, 결국 이러한 사정은 사안마다 다를 것이므로 구체적으로 해결할 수밖에 없을 것이다.[4] 빈출

---

3 석호철, 기속력의 범위로서의 처분사유의 동일, 행정판례연구 V, 2000, 267면.

4 석호철, 기속력의 범위로서의 처분사유의 동일, 행정판례연구 V, 2000, 268면.

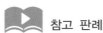

참고 판례

기출

행정처분의 취소를 구하는 항고소송에 있어서, 처분청은 당초 처분의 근거로 삼은 사유와 **기**본적 **사**실관계가 **동**일성이 있다고 인정되는 한도 내에서만 다른 사유를 **추가하거나 변경**할 수 있고, 여기서 기본적 사실관계의 동일성 유무는 처분사유를 **법률적으로 평가하기 이전**의 **구**체적인 사실에 착안하여 그 기초인 **사**회적 **사**실관계가 **기**본적인 점에서 동일한지 여부에 따라 결정되며, 추가 또는 변경된 사유가 **당초의 처분시 그 사유**를 명기하지 않았을 뿐 **처분시**에 이미 존재하고 있었고 **당사자도 그 사실을 알고 있었다 하여 당초의 처분사유와 동일성이 있는 것이라 할 수 없다**(대법원 2003. 12. 11. 선고 2001두8827 판결).

2) 판례의 구체적 사례들을 구별해서 공부하자

일반적 사유를 제시하다가 구체적 사유로 추가변경하는 유형들

① 기본적 사실관계의 동일성을 인정한 판례 유형들이 있다

기출

기본적 사실관계의 동일성이 인정된다는 이유로 처분사유의 추가·변경을 허용한 판례로는 ① **주**유소 영업허가 불허가 사유로 처음에 내세운 '행정청의 **허가기준에 맞지 않는다**는 사유'를 추후에 내세운 '**이격거리에** 관한 허가기준 위배'라는 사유로 변경한 경우(대법원 1989. 7. 25. 선고 88누11926 판결), ② **토**지형질 불허가처분의 당초의 처분사유인 국립공원에 인접한 **미개발지의 합리적인 이용대책 수립시까지 그 허가를 유보**한다는 사유를 그 처분의 취소소송에서 추가하여 **국립공원 주변의 환경·풍치·미관 등을 크게 손상**시킬 우려가 있으므로 공공목적상 원형유지의 필요가 있는 곳으로서 형질변경허가가 금지대상이라고 주장한 경우(대법원 2001. 9. 28. 선고 2000두8684 판결) 등이 있다.

구체적 사유를 특정해서 제시하였다가 다른 구체적 사유로 추가변경하는 유형들

② 기본적 사실관계의 동일성을 부정한 판례 유형들이 있다

기출

기본적 사실관계의 동일성을 인정할 수 없다 하여 처분사유의 추가·변경을 부정한 판례로는 ① 당초의 정보공개 거부처분사유인 「**공공기관의 정보공개에 관한 법률**」 제9조 제1항 **제4호**(☞ 수사, 공소, 재판, 교정 업무)나 **제6호**(☞ 프라이버시나 개인정보)의 사유에 새로이 **제5호**(☞ 감사, 연구, 시험출제, 회의업무)의 비공개사유를 추가한 경우(대법원 2003. 12. 11. 선고 2001두8827 판결), ② 인근주민의 **동의서 불제출**을 이유로 토석채취허가신청을 반려한 후 **자연경관이 훼손**된다는 이유를 소송에서 주장하는 경우(대법원 1992. 8. 18. 선고 91누3659 판결), ③ 광업권설정출원을 불허함에 있어 당해 광구에는 소외인들에 대해 **이미 광업권등록이**

필하여져 있다는 사유를 위 광구가 **도시계획지구에 해당**하여 광물을 채굴함이 공익을 해한다는 사유로 변경한 경우(대법원 1987. 7. 21. 선고 85누694 판결) 등이 있다.

(3) 처분사유의 **추가 · 변경의 시적 범위**는 언제까지일까

1) 문제점이 있다

처분사유의 추가 · 변경은 기본적 사실관계가 동일하다고 해서(즉 객관적 범위 내에 있다고 해서) 모두 인정되는 것은 아니고 그 시적 범위도 충족해야 하는 바, 이는 처분의 위법판단 기준시와 연결되는 문제이다.

거부처분의 위법성 판단시점을 처분시로 보는 경우에는 당초 처분이 발령될 당시의 사유로서 기본적 사실관계의 동일성이 인정되는 처분사유만이 추가 · 변경이 가능한 거부사유가 되지만, 그 판단시점을 판결시로 보는 경우에는 처분이 발령된 후 판결시까지의 사정변경도 기본적 사실관계의 동일성만 인정된다면 추가 · 변경이 가능한 거부사유가 되기 때문이다.

2) 처분의 위법판단의 기준시점에 대하여 다툼이 있다 ★★

가) 학 설

① 처분시설

행정처분의 위법 여부의 판단은 처**분시의 법령 및 사실상태를 기**준으로 하여야 한다는 견해이다. 판결시설에 따라 법원이 처분 후의 변화한 사정을 참작하여 처분의 위법성을 판단하게 되면 법원이 행정감독적 기능을 수행하게 되며, 그것은 행정청의 제1차적 판단권을 침범하는 것이 되어 권력분립원칙에 반한다고 하는 것 등을 논거로 하고 있다.

② 판결시설

취소소송의 목적은 당해 처분이 **현행법규에 비추어 유지**될 수 있는가 여부를 판단 · 선언하는 데 있으므로, 처분의 위법 여부는 판결시(변론종결시)를 기준으로 판단하여야 한다는 입장이다.

나) 판례의 입장을 알아두자

대법원은 "행정처분의 **위법 여부**는 그 **처분 당시의** 사유와 사정을 기준으로 하여 판단하여야 하고, 처분청이 **처분 이후**에 추가한 새로운 사유를 보태어 처분 당초의 **흠을 치유시킬 수는 없다**"(대법원 1987. 8. 18. 선고 87누235 판결)라고

빈출

판례는 처분시 이후의 사정을 들어 판결할 수 없다고 하여 처분의 위법성 판단〈시점〉을 판결시가 아니라 처분시로 함

그러면서도 판례는 처분 당시의 위법을 판단하기 위해서 처분시 이후의 법적·사실적 〈자료〉를 검토하거나 고려할 수 있다고 함

오답 주의할 기출들 비교

판시하여 **처분시설**을 취하고 있다.

다) 검토해보자

판결시설에 의하면 ① 법원이 처분시 이후의 법상태·사실상태의 변동을 고려하여 그 위법성 여부를 판단하게 되어 법원이 행정감독적 기능을 수행하게 된다는 점, ② 처분시에 위법한 행위가 후일의 법령의 개폐에 의하여 적법하게 되거나 반대로 적법한 행위가 사후에 위법하게 될 수 있어 법치주의에 반한다는 점, ③ 판결의 지연에 따라 불균형한 결과를 초래할 수 있다는 점 등의 문제점이 있으므로, 원칙적으로 처분시설이 타당하다고 본다.

(4) 처분사유를 추가하거나 변경하면 어떠한 효과가 발생할까

1) 기본적인 효과는

수소법원은 **추가되거나 변경된 사유에 대하여 위법성 심사를 하여야** 한다. 재량행위에도 인정되는지 여부는 처분사유의 추가·변경이 기속행위에만 국한되는지, 아니면 재량행위도 포함하는지 여부가 논의된다.

2) 재량행위의 경우는

기출

재량행위라고 하더라도 **기본적 사실관계의 동**일성이 인정되고 **처분당시**에 존재하던 사유라면 **추가·변경을 긍정하**는 입장이 타당하다.

기속력
판결의 취지를 행정청에게 존중하도록 요구하는 판결의 힘

3) 기속력과의 관계는 중요하므로 잘 이해해 두자 ★★★

처분사유의 **추**가 **변**경이 가능한 범위와 **기**속력에 위반되는지 여부에 관한 관계는 서로 **표리**의 관계(☞ 반비례관계)에 있다. 만일 **기**본적 **사**실관계의 **동**일성이 **인정**됨에도 불구하고 소송도중 행정청이 처분사유의 추가변경행위를 하지 않아 취소**인용판**결이 난 경우에는 위 사유를 들어 재차 침해하거나 거부를 하면 **기속력에 위반**되어 **중대명백**한 위법이 있어 **무효**가 된다. (☞ O, X 관계)

난이도 높지만 최대 빈출

그러나 **기본**적 **사**실관계의 **동**일성이 부정되는 **별**개의 사유인 경우에는 소송도중 처분사유를 추가변경할 수 **없**지만 취소**인**용판결이 나더라도 위 사유로 **재차 거부하거나 침해**해도 **기속력에 위반되지 아니하고 부합한다.** (☞ X, O 관계)

기출

제 4 절

소 변경

(1) 소의 변경의 의의는 무엇인가

소의 변경이란 **소송의 계속 중**에 원고가 **심판을 청구한 사항**(소송물)**을 변경**하는 것을 말한다. 행정소송법은 소의 변경에 관하여 **소의 종류**의 변경(제21조)과 **처분변경**으로 인한 소의 변경(제22조)의 두 가지를 규정하고 있다. 사안에서는 처분의 변경이 없으므로 제21조 소정의 소의 변경만 문제된다.

한편, **행정소송법에서 인정되는 소 변경**의 형태는 **민사소송법상의 소 변경을 배척하는 취지가 아니므로**(대법원 1999. 11. 26. 선고 99두9407 판결), **행정소송의 원고는 소송의 현저한 지연을 가져올 우려가 없는 한 청구의 기초에 변경이 없는 범위 안에서 사실심의 변론종결시까지 청구의 취지 또는 원인을 변경할 수 있다**(행정소송법 제8조 제2항, 민사소송법 제262조).

(2) 행정소송법 **제21조에 의한 소 변경**이 허용될 수 있다

1) 제21조 소 변경의 의의는 무엇일까

법원은 **취**소소송을 당해 처분등에 관계되는 사무가 귀속하는 국가 또는 공공단체에 대한 **당**사자소송 또는 취소소송 **외의 항고소송**으로 변경하는 것이 상당하다고 인정할 때에는 **청구의 기초에 변경이 없는 한 사실심의 변론종결시까**지 원고의 신청에 의하여 결정으로써 소의 변경을 허가할 수 있다(행정소송법 제21조 제1항).

이는 취소소송 계속된 후 **원고의 보호** 및 **소송경제**의 관점에서 다른 유형의 소송으로 변경하는 것을 허용하는 것인 바, **피고의 변경을 가져올 수 있다**는 점에서 행정소송법은 이에 관하여 명문의 규정을 두게 된 것이다.

2) 제21조 소 변경을 하려면 어떠한 요건을 갖추어야 할까

① **취**소소송이 계속되고 있을 것, ② **사실심의 변론종결**시까지 원고의 신청이 있을 것, ③ 당해 처분등에 관계되는 사무가 귀속하는 국가 또는 공공단체에 대한 **당**사자소송 또는 취소소송 **이외**의 항고소송으로 변경할 것, ④ **청구기초에 변경이 없을 것**, ⑤ 법원이 **상당**하다고 인정할 것 등을 요건으로 한다(제

21조 제1항). 법원은 소의 변경을 허가함에 있어서 피고를 달리하게 되는 경우에는 **새로이 피고로 될 자의 의견을 들어야** 한다(같은 조 제2항).

이 중에서 특히 해석상 그 의미가 문제되는 요건은 ④, ⑤의 요건이다. 우선 '청구기초에 변경이 없을 것'이라는 요건에서 '청구의 기초'라는 개념은 '신·구청구간의 관련성'[5]을 의미하는 것으로 볼 수 있는 바, 종전의 취소소송에 의하여 달성하고자 한 권리·이익의 구제와 **동일기반**에 서는 다른 청구로의 변경을 의미하는 것으로 이해된다.[6]

다음으로 ⑤의 상당성의 요건은 민사소송법 제262조 제1항 단서, 즉 「소송절차를 현저히 지연시키는 경우에는 그러하지 아니하다」의 요건보다 넓은 의미를 가진다고 새겨진다. 구체적인 경우에 따라 소의 변경을 허가하는 것이 원고의 이익에 합치되는지 여부를 고려하여 판단하여야 할 것이다.

3) 제21조 소변경이 되면 효과는

법원의 허가결정에 의하여 **구소는 취하**된 것으로 보고 **신소가 처음부터 제기**된 것으로 본다. 종전의 소와 관련하여 **진행된 일련의 절차는 변경된 새로운 소에 그대로 유효하게 유지**된다.

(3) 제22조의 소의 변경은 처분변경으로 인한 소의 변경이다

1) 제22조의 소 변경의 의의는 무엇인가

행정청이 소송 도중에 소송의 대상인 처분을 변경하는 경우에 원고의 신청에 의하여 법원이 청구취지 또는 청구의 원인의 변경을 허가하는 것을 말한다(행정소송법 제22조). 이 역시 원칙적으로는 당해 소송은 소송물의 변경에 의하여 더 이상 유지 될 수 없으나, 신속한 권리구제를 위하여 인정된다.

2) 제22조 소 변경의 요건과 절차는 어떻게 될까

① 소송이 적법하게 제기되어 법원에 **계속 중**일 것, ② 소송 도중에 **행정청이 처분을 변경**하는 행위를 행할 것, ③ 원고가 처분의 변경이 있음을 안 날로부터 **60일** 이내에 소의 변경을 신청할 것(동법 제22조 제2항), ④ 또한 **사실심 변론종결시 이전까지** 신청할 것, ⑤ **법원의 허가결정**이 있을 것 등이다.

---

5 구체적으로 무엇을 가리키는가에 관해서는 학설(**이익설**, 기본적 사실설, 사실자료공통설: 사실자료 사이에 심리의 계속적 시행을 정당화할 정도의 공통성이 있어야 한다)이 나누어져 있다.

6 김남진·김연태, 행정법 Ⅰ, 777면.

3) 제22조 소 변경이 되면 효과는

① **변경전 처분에 대한 소는 취하**되고 **변경된 처분에 대하여 처음부터 소가 제기**된 것으로 보게 되므로, 변경된 처분에 대한 **별도의 제소가 불필요**하다. ② 변경되는 청구가 필요적 행정심판전치의 대상이 되는 행위라 할지라도 **행정심판을 거칠 필요가 없다**(동법 제22조 제3항). 행정심판을 다시 거칠 것을 요구하는 것은 원고에게 지나치게 불리할 뿐만 아니라 소송절차가 지연되는 문제가 발생하기 때문이다.

(4) **기타 소 변경**도 가능하다

1) 제37조의 소 변경

이러한 제21조의 소의 변경은 **무효** 등 확인소송 및 **부**작위 위법확인소송을 제기하다가 **취**소소송으로 변경하는 경우에도 준용되고 있다.

2) 제42조의 소 변경

또한 이러한 제21조의 소의 종류의 변경은 **당**사자소송을 제기하였다가 **항**고소송으로 변경하는 경우에도 준용된다.

(5) 민사소송법의 준용에 의한 소 변경 허용 여부

1) 민소법 준용에 의한 소 변경의 의의는 무엇인가

원고는 **청구의 기초가 바뀌지 아니하는 한도** 안에서 **변론을 종결할** 때까지 청구의 취지 또는 원인을 **바꿀 수 있다**(민사소송법 제262조 제1항 본문).

2) 민소법 준용에 의한 소 변경의 요건은 무엇인가

민사소송법의 준용에 의한 소의 변경이 허용되기 위하여는 ① **청구기초의 변경이 없을 것**, ② 소송절차를 현저**히 지연**시키지 않을 것, ③ 사실심에 계속되고 **변론종결 전**일 것, ④ 소의 병합의 일반요건을 갖출 **것(동종의 소송절차, 공통 관할)** 등을 요한다.

3) 국가배상청구소송을 민사소송으로 보는 경우 민소법상의 소 변경이 가능하다

요건 ①, ②, ③은 앞서 살핀 바와 같이 사안상 충족된다. 문제는 행정소송사건을 민사소송사건으로 변경하는 것도 허용될 것인지에 있다. 본래 행정사건과 민사사건은 동종의 소송절차가 아닐 뿐만 아니라 관할도 달리하므로 ④의 요건은 충족되지 않는 것으로 볼 수 있는 여지가 있다.

그러나 **판례는** "**행**정소송법 제7조는 원고의 고의 또는 중대한 과실 없이 행정소송이 심급을 달리하는 법원에 잘못 제기된 경우에 민사소송법 제31조 제1항(현행 제34조 제1항)을 적용하여 이를 관할 법원에 이송하도록 규정하고 있을 뿐 아니라 **관할 위반의 소를 부적법하다고 하여 각하하는 것보다 관할 법원에 이송**하는 것이 당사자의 **권리구제나 소송경제의 측면에서 바람직하**므로, 원고가 고의 또는 중대한 과실 없이 행정소송으로 제기하여야 할 사건을 민사소송으로 잘못 제기한 경우 수소법원으로서는 만약 그 행정소송에 대한 관할도 동시에 가지고 있는 경우라면, 행정소송으로서의 전심절차 및 제소기간을 도과하였거나 행정소송의 대상이 되는 처분 등이 존재하지도 아니한 상태에 있는 등 **행정소송으로서의 소송요건을 결하고 있음이 명백하여 행정소송으로 제기되었더라도** 어차피 **부적법하게 되는 경우가 아닌 이상, 원고로 하여금 항고소송으로 소 변경을 하도록 하여 심리·판단하여야 한다**"(대법원 1999. 11. 26. 선고 97다42250 판결)고 판시하여 **민사소송과 항고소송간의 소 변경을 허용**하고 있는 바, 당사자의 권리구제 및 소송경제의 관점에서 타당한 해석이라 판단된다.

4) 소 변경하면 피고경정이 수반될 수도 있다

취소소송에서 국가배상청구소송으로 소변경하는 경우 변경 전의 소는 행정청을 피고로 하지만 변경 후의 소는 대한민국이나 지방자치단체를 피고로 하게 되어 **피고변경이 발생**한다. 이에 대해 행정소송법 제21조에 의한 소 변경의 경우에는 같은 조 제4항에서 명문의 규정이 있어 문제될 것이 없으나, 민사소송법의 준용에 의한 소 변경의 경우에는 이를 허용하는 명문의 규정이 없어 이를 허용할 것인지가 문제된다.

생각건대, 행정소송법 소정의 소 종류의 변경의 경우에는 피고경정을 허용하면서 민사소송법의 준용에 의한 소변경의 경우에는 이를 허용하지 않는다면 균형을 상실하는 해석이 될 것이라는 점에서 이러한 경우에도 피고경정을 허용하는 것이 옳다고 본다. 이 경우 민사소송법에는 피고경정에 관한 명문규정이 없어 그 절차가 문제되는 바, 청구취지 등의 변경과 아울러 또는 청구취지 등을 변경한 후 피고의 지정에 잘못이 있음을 이유로 행정소송법 제14조의 규정에 따라 법원의 허가를 받아 피고경정이 가능하다고 본다.[7]

---

7 행정구제법, 사법연수원, 2008, 69면.

제 5 절

소송참가

(1) 소송참가의 의의에 대하여 알아두자

1) 개념은

소송참가는 항고소송과 **이해관계 있는 제3자**나 **다른 행정청**이 기존의 항고소송에 참여하는 제도이다(행정소송법 제16조와 제17조).

2) 취 지

이는 행정소송의 공정한 해결, 모든 이해관계자의 이익의 보호 및 충분한 소송자료의 확보를 위하여 인정된다. 항고소송의 판결은 원고인 국민과 피고인 행정청 뿐만 아니라 이해관계있는 제3자와 관계 행정청에게까지 미치는 **형성력**과 **기속력**이 있으므로(**법** 제29조와 제30조), 이들 제3자나 관계 행정청이 자신에게 불리한 판결이 형성되는 것을 방지할 수 있도록 하고(권리보호기능), 모순되는 판결을 방지함으로써 법적 안정에도 기여한다(법적 안정의 보장).

(2) 제3자의 소송참가 — 제16조의 소송참가

1) 제3자의 소송참가의 의의는 무엇일까

법원은 소송의 결과에 따라 **권리나 이익이 침해를 받을 제3자**가 있는 경우에 당사자 또는 제3자의 **신청** 또는 **직권**에 의하여 **결정**으로써 **제3자를 소송에 참가시킬 수** 있다(행정소송법 제16조). 제3자의 소송참가는 **제3자효 행정행위**의 경우 특히 의미를 가진다. 국토해양부장관이 대한항공에게 서울과 중국의 계림간의 노선배분을 하였다가 철회하고 아시아나에게 재배분하자 대한항공이 원고로서 노선배분철회취소소송을 제기한 사건에서 **법원은 아시아나의 소송참가를 인정한 바 있다.**

2) 제3자가 소송참가를 하려면 어떤 요건을 갖추어야 할까

① 원고인 국민과 피고인 행정청 간에 소송이 **계속** 중일 것, ② 제3자는 소송의 결과에 따라 **이익의 침해**를 받게 될 자 일 것, ③ 이때의 이익은 **법률상 이익일 것** 요구한다. 위 사건에서 아시아나는 법률상 이익 인정하여 소송참가를 기출

허용하였다.

3) 제3자의 소송참가에 필요한 절차는 무엇일까

① 법원은 미리 **당사자** 및 **제3자의 의견을 들어야 하**고, ② 소송참가신청 **각하결정**에 대하여는 **즉시항고**할 수 있다.

4) 제3자가 소송참가를 하고 난 뒤의 효과와 소송참가인의 지위에 대해 알아보자

① 소송참가결정 후 소송참가인의 지위는 어떻게 될까

소송참가인은 당사자들에 대하여 독자적인 청구를 하는 것이 아니므로, **보조참가인**의 지위에서 소송을 수행한다. 그러나 법원에 의하면 **독립당사자참가를 부정**한다고 판시되고 있다.

② 소송참가인에 대한 판결의 효력은 어떠할까

소송참가인으로서의 지위를 취득한 제3자는 **실제 소송에 참가하여 소송행위를 하였는지 여부를 불문하고 판결의 효력을 받는다. 참가인이 된 제3자는** 판결확정 후 행정소송법 **제31조**에 의한 **재심의 소를 제기할 수 없**다. **제3자는 소송참가나 재심을 선택적으로만 행사할 수 있다.**

(3) 다른 행정청의 소송참가 — **제17조의 소송참가**

1) 다른 관계 행정청의 소송참가의 의의에 대해 알아보자

법원은 다른 행정청을 소송에 참가시킬 필요가 있다고 인정할 때에는 **신청** 또는 **직권**에 의하여 **결정**으로써 그 **행정청을 소송에 참가시**킬 수 있다(행정소송법 제17조). 다른 행정청의 소송참가는 **협력을 요하는 행정행위**에서 특히 의미가 있다. 판결의 **기속력은 다른 관계 행정청에게도 미치기 때문이다**(행정소송법 제30조).

2) 다른 행정청이 소송에 참가하려면 어떠한 요건들이 필요할까

① 이미 소송이 **계속 중**일 것, ② 참가 행정청은 **피고 행정청이 아닐 것**, ③ 법원의 **참가결정이 있을 것** 등이 요구된다.

3) 다른 행정청이 소송에 참가하려면 어떠한 절차를 거쳐야 할까

법원은 당사자 및 당해 행정청의 **의견을 들어야만 한다.**

4) 다른 행정청이 소송에 참가한 효과와 소송참가인의 지위는 어떻게 될까

참가행정청은 법원의 참가결정이 있은 후에는 **보조참가인**에 준하는 지위에서 소송을 수행하게 된다. **독립당사자참가는 부정**된다고 판시하였다.

(4) 관련논점으로서 **민사소송법에 의한 소송참가**도 가능하다

1) 보조참가만 인정된다

행정소송법 제16조에 의한 참가를 특별규정으로 이해하더라도, 행정소송의 특수성에 반하지 않는 범위에서 행정소송법 제8조 제2항에 의하여 준용되는 **민사소송법상의 참가제도도 인정된다**.

2) 판례는 독립당사자참가를 부정한다

그러나 서로 이해관계가 대립하는 원고와 피고 및 참가인 사이의 분쟁해결에 적합한 독립당사자참가는 개인의 권익 보호 이외에 공익의 실현을 목적으로 하는 행정소송의 취지상 인정되기 어렵다. 판례도 행정소송에 있어서는 행정청이나 그 소속기관 이외의 자를 피고로 삼을 수 없다고 하여 독립당사자참가에 대하여 **부정적이다**. 기출

실력 다지기

제3자는 행정소송에서 원고로서 소송을 수행(행소법 제12조)할 수 있거나 판결이 확정된 뒤에 재심청구권이 있지만(행소법 제31조) 기존의 소송에 소송참가(행정소송법 제16조)를 할 수도 있다. 그러나 주의하여야 할 것은 제3자가 모두를 행사할 수 없고 이들 중 어느 하나만 보장받을 수 있다.

제 6 절

(실력 UP) 출제가 예상되는 화제의 판결들을 공부해 두자

390. 대법원 2019. 7. 4. 선고 2018두66869 판결[체류기간연장등불허가처분취소(한국 국적의 배우자와 이혼한 베트남 여성이 결혼이민(F-6 다.목) 체류자격 연장을 신청하였다가 거부된 사안에서, 혼인파탄에 관한 주된 귀책사유가 누구에게 있는지가 다투어진 사안)]

체류자격 거부처분 취소소송에서도 그 처분사유에 관한 증명책임은 피고 행정청에 있다. 일반적으로 혼인파탄의 귀책사유에 관한 사정들이 혼인관계 당사자의 지배영역에 있는 것이어서 피고 행정청이 구체적으로 파악하기 곤란한 반면, 혼인관계의 당사자인 원고는 상대적으로 쉽게 증명할 수 있는 측면이 있음을 고려하더라도 달리 볼 것은 아니다. 피고 행정청은 처분 전에 실태조사를 통해 혼인관계 쌍방 당사자의 진술을 청취하는 방식으로 혼인파탄의 귀책사유에 관한 사정들을 파악할 수 있고, 원고의 경우에도 한국의 제도나 문화에 대한 이해나 한국어 능력이 부족하여 평소 혼인파탄의 귀책사유에 관하여 자신에게 유리한 사정들을 증명할 수 있는 증거를 제대로 수집 · 확보하지 못한 상황에서 별거나 이혼을 하게 되는 경우가 있기 때문이다.

391. 대법원 2016. 10. 13. 선고 2016다221658 판결[당사자소송과 피고경정 등]

[1] 고용보험 및 산업재해보상보험의 보험료징수 등에 관한 법률 제4조, 제16조의2, 제17조, 제19조, 제23조의 각 규정에 의하면, 사업주가 당연가입자가 되는 고용보험 및 산재보험에서 보험료 납부의무 부존재확인의 소는 공법상의 법률관계 자체를 다투는 소송으로서 공법상 당사자소송이다.

[2] 甲에게서 주택 등 신축 공사를 수급한 乙이 사업주를 甲으로 기재한 甲 명의의 고용보험 · 산재보험관계성립신고서를 근로복지공단에 작성 · 제출하여 甲이 고용 · 산재보험료 일부를 납부하였고, 국민건강보험공단이 甲에게 나머지 보험료를 납부할 것을 독촉하였는데, 甲이 국민건강보험공단을 상대로 이미 납부한 보험료는 부당이득으로서 반환을 구하고 국민건강보험공단이 납부를 독촉하는 보험료채무는 부존재확인을 구하는 소를 제기한 사안에서, 이는 행정소송인 공법상 당사자소송과 행정소송법 제10조 제2항, 제44조 제2항에 규정된 관련청구소송으로서 부당이득반환을 구하는 민사소송이 병합하여 제기된 경우에 해당하므로, 원심법원인 인천지방법원 합의부는 항소심으로서 민사소송법

제34조 제1항, 법원조직법 제28조 제1호에 따라 사건을 관할법원인 서울고등법원에 이송했어야 옳다고 한 사례.

[3] 고용보험 및 산업재해보상보험의 보험료징수 등에 관한 법률 제4조는 고용보험법 및 산업재해보상보험법에 따른 보험사업에 관하여 이 법에서 정한 사항은 고용노동부장관으로부터 위탁을 받아 근로복지공단이 수행하되, 보험료의 체납관리 등의 징수업무는 국민건강보험공단이 고용노동부장관으로부터 위탁을 받아 수행한다고 규정하고 있다. 따라서 고용·산재보험료의 귀속주체, 즉 사업주가 각 보험료 납부의무를 부담하는 상대방은 근로복지공단이고, 국민건강보험공단은 단지 각 보험료의 징수업무를 수행하는 데에 불과하므로, 고용·산재보험료 납부의무 부존재확인의 소는 근로복지공단을 피고로 하여 제기하여야 한다. 그리고 행정소송법상 당사자소송에서 원고가 피고를 잘못 지정한 때에는 법원은 원고의 신청에 의하여 결정으로써 피고의 경정을 허가할 수 있으므로(행정소송법 제44조 제1항, 제14조), 원고가 피고를 잘못 지정한 것으로 보이는 경우 법원으로서는 마땅히 석명권을 행사하여 원고로 하여금 정당한 피고로 경정하게 하여 소송을 진행하도록 하여야 한다.

[4] 고용보험법 제8조, 제9조, 산업재해보상보험법 제6조, 제7조 및 고용보험 및 산업재해보상보험의 보험료징수 등에 관한 법률 제5조 제1항, 제3항, 제13조 제1항에 의하면, 근로자를 사용하는 사업 또는 사업장의 사업주는 원칙적으로 고용보험 및 산재보험의 보험가입자가 되어 고용보험료 및 산재보험료의 납부의무를 부담한다. 건물을 신축하는 건축주가 자신이 직접 공사를 하지 아니하고 공사 전부를 수급인에게 도급을 준 경우에는 근로자를 사용하여 공사를 수행한 자는 수급인이므로 원칙적으로 수급인이 공사에 관한 고용보험법 및 산업재해보상보험법상 사업주로서 각 보험료를 납부할 의무를 부담하고, 건축주가 근로자를 사용하여 공사의 전부 또는 일부를 직접 한 경우에는 그 부분에 한하여 건축주가 고용보험법 및 산업재해보상보험법상 사업주가 되어 이에 해당하는 보험료의 납부의무를 부담한다.

제 21 장

행정소송법4 — 행정소송의 판결종류와 판결의 효력

제 1 절

판결의 종류

(1) 판결의 종류에는 어떠한 것들이 있을까

1) 각하판결

법원이 소송**요건을 구비**하지 못하였다고 보아 내리는 소송법상의 판결이다. 빈출

2) 기각판결

소송요건은 구비하였지만 **주장이 이유없거나 주장을 뒷받침할 만한 증거가 없어** 내리는 패소판결이다.

3) 인용판결

소송요건도 구비하였고, 소의 이유도 구비하여 내리는 승소판결이다.

4) 사정판결

행정행위가 위법하여 인용판결을 내려야 하지만, 인용판결을 내리게 되면 **현저하게 공공**복리를 침해할 위험이 있는 경우에 내리는 정책적인 관점에서의 **기각**판결이다. 상세한 것은 별도로 검토하기로 한다.

제 2 절

판결의 효력을 종류별로 정리해 두자

(1) 각하판결의 경우는 아무런 효력도 발생하지 않는다

판결의 효력이 발생하지 **아니한다**.

(2) 기각판결의 경우라도 기판력은 인정된다

행정행위가 위법하지 않다고 하는 법원의 판결에 대하여 **기판력**이 발생한다. 그러나 **형성력이나 기속력은 발생하지 않는다**.

(3) 인용판결의 경우에는 세 가지 효력이 모두 인정된다

기출

1) 기판력이 인정된다

행정행위가 위법하다는 법원의 판결에 대하여 기판력이 발생한다. 기판력의 특수한 문제는 다음에서 별도로 검토하기로 한다.

기속력 = 반 + 재 + 결

2) 기속력이 인정된다

최다 빈출

행정청은 판결의 **취지를 존중**하여 위법한 행정행위를 (반)복하여서는 아니되며, 판결의 취지에 부합하는 적법한 행정행위를 (재)처분하여야 한다. 또한 위법한 (결)과를 제거하여야 한다.

기속력에 대하여 상세한 것은 다음에서 별도로 상세히 검토하기로 한다.

형성력 = 대 + 소

3) 형성력이 인정된다

① 법적 소급효

취소소송을 **형성소송으로 보는 다수설과 판례**의 입장에서는 취소인용판결에 의하여 위법하게 발급된 행정행위는 **처음부터 효력이 없게 되고**, 이로 인한 권리와 의무도 소멸한다. 그러나 취소소송을 확인소송으로 보는 입장에서는 법적 소급효를 부정하게 된다.

② 대세적 효력이 절대적으로 인정된다

행정행위에 대한 취소인용판결이 내려지면 원고인 국민과 피고인 행정청 이외에도 제3자들에 대하여서까지 판결에 의하여 **형성된 권리의무관계를 용인**

하도록 하는 효력이 미친다. 민사소송과 달리 대세적 효력이 행정소송법 제29조에 의하여 인정되는 것은 인용판결의 실효적인 보장을 위하여서이다.

다만, 형성력의 범위와 관련하여 소송에 **참가한 제3자에 국한하는 상대적 형성력설과** 소송에 **참가하지 않은 제3자까지 모두 포함하는 절대적 형성력설**의 대립이 있다. 생각건대, 인용판결이 철저하게 실효적으로 원고에게 보장되기 위해서는 다수설과 판례의 태도처럼 **절대적 형성력설**이 타당하다. 따라서 일반처분에 대한 취소판결시 소송에 참가하였든 참가하지 아니하였던 제3자는 이를 원용할 수 있다. 최근 기출

제 3 절

기속력★★★★

(1) 판결의 기속력의 의의는 무엇일까

1) 기속력의 개념은

처분 등을 취소하는 **인용판결이** 확정되는 경우 **당사자인 행정청과 그 밖의 관계행정청**이 판결의 취지를 **존중하여야** 실체법상의 의무를 발생시키는 효력을 기속력이라고 한다(행정소송법 제30조 제1항). 이는 민사소송에서는 강조되지 않는 행정소송의 **특유한 효력**을 의미한다.

2) 기속력의 성질은 기판력과 다르다

기속력과 기판력을 구별할 것인지 여부는 기속력의 법적 성질을 어떻게 볼 것인지에 따라 달라진다. 이에 관하여 ① 기속력은 취소판결의 기판력이 행정측에 미치는 것에 지나지 않으며 그 본질은 기판력과 같다고 보는 **기판력설**과 ② 기속력은 취소판결의 실효성을 확보하기 위하여 행정소송법이 특별히 부여한 효력이며 **기판력과는 그 본질을 달리한다고** 보는 **특수효력설이 대립하고 있다.** 기출

판례는 적지 않은 판결에서 기속력과 기판력이라는 용어를 혼용하고 있으나 "**기속력은 판결주문 및 그 전제가 된 처분 등의 구체적 위법사유에 관한 이유 중의 판단**에 대하여 인정된다"(대법원 2001. 3. 23. 선고 99두5238 판결)고 판시하고 있는 바, 기판력은 판결주문에만 미친다는 점에서 그 구별을 전제로 하 기출

고 있는 것으로 보인다.

생각건대 **기판력**은 법적 안정성의 이념에 입각하여 인용판결이든 기각판결이든 이를 불문하고 전소판결과 모순되는 후소법원의 판단을 금지하는 구속력(**모순금지설**) 내지 후소법원에 대해 다시 변론이나 재판을 금지하는 구속력(**반복금지설**)으로서 소송법상의 효력인 데 반하여, **기속력은** 사법과 행정의 억제와 균형을 보장하기 위한 제도로서 취소판결의 실효성을 확보하기 위하여 **판결의 취지에 따라** 행동하도록 관계 행정청을 구속하는 **실체법상의 효력**이므로 양자는 그 **본질을 달리**한다고 본다. 따라서 **특수효력설**에 찬성한다.

기속력 = 반+재+결

(2) 기속력의 내용은 세 가지가 있다

1) ㉯반복금지효(소극적인 관점에서의 기속력)에 따라 재차 위법한 처분을 해서는 안 된다 ★

반복금지효란 **당사자인 행정청**은 물론이고 **그 밖의 관계 행정청도** 확정판결에 저촉되는 처분을 할 수 없음을 의미한다. 그러나 확정판결에서 **적시된 위법사유를 보완**하여 행한 처분은 확정판결에 의하여 취소된 종전의 처분과는 구별되는 **별개의 처분**으로서 **반복금지효에 반하지 않는다**. 기속력은 취소사유로 된 위법에만 미치기 때문이라는 것이 학설과 판례의 입장이다.

최다 빈출

2) ㉰처분의무(적극적인 관점에서의 기속력)**에 따라 제대로 처분을 다시 해야 한다 ★★★**

① 의 의

재처분의무란 행정청이 **판결의 취지에 따른 처분을 적극적으로 하여야** 함을 의미한다.

② 거부처분취소의 경우 ★★

최다 빈출

판결에 의하여 거부처분이 취소되는 경우에는 처분청은 판결의 취지에 따라 이전의 신청에 대한 재처분을 하여야 한다(행정소송법 제30조 제2항). 이때 재처분은 당사자의 **신청 없이 당연히 하여야** 하는 것이고, 재처분의 내용은 원고의 신청 내용이 아니라 **판결의 취지**에 따라 하여야 한다. 따라서 판례는 원거부처분의 이유와 다른 **별개의 이유로** 원고의 신청을 거부하는 것은 **재처분의무에 반하지 않는다고 한다. 기속행위**의 경우는 **신청대로 특정행위의무**가 있으며, **재량행위**의 경우는 **신청에 대한 무하자재량행사의무**가 있다는 점에서 차이가 있다.

③ **절차위법이 이유인 경우** ★

신청에 따른 처분이 절차의 위법을 이유로 취소되는 경우에도 행정청에 재처분의무가 부과된다(행정소송법 제30조 제3항). **따라서 절차상의 하자가 아닌 사유를 들어 거부하거나 절차보완해서 재차 거부해도 재처분의무에 반하지 않는다.** 행정소송법 제30조 제2항의 규정이외에 절차위반의 경우에 대비하여 별도의 제30조 제3항을 규정한 것은 **절차중시의 사고**를 입법화한 것으로 보인다. 최다 빈출

④ **새로운 사정과 재처분**

판례에 따르면 취소판결이 확정된 경우에도 **처분시 이후**나 **변론 종결시 이후** 발생한 **새로운 사유**를 내세워 이전이 신청에 대하여 **거부처분을 할 수 있으며** 이는 **재처분의무에 부합**하는 것이라고 한다. 빈출

3) ㉮결과제거의무도 인정된다 ★

행정소송의 경우 인용판결이 있게 되면 기속력의 효과로서 행정청은 결과제거의무를 부담한다. 이에 대응하여 원고는 **결과제거청구권**을 가지며, 행정소송법 **제30조 제1항을 공법상 결과제거청구권의 근거로 보기**도 한다. 행정소송법에서 직접적 규정은 없지만 **개정안에서는 결과제거의무를 명문으로 규정하는 방향으로 반영되고 있다.** 기출

(3) **기속력의 효력범위**에 대하여 알아보자

1) 기속력의 주관적 범위는 어떠할까 ★

기속력은 **당사자인 행정청**과 **그 밖의 관계 행정청**을 기속한다. 이러한 점에서 기판력이 당사자 및 그 승계인과 후소 법원에 미치는 것과 차이가 있다. 기출

2) 기속력의 객관적 범위는 어떠할까 ★★

가) 판결의 주문과 그 전제된 이유까지 미치게 된다

기속력은 판결의 주문과 **그 근거나 전제가 되는 판결이유상의 판단에** 미친다. 이러한 점에서 판결주문에만 효력이 미치는 **기판력과 구별**된다. 이에 대하여는 **기본적 사실관계의 동일성**이 있는 동일한 사유에 대하여만 미친다. 주의할 기출

기속력은 **판결주문 및 그 전제가 된 처분의 구체적 위법사유**에 관한 이유중의 판단에 대하여 인정되며 **판결의 결론과 직접 관계없는 방론이나 간접사실에 미치지 않는다는 것**이 통설·판례의 입장이다. 이와 같이 기속력은 판결에 주의할 기출

서 위법한 것으로 판단된 '계쟁처분'의 '개개의 처분사유'에 대하여만 미치는 것이므로 계쟁처분과 동일하지 않은 처분에 대하여는 기속력이 미치지 않음을 알 수 있다. 그런데 **처분사유의 추가 · 변경의 객관적 범위와 관련하여서는 '처분의 동일성'을 해치지 않는 범위**라야 한다는 점에 대하여 대체로 견해가 일치하고 있다.[1] 따라서 **기속력의 객관적 범위는 처분사유의 추가 · 변경의 객관적 범위의 반면**임을 알 수 있다. 그러므로 처분사유의 추가 · 변경의 객관적 범위와 관련하여 전개되는 논의를 살펴봄으로써 기속력의 객관적 범위를 획정할 수 있게 될 것이다.

암기법
기사동 시 장 행 결

나) 기본적 사실관계의 동일성이 있는 사유들에게도 미친다

'처분의 동일성'이 무엇인지에 관하여 판례는 원칙적으로 실질적 법치주의와 행정처분의 상대방인 국민에 대한 신뢰보호라는 견지에서 당초 처분의 근거로 삼은 사유와 **'기본적인 사실관계의 동일성'이 인정되는 한도 내에서만 이를 추가하거나 변경**할 수 있다고 하여 **'기본적인 사실관계의 동일성'을 처분의 동일성 판단기준**으로 내세우고 있다.

빈출

판례는 '기본적 사실관계의 동일성'을 판단하는 기준에 관하여 일반적으로 **시**간적 · **장**소적 근접성, **행**위의 태양 · **결**과 등의 제반사정을 종합적으로 고려하여 판단할 것이라고 하는 바, 결국 이러한 사정은 사안마다 다를 것이므로 구체적으로 해결할 수밖에 없을 것이다.[2]

참고 판례

빈출

행정처분의 취소를 구하는 항고소송에 있어서, 처분청은 당초 처분의 근거로 삼은 사유와 기본적 사실관계가 동일성이 있다고 인정되는 한도 내에서만 다른 사유를 추가하거나 변경할 수 있고, 여기서 기본적 사실관계의 동일성 유무는 처분사유를 **법률적으로 평가하기 이전**의 **구**체적인 사실에 착안하여 그 기초인 **사**회적 사실관계가 **기**본적인 점에서 동일한지 여부에 따라 결정되며, 추가 또는 변경된 사유가 당초의 처분시 그 사유를 명기하지 않았을 뿐 처분시에 이미 존재하고 있었고 **당사자도 그 사실을 알고 있었다 하여** 당초의 처분사유와 동일성이 있는 것이라 할 **수 없다**(대법원 2003. 12. 11. 선고 2001두8827 판결).

1 석호철, 기속력의 범위로서의 처분사유의 동일, 행정판례연구 V, 2000, 267면.
2 석호철, 기속력의 범위로서의 처분사유의 동일, 행정판례연구 V, 2000, 268면.

A. 기본적 사실관계의 동일성을 인정한 판례 유형들을 정리해 두자

기본적 사실관계의 동일성이 인정된다는 이유로 처분사유의 추가 · 변경을 허용한 판례로는 ① 주유소 영업허가 불허가 사유로 처음에 내세운 '행정청의 **허가기준**에 맞지 않는다는 사유'를 추후에 내세운 '**이격거리**에 관한 허가기준 위배'라는 사유로 변경한 경우(대법원 1989. 7. 25. 선고 88누11926 판결), ② 토지형질 불허가처분의 당초의 처분사유인 국립공원에 인접한 **미개발지의 합리적인 이용대책 수립시까지 그 허가를 유보**한다는 사유를 그 처분의 취소소송에서 추가하여 국립공원 주변의 **환경 · 풍치 · 미관 등을 크게 손상시킬** 우려가 있으므로 공공목적상 원형유지의 필요가 있는 곳으로서 형질변경허가가 금지대상이라고 주장한 경우(대법원 2001. 9. 28. 선고 2000두8684 판결) 등이 있다.

기출

B. 기본적 사실관계의 동일성을 부정한 판례 유형들을 정리해 두자

기본적 사실관계의 동일성을 인정할 수 없다 하여 처분사유 추가 · 변경을 부정한 판례로는 ① 당초의 정보공개 거부처분사유인 「공공기관의 **정보공개**에 관한 **법**률」 제9조 제1항 **제4**호 및 **제6**호의 사유에 새로이 **제5호**의 비공개사유를 추가한 경우(대법원 2003. 12. 11. 선고 2001두8827 판결), ② 인근**주민의 동의**서 불제출을 이유로 토석채취허가신청을 반려한 후 **자연경관이 훼손**된다는 이유를 소송에서 주장하는 경우(대법원 1992. 8. 18. 선고 91누3659 판결), ③ 광업권설정출원을 불허함에 있어 당해 광구에는 소외인들에 대해 **이미 광업권등록이** 필하여져 있다는 사유를 위 광구가 **도시계획지구**에 해당하여 광물을 채굴함이 공익을 해한다는 사유로 변경한 경우(대법원 1987. 7. 21. 선고 85누694 판결) 등이 있다.

기출

C. 검토해보자

결국 '기속력의 객관적 범위 = 처분사유의 추가 · 변경의 객관적 범위 = 처분의 동일성'이라는 등식이 성립한다. 따라서 2차 보류결정이 1차 보류결정취소판결의 기속력에 반하는지 여부를 해명하기 위하여는 처분의 동일성을 판단하기 위한 잣대로서의 당초 처분의 근거사유와 취소판결 후 새로이 발령된 처분의 근거사유의 기본적 사실관계의 동일성 여부를 탐색하여야 한다.

3) 시간적 범위는 어떻게 될까

최다 빈출

기속력은 **처분시**까지의 법관계나 사실관계를 **판단**의 대상으로 한다. 따라서 **처분시 이후**에 발생한 사유로 동일한 처분, 또는 동일한 거부처분을 하여도 **기속력에 반하는 것이 아니라**는 것이 판례의 입장이다. 왜냐하면 처분의 **위법**

성 **판단**의 기준시가 **처분시**이기 때문이다.

(4) 기속력 위반의 효과는 무효로 본다

1) 위법성의 정도에 관한 학설과 판례를 알아두자

위법성의 정도에 관한 기준에 관하여 **중대설**, **중대 · 명백설**, **명백성보충설**, **구체적 가치형량설** 등이 있으나, 법적 안정성과 구체적 타당성을 조화하기 위하여 **중대 · 명백설**을 취하는 것이 타당하다고 생각된다.

2) 기속력에 위반한 처분의 효과는 무효이고 간접강제될 수 있다

기출

① 처분은 무효이다

취소판결의 **기속력에 반하는 처분**은 위법한 행위로서 하자가 중대하고 명백하다고 볼 수 있으므로 **무효**라고 보아야 한다는 것이 다수설과 판례의 입장이다. **판례는 최근 부산시 해운대구청장의 갑인건설에 대한 주택사업승인신청거부**에 대한 **취소판결이 확정**된 경우에 **다시 거부**처분을 한 것은 취소판결의 **기속력에 저촉**되어 **무효**라고 판시한 바 있다(대법원 2002. 12. 11.자 2002무22 결정). 그 후 **법령개정**이 되어 재차 거부한 것은 **기속력 부합** 판시하고 있다.

기출

② 행정청에게 간접강제가 가해진다

기속력에 위반한 행정행위는 법원의 간접강제의 요건이 된다(행정소송법 제34조). 이에 대하여는 다음에서 후술하기로 한다.

(5) 판결의 기속력의 담보수단은 간접강제이다★★

1) 간접강제의 의의와 요건에 대하여 알아두자

기출

취소판결은 형성판결에 해당하고 **의무이행판결**이 아니므로 **집행력이 인정되지 않는다**. 다만, 거부처분취소판결의 확정시에 행정청에 부과되는 **재처분의무**(행정소송법 제30조 제2항)의 이행을 확보하기 위하여 **간접강제제도**를 도입하고 있다. 이때 법원은 당사자의 **신청**에 의하여 **결정**으로써 **상당한 기간을 정**하고 그 기간 내에 이행하지 아니하는 때에는 그 지연기간에 따라 일정한 **배상을 명하거나**, **즉시 손해배상을 할 것을 명**할 수 있다(행정소송법 제34조).

2) 배상금추심은 한계가 있다

간접강제를 위한 배상금은 재처분의무에 관한 **심리적 강제수단**에 불과한 것으로 보아야 하므로 간접강제결정에서 정한 **의무이행기간이 경과한 후에라도**

확정판결의 취지에 따른 재처분의무의 이행이 있으면 배상금을 추심함으로써 **심리적 강제를 꾀할 목적이 상실되어 처분 상대방이 더 이상 배상금을 추심하는 것은 허용되지 않는다**는 것이 판례의 입장이다(대법원 2004. 1. 15. 선고 2002두2444 판결).

최근 기출

3) 취소심판 재결의 기속력의 담보수단과의 비교해보자

행정심판의 재결의 경우 당해 행정청이 재처분의무를 이행하지 않을 때 행정심판위원회는 당사자의 신청에 따라 기간정하여 서면으로 **시정명령을** 할 수 있고, 그 기간 내에 이행하지 않는 때에는 **직접처분**을 할 수 있다(행정심판법 제50조 제1항). 행정소송과 달리 시정명령과 직접처분이 가능한 것은 **권력분립에 반하지 않기 때문**에 보다 적극적인 기속력의 담보수단이 마련된 것으로 보인다. 그러나 **정보공개**의 경우 당해 행정청이 **정보를 독점**하고 있다면 오히려 행정소송법 **제34조상의 간접강제가 활용되는 것이 더욱 실효적일 수** 있다.

주의할 기출 포인트

4) 입법론이 있다

① 간접강제제도는 우회적인 제도이므로 궁극적으로는 **의무이행소송을** 도입하여 국민의 권리보호에 만전을 기하여야 할 것이다.

② 행정심판법에서도 **간접강제를 선택할 수 있도록 입법함이 바람직**하다.

기출

제 4 절

기판력의 특수한 문제를 공부해 두자★★

국가배상청구소송사례와 연결한 종합문제로 출제

(1) 기판력의 의의는 무엇이고 문제가 무엇일까

1) 기판력이라 함은 **소송물**에 관하여 **법원이 행한 판단내용이** 확정되면, 이후 동일사항이 문제된 경우에 있어 당사자(승계인 포함)는 그에 **반하는 주장을 하여 다투는 것이 허용되지 아니하며**, 법원도 그와 **모순·저촉되는 판단**을 해서는 안 되는 구속력을 말한다.

2) 항고소송에서 기각판결을 받아 행정청의 처분이 위법하지 않다고 판결받은 후, 다시 국가배상청구소송의 위법성판단을 받아 손해배상에 의한 권리구

제를 받을 수 있는지 여부에 관하여 학설과 판례의 논의가 있다. 이를 위하여는 소송물, 위법성, 기판력 등에 관한 검토가 필요하다.

3) 기판력의 객관적 범위는 **기판력**은 민사소송(제216조 제1항)과 마찬가지로 **판결주문**에 표시된 소송물에 관한 판단에 대해서만 발생하는 것이 원칙이다. 그러므로 판결이유 중에서 설시된 사실인정, 선결적 법률관계, 항변 등에는 기판력이 미치지 않음이 원칙이다.

(2) 소송물에 관한 논의를 알아두자

항고소송에서의 소송물에 관해 여러 견해의 대립이 있다. ① 취소소송의 대상이 되는 행정행위라는 입장, ② 행정행위로 인하여 침해되는 권리라는 입장, ③ **처분의 위법성 일반**으로 보는 입장, ④ 당사자의 주장 그 자체로 보는 입장 등이 있다. 다수설은 처분의 위법성 일반으로 넓게 보나, 유력설은 당사자가 다투고자 하는 청구 자체에 국한해야 하므로 행정처분이 **위법**하고 자신의 **권리를 침해**한다는 원고의 법률상 주장으로 이해한다. 다수설은 본안심리범위를 넓게 인정하여 일거에 모든 위법사유들을 심리하는 장점이 있고, 유력설은 처분권주의에 부합한다는 장단점이 있다.

대법원은 일반 행정소송의 소송물에 관하여 명확한 입장을 표명하고 있지는 않다.[3] 다만, 과세처분 취소소송의 경우 총액주의를 취하는 입장에서 **과세처분의 위법성 일반**이 소송물이 된다고 판시하고 있다.

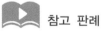

 참고 판례

① **취소판결의 기판력은 소송물로 된 행정처분의 위법성 존부에 관한 판단 그 자체에만 미치는 것이다**(대법원 1996. 4. 26. 선고 95누5820 판결).
② **과세처분 취소소송의 소송물은 그 취소원인이 되는 위법성 일반이다**(대법원 1990. 3. 23. 선고 89누5386 판결).

검토하건대 행정소송법은 취소소송에 있어서 주관적 권리의 침해를 본안심리의 대상으로 한다는 명문규정을 두고 있지 않고, 단지 법률상 이익의 존재를 소송의 요건으로 요구하고 있을 뿐이다(제12조 제1문 참조). 즉 취소소송의 원고

3 행정소송실무편람, 서울고등법원, 2003, 244면.

적격 유무를 판단함에 있어서는 법률상 이익과의 관련성 여부가 판단의 대상이 되고, 본안심리에 있어서는 행정처분의 위법성만이 판단대상이 되는 것이다. 따라서 취소소송의 소송물은 처분의 위법성 일반으로 이해하여야 한다.

(3) **항고소송의 위법성**과 **국가배상청구소송의 위법성**은 같은 것일까 다른 것일까

1) 위법성 개념 동일성설이 있다- 협의의 행위위법설

이 견해는 국가배상책임 성립요건으로서의 위법성을 취소소송의 소송물로서의 위법성과 마찬가지로 행위 자체의 법위반으로 파악한다. 즉 국가배상법상의 위법을 엄격한 의미의 법령 위반으로 보는 견해이다.

이 견해에 의하면 양자는 같은 개념이므로 취소소송판결의 **기판력이 인용판결이든 기각판결이든 불문하고 국가배상청구소송에 미치게 된다.**

2) 위법성 개념 구별설들도 많이 있다

가) 학 설

① 결과불법설

이 견해는 국가배상책임 성립요건으로서의 위법성을 **가해행위의 결과인 손해의 불법**을 의미하는 것으로 본다. 이에 따라 위법성 판단은 **국민이 받은 손해가 결과적으로 수인**되어야 할 것인가의 여부가 기준이 된다.

이 견해에 의하면 취소소송의 소송물로서의 위법성과 국가배상책임 성립요건으로서의 위법성은 다른 개념이 되므로 취소소송의 본안판결의 기판력이 국가배상청구소송에 **미치지 않는다.**

② 상대적 위법성설★★

최근 기출

국가배상법상의 위법 개념을 **행위 자체의 위법**뿐만 아니라 **피침해이익의 성격과 침해의 정도 및 가해행위의 태양 등을 종합적으로 고려하여** 행위가 **객관적으로 정당성을 결한 경우를 의미한다고 보는 견해이다.**

이 견해에 의하면 양 소송의 목적 · 역할이 다르기 때문에 **양자의 위법성의 범위를 다르게** 보게 되므로, 취소소송의 본안판결의 기판력이 후소인 국가배상청구소송에 **미치지 않는다고** 보게 될 것이다.

③ 직무의무위반설

국가배상법상의 위법을 **공무원의 직무의무의 위반**으로 보는 견해이다. 취소소송에서의 위법성은 행정작용의 측면에서만 위법 여부를 판단하지만 국가배상책임에서는 행정작용과 행정작용을 한 **자와의 유기적 관련성** 속에서 위법 여부를 판단한다는 것이다.

이 견해에 의하면 취소소송의 소송물로서의 위법성과 국가배상청구소송의 위법성은 그 판단의 지평을 달리하는 것으로 **기각판결이든 인용판결이든 불문하고 전소판결의 기판력이 후소에 미치지 않게 된다**.

나) 판례의 입장을 정리해 두자

이와 관련하여 **대법원은 경북대 앞의 학생시위**를 모두 **막지 못해 날아든 화염병**으로 인해 화재사고가 난 경북대 앞 **동아약국화재사건**에서 명시적으로 **결과불법설을 배제**하고 **행위위법성설을 위주로** 하되, **상대적 위법성설**에서 주장하는 **판시사항들을 포함한 판결**을 하고 있다.

대법원은 "**어떠한 행정처분이 후에 항고소송에서 취소되었다고 할지라도** 그 기판력에 의하여 당해 행정처분이 곧바로 공무원의 **고의 또는 과실로 인한 것으로**서 불법행위를 구성한다고 **단정할 수는 없**는 것이고, 그 행정처분의 담당공무원이 **보통 일반의 공무원을 표**준으로 하여 볼 때 **객관적 주의의무**를 결하여 그 행정처분이 **객관적 정당성을 상실**하였다고 인정될 정도에 이른 경우에 국가배상법 제2조 소정의 국가배상책임의 요건을 충족하였다고 봄이 상당할 것이며, 이때에 **객관적 정당성을 상실하였는지 여부는 피침해이익의 종류 및 성질, 침해행위가 되는 행정처분의 태양 및 그 원인, 행정처분의 발동에 대한 피해자측의 관여의 유무, 정도 및 손해의 정도 등 제반 사정을 종합하여 손해의 전보책임**을 국가 또는 지방자치단체에게 부담시켜야 할 **실질적인 이유가 있는지 여부에 의하여 판단하여야 한다**"(대법원 2000. 5. 12. 선고 99다70600 판결)고 판시하였는 바, **객관적 정당성을 상실한 것이 국가배상법상의 위법을 의미하는 것으**로 보고 있다. <u>**즉 대법원은 위 견해 중 상대적 위법성설의 입장을 취하고 있는 것으로 해석될 수 있다.**</u>

다) 검토해보자

취소소송에서의 위법성 판단은 당해 행정처분의 법적합성으로 귀결된다. 그러나 국가배상책임 성립요건으로서의 위법성 판단은 행정처분의 법적합성(객관적 위법성)뿐만 아니라 법에 부합하지 않는 처분으로 법익을 침해(결과불법)한 공무원의 직무의무위반에까지 이른다. 다시 말해 전자는 행정작용의 측면에서만 위법 여부를 판단하지만 후자는 행정작용과 처분을 한 자와의 유기적 관련성 속에서 위법 여부를 판단하는 것이다. 이것은 전자가 처분의 전체 법질서에 대한 객관적 정합성을 무게중심으로 하는 반면, 후자는 불법한 처분의 국가에 대한 주관적 책임귀속을 무게중심으로 하는 데서 연유한다고 본다.

(4) **기판력 인정여부**에 대하여

1) **기판력 긍정설의 논리는 어떠한가**

항고소송에서의 **소송물을 위법성일반으**로 보며 **행위불법설을 위법성의 개념**으로 취하는 종래의 다수설과 판례에 따르면 항고소송에서의 위법성판단에 대해 기판력이 발생하므로 국가배상청구소송에서 다시 위법성에 관한 다른 판단을 구할 수 없다(**기판력 긍정설**). 기출

2) **기판력 부정설의 논리는 어떻게 구성될까**

① 위법성 개념을 다르게 구성하는 입장이 있다 최근 기출

이와 달리 **결**과불법설이나 **상**대적 위법성설, **직**무의무위반설 등에서는 **기판력이 미치지 아니하므로** 국가배상청구소송에서 거듭 위법성판단을 구할 수 있다.

[결론] 따라서 취소소송의 소송물로서의 위법성은 '당해 행정처분의 법적합성'으로, 국가배상책임성립요건으로서의 위법성은 '법에 부합하지 않는 당해 행정처분으로 인해 법익을 침해한 공무원의 직무의무위반'으로 개념 정의할 수 있다. 이와 같이 양자는 **위법 개념을 달리하므로** 취소소송에서의 판결의 **기판력**은 **인용판결이든 기각판결이든 불문**하고 국가배상청구소송에 **미치지 않는다**. 최근 기출

② 소송물이 다르다고 보는 입장이 있다

그러나 최근 유력설에 의하면 **위법성의 개념을 단일**한 판단이므로 **행위불법**설을 취하되, 소송물을 처분권주의의 취지에 따라 **위법성 일반이 아니라** 당사자의 **청구에 국한**시킴으로써 기판력이 **미치지 않는다**는 이론구성을 한다.

3) **제한적 기판력 긍정설도 있다**

최근에는 취소소송의 **인용판결은 기판력이 미치**나, **기각판결은** 국가배상청구소송에 대하여 기판력이 미치지 **않는다는 입장도** 주장된다.

4) 검토해보자

기판력 **부정설이 국민의 권리구제를 위하여 타당**하다.

(5) 결 론

소송물을 위법성 일반으로 보더라도 위법성의 개념을 상대적 위법성설이나 직무의무위반설을 취하여 기판력이 미치지 않는다고 보는 것이 타당하다.

제5절

사정판결에 대해 검토해 보자★★

(1) 사정판결의 의의는 무엇일까

개념 기출

1) 사정판결의 개념은

원고의 **청구가 이유있다고 인정**하는 경우에도 처분 등을 취소하는 것이 **현저히 공공복리**에 적합하지 아니하다고 인정하는 때에는 법원은 원고의 청구를 **기각**할 수 있는 판결제도를 의미한다(행정소송법 제28조).

2) 사정판결을 인정하는 취지와 성격은 무엇일까

사정판결은 행정청의 행정행위가 위법하다는 사실을 인정하면서도 국민에게 내리는 기각판결의 한 종류에 속한다. **공공복리 우선**의 관점에서 **기성사실을 존중**할 필요성을 드는 것이 일반적인 견해이다. 행정행위의 **무효의 전환제도나 하자의 치유제도에**서 구하는 견해도 있고, 취소판결이 내려져도 원상회복이 보장되지 아니하며 반드시 원고**에게 불리하지도 않다**는 점 등을 들기도 한다.

(2) 사정판결을 하려면 어떠한 요건을 검토해야 할까

기출

사정판결을 하기 위해서는 첫째로 원고의 청구가 **이유있다고 인정**되어야 하며, 둘째로 처분 등을 취소하는 것이 **현저히 공공복리에 적합하**지 아니하다고 인정되어야 한다(행정소송법 제28조 제1항 제1문). 두 번째 요건인 현저히 공공복리에 적합하지 아니한가의 여부를 판단함에 있어서는 위법·부당한 행정처분을 취소 · 변경하여야 할 필요성과 그로 인하여 발생할 수 있는 공공복리에 반하는 사태 등을 **비교 · 교량하**여 그 적용 여부를 판단하여야 한다(대법원 2001. 8. 24. 선고 2000두7704 판결).

(3) 무효에는 사정판결이 부정된다

행정소송법은 무효확인소송에 취소소송에서의 사정판결규정을 준용하고 있지 않아(행정소송법 제38조 제1항 참조) 무효확인소송의 경우에도 사정판결을 할 수 있는 것인지 여부가 문제된다. 그리고 이 문제와 관련하여 취소소송에서 대상이 된 처분이 무효인 경우에도 사정판결을 할 수 있는지 여부가 문제된다.

1) 학설은 다툼이 있다

가) 긍정설

① 처분의 무효 · 취소의 구별의 상대성, ② 사정판결제도가 분쟁해결의 화해적 기능 때문에 반드시 원고에게 불이익하지만은 않다고 하는 점, ③ 무효처분에 대해서도 기성사실을 존중하여야 할 경우가 있을 수 있다는 점 등을 이유로 무효확인소송의 경우에도 사정판결이 인정되어야 한다는 견해이다.[4]

나) 부정설★

처분이 무효인 이상 행정소송법의 명문규정을 무시하면서까지 법치주의의 예외적인 성격을 지닌 판결형태를 허용하는 것은 타당하지 않다는 견해이다.[5]

2) 판례는 무효인 처분에 대해서는 사정판결해 줄 수 없다고 본다

빈출

계쟁 중인 행정처분이 **무효인 경우에는** 존치시킬 **효력이 있는 행정행위가 없기 때문에** 행정소송법 제28조 소정의 **사정판결을 할 수 없다**(대법원 1991. 10. 11. 선고 90누9926 판결)고 판시하여 부정적 입장을 취하고 있다. 그리고 당연무효의 행정처분을 소송목적물로 하는 행정소송에서는 행정소송법 제12조(현행 행정소송법 제28조) 소정의 이른바 사정판결을 할 수 없다(대법원 1985. 2. 26. 선고 84누380 판결)고 판시하여 취소소송의 대상인 처분이 무효인 경우에도 사정판결을 할 수 없다는 입장을 취하고 있다.

---

4 서원우, 사정판결제도, 고시계, 1983. 3.

5 홍준형, 행정구제법, 649면.

3) 검토해보자

생각건대, 무효확인소송의 경우에 사정판결에 관한 준용규정을 두지 않은 것은 처분의 위법성이 취소사유인 경우에는 일단 처분이 유효하나 취소판결을 받으면 효력이 부인되고 사정판결을 받으면 효력은 부인되지 않지만 처분의 위법성만을 확인하는 것이며, 처분의 위법성이 무효사유인 경우에는 처음부터 처분의 효력이 없기 때문에 사정판결이라는 관념을 생각할 수 없기 때문인 것으로 해석된다. 이러한 견지에서 부정설에 찬성한다.

그리고 **사정판결은 법률적합성의 원칙을 공공복리를 위해 후퇴시키는 것이니만큼 가능한 한 그 적용범위를 최소화할 필요가 있다.** 따라서 취소소송의 대상이 된 처분이 **무효인 경우에도 사정판결을 할 수 없다고 보는 것이 법치주의의 원리에 부합한다고 본다.**

(4) 사정판결에 대한 판례의 입장을 정리해 두자

참고 판례

기출

(1) 「**사정판결을 부인한 판례**」: 이 사건 **위험물(주유취급소)설치 허가취소처**분은 취소사유 없이 이루어진 것으로서 위법하다. 아울러 이 사건 위험물인 주유취급소에 인접하여 군사시설에 해당하는 **탄약고가 설치되**어 있는 것만으로는 사정판결을 할 만한 사안이 **되지 않는다**(대법원 1985. 11. 26. 선고 84누316 판결).

기출

(2) 「사정판결을 **인정한 판례**」:

① **건축불허가처분이** 처분시에는 위법하다고 하더라도, 본건 변론종결 당시에는 청주도시계획 재정비결정으로 **녹지지역**으로 지정고시되었는 만큼, 본건 건축불허가처분을 취소하는 것은 현저히 공공복리에 적합하지 아니하다고 인정된다(대법원 1970. 3. 24. 선고 69누299 판결).

② **환지예정지정처분 및 환지예정지정변경처분**이 위법하지만, 이를 취소할 경우 사업지역 내 다수의 이해관계인들에 대한 처분까지도 변경하게 되어 혼란이 발생할 수 있는 반면에 원고에게는 금전 등으로 전보될 수 있으므로, **사정판결을 할 사유가 있다고 판단된**(대법원 1997. 11. 11. 선고 95누4902 · 4919 판결)다.

(5) **직권에 의해서도 사정판결**을 예외적이지만 할 수 있다★

1) 대법원의 입장은 일정한 경우 인정한다

최근 기출

행정소송법 제26조, 제28조 제1항 전단의 각 규정에 비추어 행정소송에 있어서 법원이 사정판결을 할 필요가 있다고 인정하는 때에는 **당사자의 명백한 주장이 없는 경우에도 일건기록에 나타난 사실을 기초로 하여 직권으로 사정판결을 할 수 있다**(대법원 1992. 2. 14. 선고 90누9032 판결).

2) 검토해보자

① 문제의 소재

행정소송법은 민사소송법을 준용함으로써 변론주의를 심리의 원칙으로 하면서도 「법원은 필요하다고 인정할 때에는 직권으로 증거조사를 할 수 있고 당사자가 주장하지 아니한 사실에 대하여도 판단할 수 있다」고 규정하고 있어 직권심리의 범위를 둘러싸고 견해가 대립된다.

② 학 설

i) 변론주의보충설

이 설은 행정소송법 제26조의 취지를 당사자의 주장이나 주장하는 사실에 대한 입증활동이 충분하지 않는 경우에 법관이 직권으로 증거조사를 할 수 있다는 정도로 새긴다.

ii) 직권탐지주의 가미설

이 설은 행정소송법 제26조에 있어서의 "당사자가 주장하지 아니한 사실에 대하여도 판단할 수 있다"라는 규정에 대해 좀더 적극적인 의미를 부여하려고 "직권탐지주의의 가미"라는 표현을 사용한다. 동시에 당해 규정은 우리 행정소송법의 모델이 된 일본의 행정사건소송법에는 없는 규정으로서 행정소송의 공익소송으로서의 성격을 감안하여 입법자가 의도적으로 명문화한 것임을 강조한다.

③ 판례의 입장을 정리해 두자★

행정소송법 제26조에 「법원은 필요하다고 인정할 때에는 직권으로 증거조사를 할 수 있고 당사자가 주장하지 아니한 사실에 대하여도 판단할 수 있다」고 규정되어 있다 하여 **법원은 아무런 제한 없이 당사자가 주장하지도 않은 사실을 판단할 수 있는 것은 아니고 일건 기록상 현출되어 있는 사항에 관하여서**

만 이를 직권으로 심리조사하고 이를 기초로 하여 판단할 수 있을 따름이다(대법원 1988. 4. 27. 선고 87누1182 판결)라고 판시하였다.

기출

④ **사견으로는**

생각건대, 행정소송법 제26조는 행정소송의 경우 민사소송에 비하여 공공성에 부합되는 사건해결을 도모할 필요가 크다는 점을 감안하여 마련된 규정으로 보이므로 행정소송에서의 직권심리가 민사소송에서의 그것보다는 그 정도가 강한 것이라고 볼 수 있다는 견지에서 행정소송법 제26조 소정의 '필요하다고 인정할 때'라 함은 소송자료 및 증거자료가 풍부하게 되어 그 결과 사건의 적정한 심리와 재판을 하기 위하여 필요한 경우를 가리키는 것으로 볼 수 있다.[6]

따라서 기록상 나타나 있는 사실임에도 당사자가 이를 주장하지 않음으로써 재판자료로 삼지 않을 경우 현저히 정의에 반하는 결론에 이를 우려가 있다면 직권심리를 인정할 수 있다고 본다.

제6절

중요 판례의 동향을 더 알아보고 출제에 대비해 보자

종로구청장의 변상금부과처분의 근거법령 허용 여부와 공물인 도로의 사용형태에 따른 변상금부과처분의 적법성

392. 대법원 2011. 5. 26. 선고 2010두28106 판결【변상금부과처분취소】[공 2011하, 1313]

[1] 도로법 적용을 받는 도로가 되기 위한 요건

도로는 도로의 형태를 갖추고, 도로법에 따른 노선 지정 또는 인정 공고 및 도로구역 결정·고시를 한 때 또는 도시계획법이나 도시재개발법에서 정한 절차를 거쳐야 비로소 도로법 적용을 받는 (변상금부과의 원인이 되는) 도로로 되는 것이고, 도로로 실제 사용되었다는 사정만으로는 도로법 적용을 받는 도로라고 할 수 없다.

6 이혁우, 행정소송에서의 직권심리 범위 — 행정소송법 제26조의 해석과 관련하여 —, 특별법연구 제5권, 1997, 45면.

[2] 도로의 보통사용이 변상금부과의 원인이 되는지 여부

행정청이 도로 일부를 침범한 건물 소유자들에게 사용·수익허가 없이 해당 도로를 무단 점유하고 있다는 이유로 도로법 제94조에 따라 변상금 부과처분을 한 사안에서, 위 도로가 도로법에 따른 노선 지정 또는 인정 공고 및 도로구역 결정·고시되었다는 점을 인정할 자료가 없고, 일반인의 통행을 위한 도로로 실제 사용되어 온 사정만으로는 도로법 적용을 받는 도로라고 할 수 없으므로, 위 도로가 도로법 적용을 받는 도로에 해당한다고 보아 변상금 부과처분이 적법하다고 본 원심판결에 법리를 오해한 위법이 있다.

[3] 근거법령의 추가변경의 허용여부 판단기준

행정처분이 적법한지는 특별한 사정이 없는 한 처분 당시 사유를 기준으로 판단하면 되고, 처분청이 처분 당시 적시한 구체적 사실을 변경하지 아니하는 범위 내에서 단지 처분의 근거 법령만을 추가·변경하는 것은 새로운 처분사유의 추가라고 볼 수 없으므로 이와 같은 경우에는 처분청이 처분 당시 적시한 구체적 사실에 대하여 처분 후 추가·변경한 법령을 적용하여 처분의 적법 여부를 판단하여도 무방하다. 그러나 처분의 근거 법령을 변경하는 것이 종전 처분과 동일성을 인정할 수 없는 별개의 처분을 하는 것과 다름 없는 경우에는 허용될 수 없다.

[4] 사안의 적용

행정청이 점용허가를 받지 않고 도로를 점용한 사람에 대하여 도로법 제94조에 의한 변상금 부과처분을 하였다가 처분에 대한 취소소송이 제기된 후 해당 도로가 도로법의 적용을 받는 도로에 해당하지 않을 경우를 대비하여 처분의 근거 법령을 도로의 소유자가 국가인 부분은 구 국유재산법(2009. 1. 30. 법률 제9401호로 전부 개정되기 전의 것, 이하 같다) 제51조와 그 시행령 등으로, 소유자가 서울특별시 종로구인 부분은 구 공유재산 및 물품관리법(2010. 2. 4. 법률 제10006호로 개정되기 전의 것, 이하 같다) 제81조와 그 시행령 등으로 변경하여 주장한 사안에서, 도로법과 구 국유재산법령 및 구 공유재산 및 물품관리법령의 해당 규정은 별개 법령에 규정되어 입법 취지가 다르고, 해당 규정내용을 비교하여 보면 변상금의 징수목적, 산정 기준금액, 징수 재량 유무, 징수절차 등이 서로 달라 위와 같이 근거 법령을 변경하는 것은 종전 도로법 제94조에 의한 변상금 부과처분과 동일성을 인정할 수 없는 별개의 처분을 하는 것과 다름 없어 허용될 수 없으므로, 이와 달리 판단한 원심판결에 법리를 오해한 위법이 있다.

시흥시 대형 골프연습장 건축허가거부와 처분사유의 추가·변경

393. 대법원 2006. 10. 13. 선고 2005두10446 판결【건축허가신청반려처분취소】[미간행]

[1] 행정처분의 취소를 구하는 항고소송에서 당초 처분의 근거로 삼은 사유와 기본적 사실관계의 동일성이 없는 별개의 사실을 처분사유로 주장할 수 있는지 여부(소극) 및 기본적 사실관계의 동일성 유무의 판단 기준

행정처분의 취소를 구하는 항고소송에 있어서는 실질적 법치주의와 행정처분의 상대방인 국민에 대한 신뢰보호라는 견지에서 처분청은 당초 처분의 근거로 삼은 사유와 기본적 사실관계에 있어서 동일성이 있다고 인정되지 않는 별개의 사실을 들어 처분사유로 주장함은 허용되지 아니하나, 당초 처분의 근거로 삼은 사유와 기본적 사실관계에 있어서 동일성이 있다고 인정되는 한도 내에서는 다른 사유를 추가하거나 변경할 수 있고, 여기서 기본적 사실관계의 동일성 유무는 처분사유를 법률적으로 평가하기 이전의 구체적인 사실에 착안하여 그 기초가 되는 사회적 사실관계가 기본적인 점에서 동일한지 여부에 따라 결정된다(대법원 2001. 9. 28. 선고 2000두8684 판결; 2004. 11. 26. 선고 2004두4482 판결 등 참조).

[2] 사안의 적용

가. 기록에 의하면, 피고가 당초 이 사건 처분의 근거와 이유로 삼은 사유, 즉 이 사건 신청지를 비롯한 전체 공유수면매립지에 대한 도시계획수립 등 **향후 토지이용계획에 대한 검토가 이루어질 때까지 건축허가결정을 유보한다고 한 것**은, 만약 이 사건 신청지를 비롯한 일대의 토지이용계획이 구체적으로 결정되지 않은 상태에서 이 사건 연습장을 먼저 건축할 경우 장차 주변지역의 토지이용실태나 주변환경 또는 경관과 조화를 이루지 못할 우려가 있다는 의미를 내포하고 있다고 볼 수 있고, 따라서 비록 피고가 이 사건 처분 당시 구체적인 근거법령을 명시하지는 않았다고 하더라도, 피고는 이미 제4호에 저촉된다는 점을 이 사건 처분의 근거와 이유로 삼은 것으로 볼 수 있다 할 것이다.

나아가, 당초의 처분사유와 피고가 이 사건 소송에서 새로 추가한 처분사유는, 그 내용이 모두 이 사건 신청지가 공유수면매립 과정에서 형성된 이 사건 호수에 인접하여 있다는 점을 공통으로 하고 있을 뿐만 아니라, 그 취지도 주변환경과 관련한 **도시계획 내지 주변경관의 보전 등 중대한 공익상의 필요**가 있어 건축허가를 불허한다는 것으로서, **기본적 사실관계의 동일성이 인정된다고 할 것이며,** 피고가 이 사건 소송에서 주장하는 처분사유는 당초의 처분사유를 구체화하는 것에 불과하여 이를 처분사유의 추가나 변경이라고 볼 것은 아니라고 할 것이다.

나. 한편, 기록에 의하면, 시흥시는 지역주민들의 요구를 수용하여 2002. 12. 17.경 이 사건 신청지를 포함하여 이 사건 호수 및 시흥시 (상세 지번 생략) 등 25필지에 공원을 조

성하는 계획을 수립하고, 2003. 11. 11. 호수공원 도시관리계획결정을 위한 주민공람절차를 거치는 등 현재 공원조성사업을 추진중에 있으며, 그 일환으로 먼저 시유지인 이 사건 호수에 주민휴식공간을 조성하기로 하여 이 사건 호수 주변에 관찰테크 7개소를 포함한 1.3km의 생태탐방로를 조성하고, 수변무대와 정자 등의 편익시설을 설치하는 한편, 주변에 소나무 등 12종 18,500본의 나무와 10종 6,000본의 수생식물을 심어 호안을 정비함으로써, 현재 주민들의 휴식공간으로 널리 이용되고 있는 사실, 원고가 건축하고자 하는 이 사건 연습장은 길이 150여 미터, 높이 40여 미터의 규모로서 대형 철골구조물을 세워 그물망을 설치하기로 되어 있는 사실을 알 수 있다. 따라서 현재 주민들의 휴식공간으로 이용되고 있는 이 사건 호수에 연접하여 이 사건 연습장을 건축할 경우 쾌적하고 자연미 넘치는 호수공원의 분위기를 해치고 전망도 가리게 되는 등 주변환경이나 경관과 조화를 이루지 못할 것으로 예상된다 할 것이어서, 제4호에 저촉된다고 볼 여지가 충분하다 할 것이며, 이러한 이유에서 이 사건 건축허가신청을 반려한 이 사건 처분이 재량권 일탈이나 남용에 해당한다고 보기도 어렵다.

다. 그럼에도 불구하고, 피고가 이 사건 소송에서 추가로 주장한 사유가 당초 이 사건 처분의 근거와 이유로 삼은 사유와 기본적 사실관계에 있어서 동일성이 인정되지 않고, 제4호에 저촉된다고 볼 수도 없다는 이유로 이 사건 처분이 위법하다고 본 원심판결에는 필요한 심리를 다 하지 아니하였거나 처분사유의 추가·변경 및 국토이용법상 개발행위허가의 기준에 관한 법리를 오해하여 판결 결과에 영향을 미친 위법이 있다고 할 것이고, 이 점을 지적하는 상고이유의 주장은 이유가 있다.

한성피씨 건설주식회사 처추변과 기속력 사건

394. 대법원 2011. 10. 27. 선고 2011두14401 판결【건축불허가처분취소】[공 2011하, 2456]

[1] 확정된 거부처분취소 판결의 취지에 따라 이전 신청에 대하여 재처분을 할 의무가 있는 행정청이 종전 처분 후 발생한 '새로운 사유'를 내세워 다시 거부처분을 할 수 있는지 여부(적극) 및 '새로운 사유'인지를 판단하는 기준

행정소송법 제30조 제2항에 의하면, 행정청의 거부처분을 취소하는 판결이 확정된 경우에는 처분을 행한 행정청이 판결의 취지에 따라 이전 신청에 대하여 재처분을 할 의무가 있다. 행정처분의 적법 여부는 행정처분이 행하여진 때의 법령과 사실을 기준으로 판단하는 것이므로 확정판결의 당사자인 처분 행정청은 종전 처분 후에 발생한 새로운 사유를 내세워 다시 거부처분을 할 수 있고, 그러한 처분도 위 조항에 규정된 재처분에 해당한다. **여기에서 '새로운 사유'인지는 종전 처분에 관하여 위법한 것으로 판결에서 판단된 사유와 기본적 사실관계의 동일성이 인정되는 사유인지에 따라 판단되어야 하고, 기본적 사실관계의 동일성 유무는 처분사유를 법률적으로 평가하기 이전의 구체적인**

사실에 착안하여 그 기초인 사회적 사실관계가 기본적인 점에서 동일한지에 따라 결정되며, 추가 또는 변경된 사유가 처분 당시에 그 사유를 명기하지 않았을 뿐 이미 존재하고 있었고 당사자도 그 사실을 알고 있었다고 하여 당초 처분사유와 동일성이 있는 것이라고 할 수는 없다.

[2] 사안의 적용

고양시장이 갑 주식회사의 공동주택 건립을 위한 **주택건설사업계획승인 신청**에 대하여 **미디어밸리 조성을 위한 시가화예정 지역이라는 이유로 거부**하자, 갑 회사가 거부처분의 취소를 구하는 소송을 제기하여 승소판결을 받았고 위 판결이 그대로 확정되었는데, 이후 고양시장이 해당 토지 일대가 **개발행위허가 제한지역으로 지정되었다는 이유로 다시 거부**하는 처분을 한 사안에서, 재거부처분은 종전 거부처분 후 해당 토지 일대가 개발행위허가 제한지역으로 지정되었다는 **새로운 사실을 사유로 하는 것으로, 이는 종전 거부처분 사유와 내용상 기초가 되는 구체적인 사실관계가 달라 기본적 사실관계가 동일하다고 볼 수 없다는 이유**로, 행정소송법 제30조 제2항에서 정한 재처분에 해당하고 종전 거부처분을 취소한 확정판결의 기속력에 반하는 것은 아니다.

간접강제의 한계와 부당이득반환청구

395. 대법원 2010. 12. 23. 선고 2009다37725 판결【부당이득반환】[공 2011상, 213]

[1] 행정소송법 제34조에 정한 간접강제결정에 기한 배상금의 성질 및 확정판결의 취지에 따른 재처분이 간접강제결정에서 정한 의무이행기한이 경과한 후에 이루어진 경우, 간접강제결정에 기한 배상금의 추심이 허용되는지 여부(소극)

행정소송법 제34조 소정의 간접강제결정에 기한 배상금은 확정판결의 취지에 따른 재처분의 지연에 대한 제재나 손해배상이 아니고 재처분의 이행에 관한 심리적 강제수단에 불과한 것으로 보아야 하므로, 간접강제결정에서 정한 의무이행기한이 경과한 후에라도 확정판결의 취지에 따른 재처분이 행하여지면 배상금을 추심함으로써 심리적 강제를 꾀한다는 당초의 목적이 소멸하여 처분상대방이 더 이상 배상금을 추심하는 것이 허용되지 않는다.

[2] 전부명령이 확정된 후 그 집행권원상의 집행채권이 소멸한 것으로 판명된 경우, 집행채권자의 부당이득반환의무 성립 여부(적극) 및 그 반환 방법

집행권원에 기한 금전채권에 대한 강제집행의 일환으로 채권압류 및 전부명령이 확정된 후 그 집행권원상의 집행채권이 소멸한 것으로 판명된 경우에는 그 소멸한 부분에 관하여는 집행채권자가 집행채무자에 대한 관계에서 부당이득을 한 셈이 되므로, 집행채권자는 그가 위 전부명령에 따라 전부받은 채권 중 실제로 추심한 금전 부분에 관하

여는 그 상당액을, 추심하지 아니한 부분에 관하여는 그 채권 자체를 집행채무자에게 양도하는 방법으로 반환하여야 한다.

채권자가 채무자의 여객자동차사업면허를 처분금지해 달라는 가처분신청을 할 수 있는지(부정)

396. 대법원 2011. 4. 18.자 2010마1576 결정【자동차사업면허처분금지가처분】[공 2011상, 991]

[1] 임시의 지위를 정하기 위한 가처분에 있어서 피신청인 적격 및 민사집행법상의 가처분으로 행정청의 행정행위 금지를 구할 수 있는지 여부(소극)

민사집행법 제300조 제2항이 규정한 임시의 지위를 정하기 위한 가처분은 그 성질상 주장 자체에 의하여 다툼이 있는 권리관계에 관한 정당한 이익이 있는 자가 가처분 신청을 할 수 있고, 그 경우 주장 자체에 의하여 신청인과 저촉되는 지위에 있는 자를 피신청인으로 하여야 한다. 한편 민사집행법상의 가처분으로 행정청의 행정행위 금지를 구하는 것은 허용될 수 없다.

[2] 사안의 적용

채권자 갑이 채무자 을에 대한 대여금채권을 담보하기 위해 을 소유의 개인택시에 대한 근저당권을 설정하고 을에게서 '여객자동차운송사업면허 불처분각서'를 받았는데 위 개인택시와 더불어 면허를 처분할 우려가 있어서 을에 대하여 면허의 처분금지가처분을 구함과 아울러 관할 행정청을 제3채무자로 하여 위 면허의 채무자명의 변경금지 가처분을 구한 사안에서, 면허의 채무자명의 변경금지를 구하는 부분은 민사집행법상의 가처분으로 행정청의 면허 처분에 따른 인가 금지를 구하는 것이므로 허용될 수 없지만, 을을 상대로 면허의 처분금지를 구하는 부분은 위 각서에 기한 면허의 처분금지 청구권이라는 권리관계에 대하여 임시의 지위를 정하기 위한 것으로서 허용될 수 있다.

가톨릭 대학병원에 대한 부당이득환수처분과 과징금부과처분을 부과할 수 없는 특별한 사정에 대한 입증책임 〈전합〉

397. 대법원 2012. 6. 18. 선고 2010두27639, 27646 전원합의체 판결【과징금부과처분취소 · 부당이득환수처분취소】〈임의 비급여 진료행위 사건〉[공 2012하, 1312]

[1] 이른바 '임의 비급여 진료행위'가 구 국민건강보험법 제52조 제1항, 제4항 등에서 정한 '사위 기타 부당한 방법으로 가입자 등으로부터 요양급여비용을 받거나

가입자 등에게 이를 부담하게 한 때'에 해당하는지 여부(원칙적 적극)

[다수의견]

그러므로 요양기관이 그러한 기준과 절차를 위반하거나 초과하여 가입자 등으로부터 요양급여비용을 받은 경우뿐 아니라, 그 기준과 절차에 따르지 아니하고 임의로 비급여 진료행위를 하고 가입자와 요양 비급여로 하기로 합의하여 진료비용 등을 가입자 등으로부터 지급받은 경우도 위 기준을 위반하는 것으로서 원칙적으로 구 국민건강보험법(2006. 10. 4. 법률 제8034호로 개정되기 전의 것) 제52조 제1항, 제4항과 제85조 제1항 제1호, 제2항에서 규정한 '사위 기타 부당한 방법으로 가입자 등으로부터 요양급여비용을 받거나 가입자 등에게 이를 부담하게 한 때'에 해당한다.

[대법관 전수안의 반대의견]

구 국민건강보험법 제52조 제1항, 제4항, 제85조 제1항 제1호는 '요양기관이 사위 기타 부당한 방법으로 가입자 등으로부터 요양급여비용을 받거나 가입자 등에게 이를 부담하게 한 때' 부당이득으로 환수하거나 업무정지를 명할 수 있다고 규정하고 있으나, 여기서 요양급여비용이란 국민건강보험에 의하여 요양급여가 행하여진 경우 그 급여에 대한 대가로서 국민건강보험공단 이사장과 의약계를 대표하는 자의 계약에 따라 정해진 비용을 말하는 것이지, 사적 진료계약에 따른 진료비와는 다른 개념이다. 따라서 법정외 비급여 진료비는 위 각 법조문의 적용대상이 아니며, '요양급여비용'에 법정외 비급여 진료비가 포함된다고 해석하는 것은 법령의 근거 없이 국민의 권리를 제한하는 것과 다름없는 것이어서 허용될 수 없다.

[2] 이른바 '임의 비급여 진료행위'가 구 국민건강보험법 제52조 제1항, 제4항 등에서 정한 '사위 기타 부당한 방법으로 가입자 등으로부터 요양급여비용을 받거나 가입자 등에게 이를 부담하게 한 때'에 해당하지 않는 예외적인 경우 및 그에 관한 증명책임의 소재(=요양기관)

[다수의견]

요양기관이 국민건강보험의 틀 밖에서 임의로 비급여 진료행위를 하고 비용을 가입자 등으로부터 지급받은 경우라도 **① 진료행위 당시 시행되는 관계 법령상 이를 국민건강보험 틀 내의 요양급여대상 또는 비급여대상으로 편입시키거나 관련 요양급여비용을 합리적으로 조정할 수 있는 등의 절차가 마련되어 있지 않은 상황에서, 또는 그 절차가 마련되어 있다고 하더라도 비급여 진료행위의 내용 및 시급성과 함께 절차의 내용과 이에 소요되는 기간, 절차의 진행 과정 등 구체적 사정을 고려해 볼 때 이를 회피하였다고 보기 어려운 상황에서, ② 진료행위가 의학적 안전성과 유효성뿐 아니라 요양급여 인정기준 등을 벗어나 진료해야 할 의학적 필요성을 갖추었고, ③ 가입자 등에게 미리 내용과 비용을 충분히 설명하여 본인 부담으로 진료받는 데 대하여 동의를 받았**

다면, 이러한 경우까지 '사위 기타 부당한 방법으로 가입자 등으로부터 요양급여비용을 받거나 가입자 등에게 이를 부담하게 한 때'에 해당한다고 볼 수는 없다. 다만 요양기관이 임의로 비급여 진료행위를 하고 비용을 가입자 등으로부터 지급받더라도 **그것을 부당하다고 볼 수 없는 사정은 이를 주장하는 측인 요양기관이 증명해야 한다.** 왜냐하면 항고소송에서 당해 처분의 적법성에 대한 증명책임은 원칙적으로 처분의 적법을 주장하는 처분청에 있지만, 처분청이 주장하는 당해 처분의 적법성에 관하여 합리적으로 수긍할 수 있는 정도로 증명한 경우 그 처분은 정당하고, **이와 상반되는 예외적인 사정에 대한 주장과 증명은 상대방에게 책임이 돌아간다고 보는 것이 타당하기 때문이다.**

[대법관 김능환, 대법관 박병대, 대법관 김용덕의 반대의견]

'사위 기타 부당한 방법으로 요양급여비용을 받거나 부담하게 한 때'에 해당한다는 처분사유는 일반적인 경우와 마찬가지로 법정외 진료행위의 경우에도 여전히 처분청이 증명책임을 부담한다고 보아야 한다.

[3] 사안의 적용

갑 학교법인 소속 대학병원이 백혈병 등 혈액질환 환자들에게 식품의약품안전청장의 허가사항 등 요양급여기준을 위반하여 의약품을 사용하고, 요양급여비용 산정기준에 따라 별도로 산정할 수 없는 치료재료 등 비용을 별도로 산정하여 가입자 등으로부터 비용을 지급받은 것이 구 국민건강보험법(2006. 10. 4. 법률 제8034호로 개정되기 전의 것) 제52조 제1항 등에서 정한 '사위 기타 부당한 방법으로 요양급여비용을 받거나 가입자 등에게 이를 부담하게 한 때'에 해당한다는 이유로 국민건강보험공단과 보건복지부장관이 부당이득환수결정과 과징금부과처분을 한 사안에서, 요양기관이 요양급여기준 밖의 진료행위를 하고 해당 진료비를 가입자 등으로부터 지급받거나 요양급여비용 산정기준상 별도로 산정할 수 없는 치료재료의 비용 등을 별도로 산정하여 지급받더라도 **부당하다고 볼 수 없는 예외적인 경우에 해당한다는 점에 대한 증명책임이 요양기관인 병원을 운영하는 갑 법인에 있으므로 갑 법인 측에 증명의 기회를 주고 증명책임의 법리에 따라 병원이 행한 진료행위가 그러한 경우에 해당하는지를 심리·판단했어야 한다.**

[4] 사안의 적용2

갑 학교법인 소속 대학병원이 환자 등으로부터 진료지원과의 선택진료 사항에 관하여 포괄위임을 받은 다음 주진료과 외에 진료지원과 의사가 실시한 진료에 부과되는 선택진료비도 환자 등에게 부담하도록 한 것이 구 국민건강보험법(2006. 10. 4. 법률 제8034호로 개정되기 전의 것) 제52조 제1항 등에서 정한 '사위 기타 부당한 방법으로 가입자 등으로부터 요양급여비용을 받거나 가입자 등에게 이를 부담하게 한 때'에 해당한다는 이유로 국민건강보험공단이 부당이득환수결정을 한 사안에서, **병원이 선택진료를 요청하는 환자 등에게 선택진료신청서 양식을 이용하여 주진료과 선택진료 담당의사를 기재하여 제출하도록 하면서 주진료과 선택진료 담당의사에게 진료지원과 선택진료 담당의사**

선택을 위임하도록 동의를 받았고, 그 과정에서 환자 등에게 이에 관하여 설명하는 절차를 거쳤으며, 주진료과 선택진료 담당의사는 질병 치료를 위해 진료지원과 의사에게 검사, 영상진단, 방사선치료 등을 의뢰하고 그 결과에 따라 환자에 대한 치료방침과 범위 등을 결정한 후 치료를 하므로 신속하고 효율적인 치료를 위해 주진료과 선택진료 담당의사에게 진료지원과 선택진료를 포괄적으로 위임하는 것을 인정할 현실적 필요성이 있다는 사정 등을 들어, 병원이 포괄위임에 따른 선택진료비를 환자 등에게 부담하도록 한 것이 '사위 기타 부당한 방법으로 가입자 등으로부터 요양급여비용을 받거나 가입자 등에게 이를 부담하게 한 때'에 해당하지 않는다.

보훈심사위원회의 공상공무원 비해당결정인 직권취소의 제한과 비해당결정에 대한 입증책임분배

398. 대법원 2012. 3. 29. 선고 2011두23375 판결【공상공무원비해당자결정취소】[공 2012상, 699]

[1] 수익적 행정행위의 직권취소의 제한과 이익형량

일정한 행정처분으로 국민이 일정한 이익과 권리를 취득하였을 경우에 종전 행정처분을 취소하는 행정처분은 이미 취득한 국민의 기존 이익과 권리를 박탈하는 별개의 행정처분으로 취소될 행정처분에 하자 또는 취소해야 할 공공의 필요가 있어야 하고, 나아가 행정처분에 하자 등이 있다고 하더라도 취소해야 할 공익상 필요와 취소로 당사자가 입게 될 기득권과 신뢰보호 및 법률생활안정의 침해 등 불이익을 비교·교량한 후 공익상 필요가 당사자가 입을 불이익을 정당화할 만큼 강한 경우에 한하여 취소할 수 있는 것이며, 하자나 취소해야 할 필요성에 관한 증명책임은 기존 이익과 권리를 침해하는 처분을 한 행정청에 있다.

[2] 국민에게 일정한 이득과 권리를 취득하게 한 종전 행정처분을 취소할 수 있는 경우 및 취소해야 할 필요성에 대한 증명책임의 소재(=행정청)

초등학교 서무책임자로 근무하던 중 갑자기 쓰러져 '좌측 대뇌출혈에 의한 우측 편마비' 진단을 받은 갑에 대하여 지방보훈지청장이 공상공무원으로 국가유공자에 해당한다는 결정을 하였는데, 감사원의 감사결과를 통보받은 보훈심사위원회가 재심의를 통하여 '갑이 근무시간 전에 운동하던 중 쓰러진 것으로 판단된다'는 취지로 의결함에 따라 다시 공상공무원 비해당결정을 한 사안에서, 여러 사실관계에 비추어 보면 운동장 평탄화 작업 중에 졸도하였다는 취지로 작성한 교육장의 상병경위서 내용을 갑이 부인하는 사정만으로 곧바로 갑의 상이가 공무로 인한 것이 아니라고 단정할 수는 없다는 이유로, 이와 달리 본 원심판결에 행정처분 취소사유의 증명책임에 관한 법리를 오해한 위법이 있다.

원고가 운동장 평탄작업을 하던 중에 이 사건 상이를 입게 된 것이 아님을 원고 스스로 인정하고는 있으나 원고가 이 사건 상이를 입은 후 의식을 회복하고 나서 1998. 2. 27. 서울 남부교육청 교육장에게 제출한 진술서(기록 제47~48면)에서 '토사정리 및 운동장 평탄작업을 40분 정도 하고 잠시 휴식한 뒤 다시 학교를 순시하다가 운동장의 아치형 철책의 이상 유무를 확인키 위해 철책을 두 손으로 잡고 흔들어 본 후로 기억이 없다'는 취지로 기재한 사실, 위 교육장이 원고가 이 사건 상이를 입고 의식을 회복하기 전인 1997. 12.에 작성한 상병경위서(기록 제97~100면)에는 원고의 위 진술서 내용과 달리 운동장 평탄화 작업 중에 졸도하였다는 취지로 기재되었된 사실을 알 수 있는바, 이러한 사실관계에 비추어 보면 위 교육장의 상병경위서의 내용을 원고가 부인하는 사정만으로 곧바로 원고의 이 사건 상이가 공무로 인한 것이 아니라고 단정할 수는 없다.

법원 본안 심리 원칙과 과태료 재판의 범위

399. 대법원 2012. 10. 19.자 2012마1163 결정**【폐기물관리법위반이의】**[공 2012하, 1885]

과태료재판의 심판 범위(=행정청의 과태료부과처분사유와 기본적 사실관계에서 동일성이 인정되는 한도 내)

【결정요지】

과태료재판의 경우, 법원으로서는 기록상 현출되어 있는 사항에 관하여 직권으로 증거조사를 하고 이를 기초로 하여 판단할 수 있는 것이나, 그 경우 행정청의 과태료부과처분사유와 기본적 사실관계에서 동일성이 인정되는 한도 내에서만 과태료를 부과할 수 있다.

【이 유】

직권으로 판단한다.

1. 과태료재판의 경우, 법원으로서는 기록상 현출되어 있는 사항에 관하여 직권으로 증거조사를 하고 이를 기초로 하여 판단할 수 있는 것이나, **그 경우 행정청의 과태료부과처분사유와 기본적 사실관계에 있어서 동일성이 인정되는 한도 내에서만 과태료를 부과할 수 있다.**

2. 기록에 의하면, 행정청인 의령군수의 과태료부과처분사유는 재항고인의 사업장에 야적되어 있는 폐기물인 고철을 구 폐기물관리법(2010. 7. 23. 법률 제10389호로 개정되기 전의 것) 제13조 및 같은 법 시행규칙 제14조 별표 5의 규정에 따른 **보관 기준과 방법에 따라** 보관하지 않았다는 것인데 반해, 원심은 강우로 인하여 재항고인의 사업시설인 철제선반, 컨베이어 등에서 **녹슨 물(이하 '침출수'라고 한다)이 누출**되었다고 하면서 폐기물인 침출수 자체를 위 법령에 따른 보관 기준과 방법에 따라 보관하지 않은 것이 인정된다는 이유로 이 사건 과태료 부과가 정당하다고 판단하였다.

그런데 이러한 행정청의 과태료부과처분사유와 원심의 판단을 비교하여 보면, 단지 폐기물을 위 법령에 따른 보관 기준과 방법에 따라 보관하지 않았다는 점에서만 동일할 뿐, 보관 기준과 방법의 객체가 되는 폐기물이 고철과 침출수로 서로 달라 기본적 사실관계가 동일하지 않다고 할 것이다.

400. 대법원 2013. 08. 22. 선고 2011두26589 판결[국가유공자비해당결정처분취소]

【판시사항】

행정청이 공무수행과 상이 사이에 인과관계가 없다는 이유로 국가유공자 비해당결정을 한 데 대하여 법원이 인과관계의 존재는 인정하면서 직권으로 본인 과실이 경합된 사유가 있다는 이유로 그 처분이 정당하다고 판단하는 것이 적법한지 여부(소극)

【판결요지】

국가유공자 인정 요건, 즉 공무수행으로 상이를 입었다는 점이나 그로 인한 신체장애의 정도가 법령에 정한 등급 이상에 해당한다는 점은 국가유공자 등록신청인이 증명할 책임이 있지만, 그 상이가 '불가피한 사유 없이 본인의 과실이나 본인의 과실이 경합된 사유로 입은 것'이라는 사정, 즉 지원대상자 요건에 해당한다는 사정은 국가유공자 등록신청에 대하여 지원대상자로 등록하는 처분을 하는 처분청이 증명책임을 진다고 보아야 한다. 이러한 점과 더불어 공무수행으로 상이를 입었는지 여부와 그 상이가 불가피한 사유 없이 본인의 과실이나 본인의 과실이 경합된 사유로 입은 것인지 여부는 처분의 상대방의 입장에서 볼 때 방어권 행사의 대상과 방법이 서로 다른 별개의 사실이고, 그에 대한 방어권을 어떻게 행사하는지 등에 따라 국가유공자에 해당하는지 지원대상자에 해당하는지에 관한 판단이 달라져 법령상 서로 다른 처우를 받을 수 있는 점 등을 종합해 보면, 같은 국가유공자 비해당결정이라도 그 사유가 공무수행과 상이 사이에 인과관계가 없다는 것과 본인 과실이 경합되어 있어 지원대상자에 해당할 뿐이라는 것은 기본적 사실관계의 동일성이 없다고 보아야 한다. 따라서 처분청이 공무수행과 사이에 인과관계가 없다는 이유로 국가유공자 비해당결정을 한 데 대하여 법원이 그 인과관계의 존재는 인정하면서 직권으로 본인 과실이 경합된 사유가 있다는 이유로 그 처분이 정당하다고 판단하는 것은 행정소송법이 허용하는 직권심사주의의 한계를 벗어난 것으로서 위법하다.

401. 대법원 2013. 07. 25. 선고 2012두12297 판결[해임처분취소결정취소]

【판시사항】

교원소청심사위원회 결정의 기속력 범위 및 징계처분을 받은 사립학교 교원의 소청심사청구에 대하여 징계사유 자체가 인정되지 않는다는 이유로 징계처분을 취소하는 재결을 하고, 그에 대하여 학교법인 등이 제기한 행정소송 절차에서 심리한 결과 징계사유 중 일부 사유는 인정된다고 판단되는 경우, 법원이 내려야 할 판결의 내용

【판결요지】

교원소청심사위원회의 결정은 처분청에 대하여 기속력을 가지고 이는 그 결정의 주문에 포함된 사항뿐 아니라 그 전제가 된 요건사실의 인정과 판단, 즉 처분 등의 구체적 위법사유에 관한 판단에까지 미친다. 따라서 위원회가 사립학교 교원의 소청심사청구를 인용하여 징계처분을 취소한 데 대하여 행정소송이 제기되지 아니하거나 그에 대하여 학교법인 등이 제기한 행정소송에서 법원이 위원회 결정의 취소를 구하는 청구를 기각하여 위원회 결정이 그대로 확정되면, 위원회 결정의 주문과 그 전제가 되는 이유에 관한 판단만이 학교법인 등 처분청을 기속하게 되고, 설령 판결 이유에서 위원회의 결정과 달리 판단된 부분이 있더라도 이는 기속력을 가질 수 없다. 그러므로 사립학교 교원이 어떠한 징계처분을 받아 위원회에 소청심사청구를 하였고, 이에 대하여 위원회가 그 징계사유 자체가 인정되지 않는다는 이유로 징계양정의 당부에 대해서는 나아가 판단하지 않은 채 징계처분을 취소하는 결정을 한 경우, 그에 대하여 학교법인 등이 제기한 행정소송 절차에서 심리한 결과 징계사유 중 일부 사유는 인정된다고 판단이 되면 법원으로서는 위원회의 결정을 취소하여야 한다. 이는 설령 인정된 징계사유를 기준으로 볼 때 당초의 징계양정이 과중한 것이어서 그 징계처분을 취소한 위원회 결정이 결론에 있어서는 타당하다고 하더라도 마찬가지이다. 위와 같이 행정소송에 있어 확정판결의 기속력은 처분 등을 취소하는 경우에 그 피고인 행정청에 대해서만 미치는 것이므로, 법원이 위원회 결정의 결론이 타당하다고 하여 학교법인 등의 청구를 기각하게 되면 결국 행정소송의 대상이 된 위원회 결정이 유효한 것으로 확정되어 학교법인 등도 이에 기속되므로, 위원회 결정의 잘못은 바로잡을 길이 없게 되고 학교법인 등도 해당 교원에 대한 적절한 재징계를 할 수 없게 되기 때문이다.

402. 대법원 2013. 07. 12.자 2012무84 결정[시정명령등취소청구의소]

공정거래위원회가 명한 시정조치에 대하여 그 취소 등을 구하는 행정소송에서 당해 시정조치가 사업자의 상대방에 대한 특정행위를 중지·금지시키는 것을 내용으로 하는 경우, 당해 소송의 판결 결과에 따라 해당 사업자가 특정행위를 계속하거나 또는 그 행위를 할 수 없게 되고, 따라서 그 행위의 상대방은 그 판결로 법률상 지위가 결정된다고 볼 수 있으므로 그는 위 행정소송에서 공정거래위원회를 보조하기 위하여 보조참가를 할 수 있다.

403. 대법원 2013. 03. 28. 선고 2011두13729 판결[사업시행인가처분취소]

[1] 행정소송 사건에서 참가인이 한 보조참가가 행정소송법 제16조가 규정한 제3자의 소송참가에 해당하지 않는 경우에도, 판결의 효력이 참가인에게까지 미치는 점 등 행정소송의 성질에 비추어 보면 그 참가는 민사소송법 제78조에 규정된 공동소송적 보조참가이다.

[2] 공동소송적 보조참가는 그 성질상 필수적 공동소송 중에서는 이른바 유사필수적 공동소송에 준한다 할 것인데, 유사필수적 공동소송에서는 원고들 중 일부가 소를 취하하는 경우에 다른 공동소송인의 동의를 받을 필요가 없다. 또한 소취하는 판결이 확정될 때까지 할 수 있고 취하된 부분에 대해서는 소가 처음부터 계속되지 아니한 것으로 간주되며(민사소송법 제267조), 본안에 관한 종국판결이 선고된 경우에도 그 판결 역시 처음부터 존재하지 아니한 것으로 간주되므로, 이는 재판의 효력과는 직접적인 관련이 없는 소송행위로서 공동소송적 보조참가인에게 불이익이 된다고 할 것도 아니다. 따라서 피참가인이 공동소송적 보조참가인의 동의 없이 소를 취하하였다 하더라도 이는 유효하다. 그리고 이러한 법리는 행정소송법 제16조에 의한 제3자 참가가 아니라 민사소송법의 준용에 의하여 보조참가를 한 경우에도 마찬가지로 적용된다.

404. 대법원 2013. 03. 28. 선고 2010두20805 판결[법인세등부과처분취소]

☞ **행정행위의 입증책임에 대하여 법률요건분류설을 취하고 있다.**

[1] 장부에 기재되지 않고 사외유출된 법인의 수입금은 그 귀속이 분명하지 않은 한 과세관청이 법인세법 제67조, 법인세법 시행령 제106조 제1항 제1호 단서의 규정에 의하여 대표자에 대한 상여로 소득처분할 수밖에 없는 것이고, 이 경우 그 귀속이 분명하다는 점에 관한 증명책임은 이를 주장하는 납세의무자에게 있다.

[2] 일반적으로 조세부과처분의 취소소송에서 과세요건사실에 관한 증명책임은 과세관청에게 있으므로, 과세관청이 구체적인 소송과정에서 과세요건사실을 직접 증명하거나 경험칙에 비추어 과세요건사실이 추정되는 사실을 밝히지 못하면 당해 과세처분은 과세요건을 충족시키지 못한 위법한 처분이 된다.

405. 대법원 2013. 07. 11. 선고 2011두27544 판결[주택재건축정비사업조합설립인가처분취소]

[1] 선행처분의 취소를 구하는 소가 후속처분의 취소를 구하는 소로 교환적으로 변경되었다가 다시 선행처분의 취소를 구하는 소로 변경되고, 후속처분의 취소를 구하는 소에 선행처분의 취소를 구하는 취지가 그대로 남아 있었던 경우, 선행처분의 취소를 구하는 소의 제소기간 준수 여부의 결정 기준시기

행정소송법상 취소소송은 처분 등이 있음을 안 날부터 90일 이내에 제기하여야 하고, 처분 등이 있은 날부터 1년을 경과하면 제기하지 못한다(행정소송법 제20조 제1항, 제2항). 한편 청구취지를 교환적으로 변경하여 종전의 소가 취하되고 새로운 소가 제기된 것으로 보게 되는 경우에 새로운 소에 대한 제소기간의 준수 등은 **원칙적으로 소의 변경이 있은 때**를 기준으로 하여 판단된다. 그러나 선행처분의 취소를 구하는 소가 그 후속처분의 취소를 구하는 소로 교환적으로 변경되었다가 다시 선행처분의 취소를 구하는 소로 변경된 경우 후속처분의 취소를 구하는 소에 선행처분의 취소를 구하는 취지가 그대로 남아 있었던 것으로 볼 수 있다면 선행처분의 취소를 구하는 소의 제소기간은 **최초의 소가 제기된 때**를 기준으로 정하여야 한다.

[2] 주택재건축사업의 추진위원회가 조합을 설립하는데 정비구역에 주택단지가 포함되는지에 따른 재건축조합설립인가를 위한 동의정족수 및 도시 및 주거환경정비법 제16조 제3항에서 정한 '토지 또는 건축물 소유자'의 의미

'도시 및 주거환경정비법' 제16조 제2항, 제3항의 내용·형식 및 체제에 비추어 보면, 주택재건축사업의 추진위원회가 조합을 설립함에 있어 ① 정비구역이 주택단지로만 구성된 경우에는 도시정비법 제16조 제2항에 의한 동의만 얻으면 되고, ② 정비구역에 주택단지가 아닌 지역이 포함되어 있을 경우에는 주택단지에 대하여는 도시정비법 제16조 제2항에 의한 동의를 얻어야 하지만, 주택단지가 아닌 지역에 대하여는 이와 별도로 같은 조 제3항에 의한 동의를 얻어야 하며, ③ 정비구역에 주택단지가 전혀 포함되지 아니한 경우에는 같은 조 제3항에 의한 동의를 얻어야 한다고 보는 것이 합당하다. 그리고 도시정비법 제16조 제3항 소정의 '토지 또는 건축물 소유자'는 정비구역 안의 토지 및 건축물의 소유자뿐만 아니라 토지만을 소유한 자, 건축물만을 소유한 자 모두를 포함하는 의미라고 해석함이 타당하다.

제 7 절

(실력 UP) 출제가 예상되는 화제의 판결들을 공부해 두자

406. 대법원 2019. 1. 31. 선고 2016두52019 판결[환급금일부부지급처분취소]

직업능력개발훈련과정 인정을 받은 사업주가 거짓이나 그 밖의 부정한 방법으로 훈련비용을 지원받은 경우에는 해당 훈련과정의 인정을 취소할 수 있고, 인정이 취소된 사업주에 대하여는 인정취소일부터 5년의 범위에서 구 근로자직업능력 개발법(이하 '직업능력개발법'이라 한다) 제24조 제1항에 의한 직업능력개발훈련과정 인정을 하지 않을 수 있으며, 1년간 직업능력개발훈련 비용을 지원하지 않을 수 있다.

[직업능력개발법 제24조 제2항 제2호, 제3항, 제55조 제2항 제1호, 구 근로자직업능력 개발법 시행규칙 제22조 [별표 6의2]].

관할관청이 직업능력개발훈련과정 인정을 받은 사업주에 대하여 거짓이나 그 밖의 부정한 방법으로 훈련비용을 지원받았다고 판단하여 위 규정들에 따라 일정 기간의 훈련과정 인정제한처분과 훈련비용 지원제한처분을 하였다면, 사업주는 제한처분 때문에 해당 제한 기간에는 실시예정인 훈련과정의 인정을 신청할 수 없고, 이미 실시한 훈련과정의 비용지원도 신청할 수 없게 된다(설령 사업주가 신청을 하더라도, 관할관청은 제한처분이 있음을 이유로 훈련과정 인정이나 훈련비용 지원을 거부할 것임이 분명하다). 그런데 그 제한처분에 대한 쟁송절차에서 해당 제한처분이 위법한 것으로 판단되어 취소되거나 당연무효로 확인된 경우에는, 예외적으로 사업주가 해당 제한처분 때문에 관계 법령이 정한 기한 내에 하지 못했던 훈련과정 인정신청과 훈련비용 지원신청을 사후적으로 할 수 있는 기회를 주는 것이 취소판결과 무효확인판결의 기속력을 규정한 행정소송법 제30조 제1항, 제2항, 제38조 제1항의 입법 취지와 법치행정 원리에 부합한다.

407. 대법원 2018. 4. 12. 선고 2017두74702 판결[교원소청심사위원회결정취소]

[1] 성희롱이란 업무, 고용, 그 밖의 관계에서 국가기관·지방자치단체, 각급 학교, 공직유관단체 등 공공단체의 종사자, 직장의 사업주·상급자 또는 근로자가 ① 지위를 이용하거나 업무 등과 관련하여 성적 언동 또는 성적 요구 등으로 상대방에게 성적 굴욕감이나 혐오감을 느끼게 하는 행위, ② 상대방이 성적 언동 또는 요구 등에 따르지 아니한다는 이유로 불이익을 주거나 그에 따르는 것을 조건으로 이익 공여의 의사표시를 하는 행위를 하는 것을 말한다[양성평등기본법 제3조 제2호, 남녀고용평등과 일·가정 양립 지

원에 관한 법률 제2조 제2호, 국가인권위원회법 제2조 제3호 (라)목 등 참조]. 여기에서 '성적 언동'이란 남녀 간의 육체적 관계나 남성 또는 여성의 신체적 특징과 관련된 육체적, 언어적, 시각적 행위로서 사회공동체의 건전한 상식과 관행에 비추어 볼 때, 객관적으로 상대방과 같은 처지에 있는 일반적이고도 평균적인 사람으로 하여금 성적 굴욕감이나 혐오감을 느끼게 할 수 있는 행위를 의미한다.

[2] 성희롱이 성립하기 위해서는 행위자에게 반드시 성적 동기나 의도가 있어야 하는 것은 아니지만, 당사자의 관계, 행위가 행해진 장소 및 상황, 행위에 대한 상대방의 명시적 또는 추정적인 반응의 내용, 행위의 내용 및 정도, 행위가 일회적 또는 단기간의 것인지 아니면 계속적인 것인지 등의 구체적 사정을 참작하여 볼 때, 객관적으로 상대방과 같은 처지에 있는 일반적이고도 평균적인 사람으로 하여금 성적 굴욕감이나 혐오감을 느낄 수 있게 하는 행위가 있고, 그로 인하여 행위의 상대방이 성적 굴욕감이나 혐오감을 느꼈음이 인정되어야 한다.

[3] 성희롱을 사유로 한 징계처분의 당부를 다투는 행정소송에서 징계사유에 대한 증명책임은 그 처분의 적법성을 주장하는 피고에게 있다. 다만 민사소송이나 행정소송에서 사실의 증명은 추호의 의혹도 없어야 한다는 자연과학적 증명이 아니고, 특별한 사정이 없는 한 경험칙에 비추어 모든 증거를 종합적으로 검토하여 볼 때 어떤 사실이 있었다는 점을 시인할 수 있는 고도의 개연성을 증명하는 것이면 충분하다. 민사책임과 형사책임은 지도이념과 증명책임, 증명의 정도 등에서 서로 다른 원리가 적용되므로, 징계사유인 성희롱 관련 형사재판에서 성희롱 행위가 있었다는 점을 합리적 의심을 배제할 정도로 확신하기 어렵다는 이유로 공소사실에 관하여 무죄가 선고되었다고 하여 그러한 사정만으로 행정소송에서 징계사유의 존재를 부정할 것은 아니다.

[4] 법원이 성희롱 관련 소송의 심리를 할 때에는 그 사건이 발생한 맥락에서 성차별 문제를 이해하고 양성평등을 실현할 수 있도록 '성인지 감수성'을 잃지 않아야 한다(양성평등기본법 제5조 제1항 참조). 그리하여 우리 사회의 가해자 중심적인 문화와 인식, 구조 등으로 인하여 피해자가 성희롱 사실을 알리고 문제를 삼는 과정에서 오히려 부정적 반응이나 여론, 불이익한 처우 또는 그로 인한 정신적 피해 등에 노출되는 이른바 '2차 피해'를 입을 수 있다는 점을 유념하여야 한다. 피해자는 이러한 2차 피해에 대한 불안감이나 두려움으로 인하여 피해를 당한 후에도 가해자와 종전의 관계를 계속 유지하는 경우도 있고, 피해사실을 즉시 신고하지 못하다가 다른 피해자 등 제3자가 문제를 제기하거나 신고를 권유한 것을 계기로 비로소 신고를 하는 경우도 있으며, 피해사실을 신고한 후에도 수사기관이나 법원에서 그에 관한 진술에 소극적인 태도를 보이는 경우도 적지 않다. 이와 같은 성희롱 피해자가 처하여 있는 특별한 사정을 충분히 고려하지 않은 채 피해자 진술의 증명력을 가볍게 배척하는 것은 정의와 형평의 이념에 입각하여 논리와 경험의 법칙에 따른 증거판단이라고 볼 수 없다.

제 22 장

행정소송법5 — 특수한 행정소송과 개정논의 심층분석

제 1 절

거부처분취소소송에 대하여 깊이 공부해 보자★★★★

(1) 거부처분 취소소송의 소의 적법성(= 소송요건 = 본안전판단 ☞ if x = 각하판결)

난이도 높지만 최근 빈출

1) 거부가 재판의 대상이 되기 위한 대상적격은 판례에 의하면 세 가지 가 필요하다

가) ㊕청의 내용이 행정소송법 제2조의 공권력일 것

신청의 내용이 **행정소송법 제2조의 공권력**에 해당하여야 하므로 행정청이 발급한 법집행에 관한 공권력의 모습이어야 한다.

그러므로 신청의 내용이 입법행위나 사실행위 등은 해당 X

나) 법규상·조리상 ㊕청권이 있을 것 ★★★★

① 거부행위의 처분성에 대한 판례의 입장

대법원은 행정청이 국민으로부터 어떤 신청을 받고도 그 신청에 따른 내용의 행위를 함이 없이 신청을 반려한 행위가 항고소송의 **〈대상〉**인 거부처분이 **되기 위하여는** 국민이 행정청에 대하여 그 **신청에 따른 행정행위를 해줄 것을 요구할 수 있는 법규상 또는 조리상의 권리**가 **있어야 한다는 입장이다**(대법원 1990. 9. 28. 선고 89누8101 판결).[1]

기출

1 헌법재판소도 같은 입장이다. 헌재 1998. 5. 16. 98헌마121 결정 참조.

기출

② **판례에 대한 학설의 비판**

☞ 이처럼 판례는 **대상적격설**을 취하나, **원고적격설**이나 **본안설**의 비판을 받기도 한다.

이러한 판례에 대해 취소소송의 대상과 **원고적격**의 구분을 무시한 것일 뿐만 아니라,[2] 행정소송법상 부작위개념(제2조 제1항 제2호)과는 달리 하등 위법성을 전제로 하지 않은 거부처분의 개념을 부당하게 제한함으로써 국민의 권익구제의 길을 축소한다는 비판이 제기된다.[3]

③ **검 토**

판례의 입장과 그 비판에 대하여 검토하기 위하여는 대법원이 **신청권의 의미**를 어떻게 이해하고 있는지를 밝혀야 한다. **대법원은 〈검사임용신청에 대한 임용 여부〉**에 관하여 어떠한 내용의 응답을 할 것인지는 임용권자의 **자유재량**에 속하지만 원고에게는 **재량권의 한계일탈이나 남용이 없는 적법한 응답을 요구할 권리**(**응답신청권**)가 있으므로 **거부처분**이 행정소송의 **대상**이 된다고 판시하였고(대법원 1991. 2. 12. 선고 90누5825 판결), 또한 거부처분의 처분성을 인정하기 위한 전제요건이 되는 **신청권의 존부는 구체적 사건에서 신청인이 누구인가를 고려하지 않고** 관계 법규의 해석에 의하여 **일**반 국민에게 그러한 신청권을 인정하고 있는가를 살펴 **추**상적으로 결정되는 것이고, 신청인이 그 신청에 따른 **〈단순한 응답을 받을 권리〉를 넘어서 신청의 인용이라는 만족적 결과를 얻을 권리를 의미하는 것은 아니라고 판시**하여(대법원 1996. 6. 11. 선고 95누12460 판결), 신청권은 < **형**식상의 단순한 응답요구권 >의 의미로 이해하고 있음을 분명히 하였다. 이와 같이 신청권을 형식적 의미로 이해하고, 그것을 소송의 **대상**(☞**객관적인 요건**), 즉 **처분성 인정의 문제로 보는 대법원의 입장은 타당**하다.

빈출

암기법
(신 + 신 + 직) + (일 + 추 + 형 + 객)

> **[참고]** 신청권은 **실질적 신청권**과 **형식적 신청권**으로 구별할 수 있다. 일반적으로 실질적인 권리란 특정한 급부 또는 행위를 청구하는 것을 내용으로 하는 것을 의미한다. 그에 대하여 형식적 권리란 특정한 행정결정을 요구할 수 있는 것이 아니라 단지 하자 없는 적법한 결정을 요구할 수 있다는 의미로 파악해야 한다. 이러한 의미에서 실질적 신청권이란 원고가 신청한 특정의 처분을 해 달라는 권리를 말하며, **형식적 신청권**이란 원고의 신청에 대한 **단순한 응답요구권**을 말한다.

2 김남진·김연태, 행정법 I, 763−764면.

3 홍준형, 행정구제법, 544면.

다만 처분을 공권력의 행사로서 신청인의 권리나 법적 이익에 영향을 미치는 행위로 이해하는 한,[4] **신청의 대상이 처분에 해당한다면, 그에 대한 형식적 신청권은 항상 긍정된다**고 볼 수 있다. 따라서 신청의 대상이 처분에 해당하는지를 검토하는 이외에 별도로 형식적 신청권을 요구할 필요는 없다. 기출

그렇지만 참고로 판례에 따르면 불가쟁력이 발생한 행정행위에 대해 그것의 변경을 구할 국민의 신청권은 특별한 사정이 없는 한 인정되지 않고 있다.

다) 그 거부가 국민의 권리·의무를 ㉨접 제한할 것

행정청의 신청에 대한 거부에 의하여 권리 · 의무가 <**직접적**>으로 제한받을 수 있어야 한다.

2) 거부처분취소소송에서의 원고적격이란

판례는 거부처분취소소송에서 원고적격을 별도로 검토하지 않는 경향이다. 다만 이를 검토한다면 행정소송법 제12조 제1문의 법률상 이익을 충족하여야 하는데 기속행위는 신청대로의 특정행위청구권을 의미하고, 재량행위는 신청에 대한 무하자재량행사청구권을 의미한다.

3) 소의 이익 등 나머지 요건을 충족할 것이 요구된다

소의 이익, 제소기간, 행정심판전치주의 등의 요건을 **구비하여야** 한다.

(2) 거부처분 취소소송의 이유유무 (= 본안판단= if x= 기각판결, if o= 인용판결)

1) 재량행위인지 여부를 먼저 검토해 보자★★

신청의 내용이 되는 행정행위나 그 거부가 기속행위인지 재량행위인지 **기본권까지 고려하는 종합설에** 의하여 **법**령의 문언과 취지, **행**정행위의 성질과 종류, **기**본권관련성의 비중, **공**익관련성의 비중 등을 종합적으로 고려하여 판단

---

4 행정소송법상의 처분개념이 규율 또는 법적 효과의 개념요소를 포함하고 있는지에 대하여 논란이 있으나(이에 대하여는 박정훈, 취소소송의 성질과 처분개념, 고시계, 2001. 9, 29면 이하 참조), 대법원은 행정소송의 대상이 되는 처분을 국민의 권리 · 의무에 영향을 미치는 행위라고 이해한다: "행정소송의 대상이 되는 행정청의 처분이라 함은 행정청의 공법상의 행위로서 특정사항에 대하여 법규에 의한 권리의 설정 또는 의무의 부담을 명하거나 기타 법률상 효과를 발생하게 하는 등 국민의 권리의무에 직접 관계가 있는 행위를 말한다"(대법원 1992. 2. 11. 선고 91누4126 판결. 같은 취지의 판례: 대법원 1992. 1. 17. 선고 91누1714 판결; 대법원 1994. 12. 9. 선고 94누8433 판결 등). 헌법재판소도 같은 입장이다(헌재 1998. 7. 16. 96헌마246 결정). 취소소송을 형성소송으로 보고 이에 따라 취소판결 역시 일정한 행정작용의 법적 효력을 부인하는 성질을 갖는 형성판결로 이해한다면, 그 대상은 국민에 대하여 권리제한 또는 의무부과라는 법적 효과를 갖는 행정작용이어야 한다.

하여야 한다.

2) 거부처분의 위법성은 어떻게 판단할까 ★★★

주체, **절**차, **형**식, **내**용의 위법성을 검토하여야 한다.

(3) 거부처분취소소송 인용판결의 효력은 중요하니 꼭 정리해두자 ★★★★

빈출

기판력, **형**성력, **기**속력이 인용판결에는 모두 발생한다. 특히 기속력과 관련하여 행정소송법 **제30조 제2항의 재처분의무**는 **기속행위**는 **신청대로 처분할 의무**가 있고, **재량행위**는 **신청에 대한 하자 없는 재량행사의무**가 있다. 행정소송법 **제30조 제3항의 재처분의무**는 **절차를 보완**하여 처분을 발급할 의무가 있다. 그러나 이러한 **재처분의무를 이행하지 않는 경우** 행정소송법 **제34조의 간접강제인 손해배상명령**만이 담보수단이 되고, 직접적인 집행력이 발생하지 않는다. 이러한 간접강제는 **판결의 취지를 존중하도록 이행을 강제하**려는 것이므로 재처분의무를 이행한 이후에는 더 이상 추심할 수 없고, **더 이상 추심한 부분은 부당이득으로 반환**하여야 한다.

(4) 거부처분에 대한 소송을 위한 입법론이 있다 ★

기출

의무이행소송과 **가처분**의 도입이 궁극적으로 필요하다.

제 2 절

부작위위법확인소송★★

(1) 부작위위법확인소송의 의의는 무엇일까

행정청이 처분을 할 **법**적인 의무가 있음에도 불구하고 이행하지 **않**는 경우 (행정소송법 제2조 제1항 **제2호**) 우리 행정소송법은 **제4조 제3호에서 부작위위법확인소송**을 규정하고 있다. 그러나 후술하듯이 이에 대하여는 **다수설과 판례가 절차적 심리설**에 입각하여 있으므로 유력설인 실체적 심리설과 달리 부작위 여부에 대하여만 판단하므로 권리구제의 실효성에 대하여 의문이 제기되고 있다. 따라서 **개정안**에서 적극적으로 검토되고 있듯이 **의무이행소송**을 인정하는 것이 국민의 실효적인 권리구제관점에서 타당하다. 이하에서 **실정법하**에서 문제되는 부작위위법확인소송에 관한 쟁점들을 검토하기로 한다.

(2) 행정청의 **부작위에 대한 쟁송의 형태**를 알아보자

1) 부작위위법확인소송이 있다

부작위위법확인소송이란 행정청의 **부작위**가 위법임을 **확인**하는 소송유형을 말한다(행정소송법 제4조 제3호).

2) 집행정지는 부정된다

그러나 행정소송법 제23조의 집행정지는 **적극적인 처분이 있어야** 하므로 집행정지는 인정되지 **않을 것이다**. 기출

(3) 부작위위법확인소송에서의 소의 적법성(= 소송요건 = 본안전판단)

1) 부작위위법확인소송의 원고적격을 공부해 두자

행정소송법 **제36조**는 **신청을 한 자**로서 부작위의 위법의 확인을 구할 **법률상 이익**이 있는 자만이 제기할 수 있다는 규정의 의미에 관련하여 살펴보기로 한다.

가) 신청을 한 자의 의미는 다툼이 있다

이에 대하여 (i) <**신청한 자이면 족하다**>는 학설과 (ii) <**신청권을 요구**>하는 학설이 대립하고 있다. **다수설과 판례는 법규상 · 조리상의 신청권을 요구**하고 있다. **판례는 일관되게 부작위위법확인소송의 대상이 되는 부작위처분이 되기 위해서는 법규상 · 조리상의 신청권이 존재해야** 하고 단지 행정청의 직권발동을 촉구하는 데 불과한 신청에 대한 무응답은 이에 해당하지 않는다고 판시하고 있다. 이때의 신청권은 **형**식적 신청권으로서 **일**반적이고 추상적으로 결정되므로 실질적으로 **두 학설상의 차이는 거의 없다**. 기출

나) 법률상 이익의 의미도 다툼이 있다

이와 관련하여 ① 실질적 처분과의 주관적 관련성(김연태)을 의미한다는 입장과 ② **어떠한 처분 즉, 응답의무에 대한 주관적 관련성**을 의미한다는 입장이 대립한다.

후자의 입장이 다수설과 판례로서 내용이 어떠하든 부작위의 위법성을 확인하여 응답의무를 확인함으로써 부작위로 말미암아 형성된 위법한 법상태를 제거하고자 하는 것으로 이해한다.

빈출

2) 부작위위법확인소송의 대상적격을 알아보자

가) 부작위의 성립요건은 판례에 의하면 네 가지가 요구된다

전술한 바와 같이 **행정소송법 제2조 제1항 제2호는 "행정청이 당사자의 신청에 대하여 상당한 기간 내에 일정한 〈처분〉을 하여야 할 법률상 의무가 있음에도 불구하고 이를 〈하지 아니하는 것〉**"이라고 규정하고 있다.

암기법
= 신+신+상+법+아

이에 따르면 ① ㊗신청의 내용이 행정소송법 제2조의 공권력에 해당할 것, ② 법규상·조리상 ㊗신청권이 있을 것, ③ ㊗상당한 기간이 경과할 것, ④ 행정청이 ㊗법적인 작위의무가 있음에도 불구하고 ㊗아무런 조치도 취하지 않을 것이 요구된다.

주의할 것은 행정입법부작위는 부작위위법확인소송의 대상이 되지 못하고, 헌법소원의 대상이 되는 공권력의 불행사에 해당한다. 부작위위법확인소송이 인정되려면 신청의 내용이 행정소송법 제2조의 공권력 즉, 처분의 모습에 해당되어야 한다.

나) 판례의 입장을 정리하고 평석들을 배워두자

다만, 판례는 부작위가 **대상적격**인 처분성을 가지기 위해서는 **법규상 또는 조리상 신청권이 있어야 한다고 판시하고 있다.**

기출

이에 대하여 **판례평석**으로 신청권 유무를 처분성 유무로 검토하는 것은 **원고적격**과 대상적격을 혼용하는 것으로서 타당하지 않다는 비판 평석과 **판례가 의미하는 신청권은 단순한 형식상의 신청권인 응답요구권의 의미에 불과**하므로 **대상적격**인 처분성의 인정문제로 보는 판례는 타당하다고 보는 반대평석(김연태)이 대립한다.

생각건대, 신청권의 의미를 **형식적 신청권**으로 본다면 판례와 유력설의 논리에 큰 무리는 없어 보인다.

기출

3) 제소기간 등 나머지 소송요건은 어떻게 될까

부작위위법확인소송에서 제소기간 준용 〈**규정두고 있지만**〉, 해석상 처분이 없는 것이 부작위이므로 처분을 기준으로 한 〈**제소기간을 요구할 수 없음**〉(다, 판)

① **소의 이익이 필요**하나, **확인의 소의 보충성도 필요한지에 대하여는 견해대립이 있다. 변경된 판례에 따르면 더 이상 필요하지 않다.**

② **임의적 행정심판전치주의의 원칙**이나, **개별법에 예외가 규정**될 수도 있다.

빈출

③ 다만, **제소기간**에 **적용이 없다는 입장**과 상당한 기간 경과후 제소기간 적용이 있다는 입장의 대립이 있으나, 제소기간은 처분이 있어야 기산할 수 있

고 국민에게 유리하게 해석하여야 하므로 전자가 타당하다.

(4) 부작위위법확인소송에서의 소의 이유유무는 어떻게 심리할까

본안심리범위와 관련하여 ① <실체적 심리설>(김연태)과 ② <**절차적 심리설**>(**다**)(**판**)의 대립이 있다. 다수설과 판례인 절차적 심리설에 의하면 **행정청의 부작위의 위법성 여부만 확인**하면 된다고 보는 데 반하여, 유력설인 실체적 심리설의 입장에서는 행정청의 부작위가 실체적 내용까지 검토하여 이유 있는 것인가도 심리하여야 한다고 한다. 후술하듯이 판결의 기속력이 의미가 있으려면 실체적 심리설이 타당하다. 국민의 권리구제를 위해서도 그러하다.

빈출

(5) 인용판결의 **기속력**은 어떤 효과를 가질까

다만 판결의 기속력과 관련하여 다수설과 판례인 **절차적 심리설**에 따르면 부작위 자체의 위법성만 판단하게 되므로 **원고가 승소하여도** 반드시 **신청에 따른 권리구제를 받을 수 있다는 보장이 없다**.

그러나 유력설인 실체적 심리설에 따르면 구체적인 신청에 대한 부작위의 적법성까지 판단하여야 하므로 구체적인 권리구제에 유리하다. 즉, 기속행위이면 신청대로 처분의무가 있고, 재량행위이면 신청에 대한 하자없는 재량행사의무가 있다.

절차적심리설에 의하면 부작위위법확인소송에서 인용판결이 난 경우 행정청이 신청된 허가 등을 거부하더라도 기속력에 부합한다고 보게 됨

오답 주의 빈출

(6) 의무이행소송에 관한 입법론도 있다

실정법상 의무이행소송에 대하여는 ① **권력분립**을 형식적으로 바라볼 것인가 아니면 인권보장의 취지를 강조할 것인가, ② 행정소송법 **제4조 제1호의 변경**의 의미를 **일부취소**로 보는가 아니면 문리해석을 하여 적극적 변경을 허용하는 것으로 보는가, ③ **부작위위법확인소송의 규정을 의무이행소송을 배제하는 규정**으로 보는가 아니면 예시적으로 보는가 등에 대한 시각이 대립이 되고 있고, 이에 따라 전자의 시각은 긍정설, 후자의 시각은 부정설이 주장되고 있다. **실정법상 인정하는 것은 곤란**하더라도 행정소송법 **개정을 통하여 적극적으로 부작위에 대한 권리구제를 하여야** 할 것이다. **반면에 행정심판으로는 의무이행심판이 가능**하다.

기출

제 3 절

무효확인소송의 소의 이익과 확인의 소의 보충성★★

1. 무효확인소송의 의의는 무엇일까

취소소송의 경우와 마찬가지로 무효 등 확인소송의 경우에도 소의 이익이 필요하다. 다만, 취소소송과 달리 민사소송에서의 확인의 이익이 요구되는지, 그리고 무효등 확인소송이 보충적으로 적용되는 것인지가 문제된다.

2. 무효확인소송의 소의 적법성은 무엇이 요구될까(= 소송요건 = 본안전 판단) ⇒ 취소소송보다 요건 완화

(1) 원고적격과 피고적격(= 당사자적격)이 필요하다

원고적격은 법률상 이익을 요구(35조) + 피고적격은 행정청

(2) 대상적격으로서 처분이 있어야 한다

대상적격은 제2조의 처분 등에 해당하면 됨

(3) 소의 이익이 필요하다

소의 이익은 재판을 통한 권리보호의 필요로서 요구 + 그러나 판례변경으로 인하여 확인의 소의 보충성 요건은 불필요

(4) 제소기간은 불필요하다

요구되지 않음

(5) 행정심판전치주의도 불필요하다

요구되지 않음

3. 확인의 이익과 확인소송의 보충성 ★★★

(1) 학설은 다툼이 있다

1) 긍정설(즉시확정이익설)

행정소송법 제35조는 원고적격에 관한 규정일 뿐만 아니라, 권리보호의 필요성에 관한 의미도 가지고 있는 것이며, 무효등 확인소송의 경우에도 민사소송과 동일하게 '즉시확정의 이익'이 필요하며 보충성도 요구된다고 한다.

2) 부정설(법적이익보호설)

무효등 확인소송의 원고적격에서 요구되는 법률상 이익의 개념을 취소소송에서의 법률상 이익과 동일하게 보는 입장이다. 우리의 경우는 일본과 달리 보충성의 원칙에 관한 규정이 존재하지 않으며, 무효확인소송은 **민사소송과 달리** 취소판결의 **기속력을 준용**하므로 판결의 실효성 확보가 가능하기 때문에 **필요하지 않다고 한다.**

(2) 판례는 입장을 바꾸어서 더 이상 요구하지 않는다

1) 변경 전 판례

확인의 소의 보충성 요건으로서 ① 권리·의무에 대한 **법적 분쟁이** 있을 것, ② **분쟁제거가 목적일 것**, ③ **유일한 수단일** 것 등을 요구한다. 따라서 다른 효과적이고 직접적인 구제수단이 있는 경우에는 무효확인소송을 각하하여야 한다고 본다.

2) 변경된 전원합의체 판결[5]

행정소송은 행정청의 위법한 처분 등을 취소·변경하거나 그 효력 유무 또는 존재 여부를 확인하는 것이므로, ① **민사소송과는 그 목적, 취지 및 기능 등을 달리**한다. 또한, ② 행정소송법 제4조에서는 무효확인소송을 **항고소송의 일종으**로 규정하고 있고, ③ 행정소송법 제38조 제1항에서는 처분등을 취소하는 확정판결의 **기속력** 및 행정청의 **재처분 의무**에 관한 행정소송법 제30조를 무효확인소송에도 **준용**하고 있으므로 **무효확인판결 자체만으로도 실효성을 확보**할 수 있다. ④ 그리고 무효확인소송의 보충성을 규정하고 있는 **외국의 일부 입법** 최다 빈출

5 대법원 2008. 3. 20. 선고 2007두6342 전원합의체 판결 하수도원인자부담금부과처분취소.

례와는 달리 우리나라 행정소송법에는 명문의 **규정이 없어** 이로 인한 명시적 제한이 존재하지 않는다. 이와 같은 사정을 비롯하여 행정에 대한 사법통제, 권익구제의 확대와 같은 행정소송의 기능 등을 종합하여 보면, 행정처분의 근거 법률에 의하여 보호되는 직접적이고 구체적인 이익이 있는 경우에는 행정소송법 제35조에 규정된 '무효확인을 구할 법률상 이익'이 있다고 보아야 하고, 이와 별도로 무효확인소송의 보충성이 요구되는 것은 아니므로 행정처분의 무효를 전제로 한 이행소송 등과 같은 직접적인 구제수단이 있는지 여부를 따질 필요가 없다고 해석함이 상당하다.

3) 판례에 대한 평석은 긍정적이다

변경된 판례가 **전원합의체 보충의견이 밝히듯이** 국민의 **쟁송형태의 선택권 부여**라는 관점에서 타당하다.

(3) 비 판

이에 대해서는 **판례의 입장을 긍정적으로 평가**하는 입장이 타당하다. 남소방지는 권리보호의 필요의 요건의 해석을 통해서 충분하므로 부정적으로 평가하는 반대입장도 있다.

4. 소의 이유유무는 어떻게 심리할까(= 본안판단)

(1) 주체 · 절차 · 형식

(2) 내 용

법률의 우위, 법률의 유보, 행정법의 일반원칙(비례의 원칙, 신뢰보호의 원칙, 자기구속의 원칙, 부당결부금지의 원칙)

제 4 절

당사자소송

1. 당사자소송의 의의는 무엇일까

(1) 개 념

당사자소송이란 행정청의 처분 등을 원인으로 하는 **법률관계**에 관한 소송, 그 밖에 공법상의 **법률관계에** 관한 소송으로서 그 법률관계의 한쪽 **당사자를 피고로** 하는 소송을 말한다(행정소송법 제3조 제2호).

판례에 의하면 석탄산업법상의 석탄가격안정지원금 지급청구의 소의 성질은 공법상의 당사자소송에 의하여야 한다.

> **408. 대법원 1997. 05. 30. 선고 95다28960 판결[석탄가격안정지원금의지급청구소송]**
>
> 석탄가격안정지원금은 석탄의 수요 감소와 열악한 사업환경 등으로 점차 경영이 어려워지고 있는 석탄광업의 안정 및 육성을 위하여 국가정책적 차원에서 지급하는 지원비의 성격을 갖는 것이고, 석탄광업자가 석탄산업합리화사업단에 대하여 가지는 이와 같은 지원금지급청구권은 석탄사업법령에 의하여 정책적으로 당연히 부여되는 공법상의 권리이므로, 석탄광업자가 석탄산업합리화사업단을 상대로 석탄산업법령 및 석탄가격안정지원금 지급요령에 의하여 지원금의 지급을 구하는 소송은 공법상의 법률관계에 관한 소송인 공법상의 당사자소송에 해당한다.

기출

(2) 항고소송과는 어떻게 다를까

항고소송은 행정청의 우월적인 지위에서 발하는 **공권력**의 행사, 즉 **처분** 등에 대한 분쟁해결절차인 데 반하여, 당사자소송은 권리·의무에 관한 대등한 법률관계를 다투는 소송이라는 점에서 차이가 있다.

(3) 행정소송법의 구조와 당사자소송의 위치 및 실태를 알아보자

우리 **행정소송**법은 주관적 쟁송으로서 **항**고소송과 **당**사자소송을 규정하고 있으나, **항고소송을 중심으로 상세한 규정**을 두고 있을 뿐 ① 당사자소송에 관하여는 **규정이 제대로 구비되어 있지 않고** ② **실무**에서도 **항고소송 중심**으로 운영되고 있다. 항고소송으로 처리되지 않는 것에 대하여 판례는 **가급적 민사소송으로 처리**하는 경향이어서 공법관계의 특수성을 충분히 살리고 있지 못한 면이 있다. 따라서 **당사자소송활용론이 유력하게 주장**되고 있고, 행정소송법**개정안**도 이를 반영하고 있다.

2. **실질적 당사자소송**에 대해 공부해 보자

(1) 실질적 당사자소송의 의의에 대하여 알아보자

실질적 당사자소송은 대등한 당사자 사이의 공법상의 권리와 의무관계에 관한 소송으로서 통상의 당사자소송이 이에 해당하며, 공법상의 법률관계 그 자체가 소송물이다.

(2) **처분 등을 원인**으로 하는 **법률관계에 관한 소송** 유형이 있다

과세처분으로 인하여 잘못 납부한 세금의 반환을 구하는 **부당이득반환청구소송**이나 공무원의 **위법한 처분**으로 인한 **국가배상청구소송** 등이 이에 해당한다. 그러나 판례는 이러한 소송을 **민사소송**으로 처리하고 있다. 반면 행정소송법 **개정안**에서는 **이에 대하여 당사자소송으로 규정하고 있어** 당사자소송활용론을 반영하고 있다.

(3) **기타 공법상 법률관계에 관한 소송** 유형은 다양하게 존재한다

1) **공법상 계약의 불이행시에 제기하는 소송이 있다**

예컨대 **토지수용 이전에 협의**가 성립하여 토지의 소유권을 이전하여 주었는데도 보상금을 지급하지 않는 경우에 이에 대한 보상금지급의무의 이행을 청구하는 소송이 이에 해당한다. 토지수용이전 협의를 공법상 계약으로 보는 것이 다수설이기 때문이다. **그러나 최근 판례는 사법상계약이라고 판시하고 있다.**

2) **공법상 금전지급청구를 위한 소송이 있다**

판례는 계약직인 **공립학교 유치원 교사**의 해임처분의 무효확인 등을 구하는 것과 그의 수령지체된 **보수의 지급을 구하는 소송**은 행정소송인 당사자소송의 대상이지 민사송의 대상이 아니라고 판시한 바 있다. **봉급지급청구소송은 당사자소송**에 해당한다.

3) **공법상 지위·신분의 확인을 구하는 소송이 있다**

판례는 **서울대공전술연구소 연구원**의 채용계약의 해지를 다투는 소송, **서울특별시립무용단원의 해촉을 다**투는 소송, **공중보건의 채용**계약 해지를 다투는 소송, **광주시립합창단원** 재위촉거부 등을 다투는 소송 등은 **당사자소송**으로 다투어야 한다고 판시하고 있다.

4) **공법상 결과제거청구소송이 있다**

공법상의 결과제거청구소송은 **위법한 사실상태의 제거**와 **원상회복을** 구하는 것이므로 항고소송의 대상이 될 수 없고 공법상의 원인에 근거한 법률관계를 다투어야 한다. 따라서 당사자소송의 대상이 된다.

3. **형식적 당사자소송**에 종종 출제된다

(1) 형식적 당사자소송의 의의 및 성질을 알아보자

형식적 당사자소송이란 **실**질적으로 행정청의 **처분 등**을 다투는 것이니 **형**식적으로는 처분 등의 효력을 다투지도 않고, 또한 처분청을 피고로 하지도 않고, 그 대신 처분 등으로 인하여 형성된 **법률관계**를 다투기 위해 관련 법률관계의 일방 **당사자를 피고**로 하여 제기하는 소송을 말한다. 이러한 당사자소송의 성질에 관하여 항고소송의 일종이라는 견해도 있지만 **당사자소송으로 보는 입장이 다수설과 판례이다.**

(2) 형식적 당사자소송을 인정하는 근거와 취지는 무엇일까

당사자가 다투고자 하는 것이 처분이나 재결 그 자체가 아니라 처분이나 재결에 근거하여 이루어진 법률관계인 경우에는 실질적 이해관계자를 소송의 당사자로 하여 이를 다투는 것이 **분쟁의 해**결이나 **소송의 진행에 보다 적합하고 합리적**이기 때문이다.

(3) **명문의 규정이 있는 경우**에는 인정된다 기출

1) **실정법상의 예를 알아보자**

명문의 규정이 있는 때에는 이를 인정하는 데에 아무런 문제가 없다. 그 예로 공익사업을 위한 **토지** 등의 취득 및 **보상**에 관한 **법**률(공토법 또는 토상법, 보상법) **제85조 제2항**상의 **보상금증감청구소송을 제기하**는 경우에는 **토지수용위**

원회를 피고로 하지 않고 대등한 **당사자인 토지소유자와 사업시행자만이 당사자가 된다.** 그 밖에도 **특**허법과 **실**용신안법, **의**장법, **전**기통신법 등에서도 그 예를 찾아 볼 수 있다.

2) 토지보상법상의 보상금증감청구소송 개정부분도 정리해두자

구 토지수용법에서는 보상금증감청구소송과 관련하여 보상금증감청구소송을 제기할 때에는 **반드시 재결청으로 공동피고로 하도록 입법되어 있었다.** 이로 말미암아 형식적 당사자소송설과 법정 특수소송설의 대립이 있었으나, 이제는 위에서 논한 바와 같이 **법률의 개정**에 의하여 **재결청이 삭제**되어 **필요적 공동소송이 아니라 단일소송이 되었으므로** 이른바 **형식적 당사자소송**이라고 이해하는 데 무리가 없게 되었다. 판례는 구법하에서도 **당사자소송**이라고만 하고 있었다.

(4) 명문의 규정이 없는 경우의 일반적 인정가능성은 부정된다

1) 긍정설

행정소송법 제3조 제2호의 처분 등이 원인이 된 법률관계를 다투는 소송이라는 법률규정에 포함이 된다고 볼 수 있기 때문이라고 하며, 아울러 행정소송법 제44조 제1항의 행정심판기록의 제출명령제도가 당사자소송에도 준용됨을 근거로 하는 견해이다.

2) 부정설

개별규정의 근거가 없는 한 이를 함부로 인정할 수 없으며, 공정력이 있는 **처분에 대한 항고소송을 잠탈**하여 함부로 다투게 되기 때문이라고 한다.

3) 검토해보자

생각건대 개별규정이 없는 경우에는 부정하는 것이 타당하다고 생각한다. 소송요건도 불비되어 있고, 처분은 원칙적으로 항고소송으로 다투도록 되어 있는 것이 실정법의 규정이기 때문이다.

4. 당사자소송의 구조는 어떻게 될까

(1) 소의 적법성은 어떠한 요건이 필요할까

원고적격에 관하여는 항고소송과 달리 **법률상 이익을 요구하는 명문의 규정이 없**어 민사소송의 경우와 마찬가지로 권리보호의 이익이 있으면 원고적격이 인정된다. 다만 피고적격은 항고소송의 경우에는 행정청이 되지만, 당사자소송의 경우에는 **국가나 공공단체, 그 밖의 권리의무의 주체가 당사자소송의 피고**가 된다. 이때 **피고경정도 가능**하다(행정소송법 제14조). 취소소송을 제기하다가 국가배상청구소송으로 소변경을 하는 경우 다수설은 당사자소송으로의 변경으로서 행정소송법 제21조에 의하여 피고경정이 가능하다고 보게 되나, **판례는 민사소송으로 보면서도 형평상 피고경정까지 가능하다고 보고 있다.**

(2) 소의 이유유무(본안 판단)는 어떻게 판단할까

항고소송이나 민사소송과 마찬가지로 **주체 · 절차 · 형식 · 내용**상의 적법요건을 구비하였는가 여부에 따라 본안판단이 행해지게 된다.

(3) 가집행선고가 가능하다고 볼 수 있다

국가를 상대로 하는 당사자소송의 경우에는 가집행선고를 할 수 없게 되어 있다(행정소송법 제43조). 그러나 **헌법재판소**가 **소송촉진등에 관한 특례법 제6조 제1항 단서부분**을 **위헌**이라고 판시함으로써 **국가가 민사소송의 당사자인 경우에는 가집행선고가 가능**하다. 이와 관련하여 판례는 **서울시의 중앙토지수용위원회에 대해 환매대금이의재결을 다툰** 사건에서 행정소송법 제8조 제2항에 의해 민사소송법의 규정이 준용되므로 공법상 당사자소송에서 재산권의 청구를 인용하는 판결을 하는 경우 **가집행선고를 할 수 있다**고 판시한 바 있다. **개정행정소송법에서는 이에 대하여 삭제처리되어 이를 시정하는 방향으로 규정되고 있다.**

5. 결 론

(1) **비판론**이 있다

위에서 논의한 바와 같이 행정소송법은 항고소송을 중심으로 상세한 규정을 두고 있을 뿐 당사자소송에 관하여는 **규정이 제대로 입법이 되어 있지 않**아 **실무에서**도 당사자소송이 거의 **활용되고 있지 못한** 상황이다.

(2) **입법론으로서 당사자소송활용론**이 제기된다

그러나 공법상의 법률관계는 행정법원에서 공법적으로 검토하는 것이 국민의 권리구제를 위해 바람직하며 공사법 구분론의 입장에서도 타당하다. 따라서 실정법하에서도 처분이 아닌 그 밖의 행정작용으로 인한 법률관계가 문제되는 경우에는 공법상 당사자소송을 적극적으로 활용하는 것이 타당하며, 행정소송법 개정도 일본의 개정과 마찬가지로 이러한 당사자소송활용론에 무게가 실려지고 있다.

기출

또한 당사자소송은 항고소송에 비해 **소송요건을 엄격히 요구하지 않으므로** 유리하고, 민사소송에 비해 **공법상의 원리로서 불리한 계약을 수정할 수 있으므로** 유리하다. 따라서 **당사자소송활용론이 타당하다**.

제 5 절

행정소송법 **개정논의**를 정리해 두자

1. 서 론

(1) 헌법 제27조에서 모든 국민에게 재판청구권을 보장하고 있다. 그러나 헌법의 구체화법인 행정법과 행정소송법에서 이에 대한 충분한 재판제도를 마련하고 있지 못하다.

(2) 따라서 현행법상 행정소송법의 쟁송체계와 쟁송의 형태, 쟁송형태 별로 소의 적법성을 구비하기 위한 소송요건, 소의 이유유무를 판단하는 본안판단과정에서의 문제들, 판결의 종류와 효력 등등에 관하여 검토하면서 충분한 재판청구권이 불가능한 원인들을 분석하기로 한다

(3) 다음으로 행정소송법 개정방향에 관하여 특히 대상적격확대론과 원고적격확대론을 중심으로 하여 취소소송을 통한 권리구제를 확대하고자 하는 입장과 이에 반대하는 입장이 크게 대립하고 있으므로 이들 논의를 중심으로 검토하기로 한다.

2. 현행 행정소송법의 태도와 개정방향을 알아보자

(1) **한정된 쟁송형태**가 문제이다

행정소송법 제3조는 **항**고소송, **당**사자소송, **기**관소송, **민**중소송 등을 규정하고 있고, 행정소송법 제4조는 항고소송을 다시 **취**소소송, **무**효 등 확인소송, **부**작위위법확인소송 등으로 규정하고 있다. 이에 대하여 예시적인 규정이라고 보는 입장이 있으나, 이는 **한정적이고 열거적**인 규정으로서 동법 제3조와 제4

조에 규정되어 있지 않은 것은 무명항고소송으로 실무상 인정되지 않는다고 보는 것이 타당하다.

(2) 항고소송 중심주의와 취소소송 중심주의에 얽매여 있다

1) 항고소송 중심주의이다

그러나, 행정소송법 제3조의 쟁송형태 중 기관소송과 민중소송은 객관적인 쟁송들로서 법정주의에 의하여 제한이 되고 있고, 주관적인 쟁송형태 중 당사자소송은 소송요건 등에 관한 규정이 불비되어 있고 실무상 잘 활용되고 있지 못하다. 즉 행정청의 행정행위를 대상으로 하는 항고소송 위주로 행정소송이 운용되고 있다. 기출

2) 취소소송 중심주의이다

> **행정기본법 제15조(처분의 효력)** 처분은 권한이 있는 기관이 취소 또는 철회하거나 기간의 경과 등으로 소멸되기 전까지는 유효한 것으로 통용된다. 다만, 무효인 처분은 처음부터 그 효력이 발생하지 아니한다.

또한 행정소송법 제4조의 항고소송 중에서도 행정행위의 위법성의 정도가 예외적으로 중대·명백하여 무효인 경우에만 무효 등 확인소송이 가능하고, 위법성의 정도가 중대·명백하지 않은 취소사유인 경우에는 취소소송을 제기하여야 한다. 그러므로 취소소송 중심주의가 우리 행정소송법의 기본적인 구조를 이루고 있다. 기출

(3) 취소소송은 **엄격한 소송요건**을 요구한다

그러나 취소소송은 ① **대상적격**으로서 행정청의 **행정행위**나 이에 **준하는 작용들** 즉 **처분성**이 인정될 것을 요구하고 있다. 또한 ② **원고적격**으로서 **개별적·직접적·구체적인** 이익 즉 **법률상 이익**이 침해되는 경우에만 가능하도록 되어 있어 **엄격한 주관적 쟁송체계**를 취하고 있다. ③ **단**기간의 제소기간 역시 문제이다. 따라서 취소소송이 엄격한 소송요건을 요구하고 있음으로 인하여 국민의 **재판청구권이 크게 제한**되고 있다. 기출

(4) **처분에 대한 가구제** — 집행정지는 엄격하게만 가능하고 가처분은 부정된다

본안소송에서 인용될 것에 대비한 **보전소송**을 통하여 **가구제**를 구할 수 있 기출

으나, ① 우리 행정소송법 **제23조는 집행부정지의 원칙**을 취하고 집행정지에 대하여는 **지나치게 엄격한 요건**을 충족하도록 요구하고 있어 집행정지를 인용받기가 용이하지 아니하다. ② 또한 처분 등에 대한 **가처분**은 본안소송에서 **의무이행소송이 인정되고 있지 않은** 것과 마찬가지로 다수설과 판례에 의하면 **부정**되고 있다.

(5) **소의 변경**을 원활하게 해 줄 필요가 있다

또한 실정법상 민사소송과 행정소송간에 소의 변경을 인정하는 규정이 없다. 다만 **판례는 국가배상을 민사소송으로 파악하면서** 취소소송에서 국가배상으로 소를 변경하는 경우에도 소의 변경이 당사자소송과의 형평상 **인정**된다고 보고 있다.

(6) **기관소송**은 법정주의에 묶여 있다

기출

또한 기관소송이나 민중소송은 전술한 바와 같이 **법률에 규정이 있는 경우에만 가**능하도록 하고 있다. 기관소송법정주의는 **대전시 유성구**세 조례안에 대하여 **대전시장**이 **유성구청장을 상대로 기관소송을 제기**하였지만 **각하**되었던 판례사안에서 보듯이 기관간의 분쟁을 충분히 해결하지 못하도록 하고 있다.

3. 행정소송법의 개정 방향에 관한 논의가 있다

(1) 대상적격의 확대에 대해서는 다툼이 있다

1) 대상적격 확대론은 가급적 처분으로 다 인정해 주자고 한다

일설은 취소소송을 통한 권리구제를 확대하기 위하여 대상적격을 **법규명령, 행정행위, 사실행위** 등을 '처분 등'으로 입법하자고 한다. 이에 의하면 거의 모든 행정작용을 취소소송으로 해결할 수 있게 된다.

2) 대상적격 축소론은 행정행위의 성질을 가진 것만 처분으로 보자고 한다

기출

그러나 이와 달리 행정행위나 이에 준하는 작용으로서 **처분성**을 충족하는 경우에만 **취소소송**의 대상으로 인정하자는 대상적격 축소론이 이에 반대하고 있다. **법규명령**은 **구체적 규범통제**와 **헌법소원**으로, **사실행위**는 **당사자소송**이나 **민사소송**으로 처리함으로써 **다양한 쟁송형태**를 인정함으로써 국민의 재판청구권을 충족시키면 된다고 한다. 또한 **의무이행소송이나 예방적 부작위소송, 일반적 급부소송** 등을 인정하자고 하여 실정법상 확인소송과 형성소송만 규정하고 있지만 입법론으로 이행소송도 도입하자고 한다.

3) 검토해 보자

취소소송을 지나치게 확장하는 것보다는 행정작용의 종류별로 다양한 쟁송형태를 활용하도록 하는 것이 현행 행정소송법의 체계를 점진적으로 개혁하는 입장으로서 타당하다고 생각한다.

(2) 원고적격의 확대에 대해서 다툼이 있다

1) 객관적 쟁송체계론을 가자는 사람들이 있다

일설은 '정당한 이익'이 있으면 누구나 행정청의 행정행위의 위법성을 통제하기 위하여 취소소송을 제기할 수 있도록 하자고 한다. 즉, 현행 행정소송법이 주관적 쟁송체계를 유지하고 있지만, 이와 달리 객관적 쟁송체계로의 변환을 주장하고 있다고 볼 수 있다.

2) 주관적 쟁송체계론을 유지하자는 입장이 많다

그러나 이와 달리 현행법에서처럼 **법률상 이익을 가진 자만** 취소소송을 제기하도록 함으로써 주관적 쟁송체계를 유지하도록 하자고 한다. 다만, 주관적 범위를 기본권까지 고려하도록 하는 의미에서 '**법률상 정당한 이익**'으로 규정하자고 한다.

3) 검토해 보자

객관적인 쟁송체계로 변경하기보다는 주관적 쟁송체계를 유지하되, 기본권까지 고려하는 입장이 점진적인 행정소송법의 개정노력으로서 타당하다고 생각된다.

(3) 다양한 쟁송형태를 인정하자는 논의도 다기하다

1) 객관적 쟁송체계론으로 가자는 사람들은 취소소송으로 다 해결하자고 한다

일설은 '정당한 이익'이 있으면 누구나 행정청의 행정행위의 위법성을 통제하기 위하여 취소소송을 제기할 수 있도록 하자고 한다. 즉, 현행 행정소송법이 주관적 쟁송체계를 유지하고 있지만, 이와 달리 객관적 쟁송체계로의 변환을 주장하고 있다고 볼 수 있다.

2) 주관적 쟁송체계론을 유지하자는 사람들은 다양한 쟁송형태를 활용하자고 한다

그러나 이와 달리 현행법에서처럼 법률상 이익을 가진 자만 취소소송을 제기하도록 함으로써 주관적 쟁송체계를 유지하도록 하자고 한다. 다만, 주관적 범위를 기본권까지 고려하도록 하는 의미에서 '법률상 정당한 이익'으로 규정하자고 한다.

3) 의무이행소송, 예방적 부작위소송, 일반적 급부소송을 도입하자는 논의들도 있다

의무이행소송이나 예방적 소송은 행정행위에 대한 이행소송인데, 이와 균형을 이루는 관점에서 사실행위에 대한 이행소송으로서 일반적 급부소송의 도입이 검토되고 있다.

최근 법무부안에서는 의무이행소송만 도입되고 있다.

4) 당사자소송활용론을 반영하자고도 한다

최근 일본의 신행정소송법의 개정에서 보듯이 취소소송 중심주의와 달리 당사자소송을 적극적으로 활용하는 방향으로 개정안이 규정되고 있다. 당사자소송은 취소소송과 달리 소송요건이 엄격하지 않고, 처분 이외의 다양한 행정작용에 대하여 해결이 가능하므로 이에 대한 활용은 바람직하다. 또한 민사소송과 달리 헌법과 행정법을 보다 잘 고려할 수 있어 이에 대한 활용은 민사소송과의 관계에서도 필요하다.

5) 가구제를 완화하자고 한다

① 집행정지 요건을 완화하자고 한다

또한 실정법상 집행정지의 요건이 지나치게 엄격하여 이를 인용받기가 용이하지 않은데, 집행정지의 요건을 완화하는 방향으로 개정안이 검토되고 있다.

② 가처분을 인정하자고 한다

또한 나아가서 행정행위에 대한 의무이행소송이나 예방적 부작위소송 등 이행소송이 인정되고 있으므로 이와 호응하여 보전소송으로서 가처분도 긍정적으로 도입이 논의되고 있다.

6) 소의 변경을 쉽게 인정하자고 한다

또한 **관할이 다르더라도** 일정한 경우 민사소송과 행정소송간의 소 변경을 인정함으로써 재판청구권의 실현에 도움이 되도록 논의되고 있다.

7) 기관소송법정주의를 일부라도 폐지하자고 한다

나아가서 독일처럼 기관소송 법정주의를 전부 폐지하는 것이 기관 간의 분쟁해결에 궁극적으로 도움이 될 것이나, 일부폐지의 방향으로 논의가 진행 중이다.

4. 결론을 내려보고 이 논의들을 평가해 보자

현행 행정소송법이 지나치게 취소소송 중심으로 편중되어 있고, 그 소송 요건이 까다로워 재판청구권의 보장에 어려움이 있다. 따라서 이에 대한 행정소송법은 개정되어야 하되, 점진적인 개혁이 바람직하므로 다양한 쟁송형태를 활용하되, 대상적격은 처분성이 있는 것만 인정하고 나머지 작용은 다양한 쟁송형태에 의하여 해결하는 것이 바람직하며, 원고적격도 주관적 쟁송체계를 유지하되 기본권까지 고려하는 것이 타당하다. 이와 관련하여 최근 법무부개정안은 원고적격과 대상적격에 관한 규정은 유보한 채 다양한 쟁송형태를 인정하는 방향으로 제시되고 있다.

제 6 절

관할 등 참고사항들

참고로 부기해 둘만한 사항들을 여기에 정리해 두기로 한다.

고의 또는 중대한 과실 없이 행정소송이 심급을 달리하는 법원에 잘못 제기된 경우에 민사소송법 제31조 제1항을 적용하여 이를 **관할 법원에 이송**하여야 한다. 행정소송법 제7조는 원고의 고의 또는 중대한 과실 없이 행정소송이 심급을 달리하는 법원에 잘못 제기된 경우에 민사소송법 제31조 제1항을 적용하여 이를 관할 법원에 이송하도록 규정하고 있다.

행정소송법 제7조(사건의 이송) 민사소송법 제34조 제1항의 규정은 원고의 고의 또는 중대한 과실없이 행정소송이 심급을 달리하는 법원에 잘못 제기된 경우에도 적용한다.

관할 위반의 소를 부적법하다고 하여 **각하하는 것보다 관할 법원에 이송**하는 것이 당사자의 권리구제나 소송경제의 측면에서 바람직하다.

409. 대법원 1997. 05. 30. 선고 95다28960 판결[석탄가격안정지원금의지급]

관할 위반의 소를 부적법하다고 하여 각하하는 것보다 관할 법원에 이송하는 것이 당사자의 권리구제나 소송경제의 측면에서 바람직하다.

고의 또는 중대한 과실 없이 행정소송으로 제기하여야 할 사건을 민사소송으로 잘못 제기한 경우, 수소법원으로서는 만약 그 행정소송에 대한 관할을 가지고 있지 아니하다면 이를 부적법한 소라고 하여 각하할 것이 아니라 **관할 법원에 이송**하여야 한다.

410. 대법원 1997. 05. 30. 선고 95다28960 판결[석탄가격안정지원금의지급]

고의 또는 중대한 과실 없이 행정소송으로 제기하여야 할 사건을 민사소송으로 잘못 제기한 경우, 수소법원으로서는 만약 그 행정소송에 대한 관할을 가지고 있지 아니하다면 당해 소송이 이미 행정소송으로서의 전심절차 및 제소기간을 도과하였거나 행정소송의 대상이 되는 처분 등이 존재하지도 아니한 상태에 있는 등 행정소송으로서의 소송요건을 결하고 있음이 명백하여 행정소송으로 제기되었더라도 어차피 부적법하게 되는 경우가 아닌 이상 **이를 부적법한 소라고 하여 각하할 것이 아니라 관할 법원에 이송하여야 한다.**

하지만 고의 또는 중대한 과실 없이 행정소송으로 제기하여야 할 사건을 민사소송으로 잘못 제기한 경우, 수소법원으로서는 만약 그 행정소송에 대한 관할도 동시에 가지고 있다면 이를 **행정소송**으로 심리 · 판단하여야 한다.

411. 대법원 1997. 05. 30. 선고 95다28960 판결[석탄가격안정지원금의지급]

고의 또는 중대한 과실 없이 행정소송으로 제기하여야 할 사건을 민사소송으로 잘못 제기한 경우, 수소법원으로서는 만약 그 행정소송에 대한 관할도 동시에 가지고 있다면 이를 **행정소송**으로 심리 · 판단하여야 한다.

제 7 절

중요 판례의 동향을 더 알아보고 출제에 대비해 보자

목포시 교향악단원 해촉사건

412. 대법원 2008. 3. 27. 선고 2006두17765 판결【해촉처분무효확인】[미간행]

- 지방자치단체의 조례에 따라 설치 · 운영하는 예술단체의 단원으로 일정기간을 정해 위촉받은 사람이 그 기간 만료 전에 해촉 등의 불이익을 받은 후 그 기간이 만료된 경우, 해촉무효확인청구의 확인의 이익이 있는지 여부(소극)

1. 당사자소송에 확인의 소의 보충성 요구여부

지방자치단체의 조례에 따라 설치 · 운영하는 예술단체의 단원이 되려는 자가 지방자치단체로부터 일정기간을 정해 위촉받은 경우 그 기간 만료 이전에 해촉 등의 불이익을 받은 후 그 기간이 만료된 때에는 그 해촉의 의사표시가 무효라고 하더라도, **위촉 기간이 만료되는 단원에 대한 재위촉의무를 부여하는 근거규정이 없는 한 위촉기간이 만료됨으로써 단원으로서의 신분을 상실하고 그 신분을 회복할 수 없는 것이므로, 이 경우의 해촉무효확인청구는 과거의 법률관계의 확인을 구하는 것에 지나지 아니하여 확인의 이익이 없다고 할 것**이고 다만, 과거의 법률관계라고 할지라도 현재의 권리 또는 법률상 지위에 영향을 미치고 있고 현재의 권리 또는 법률상 지위에 대한 위험이나 불안을 제거하기 위하여 그 법률관계에 관한 확인판결을 받는 것이 유효 적절한 수단이라고 인정되는 때에는 그 법률관계의 확인청구에 즉시확정의 이익이 인정될 수 있을 뿐이다(대법원 2000. 5. 18. 선고 95재다199 전원합의체 판결 등 참조).

⇒ 해설: 항고소송은 확인의 소의 보충성이 부정되나, 당사자소송이나 민사소송은 여전히 확인의 소의 보충성을 요구함

2. 사실관계

원심은, 원고는 1984. 1. 4. 피고 목포시가 목포시 시립예술단체 설치조례(이하 '설치조례'라 한다)에 터잡아 설치 · 운영하는 목포시립교향악단(이하 '교향악단'이라 한다)의 악장으로 위촉되어 매년 재위촉되던 중 2004. 1. 7. 위촉기간을 2004. 1. 1.부터 2004. 12. 31.까지로 하여 재위촉되었는데 피고 목포시는 그 위촉기간이 만료되기 전인 2004. 11. 20. 원고를 해촉한 사실, 설치조례 제2조, 제7조, 제8조, 제10조에 의하면, 교향악단의 단원은 해당되는 단체의 분야에 대한 전문지식과 경험이 풍부한 자 중에서 단체별 전형위원 공

개전형과 운영위원회의 심의를 거쳐 위촉되거나, 국내외에서 실력이 우수하다고 인정된 자로서 전형위원 과반수의 추천을 받아 운영위원회의 심의를 거쳐 위촉되는데, 공개전형은 실기와 면접으로, 특별전형은 서류심사와 면접으로 실시하고, 위촉기간이 만료된 단원은 특별한 사유가 없는 한 전형을 생략하고 재위촉할 수 있으며, 목포시립예술단원 복무규정 제16조 제1호에 의하면, 단원에 대한 징계는 해촉, 출연정지, 감봉, 견책이 있는데 해촉은 위촉기간 중의 단원의 직을 면하며, 해촉일로부터 3년간 단원이 될 수 없는 사실 등을 인정하였다.

3. 사안의 적용

사실관계가 이와 같다면, **원고와 피고 목포시의 관계는 공법상 계약관계**라고 할 것인데, 피고 목포시의 원고에 대한 위촉기간이 원심 변론종결 전에 이미 만료되었고, **설치조례상 위촉기간이 만료된 교향악단 단원에 대하여 재위촉할 의무가 피고 목포시에게 부여되어 있지도 아니하므로, 원고로서는 이 사건 해촉이 무효라고 하더라도 이제는 교향악단 단원으로서의 지위를 회복할 수 없고,** 따라서 이 사건 해촉의 무효확인을 구하는 것은 과거의 법률관계의 확인청구에 지나지 아니한다고 할 것이고, 한편 **이 사건 해촉의 무효확인이 위촉기간 동안의 보수지급청구의 전제가 된다거나 해촉일로부터 일정기간 동안은 재위촉이 금지된다거나 공무원으로 임용되거나 다른 예술단체의 단원으로 임용됨에 있어 다른 사람보다 불리한 처우를 받을 수 있다는 등의 사정만으로는 위와 같은 과거의 법률관계의 확인청구에 즉시확정의 이익이 있다고 할 수 없다.**

그럼에도 불구하고, 원심은 이와 달리, 원고의 이 부분 청구에 확인이 이익이 있다는 전제 아래 본안에 대하여 나아가 판단하였으니, 원심판결에는 확인의 소에 있어서의 확인의 이익에 관한 법리를 오해하여 판결에 영향을 미친 위법이 있다고 할 것이다. 이 점에서 원심판결은 그대로 유지될 수 없다.

413. 대법원 2013. 03. 21. 선고 2011다95564 전원합의체 판결[양수금]

부가가치세 환급세액 지급청구가 당사자소송의 대상인지 여부(적극)

[다수의견]

부가가치세법령이 환급세액의 정의 규정, 그 지급시기와 산출방법에 관한 구체적인 규정과 함께 부가가치세 납세의무를 부담하는 사업자(이하 '납세의무자'라 한다)에 대한 국가의 환급세액 지급의무를 규정한 이유는, 입법자가 과세 및 징수의 편의를 도모하고 중복과세를 방지하는 등의 조세 정책적 목적을 달성하기 위한 입법적 결단을 통하여, 최종소비자에 이르기 전의 각 거래단계에서 재화 또는 용역을 공급하는 사업자가 그 공급을 받는 사업자로부터 매출세액을 징수하여 국가에 납부하고, 그 세액을 징수당한 사업자는 이를 국가로부터 매입세액으로 공제·환급받는 과정을 통하여 그 세액의 부담을 다음 단계의 사업자에게 차례로 전가하여 궁극적으로 최종 소비자에게 이를 부담시키는 것을 근간으로 하는 전단계세액공제 제도를 채택한 결과, 어느 과세기간에 거래징수된 세액이 거래징수를 한 세액보다 많은 경우에는 그 납세의무자가 창출한 부가가치에 상응하는 세액보다 많은 세액이 거래징수되게 되므로 이를 조정하기 위한 과세기술상, 조세 정책적인 요청에 따라 특별히 인정한 것이라고 할 수 있다. 따라서 이와 같은 부가가치세법령의 내용, 형식 및 입법 취지 등에 비추어 보면, 납세의무자에 대한 국가의 부가가치세 환급세액 지급의무는 그 납세의무자로부터 어느 과세기간에 과다하게 거래징수된 세액 상당을 국가가 실제로 납부받았는지와 관계없이 부가가치세법령의 규정에 의하여 직접 발생하는 것으로서, 그 법적 성질은 정의와 공평의 관념에서 수익자와 손실자 사이의 재산상태 조정을 위해 인정되는 부당이득 반환의무가 아니라 부가가치세법령에 의하여 그 존부나 범위가 구체적으로 확정되고 조세 정책적 관점에서 특별히 인정되는 공법상 의무라고 봄이 타당하다. 그렇다면 납세의무자에 대한 국가의 부가가치세 환급세액 지급의무에 대응하는 국가에 대한 납세의무자의 부가가치세 환급세액 지급청구는 민사소송이 아니라 행정소송법 제3조 제2호에 규정된 당사자소송의 절차에 따라야 한다.

[대법관 박보영의 반대의견]

현행 행정소송법 제3조 제2호는 당사자소송의 정의를 "행정청의 처분 등을 원인으로 하는 법률관계에 관한 소송 그 밖에 공법상의 법률관계에 관한 소송으로서 그 법률관계의 한쪽 당사자를 피고로 하는 소송"이라고 추상적으로 규정함으로써 구체적인 소송의 형식과 재판관할의 분배를 법원의 해석에 맡기고 있다. 따라서 그 권리의 법적 성질에 공법적인 요소가 있다는 이유만으로 반드시 당사자소송의 대상으로 삼아야 할 논리필연적 당위성이 존재한다고는 볼 수 없다. 오히려 부가가치세 환급세액은, 사업자가 매입 시 지급한 부가가치세(매입세액)가 매출 시 받은 부가가치세(매출세액)보다 많을 때, 국가는 사업자가 더 낸 부가가치세를 보유할 정당한 이유가 없어 반환하는 것으로서 그 지급청구의 법적 성질을 민법상 부당이득반환청구로 구성하는 것도 가능하다. 또한 어느 사업자로부터 과다하게 거래징수된 세액 상당을 국가가 실제로 납부받지 않았다고 하더라도, 그 사업자의 출연행위를 직접적인 원인으로 하여 국가가 그 거래징수를 한 사업자에 대한 조세채권을 취득하기 때문에 손실과 이득 사이의 직접적 연관성 및 인과관계가 존재한다고 규범적으로 평가하고, 부가가치세법 제24조 제1항, 부가가치세법 시행령 제72조 제1항 등의 규정을 부당이득의 성립요건 중 국가의 이득 발생이라는 요건을 완화시키는 부당이득의 특칙으로 이해할 수도 있다. 결국 본래 부당이득으로서 국가가 이를 즉시 반환하는 것이 정의와 공평에 합당한 부가가치세 환급세액에 관하여 부가가치세법령에 요건과 절차, 지급시기 등이 규정되어 있고 그 지급의무에 공법적인 의무로서의 성질이 있다는 이유로, 그 환급세액 지급청구를 반드시 행정법원의 전속관할로 되어 있는 행정소송법상 당사자소송으로 하여야 한다고 볼 것은 아니다.

414. 대법원 2017. 4. 28. 선고 2016두39498 판결[청산금]

도시 및 주거환경정비법 제57조 제1항에 규정된 청산금의 징수에 관하여는 지방세체납처분의 예에 의한 징수 또는 징수 위탁과 같은 간이하고 경제적인 특별구제절차가 마련되어 있으므로, 시장 · 군수가 사업시행자의 청산금 징수 위탁에 응하지 아니하였다는 등의 특별한 사정이 없는 한 시장 · 군수가 아닌 사업시행자가 이와 별개로 공법상 당사자소송의 방법으로 청산금 청구를 할 수는 없다.

415. 대법원 2016. 7. 14. 선고 2014두47426 판결[거부처분취소소송과 처분성 요건]

[1] 행정청이 국민의 신청에 대하여 한 거부행위가 항고소송의 대상이 되는 행정처분에 해당하기 위하여는, 국민에게 행정청의 행위를 요구할 법규상 또는 조리상의 신청권이 있어야 하는데, 이러한 신청권이 없음에도 이루어진 국민의 신청을 행정청이 받아들이지 아니한 경우 거부로 인하여 신청인의 권리나 법적 이익에 어떤 영향을 미친다고 볼 수 없으므로 이를 항고소송의 대상이 되는 행정처분이라 할 수 없다.

[2] 업무상 재해를 당한 갑의 요양급여 신청에 대하여 근로복지공단이 요양승인 처분을 하면서 사업주를 을 주식회사로 보아 요양승인 사실을 통지하자, 을 회사가 갑이 자신의 근로자가 아니라고 주장하면서 사업주 변경신청을 하였으나 근로복지공단이 거부 통지를 한 사안에서, 산업재해보상보험법, 고용보험 및 산업재해보상보험의 보험료징수 등에 관한 법률 등 관련 법령은 사업주가 이미 발생한 업무상 재해와 관련하여 당시 재해근로자의 사용자가 자신이 아니라 제3자임을 근거로 사업주 변경신청을 할 수 있도록 하는 규정을 두고 있지 않으므로 법규상으로 신청권이 인정된다고 볼 수 없고, 산업재해보상보험에서 보험가입자인 사업주와 보험급여를 받을 근로자에 해당하는지는 해당 사실의 실질에 의하여 결정되는 것일 뿐이고 근로복지공단의 결정에 따라 보험가입자(당연가입자) 지위가 발생하는 것은 아닌 점 등을 종합하면, 사업주 변경신청과 같은 내용의 조리상 신청권이 인정된다고 볼 수도 없으므로, 근로복지공단이 신청을 거부하였더라도 을 회사의 권리나 법적 이익에 어떤 영향을 미치는 것은 아니어서, 위 통지는 항고소송의 대상이 되는 행정처분이 되지 않는다.

416. 대법원 2016. 8. 25. 선고 2013두14610 판결[공무원보수지급청구 등]

[1] 국가공무원법은 공무원의 보수 등에 관하여 이른바 '근무조건 법정주의'를 규정하고 있다. 이는 공무원이 헌법 제7조 에 정한 직업공무원제도에 기하여 국민 전체에 대한 봉사자로서의 특수한 지위를 가지므로 국민 전체의 의사를 대표하는 국회에서 근무조건을

결정하도록 함이 타당할 뿐 아니라, 공무원의 보수 등은 국가예산에서 지급되는 것이므로 헌법 제54조 에 따라 예산안 심의 · 확정 권한을 가진 국회가 예산상의 고려가 함께 반영된 법률로써 공무원의 근무조건을 정하도록 할 필요가 있기 때문이다.

그리고 공무원보수규정 제31조 에 따라 공무원의 수당 등 보수는 예산의 범위에서 지급되는데, 여기서 '예산의 범위에서'란 문제되는 보수 항목이 국가예산에 계상되어 있을 것을 요한다는 의미이다.

이와 같이 공무원 보수 등 근무조건은 법률로 정하여야 하고, 국가예산에 계상되어 있지 아니하면 공무원 보수의 지급이 불가능한 점 등에 비추어 볼 때, 공무원이 국가를 상대로 실질이 보수에 해당하는 금원의 지급을 구하려면 공무원의 '근무조건 법정주의'에 따라 국가공무원법령 등 공무원의 보수에 관한 법률에 지급근거가 되는 명시적 규정이 존재하여야 하고, 나아가 해당 보수 항목이 국가예산에도 계상되어 있어야만 한다.

[2] 국가공무원인 갑 등이 국가가 직장보육시설을 설치하거나 지역의 보육시설과 위탁계약을 맺어 보육을 지원하지 아니하고 있으므로 구 영유아보육법(2011. 6. 7. 법률 제10789호로 개정되기 전의 것, 이하 같다) 제14조 제1항 에 따라 보육수당을 지급할 의무가 있다고 주장하면서 국가를 상대로 보육수당의 지급을 구한 사안에서, 국가공무원법령에 위 보육수당에 관한 지급 근거가 없을 뿐 아니라, 구 영유아보육법 제14조 제1항 을 국가공무원법 제46조 제5항 에 정한 '그 밖의 법률에 따른 공무원의 보수에 관한 규정'에 해당한다고 볼 수도 없으며, 위 보육수당이 국가예산에 별도로 계상되어 있지도 아니하므로, 갑 등이 구 영유아보육법 제14조 제1항 에 근거하여 곧바로 보육수당의 지급을 구하는 것은 공무원의 '근무조건 법정주의'와 항목이 계상된 국가예산에 근거한 공무원 보수 지급의 원칙에 반하여 허용될 수 없다.

제 23 장

행정법 각론 — 경찰법

제 1 절

경찰권을 발동할 수 있는 근거가 있어야 한다

개 표 개

(1) ㉮별적 수권조항은 경찰권발동의 근거가 된다

도로교통법이나 **식**품위생법, **공**중위생법, **마**약류단속법 등 국회가 **일일이 개별적인 경우**에 경찰권발동에 대한 규정을 입법하고 있는 경우이다. 법률유보의 원칙상 가장 바람직하기는 하지만 모든 경찰위험과 경찰장애에 대하여 일일이 개별규정을 두는 것은 불가능하다.

(2) ㉲준적 직무조항으로도 경찰권발동의 근거를 삼을 수 있다

빈출 조문

경찰관직무집행법 제5조 (위험발생의 방지) ① 경찰관은 **인명 또는 신체에 위해**를 미치거나 **재산에 중대한 손해를 끼칠 우려**가 있는 천재, 사변, 공작물의 손괴, 교통사고, 위험물의 폭발, 광견·분마류등의 출현, 극단한 혼잡 기타 **위험한 사태**가 있을 때에는 **다음의 조치를 할 수 있다**.

1. 그 장소에 집합한 자, 사물의 관리자 기타 관계인에게 필요한 **경고**를 발하는 것
2. 특히 긴급을 요할 때에는 위해를 받을 우려가 있는 자를 **필요한 한도** 내에서 **억류**하거나 **피난**시키는 것
3. **그 장소에 있는 자, 사물의 관리자** 기타 **관계인**에게 **위해방지상 필요하다고 인정되는 조치를** 하게 하거나 **스스로 그 조치를 하는 것**

경찰위험이 **전형적이**고 **유형적**이며 **현행범의 성격**이 강한 경우들에 대하여 개별적인 규정을 일일이 입법하기보다 경찰관직무집행법에서 **제5조의 위험방지조**치 등과 같은 **표준적인 직무조항**을 둠으로써 이에 대비할 수 있도록 하고 있다. 다만 이때 **경찰관직무집행법 제5조 제1항 제3호의 그 장소에 있는 자**를 문리해석하기보다는 **목적론적 축소해석**을 하여 **이해관계인으로서 그 장소에 있는 자라고** 해석하여 사고발생과 무관한 **일반인에게 경찰권을 발동할 수 있는 근거로 삼지 않는 것**이 타당하다.

(3) ㉮괄적 수권조항만으로 경찰권을 발동할 수 있는지 다툼이 있다

1) 문제가 무엇일까

헌법은 질서유지를 위한 국민의 자유와 권리의 제한은 **법률**로써만 할 수 있도록 하고 있어서(제37조 제2항), 경찰권의 발동에는 법률의 근거가 있어야 하는 바, 위와 같이 개별 작용법적인 근거가 없는 경우에 일반적인 작용법적인 근거에 기해 경찰권을 발동할 수 있는지가 문제된다.

이러한 논의는 현행법상의 규정에 대한 해석론으로 이어져서 **경찰관직무집행법 제2조 제7호, 경찰법 제3조** 소정의 '**공공의 안녕과 질서유지**'에 관한 규정을 일반적인 경찰권 발동의 작용법적 근거로 삼을 수 있는가 하는 논의로 나타난다.

빈출

> **경찰관직무집행법 제2조(직무의 범위)**
> 경찰관은 다음 각호의 직무를 행한다.
> **7. 기타 공공의 안녕과 질서유지**

2) 학설은 심하게 다툰다

① 제1설(부정설)

법치주의의 취지에 비추어 경찰권의 포괄적인 수권을 부정하는 견해이다. 즉 법률유보와의 관계에서 권력적 작용으로서의 경찰작용에 대한 법적 근거는 개별적인 작용법이어야 하고, 포**괄적 · 일반적인 수권법은 허용되지 않는다고 본다**.

② 제2설(긍정설)

개괄적 수권조항의 **허용성을 인정**하며, 우리의 현행법상에도 경찰상의 개괄조항**이 존재한다**고 보는 입장이다.

경찰은 위험의 방지라고 하는 특수한 임무, 즉 그의 성질상 요건과 효과를 구체적으로 정하기가 불가능한 임무를 수행하고 있음을 이유로 경찰권에 대한 포괄적 수권이 허용되는 것으로 보고, **현행 경찰관직무집행법 제2조 또는 경찰법 제3조가** 규정하고 있는 경찰의 임무에 관한 규정 중에서, '**공공의 안녕과 질서유지**'에 관한 조항을 **개괄적 수권조항**으로 보아, **개별적인 근거규정이 없을 때에는 이 조항에 의거하여 경찰권을 발동할 수 있다고 본다**.

③ **제3설**

개괄적 수권은 **허용될 수 있으나**, 우리의 **현행법상 개괄적 수권조항을 갖고 있다고 볼 수 없다는 입장이다**.

3) 판례는 개괄적 수권조항에 근거한 경찰권발동을 인정한다

대법원은 "청원경찰법 제3조 … 경찰관직무집행법 제2조에 의하면 … 기타 공공의 안녕과 질서유지 등을 그 직무로 하고 있는 터이므로 … **군 도시과 단속계 요원**으로 근무하고 있는 **청원경찰관이 … 허가 없이 창고를 주택으로 개축하는 것을 단속한** 것은 **그들의 정당한 공무집행에 속한다**고 할 것이므로, 이를 폭력으로 방해한 판시 소위를 **공무집행방해죄**로 다스린 원심조치는 정당하다" (대법원 1986. 1. 28. 선고 85도2448 판결)고 판시하여 경찰관직무집행법 **제2조 제6호를 개괄적 수권조항으로 해석하고 있다**. 빈출

4) 검토해보자

기술의 발전, 사회의 변화, 위험발생의 다양성 등으로 경찰영역에서는 보충적으로 개괄조항에 근거한 경찰권 발동이 필요하다. 그런데 경찰법은 작용법인 경찰관직무집행법과 달리 조직법으로서 경찰법 제3조가 경찰권 발동의 개괄적 수권조항이 될 수 없음은 분명하다. 또한 경찰관직무집행법 제2조 제5호는 경찰관의 직무를 정하는 규범일 뿐이지 구체적인 경우에 경찰이 직무수행을 위하여 개인의 권리·이익에 대한 침해까지 가능하게 하는 규정으로 볼 수 없다. 경찰법에 있어서 위험방지임무와 위험방지를 위한 개인의 권리에 대한 침해의 권한과는 구별하여야 한다. 법률유보의 원칙은 경찰이 공공의 안녕과 질서유지를 위하여 개인의 권리를 침해하게 되는 경우, 침해의 근거로서 권한규범에 의한 수권을 요구한다. 경찰권 발동의 법적 근거로서 개괄조항을 인정할 때, 여기서 개괄조항이란 단순히 경찰의 임무규정을 말하는 것이 아니고 권한규정을 말하는

것이다.

따라서 현행법상 개괄적 수권조항이 존재한다고 볼 수 없으며, 입법적으로 권한규범의 성격을 갖는 일반적 조항을 두어 개괄적 수권조항이 필요한 현실에 대응하는 것이 요청된다.

제 2 절

경찰권발동은 **한계**를 넘지 않도록 해야 한다

빈출

(1) 경찰㊇극의 원칙을 넘어설 수 없다

경찰권발동은 **질서유지를 위한 소극적인 목적하에서만 가능하고 공공복리라는 적극적인 목적하에서는 부정된다.**

기출

암기법 = 소+공+책+비+평+0

(2) **경찰㊢공의 원칙**을 준수해야 한다

경찰공공의 원칙이란 경찰권은 공적 안정과 공적 질서의 유지를 위해서만 발동될 수 있으며, 사적 이익만을 위해서는 발동될 수 없다는 원칙을 말하며, ① **㊙생활불간섭의 원칙**, ② **㊙주소불가침의 원칙**, ③ **㊞사관계불관여의 원칙**을 내용으로 한다. 사생활불간섭의 원칙이란 경찰권은 공적 안전과 질서에 관계없는 개인의 사생활 영역에는 개입할 수 없다는 것이다. 그러나 **이익형량상 예외**가 인정되는 바, **사생활을 방치하는 것이 공적 안전이나 질서에 중대한 위험을 가져올 수 있다면 경찰의 개입이 사생활불간섭의 원칙에 반하는 것은 아니다.** 특히 사주소불가침의 원칙과 관련하여 문제되는 경우는 **사설도로**라고 하더라도 **소유권과 무관**하게 **불특정 다수인**이 수시로 도로로서 **사용하는** 경우에는 **도로교통법상의 도로**로 보아, **백화점이나 서점**처럼 공개된 사주소의 경우로서 이익형량상 사주소불가침의 원칙에 대한 **예외**가 적용된다고 보아 **음주측정과 음주운전단속을 위한 경찰권을 발동할 수 있다고 볼 것이다. 그러나 특정인들만이 이용을 위해 사용하는 경우에는 도로교통법상의 도로로 볼 수 없고,** 따라서 공적 이해관계가 크지 않으므로 이익형량상 경찰권 발동을 해서는 안 되는 한계상황이고, 따라서 **음주측정을 하는 것은 위법하다고** 보아야 할 것이다. **판례도 마찬가지로 판시하고 있다. 민사관계불관여의 원칙도 불법추심같은 경우에는**

암기법 = 사+사+민

기출

공익이 우월하므로 예외적으로 관여가 허용될 수 있다.

(3) 경찰㉻임의 원칙에 따라 경찰처분을 내려야 한다

1) 경찰책임의 원칙의 의의를 알아보자

경찰권은 원칙적으로 **경찰위반의 상태에 대하여 책임**이 있는 자, 즉 **경찰책임자**에 대하여만 발동할 수 있다. 이것을 경찰책임의 원칙이라고 한다. 경찰책임에 있어서 개인은 자기의 생활범위 안에서 객관적으로 경찰위반상태가 생긴 경우에는 그 위반상태의 발생에 대한 **고의·과실의 존부 여부와는 관계없이**, 또한 **자연인**인가 **법인인가를 가리지 않고** 경찰책임을 지게 된다. 이러한 경찰책임에는 **행위책임**과 **상태책임**이 있다.

2) 행위책임을 지는 자에 대하여 경찰처분을 할 수 있다

① **의 의**

행위책임이란 **자기의 행위** 또는 자기의 **보호·감독** 하에 있는 자의 행위로 인해 경찰위해가 발생한 경우에 있어서의 책임이다. **고의·과실의 유무를 불문**하고, 당해 행위가 공공의 안녕과 질서에 대한 위해의 원인이 되고 있다는 객관적인 사실에 기하여지는 책임이다. 기출

② **인과관계**

행위책임자가 되기 위하여는 그의 행위와 공공의 안녕·질서에 대한 위해 사이의 인과관계가 있어야 하는데, 인과관계의 결정기준으로서 조건설, 상당인과관계설 및 직접원인설 등이 제시되며, 직접원인설이 다수설의 입장이다. 오답주의 빈출

[참고]

㉠ **조건설**은 그것이 없었다면 위험이 발생하지 않았을 것이라고 고려되는 **모든 조건**을 결과에 대한 법적 의미에서의 원인으로 본다. 그러나 조건설은 경찰책임의 범위가 무한히 확장되는 결과를 가져올 수 있어 경찰법에서는 타당하지 않다.
㉡ **상당인과관계설에** 의하면 경험법칙에 따를 때 일반적으로 발생한 것과 같은 종류의 위해를 야기하기에 적합한 조건만이 경찰책임에 있어서의 원인으로 고려된다. 그러나 **경험법칙**으로 예측할 수 없는 이형적인 위험에 대해서도 경찰권을 발동할 수 있어야 하며, 상당성 유무의 한계획정이 어려워 동설은 경찰책임의 귀속을 결정하는 데에는 부적당하다.
㉢ **직접원인설**에 의하면 **경찰위해에 대한 직접적인 원인을 야기시킨 자에게만** 행위책임이 귀속하게 된다. 여기서 '직접적'이란 원인과 결과간의 특별한 근접성을 의미한다.

3) 상태책임을 지는 자에게도 경찰처분을 할 수 있다

상태책임이란 어떤 물건이 경찰위해를 조성하고 있는 경우에 그 **물건에 대한 사실상의 지배권을 가지고 있는 자에**게 경찰책임을 지우는 경우를 말한다. 여기에 있어서도 **고의·과실의 유무는 불문한다.**

기출

여기서 **지배권의 권원의 적법성 여부는 묻지 않는다.** 또한 **점유자**뿐 아니라 **점유보조자, 임차인** 등도 이에 포함된다. **소유권자나 기타 정당한 권리자들이** 상태책임을 지는 것이 원칙이나, 이들의 **의사에 관계없이 사실상 지배권을 행사하는 자가 있는 경우에는 그 자**가 책임을 지게 된다.

4) 책임이 경합하는 경우에는 누구에게 경찰처분을 할까

행위책임과 상태책임이 **경합**(**책임의 경합**)하고 있는 경우에 **누구에게 경찰위해에 대한 책임을 부여하여야 할 것인가가** 문제된다. 이는 원칙적으로 경찰기관이 의무에 합당한 재량으로 결정할 문제이다. 그리고 **경찰은 재량권을 행사함에 있어서 비례성의 원칙을 준수**해야 한다. 행위책임과 상태책임이 경합하는 경우에는 **행위책임자에게 우선** 책임이 부여되어야 한다거나, **행위책임과 상태책임을 동시에 지는 자가** 있으면 그가 다른 사람에 우선하여 경찰책임을 져야 한다고 할 수 없다. 경찰은 **합목적성**에 따라 결정해야 하는데 **무엇이 합목적적인가는 스스로** 판단해야 한다. 결국 **경찰은 위험방지 또는 위해제거를 위하여 가장 효과적인 방법을 선택**해야 한다(**효과적인 위험방지의 원칙-효율성의 원칙**). 따라서 경찰은 일반적으로 위험방지 또는 **경찰위해를 제거하는 데 있어서 가장 적합한 상황에 있는 자**에게 경찰상의 의무를 부과해야 한다.

기출

5) 비책임자에 대한 경찰권을 발동하기 위한 요건을 알아보자

암기법
= 목+보+수

법치국가적 관점에서 경찰비책임자에 대하여 경찰권을 발동하는 것은 **예외적으로만 허용**되어야 한다. 엄격한 요건을 검토하면 다음과 같다.

① 장해 혹은 현재하는 중대한 위험이 존재(㉠목전의 위험)해야 한다

비책임자에 대한 경찰권 발동은 장해가 이미 발생하고 있거나, 현재하는, 즉 목전에 급박한 위험의 존재를 전제로 한다. 이는 고도의 개연성을 가진 긴급한 손해의 발생이 예견되는 상태를 의미하므로, 손해발생의 **시간적 근접성**과 **고도의 개연성**을 구성요소로 한다. 또한 그 위험은 중대한 것이어야 하는데, 중대성은 예견되는 손해와 손해를 예방하기 위하여 침해되는 법익을 고려하여 판단

기출

하여야 한다.

② **다른 방법을 통한 위험방지가 불가능해야 한다**(㊉충성)

경찰은 **경찰책임자**에게 경찰권을 발동하거나 **자기 자신의 고유의 수단**을 사용하여서는 위험에 대처할 수 없을 때에만 **비책임자**에 대하여 경찰권을 발동할 수 있다. 기출

> **[참고]** 경찰책임자에게 경찰권을 발동해서는 경찰상의 위험을 방지할 수 없을 경우로는 ㉠ **경찰책임자가 도대체 존재하지 않을 때**, ㉡ 경찰책임자에게 경찰권을 발동하는 것이 **사실상 불가능할 때**, ㉢ **법적으로 불가능**할 때 등을 들 수 있다.

③ **기대가능성**(㊍인가능성)**이 있어야 한다**

비책임자에 대한 경찰권 발동은 그 자체로서 **비책임자의 생명·신체 등에 대한 현저한 위험**성을 갖고 있지 않고, **다른 고차원의 의무이행에 장애를 가져오지 않을 때에만** 가능하다. 기출

(4) 경찰㉥례의 원칙을 준수해서 경찰처분을 해야 한다

경찰비례의 원칙은 경찰영역에만 국한하지 않고, 급부영역과 기타 행정법의 영역까지 확장되어 행정법의 일반원칙으로 자리잡게 되었다. 경찰비례의 원칙은 헌법 제37조 제2항에 근거하고 있어 **헌법적 지위**를 차지하고 있으며, 개별 법률들에도 반영되어 있다. 경찰권을 발동할 때 ① 질서유지라는 정당한 목적을 위하여 **법적으로나 사실상으로**나 적합한 수단이어야 하고(**적**합성의 원칙), ② 적합한 수단들 중에서도 **최소침해**에 그치는 수단을 사용하여야 하며(**필**요성의 원칙 또는 대체수단의 제공), ③ 공익과 사익의 **비교형량**상 법익균형성이 유지되어야 한다(**상**당성의 원칙). ④ 또한 시간적으로도 경찰권발동 이전이나 이후에는 발동되어서는 안 되는 시간상 비례의 원칙도 준수하여야 한다.

이러한 경찰비례의 원칙은 일반적이고 추상적인 법률들을 구체적인 사안에서 적용하고 해결하는 **필터기능**을 수행한다.[1] 다만, 최근 이러한 비례의 원칙이 지나치게 원용됨으로써 행정법 고유의 법리발전에 소홀해질 수 있다는 **독일연방헌법재판소의 판례**와 이를 지적하는 유력설이 등장하고 있다.

---

1 박정훈(서울대) 교수.

(5) 경찰평등의 원칙을 고려하여야 한다

경찰권은 **합리적 이유 없이 차별적인 발동을 하여서는 아니 되는**바, 이는 헌법 제11조의 평등의 원칙의 요청이다.

(6) 재량의 0이나 1로 수축되는 상황에는 반드시 경찰권을 발동할 의무가 있다

기출

생명 · 신체 · 재산에 대한 절박하고 중대한 위험이 발생하는 경우 경찰권 발동여부에 대한 재량은 0이나 1로 수축되고 **반드시 발**동하여 국민의 기본권을 보호할 의무가 발생한다.

제 3 절

중요 판례의 동향을 더 알아보고 출제에 대비해 보자

경찰권 발동의 한계 위반 여부

417. 대법원 2007. 10. 25. 선고 2005다23438 판결【손해배상(기)】[미간행]

[1] **범죄의 예방 · 진압 및 수사는 경찰관의 직무에 해당하며(경찰관직무집행법 제2조 제1호 참조),** 그 직무행위의 구체적 내용이나 방법 등이 경찰관의 전문적 판단에 기한 **합리적인 재량에 위임**되어 있으므로, 경찰관이 구체적 상황하에서 그 인적 · 물적 능력의 범위 내에서의 적절한 조치라는 판단에 따라 범죄의 진압 및 수사에 관한 직무를 수행한 경우, 경찰관에게 **그와 같은 권한을 부여한 취지와 목**적, 경찰관이 다른 조치를 취하지 아니함으로 인하여 **침해된 국민의 법익 또는 국민에게 발생한 손해의 심각성 내지 그 절박한 정도,** 경찰관이 그와 같은 결과를 **예견하여 그 결과를 회피하기 위한 조치를 취할 수 있는 가능성**이 있는지 여부 등을 **종합적으로 고려하여 볼 때,** 그것이 객관적 정당성을 상실하여 현저하게 불합리하다고 인정되지 않는다면 그와 다른 조치를 취하지 아니한 부작위를 내세워 국가배상책임의 요건인 법령 위반에 해당한다고 할 수 없다.

경찰비례의 원칙과 무기사용

418. 대법원 2008. 2. 1. 선고 2006다6713 판결【손해배상(기)】[공 2008상, 288]

[1] 경찰관은 범인의 체포, 도주의 방지, 자기 또는 타인의 생명 · 신체에 대한 방호, 공무

집행에 대한 항거의 억제를 위하여 무기를 사용할 수 있으나, 이 경우에도 무기는 목적 달성에 필요하다고 인정되는 상당한 이유가 있을 때 그 사태를 합리적으로 판단하여 필요한 한도 내에서 사용하여야 하는바(**경찰관직무집행법 제10조의4**), 경찰관의 무기 사용이 이러한 요건을 충족하는지 여부는 **범죄의 종류, 죄질, 피해법익의 경중, 위해의 급박성, 저항의 강약, 범인과 경찰관의 수, 무기의 종류, 무기 사용의 태양, 주변의 상황 등을 고려하여 사회통념상 상당하다고 평가되는지 여부에 따라 판단**하여야 하고, 특히 **사람에게 위해를 가할 위험성이 큰 권총의 사용에 있어서는 그 요건을 더욱 엄격하게 판단**하여야 한다.

[2] 불법행위에 따른 형사책임은 **사회의 법질서를 위반한 행위에 대한 책임을 묻는 것으로서 행위자에 대한 공적인 제재(형벌)를 그 내용으로** 함에 비하여, 민사책임은 **타인의 법익을 침해한 데 대하여 행위자의 개인적 책임을 묻는 것으로서 피해자에게 발생한 손해의 전보를 그 내용**으로 하는 것이고, 손해배상제도는 손해의 공평·타당한 부담을 그 지도원리로 하는 것이므로, **형사상 범죄를 구성하지 아니하는 침해행위라고 하더라도 그것이 민사상(국가배상법상) 불법행위를 구성하는지 여부는 형사책임과 별개의 관점에서 검토하여야 한다.**

[3] **경찰관이 범인을 제압하는 과정에서 총기를 사용하여 범인을 사망에 이르게 한 사안에서, 총기사용행위에 대한 무죄판결이 확정된 것과 무관하게 민사상 불법행위책임을 인정**하여야 한다.

경찰권발동의 한계

419. 대법원 2010. 9. 9. 선고 2010도6579 판결【불특정다수인이 출입하고 주차하는 아파트 단지 내 통행로에서의 도로교통법위반(음주측정거부)죄 적용가부】[공 2010하, 1957]

[1] 구 도로교통법 제2조 제1호에 정한 도로의 개념인 '일반교통에 사용되는 모든 곳'의 의미

구 도로교통법(2009. 12. 29. 법률 제9845호로 개정되기 전의 것) 제2조 제1호에서 '도로'라 함은 도로법에 의한 도로, 유료도로법에 의한 도로, 그 밖의 일반교통에 사용되는 모든 곳을 말한다고 규정하고 있는데, **여기서 '일반교통에 사용되는 모든 곳'은 현실적으로 불특정의 사람이나 차량의 통행을 위하여 공개된 장소로서 교통질서 유지 등을 목적으로 하는 일반 교통경찰권이 미치는 공공성이 있는 곳을 의미하고, 특정인들 또는 그들과 관련된 특정한 용건이 있는 자들만이 사용할 수 있고 자주적으로 관리되는 장소는 이에 포함되지 않는다.**

[2] 피고인이 술을 마시고 차량을 운전한 '아파트단지 내 통행로'가 구 도로교통법

상의 도로에 해당함에도, 이와 달리 판단한 원심판결에 법리오해의 위법이 있다고 한 사례

피고인이 술을 마시고 차량을 운전한 '아파트단지 내 통행로'가 왕복 4차선의 외부도로와 직접 연결되어 있고, 외부차량의 통행에 제한이 없으며, 별도의 주차관리인이 없는 등 아파트의 관리 및 이용 상황에 비추어 구 도로교통법(2009. 12. 29. 법률 제9845호로 개정되기 전의 것)상의 도로에 해당함에도, 이와 달리 판단한 원심판결에 법리오해의 위법이 있다.

제 24 장

행정법 각론 — 공무원법

제 1 절

공무원의 의의를 알아보고 종류별로 분류해 보자

(1) 공무원의 개념과 의의는 어떻게 볼까

기출

국가 또는 지방자치단체와 **공법상의 근무관계**에 있는 모든 자로서 각종 공무원법상의 공무원이 이에 해당한다. 공무원이 정권교체에도 불구하고 안정적으로 공무를 수행할 수 있도록 정권교체에 따라 공직을 박탈당하는 **엽관제**에서 **성적제**를 바탕으로 하는 **직업공무원제**로 변경되어 있다.

(2) 공무원의 분류를 공부해 두자

빈출 조문

국가공무원법 제2조(공무원의 구분)★

① 국가공무원(이하 "공무원"이라 한다)은 경력직공무원과 특수경력직공무원으로 구분한다.

② "**경력직공무원**"이란 **실적과 자격**에 따라 임용되고 **그 신분이 보장**되며 **평생 동안**(근무기간을 정하여 임용하는 공무원의 경우에는 **그 기간 동안을** 말한다) 공무원으로 근무할 것이 예정되는 공무원을 말하며, 그 종류는 다음 각 호와 같다. <개정 2012. 12. 11>

1. **일반직**공무원: **기술 · 연구 또는 행정 일반에 대한 업무**를 담당하는 공무원
2. **특정직**공무원: **법관, 검사, 외무공무원, 경찰공무원, 소방공무원, 교육공무원, 군**

인, 군무원, 헌법재판소 헌법연구관, 국가정보원의 직원과 특수 분야의 업무를 담당하는 공무원으로서 다른 법률에서 특정직공무원으로 지정하는 공무원

③ "**특수경력직공무원**"이란 **경력직공무원 외의** 공무원을 말하며, 그 종류는 다음 각 호와 같다. <개정 2012. 12. 11, 2013. 3. 23>

1. **정무직공무원**
   가. **선거**로 취임하거나 임명할 때 **국회의 동의**가 필요한 공무원
   나. **고도의 정책결정 업무**를 담당하거나 이러한 업무를 **보조**하는 공무원으로서 **법률이나 대통령령**(**대통령비서실** 및 **국가안보실**의 조직에 관한 대통령령만 해당한다)에서 정무직으로 **지정**하는 공무원
2. **별정직공무원**: **비서관·비서** 등 보좌업무 등을 수행하거나 특정한 업무 수행을 위하여 법령에서 **별정직으로 지정하는 공무원**

④ 제3항에 따른 **별정직공무원**의 채용조건·임용절차·근무상한연령, 그 밖에 필요한 사항은 국회규칙, 대법원규칙, 헌법재판소규칙, 중앙선거관리위원회규칙 또는 **대통령령**으로 정한다. <개정 2011. 5. 23, 2012. 12. 11>

제 2 절

공무원의 권리와 의무 및 책임은 서로 연결되어 있다

(1) 공무원의 **권리**로는 무엇이 있을까

기출

1) 신분보유권이 있다

공무원의 신분은 **법률**에 의하여 보장된다(헌법 제7조 제2항). 이를 **직업공무원제**라고 한다.

2) 직위보유권이 있다

공무원은 **법에서 정한 사유**가 없으면 **직위를 해제**당하지 아니하며, 직위해제된 경우에도 그 해제사유가 소멸된 때에는 **〈지체없이〉 직위를 부여받을 권리**를 갖는다.

3) 직무수행권이 있다

공무원은 자기가 담당하는 **직무를 방해받지 않고 수행**할 권리를 가진다.

4) 공무원에 대한 불이익처분시 권리구제를 받을 권리는 어떤 것들이 있을까

① 처분사유설명서 교부청구권

공무원은 자신에게 불이익한 처분에 대하여 처분의 **법적 근거와 구체적인 사유에 대하여 이유**를 제시해 줄 것을 요구할 수 있다.

기출

> **제75조(처분사유 설명서의 교부)** 공무원에 대하여 징계처분등을 할 때나 강임 · 휴직 · 직위해제 또는 면직처분을 할 때에는 그 처분권자 또는 처분제청권자는 **처분사유를 적은 설명서를 교부(交付)하여야** 한다. 다만, 본인의 원(願)에 따른 강임 · 휴직 또는 면직처분은 그러하지 아니하다.

② 보충발령유예청구권이 있다

또한 자신이 행정심판이나 행정소송에서 **불복하는 동안** 자신의 자리에 다른 공무원을 임명하지 못하도록 보충발령을 **유예**해 줄 것을 청구할 수 있다.

기출

> **제76조(심사청구와 후임자 보충 발령)**
> ② 본인의 의사에 반하여 파면 또는 해임이나 제70조 제1항 제5호에 따른 면직처분을 하면 그 처분을 한 날부터 **40일** 이내에는 **후임자의 보충발령을 하지 못한다.** 다만, 인력 관리상 후임자를 보충하여야 할 **불가피한 사유**가 있고, 제3항에 따른 소청심사위원회의 임시결정이 없는 경우에는 **국회사무총장, 법원행정처장, 헌법재판소사무처장, 중앙선거관리위원회사무총장 또는 안전행정부장관**과 **협의를 거쳐** 후임자의 보충발령을 **할 수 있다.**
> ③ 소청심사위원회는 제1항에 따른 소청심사청구가 파면 또는 해임이나 제70조 제1항 제5호에 따른 면직처분으로 인한 경우에는 그 청구를 접수한 날부터 5일 이내에 해당 사건의 최종 결정이 있을 때까지 후임자의 보충발령을 유예하게 하는 임시결정을 할 수 있다.
> ④ 제3항에 따라 소청심사위원회가 임시결정을 한 경우에는 임시결정을 한 날부터 20일 이내에 최종 결정을 하여야 하며 각 임용권자는 그 최종 결정이 있을 때까지 후임자를 보충발령하지 못한다.
> ⑤ 소청심사위원회는 제3항에 따른 임시결정을 한 경우 외에는 소청심사청구를 접수한 날부터 60일 이내에 이에 대한 결정을 하여야 한다. 다만, 불가피하다고 인정되면 소청심사위원회의 의결로 30일을 연장할 수 있다.
> ⑥ 공무원은 제1항의 심사청구를 이유로 불이익한 처분이나 대우를 받지 아니한다.

빈출

③ **소청심사청구권이 있다**

공무원에게 **불이익한 처분**시 **필요적** 행정심판으로서 **소청심사를 거쳐야만** 행정소송을 제기할 수 있다.

기출

> **제76조(심사청구와 후임자 보충 발령)**
> ① 제75조에 따른 **처분사유 설명서**를 받은 공무원이 그 처분에 불복할 때에는 **그 설명서를 받은 날**부터, 공무원이 제75조에서 정한 처분 외에 본인의 의사에 반한 불리한 처분을 받았을 때에는 그 처분이 있은 것을 **안 날부터** 각각 **30일 이내**에 **소청심사위**원회에 이에 대한 심사를 청구할 수 있다. 이 경우 변호사를 대리인으로 선임할 수 있다.

④ **행정소송도 가능하지만, 원처분주의에 따라야 한다** ★★★

주의할 최다 빈출

행정소송의 대상은 소청심사**재결에 고유한 위법**이 없는 한 **원처분**에 대하여 제기할 수 있다(**행정소송법 제19조 단서**). 그러므로 **유리한 수정재결**은 **유리한 형태로 감축된 원처분**을 대상으로 **원행정청**을 피고로 행정소송을 제기하여야 하고, **불리한 수정재결**은 **불리한 형태로 수정된 재결**을 대상으로 **소청심사위원회**를 피고로 행정소송을 제기하여야 한다. **기각재결**은 **재결고유의 위법이 없으므로 원처분**을 대상으로 **원행정청**을 피고로 행정소송을 제기하여야 하며, **기각재결을 대상으로 제소하면 재결고유의 위법이 없으므로** 기각판결을 내린다는 것이 다수설과 판례이다.

⑤ **고충처리심사청구권을 행사할 수 있다**

기출 조문

> **제76조의2(고충 처리)**
> ① 공무원은 누구나 **인사 · 조직 · 처우 등 각종 직무 조건과 그 밖에 신상 문제**에 대하여 **인사 상담**이나 **고충 심사**를 청구할 수 있으며, 이를 이유로 **불이익한 처분이나 대우를 받지 아니한다**.
> ② 제1항에 따라 청구를 받은 **중앙인사관장기관의 장, 임용권자 또는 임용제청권자**는 이를 제3항에 따른 **고충심사위원회**에 부쳐 심사하게 하거나 소속 공무원에게 **상담**하게 하고, 그 결과에 따라 고충의 해소 등 **공정한 처리를 위하여 노력하여야 한다**.
> ③ 공무원의 고충을 심사하기 위하여 **중앙인사관장기관**에 **중앙고충심사위원회**를, 임용권자 또는 임용제청권자 단위로 **보통고충심사위원회**를 두되, 중앙고충심사위원회의 기능은 소청심사위원회에서 관장한다.
> ④ **중앙**고충심사위원회는 보통고충심사위원회의 심사를 거친 **재심청구**와 **5급 이상** 공무원 및 고위공무원단에 속하는 일반직공무원의 고충을, **보통**고충심사위원회는 소

속 **6급 이하**의 공무원의 고충을 각각 심사한다. 다만, 6급 이하의 공무원의 고충은 임용권자를 달리하는 **둘 이상의 기관에 관련**된 경우에는 **중앙**고충심사위원회에서, **원 소속 기관**의 보통고충심사위원회에서 고충을 심사하는 것이 부적당하다고 인정될 경우에는 **직근 상급기관**의 보통고충심사위원회에서 각각 심사할 수 있다.
⑤ 이 법의 적용을 받는 자와 다른 법률의 적용을 받는 자가 서로 관련되는 고충의 심사청구에 대하여는 이 법의 규정에 따라 설치된 고충심사위원회가 국회규칙, 대법원규칙, 헌법재판소규칙, 중앙선거관리위원회규칙 또는 대통령령으로 정하는 바에 따라 심사할 수 있다.
⑥ 중앙인사관장기관의 장, 임용권자 또는 임용제청권자는 심사 결과 필요하다고 인정되면 처분청이나 관계 기관의 장에게 그 시정을 요청할 수 있으며, 요청받은 처분청이나 관계 기관의 장은 특별한 사유가 없으면 이를 이행하고, 그 처리 결과를 알려야 한다. 다만, 부득이한 사유로 이행하지 못하면 그 사유를 알려야 한다.
⑦ **고충심**사위원회의 구성 · 권한 · 심사절차, 그 밖에 필요한 사항은 국회규칙, 대법원규칙, 헌법재판소규칙, 중앙선거관리위원회규칙 또는 **대통령령**으로 정한다.

5) 노동운동에 관한 권리도 일부 인정된다

가) 사실상 노무에 종사하는 공무원에게는 노동운동권이 인정된다

공무원은 **일반적으로 노동운동을** 해서는 안 되지만, **사실상 노무에 종사하는 공무원은 예외이다.** 국가공무원으로서의 사실상 노무에 종사하는 공무원은 **방송통신위원회 소속의 현업기관**과 **국립의료원의 작업현장**에서 **노무에 종사하는 기능직 공무원** 및 고용직 공무원으로서 **다음 각호의 어느 하나에 해당하지 아니하는 자를** 말하며, **지방공무원으로서의 사실상 노무에 종사하는 공무원의 범위는 조례로** 정한다. 빈출

즉 다음 각호에 해당하는 자들은 **사실상 노무에 종사하더라도 노동운동을 할 수 없다.**

① **서무 · 인사 및 기밀업무**에 종사하는 자
② **경리 및 물품출납사무**에 종사하는 자
③ **노무자의 감독사무**에 종사하는 자
④ **보안업무규정에 의한 보안목표시설의 경비업무에 종사하는 자**
⑤ **승용자동차 및 구급차의 운전에 종사하는 자**

나) 노동조합의 설립 · 가입 및 단체교섭권이 인정된다

공무원노동조합은 **국회 · 법원 · 헌법재판소 · 선거관리위원회 · 행정부 · 특**

별시 · 광역시 · 구 및 교육청을 최소단위로 하여 설립될 수 있다.

다) 노동조합 대표자의 교섭 및 단체협약 체결권이 인정될 수 있다

공무원노동조합의 대표자는 노동조합에 관한 사항 또는 조합원의 보수 · 복지 그 밖의 **근무조건에 관한 사항에 대하여 정부 측 교섭대표와 교섭하**고 **단체협약을 체결할 권한을 갖는다.**

라) 공무원직장협의회를 설립 · 운영할 수 있는 권리도 인정되지만, 파업은 할 수 없다

기출

공무원노동조합과 그 조합원은 정치활동을 할 수 없으며, 파업 · 태업 그 밖에 업무의 정상적인 운영을 저해하는 일체의 행위를 하여서는 안 된다.

6) 재산상의 권리에는 어떠한 것이 있을까

① 보수청구권이 있다

공무원의 보수는 **봉급**과 **수당**으로 나누어진다. **봉급**이란 **직무의 곤란성** 및 **책임의 정**도에 따라 직책별로 지급되는 기본급여 또는 직무의 곤란성 및 책임의 정도와 **재직기간** 등에 따라 **계급별 · 호봉별로 지급되는 기본급여**를 말한다. **수당**은 공무원에게 지급되는 봉급 이외에 직무여건 및 생활여건에 따라 지급되는 부가급여를 말하는 것으로서, 직무수당, 상여수당, 가계보전수당, 특수지근무수당, **초과근무수당**에 속하는 제수당과 기말수당, **가족수당**, 겸임수당, 명예퇴직수당 등이 그에 해당한다. **수당은 봉급과는 달리 예산조치가 되어 있는 경우에만 지급한다.**

② 연금청구권도 가진다

공무원의 연금은 공무원의 **퇴직** 또는 **사망**과 공무로 인한 **부상 · 질병 · 폐질의 경우**에 공무원 및 그 유족의 **생활안정과 복리향상에 이바지함을 목적**으로 지급하는 **급여**를 말한다. 연금의 성질에 대하여 견해대립이 있지만, 연금은 공무원의 봉급에서 **매월 납부되는 기여금**과 국가 또는 지방자치단체의 부담금을 **기금으로 하여 지급되**는 것이므로 강제저축을 당한 **기여분**과 국가나 지자체의 **사회보장 부분**으로 나뉜다(**연금이나 퇴직금 이분설**).

연금은 **단기급여로**서 **요양비, 요양일시금, 재해부조금, 사망위로금** 등이 있고, **장기급여**로서 **퇴직급여, 장해급여, 유족급여, 퇴직수당** 등이 있다. 이러한 **연금이나 퇴직금은 공무원의 신분이 지급요건이다.**

③ **실비변상을 받을 권리가 있다**

공무원은 **보수를 받는 외에 대통령령이** 정하는 바에 의하여 **직무수행에 소요되는 실비를 변상 받을 권리를 가진다.**

④ **보상을 받을 권리도 있다**

공무원의 **소속 기관의 장**의 **허가**를 받아 **본래의 업무수행에 지장이 없는 범위 안**에서 **담당직무** 외의 **특수한 연구과제**를 위탁받아 처리한 경우에는 **보상을 지급받을 권리**를 가진다.

(2) **공무원의 의무**에는 어떠한 것들이 있을까

중요 판례 더 알아보기 — 공무원의 의무에 대한 중요한 판례

44. 대법원 1992. 6. 26. 선고 91누11780 판결[전교조 교원 직위해제처분등취소]

가. 국가공무원으로 하여금 노동운동 등 집단적 행위를 하지 못하도록 규정한 국가공무원법 제66조 제1항 본문은 헌법 제37조 제2항에 위반된다고 할 수 없다.

나. 전국교직원노동조합(이하 "전교조"라고 한다)의 결성을 위한 서울교사전진대회와 발기인대회 및 준비위원회결성대회에 주도적으로 참석하여 집단적 행위를 한 것은 노동조합의 결성을 위한 준비행위로서 국가공무원법 제66조 제1항 본문에 규정된 노동운동에 해당한다.

다. 교육과 교원의 특수성을 감안하더라도 법률상 허용되지 아니하는 목적을 위한 집회에 참석하지 말라는 학교장의 교사에 대한 명령은 감독자의 지위에서 교육에 전심전력하여야 할 교원에게 발하여지는 정당한 직무상의 명령이라 할 것이므로 교사가 이에 복종하지 아니하였음은 같은 법 제57조 소정의 복종의 의무를 위반한 것이다.

라. 전교조의 결성을 위한 불법집회에 참석하여 머리띠를 두르고 구호를 외치는 등의 집단행동을 한 것은 교육자로서의 체면과 위신을 손상한 경우에 해당한다 할 것이므로 위와 같은 행위는 같은 법 제63조 소정의 품위유지의 의무에 위반된다.

마. 원고가 징계처분 후 총무처 소청심사과정에서 과거의 잘못을 반성하고 전교조에서 탈퇴하면 구제하여 준다는 교육부장관의 발표에 따라 전교조를 탈퇴한다는 내용의 각서를 제출하였다 하더라도 위 파면처분이 있은 후 전교조에 가입하였고 방송국의 토론 프로그램에 참석하여 전교조의 정당성을 주장하는 내용의 발언을 하였을 뿐 아니라 총무처 소청심사과정에서 소청심사위원장에게 전교조 탈퇴에 관한 진술을 함에

있어 일관성이 없는 태도를 보여 과연 위 탈퇴각서가 진의에 의한 것인가를 의심받아 구제받지 못하였다는 것이므로 소청심사과정에서 구제받지 못한 것은 교육부장관이 위와 같은 약속을 어겼기 때문이라기보다 오히려 원고가 불법단체인 전교조에 가입한 사실에 관하여 반성을 하고 있지 아니할 뿐 아니라 진실로 전교조로부터 탈퇴할 의사에 기하여위의 각서를 작성하여 제출한 것이 아니었다는 점에 있다고 보여지므로 교육부장관 등이 탈퇴각서를 제출한 원고를 구제하여 주지 아니한 것이 신뢰보호의 원칙에 위반되지 않는다.

1) 선서의무가 있다

공무원은 취임할 때에 소속기관장 앞에서 **선서할 의**무를 지고 있다.

2) 청렴의무도 있다

제61조(청렴의 의무)
① 공무원은 직무와 관련하여 **직접적이**든 **간접적이**든 **사례 · 증여 또는 향응을 주거나 받을 수 없다.**
② 공무원은 **직무상의 관계가 있든 없든** 그 **소속 상관에게 증여**하거나 **소속 공무원으로부터 증여를 받아서는 아니 된다.**

3) 법령준수의무도 있다

제56조(성실 의무) 모든 공무원은 **법령을 준수하며 성실히** 직무를 수행하여야 한다.

빈출

견해대립이 있지만 공무원은 **형식적 요건에 대한 심사권은 있**지만 **실질적 요건에 대한 심사권은 원칙적으로 부정**되지만, **예외적으로 명백한 경우에**는 행정기관에도 당해 법령에 대한 심사권이 인정된다고 보아야 한다. 또한 **행정규칙도 공무원들에게는 준수하여야 할 법령의 대상이 된다.**

4) 복종의무도 있다

제57조(복종의 의무) 공무원은 직무를 수행할 때 **소속 상관**의 **직무상 명령에 복종**하여야 한다.

빈출

소속상의 상관과 직무상의 상관 개념 중 여기서는 **직무상의 상관**에 대한 복종을 의미한다. 공무원의 직무명령의 적법요건으로는 **직무상 상관이 발급**한 것일 것, **부하 공무원의 직무에 관한 것**일 것, **직무상의 독립이 인정되는 사항에 관한 것이 아닐 것**, **기타 법규에 해당하는 것이 아닐 것** 등을 열거할 수 있다. 법령준수의무와 관련하여 **중대명백한 직무명령에 대하여는 예외적으로 복종의무가 발생하지 않는다.**

5) 직무전념의무도 있다

직무전념의무가 있고 **영리활동금지의무 등이 있다.**

> 제64조(영리 업무 및 겸직 금지)
> ① 공무원은 공무 외에 **영리를 목적으로 하는 업무에 종사하지 못하며 소속 기관장의 허가 없이 다른 직무를 겸할 수 없다.**

6) 친절공정의무가 있다

> 제59조(친절 · 공정의 의무) 공무원은 **국민 전체의 봉사자**로서 **친절하고 공정하게 직무를 수행하여야 한다.**

7) 종교중립의무가 있다

> 제59조의2(종교중립의 의무)
> ① 공무원은 **종교에 따른 차별 없이** 직무를 수행하여야 한다.
> ② **공무원은 소속 상관이 제1항에 위배되는 직무상 명령을 한 경우에는 이에 따르지 아니할 수 있다.**

8) 비밀유지의무를 준수하여야 한다

> 제60조(비밀 엄수의 의무) 공무원은 **재직 중**은 물론 **퇴직 후에도** 직무상 알게 된 비밀을 엄수(嚴守)하여야 한다.

9) 품위유지의무를 지켜야 한다

> 제63조(품위 유지의 의무) 공무원은 **직무의 내외를 불문**하고 그 품위가 손상되는 행위를 하여서는 아니 된다.

10) **정치운동, 노동운동, 영리활동금지의무 등이 있다**

제65조(정치 운동의 금지)
① 공무원은 정당이나 그 밖의 정치단체의 **결성에 관여**하거나 **이에 가입할 수 없다.**
② 공무원은 선거에서 특정 정당 또는 특정인을 **지지** 또는 **반대**하기 위한 **다음의 행위**를 하여서는 아니 된다.
1. **투표**를 하거나 **하지 아니하도록 권유 운동**을 하는 것
2. **서명 운동**을 **기도(企圖)·주재(主宰)하거나 권유**하는 것
3. **문서나 도서**를 공공시설 등에 **게시하거나 게시**하게 하는 것
4. **기부금**을 모집 또는 모집하게 하거나, **공공자금을 이용 또는 이용**하게 하는 것
5. 타인에게 **정당이나 그 밖의 정치단체에 가입하게 하거나 가입하지 아니하도록 권유 운동**을 하는 것
③ 공무원은 다른 공무원에게 제1항과 제2항에 위배되는 행위를 하도록 요구하거나, 정치적 행위에 대한 보상 또는 보복으로서 이익 또는 불이익을 약속하여서는 아니 된다.
④ 제3항 외에 **정치적 행위의 금지에 관한 한계는 국회규칙, 대법원규칙, 헌법재판소규칙, 중앙선거관리위원회규칙 또는 대통령령으로 정한다.**

11) **병역신고의무가 있다**

대통령, 국무총리, 국무위원. 국회의원 등 공직자 등의 병역사항 신고 및 공개에 관한 법률에 규정되어 있는 자는 신고의무자가 된 날짜로부터 **1월 이내**에 **본인** 및 본인의 **18세 이상인 직계비속에 대한 병역사항**을 신고하여야 한다.

(3) 공무원은 어떻게 **책임**을 지게 될까

1) **징계책임을 지게 된다**

① **징계책임의 의의는 어떠할까**

징계란 공무원의 **의무위반 또는 비행이 있는 경우**에 공무원관계의 질서를 유지하기 위한 임용권자에게 가해지는 **제재**를 의미하며, 그 제재로서의 벌을 **징계벌**이라고 한다.

② **징계책임의 사유를 구체적으로 알아보자**

빈출 조문

제78조(징계 사유)
① 공무원이 다음 각 호의 어느 하나에 해당하면 **징계 의결을 요구하여야 하고** 그 **징계 의결의 결과에 따라 징계처분을 하여야 한다.**

1. **이 법 및 이 법에 따른 명령을 위반한 경우**
2. **직무상의 의무(다른 법령에서** 공무원의 신분으로 인하여 **부과된 의무를 포함**한다)를 **위반**하거나 **직무를 태만히 한 때**
3. **직무의 내외를 불문**하고 그 **체면 또는 위신을 손상**하는 행위를 한 때

② 징계에 관하여 다른 법률의 적용을 받는 공무원이 이 법의 징계에 관한 규정을 적용받는 공무원으로 임용된 경우에 임용 이전의 다른 법률에 따른 징계 사유는 그 사유가 발생한 날부터 이 법에 따른 징계 사유가 발생한 것으로 본다.

그 밖에도 행정규칙에서 정한 징계의 종류로서 불문경고가 있음. 불문경고는 당해 년도에 받은 상점을 소멸시킴으로써 승진의 기회를 박탈하는 것임. 판례는 비록 행정규칙상에 근거를 둔 징계라고 하더라도 불문경고와 같은 것은 처분성이 인정되므로 항고소송으로 다툴 수 있다고 판시

③ 징계책임의 종류를 알아두자

제79조(징계의 종류) 징계는 **파**면 · **해**임 · **강**등 · **정**직(停職) · **감봉** · **견책**(譴責)으로 구분한다.

④ 징계사유의 시효는 언제까지일까

징계사유가 발생한 때로부터 **2년**이 지나면 징계권이 소멸한다. 그러나 **금품 및 향응수수, 공금의 횡령 · 유용**의 경우에는 **5년**이 지나면 징계권이 소멸한다.

기출

2) 형사책임을 지게 되기도 한다★

공무원이 법을 어긴 경우에 **형법에 정해진 벌**에 의하여 처벌받게 되는 경우를 의미한다. 징계벌과 종류가 다르므로 **징계벌**과 **형벌을 병과하더라도 일사부재리의 원칙에 반하지 않는다.**

기출

3) 변상책임은 고의나 중과실이 있는 경우에만 진다★

공무원이 직무상 불법행위로 타인에게 손해를 가한 경우에 <**고의 · 중과실**> 있는 가해 공무원이 국가 또는 지방자치단체의 구상을 통해 국가나 지방자치단체에 대하여 변상책임을 지게 된다(국가배상법 제2조 제2항).

빈출

4) 민사책임은 고의나 중과실이 있는 경우에만 진다★★★

다수의견의 입장을 절충설(경과실은 자기책임이고 고의나 중과실은 대위책임으로 인식), 별개의견의 입장을 자기책임설, 반대의견의 입장을 대위책임설

국가나 지자체가 피해자에게 국가배상을 한 경우에도 **잔여 손해**에 대하여 **피해자가 공무원에게 민사배상을 청구**할 수 있는지 여부에 대하여 **전원합의체 〈다수의견〉**은 **〈고의나 중과실〉이 있는 경우에만 인정**하나, 전합 **〈별개의견〉**은 **〈언제나 인정〉**하며, 전합 **〈반대의견〉**이나 **반대보충의견은 〈언제나 부정〉**한다.

빈출

제 3 절

공무원에 대한 **권리구제**는 어떤 방법들이 있을까★★

전술한 바와 같이 **처**분사유설명서 교부청구권, **보**충발령유예청구권, 예외적 필요적 전치주의로서의 **소**청, 원처분주의가 적용되는 **행**정소송, **고**충처리심사청구 등이 가능하다.

제 4 절

임용결격을 간과한 공무원의 임명행위는 효력이 어떻게 될까★★

(1) 공무원 임명행위의 의의와 법적 성질에 대하여 알아보자

빈출

공무원 임명행위는 **쌍방적 행정행위**로 보는 견해와 공법상 계약으로 보는 견해로 나누어져 있다. 생각건대, 계약직공무원에 있어서와 같이 계약(공법상 계약)에 의하여 임용되는 공무원도 있지만, 대부분의 공무원은 행정행위를 통하여 임용된다고 보아야 할 것이다. 통상적인 임용행위에 있어서는 행정주체와 당사자가 그 내용을 구체적으로 합의하여 결정하기보다는 행정주체가 일방적으로 미리 결정하고 사인이 이를 **포괄적으로 수락함**으로써 성립하는 것이므로 공법상의 계약과는 다른 특성이 인정되어야 할 것이다. 이와 같이 임용행위에는 상대방의 동의가 필요한 것이므로 **쌍방적 행정행위로 보는 견해가 타당**하다. 다만, 용어표현상 쌍방적 행정행위보다는 **동의에 의한 행정행위**가 낫다고 생각한다.

공무원의 임용은 소극적으로 법정의 결격사유(국가공무원법 제33조, 지방공무원법 제31조)가 없고, 적극적으로 공개채용시험에 의해 능력을 검증받아 일정한 자격(국가공무원법 제26조, 지방공무원법 제27조)을 갖춘 자를 임용권자가 임용해야 유효하다.

(2) **임용결격 사유**가 있으면 안 된다

공무원이 되기 위해서는 법정의 결격사유가 없어야 한다.

> **제33조(결격사유)** 다음 각 호의 어느 하나에 해당하는 자는 공무원으로 임용될 수 없다.
> 1. **피성년후견인** 또는 **피한정후견인**
> 2. **파산선고**를 받고 복권되지 아니한 자
> 3. **금고 이상의 실형을 선고**받고 그 집행이 종료되거나 집행을 받지 아니하기로 확정된 후 **5년**이 지나지 아니한 자
> 4. 금고 이상의 형을 선고받고 **그 집행유예** 기간이 끝난 날부터 **2년**이 지나지 아니한 자
> 5. 금고 이상의 형의 **선고유예**를 받은 경우에 그 **선고유예 기간 중**에 있는 자
> 6. 법원의 판결 또는 다른 법률에 따라 **자격이 상실되거나 정지**된 자
>
> 6의2. 공무원으로 재직기간 중 직무와 관련하여 「형법」 제355조 및 제356조에 규정된 죄를 범한 자로서 **300만원 이상의 벌금**형을 선고받고 그 형이 확정된 후 **2년**이 지나지 아니한 자
> 7. 징계로 **파면처분을** 받은 때부터 **5년**이 지나지 아니한 자
> 8. 징계로 **해임처분**을 받은 때부터 **3년**이 지나지 아니한 자

빈출 조문

(3) 당연퇴직 사유가 있으면 공무원신분이 당연히 소멸된다

> **제69조(당연퇴직)** 공무원이 **다음 각 호**의 어느 하나에 해당할 때에는 **당연히 퇴직한다.**
> 1. **제33조 각 호의 어느 하나에 해당하는 경우**
> 다만, 제33조제5호는 「형법」 제129조부터 제132조까지 및 **직무와 관련하여** 같은 법 제355조 또는 제356조(업무상 횡령과 배임)에 규정된 죄를 범한 사람으로서 **금고 이상의 형**의 **선고유예를 받은 경우만 해당**한다.
> 2. **임기제공무원의 근무기간이 만료된 경우**

빈출 조문

그러므로 당연퇴직 통보는 처분성이 없음. 다만, 조교수기간만료통지는 처분성있다고 판시

(4) **임용결격을 간과한 공무원의 임명행위**는 효력이 어떠할까★★

기출

1) 무효사유설 — 판례는 무효라고 본다

기출

판례는 국가가 공무원임용결격사유가 있는 자에 대하여 결격사유가 있는 것을 알지 못하고 공무원으로 임용하였다가 사후에 결격사유가 있는 자임을 발견하고 공무원임용행위를 취소하는 것은 당사자에게 원래의 **임용행위가 당초부터 당연무효**이었음을 통지하여 확인시켜 주는 행위에 지나지 아니하는 것이라고 판시하여(대법원 1987. 4. 14. 선고 86누459 판결), **결격사유 있는 자를 임용하는 행위를 당연무효사유**로 보고 있다.

2) 취소사유설 — 사견

헌법 제7조 제2항에 의해 공무원의 신분은 보장되고 이를 구체화하는 것이

국가공무원법 제8장 이하의 규정이며, 같은 장의 제69조는 공무원으로 임용된 후 결격사유에 해당하는 경우만을 규정하고 있어 임용당시에 결격사유가 있는 자에 대한 임용에 대해서는 그 하자정도에 대한 입법적 판단이 내려지지 않고 있어, 그 하자의 정도는 해석론에 의해 해결할 수밖에 없다고 본다.

중대·명백설에 따라 판단해 보건대 중대성이란 법규 위반의 정도의 문제인 바, 임용권자조차 간과할 정도라면 중대하다거나 일반국민의 인식으로서는 법규 위반이 공무원 임용을 무효로 만들 만큼 명백하다고 볼 수 없다. 따라서 취소사유에 불과하다.

(5) 임용결격 공무원에 대한 당연퇴직통보의 성질은 처분성이 인정될까

기출

당연퇴직통보의 성질에 대하여 다수설과 판례인 **무효**사유설에서는 공무원의 권리·의무로서의 효력이 **없었다는 것을 확인**하는 **사실행위에 불과**하지만, 유력설에서는 일단 잠정적으로 발생한 공무원으로서의 권리·의무를 소급해서 소멸시키는 처분에 해당한다. 생각건대 임용권자조차도 인식할 수 없었을 정도에 해당하므로 중대명백하지 않아 취소사유에 해당하고 이에 대한 임용행위에 대한 취소이므로 처분성을 인정하는 것이 타당하다.

(6) 임용결격 공무원에 대한 당연퇴직 통보의 효과를 외부와 내부로 나누어 보자

빈출

1) 외부적인 효과는 어떠할까

① 무효사유설에 의하는 경우 — 사실상 공무원이론에 따른다★

공무원임명에 있어서 요구되는 능력요건이나 성적요건 등을 결한 경우에는 당해 공무원임명행위는 무효이거나 취소할 수 있는 행위가 된다.

공무원임명이 무효 또는 취소되더라도 국민의 신뢰를 보호하고 **법적 안정성 등**을 이유로 당사자가 행한 행위의 효력을 **유효한 것으로 인정**해야 할 필요성이 있다. **이때의 공무원 개념을 사실상의 공무원이라고 한다.**

따라서 **법적인 공무원이 행한 것은 아니지**만 **사실상 공무원이 발급한 행정행위** 등으로 보아 **행정작용이 적법한 것으로 전환하여 취급한**다.

사실상 공무원이론에 대하여는 이를 **하자치유의 한 경우로 보는 견해**[1]**가 있으나**, 위에서 살펴본 바와 같이 결격사유 있는 자의 공무원임용행위가 당연무효라고 판단될 수 있는데, 당연무효인 행정행위의 경우 하자의 치유가 인정될

1 김동희, 행정법 Ⅰ, 342면.

수 없다는 견지에서 이를 하자치유의 한 경우로 보는 견해는 문제가 있다고 본다. 도리어 이는 신뢰보호의 견지에서 예외적 법적 효과로서 논의될 성질의 문제라고 보아야 할 것이다.[2]

② 취소사유설에 의하는 경우

장기간 퇴직시키지 않았으므로 **신뢰보호의 원칙**과 **실권법리, 하자치유** 등을 인정하여 외부적으로도 **완전한 공무원의 신분을 취득하**였으므로 그 공무원이 발급한 행정행위는 적법하고 주체상의 하자는 없게 된다.

2) 내부적인 효과는 어떻게 될까

① 무효사유설에 의하는 경우 — 판례의 입장을 정리해 두자 빈출

판례는 "공무원연금법이나 근로기준법에 의한 퇴직금은 적법한 공무원으로서의 신분취득 또는 근로고용관계가 성립되어 근무하다가 퇴직하는 경우에 지급되는 것이고, **당연무효인 임용결격자에 대한 임용행위**에 의하여서는 **공무원의 신분을 취득하거**나 **근로고용관계가 성립될 수 없는** 것이므로 임용결격자가 공무원으로 임명되어 **사실상 근무하여** 왔다고 하더라도 그러한 피임용자는 위 법률 소정의 **퇴직금청구를 할 수 없다**"(대법원 1987. 4. 14. 선고 86누459 판결. 동지 판례: 대법원 1995. 10. 12. 선고 95누5905 판결; 대법원 1995. 9. 15. 선고 95누6496 판결)고 하여 **퇴직급여청구권을 부정**하고 있다.

판례와 같이 임용결격자에 대한 임용행위를 당연무효로 보는 경우에 공무원 근무관계나 근로고용관계가 성립되지 않으므로 甲이 대한민국을 상대로 공무원연금법이나 근로기준법 소정의 퇴직금을 청구할 수 없다.

퇴직급여청구권을 전혀 인정하지 않는다고 하더라도 결격공무원은 아무런 법률상 원인이 없이 대한민국에 근로를 제공함으로써 **자신이 제공한 근로의 금전적 가치 상당액의 손해**를 입었고 이로써 **대한민국은 같은 금액 상당의 이득을 얻었으므**로, 대한민국에 대하여 자신이 제공한 **총근로의 금전적 가치 상당의 금액을 부당이득으로 반환청구할 수 있다.**

하급심판례도 교육공무원으로서 임용될 당시에 결격사유가 있었던 경우에 공무원연금법상의 퇴직급여나 근로기준법상의 퇴직금을 청구할 수는 없으나 임용결격자와 국가 사이에는 부당이득관계가 성립되므로 일정한 금액을 부당이득으로 국가는 반환해야 한다고 판시한 바 있다(서울고법 1999. 2. 9. 선고 98나36193 판결).

2 홍준형, 행정법총론, 324면.

국가가 부당이득으로 봉급반환청구소송을 제기하면, 결격공무원은 자신의 **근로의 대가에 대하여 상계의 반소나 항변**을 할 수 있게 되고, **상계되고 남은 본인의 기여금**과 **근로기준법상의 강제 퇴직금 상당액**을 합한 금액에 한하여 **인용될 것으로 보인다**(일부 인용).

② **취소사유설에 의하는 경우**

장기간 퇴직시키지 않았으므로 신뢰보호의 원칙과 실권법리, 하자치유 등을 인정하여 외부적으로도 완전한 공무원의 신분을 취득하였으므로 그 공무원은 퇴직금과 연금 등을 모두 수령할 수 있다.

제 5 절

중요 판례의 동향을 더 알아보고 출제에 대비해 보자

파면처분취소

420. 대법원 2009. 6. 23. 선고 2006두16786 판결【파면처분취소】[미간행]

[1] 지방공무원법 제58조 제1항 본문은 "공무원은 노동운동 기타 공무 이외의 일을 위한 집단행위를 하여서는 아니 된다"고 규정하고 있는바, 여기서 '공무 이외의 일을 위한 집단행위'라고 함은 공무에 속하지 아니하는 어떤 일을 위하여 공무원들이 하는 모든 집단적 행위를 의미하는 것이 아니라 **언론·출판·집회·결사의 자유를 보장하고 있는 헌법 제21조 제1항과 지방공무원법의 입법 취지, 지방공무원법상의 성실의무와 직무전념의무 등을 종합적으로 고려하여 '공익에 반하는 목적을 위하여 직무전념의무를 해태하는 등의 영향을 가져오는 집단적 행위'를** 말한다.

[2] 공무원인 피징계자에게 징계사유가 있어서 징계처분을 하는 경우 어떠한 처분을 할 것인가는 징계권자의 재량에 의할 것이고, 다만 징계권자가 재량권의 행사로서 한 징계처분이 사회통념상 현저하게 타당성을 잃어 징계권자가 재량권을 남용한 것이라고 인정되는 경우에 한하여 그 처분을 위법하다고 할 수 있으며, 공무원에 대한 징계처분이 사회통념상 현저하게 타당성을 잃었다고 하려면 구체적인 사례에 따라 징계의 원인이 된 비위사실의 내용과 성질, 징계에 의하여 달성하려고 하는 행정목적, 징계 양정의 기준 등 여러 요소를 종합하여 판단할 때 그 징계 내용이 객관적으로 명백히 부당하다고 인정할 수 있는 경우라야 하고, 징계권의 행사가 임용권자의 재량에 의한다고 하여도 공익적 목

적을 위하여 징계권을 행사하여야 할 공익의 원칙에 반하거나 일반적으로 징계사유로 삼은 비행의 정도에 비하여 균형을 잃은 과중한 징계처분을 선택함으로써 비례의 원칙에 위반하거나 또는 합리적인 사유 없이 같은 정도의 비행에 대하여 일반적으로 적용하여 온 기준과 어긋나게 공평을 잃은 징계처분을 선택함으로써 평등의 원칙에 위반한 경우에 **이러한 징계처분은 재량권의 한계를 벗어난 처분으로서 위법하다.**

[3] 이 사건 **사택방문행위**가 그 복무에 관하여 **지휘·감독권을 행사하는 상급자에게 직접 영향력을 행사하려는 의도로 행해진 행위로서 복무기강과 근무규율을 현저히 와해**하는 것이고 그 동기가 이 사건 조례개정안에 대한 의견을 표명하기 위한 것이었다는 점을 감안하더라도 그 방법에 있어서 정당성을 인정하기 어려운 점, 원고는 이 사건 이전에도 집단행위 금지의무 위반으로 징계처분에는 이르지 않았으나 훈계처분을 받은 바 있는 점, **이 사건 모욕행위는 형사상으로도 모욕**죄에 해당하여 원고가 벌금형을 선고받았고 중앙일간지에 보도되는 등으로 사회적 물의를 빚었으며 청주시장 개인의 명예, 나아가 청주시청의 위신을 적지 않게 실추시킨 비위로서 그 정도가 매우 중한 점 등 그 판시의 사정들을 **종합하여 이 사건 징계처분이 사회통념상 현저하게 타당성을 잃거나 객관적으로 명백하게 부당하여 징계권의 한계를 일탈하거나 재량권을 남용하였다고 볼 수 없다.**

동의 없는 전출명령의 효력[3]

421. 대법원 2001. 12. 11. 선고 99두1823 판결【인사발령취소등】[공 2002. 2. 1.(147), 292]

[1] 지방공무원법 제29조의3의 규정에 의한 전출명령에 당해 공무원의 동의가 필요한지 여부(적극) 및 같은 규정이 위헌·무효인지 여부(소극)

지방공무원법 제29조의3은 지방자치단체의 장은 다른 지방자치단체의 장의 동의를 얻어 그 소속공무원을 전입할 수 있다고 규정하고 있는바, 위 규정에 의하여 동의를 한 지방자치단체의 장이 소속 공무원을 전출하는 것은 임명권자를 달리하는 지방자치단체로의 이동인 점에 비추어 반드시 당해 공무원 본인의 동의를 전제로 하는 것이고, 위 법규정도 본인의 동의를 배제하는 취지의 규정은 아니어서 위헌·무효의 규정은 아니다.

[2] 당해 공무원의 동의 없는 지방공무원법 제29조의3의 규정에 의한 전출명령은 위법하여 취소되어야 하므로, 그 전출명령이 적법함을 전제로 내린 징계처분은 징계양정에 있어 재량권을 일탈하여 위법하다고 한 사례

당해 공무원의 동의 없는 지방공무원법 제29조의3의 규정에 의한 전출명령은 위법하여

3 참고: 김중권 교수, 「인사교류계획이 결여된 전출결정(명령)의 효력에 관한 소고」(행정판례연구 제15집 제1호).

취소되어야 하므로, 그 전출명령이 적법함을 전제로 내린 징계처분은 그 전출명령이 공정력에 의하여 취소되기 전까지는 유효하다고 하더라도 징계양정에 있어 재량권을 일탈하여 위법하다.

보수삭감이 감봉처분과 동일한 의미인지 여부

422. 대법원 2008. 6. 12. 선고 2006두16328 판결【전임계약직공무원(나급)재계약거부처분및감봉처분취소】[집 56(1)특, 382; 공 2008하, 978]

[1] 근로기준법 등의 입법 취지, 지방공무원법과 지방공무원징계및소청규정의 여러 규정에 비추어 볼 때, 채용계약상 특별한 약정이 없는 한, 지방계약직공무원에 대하여 지방공무원법, 지방공무원징계및소청규정에 정한 징계절차에 의하지 않고서는 보수를 삭감할 수 없다고 봄이 상당하다.

[2] 지방계약직공무원규정의 시행에 필요한 사항을 규정하기 위한 **'서울특별시 지방계약직공무원 인사관리규칙'** 제8조 제3항은 근무실적 평가 결과 근무실적이 불량한 사람에 대하여 봉급을 삭감할 수 있도록 규정하고 있는바, **보수의 삭감은 이를 당하는 공무원의 입장에서는 징계처분의 일종인 감봉과 다를 바 없음**에도 징계처분에 있어서와 같이 자기에게 이익이 되는 사실을 **진술하거나 증거를 제출할 수 있는 등(지방공무원징계및소청규정 제5조)의 절차적 권리가 보장되지 않고 소청(지방공무원징계및소청규정 제16조) 등의 구제수단도 인정되지 아니한 채** 이를 감수하도록 하는 위 규정은, **그 자체 부당**할 뿐만 아니라 지방공무원법이나 지방계약직공무원규정에 **아무런 위임의 근거도 없는 것이거나 위임의 범위를 벗어난 것으로서 무효**이다.

[3] 지방공무원법 제73조의3과 지방공무원징계및소청규정 제13조 제4항에 의하여 지방계약직공무원에게도 **지방공무원법 제69조 제1항 각 호의 징계사유가 있는 때에는 징계처분을 할 수 있다.**

임용결격사유를 간과한 임용의 경우

423. 대법원 2002. 2. 5. 선고 2001두5286 판결【임명취소처분취소】[공 2002. 4. 1.(151), 682]

[1] 행정처분에 하자가 있음을 이유로 처분청이 이를 취소하는 경우에도 그 처분이 국민에게 권리나 이익을 부여하는 처분인 때에는 그 처분을 취소하여야 할 공익상의 필요와 그 취소로 인하여 당사자가 입게 될 불이익을 비교교량한 후 공익상의 필요가 당사자가 입을 불이익을 정당화할 만큼 강한 경우에 한하여 취소할 수 있는 것이지만, **그 처분의 하자가 당사자의 사실은폐나 기타 사위의 방법에 의한 신청행위에 기인한 것이라면 당**

사자는 그 처분에 의한 이익이 위법하게 취득되었음을 알아 그 취소가능성도 예상하고 있었다고 할 것이므로 그 자신이 위 처분에 관한 신뢰이익을 원용할 수 없음은 물론 행정청이 이를 고려하지 아니하였다고 하여도 재량권의 남용이 되지 않는다.

[2] 허위의 고등학교 졸업증명서를 제출하는 사위의 방법에 의한 하사관 지원의 하자를 이유로 하사관 임용일로부터 33년이 경과한 후에 행정청이 행한 하사관 및 준사관 임용취소처분이 적법하다.

직위해제사유여부

424. 대법원 2003. 10. 10. 선고 2003두5945 판결【직위해제처분취소】[공 2003. 11. 15.(190), 2181]
동지: 대법원 2007. 12. 28. 선고 2006다33999 판결

[1] 구 국가공무원법상 **직위해제는** 일반적으로 공무원이 **직무수행능력이 부족**하거나 **근무성적이 극히 불량**한 경우, 공무원에 대한 **징계절차가 진행중**인 경우, 공무원이 **형사사건으로 기소된 경우** 등에 있어서 당해 공무원이 장래에 있어서 계속 직무를 담당하게 될 경우 예상되는 업무상의 장애 등을 예방하기 위하여 일시적으로 당해 공무원에게 직위를 부여하지 아니함으로써 직무에 종사하지 못하도록 하는 **잠정적인 조치로서의 보직의 해제를 의미**하므로 과거의 공무원의 비위행위에 대하여 기업질서 유지를 목적으로 행하여지는 **징벌적 제재로서의 징계와는 그 성질이 다르다.**

[2] 철도차량의 중수선업무를 담당하는 공무원이 정비창 내에서 직원에게 주류를 판매한 행위는 구 국가공무원법상의 징계사유에 해당함은 별문제로 하고 직위해제사유에 해당한다고는 볼 수 없다.

[3] 행정청이 공무원에 대하여 새로운 직위해제사유에 기한 직위해제처분을 한 경우, 그 이전 처분의 취소나 무효확인을 구할 소의 이익이 있는지 여부(소극)

행정청이 공무원에 대하여 **새로운 직위해제사유에 기한 직위해제처분을 한 경우 그 이전에 한 직위해제처분은 이를 묵시적으로 철회하였다고 봄이 상당**하므로, **그 이전 처분의 취소를 구하는 부분은 존재하지 않는 행정처분을 대상으로 한 것으로서 그 소의 이익이 없어** 부적법하다.

425. 대법원 2013. 09. 12. 선고 2011두20079 판결[정직처분취소]

[1] 국가공무원법 제57조 및 지방공무원법 제49조에 의하면 공무원은 직무를 수행할 때 소속 상급공무원의 직무상 명령에 복종하여야 하고, 한편 공무원이 공무원의 노동조합

설립 및 운영 등에 관한 법률 제7조에서 정한 노동조합 전임자가 되어 근로제공의무가 면제된다고 하더라도 이는 노동조합 전임자로서 정당한 노동조합 활동에 전념하는 것을 보장하기 위한 것에 그 의미가 있으므로, 노동조합 전임자의 지위에 있다고 하여 위와 같은 복종의무가 전적으로 면제된다고 할 수는 없다. 그러나 공무원의 노동조합 설립 및 운영 등에 관한 법률에 의하여 공무원노동조합의 정당한 활동은 보장되므로, 노동조합 전임자에 대한 직무상 명령이 노동조합의 정당한 활동 범위 내에 속하는 사항을 대상으로 하는 경우에는, 그 소속 기관의 원활한 공무 수행이나 근무기강의 확립, 직무집행의 공정성 또는 정치적 중립성 확보 등을 위하여 그 직무상 명령을 발령할 필요가 있다는 등의 특별한 사정이 있을 때에 한하여 그 명령은 복종의무를 발생시키는 유효한 직무상 명령에 해당한다.

[2] 모든 공무원은 국가공무원법 제63조 및 지방공무원법 제55조에 따라 직무의 내외를 불문하고 그 품위를 손상하는 행위를 해서는 안 되고, 여기서 품위란 주권자인 국민의 수임자로서 직책을 맡아 수행해 나가기에 손색이 없는 인품을 말한다.

[3] 공무원노동조합 전임자 갑이 노동조합 관련 행사에서 민중의례 실시를 주도하여 공무원의 복종의무와 품위유지의무를 위반하였다는 이유로 소속 기관의 장이 갑을 정직처분한 사안에서, 공무원에 대하여 민중의례 실시를 금지한 명령이 갑의 노동조합 활동에 관한한 복종의무를 발생시키는 유효한 직무상 명령으로 볼 수 없어 갑이 민중의례를 주도한 행위를 복종의무 위반이라는 징계사유로 삼을 수 없고, 민중의례를 정치적인 의사표현과 결부시키지 아니하고 정당한 노동조합 활동 범위 내에서 의례적인 방식으로 실시하는 한 공무원의 직무 집행이나 전체 공직사회에 대한 국민의 신뢰가 실추된다고 보기 어려운 점 등을 종합해 보면, 갑의 행위가 공무원의 품위를 손상하는 행위에 해당하지 않는다.

제 6 절

(실력 UP) 출제가 예상되는 화제의 판결들을 공부해 두자

426. 대법원 2019. 10. 31. 선고 2013두20011 판결[공무원지위확인]〈국가정보원 소속 계약직공무원으로 계약기간이 만료된 원고들에 대한 퇴직처리가 남녀고용평등과 일·가정 양립 지원에 관한 법률에 위반되는지 여부 등이 문제된 사건〉

[1] 남녀고용평등과 일·가정 양립 지원에 관한 법률(이하 '남녀고용평등법'이라 한다) 제11조 제1항, 근로기준법 제6조에서 말하는 '남녀의 차별'은 합리적인 이유 없이 남성 또

는 여성이라는 이유만으로 부당하게 차별대우하는 것을 의미한다. 사업주나 사용자가 근로자를 합리적인 이유 없이 성별을 이유로 부당하게 차별대우를 하도록 정한 규정은, 규정의 형식을 불문하고 강행규정인 남녀고용평등법 제11조 제1항과 근로기준법 제6조에 위반되어 무효라고 보아야 한다.

[2] 국가나 국가기관 또는 국가조직의 일부는 기본권의 수범자로서 국민의 기본권을 보호하고 실현해야 할 책임과 의무를 지니고 있는 점, 공무원도 임금을 목적으로 근로를 제공하는 근로기준법상의 근로자인 점 등을 고려하면, 공무원 관련 법률에 특별한 규정이 없는 한, 고용관계에서 양성평등을 규정한 남녀고용평등과 일·가정 양립 지원에 관한 법률 제11조 제1항과 근로기준법 제6조는 국가기관과 공무원 간의 공법상 근무관계에도 적용된다.

[3] 여성 근로자들이 전부 또는 다수를 차지하는 분야의 정년을 다른 분야의 정년보다 낮게 정한 것이 여성에 대한 불합리한 차별에 해당하는지는, 헌법 제11조 제1항에서 규정한 평등의 원칙 외에도 헌법 제32조 제4항에서 규정한 '여성근로에 대한 부당한 차별금지'라는 헌법적 가치를 염두에 두고, 해당 분야 근로자의 근로 내용, 그들이 갖추어야 하는 능력, 근로시간, 해당 분야에서 특별한 복무규율이 필요한지 여부나 인력수급사정 등 여러 사정들을 종합적으로 고려하여 판단하여야 한다.

[4] 상급행정기관이 소속 공무원이나 하급행정기관에 대하여 세부적인 업무처리절차나 법령의 해석·적용 기준을 정해 주는 '행정규칙'은 상위법령의 구체적 위임이 있지 않는 한 행정조직 내부에서만 효력을 가질 뿐 대외적으로 국민이나 법원을 구속하는 효력이 없다. 다만 행정규칙이 이를 정한 행정기관의 재량에 속하는 사항에 관한 것인 때에는 그 규정 내용이 객관적 합리성을 결여하였다는 등의 특별한 사정이 없는 한 법원은 이를 존중하는 것이 바람직하다.

그러나 행정규칙의 내용이 상위법령에 반하는 것이라면 법치국가원리에서 파생되는 법질서의 통일성과 모순금지 원칙에 따라 그것은 법질서상 당연무효이고, 행정내부적 효력도 인정될 수 없다. 이러한 경우 법원은 해당 행정규칙이 법질서상 부존재하는 것으로 취급하여 행정기관이 한 조치의 당부를 상위법령의 규정과 입법 목적 등에 따라서 판단하여야 한다.

427. 대법원 2018. 3. 22. 선고 2012두26401 전원합의체 판결[전역처분등취소]

[1] 군인이 상관의 지시와 명령에 대하여 헌법소원 등 재판청구권을 행사하는 것이 군인의 복종의무에 위반되는지 여부(원칙적 소극)

[다수의견]

상명하복에 의한 지휘통솔체계의 확립이 필수적인 군의 특수성에 비추어 군인은 상관의 명령에 복종하여야 한다. 구 군인복무규율 제23조 제1항은 그와 같은 취지를 규정하고 있다. 군인이 일반적인 복종의무가 있는 상관의 지시나 명령에 대하여 재판청구권을 행사하는 경우에는 재판청구권이 군인의 복종의무와 외견상 충돌하는 모습으로 나타날 수 있다.

그러나 상관의 지시나 명령 그 자체를 따르지 않는 행위와 상관의 지시나 명령은 준수하면서도 그것이 위법·위헌이라는 이유로 재판청구권을 행사하는 행위는 구별되어야 한다. 법원이나 헌법재판소에 법적 판단을 청구하는 것 자체로는 상관의 지시나 명령에 직접 위반되는 결과가 초래되지 않으며, 재판절차가 개시되더라도 종국적으로는 사법적 판단에 따라 위법·위헌 여부가 판가름 나므로 재판청구권 행사가 곧바로 군에 대한 심각한 위해나 혼란을 야기한다고 상정하기도 어렵다. 상관의 지시나 명령을 준수하는 이상 그에 대하여 소를 제기하거나 헌법소원을 청구하였다는 사실만으로 상관의 지시나 명령을 따르지 않겠다는 의사를 표명한 것으로 간주할 수도 없다. 종래 군인이 상관의 지시나 명령에 대하여 사법심사를 청구하는 행위를 무조건 하극상이나 항명으로 여겨 극도의 거부감을 보이는 태도 역시 모든 국가권력에 대하여 사법심사를 허용하는 법치국가의 원리에 반하는 것으로 마땅히 배격되어야 한다.

따라서 군인이 상관의 지시나 명령에 대하여 재판청구권을 행사하는 경우에 그것이 위법·위헌인 지시와 명령을 시정하려는 데 목적이 있을 뿐, 군 내부의 상명하복관계를 파괴하고 명령불복종 수단으로서 재판청구권의 외형만을 빌리거나 그 밖에 다른 불순한 의도가 있지 않다면, 정당한 기본권의 행사이므로 군인의 복종의무를 위반하였다고 볼 수 없다.

[대법관 고영한, 대법관 조희대, 대법관 박상옥, 대법관 이기택의 반대의견]

군인을 포함하여 모든 국민이 헌법상 재판청구권을 가짐은 다툼의 여지가 없다. 그러나 재판청구권이 절대적, 무제한적인 권리는 아닐 뿐만 아니라, 재판청구권의 행사 의도나 목적 또는 방법에 따라서는 사후에 그 행사자가 형사처벌을 받거나 민사상 손해배상책임을 지기도 하고 징계처분을 받을 수도 있다.

군 지휘관의 직무상 명령이 명백히 위법한 것이 아닌 이상 부하인 군인은 복무규율에 따라 이에 복종할 의무가 있다. 그런데 상관의 명령에 대한 복종으로 참을 수 없는 불이익이 발생한다면, 부하로서는 우선 군인복무규율에 따라 내부적 해결을 위한 진지한 노력을 하여야 하고, 그에 따른 해결이 이루어지지 않는다면 법이 정한 다른 구제방법을 찾아야 한다. 만약 이와 달리 군대 내에서 발생하는 모든 불이익에 대해, 군인들이 언제라도 자유로이, 일반 법령이 정한 군대 밖의 국가기관의 구제절차를 통해 불이익의 해소를 시도하는 것이 정당화된다면, 국군의 조직력은 와해되고, 그로 인한 위험은 전체 국민이 떠안게 될 것이다.

[2] 구 군인복무규율 제24조와 제25조를 군인에게 건의나 고충심사를 청구하여야 할 의무를 부과한 조항 내지 군인의 재판청구권 행사에 앞서 반드시 거쳐야 하는 군 내 사전절차로서의 의미를 갖는 것으로 볼 수 있는지 여부(소극)

[다수의견]

구 군인사법(2011. 5. 24. 법률 제10703호로 개정되기 전의 것)의 위임에 따라 제정된 구 군인복무규율(2009. 9. 29. 대통령령 제21750호로 개정되기 전의 것, 이하 '구 군인복무규율'이라 한다) 제24조와 제25조는 건의와 고충심사에 관하여 규정하고 있다. 위 조항들은 군에 유익하거나 정당한 의견이 있는 경우 부하는 지휘계통에 따라 상관에게 건의할 수 있고(구 군인복무규율 제24조 제1항), 부당한 대우를 받거나 현저히 불편 또는 불리한 상태에 있다고 판단될 경우 지휘계통에 따라 상담, 건의 또는 고충심사를 청구할 수 있다(구 군인복무규율 제25조 제1항)는 내용이므로, 이를 군인에게 건의나 고충심사를 청구하여야 할 의무를 부과한 조항이라고 해석하는 것은 문언의 통상적인 의미를 벗어난다. 나아가 관련 법령의 문언과 체계에 비추어 보면, 건의 제도의 취지는 위법 또는 오류의 의심이 있는 명령을 받은 부하가 명령 이행 전에 상관에게 명령권자의 과오나 오류에 대하여 자신의 의견을 제시할 수 있도록 함으로써 명령의 적법성과 타당성을 확보하고자 하는 것일 뿐 그것이 군인의 재판청구권 행사에 앞서 반드시 거쳐야 하는 군 내 사전절차로서의 의미를 갖는다고 보기 어렵다.

[대법관 고영한, 대법관 조희대, 대법관 박상옥, 대법관 이기택의 반대의견]

구 군인복무규율의 의미를 다수의견과 같이 좁게 해석해야 할 이유가 없다. 다수의견도 동의하는 것처럼, 군인의 기본권에 대하여는 군조직의 존립 목적을 달성하기 위하여 필요한 한도 내에서 일반 국민보다 상대적으로 제한이 가중될 수 있다. 국가의 안전보장과 국토방위의 사명을 달성하기 위하여 상명하복의 구조를 가지고 있는 군조직의 특수성을 감안할 때, 군인의 복무 기타 병영생활 및 정신전력 등과 밀접하게 관련되어 있는 부분은 법집행권자에게 널리 독자적 재량을 인정할 수 있는 영역이다. 그러므로 이와 같은 영역에 대하여 법률유보원칙을 철저하게 준수할 것을 요구하는 것은 합리적인 것으로 보기 어렵다. 군인복무와 관련한 구체적 행동규범들이 모두 군인복무규율에 명시될 수는 없고, 구체적으로 명시되어 있지 않다는 이유만으로 관련 규정이 명확성을 갖추지 못하였다고 할 수는 없다. 재판청구권을 행사할 때 건의와 고충심사와 같은 사전절차를 거치도록 명시되어 있지 않더라도, 그것이 군인복무 관련 불이익의 해소에 관한 것인 이상, 외부의 힘을 빌리려 하기 전에 그 해소를 위해 마련된 건의나 고충심사를 이용해야 함은, 복무규율들의 내용상 충분히 알 수 있기 때문에, 그러한 해석이 유추해석에 해당한다고 볼 수도 없다.

[3] 구 군인복무규율 제13조 제1항에서 금지하는 '군무 외의 일을 위한 집단행위'의 의미 및 군인의 기본권 행사에 해당하는 행위가 이에 해당하는지 판단하는 방법

[다수의견]

구 군인복무규율(2009. 9. 29. 대통령령 제21750호로 개정되기 전의 것, 이하 '구 군인복무규율'이라 한다) 제13조 제1항은 "군인은 군무 외의 일을 위한 집단행위를 하여서는 아니 된다."라고 규정하고 있다. 여기에서 '군무 외의 일을 위한 집단행위'란 군인으로서 군복무에 관한 기강을 저해하거나 기타 본분에 배치되는 등 군무의 본질을 해치는 특정 목적을 위한 다수인의 행위를 말한다.

법령에 군인의 기본권 행사에 해당하는 행위를 금지하거나 제한하는 규정이 없는 이상, 그러한 행위가 군인으로서 군복무에 관한 기강을 저해하거나 기타 본분에 배치되는 등 군무의 본질을 해치는 특정 목적이 있다고 하기 위해서는 권리행사로서의 실질을 부인하고 이를 규범위반행위로 보기에 충분한 구체적 · 객관적 사정이 인정되어야 한다. 즉 군인으로서 허용된 권리행사를 함부로 집단행위에 해당하는 것이라고 단정하여서는 아니 된다.

[대법관 고영한, 대법관 조희대, 대법관 박상옥, 대법관 이기택의 반대의견]

'군무 외의 일을 위한 집단행위'란, 군인으로서 군복무에 관한 기강을 저해하거나 기타 본분에 배치되는 등 군무의 본질을 해치는 특정목적을 위한 다수인의 행위로서, 단체의 결성단계에는 이르지 아니한 상태에서의 행위를 말하고, 그와 같은 행위가 계속적일 필요도 없고, 또 통솔형태를 갖출 정도로 조직화된 행위일 필요도 없다.

여기에 구 군인복무규율 제25조 제4항의 복무 관련 고충사항에 대한 외부 해결요청 금지, 제24조 제1항의 지휘계통에 따른 의견 건의 규정의 취지를 더하여 보면, 군인이 공동으로 하는 진정 · 집단서명 나아가 재판의 집단 제기는 집단적 항명으로 보일 수 있고, 군의 기강에 직접적인 저해가 될 우려가 있어 허용될 수 없다. 그러므로 군인의 헌법소원 제기 등 사법적 쟁송이 헌법과 법률에 따른 권리의 행사에 해당하더라도, 사법적 쟁송이 집단적으로 행사되게 된 의도와 경위, 내용, 쟁송이 군 기강에 미치는 영향과 정도, 그러한 결과를 사전에 예상할 수 있었거나 알고 있었는지 등 개별적 · 구체적 사정을 종합적으로 고려하여, 일정한 경우 집단적 쟁송행위도 구 군인복무규율 제13조 제1항을 위반한 행위로 평가할 수 있다.

428. 대법원 2017. 4. 13. 선고 2014두8469 판결[정직처분등취소]

[1] 구 국가공무원법 제66조 제1항은 "공무원은 노동운동이나 그 밖에 공무 외의 일을 위한 집단 행위를 하여서는 아니 된다. 다만, 사실상 노무에 종사하는 공무원은 예외로 한다."라고 규정하고 있다. 국가공무원법이 위와 같이 '공무 외의 일을 위한 집단행위'라고 다소 포괄적이고 광범위하게 규정하고 있다 하더라도, 이는 공무가 아닌 어떤 일을 위하여 공무원들이 하는 모든 집단행위를 의미하는 것이 아니라, 언론 · 출판 · 집회 · 결사의 자유를 보장하고 있는 헌법 제21조 제1항, 공무원에게 요구되는 헌법상의 의무 및 이

를 구체화한 국가공무원법의 취지, 국가공무원법상의 성실의무 및 직무전념의무 등을 종합적으로 고려하여 '공익에 반하는 목적을 위한 행위로서 직무전념의무를 해태하는 등의 영향을 가져오는 집단적 행위'라고 해석된다.

위 규정을 위와 같이 해석한다면 수범자인 공무원이 구체적으로 어떠한 행위가 여기에 해당하는지를 충분히 예측할 수 없을 정도로 적용 범위가 모호하다거나 불분명하다고 할 수 없으므로 위 규정이 명확성의 원칙에 반한다고 볼 수 없고, 또한 위 규정이 적용 범위가 지나치게 광범위하거나 포괄적이어서 공무원의 표현의 자유를 과도하게 제한한다고 볼 수 없으므로, 과잉금지의 원칙에 반한다고 볼 수도 없다.

[2] 국민으로부터 널리 공무를 수탁받아 국민 전체를 위해 근무하는 공무원의 지위를 고려할 때 공무원의 품위손상행위는 본인은 물론 공직사회에 대한 국민의 신뢰를 실추시킬 우려가 있으므로, 모든 공무원은 국가공무원법 제63조에 따라 직무의 내외를 불문하고 품위를 손상하는 행위를 하여서는 아니 된다. 여기서 '품위'는 공직의 체면, 위신, 신용을 유지하고, 주권자인 국민의 수임을 받은 국민 전체 봉사자로서의 직책을 다함에 손색이 없는 몸가짐을 뜻하는 것으로서, 직무의 내외를 불문하고, 국민의 수임자로서의 직책을 맡아 수행해 나가기에 손색이 없는 인품을 말한다.

이와 같은 국가공무원법 제63조의 규정 내용과 의미, 입법 취지 등을 종합하면, 국가공무원법 제63조에 규정된 품위유지의무란 공무원이 직무의 내외를 불문하고, 국민의 수임자로서의 직책을 맡아 수행해 나가기에 손색이 없는 인품에 걸맞게 본인은 물론 공직사회에 대한 국민의 신뢰를 실추시킬 우려가 있는 행위를 하지 않아야 할 의무라고 해석할 수 있고, 수범자인 평균적인 공무원이 구체적으로 어떠한 행위가 여기에 해당하는지를 충분히 예측할 수 없을 정도로 규정의 의미가 모호하다거나 불분명하다고 할 수 없으므로 위 규정은 명확성의 원칙에 위배되지 아니하고, 또한 적용범위가 지나치게 광범위하거나 포괄적이어서 공무원의 표현의 자유를 과도하게 제한한다고 볼 수 없으므로, 위 규정이 과잉금지의 원칙에 위배된다고 볼 수도 없다.

[3] 공무원들의 어느 행위가 국가공무원법 제66조 제1항에 규정된 '집단행위'에 해당하려면, 그 행위가 반드시 같은 시간, 장소에서 행하여져야 하는 것은 아니지만, 공익에 반하는 어떤 목적을 위한 다수인의 행위로서 집단성이라는 표지를 갖추어야만 한다고 해석함이 타당하다. 따라서 여럿이 같은 시간에 한 장소에 모여 집단의 위세를 과시하는 방법으로 의사를 표현하거나 여럿이 단체를 결성하여 그 단체 명의로 의사를 표현하는 경우, 실제 여럿이 모이는 형태로 의사표현을 하는 것은 아니지만 발표문에 서명날인을 하는 등의 수단으로 여럿이 가담한 행위임을 표명하는 경우 또는 일제 휴가나 집단적인 조퇴, 초과근무 거부 등과 같이 정부활동의 능률을 저해하기 위한 집단적 태업 행위로 볼 수 있는 경우에 속하거나 이에 준할 정도로 행위의 집단성이 인정되어야 국가공무원법 제66조 제1항에 해당한다고 볼 수 있다.

[4] 공무원이 외부에 자신의 상사 등을 비판하는 의견을 발표하는 행위는 그것이 비록 행정조직의 개선과 발전에 도움이 되고, 궁극적으로 행정청의 권한행사의 적정화에 기여하는 면이 있다고 할지라도, 국민들에게는 그 내용의 진위나 당부와는 상관없이 그 자체로 행정청 내부의 갈등으로 비춰져, 행정에 대한 국민의 신뢰를 실추시키는 요인으로 작용할 수 있고, 특히 발표 내용 중에 진위에 의심이 가는 부분이 있거나 표현이 개인적인 감정에 휩쓸려 지나치게 단정적이고 과장된 부분이 있는 경우에는 그 자체로 국민들로 하여금 공무원 본인은 물론 행정조직 전체의 공정성, 중립성, 신중성 등에 대하여 의문을 갖게 하여 행정에 대한 국민의 신뢰를 실추시킬 위험성이 더욱 크므로, 그러한 발표행위는 공무원으로서의 체면이나 위신을 손상시키는 행위에 해당한다.

429. 대법원 2017. 2. 9. 선고 2014두43264 판결[공무원재직기간합산불승인처분취소]

[1] 공무원연금법령상 급여를 받으려고 하는 자는 우선 관계 법령에 따라 공무원연금공단에 급여지급을 신청하여 공무원연금공단이 이를 거부하거나 일부 금액만 인정하는 급여지급결정을 하는 경우 그 결정을 대상으로 항고소송을 제기하는 등으로 구체적 권리를 인정받아야 하고, 구체적인 권리가 발생하지 않은 상태에서 곧바로 공무원연금공단을 상대로 한 당사자소송으로 권리의 확인이나 급여의 지급을 소구하는 것은 허용되지 아니한다.

이러한 법리는 구체적인 급여를 받을 권리의 확인을 구하기 위하여 소를 제기하는 경우뿐만 아니라, 구체적인 급여수급권의 전제가 되는 지위의 확인을 구하는 경우에도 마찬가지로 적용된다.

[2] 공무원연금법에서 정한 재직기간 합산제도의 입법 취지, 재직기간은 공무원연금 급여의 종류와 금액을 정하는 기준이 되므로 퇴직할 때까지는 확정되어야 하는 점, 공무원연금법은 재직기간 합산신청기한에 제한을 두거나 퇴직한 공무원에 대하여 한시적으로 재직기간 합산신청을 허용하기도 하여 왔는데, 이와 같은 입법연혁에 비추어 보면 공무원연금법은 재직 중에만 재직기간 합산신청을 할 수 있음을 전제로 여러 차례 개정되어 온 것으로 보이는 점 등을 종합하여 보면, 공무원연금법은 재직 중인 공무원에 대해서만 재직기간 합산 신청을 허용하고 있는 것으로 해석된다.

제소기간이 이미 도과하여 불가쟁력이 생긴 행정처분에 대하여는 개별 법규에서 변경을 요구할 신청권을 규정하고 있거나 관계 법령의 해석상 그러한 신청권이 인정될 수 있는 등 특별한 사정이 없는 한 국민에게 행정처분의 변경을 구할 신청권이 있다고 할 수 없고, 공무원연금법의 해석상 이미 불가쟁력이 발생한 급여지급결정의 전제가 되는 재직기간의 정정 또는 재산정을 구할 신청권이 인정된다고 볼 수 없으므로, 재직기간의 정정 또는 재산정을 구하는 취지가 포함된 재직기간 합산신청이라 하여 일반적인 재직기간 합산신청과 달리 퇴직 후에도 허용된다고 볼 수는 없다.

제 25 장

행정법 각론 — 공물법

제 1 절

공물의 의의에 대하여 알아보자

일반적으로 **공물**이라 함은 행정주체가 **국가 등 행정주체**에 의하여 또는 **관습법 등 법령**에 의하여 **직접 공적 목적에 제공**되어 공법적 규율을 받는 **유체물**과 **무체물** 및 **물건의 집합체**를 의미한다.

인공공물(도로, 상하수도, 관공청사, 교량 등)과 **자연공물**(하천, 호소 등), **동산**(소방자동차, 총기 등) 및 **동물**(경찰견 등) 등이 이에 포함된다. 또한 이에는 행정업무용도의 **공용물**, 시민들의 편의에 주로 제공될 **공공용물**, 문화재 같은 **보존공물** 등으로 분류할 수 있다. **정부종합청사**나 **구청청사** 같은 것은 공용물, **도로나 항만, 공원, 하천, 해수욕장** 등과 같은 것은 공공용물 등으로 그 예를 들 수 있다.

제 2 절

공물로서 **성립**되려면 무엇이 필요할까

(1) 법적인 행위로서 **공용지정**이 있어야 한다

최근 빈출

행정주체가 **공물로서 일반공중의 사용에 제공한다는 취지의 의사**적 **행위**를 의미한다. 공용지정은 어떠한 물건이 **특정한 공적 목적에 제공**되며, 그로 인하여 그 물건에 대한 사권의 행사가 제한되는 등 공법상의 특별한 지위를 갖게 된다는 것을 선언하는 법적 행위이다. 공용지정의 법적 성질은 견해대립이 있지만 **방식에 따라** 달라지는데, **법령에 의할 수도 있고 물적 행정행위에 의할 수도 있**으며, **관습법과 같은 방식으로도 가능하다**. 반대설에도 불구하고 **판례도 다수설과 마찬가지로 법령의 규정을 창설적 효력**이 있는 것으로 보고 있다. 또한 행정주체가 공용지정을 하기 위해서는 **정당한 권원을 취득**하여야 하는데, 우리는 일원주의가 아니라 **이원주의**이므로 **반드시 소유권을 취득할 필요는 없고 사용대차**나 **임대차** 등의 **정당한 권원을 취득하는 것으로도 충분하다**. 판례는 **자연공물의 성립**에 대하여는 **의사적 요소가 불필요**하다고 보는 반면에 **자연공물의 소멸**에 대하여는 **묵시적으로라**도 **의사적 요소가 필요하다**고 하여 행정재산의 보존목적에 유리하게 판시하고 있다.

(2) 사실상 물건이 **제공**되어야 한다

유체물로서 공공용물이 성립하기 위해서는 일정한 물건이 일반공중의 사용에 제공될 수 있는 **형태를 갖추는 것**이 필요하다. 하천이나 해변 같은 자연공물은 이미 형태가 갖추어져 있지만, 도로나 항만, 운동장 같은 인공공물은 형태를 구비하기 위한 설계와 축조가 필요하다.

제 3 절

공물은 어떠한 경우에 소멸되는가

공물의 소멸이란 공물의 형태적 요소가 소멸되거나 공용폐지에 의하여 공물로서의 성질을 상실하는 경우를 의미한다.

(1) 법적인 행위로서 공용폐지가 있어야 한다

공공용물은 공적 목적에의 공용을 폐지시키는 행위인 공용폐지에 의하여 공물로서의 성질을 상실하게 된다. 따라서 단순히 사실상 공물로서의 사용되고 있지 않다는 사실만으로는 공물로서의 성질을 상실했다고 볼 수 없지만, 묵시적 공용폐지로 볼 수 있는 경우에는 예외적으로 공물성을 상실한다. 판례도 마찬가지이다.

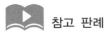

 참고 판례

공유수면인 갯벌은 자연의 상태 그대로 공공용에 제공될 수 있는 실체를 갖추고 있는 이른바 자연공물로서 간척에 의하여 사실상 갯벌로서의 성질을 상실하였더라도 당시 시행되던 국유재산법령에 의한 용도폐지를 하지 않은 이상 당연히 잡종재산으로 된다고는 할 수 없다. 공용폐지의 의사표시는 명시적이든 묵시적이든 상관없으나 적법한 의사표시가 있어야 한다(대법원 1995. 11. 14. 선고 94다42877 판결). 기출

(2) 사실상 공물이 없어지면 소멸되는지는 다툼이 있다

생각건대 공공용물로서의 형태적 요소가 소멸되었을 때 공물이 소멸되는가에 관하여 견해대립이 있지만 공물로 성립하기 위하여서는 의사적 요소와 형태적 요소를 모두 구비하여야 하므로 어느 하나가 소멸하면 공물성이 소멸된다고 보는 것이 타당하다. 공용물이나 보존공물에 대하여도 견해대립이 있으나 이 역시 공용물의 성립에 공용지정을 필요로 하는가와 연계하여 생각하면 될 것이다. 그러나 판례는 공물의 **성립**은 의사적 요소가 **필요없으나**, 공물의 **소멸**은 **묵시적**으로라도 의사적 요소가 **필요**하다고 판시하고 있다. 이는 취득시효를 통한 사인의 재산권보장보다는 행정재산보전이라는 공익목적을 강조하는 시각이라고 볼 빈출

수 있다.[1]

제 4 절

공물의 사용관계에 대하여 알아보자

(1) **공물의 보통사용**은 특별한 처분없이 자유롭게 사용할 수 있다

최근 빈출

1) **일반인의 보통사용**은 일반인들이 특별한 처분없이 자유롭게 사용하는 관계이다

일반인의 도로와 같은 공물사용은 **적극적인 공권은 아니지**만 **평등권과 자유권**과 관련하여 **공권성을 인정**받을 수 있다. 따라서 단순히 **반사적 이익에 불과한 것은 아니다.**

2) **인접주민의 고양된 사용은 도로에의 접속된 주민들이 특별한 처분없이 도로를 사용할 수 있는 관계이다**

판례 변경 기출

430. 대법원 2006. 12. 22. 선고 2004다68311, 68328 판결【점포명도 · 임대차보증금반환】[공 2007. 2. 1.(267), 203]

【판결요지】

[1] 인접주민의 고양된 사용권의 인정과 범위 및 한계

공물의 인접주민은 다른 일반인보다 인접공물의 일반사용에 있어 특별한 이해관계를 가지는 경우가 있고, 그러한 의미에서 다른 사람에게 인정되지 아니하는 이른바 고양된 일반사용권이 보장될 수 있으며, 이러한 고양된 일반사용권이 침해된 경우 다른 개인과의 관계에서 민법상으로도 보호될 수 있다.

그러나 그 권리도 공물의 일반사용의 범위 안에서 인정되는 것이므로, 특정인에게 어느 범위에서 이른바 고양된 일반사용권으로서의 권리가 인정될 수 있는지의 여부는 당해 공물의 목적과 효용, 일반사용관계, 고양된 일반사용권을 주장하는 사람의 법률상의 지위와 당해 공물의 사용관계의 인접성, 특수성 등을 종합적으로 고려하여 판단하여야 한다. 따

1 동지: 류지태 교수.

라서 구체적으로 공물을 사용하지 않고 있는 이상 그 공물의 인접주민이라는 사정만으로는 공물에 대한 고양된 일반사용권이 인정될 수 없다.

[2] 사안의 적용

재래시장 내 점포의 소유자가 점포 앞의 도로에 대하여 일반사용을 넘어 특별한 이해관계를 인정할 만한 사용을 하고 있었다는 사정을 인정할 수 없다는 이유로 위 소유자는 도로에 좌판을 설치 · 이용할 수 있는 권리가 없다.

(2) 공물의 특별사용은 행정청의 특별한 처분을 받아서 사용하는 관계이다

1) 공물의 허가사용은 행정청의 허가를 받아서 일시적으로 사용하는 관계이다

기출

도로에 대한 **집회시위허가**처럼 행정청의 **허가**가 있어야만 사용할 수 있는 관계이다. 공물허가권은 **구청장과 같은 공물관리권**과 **경찰서장과 같은 공물질서권**이 **모두 관할**이 있지만 충돌하는 경우 **사안별로 이익형량**에 따라 공물관리권과 공물질서권의 **우열이 결정**된다.

2) 공물의 특허사용은 행정청의 특허를 받아 장기적이고 유형적으로 사용하는 관계이다

도로 위에서 **가판점** 영업허가, **백화점** 영업허가, **대형 극장** 영업허가 등은 도로와 같은 공물에 대하여 **유형적이고 고정적인 사용**을 하는 형태이므로 **특허**를 발급받아야 한다. 이러한 **허가사용이나 특허사용에 대하여는 도로와 같은 공물의 사용료를 부과**할 수 있고, **무단 사용에 대하여는 변상금을 부과**할 수 있다. 그런데 **변상금**은 무단사용에 대한 **부당이득반환부분**과 **징벌적 가산금 부분이 결합되**어 있어 민법상의 경우에 비하여 국민에게 불평등한 측면이 있어서 위헌성에 대한 지적이 있다.

빈출

3) 도로의 사용관계들은 병존가능성이 있다

최근 기출

일반공중의 교통에 공용되는 도로의 점용이라 함은 도로에 대하여 이러한 일반사용과는 별도로 도로의 특정 부분을 **유형적**, **고정적**으로 사용하는 이른바 특별사용을 뜻하는 것이고, 그와 같은 **도로의 특별사용은 반드시 독점적, 배타적인 것이 아니라 그 사용목적에 따라서는 도로의 일반사용과 병존이 가능한 경우도 있고**, 이러한 경우에는 도로점용 부분이 동시에 일반공중의 교통에 공용되고 있다고 하여 **도로점용이 아니라고 말할 수는 없는 것이다**(대법원 1999. 5.

14. 선고 98두17906 판결).

4) 공물의 허가사용과 특허사용은 사용료과 변상금을 부과할 수 있다.

기출

공물의 허가사용과 특허사용의 경우는 공물의 보통사용이나 인접주민의 고양된 사용과 달리 사용료를 부과할 수 있다. 또한 허가나 특허를 받지 않고 사용하는 경우에는 변상금을 부과할 수 있다. 변상금은 부당이득반환에 해당하는 금액과 징벌적 가산금이 결합된 성질의 금전처분이다.

참고로 국유재산의 무단점용에 대하여 부과하는 변상금 및 그 기준이 되는 대부료의 산정을 위한 국유재산 가액의 평가는 점유개시 이후에 점유자가 원래의 토지용도와 다른 용도로 형질변경한 경우라 하더라도 변경된 상태를 기준으로 하여서는 아니 된다.

431. 대법원 2000. 01. 28. 선고 97누4098 판결[변상금부과처분취소]

국유재산의 무단점용에 대하여 부과하는 변상금 및 그 기준이 되는 대부료의 산정을 위한 국유재산 가액의 평가는 달리 특별한 사정이 없는 한 점유자가 점유를 개시할 당시의 상태를 기준으로 하여야 하고 점유개시 이후에 점유자가 원래의 토지용도와 다른 용도로 형질변경한 경우라 하더라도 변경된 상태를 기준으로 하여서는 아니 된다.

(3) 공물의 목적외 사용도 가능하다

1) 문제가 무엇일까

행정재산의 사용관계가 공법관계인가 사법관계인가를 결정하는 기준은 1차적으로 실정법의 규정에서 찾아야 한다. 이와 관련하여 국유재산법 제30조[2] 및 공유재산및물품관리법 제20조에 의한 행정재산의 목적외 사용관계가 공법관계인가 사법관계인가 하는 점이 다투어지고 있다.

2) 학설은 서로 생각이 다르다

① 사법관계설

이 견해는 행정재산의 목적외 사용 · 수익은 사용 · 수익자의 사적 이익을 도

---

2 **제30조 (사용허가)**

① 관리청은 다음 각 호의 범위에서만 행정재산의 사용허가를 할 수 있다.

1. 공용 · 공공용 · 기업용 재산: 그 용도나 목적에 장애가 되지 아니하는 범위
2. 보존용재산: 보존목적의 수행에 필요한 범위

모하는 데 있고, 관리청과 사용자간에 관리청의 우월관계가 존재한다고 보기 어려우며, 국유재산법 제30조 제1항에 따르는 한 사권설정도 가능할 뿐만 아니라, 사용 · 수익허가라는 용어만으로 당해 행위를 공법관계라고 할 수 없다는 것 등을 이유로 사법관계로 본다.

② **공법관계설**

이 견해는 개정 전과는 달리 현행 국유재산법은 행정재산의 사용허가의 철회에 관하여 일반재산의 **임대차규정을 준용하지 아니하고**, 독자적으로 행정재산의 **사용 · 수익허가 및 그들 허가의 취소 · 철회조항**을 신설해 놓고 있다는 점에서, 행정재산의 목적외 사용관계를 여전히 사법관계로 해석한다면 법률의 명문규정과 입법취지에 명백히 반하는 것으로 본다. 즉 문자 그대로 **공법작용으로** 받아들임이 당연한 것이라고 한다.

③ **이원적 법률관계설**

이 견해는 행정재산의 목적외 사용의 발생이나 소멸은 국유재산법상 행정청의 허가 또는 허가취소에 의하도록 규정되어 있으므로 공법관계이지만, 기타 사용조건 등은 사법상 계약관계로 본다.

3) 판례는 공법관계로 본다

대법원은 "**국 · 공유**재산의 관리청이 행정재산의 **사용 · 수익을 허가**한 다음 그 사용 · 수익하는 자에 대하여 하는 **사용 · 수익허가의 취소**는 순전히 사경제주체로서 행하는 사법상의 행위라 할 수는 없고, 이는 관리청이 **공권력을 가진 우월적 지위**에서 행한 것으로서 **항고소송**의 대상이 되는 **행정처분**이다"(대법원 1997. 4. 11. 선고 96누17325 판결)라고 판시하여, 행정재산의 **목적외 사용이 공법관계**임을 전제로 하고 있다. 최근 빈출

4) 검토해보자

1976년 말에 국유재산법이 개정되기 전에는 행정재산의 사용 · 수익허가에 대하여 잡종재산(현행 일반재산)에 관한 규정을 준용하도록 규정하고 있어 당시의 통설과 판례는 이를 사법관계로 간주하였다. 그러나 현행 국유재산법은 제30조에서 행정재산의 사용허가를, 제36조[3]에서 사용허가의 취소와 철회를 규정하

---

3 **제36조 (사용허가의 취소와 철회)**
① 관리청은 행정재산의 사용허가를 받은 자가 다음 각 호의 어느 하나에 해당하면 그 허가를 취소하거나 철회할 수 있다.

여 행정행위로서 규정하고 있고, 제32조[4]는 사용료의 징수, 제72조[5]는 변상금의 징수 등 행정청의 자력집행을 가능하게 하는 규정을 두고 있다. 이러한 규정들에 비추어 국유재산법상의 행정재산의 목적외 사용은 공법관계라고 보는 것이 타당하다.

한편, 구 지방재정법은 제82조 제1항에서 공유재산의 사용·수익허가를 규정하고 제2항에서 잡종재산에 관한 제83조(잡종재산의 관리 및 처분)와 제84조(계약의 해제 등)를 준용하도록 하고 있어 개정 전 국유재산법과 동일한 규율 시스템을 취하고 있었다. 이에 대하여 대법원은 공유재산의 사용·수익 허가 및 허가취소, 허가신청에 대한 거부 등을 항고소송의 대상이 되는 행정처분으로 판시하여 국유재산과 공유재산의 목적외 사용을 동일한 법률관계로 다루고 있는바, 양자를 다르게 취급할 이유가 없다는 점에서 타당하다고 할 것이다. 그런데 2005년 지방재정법의 전면 개정시에 공유재산 등의 사용·수익허가에 관한 사항은 공유재산및물품관리법(제20조 이하)에서 규정하게 되었으며, 동법은 현행 국유재산법의 규정내용과 마찬가지로 규율하고 있어 구 지방재정법 제82조를 둘러싼 해석론은 의미를 잃어 버렸다.

기출

따라서 **구청내의 부지사용을 매점으로 허가하는 것은 공법관계**이고 **특허사용**으로서 **구청장의 재량행위라고 볼 수 있다**.

---

4 **제32조 (사용료)**
① 행정재산을 사용허가한 때에는 대통령령으로 정하는 요율(料率)과 산출방법에 따라 매년 사용료를 징수한다.
③ 관리청이 제30조에 따른 사용허가에 관한 업무를 지방자치단체의 장에게 위임한 경우에는 제42조 제6항을 준용한다.

5 **제72조 (변상금의 징수)**
① 관리청등은 무단점유자에 대하여 대통령령으로 정하는 바에 따라 그 재산에 대한 사용료나 대부료의 100분의 120에 상당하는 변상금을 징수한다. 다만, 다음 각 호의 어느 하나에 해당하는 경우에는 변상금을 징수하지 아니한다.

제 5 절

중요 판례의 동향을 더 알아보고 출제에 대비해 보자

하천부지의 공물로서 성립과 소멸

432. 대법원 2007. 6. 1. 선고 2005도7523 판결【국유재산법위반】[공 2007. 7. 1.(277), 1019]

[1] 국유 하천부지는 자연의 상태 그대로 공공용에 제공될 수 있는 실체를 갖추고 있는 **이른바 자연공물로서 별도의 공용개시행위가 없더라도 행정재산이 되고** 그 후 본래의 용도에 공여되지 않는 상태에 놓여 있더라도 **국유재산법령에 의한 용도폐지를 하지 않은 이상 당연히 잡종재산으로 된다고는 할 수 없으며**, 농로나 구거와 같은 이른바 인공적 공공용 재산은 법령에 의하여 지정되거나 행정처분으로 공공용으로 사용하기로 결정한 경우, 또는 행정재산으로 실제 사용하는 경우의 어느 하나에 해당하면 행정재산이 된다.

[2] **골재채취업자가 구거, 농로와 하천부지를 골재 적치장이나 운반로로 사용한 사안**에서, **위 하천부지는 자연공물로서, 위 농로와 구거는 실제 공공용으로 사용됨으로써 각 행정재산이 되었다고 볼 수 있음**에도, 통상적으로 구거, 농로 및 하천부지가 국유재산법상 행정재산 또는 보존재산이 아니라 잡종재산에 해당한다고 보아 국유재산법 위반의 범죄사실을 무죄로 판단한 원심판결을 파기한 사례

인접주민의 고양된 사용권인정 판례변화

433. 대법원 2006. 12. 22. 선고 2004다68311, 68328 판결【점포명도 · 임대차보증금반환】[공 2007. 2. 1.(267), 203]

[1] **공물의 인접주민은 다른 일반인보다 인접공물의 일반사용에 있어 특별한 이해관계를 가지는 경우가 있고, 그러한 의미에서 다른 사람에게 인정되지 아니하는 이른바 고양된 일반사용권이 보장될 수 있으며**, 이러한 고양된 일반사용권이 침해된 경우 다른 개인과의 관계에서 민법상으로도 보호될 수 있으나, 그 권리도 공물의 일반사용의 범위 안에서 인정되는 것이므로, **특정인에게 어느 범위에서 이른바 고양된 일반사용권으로서의 권리가 인정될 수 있는지의 여부는 당해 공물의 목적과 효용, 일반사용관계, 고양된 일반사용권을 주장하는 사람의 법률상의 지위와 당해 공물의 사용관계의 인접성, 특수**

성 등을 종합적으로 고려하여 판단하여야 한다. 따라서 구체적으로 공물을 사용하지 않고 있는 이상 그 공물의 인접주민이라는 사정만으로는 공물에 대한 고양된 일반사용권이 인정될 수 없다.

[2] **재래시장 내 점포의 소유자가 점포 앞의 도로에 대하여 일반사용을 넘어 특별한 이해관계를 인정할 만한 사용을 하고 있었다는 사정을 인정할 수 없다는 이유로 위 소유자는 도로에 좌판을 설치·이용할 수 있는 권리가(이러한 권리까지는) 없다.**

434. 대법원 2013. 06. 13. 선고 2012두2764 판결[변상금부과처분취소]

공유수면은 소위 자연공물로서 그 자체가 직접 공공의 사용에 제공되는 것이므로 공유수면의 일부가 사실상 매립되어 대지화되었다고 하더라도 국가가 공유수면으로서의 공용폐지를 하지 아니하는 이상 법률상으로는 여전히 공유수면으로서의 성질을 보유하고 있다.

제 26 장

행정법 각론 — 토지보상법

제 1 절

토지를 수용하려면 공공의 필요가 있어야 한다

(1) 이론적인 기초를 먼저 공부해 보자

토지수용을 위해서는 토지보상법 제4조의 공익사업에 해당하여야 하고 나아가서 공익이 사익보다 이익형량상 우월하여야 한다. 이러한 공공의 필요는 행정일반에 있어서 공익에 해당하는데, 이러한 공공의 필요는 토지수용권을 비롯한 '행정작용의 근거이자 한계'이다. 이러한 공공의 필요가 없거나, 공공의 필요보다 사익으로서의 재산권이 더 크게 되는 경우에 행정권의 발동은 위법하게 된다. 이러한 공공의 필요에 대하여 구체적으로 「공익사업을 위한 토지 등의 취득 및 손실보상에 관한 법률」(이하 토지보상법이라 한다) 제4조에서 구체적으로 규정하고 있다. 동조에서는 1호부터 5호까지 기본적 공익사업과 6호부터 8호 사이의 부수적 공익사업을 규정하고 있는데, 기본적 공익사업은 사업인정, 토지수용 등의 요건이 되며, 환매권의 행사를 저지하는 공익사업의 변환의 요건이 되기도 한다.

제4조(공익사업)

이 법에 따라 토지등을 취득하거나 사용할 수 있는 사업은 다음 각 호의 어느 하나에 해당하는 사업이어야 한다.

빈출 조문

〈기본적 공익사업〉

– 공익사업 불사용되거나 불필요시 토지소유자의 환매권행사에도 불구하고 공익사업변환으로 환매권행사를 저지할 수 있는 사업

1. 국방 · 군사에 관한 사업
2. 관계 법률에 따라 허가 · 인가 · 승인 · 지정 등을 받아 공익을 목적으로 시행하는 철도 · 도로 · 공항 · 항만 · 주차장 · 공영차고지 · 화물터미널 · 궤도(軌道) · 하천 · 제방 · 댐 · 운하 · 수도 · 하수도 · 하수종말처리 · 폐수처리 · 사방(砂防) · 방풍(防風) · 방화(防火) · 방조(防潮) · 방수(防水) · 저수지 · 용수로 · 배수로 · 석유비축 · 송유 · 폐기물처리 · 전기 · 전기통신 · 방송 · 가스 및 기상 관측에 관한 사업
3. 국가나 지방자치단체가 설치하는 청사 · 공장 · 연구소 · 시험소 · 보건시설 · 문화시설 · 공원 · 수목원 · 광장 · 운동장 · 시장 · 묘지 · 화장장 · 도축장 또는 그 밖의 공공용 시설에 관한 사업
4. 관계 법률에 따라 허가 · 인가 · 승인 · 지정 등을 받아 공익을 목적으로 시행하는 학교 · 도서관 · 박물관 및 미술관 건립에 관한 사업
5. 국가, 지방자치단체, 「공공기관의 운영에 관한 법률」 제4조에 따른 공공기관, 「지방공기업법」에 따른 지방공기업 또는 국가나 지방자치단체가 지정한 자가 임대나 양도의 목적으로 시행하는 주택 건설 또는 택지 조성에 관한 사업

〈부수적 공익사업〉

– 공익사업 불사용되거나 불필요시 토지소유자의 환매권행사시 공익사업변환으로 환매권행사를 저지할 수 없는 사업

6. 제1호부터 제5호까지의 사업을 시행하기 위하여 필요한 통로, 교량, 전선로, 재료 적치장 또는 그 밖의 부속시설에 관한 사업
7. 제1호부터 제5호까지의 사업을 시행하기 위하여 필요한 주택, 공장 등의 이주단지 조성에 관한 사업
8. 그 밖에 다른 법률에 따라 토지등을 수용하거나 사용할 수 있는 사업

(2) 대표적인 판례들을 읽어두자

1) 워커힐 사건

빈출

판례는 정부의 재정증대와 미군의 휴양지로서 개발하기 위한 워커힐 호텔 건설 목적이 구 토지수용법상의 문화시설에 해당한다고 하여 **공공의 필요를 인정한 바** 있다. 그러나 국민의 재산권에 대한 수용을 위한 공공의 필요는 엄격하게 해석하여야 하는바, 정부의 재정증대가 수용에 대한 공공의 필요로 인정될

수 있다는 판례의 태도는 구 토지수용법 제4조의 규정을 잘못 판단한 것이며, 공공의 필요가 없다고 보아야 하는 사안이었다는 학설상의 비판이 타당하다.

2) 새만금 사건

새만금 사건은 국토계획의 일환으로서 이루어진 국토해양부장관의 공유수면매립면허 등에 대한 철회를 요구하였으나 이를 거부한 사건인데, 이에 대하여 전원합의체판례의 **다수의견**은 **새만금에 대한 개발공익**이 **환경상의 공익이나 시민들의 사익보다 크므로** 철회할 수 없다고 본 데 반하여, 반대의견은 환경상의 공익을 과소평가할 수 없다고 하여 철회할 수 있다고 판시하였다. 공공의 필요에 대하여 보충의견은 신중한 접근을 요한다고 하고 있으며, 타당하다고 볼 수 있다. 이 사건에서 공익과 사익의 형량에 있어 비용－편익분석에 의한 접근을 시도하고 있다. 기출

제 2 절

토지수용과정에 따라 공부해 두자

(1) 맨 먼저 사업인정을 발급되어야 토지수용사업이 시작될 수 있다

사업인정이라 함은 공익사업을 토지 등을 수용할 수 있는 사업으로 결정하는 것으로서 사업시행자에게 보상금 지급, 토지수용사업 시행, 1년 이내 수용재결신청 등 일정한 절차의 이행을 해제조건으로 하여 특정한 재산권에 대한 수용권을 설정하여 주는 **특허**이자 **재량행위**이다. 이는 토지소유자나 경쟁 사업시행자들에게는 침익적이지만 사업시행자에게는 수익적이므로 **제3자효 행정행위**이다. 빈출

사업인정고시는 사업인정에 대한 효력발생요건이고, 이해관계인에 대한 개별통지는 절차요건이다. 그러나 사업인정의 하자는 수용재결과 추구하는 목적과 효과가 서로 다르므로 무효사유가 아닌 **한 하자승계 되지 않는다**. 기출

(2) 협의를 먼저 거쳐야 한다

사업인정 고시 후 사업시행자는 그 토지에 관한 권리를 취득하거나 소멸시

키기 위하여 토지소유자 및 관계인과 협의하여야 한다. 협의는 공법상 계약설과 사법상 계약설의 대립이 있으나 판례는 여전히 **사법상 계약설**을 취하고 있다.

기출

(3) 협의가 이루어지지 않으면 수용재결을 처분하게 된다

협의가 성립되지 않거나 협의를 할 수 없을 때에는 사업시행자는 사업인정의 고시가 있은 날로부터 1년 이내에 관할 토수용위원회에 재결을 신청할 수 있다. **수용재결**은 행정심판인 이의재결의 대상이 되는 **원처분**으로서 **원행정청은** 사업시행자가 국가나 지방자치단체이면 중앙토지수용위원회이고 민간사업시행자인 공무수탁사인이면 지방토지수용위원회인 반면에, 두 개 이상 시도에 걸친 광역사업은 중앙토지수용위원회이고 지역적 사업이면 지방토지수용위원회이다. 수용재결은 토지소유권박탈의사와 보상금액결정의사로 이루어져 있는 하나의 법률행위이다. 수용재결은 사업시행자에게는 수익적이지만 토지소유자에게는 침익적이므로 **제3자효 행정행위**이다. 이러한 수용재결은 이익형량상 비례의 원칙과 평등의 원칙 등 행정법의 **일반원칙**을 준수하여야 하며, 최근 판례에 의하면 사업인정 당시와 달리 사정변경이 생겨서 **더 이상 수용능력과 수용의사**가 없어진 상태에서 수용재결을 강행하는 것은 재량의 남용이라고 판시하여 변화를 보이고 있다.

기출

435. 대법원 2011. 1. 27. 선고 2009두1051 판결【토지수용재결처분취소】[공2011상, 448]

- 사업인정기관이 공익사업을 위한 토지 등의 취득 및 보상에 관한 법률상의 사업인정을 하기 위한 요건

사업인정이란 공익사업을 토지 등을 수용 또는 사용할 사업으로 결정하는 것으로서 공익사업의 시행자에게 그 후 일정한 절차를 거칠 것을 조건으로 일정한 내용의 수용권을 설정하여 주는 형성행위이므로, 해당 사업이 외형상 토지 등을 수용 또는 사용할 수 있는 사업에 해당한다고 하더라도 사업인정기관으로서는 그 사업이 공용수용을 할 만한 공익성이 있는지의 여부와 공익성이 있는 경우에도 그 사업의 내용과 방법에 관하여 사업인정에 관련된 자들의 이익을 공익과 사익 사이에서는 물론, 공익 상호간 및 사익 상호간에도 정당하게 비교·교량하여야 하고, 그 비교·교량은 비례의 원칙에 적합하도록 하여야 한다. 그뿐만 아니라 해당 공익사업을 수행하여 공익을 실현할 의사나 능력이 없는 자에게 타인의 재산권을 공권력적·강제적으로 박탈할 수 있는 수용권을 설정하여 줄 수는 없으므로, 사업시행자에게 해당 공익사업을 **수행할 의사와** 능력이 있어야 한다는 것도 사업인정의 한 요건이라고 보아야 한다.

출제 예상

(4) 수용재결에 대해 불만이 있으면 이의재결을 토지수용위원회에 신청할 수 있다

중앙토지수용위원회의 재결에 이의가 있는 자는 중앙토지수용위원회에, 지방토지수용위원회의 재결에 대하여 이의가 있는 자는 해당 지방토지수용위원회를 거쳐 중앙토지수용위원회에, 수용재결서의 정본을 받은 날로부터 30일 이내에 **이의를 신청할 수 있다**. 빈출

중앙토지수용위원회는 이의신청이 있는 경우 심리를 통하여 재결이 위법 또는 부당하다고 인정되는 때에는 그 **수용재결의 전부 또는 일부를 취소하거나 보상액을 직접 변경**할 수 있다(토지보상법 제84조). 빈출

이의재결은 임의적 전치주의이며, 수용재결로 인한 토지소유권 박탈에 대한 구제의 역할을 할 수도 있고 보상금액에 대한 불만을 구제하는 것 모두 가능하다.

(5) 수용자체를 취소하려면 수용재결취소소송을 제기하면 된다

사업시행자나 토지소유자, 또는 이해관계인은 수용재결에 대하여 불복이 있는 때에는 수용재결을 받은 날로부터 60일 이내에, 이의재결을 거친 경우에는 이의재결을 받은 날로부터 30일 이내에 **각각 행정소송**을 제기할 수 있다(토지보상법 제85조 제1항 수용재결 취소소송). 행정소송법 제19조 단서의 **원처분주의**상 **수용재결**을 원칙적으로 소송의 대상으로 삼아야 하며, 이의재결 **고유의 위법**이 있는 경우에 한하여 이의재결을 대상으로 취소소송으로 하여야 한다. 빈출

(6) 수용은 놓아두고 보상금만 증액하거나 감액하려면 보상금증감청구소송을 제기한다

수용 자체는 유지하되 보상금액의 증감만 원할 경우에는 토지보상법 제85조 제2항의 보상금 증감청구소송을 제기할 수 있다. 토지소유자가 원고가 될 때에는 **사업시행자를 피고**로 **보상금 증액청구소송**을, 사업시행자가 원고가 될 때에는 **토지소유자를 피고**로 **보상금감액청구소송**을 제기할 수 있다. 빈출

종래 토지수용법은 보상금증감청구소송을 제기하는 자가 토지소유자 또는 관계인인 경우에는 재결청 외에 기업자를, 기업자인 경우에는 재결청 외에 토지소유자 또는 관계인을 각각 피고로 하여 소송을 제기하여야 한다고 규정하고 있어 보상금증감청구소송의 법적 성질을 둘러싸고 논란이 있었다. 그러나 현행 토지보상법은 당해 소송의 당사자를 보상금채권관계의 실질적 당사자인 토지소유

기출

자와 사업시행자로 하도록 **단일소송**으로 규정함으로써 외형상 당사자소송의 성격을 가지면서도 실질상 재결의 일부를 다툰다는 점에서 **형식적 당사자소송**으로 이해된다.

[참고] 이의신청을 거쳐 취소소송을 제기하는 경우 종래 그 소송의 대상을 둘러싸고 논란이 있었던 바(판례는 이의재결을 취소소송의 대상으로 봄), 보상금증감청구소송을 형식적 당사자소송으로 볼 경우에는 실질상 재결의 일부를 다투는 것이기 때문에 소송대상과 관련하여 수용재결의 일부를 다투는 것인지, 이의재결의 일부를 다투는 것인지 여부가 문제될 수 있다.

생각건대, 토지보상법 제85조 제1항 제1문이 사업시행자 · 토지수용자 또는 관계인은 토지수용위원회의 재결(수용재결)에 대하여 불복이 있는 때에 … 이의신청을 거친 때에는 이의신청에 대한 재결서를 받은 날부터 30일 이내에 행정소송을 제기할 수 있다고 규정하여 문리상 수용재결을 그 대상으로 한다고 해석함이 옳다고 본다.

제 3 절

토지를 돌려받기 위한 환매청구소송과 이를 저지하기 위한 공익사업의 변환

(1) 환매권의 의의와 인정근거에 대하여 알아보자

1) 환매권의 의의

환매권이란 공용수용의 목적물이 당해 공익사업에 불필요하게 되었거나 그것이 현실적으로 수용의 전제가 된 공익사업에 공용되지 아니하는 경우에 원래의 피수용자가 일정한 요건하에 다시 매수하여 소유권을 회복할 수 있는 권리를 의미한다.

2) 인정 근거

① 이론적 근거

재산권의 존속보장의 논리에서 그 근거를 찾는 견해도 있으나 피수용자의 감정 존중이라는 공평의 견지에서 인정되는 것으로 보는 것이 다수설이다.

② **법적 근거**

개별법령상의 명문의 규정이 없어도 헌법 제23조 제1항에 근거하여 환매권이 인정될 수 있는지 여부에 대하여 견해대립이 있다. 대법원 판례는 명문의 규정이 없이는 환매권을 인정할 수 없다고 하지만, 헌법재판소는 환매권이 헌법상 재산권보장으로부터 도출되는 것으로서 헌법이 보장하는 재산권의 내용에 포함되는 권리라고 판시하고 있다. 생각건대 환매권은 개별 법률에 의하여 구체적으로 형성되고 보장되어야 행사할 수 있는 권리라고 해석하여야 할 것이다.

(2) 환매권의 법적 성질은 판례는 사권으로 본다

기출

공권설은 환매권이 공권력의 주체에 대한 권리라는 점과 공법적 원인에 기하여 야기된 법적 상태를 원상으로 회복하는 것이라는 점 등을 근거로 한다. 사권설은 환매권의 내용은 수용당한 토지를 되돌려 받을 수 있는 권리로서 토지의 소유권이 수용의 반대방향으로 이전되기는 하나, 수용의 해제와 취소가 아니라 유효하게 성립된 수용이 사후에 발생한 법정의 환매요건이 충족됨으로써 수용당한 자가 순수하게 자기의 개인적 이익을 위하여 이용되고 있지 아니하는 수용목적물을 다시 취득하기 위한 권리이므로 그 법적 성질은 수용과는 달리 사법상의 권리로 보아야 한다고 한다.

대법원은 환매를 사법상의 매매로 보아 사권설을 취하고 있다.

헌법재판소 또한 환매권의 발생 여부 또는 그 행사의 가부에 관하여 사업시행자와 환매권자의 다툼은 민사소송절차에 의하여 해결되어야 하는 것으로 보고 있다.

(3) 환매권을 행사하기 위한 요건을 공부해두자

1) 환매권자와 환매목적물

① **환매권자는 누가 될 수 있을까**

기출

환매권자는 **협의취득일 또는 수용개시일 당시의 토지소유자와 포괄승계인**이다. 그러나 환매권만의 양도는 인정되지 아니한다.

또한 환매권자는 부동산등기법이 정하는 바에 의하여 공익사업에 필요한 토지의 협의 취득 또는 수용의 등기가 된 때에는 이를 제3자에게 대항할 수 있다.

② **환매의 목적물은 무엇이 가능할까**

수용된 토지 전부 또는 일부, 잔여지 등에 미친다. 그러나 토지소유권이 아닌 그 이외의 권리 및 물건은 환매의 대상이 되지 아니한다.

2) 환매권 행사요건

① 환매권의 행사요건은 토지가 불필요하게 되거나 사용하지 않아야 한다

10년 이내 전부 또는 일부 불필요 유형과 5년 이내 전부 불사용 유형

㉠ 협의취득일 또는 수용의 개시일로부터 **10년 이내**에 당해 사업의 폐지·변경 그 밖의 사유로 인하여 취득한 토지의 **전부 또는 일부**가 **필요 없게** 되거나, ㉡ 취득일로부터 **5년 이내**에 취득한 토지의 **전부**를 당해 사업에 **이용하지 아니하여야** 한다.

특히, 필요없게 된 때의 의미에 관하여 판례는 그 판단은 객관적으로 이루어져야 한다고 본다.

② 환매권의 행사기간에 대해 알아두자

위의 ㉠의 경우에는 토지의 전부 또는 일부가 필요하지 않게 된 때로부터 **1년** 또는 취득일로부터 **10년 내**에 행사하여야 하며, ㉡의 경우에는 취득일로부터 **6년 이내**에 이를 행사하여야 한다. 이러한 기간의 의미는 **제척기간**에 해당한다.

3) 환매권의 행사방법(절차)은 어떠할까

사업시행자는 보상금의 선지급의무가 있으며, 환매가격은 지급 받은 보상금에 상당한 금액이다. 이러한 환매권의 행사는 피수용자의 **일방적 의사표시**에 의하며, 사업시행자는 환매할 토지가 생긴 때에는 지체없이 이를 통지·공고하여야 한다. 환매권의 대항력을 얻기 위해서는 **협의취득이나 수용의 등기**를 하여야 한다.

(4) 환매권행사의 효과 및 공익사업의 변환제도에 대해 배워두자

1) 환매권 행사의 의의 및 이를 막기 위한 공익사업의 변환이란

특별한 공익사업의 전부 또는 일부가 폐지, 변경됨으로써 그 공익사업을 위하여 취득한 토지의 전부 또는 일부가 필요없게 되었다면, 가사 그 토지가 새로운 공익사업을 위하여 필요하다고 하더라도 일단 환매권을 행사하는 환매권자에게 되돌려 주었다가 다시 협의취득하거나 수용하는 절차를 밟아야 하는 것이 원칙이나, 토지보상법 제91조 제6항은 당초 공익사업이 공익성의 정도가 높은 다른 공익사업으로 변경되고 다른 공익사업을 위하여 그 토지를 계속 이용할 필요가 있는 경우 환매권의 행사를 인정한 다음 다시 협의취득이나 수용 등의 방법으로 그 토지를 취득하는 번거로운 절차를 되풀이하지 않기 위하여 제한된 범

위 내에서 공익사업의 변환을 인정하여 환매권의 행사를 제한하고 있다.

공토법(내지는 토상법, 보상법) 제91조 제6항에 의하면 국가나 지자체 등이 협의취득이나 수용 후 공익사업이 동법 제4조 제1호 내지 제5호에 규정된 다른 공익사업으로 변경된 경우에는 환매권의 행사기간은 관보에 당해 공익사업의 변경을 고시한 날부터 기산하게 되는데, 이러한 제도를 공익사업의 변환이라고 한다. 그 취지는 번거로운 절차를 되풀이하지 않기 위해서 인정하는 것으로서 국민의 재산권에 대해 불리한 제도이다.

2) 일반적 요건이 있다

① 기본적 공익사업으로의 변환만 가능하다 기출

사업인정을 받은 공익사업이 같은 법 제4조 제1호 내지 제5호에 규정된 다른 공익사업으로 변경되어야 한다. 기본적 공익사업으로의 변환은 환매권행사를 저지하기 위한 공익사업의 변환으로서 명분이 허용된다. 그러나 부수적 공익사업으로의 변환은 그렇지 아니하다. 이 경우 당해 토지에 대한 환매요건에 관한 기간은 당해 공익사업의 변경을 관보에 고시한 날부터 기산한다.

② 사업주체가 다른 경우에도 판례에 의하면 공익사업의 변환이 가능하다 기출

판례는 "이른바 공익사업의 변환이 국가, 지방자치단체 또는 정부투자기관이 사업인정을 받아 토지를 협의취득 또는 수용한 경우에 한하여 그것도 사업인정을 받은 공익사업이 공익성의 정도가 높은 토지수용법 제3조 제1호 내지 제4호(현행법: 토지보상법 제4조 제1호 내지 제5호)에 규정된 다른 공익사업으로 변경된 경우에만 허용되도록 규정하고 있는 토지수용법 제71조 제7항 등 관계법령의 내용이나 그 입법이유 등으로 미루어 볼 때, 같은 법 제71조 제7항 소정의 공익사업의 변환이 … **국가, 지방자치단체 또는 정부투자기관 등 기업자(또는 사업시행자)가 동일한 경우에만 허용되는 것으로 해석되지 아니한다**"(대법원 1994. 1. 25. 선고 93다1176 판결)고 판시하여 사업주체의 동일성을 요구하지 않고 있다.

문언의 취지나 환매권 인정취지를 고려할 때 이를 인정함은 공평의 원리에 반하며, 국민의 환매권 행사를 지나치게 제한하는 것이라고 하여 판례를 비판하는 입장도 있지만, 토지보상법 제91조 제6항의 규정의 문언상 공익사업의 변환을 사업시행자가 동일한 경우로 명백하게 한정하고 있지 않다는 점, 수용에서 중요한 것은 사업의 공익성이지 그 주체가 아니라는 점 등에 비추어 대법원의 해석이 타당한 것으로 보인다.

제 4 절

중요 판례의 동향을 더 알아보고 출제에 대비해 보자

개별공시지가에 대한 불복방법과 제소기간

436. 대법원 2010. 1. 28. 선고 2008두19987 판결【개별공시지가결정처분취소】

개별공시지가에 대하여 이의가 있는 자가 행정심판을 거쳐 행정소송을 제기하는 경우 제소기간의 기산점

부동산 가격공시 및 감정평가에 관한 법률 제12조, 행정소송법 제20조 제1항, 행정심판법 제3조 제1항의 규정 내용 및 취지와 아울러 부동산 가격공시 및 감정평가에 관한 법률에 행정심판의 제기를 배제하는 명시적인 규정이 없고 부동산 가격공시 및 감정평가에 관한 법률에 따른 이의신청과 행정심판은 그 절차 및 담당 기관에 차이가 있는 점을 종합하면, 부동산 가격공시 및 감정평가에 관한 법률이 이의신청에 관하여 규정하고 있다고 하여 이를 행정심판법 제3조 제1항에서 행정심판의 제기를 배제하는 '다른 법률에 특별한 규정이 있는 경우'에 해당한다고 볼 수 없으므로, 개별공시지가에 대하여 이의가 있는 자는 곧바로 행정소송을 제기하거나 부동산 가격공시 및 감정평가에 관한 법률에 따른 이의신청과 행정심판법에 따른 행정심판청구 중 어느 하나만을 거쳐 행정소송을 제기할 수 있을 뿐 아니라, 이의신청을 하여 그 결과 통지를 받은 후 다시 행정심판을 거쳐 행정소송을 제기할 수도 있다고 보아야 하고, 이 경우 행정소송의 제소기간은 그 행정심판 재결서 정본을 송달받은 날부터 기산한다.

제 5 절

(실력 UP) 출제가 예상되는 화제의 판결들을 공부해 두자

437. 대법원 2019. 2. 28. 선고 2017두71031 판결[사업인정고시취소(풍납토성 보존을 위한 사업인정 사건)]

[1] 사업인정이란 공익사업을 토지 등을 수용 또는 사용할 사업으로 결정하는 것으로서 공익사업의 시행자에게 그 후 일정한 절차를 거칠 것을 조건으로 일정한 내용의 수용권

을 설정하여 주는 형성행위이다. 그러므로 해당 사업이 외형상 토지 등을 수용 또는 사용할 수 있는 사업에 해당하더라도 사업인정기관으로서는 그 사업이 공용수용을 할 만한 공익성이 있는지 여부와 공익성이 있는 경우에도 그 사업의 내용과 방법에 관하여 사업인정에 관련된 자들의 이익을 공익과 사익 사이에서는 물론, 공익 상호 간 및 사익 상호 간에도 정당하게 비교 · 교량하여야 하고, 비교 · 교량은 비례의 원칙에 적합하도록 하여야 한다.

[2] 문화재보호법은 관할 행정청에 문화재 보호를 위하여 일정한 행위의 금지나 제한, 시설의 설치나 장애물의 제거, 문화재 보존에 필요한 긴급한 조치 등 수용권보다 덜 침익적인 방법을 선택할 권한도 부여하고 있기는 하다. 그러나 문화재란 인위적이거나 자연적으로 형성된 국가적 · 민족적 또는 세계적 유산으로서 역사적 · 예술적 · 학술적 또는 경관적 가치가 큰 것을 말하는데(문화재보호법 제2조 제1항), 문화재의 보존 · 관리 및 활용은 원형 유지를 기본원칙으로 한다(문화재보호법 제3조). 그리고 문화재는 한번 훼손되면 회복이 곤란한 경우가 많을 뿐 아니라, 회복이 가능하더라도 막대한 비용과 시간이 소요되는 특성이 있다. 이러한 문화재의 보존을 위한 사업인정 등 처분에 대하여 재량권 일탈 · 남용 여부를 심사할 때에는, 위와 같은 문화재보호법의 내용 및 취지, 문화재의 특성, 사업인정 등 처분으로 인한 국민의 재산권 침해 정도 등을 종합하여 신중하게 판단하여야 한다. 구체적으로는 ① 우리 헌법이 "국가는 전통문화의 계승 · 발전과 민족문화의 창달에 노력하여야 한다."라고 규정하여(제9조), 국가에 전통문화 계승 등을 위하여 노력할 의무를 부여하고 있는 점, ② 문화재보호법은 이러한 헌법 이념에 근거하여 문화재의 보존 · 관리를 위한 국가와 지방자치단체의 책무를 구체적으로 정하는 한편, 국민에게도 문화재의 보존 · 관리를 위하여 국가와 지방자치단체의 시책에 적극 협조하도록 규정하고 있는 점(제4조), ③ 행정청이 문화재의 역사적 · 예술적 · 학술적 또는 경관적 가치와 원형의 보존이라는 목표를 추구하기 위하여 문화재보호법 등 관계 법령이 정하는 바에 따라 내린 전문적 · 기술적 판단은 특별히 다른 사정이 없는 한 이를 최대한 존중할 필요가 있는 점 등을 고려하여야 한다.

[3] 문화재보호법 제83조 제1항은 "문화재청장이나 지방자치단체의 장은 문화재의 보존 · 관리를 위하여 필요하면 지정문화재나 그 보호구역에 있는 토지, 건물, 입목(立木), 죽(竹), 그 밖의 공작물을 공익사업을 위한 토지 등의 취득 및 보상에 관한 법률(이하 '토지보상법'이라 한다)에 따라 수용(收用)하거나 사용할 수 있다."라고 규정하고 있다. 한편 국가는 문화재의 보존 · 관리 및 활용을 위한 종합적인 시책을 수립 · 추진하여야 하고, 지방자치단체는 국가의 시책과 지역적 특색을 고려하여 문화재의 보존 · 관리 및 활용을 위한 시책을 수립 · 추진하여야 하며(문화재보호법 제4조), 문화재청장은 국가지정문화재 관리를 위하여 지방자치단체 등을 관리단체로 지정할 수 있고(문화재보호법 제34조), 지방자치단체의 장은 국가지정문화재와 역사문화환경 보존지역의 관리 · 보호를 위하여 필요하다고 인정하면 일정한 행위의 금지나 제한, 시설의 설치나 장애물의 제거, 문화재 보

존에 필요한 긴급한 조치 등을 명할 수 있다(문화재보호법 제42조 제1항). 이와 같이 문화재보호법은 지방자치단체 또는 지방자치단체의 장에게 시 · 도지정문화재뿐 아니라 국가지정문화재에 대하여도 일정한 권한 또는 책무를 부여하고 있고, 문화재보호법에 해당 문화재의 지정권자만이 토지 등을 수용할 수 있다는 등의 제한을 두고 있지 않으므로, 국가지정문화재에 대하여 관리단체로 지정된 지방자치단체의 장은 문화재보호법 제83조 제1항 및 토지보상법에 따라 국가지정문화재나 그 보호구역에 있는 토지 등을 수용할 수 있다.

[4] 공익사업을 수행하여 공익을 실현할 의사나 능력이 없는 자에게 타인의 재산권을 공권력적 · 강제적으로 박탈할 수 있는 수용권을 설정하여 줄 수는 없으므로, 사업시행자에게 해당 공익사업을 수행할 의사와 능력이 있어야 한다는 것도 사업인정의 한 요건이라고 보아야 한다.

제 27 장

행정법 각론 — 지방자치법

제 1 절

주민으로서 가지는 권리와 의무는 무엇이 있을까

1. 주민은 재산에 관한 권리도 가진다

(1) 주민은 지자체의 **재산이용권도 있고** 공적 시설이용권도 가진다

기출 조문

> **지방자치법 제17조(주민의 권리)** ② 주민은 **법령으로 정하는 바에 따라** 소속 지방자치단체의 **재산**과 **공공시설**을 **이용할 권리**와 그 지방자치단체로부터 **균등**하게 **행정의 혜택**을 받을 권리를 가진다.

동 조항에 대해서는 문리해석상 재산이용권과 공적 시설이용권이 **구별된다는 입장**과 실질적으로 주민이 이용할 수 있는 재산은 공적 시설이므로 차이가 없다는 **불구별설이 대립**한다. 주민의 재산과 공적 시설이용권은 비지역주민과의 **합리적인 차별**만 허용되고 불합리한 차별은 금지된다.

(2) **주민은 균등한 행정혜택권**을 누릴 수 있다

주민의 재산이용권과 공적 시설이용권을 제외한 나머지 주민의 행정에 대한 혜택요구권을 의미하는데, 예를 들면 **호적사무**나 **민원사무처리시 균등**하게 혜택을 받을 수 있는 권리를 들 수 있다.

2. 주민이라면 **정치적 권리**를 행사할 수 있다

(1) 주민은 정책결정참여권과 집행과정참여권을 가진다

지방자치법 제17조(주민의 권리) ① 주민은 법령으로 정하는 바에 따라 주민생활에 영향을 미치는 지방자치단체의 정책의 결정 및 집행 과정에 참여할 권리를 가진다.

(2) 주민으로서 가지는 선거권과 피선거권을 누리자

지방자치법 제17조 ③ 국민인 주민은 **법령으로 정하는 바에 따**라 그 지방자치단체에서 실시하는 **지방의회의원**과 **지방자치단체의 장**의 **선거**(이하 "**지방선거**"라 한다)에 **참여할 권리**를 가진다.

(3) 주민은 **주민투표권**을 행사할 수 있다

기출

지방자치법 제18조(주민투표) ① 지방자치단체의 **장**은 주민에게 **과도한 부담**을 주거나 **중대한 영향**을 미치는 지방자치단체의 주요 결정사항 등에 대하여 **주민투표에 부칠 수 있다.**
② 주민투표의 대상 · 발의자 · 발의요건, 그 밖에 투표절차 등에 관한 사항은 따로 **법률로** 정한다.

주민투표권은 지자체장의 고유한 재량이라고 볼 수 있으며, 주민들은 지자체장이 주민투표에 부의하였을 때 그 사항에 대하여 찬반투표를 할 수 있는 것에 불과하다. **지방의회가 지자체장의 주민투표부의권에 관여하는 조례를 제정하는 것은 지자체장의 고유한 권한을 침해하는 것으로서 무효이다.**

(4) 주민은 **조례제정 · 개폐청구권** 또는 **규칙제정 · 개폐청구권**을 통해 입법에 참여할 수 있다

지방자치법 제19조(조례의 제정과 개정 · 폐지 청구) ① 주민은 지방자치단체의 조례를 제정하거나 개정하거나 폐지할 것을 청구할 수 있다.
② 조례의 제정 · 개정 또는 폐지 청구의 청구권자 · 청구대상 · 청구요건 및 절차 등에 관한 사항은 따로 법률로 정한다.

지방자치법 제20조(규칙의 제정과 개정 · 폐지 의견 제출) ① 주민은 제29조에 따른 규칙(권리 · 의무와 직접 관련되는 사항으로 한정한다)의 제정, 개정 또는 폐지와 관련된 의견을 해당 지방자치단체의 장에게 제출할 수 있다.
② 법령이나 조례를 위반하거나 법령이나 조례에서 위임한 범위를 벗어나는 사항은 제1항에 따른 의견 제출 대상에서 제외한다.
③ 지방자치단체의 장은 제1항에 따라 제출된 의견에 대하여 의견이 제출된 날부터 30일 이내에 검토 결과를 그 의견을 제출한 주민에게 통보하여야 한다.
④ 제1항에 따른 의견 제출, 제3항에 따른 의견의 검토와 결과 통보의 방법 및 절차는 해당 지방자치단체의 조례로 정한다.

조례제정 · 개폐청구권은 주민들이 직접 조례를 제정하거나 개정 및 폐지를 할 수 있는 주민발안권이 결코 아님을 주의하여야 한다. 조례제정 · 개폐청구권은 주민들이 **지자체장에게** 조례를 제정하거나 개정하거나 폐지할 것을 청구하여 지자체장이 조례안을 발의하도록 **촉구**하는 제도에 불과하다. 아직 **주민발안권**은 **입법되지 못하고 있으며** 장차 **입법론**으로서 지방자치법에 규정되어야 한다고 논의되고 있다. 조례제정 · 개폐청구권은 주민들이 **집단적**으로 연서하여 청구할 수 있을 뿐이고 **1인이 청구할 수는 없다**.

한편 주민은 권리 · 의무와 직접 관련되는 규칙에 대하여는 제정, 개정 또는 폐지와 관련된 의견을 해당 지방자치단체의 장에게 제출할 수 있다.

(5) 주민은 **주민감사청구권**을 통해 비리를 적발할 수 있다

지방자치법 제21조(주민의 감사 청구) ① 지방자치단체의 18세 이상의 주민으로서 다음 각 호의 어느 하나에 해당하는 사람(「공직선거법」 제18조에 따른 선거권이 없는 사람은 제외한다. 이하 이 조에서 "18세 이상의 주민"이라 한다)은 시 · 도는 300명, 제198조에 따른 인구 50만 이상 대도시는 200명, 그 밖의 시 · 군 및 자치구는 150명 이내에서 그 지방자치단체의 조례로 정하는 수 이상의 18세 이상의 주민이 연대 서명하여 그 지방자치단체와 그 장의 권한에 속하는 사무의 처리가 법령에 위반되거나 공익을 현저히 해친다고 인정되면 시 · 도의 경우에는 주무부장관에게, 시 · 군 및 자치구의 경우에는 시 · 도지사에게 감사를 청구할 수 있다.
1. 해당 지방자치단체의 관할 구역에 주민등록이 되어 있는 사람
2. 「출입국관리법」 제10조에 따른 영주(永住)할 수 있는 체류자격 취득일 후 3년이

경과한 외국인으로서 같은 법 제34조에 따라 해당 지방자치단체의 외국인등록대장에 올라 있는 사람

② 다음 각 호의 사항은 감사 청구의 대상에서 제외한다.

1. 수사나 재판에 관여하게 되는 사항
2. 개인의 사생활을 침해할 우려가 있는 사항
3. 다른 기관에서 감사하였거나 감사 중인 사항. 다만, 다른 기관에서 감사한 사항이라도 새로운 사항이 발견되거나 중요 사항이 감사에서 누락된 경우와 제22조제1항에 따라 주민소송의 대상이 되는 경우에는 그러하지 아니하다.
4. 동일한 사항에 대하여 제22조제2항 각 호의 어느 하나에 해당하는 소송이 진행 중이거나 그 판결이 확정된 사항

1) 주민감사청구권의 의의에 대하여 알아보자

지방자치단체의 **18세 이상의 주민**은 당해 지방자치단체와 그 장의 권한에 속하는 사무의 처리가 **법령에 위반**되거나 **공익을 현저히 해**한다고 인정되는 경우에는 감사를 청구할 수 있다(법 제16조). 주민감사청구제도는 주민의 지방자치행정에의 **참여**를 도모하고, 주민을 통한 지방행정의 **통제**기능을 확보함에 그 취지를 갖는다.

기출

2) 주민감사청구의 주체는 누구일까

조례로 정하는 18세 이상의 주민들이 지방자치법 소정의 **집단적 청구만**이 가능하고 **1인이 청구할 수 없다**. 19세 미반의 주민은 주민감사를 청구할 수 없어 **연령인하론**에 대한 논의가 있으며, 조례 제정개폐청구권을 갖는 외국인은 감사청구권을 가지므로 **외국인참여론**이 반영되어 있다.

기출

3) 주민감사청구의 상대방은 누구일까

주민감사청구의 상대방은 **해당 지방자치단체의 장**이 아니라 **감독청**으로서 시·도의 경우에는 **주무부장관에**게 하여야 하고, 시·군 및 자치구에서는 **시·도지사에**게 하여야 한다(지방자치법 제21조 제1항 본문).

오답 주의할 빈출

4) 주민감사청구의 기한을 넘기면 안 된다

주민감사청구는 사무처리가 있었던 날이나 끝난 날로부터 **3년이 지나면 제기할 수 없다**(지방자치법 제21조 제3항). 이는 지방자치단체의 행정의 안정성을 도

기출

모하기 위한 것이다.[1]

5) 주민감사청구의 절차를 알아두자

① 감독청인 주무부장관이나 시 · 도지사는 **감사청구를 수리한 날로부터 60일 이내에** 감사청구된 사항에 대하여 감사를 완료하여야 한다. 그리고 감사결과를 청구인의 대표자와 해당 지방자치단체의 장에게 서면으로 알리고 **공표**하여야 한다(지방자치법 제21조 제9항). 다만 정당한 사유가 있으면 연장이 가능하다. ② 이때 다른 기관에서 감사한 사항이거나 감사 중인 사항이면 중복감사는 허용되지 않는다(지방자치법 제21조 제10항). ③ 감독청은 주민감사청구를 처리할 때 주민 대표자에게 반드시 증거 제출 및 의견 진술의 기회를 주어야 한다(지방자치법 제21조 제11항).

기출

6) 주민감사의 효과는 어떻게 될까

감독청은 감사결과에 따라 기간을 정하여 해당 지방자치단체의 장에게 예를 들면 적정한 의정활동비를 재차 수정하고 부당하게 지급된 수당을 환수하는 등의 **필요한 조치를 요구할 수** 있다. 이 경우 해당 지자체장은 이를 **성실히 이행하여야 할 의무**가 있으며, 그 조치 결과를 지방의회와 감독청(주무부장관 또는 시 · 도지사)에게 **보고하여**야 한다(지방자치법 제21조 제12항).

주의할 기출

(6) 주민으로서 **주민소송**을 제기할 수도 있다 ★★★

1) 주민소송의 의의에 대하여 알아보자

제22조(주민소송) ① 제21조제1항에 따라 **공금의 지출**에 관한 사항, **재산의 취득 · 관리 · 처분**에 관한 사항, 해당 지방자치단체를 당사자로 하는 **매매 · 임차 · 도급 계약이나 그 밖의 계약의 체결 · 이행**에 관한 사항 또는 **지방세 · 사용료 · 수수료 · 과태료 등 공금의 부과 · 징수를 게을리**한 사항을 **감사청구한 주민**은 다음 각 호의 어느 하나에 해당하는 경우에 그 감사청구한 사항과 관련이 있는 **위법한 행위**나 **업무를 게을리 한 사실에** 대하여 해당 **지방자치단체의 장**(해당 사항의 사무처리에 관한 권한을 소속 기관의 장에게 위임한 경우에는 그 소속 기관의 장을 말한다. 이하 이 조에서 같다)을 **상대방으로** 하여 **소송**을 제기할 수 있다.

기출

1 홍정선 교수.

① **주민소송의 개념은**

기출

주민소송은 지방자치법 제21조 제1항에 따라 공금의 지출에 관한 사항 등을 **감사청구한 주민이** 그 감사청구한 사항과 관련이 있는 위법한 행위나 업무를 게을리한 사실에 대하여 **해당 지방자치단체의 장**을 상대방으로 하여 소송을 제기할 수 있는 주민들의 지방자치법상의 권리를 의미한다.

② **주민소송의 취지는**

기출

이는 주민감사청구의 결과 위법하거나 공익을 저해하는 사실이 드러나더라도 주민감사청구권의 효과로서 지방자치단체장에게 요구되는 필요한 조치가 성실하게 이행되지 않고 시정되지 않는 것에 대하여 실효적인 대처방법이 그동안 입법되지 못하였던 것을 대비하기 위하여 입법된 것이다.[2] 이러한 주민소송제도는 주민의 직접참여에 의하여 지방행정의 **공정성과 투명성 강화**의 기능을 가지며, 주민소송제도 역시 주민감사청구제도와 마찬가지로 완화된 주민참여제도의 일종이다.[3]

2) 주민소송을 유형별로 정리해두자 ☞ 처중부변

기출

② 제1항에 따라 주민이 제기할 수 있는 소송은 다음 각 호와 같다.

1. 해당 행위를 계속하면 회복하기 곤란한 손해를 발생시킬 우려가 있는 경우에는 그 행위의 전부나 일부를 **중지할 것을 요구하는 소송** ☞ **중지소송**
2. **행정처분**인 해당 행위의 취소 또는 변경을 요구하거나 그 행위의 효력 유무 또는 존재 여부의 확인을 요구하는 소송 ☞ **처분소송**
3. **게을리한 사실**의 위법 확인을 요구하는 소송 ☞ **부작위소송**
4. 해당 지방자치단체의 장 및 직원, 지방의회의원, 해당 행위와 관련이 있는 상대방에게 **손해배상청구 또는 부당이득반환**청구를 할 것을 요구하는 소송. ☞ **변상소송** 다만, 그 지방자치단체의 직원이 「지방재정법」 제94조나 「회계관계직원 등의 책임에 관한 법률」 제4조에 따른 변상책임을 져야 하는 경우에는 변상명령을 할 것을 요구하는 소송을 말한다.

① **처분소송**

기출

지방자치법 제21조 제2항 제2호 소송으로서 행정처분인 해당 행위의 취소나 변경을 신청하거나 그 행위의 효력유무나 존재 여부의 확인을 신청하는 소송

2 김남진 교수, 김연태 교수, 류지태 교수 등.

3 홍정선 교수.

이다. 항고소송에 상응하는 제도이다.

② **중지소송**

지방자치법 제21조 제2항 제1호 소송으로서 해당 행위를 계속하면 회복하기 곤란한 손해를 발생시킬 우려가 있는 경우 그 행위의 전부나 일부를 중지할 것을 신청하는 소송이다. 이는 부작위를 구하는 소극적 이행소송으로서 행정기관에 대하여 일종의 소극적인 직무집행을 명할 것을 목적으로 하는 소송이다.[4] 집행정지에 상응하는 제도이다. 기출

③ **부작위소송**

지방자치법 제21조 제2항 제3호 소송으로서 게을리한 사실의 위법확인을 신청하는 소송이다. 제3호 소송은 **재무회계행위 중 게을리 한 사실이라는 부작위를 대상으로 한다는 점**에서 적극적 행위인 **공금의 지출, 재산의 취득·관리·처분, 계약의 체결·이행을 대상으로 하는 제1호나 제2호 소송과는 성격을 달리** 한다.[5] 그런데 이는 부작위위법확인소송과 유사하지만, **행정행위 뿐만 아니라 사법상의 행위 및 행정내부적인 행위나 사실행위도 포함된다**.[6] 기출

④ **변상소송**

지방자치법 제21조 제2항 제4호 소송으로서 그 중 **이행청구소송**(본문소송)**은 해당 지방자치단체장 및 직원, 지방의회의원, 해당 행위와 관련이 있는 상대방에게 손해배상청구 또는 부당이득반환청구를 할 것을 요구**하는 소송이며, 변상명령요구소송(단서소송)은 지방자치단체의 직원이 지방자치법 제94조나 회계관계 직원 등의 책임에 관한 법률 제4조에 따른 변상책임을 져야 하는 경우에 변상명령을 요구하는 소송을 말한다. 기출

제4호의 본문 소송이 관련되는 경우, **제4호 본문 전단 소송**은 지방자치단체의 직원 등이 위법한 급여의 지급이나 보조금의 교부, 공유지의 매각 등을 통해 지방자치단체에 손해를 발생시킨 경우 **해당 직원** 등에게 손해배상을 요구하는 소송이다(지방자치법 제18조). 그리고 **제4호 본문 후단 소송**은 위법하게 보조금을 **수령한 자**에게 손해배상청구 또는 부당이득반환청구할 것을 요구하는 소송을 말한다. 이 소송에서 주민들이 승소판결을 받고 확정되면 지자체장은 당사

4 김용찬, 선정원, 변성완 교수 등.

5 홍정선 교수.

6 김용찬 교수, 선정원 교수, 변성원 교수.

자에게 그 판결에 따라 결정된 손해배상청구나 부당이득반환청구를 하여야 하며(지방자치법 제18조), **나아가서 이를 목적으로 하는 손해배상청구소송이나 부당이득반환청구소송을 제기하여야 한다**. 그리고 제4호 후단 소송의 경우 지자체장은 판결확정일로부터 60일 이내의 기한을 설정하여 당사자에게 판결에 따른 금액을 변상할 것을 명령하여야 한다(지방자치법 제21조).

지방자치법 제23조(손해배상금 등의 지급청구 등) ① 지방자치단체의 장(해당 사항의 사무처리에 관한 권한을 소속 기관의 장에게 위임한 경우에는 그 소속 기관의 장을 말한다. 이하 이 조에서 같다)은 제22조제2항제4호 본문에 따른 소송에 대하여 손해배상청구나 부당이득반환청구를 명하는 판결이 확정되면 판결이 확정된 날부터 60일 이내를 기한으로 하여 당사자에게 그 판결에 따라 결정된 손해배상금이나 부당이득반환금의 지급을 청구하여야 한다. 다만, 손해배상금이나 부당이득반환금을 지급하여야 할 당사자가 지방자치단체의 장이면 지방의회의 의장이 지급을 청구하여야 한다.
② 지방자치단체는 제1항에 따라 지급청구를 받은 자가 같은 항의 기한까지 손해배상금이나 부당이득반환금을 지급하지 아니하면 손해배상·부당이득반환의 청구를 목적으로 하는 소송을 제기하여야 한다. 이 경우 그 소송의 상대방이 지방자치단체의 장이면 그 지방의회의 의장이 그 지방자치단체를 대표한다.

지방자치법 제24조(변상명령 등) ① 지방자치단체의 장은 제22조제2항제4호 단서에 따른 소송에 대하여 변상할 것을 명하는 판결이 확정되면 판결이 확정된 날부터 60일 이내를 기한으로 하여 당사자에게 그 판결에 따라 결정된 금액을 변상할 것을 명령하여야 한다.
② 제1항에 따라 변상할 것을 명령받은 자가 같은 항의 기한까지 변상금을 지불하지 아니하면 지방세 체납처분의 예에 따라 징수할 수 있다.
③ 제1항에 따라 변상할 것을 명령받은 자는 그 명령에 불복하는 경우 행정소송을 제기할 수 있다. 다만, 「행정심판법」에 따른 행정심판청구는 제기할 수 없다.

3) 주민소송들의 요건은 어떻게 될까

① 원고와 피고 및 사유가 정해져 있다

주의할 기출

주민소송의 **원고는 주민감사한 청구한 주민만이 될 수 있으며, 1인에 의한 제소도** 가능하다. 피고는 **해당 지방자치단체의 장**이 된다. 주의하여야 할 것은 비위를 저지른 공무원이나 지방의회의원이 피고가 아니다. 제소사유는

감독청이 감사청구를 수리한 날로부터 60일이 지나도 감사를 완료하지 아니하거나, 감사결과나 의정비 시정 조치요구에 불복하는 경우, 감독청의 조치요구를 지자체장이 이행하지 아니한 경우, 지자체장의 이행조치에 불복하는 경우에 주민소송을 제기할 수 있다. 관할 법원은 지자체를 관할하는 행정법이나 지방법원 본원이 될 것이다. 동 소송은 공익목적을 위하여 처분권주의를 제한하는 특성이 있으므로 당사자는 법원의 허가를 받지 아니하고는 소의 취하, 소송의 화해 또는 청구의 포기를 할 수 없다.[7]

② 주민소송으로서 공금지출에 관한 사항도 해당하는지를 알아보자[8]

주민 소송의 대상인 '공금의 지출에 관한 사항'에는 **지출원인행위**에 **선행**하는 당해 지방자치단체의 장 및 직원, 지방의회 의원의 **결정** 등과 같은 행위가 포함되지 않으므로 선행행위에 위법사유가 존재하더라도 이는 주민소송의 대상이 되지 않는다. 그러나 지출원인행위 등을 하는 행정기관이 선행행위의 행정기관과 동일하거나 선행행위에 대한 취소·정지권을 갖는 경우 지출원인행위 등을 하는 행정기관은 지방자치단체에 직접적으로 지출의무를 부담하게 하는 지출원인행위 단계에서 선행행위의 타당성 또는 재정상 합리성을 다시 심사할 의무가 있는 점, 이러한 심사를 통하여 선행행위가 현저하게 합리성을 결하고 있다는 것을 확인하여 이를 시정할 수 있었음에도 그에 따른 지출원인행위 등을 그대로 진행하는 것은 부당한 공금 지출이 되어 지방재정의 건전하고 적정한 운용에 반하는 점, 지출원인행위 자체에 고유한 위법이 있는 경우뿐만 아니라 선행행위에 간과할 수 없는 하자가 존재하고 있음에도 이에 따른 지출원인행위 등 단계에서 심사 및 시정의무를 소홀히 한 경우에도 당해 지출원인행위를 위법하다고 보아야 하는 점 등에 비추어 보면, 선행행위가 현저하게 합리성을 결하여 그 때문에 지방재정의 적정성 확보라는 관점에서 지나칠 수 없는 하자가 존재하는 경우에는 지출원인행위 단계에서 선행행위를 심사하여 이를 시정해야 할 회계관계 법규상 의무가 있다고 보아야 한다. **따라서 이러한 하자를 간과하여 그대로 지출원인행위 및 그에 따른 지급명령·지출 등 행위에 나아간 경우에는 그러한 지출원인행위 등 자체가 회계관계 법규에 반하여 위법하다고 보아야 하고,** 이러한 위법사유가 존재하는지를 판단할 때에는 선행행위와 지출원인행위의 관계,

출제 예상

7 동지: 홍정선 교수, 박정훈 교수.

8 대법원 2011. 12. 22. 선고 2009두14309 판결【손해배상청구】[공 2012상, 185].

지출원인행위 당시 선행행위가 위법하여 직권으로 취소하여야 할 사정이 있었는지 여부, 지출원인행위 등을 한 당해 지방자치단체의 장 및 직원 등이 선행행위의 위법성을 명백히 인식하였거나 이를 인식할 만한 충분한 객관적인 사정이 존재하여 선행행위를 시정할 수 있었는지 등을 종합적으로 고려해야 한다(대법원 2011. 12. 22. 선고 2009두14309 판결【손해배상청구】[공 2012상, 185]).

(6) 주민은 **주민소환**을 통해 장과 의원 등을 공직에서 물러나게 할 수 있다

기출

> 제25조(주민소환) ① **주민**은 그 **지방자치단체의 장** 및 **지방의회의원(비례대표 지방의회의원은 제외한다)**을 **소환**(Recall)할 권리를 가진다.
> ② 주민소환의 투표 청구권자 · 청구요건 · 절차 및 효력 등에 관하여는 따로 **법률**로 정한다.

주민소환에 의하여 주민투표가 결의되면 지자체장 등은 공직을 상실한다. 성질이 다른 형사처벌이나 그 밖의 행정제재, 민사제재등이 병과되더라도 일사부재리에 반하지 않는다.

> 그러나, 주민소청, 주민발안은 현행법상 규정되고 있지 않다. 입법론으로 이에 대한 입법이 대의민주주의의 폐해를 시정하고 직접민주주의를 강화하기 위해서 필요하다.

3. 주민의 의무에 대하여 알아보자

> 제27조(주민의 의무) 주민은 법령으로 정하는 바에 따라 **소속 지방자치단체의 비용을 분담**하여야 하는 의무를 진다.

최근 빈출

☞ 지방자치단체 ⇒ (특별시, 광역시, 특별자치도, 도) = 상급 지자체 vs (시, 군, 구) = 하급지자체 ⇒ 주의점〉 지방자치단체로서 법인격을 가지는 구는 특별시, 광역시 소속의 구만 의미!!! 일반시 소속의 구는 명칭만 구일뿐이고 독립된 지자체로서의 구가 아님!!! ⇒ 주의점〉 제주특별자치도는 단일의 지자체임 ⇒ 그러므로 제주시와 서귀포시는 명칭만 시일 뿐 독립된 지차체로서의 시가 아님!!!

제 2 절

지방의회의 조례제정권은 범위와 한계가 있다

1. 조례는 법률의 우위원칙을 위반할 수 없다는 것과 지방자치법 제22조 본문 해석

지방자치법 제11조(사무배분의 기본원칙) ① 국가는 지방자치단체가 사무를 종합적·자율적으로 수행할 수 있도록 국가와 지방자치단체 간 또는 지방자치단체 상호 간의 사무를 주민의 편익증진, 집행의 효과 등을 고려하여 서로 중복되지 아니하도록 배분하여야 한다.
② 국가는 제1항에 따라 사무를 배분하는 경우 지역주민생활과 밀접한 관련이 있는 사무는 원칙적으로 시·군 및 자치구의 사무로, 시·군 및 자치구가 처리하기 어려운 사무는 시·도의 사무로, 시·도가 처리하기 어려운 사무는 국가의 사무로 각각 배분하여야 한다.
③ 국가가 지방자치단체에 사무를 배분하거나 지방자치단체가 사무를 다른 지방자치단체에 재배분할 때에는 사무를 배분받거나 재배분받는 지방자치단체가 그 사무를 자기의 책임하에 종합적으로 처리할 수 있도록 관련 사무를 포괄적으로 배분하여야 한다.

지방자치법 제12조(사무처리의 기본원칙) ① 지방자치단체는 사무를 처리할 때 주민의 편의와 복리증진을 위하여 노력하여야 한다.
② 지방자치단체는 조직과 운영을 합리적으로 하고 규모를 적절하게 유지하여야 한다.
③ 지방자치단체는 법령을 위반하여 사무를 처리할 수 없으며, 시·군 및 자치구는 해당 구역을 관할하는 시·도의 조례를 위반하여 사무를 처리할 수 없다.

지방자치법 제13조(지방자치단체의 사무 범위) ① 지방자치단체는 관할 구역의 자치사무와 법령에 따라 지방자치단체에 속하는 사무를 처리한다.

(1) 지자체사무의 종류의 판단기준을 알아두자

1) 학설상의 기준은 어떻게 되어 있을까

① 개별법 규정을 통한 실마리 찾기

i) 권한규정을 먼저 찾아보자

구별의 가장 중요한 실마리가 되는 것은 근거법령의 권한규정이다. 개별법에서 대통령과 국무총리 또는 각 중앙부처의 장 등 중앙행정기관의 장의 권한으로 규정하고 있는 사무는 국가사무로 볼 수 있다. 위와 같은 국가사무 중에서 시·도지사나 시장·군수·구청장 등에게 위임된 사무는 기관위임사무로 보아야 할 것이고, 지방자치단체에 위임된 것은 단체위임사무로 보아야 할 것이다. 만일 위임이 없으면 자치사무일 가능성이 상대적으로 커진다.

ii) 권한규정이 불분명한 경우에는 어떻게 할까

이러한 경우에는 개별법상의 비용부담, 수입규정, 감독규정을 고려하여 어떠한 사무인지를 판단하여야 할 것이다. 가령, 사무에 소요되는 비용을 지방자치단체가 부담하고 그로 인한 수입도 지방자치단체의 것으로 귀속시키는 경우에는 자치사무라고 할 수 있을 것이다.

iii) 보충적 규정의 예시들을 참고해 보자

지방자치단체의 사무를 구별하는 데 있어 자치사무에 관한 지방자치법 제9조 제2항과 국가사무에 관한 제13조의 예시규정을 보충적으로 고려하면 그 판단의 실마리를 제공한다.

② 「지방자치단체장이 행한다」는 권한규정의 의미를 알아보자

i) 문제점은 무엇인가

개별법령에서 시·도지사 등 지방자치단체장의 권한으로 규정하고 있는 경우, 즉 「지방자치단체장이 행한다」고 규정한 경우 이 규정상 지방자치단체장의 권한대상으로서의 사무가 자치사무인지 기관위임사무인지 여부가 문제된다. 기관위임사무인 경우가 많겠지만 본래적 자치사무에 대하여 단지 자치단체의 대표자로서 '장'이 행한다는 의미로 쓰일 때도 있기 때문이다.

ii) 해석을 통한 입법자의 의사를 추적해 보자

개별법령의 취지와 내용을 구체적으로 판단하여 해당사무가 주무부장관의 통제하에 적극적 기준에 의하여 처리되어야 할 사무는 국가의 기관위임사무로, 해당사무가 지방자치법 제9조 제2항 소정의 지방자치단체사무로 예시되어 있는 사무 중에 포함되어 있거나 그렇지 아니하더라도 특히 지역적 특성에 따라 자율적으로 처리되는 것이 바람직한 사무는 자치사무로 보아야 할 것이다.

판례도 "법령상 지방자치단체의 장이 처리하도록 규정하고 있는 사무가 자치사무인지 아니면 기관위임사무인지를 판단함에 있어서는 그에 관한 법령의 규정 형식과 취지를 우선 고려하여야 하지만 그 외에도 그 사무의 성질이 전국적으로 통일적인 처리가 요구되는 사무인지 여부나 그에 관한 경비부담과 최종적인 책임귀속의 주체 등도 아울러 고려하여야 한다"(대법원 2003. 4. 22. 선고 2002두10483 판결)고 판시하고 있다.

지방자치법 제9조는 단지 지방자치단체의 사무의 예시적 의미만을 지닐 뿐이고, 같은 조 제2항 단서에 의해 개별법의 규정이 있으면 사무의 성질이 바뀔 수 있으므로 개별법의 규정을 살펴보아야 하나, 개별법에 사무의 종류가 명정되어 있지 않는 한 그 구별이 쉽지 아니하다. 이 경우 그 구별은 개별법 관련조항의 해석과 행정현실을 고려하여 할 수밖에 없을 것이다.

[사무의 종류판단 기준에 대한 이론 요약]

첫째로 개별법규정을 파악하여야 한다.

① 시·도지사나 시장·군수·구청장 등에게 위임된 사무는 기관위임사무이고, 지방자치단체에게 위임된 것은 단체위임사무일 가능성이 크다. ② 그러나 권한규정이 불분명한 경우에는 개별법상의 비용부담, 수입규정, 감독규정을 고려하여 판단하여야 할 것이며, ③ 추가적으로 지방자치법 9②과 11조의 예시규정을 보충적으로 고려하여 판단할 수 있다.

둘째로 ① 그 사무의 성질이 전국적으로 통일적인 처리가 요구되는 사무인지 여부와 그에 관한 ② 경비부담과 최종적인 책임귀속의 주체 등도 아울러 고려하여 판단하여야 한다.

2) 판례의 입장을 기억해 두자

대법원은 그 사무의 성질이 어디에 해당하는가 여부를 판단함에 있어서는 ① 그에 관한 **법규**의 규정 형식과 취지를 우선 고려하여야 할 것이지만 ② 그 외에도 그 **사무의 성질**이 전국적으로 통일적인 처리가 요구되는 사무인지 여부나 ③ 그에 관한 **경비부담과 최종적인 책임귀속의 주체 등도 아울러 고려하여 판단하고 있어** 대체로 학설상의 기준을 따르고 있다. 최다 빈출

3) 법령의 범위 내의 사무에는 자치사무와 단체위임사무는 되나 기관위임사무는 안 되는 것이 원칙이다

자치사무와 **단체위임사무**는 이에 해당한다. 그러나 **기관위임사무는 이에 해당하지 않으므로** 기관위임사무를 조례로 제정하는 것은 조례제정권의 범위 외이므로 **무효**이다. 다만 **국회가 결단에 의하여 개별적으로 조례로 정하도록 위임**하고 있는 경우에는 **위임조례**로서 **허용**된다.

(2) 법률선점이론과 초과조례 · 추가조례를 공부해 두자

조례가 규율하는 특정사항에 관하여 그것을 규율하는 국가의 **법령이 이미 존재하는 경우**에도 조례가 법령과 별도의 목적에 기하여 규율함을 의도하는 것으로서 그 적용에 의하여 법령의 규정이 **의도하는 목적과 효과를 전혀 저해하는 바가 없는 때에**는 그 조례가 국가의 법령에 **위반되는 것은 아니다.**

반면에 양자가 **동일한 대상**에 대해 **동일한 목적**에서 출발한 경우, 국가의 법령이 그 규정에 의하여 **전국에 걸쳐 일률적으로 동일한 내용을 규율하려는 취지라고 해석될 때에 그 조례는 허용될 수 없다**. 그러나 이 경우에도 국가의 법령이 **최소한의 규제조치**를 정하고 있는 데 불과하고, 각 지방자치단체가 그 지방의 **실정에 맞게 별도로 규율**하는 것을 용인하는 취지라고 해석되는 때에는 법령의 내용을 **초과 또는 추가하는 조례도 허용된다**고 본다(대법원 1997. 4. 25. 선고 96추244 판결).

최다 빈출

이러한 **판례의 입장은 법률선점이론을 엄격하게 보는 입장이 아니라, 완화해서 보는 입장이다.**

참고 판례 — 수원시 차고지 조례안 사건

차고지확보 대상을 자가용자동차 중 승차정원 16인 미만의 승합자동차와 적재정량 2.5t 미만의 화물자동차까지로 정하여 자동차운수사업법령이 정한 기준보다 확대하고, 차고지확보 입증서류의 미제출을 자동차등록 거부사유로 정하여 자동차관리법령이 정한 자동차 등록기준보다 더 높은 수준의 기준을 부가하고 있는 차고지확보제도에 관한 조례안은 비록 그 법률적 위임근거는 있지만 그 내용이 차고지 확보기준 및 자동차등록기준에 관한 상위법령의 제한범위를 초과하여 무효이다(대법원 1997. 4. 25. 선고 96추251 판결).

2. **조례도 일정한 경우 법률**유보의 원칙이 적용된다는 **지방자치법 제28조 단서** 해석

(1) 위헌여부에 대해 다툼이 있다

1) 학 설

① **위헌설**[9]

조례는 행정입법과는 달리 그 자체 민주적 정당성을 가진 지방의회에 의해 제정된 것이라는 점, 헌법 제117조 제1항에 따라 법령에 저촉되지 않는 한 조례를 제정할 수 있는데 하위법인 지방자치법이 헌법의 취지를 제한하는 것은 지방자치단체의 포괄적 자주입법권을 침해하는 것이라는 점 등을 논거로 한다.

② **합헌설**[10]

헌법 제117조도 기본권 제한에 관한 법률유보조항인 헌법 제37조 제2항에 따라 제한되는 점, 이에 따라 헌법 제117조의 '법령의 범위 안에서'의 의미는 경우에 따라서 법령의 근거를 필요로 한다는 의미도 갖는다고 볼 수 있는 점 등을 논거로 한다.

2) **대법원의 입장**

"지방자치법 제15조(현행 제22조)는 원칙적으로 헌법 제117조 제1항의 규정과 같이 지방자치단체의 자치입법권을 보장하면서, 그 단서에서 국민의 **권리제한 · 의무부과에** 관한 사항을 규정하는 조례의 중대성에 비추어 입법정책적 고려에서 **법률의 위임을 요구**한다고 규정하고 있는 바, 이는 기본권 제한에 대하여 법률유보원칙을 선언한 헌법 제37조 제2항의 취지에 부합하므로 조례제정에 있어서 위와 같은 경우에 법률의 위임근거를 요구하는 것이 위헌성이 있다고 할 수 없다"(대법원 1995. 5. 12. 선고 94추28 판결)고 하여, 명백히 **합헌의 입장을 밝힌 바 있다**. 빈출

3) **헌법재판소의 입장은 합헌이라고 본다**

헌법재판소는 부천시담배자동판매기설치금지조례 제4조 등의 위헌확인 결

---

9 김남진, 조례제정권의 범위, 고시연구, 1997. 9, 20면; 박윤흔, 법령과 조례와의 관계, 고시계 1992. 11, 42면.

10 김동희, 행정법 Ⅱ, 87－89면; 홍정선, 조례와 침해유보(지방자치법 제15조 단서의 합헌성), 고시계, 1993. 4, 108면 이하.

빈출

정에서 "이 사건 조례들은 담배소매업을 영위하는 주민들에게 자판기 설치를 제한하는 것을 내용으로 하고 있으므로 주민의 직업선택의 자유 특히 직업수행의 자유를 제한하는 것이 되어 지방자치법 제28조 단서 소정의 주민의 권리의무에 관한 사항을 규율하는 조례라고 할 수 있으므로 지방자치단체가 이러한 조례를 제정함에 있어서는 법률의 위임을 필요로 한다"(헌재 1995. 4. 20. 92헌마264 · 279 결정)고 하여, **합헌설의 입장을 전제**하고 있다.

4) 검토해보자

생각건대, 지방자치법 제28조 단서는 헌법 제37조 제2항을 확인하는 규정에 지나지 않는다고 할 것이므로 합헌설이 타당하다고 본다. 헌법 제117조는 기본권 편에 규정된 헌법 제37조 제2항을 배제하지 않는 점에서 해석상의 문제도 없다고 본다. 즉 지방자치법 제28조 단서는 헌법 제117조에 근거하는 것이 아니라 헌법 제37조 제2항에 근거한 것으로 보아야 하는 것이다.

분명 지방자치에 있어서는 지역적인 민주주의를 강조하지만 법치주의와의 조화를 기하여야 하고, 국민의 기본권제한에 관한 법률유보의 대상에 있어서는 조례라고 하여 제외할 이유는 없고, 다만 지자체의 특성과 지역적 자율성을 고려하여 법률유보의 요구강도를 완화하는 것이 가장 최적화된 방법일 것으로 보여진다. 따라서 다수설과 판례는 포괄적 위임으로 족하다고 보고 있으나, 이에 반대하는 견해[11]도 존재한다.

(2) 주민의 권리제한 · 의무 부과의 경우만 조례가 법률의 근거를 요한다

기출

조례의 내용이 주민의 권리를 제한하거나 의무를 부과하는 것인지에 대한 판단이 필요하다. 예를 들면 청주시민들은 누구나 문서를 열람하고 복사를 청구할 수 있다는 청주시 정보공개조례안이나 세 자녀 이상 출산시 양육비 지원을 하는 정선군 조례안 등은 주민의 권리를 제한하거나 의무를 부과하는 것이 아니므로 법률의 규정이 필요 없다고 법원은 판시하고 있다.

3. 조례도 사항적 한계를 넘을 수 없으며 판례를 유형화해서 정리해 두자

기출

(1) 조례는 행정법의 일반원칙을 위반할 수 없다

행정법의 일반원칙은 법률적 차원의 효력설과 헌법적 차원의 효력설이 있

11 이광윤 교수.

지만 후자가 타당하고, 동 조례를 무효로 할 수 있다. 따라서 조례의 내용이 비례의 원칙, 신뢰보호의 원칙, 평등의 원칙, 자기구속의 원칙, 부당결부금지의 원칙 등에 위반되면 조례는 무효이다.

(2) 조례가 사항적 한계를 위반했다고 보았던 판례를 유형화해서 공부해두자

판례는 조례제정권의 범위와 한계를 위반하는 조례들에 대하여 하남시 조례안이나 구미시 조례안에서 보듯이 법령에 규정이 없는 지자체 장에 대한 견제장치를 규정하는 유형, 인천시 조례안이나 전북 조례안, 광주시 조례안 등에서 보듯이 지자체장의 인사권에 사전적이고 적극적으로 개입하는 유형, 인천시 조례안이나 제주도 조례안처럼 지자체장의 집행권에 관여하는 유형, 충북 조례안처럼 지자체장에 대한 견제장치를 스스로 포기하여 의회민주주의를 침해하는 유형 등은 위법하다.

이 중에서 하남시 조례안이나 구미시 조례안에서처럼 대법원은 지방자치법이 지방의회가 지방자치단체의 장에 대하여 가지는 본래적인 견제장치의 하나로 정하고 있는 앞서 본 **지방자치단체사무에 대한 행정사무 감사 및 조사의 권한에 관해서도 이미, 지방의회가 행정사무에 관한 감사 또는 조사의 결과 당해 지방자치단체 또는 해당기관의 시정을 필요로 하는 사유가 있을 경우에 그 시정을 요구하는 외에 나아가 관계자의 문책까지 요구할 수 있도록 조례로써 정하는 것은,** 지방자치법 제39조, 제41조 등 관련 법령들의 규정을 종합하여 볼 때, 지방의회가 법령에 의하여 주어진 권한의 범위를 넘어 집행기관의 소속 직원에 대한 인사나 징계에 관한 고유권한을 직접 간섭하는 것으로서 **법령에 없는 새로운 견제장치를 만드는 것이 되어 상위법령에 위반된다고 판시해 오고 있다**(대법원 2003. 9. 23. 선고 2003추13 판결 참조).

4. 잘못된 조례에 대한 통제수단에는 어떠한 것들이 있을까

(1) 지자체장의 자발적인 통제수단들이 있다

1) 지자체장은 지방의회에게 재의요구할 수 있다

조례안이 지방의회에서 의결되어 이송되어 오는 경우 일정기간 안에 이유를 붙여 지방의회로 환부하고 재의를 요구할 수 있다(지방자치법 제32조). 이 경우 지자체장은 조례안의 일부에 대한 재의요구나 수정재의요구할 수 없다.

2) 지자체장은 기관소송의 성격을 가지는 소송을 대법원에 제소할 수 있다

지방자치법 제32조에서는 규정이 없지만 지방자치법 제120조 제3항의 규정에 따라 지자체장은 지방의회를 피고로 대법원에 제소할 수 있다. 제32조와 제120조는 특별법과 일반법의 관계로서 제32조 규정의 흠결은 제120조로서 보완할 수 있다고 볼 수 있다. 이때의 소송은 동일 지자체 내의 지자체장과 지방의회간의 분쟁이므로 기관소송이자 동시에 추상적 규범통제의 성질을 가지고 있다.

기출

(2) 감독청에 의한 비자발적인 통제수단들이 사용되기도 한다

1) 행정적 관철수단으로서 감독청은 지자체장에게 재의요구명령을 내리기도 한다

① 지자체장이 재의요구명령에 응하는 경우는 어떻게 되나

지방자치법 제192조 제1항은 「지방의회의 의결이 법령에 위반되거나 공익을 현저히 해한다고 판단되면 시 · 도에 대하여는 주무부장관이, 시 · 군 및 자치구에 대하여는 시 · 도지사가 재의를 요구하게 할 수 있고, 재의요구를 받은 지방자치단체의 장은 의결사항을 이송받은 날부터 20일 이내에 지방의회에 이유를 붙여 재의를 요구하여야 한다」고 규정하고 있는 바, 감독청은 법령위반을 이유로 지자체장에게 재의를 요구하게 할 수 있고, 이 경우 지자체장은 재의를 요구하여야 한다.

기출

② 지자체장이 재의요구명령에 불응하는 경우는 어떻게 되나

그런데 기자체장이 감독청의 재의요구명령에 응하지 않고 20일이 경과하는 경우, 종래에는 실정법상 이에 대한 법적 대응수단이 존재하지 않았다.

참고 판례 — 이른바 대전시 유성구세 조례안 사건

행정소송법 제3조 제4호와 제45조에 의하면 국가 또는 공공단체의 기관 상호간에 권한의 존부 또는 그 행사에 관한 다툼이 있을 때에 이에 대하여 제기하는 기관소송은 법률이 정한 경우에 법률이 정한 자에 한하여 제기할 수 있다고 규정하여 이른바 기관소송 법정주의를 취하고 있는 바, 지방자치법 제192조는 시 · 도지사가 자치구의 장에게 그 자치구의 지방의회 의결에 대한 재의요구를 지시하였음에도 자치구의 장이 그에 따르지 아니하였다 하여, 바로 지방의회의 의결이나 그에 의한 조례의 효력을 다투는 소를 자치구의 장을 상대로 제기할 수 있는 것으로 규정하고 있지는 아니하고, 달리 지방자치법상 이러한 소의 제기를 허용하고 있는 근거 규정을 찾아볼 수 없으므로, 시·도지사가 바로 자치구의 장을 상대로 조례안 의결의 효력 혹은 그에 의한 조례의 존재나 효력을 다투는 소를 제기하는 것은 지방자치법상 허용되지 아니하는 것이라고 볼 수밖에 없다(대법원 1999. 10. 22. 선고 99추54 판결).

그러나 **2005년 개정된 지방자치법은 제192조 제7항을 신설하여, 지방의회**의 의결이 법령에 위반된다고 판단되어 주무부장관 또는 시·도지사로부터 재의요구지시를 받은 지방자치단체의 장이 재의를 요구하지 아니하는 경우(법령에 위반되는 지방의회의 의결사항이 조례안인 경우로서 재의요구지시를 받기 전에 당해 조례안을 공포한 경우를 포함한다)에는 **주무부장관 또는 시·도지사가 대법원에 직접 제소할 수 있도록 하고 있다**.

최근 기출

한편, 종래 지방자치법 제192조 제1항에 의한 재의요구의 경우에는 다른 재의요구와는 달리 기간의 제한에 관한 명문규정이 없었는데, 이에 대하여 판례는 언제든지 재의를 요구할 수 있는 것은 아니며 의결이 재의요구를 할 수 없는 상태로 확정될 때까지로 제한된다고 보았다(대법원 1992. 6. 23. 선고 92추17 판결).

그러나 2005년 개정된 지방자치법은 지방의회에 대한 재의요구의 기간을 '의결사항을 이송받은 날부터 20일 이내'로 명시하여, 이를 입법적으로 해결하였다.

2) 사법적 관철수단으로서 소송이 벌어지기도 한다

기출

① 감독청의 요구에 의한 지자체장의 대법원에의 제소 및 집행정지 신청

「주무부장관 또는 시·도지사는 재의결된 사항이 법령에 위반된다고 판단됨에도 불구하고 해당 지방자치단체의 장이 소를 제기하지 아니하는 때에는 당해 지방자치단체의 장에게 제소를 지시하거나 직접 제소 및 집행정지결정을 신청할 수 있다」(지방자치법 제192조 제4항).

또한 「지방의회의 의결이 법령에 위반된다고 판단되어 주무부장관 또는 시·도지사로부터 재의요구지시를 받은 지방자치단체의 장이 재의를 요구하지 아니하는 경우(법령에 위반되는 지방의회의 의결사항이 조례안인 경우로서 재의 요구지시를 받기 전에 당해 조례안을 공포한 경우를 포함한다)에는 주무부장관 또는 시·도지사는 제1항의 규정에 의한 기간(지방자치단체의 장이 의결사항을 이송받은 날부터 20일)이 경과한 날부터 7일 이내에 대법원에 직접 제소 및 집행정지결정을 신청할 수 있다」(지방자치법 제192조 제7항).

감독청은 조례안 해당부분 소정의 위법한 사항을 지방의회가 재의결하였음에도 지자체장이 제소하지 아니한 경우에는 지자체장에게 제소를 지시하거나 직접 대법원에 조례안재의결무효확인소송을 제기할 수 있을 것이며 아울러 집행정지결정을 신청할 수도 있을 것이다. 한편, 지자체장이 감독청의 재의요구명령에 따르지 않은 경우에는 감독청이 직접 대법원에 제소 및 집행정지결정을 신청할 수 있을 것이다.

② **감독청의 요구에 의한 지자체장이 제기한 지방자치법 제192조의 소송의 성질**

기출

이때 소송의 성격에 대해 장관의 요구나 제소지시의 의미를 강조하여 지자체장을 감독기관의 연장된 팔로 보는 입장에서는 감독청과 지방의회간의 소송으로 보게 된다. 기관소송을 광의로 이해하는 입장에서는 이 경우 기관소송이라고 보지만 기관소송을 협의로 이해하는 입장에서는 특수한 소송으로 이해하게 된다. 그러나 감독청의 재의요구나 제소지시에 대해 후견적 역할에 불과한 것으로 보는 입장에서는 제32조 및 제120조의 경우와 마찬가지로 지자체장과 지방의회 간의 소송으로 보게 되어 기관소송으로 보게 된다.

(3) 주민도 조례에 대한 통제수단을 가지고 있다

1) 주민들은 구체적 규범통제와 위헌위법명령규칙심사제도를 활용할 수 있다

기출

일단 조례도 헌법 제107조 제2항의 위헌위법명령규칙심사의 대상이 될 수 있다. 그런데 구체적 규범통제의 요건으로 요구되는 재판의 전제성이란 법령을 무효로 함으로써 판결의 주문이 달라지거나 판결의 주요한 이유가 변경될 가능성을 말한다.

조례에 근거하여 구체적인 처분이 발급되는 경우에는, 동 조례를 무효로 하면 이에 근거한 위 처분으로부터 구제를 받을 수 있으므로 재판의 전제성을 충족한다.

2) 주민들은 헌법소원을 제기하기도 한다

헌법재판소법 제68조 제1항의 권리구제형 헌법소원을 제기할 수 있다. 이처럼 기본권을 직접 침해하는 공권력이 법령인 경우를 법령소원이라고도 한다.

3) 주민들은 처분적 법령에 대해서는 항고소송을 제기할 수도 있다

두밀분교조례처럼 조례의 내용이 특정인이나 특정사건에 대한 규율을 하고 있는 경우에는 행정소송법 제2조의 그 밖에 공권력에 준하는 작용에 해당하여 행정행위와 마찬가지로 취급되어 항고소송의 대상이 될 수 있다.

4) 주민들은 잘못된 조례를 이유로 국가배상청구소송에서 승소하기는 어렵다

손해가 발생하였다고 하더라도 조례를 준수한 지방공무원에게 고의 · 과실이 있다고는 보기 어려우므로 역시 기각될 것이다.

5) 지방자치법상 주민들이 정치적 권리를 행사해서 조례를 통제할 수도 있다

기출

① 우선 주민은 **지방자치법 제19조의 조례제정 · 개폐청구권**이 있으므로, 조례를 개정하거나 폐지할 것을 일정한 수 이상의 주민의 연서로 지자체장에게 청구할 수 있다. 이는 직접민주주의의 요소를 강화함으로써 지방자치의 자율성을 제고하기 위한 것이다. ② 또한 주민은 지방자치법 제31조상의 지방의회의원의 **선거**에 의하여 간접적으로 자신의 요구를 관철시킬 수 있을 것이며, ③ 지방자치법 제73조에 따라 지방의회 의원의 소개를 받아 **청원**을 할 수 있다. ④ 또한 여론의 압력을 행사할 수도 있다. ⑤ **입법론**으로는 이러한 조례제정에 대한 **주민발안**이나 **주민소청**을 인정하는 것이 직접민주주의의 강화를 위해 바람직하다. 그러나 아직 현행법상 주민발안이나 주민소청이 인정되고 있지 않음을 주의하여야 한다.

(4) 조례안의 일부가 문제일 때 판례는 **전부무효**라고 본다

빈출

조례안의 일부에 위법성이 있는 경우 대법원이 조례안 전부에 대해 무효확인을 할 것인지 아니면 일부에 한해 할 것인지의 문제가 있다. 생각건대, 조례안 일부에 대한 재의요구를 할 수 없도록 한 점(지방자치법 제26조 제3항), 조례안 중 일부만 무효로 할 경우 의회가 당초 의도치 않았던 결과를 낳을 수 있다는 점 등에 비추어 **조례안 전부에 대해 무효확인을** 하여야 한다고 본다. **판례도 같은 입장이다.**

참고 판례

의결의 일부에 대한 효력배제는 결과적으로 전체적인 의결의 내용을 변경하는 것에 다름 아니어서 의결기관인 지방의회의 고유권한을 침해하는 것이 될 뿐 아니라, 그 일부만의 효력배제는 자칫 전체적인 의결내용을 지방의회의 당초의 의도와는 다른 내용으로 변질시킬 우려가 있으며, 또 재의요구가 있는 때에는 재의요구에서 지적한 이의사항이 의결의 일부에 관한 것이라고 하여도 의결 전체가 실효되고 재의결만이 의결로서 효력을 발생하는 것이어서 의결의 일부에 대한 재의요구나 수정재의 요구가 허용되지 않는 점에 비추어 보아도 재의결의 내용 전부가 아니라 그 일부만이 위법한 경우에도 **대법원은 의결 전부의 효력을 부인할 수밖에** 없다(대법원 1992. 7. 28 선고 92추31 판결).

만일 동 조례에 근거한 구체적인 처분이 발급되었다면 행정행위는 중대명백설에 의할 때 취소사유가 될 것이다.

제 3 절

지방자치단체장의 처분 등이 문제 있을 때 이에 대한 통제를 어떻게 할까

기출

1. 지방자치법 제188조에 의해 감독청은 시정명령을 내리거나 직권취소할 수 있다

제188조(위법 · 부당한 명령 · 처분의 시정) ① 지방자치단체의 사무에 관한 그 장의 명령이나 처분이 법령에 위반되거나 현저히 부당하여 공익을 해친다고 인정되면 시 · 도에 대하여는 주무부장관이, 시 · 군 및 자치구에 대하여는 시 · 도지사가 기간을 정하여 서면으로 시정할 것을 명하고, 그 기간에 이행하지 아니하면 이를 취소하거나 정지할 수 있다. 이 경우 자치사무에 관한 명령이나 처분에 대하여는 법령을 위반하는 것에 한한다.
④ 지방자치단체의 장은 제1항에 따른 자치사무에 관한 명령이나 처분의 취소 또는 정지에 대하여 이의가 있으면 그 취소처분 또는 정지처분을 통보받은 날부터 15일 이내에 대법원에 소(訴)를 제기할 수 있다.

[참고 사례 1] 수원시 조례가 위법하여 대법원에 의하여 무효확인되었음에도 불구하고 수원시장은 그 조례에 따라 차고지확보 입증서류를 제출하지 않은 시민에 대하여 자동차 등록신청 수리를 거부하고 있다. 이 경우 경기도지사는 어떠한 조치를 할 수 있는가?

<지방자치법 제188조 위법 · 부당한 명령 · 처분에 대한 시정명령 및 취소권>

(1) 의 의

지방자치단체의 사무에 관한 그 장의 명령이나 처분이 법령에 위반되거나 현저히 부당하여 공익을 해친다고 인정되면 시 · 도에 대하여는 주무부장관이, 시 · 군 및 자치구에 대하여는 시 · 도지사가 기간을 정하여 서면으로 시정할 것을 명하고, 그 기간에 이행하지 아니하면 이를 취소하거나 정지할 수 있다. 이 경우 자치사무에 관한 명령이나 처분에 대하여는 법령을 위반하는 것에 한한다(지방자치법 제188조 제1항).

(2) 시정명령의 대상

지방자치단체의 사무에 관한 그 장의 명령이나 처분이 그 대상이 된다. '지방자치단체의 사무'는 문리상 자치사무와 단체위임사무를 의미하나, 성질상 기관위임사무도 포함될 수 있다고 본다. 다음, '명령'은 일반 · 추상적 규율로서의 규칙을 의미하며, '처분'에는 이른바 법률행위적 행정행위 및 준법률행위적 행정행위가 모두 포함된다. 기출

설사 지방자치법 제188조의 사무의 대상에 대하여 문리해석을 하여 기관위임사무를 배제한다고 하더라도 행정권한의 위임 및 위탁에 관한 규정 제6조에 의하여 지방자치단체장의 기관위임사무에 관한 처분이 위법 또는 부당하다고 인정될 경우 감독청인 위임기관은 이를 취소할 수 있다(행정권한의 위임 및 위탁에 관한 규정 제6조).

(3) 시정명령의 사유

위임사무에 있어서는 그의 위법 · 부당성이 사유가 되나, 자치사무의 경우는 위법성만이 시정명령의 사유가 되는 점에 유의하여야 한다.[12]

(4) 취소 · 정지권

지방자치단체의 장이 감독청의 시정명령을 받고 기간 내에 이행하지 아니할 때에는 감독청은 직접 자치단체 장의 명령과 처분을 취소하거나 정지할 수 있다. 이 경우 "자치사무에 관한 명령이나 처분"에 있어서는 법령에 위반하는 것에 한한다. 기출

(5) 감독청의 취소 · 정지권에 대한 지방자치단체장의 제소권

지방자치단체의 장이 감독청이 한 취소 · 정지 처분에 대하여 이의가 있는 때에는 그 취소 또는 정지처분을 통보받은 날부터 15일 내에 대법원에 소를 제

12 위법성에 재량권의 일탈 · 남용이 포함되는지에 대해서는 [참고 사례 2] 참조.

기출

기할 수 있다(지방자치법 제188조 제2항).

[참고 사례 2] 수원시장은 개인택시운송사업면허를 신청한 甲이 차고지를 확보하지 못하였다는 이유로 이를 거부하였다. 이에 대하여 경기도지사가 수원시장에게 지방자치법 제188조 제1항 소정의 시정명령을 하였다. 그러나 수원시장은 지방자치법 제188조 제1항 후문에 의하면 자치사무에 관한 명령이나 처분에 대하여는 법령을 위반하는 것에 한하여 시정명령을 발할 수 있는데, 개인택시운송사업면허는 재량행위이므로 시정명령의 대상이 아니라고 주장하며 시정명령에 따르지 않고 있다. 이러한 수원시장의 주장은 정당한가?

(6) 지방자치법 제188조 제1항 단서의 자치사무에 대한 시정명령과 직권취소는 재량행위에도 가능할까

1) 법률적합성을 강조하는 경우- 전합 다수의견에 의하는 경우

빈출

울산북구청장이 파업공무원에 대하여 징계의결을 요구하지 않고 오히려 승진시킨 사안에서 행정의 법률적합성을 전국적으로 확보하려는 중앙집권적인 시각에 입각한다면 자치사무에 대한 시정명령은 지방자치법 제169조 제1항 단서의 위법사유 중 재량의 일탈·남용도 포함하는 것으로 문리해석을 하여 보게 된다. 따라서 시정명령과 직권취소를 할 수 있다.

참고 판례 — 대법원 2007. 3. 22. 선고 2005추62 판결

지방자치단체의 사무에 관한 그 장의 명령이나 처분이 법령에 위반되는 경우라 함은 명령이나 처분이 현저히 부당하여 공익을 해하는 경우, 즉 합목적성을 현저히 결하는 경우와 대비되는 개념으로, 시·군·구의 장의 사무의 집행이 명시적인 법령의 규정을 구체적으로 위반한 경우뿐만 아니라 그러한 사무의 집행이 재량권을 일탈·남용하여 위법하게 되는 경우를 포함한다고 할 것이므로, 시·군·구의 장의 자치사무의 일종인 당해 지방자치단체 소속 공무원에 대한 승진처분이 재량권을 일탈·남용하여 위법하게 된 경우 시·도지사는 지방자치법 제188조 제1항 후문에 따라 그에 대한 시정명령이나 취소 또는 정지를 할 수 있다.[13]

---

13 이 판례의 반대의견이 "헌법이 보장하는 지방자치제도의 본질상 재량판단의 영역에서는 국가나 상급 지방자치단체가 하급 지방자치단체의 자치사무 처리에 개입하는 것을 엄격히 금지하여야 할 필요성이 있으므로, 지방자치법 제188조 제1항 단서는 지방자치제도의 본질적 내용이 침해되지 않도록 헌법합치적으로 조화롭게 해석하여야 하는 바, 일반적으로 '법령위반'의 개념에 '재량

2) 지역적 자율성을 강조하는 경우 — 전합 반대의견에 의하는 경우

지역적 자율성과 지방자치의 활성화를 강조하는 경우는 지방자치법 제188조 제1항 단서의 위법사유에서 성문법 위반만으로 목적론적 축소해석하여야 하고 재량의 일탈과 남용은 이에 포함시켜서는 아니 된다고 한다. 따라서 시정명령과 직권취소를 할 수 없다.

2. 지방자치법 제189조에 의해 감독청은 직무이행명령을 내리고 대집행을 할 수 있다

기출

제189조(지방자치단체의 장에 대한 직무이행명령) ① 지방자치단체의 장이 법령의 규정에 따라 그 의무에 속하는 국가위임사무나 시·도위임사무의 관리와 집행을 명백히 게을리하고 있다고 인정되면 시·도에 대하여는 주무부장관이, 시·군 및 자치구에 대하여는 시·도지사가 기간을 정하여 서면으로 이행할 사항을 명령할 수 있다.
② 주무부장관이나 시·도지사는 해당 지방자치단체의 장이 제1항의 기간에 이행명령을 이행하지 아니하면 그 지방자치단체의 비용부담으로 대집행하거나 행정상·재정상 필요한 조치를 할 수 있다. 이 경우 행정대집행에 관하여는 「행정대집행법」을 준용한다.
③ 주무부장관은 시장·군수 및 자치구의 구청장이 법령에 따라 그 의무에 속하는 국가위임사무의 관리와 집행을 명백히 게을리하고 있다고 인정됨에도 불구하고 시·도지사가 제1항에 따른 이행명령을 하지 아니하는 경우 시·도지사에게 기간을 정하여 이행명령을 하도록 명할 수 있다.
④ 주무부장관은 시·도지사가 제3항에 따른 기간에 이행명령을 하지 아니하면 제3항에 따른 기간이 지난 날부터 7일 이내에 직접 시장·군수 및 자치구의 구청장에게

권의 일탈·남용'도 포함된다고 보고 있기는 하나, 지방자치법 제169조 제1항에서 정한 취소권의 행사요건은 위임사무에 관하여는 '법령에 위반되거나 현저히 부당하여 공익을 해한다고 인정될 때', 자치사무에 관하여는 '법령에 위반하는 때'라고 규정되어 있어, 여기에서의 '법령위반'이라는 문구는 '현저히 부당하여 공익을 해한다고 인정될 때'와 대비적으로 쓰이고 있고, 재량권의 한계 위반 여부를 판단할 때에 통상적으로는 '현저히 부당하여 공익을 해하는' 경우를 바로 '재량권이 일탈·남용된 경우'로 보는 견해가 일반적이므로, 위 법조항에서 '현저히 부당하여 공익을 해하는 경우'와 대비되어 규정된 '법령에 위반하는 때'의 개념 속에는 일반적인 '법령위반'의 개념과는 다르게 '재량권의 일탈·남용'은 포함되지 않는 것으로 해석하여야 한다. 가사 이론적으로는 합목적성과 합법성의 심사가 명확히 구분된다고 하더라도 '현저히 부당하여 공익을 해한다는 것'과 '재량권의 한계를 일탈하였다는 것'을 실무적으로 구별하기 매우 어렵다는 점까지 보태어 보면, 지방자치법 제188조 제1항 단서의 '법령위반'에 '재량권의 일탈·남용'이 포함된다고 보는 다수의견의 해석은 잘못된 것이다"라고 판시하고 있음은 참고할 만하다.

기간을 정하여 이행명령을 하고, 그 기간에 이행하지 아니하면 주무부장관이 직접 대집행등을 할 수 있다.
⑤ 주무부장관은 시·도지사가 시장·군수 및 자치구의 구청장에게 제1항에 따라 이행명령을 하였으나 이를 이행하지 아니한 데 따른 대집행등을 하지 아니하는 경우에는 시·도지사에게 기간을 정하여 대집행등을 하도록 명하고, 그 기간에 대집행등을 하지 아니하면 주무부장관이 직접 대집행등을 할 수 있다.
⑥ 지방자치단체의 장은 제1항의 이행명령에 이의가 있으면 이행명령서를 접수한 날부터 15일 이내에 대법원에 소를 제기할 수 있다. 이 경우 지방자치단체의 장은 이행명령의 집행을 정지하게 하는 집행정지결정을 신청할 수 있다.

그러나 이는 기관위임사무만을 대상으로 하며, 명백한 부작위만을 사유로 하기 때문에 지자체장이 부실하게라도 집행하기만 하면 감독청은 직무이행명령과 대집행을 발급할 수 없다. 따라서 이에 대한 입법론적인 보완이 필요하다.

3. 감독청은 비권력적 통제방법을 활용하기도 한다

중앙행정기관의 장 또는 시·도지사는 지방자치단체의 사무에 관하여 조언 또는 권고하거나 지도할 수 있는바(지방자치법 제184조 제1항), 이 규정은 법문상 자치사무와 단체위임사무에 적용되지만, 성질상 기관위임사무의 경우에도 그 시정을 유도하기 위한 통제방법으로 활용될 수 있을 것이다. 다만, 구속력이 없어 실효적인 통제수단이 되지 못한다.

제 4 절

개정 지방자치법

2022년부터 시행되는 개정 지방자치법에 대하여 살펴보기로 한다.[14]

14 이는 개정 지방자치법에 대하여 법제처에서 제공한 자료들을 바탕으로 하여 소개하기로 한다. 출처: https://law.go.kr/lsInfoP.do?lsiSeq=228489&lsId=&efYd=20220113&chrClsCd=010202&urlMode=lsEfInfoR&viewCls=lsRvsDocInfoR&ancYnChk=0#

1. 개정이유

민선지방자치 출범 이후 변화된 지방행정환경을 반영하여 새로운 시대에 걸맞은 주민중심의 지방자치를 구현하고 지방자치단체의 자율성 강화와 이에 따른 투명성 및 책임성을 확보하기 위하여 지방자치단체의 기관구성을 다양화할 수 있는 근거를 마련하고, 지방자치단체에 대하여 주민에 대한 정보공개 의무를 부여하며, 주민의 감사청구 제도를 개선하고, 중앙지방협력회의의 설치 근거를 마련하며, 특별지방자치단체의 설치 · 운영에 관한 법적 근거를 마련하고, 관할구역 경계조정 제도를 개선하는 것을 개정 목적으로 하였다.

또한 주민의 조례에 대한 제정과 개정 · 폐지 청구에 관한 사항을 현행 법률에서 분리하여 별도의 법률로 제정하기로 함에 따라 관련 규정을 정비하는 등 그 내용을 반영하여 「지방자치법」을 전부개정하려는 것이다.

2. 주요내용

(1) 기관구성의 선택

이 법에 따른 지방자치단체의 의회 및 집행기관의 구성을 따로 법률로 정하는 바에 따라 달리 할 수 있도록 하며, 이 경우에는 「주민투표법」에 따른 주민투표를 실시하여 주민의 의견청취하도록 하였다(제4조). 이는 지방자치법상 기관대립형인 기관구성을 주민투표로 기관통합형 등으로 구성할 수도 있게 되었다.[15]

(2) 매립지 및 등록 누락지가 속할 지방자치단체 결정 절차를 개선(제5조)

1) 결정절차의 간소화

종전에는 행정안전부장관이 매립지 및 등록 누락지가 귀속될 지방자치단체를 결정하는 경우, 이의제기기간 중 다른 지방자치단체로부터 이의제기가 없더라도 지방자치단체중앙분쟁조정위원회의 심의 · 의결을 거쳐 결정하도록 하였으나, 앞으로는 이의제기기간 동안 아무런 이의제기가 없는 경우에는 **지방자치단체중앙분쟁조정위원회의 심의 · 의결 없이** 매립지 등이 귀속될 지방자치단체를 결정하도록 그 **절차를 간소화**하였다.

15 김남철, 지방자치법 전부개정에 대한 평가와 과제, 국가법연구, 제17집 제1호, 2021. 2, 12면.

2) **분쟁절차 효율화**

매립지 귀속과 관련되어 시 · 군 · 구 상호 간 비용 분담 등에 대하여 분쟁이 발생하는 경우, 종전에는 시 · 도에 설치되어 있는 지방자치단체지방분쟁조정위원회의 심의 · 의결을 거쳐 시 · 도지사가 조정하도록 하였으나, 앞으로는 **지방자치단체중앙분쟁조정위원회**에서 매립지 귀속 결정과 함께 병합하여 심의 · 의결하여 **행정안전부장관**이 조정하도록 함으로써 매립지 귀속 결정과 관련된 **분쟁을 보다 효율적으로** 해결할 수 있도록 하였다.

(3) 지방자치단체 관할 구역 경계변경 제도를 개선(제6조)

1) 관계 지방자치단체의 장은 주민생활에 불편이 큰 경우 등에는 행정안전부장관에게 관할 구역 경계변경에 관한 **조정을 신청**하도록 하고, 행정안전부장관은 그 신청내용을 공고한 후 경계변경자율협의체를 구성 · 운영하게 하여 상호 협의하도록 하는 장을 마련하며, 경계변경자율협의체의 구성을 요청받은 날부터 120일 이내에 협의체를 구성하지 못하거나 법에서 정한 협의 기간 이내에 경계변경 여부 등에 관한 합의를 하지 못한 경우 지방자치단체중앙분쟁조정위원회의 심의 · 의결을 거쳐 행정안전부장관이 경계변경에 관한 사항을 조정하도록 하였다.

2) ① 지방자치단체 간 경계변경에 관한 합의가 된 경우이거나, ② 지방자치단체중앙분쟁조정위원회에서 경계변경이 필요하다고 의결한 경우에는 **행정안전부장관**은 그 내용을 검토한 후 이를 반영하여 대통령령안을 입안하도록 하였다.

3) 지방자치단체 간 관할 구역 경계변경 과정에서 상호 비용 부담, 그 밖의 행정적 · 재정적 분쟁이 발생한 경우 경계변경에 관한 조정과 병합하여 **지방자치단체중앙분쟁조정위원회**의 심의 · 의결을 거쳐 **행정안전부장관**이 조정하도록 함으로써 관할 구역 경계변경에 관한 분쟁을 효율적으로 조정하도록 하였다.

(4) 주민이 지방자치단체 규칙에 대하여 제정 및 개정 · 폐지 의견을 제출 가능(제20조)

1) 지방자치단체의 규칙이 상위법령이나 조례의 위임에 따라 주민의 권리 · 의무에 영향을 미치는 경우가 발생하나 규칙에 대한 주민의 제정 및 개정 · 폐지 의견제출에 대한 처리가 미흡한 측면이 있었다. 이에 따라 주민의 규칙제정 · 개폐에 대한 의견제출권을 신설하였다.[16]

16 김남철, 지방자치법 전부개정에 대한 평가와 과제, 국가법연구, 제17집 제1호, 2021. 2, 122면.

2) 주민은 권리 · 의무와 직접 관련되는 규칙에 대한 제정 및 개정 · 폐지 의견을 지방자치단체의 장에게 제출할 수 있고, 지방자치단체의 장은 제출된 의견에 대하여 그 의견이 제출된 날부터 30일 이내에 검토 결과를 통보하도록 하였다.

(5) 주민의 감사청구 제도를 개선(제21조)

1) 주민의 감사청구 제도가 주민의 권익침해에 대한 실질적인 구제 수단으로 운영되도록 하기 위하여 감사청구 연령 기준을 종전의 19세에서 **18세**로 낮추고, 청구주민 수 기준을 시 · 도의 경우 종전의 500명 이내에서 조례로 정하는 수에서 **300명** 이내에서 조례로 정하는 수로 하여 주민의 감사청구 요건을 **완화**하였다.

2) 주민 감사청구**의 실효성**을 높일 수 있도록 주민 감사청구를 사무처리가 있었던 날이나 끝난 날부터 2년 이내에 제기하도록 하던 것을 앞으로는 **3년** 이내에 제기할 수 있도록 제기기간을 연장하였다.

(6) 주민정보공개 신설 및 정보공개시스템 구축

지방자치단체는 지방의회의 의정활동 등의 정보를 주민에게 공개하도록 하고, 행정안전부장관은 이 법 또는 다른 법령에 따라 공개된 지방자치정보를 체계적으로 수집하고 주민에게 제공하기 위한 정보공개시스템을 구축 · 운영할 수 있도록 하였다(제26조).

(7) 지방의회의 역량 강화 및 인사권 독립에 관한 사항을 규정(제41조 및 제103조 제2항)

1) 지방의회의 전문성을 강화하고 지방의회의원의 의정활동을 지원하기 위하여 지방의회에 **정책지원 전문인력**을 둘 수 있도록 하였다.

2) 지방의회 사무기구 인력운영의 자율성을 제고하기 위하여 지방의회 사무직원에 대한 임면 · 교육 · 훈련 · 복무 · 징계 등을 **지방의회의 의장**이 처리하도록 인사권을 강화하였다.

(8) 지방의회의원의 겸직금지 조항을 정비(제43조)

1) 지방의회의원의 겸직금지 대상이 불명확하여 각종 분쟁이 발생함에 따라, 해당 지방자치단체가 출자 · 출연한 기관 · 단체 또는 해당 지방자치단체로부

터 사무를 위탁받아 수행하는 기관·단체 등으로 지방의원이 겸직할 수 없는 기관·단체의 범위와 의미를 명확하게 정하였다.

2) 지방의회의 의장이 지방의회의원의 겸직신고 내용을 연 1회 이상 공개하도록 하고, 지방의회의 의장은 지방의회의원의 겸직행위가 지방의회의원의 의무를 위반한다고 인정될 때에는 그 겸한 직의 **사임을 권고**하도록 하였다.

(9) 새로운 지방자치단체의 임시회 소집 신설

지방자치단체의 폐지·신설·분할·통합 등에 따라 **새로운** 지방자치단체가 차질 없이 출범할 수 있도록 새로운 지방자치단체가 설치된 경우 최초의 **지방의회 임시회**는 지방의회 사무처장·사무국장·사무과장이 해당 지방자치단체가 설치되는 날에 소집하도록 하였다(제54조 제2항).

(10) 윤리심사자문위원회 신설

지방의회의원의 겸직 및 영리행위 등에 관한 의장의 자문과 지방의회의원 징계에 관한 윤리특별위원회의 자문 등에 응하기 위하여 윤리특별위원회에 **윤리심사자문위원회**를 두도록 하고, 윤리심사자문위원회의 위원은 민간전문가 중에서 지방의회의 의장이 위촉하도록 하였다(제66조).

(11) 지방자치단체의 장의 직 인수위원회 설치 근거를 마련(제105조)

1) 지금까지는 지방자치단체의 장의 직 인수위원회에 대한 설치 근거가 없어 지방자치단체 간 인수위원회의 구성과 운영이 통일되지 못한 문제가 있었다.

2) 당선인을 보좌하여 지방자치단체의 장의 직 인수와 관련된 업무를 담당하기 위하여 당선이 결정된 때부터 해당 지방자치단체에 인수위원회를 설치할 수 있도록 하고, 인수위원회의 설치 기간, 구성 및 업무 등을 규정하였다.

(12) 자문기관 설치 엄격시

지방자치단체는 자문기관 운영의 효율성 향상을 위하여 **중복되는 자문기관을 설치할 수 없도록** 하고, 지방자치단체의 장은 자문기관 정비계획 및 조치결과 등을 종합하여 작성한 자문기관 운영현황을 매년 지방의회에 보고하도록 의무화하였다(제130조).

(13) 중앙지방협력회의 신설

국가와 지방자치단체 간의 **협력**을 도모하고 지방자치 발전과 지역 간 균형

발전에 관련되는 중요 정책을 심의하기 위하여 **중앙지방협력회의**를 두고, 그 구성 및 운영에 관한 사항은 따로 **법률**로 정하도록 함(제186조).

(14) 지방자치단체에 대한 적법성 통제 및 감독권의 강화(제188조 및 제192조)

1) 지금까지는 시 · 군 및 자치구의 법령 위반에 대한 국가의 실효성 있는 통제 수단이 없어 법령 위반사항이 해소되지 못하고 주민의 권리 · 의무에 영향을 미치는 문제가 있었다.

2) **주무부장관**은 자치사무에 관한 시장 · 군수 및 자치구의 구청장의 명령이나 처분이 법령에 위반됨에도 불구하고 시 · 도지사가 시정명령을 하지 아니하면 **시 · 도지사**에게 시정명령을 하도록 명할 수 있고, 시 · 도지사가 시정명령을 하지 아니하면 주무부장관이 **직접 시정명령**과 **명령 · 처분에 대한 취소 · 정지**를 할 수 있도록 하였다.

3) 주무부장관은 **시 · 군 및 자치구의회의 의결**이 법령에 위반됨에도 불구하고 시 · 도지사가 재의를 요구하게 하지 아니하면 시장 · 군수 및 자치구의 구청장에게 **재의를 요구**하게 할 수 있도록 하였다.

(15) 특별지방자치단체의 설치 근거를 마련(제199조부터 제211조까지)

1) 지금까지는 광역행정수요에 효과적으로 대응할 수 있도록 특별지방자치단체의 설치 근거는 있으나, 구체적인 규정이 없어 특별지방자치단체를 설치 · 운영할 수 없는 문제가 있었다.

2) 특별지방자치단체는 **법인**으로 하고, 특별지방자치단체 설치 시 상호 협의에 따른 **규약**을 정하여 **행정안전부장관의 승인**을 받도록 하며, 특별지방자치단체의 지방의회와 집행기관의 조직 · 운영 등은 **규약**으로 정하도록 하는 등 특별지방자치단체 설치 · 운영과 관련한 세부 내용을 규정하였다.

(16) 특례시등 규정 신설(제198조 제2항, 제3항)

인구 50만 이상의 대도시특례규정(제1항)뿐만 아니라, 인구 100만 이상의 대도시인 '**특례시**'와 **행정안전부장관**이 지정하는 시 · 군 · 구의 경우에 특례를 둘 수 있도록 하였다. 또한 인구 50만 이상의 대도시와 특례시의 인구기준을 **대통령령**으로 정하도록 하고 있다.

제 5 절

중요 판례의 동향을 더 알아보고 출제에 대비해 보자

인천시 외국인투자지원조례들에 대한 판결들

438. 대법원 2009. 12. 24. 선고 2007추158 판결【개정조례안재의결무효확인】 [미간행]

'인천광역시 외국인투자유치 및 지원조례 일부개정조례안' 제7조 제2항, 제3항은 상위 법령에 위배되거나 의장이 개인 자격으로 시장의 인사권에 개입하여 그 고유 권한을 침해하고 있고, 제8조 제3호는 국가사무에 관하여 법령의 위임 없이 조례로 정한 것이어서 조례제정권의 한계를 일탈한 것으로서 위법하다고 한 사례

가. 조례안 제4조, 제6조 중 토지매각 및 대부 등의 특례에 관한 부분

이 사건 조례안 제4조는 경제자유구역 내 입주외국인투자기업(이하 '입주외투기업'이라 한다)에 대하여, 조례안 제6조는 경제자유구역 내에서 실시되는 개발사업의 시행자인 외국인투자기업(이하 '외투시행자'라 한다)에 대하여 각각 토지매각 및 대부 등의 특례를 받기 위해서는 그 입주외투기업과 외투시행자가 조세감면을 받기 위해서 요구되는 조세특례제한법령에 정해진 조세감면기준과 동일한 기준을 갖추어야 한다고 규정하고 있다.

경제자유구역의 지정 및 운영에 관한 법률(이하 '경제자유구역법'이라 한다) 제16조 제5항은 "국가 및 지방자치단체는 국유재산법, 공유재산 및 물품관리법, 그 밖에 다른 법률의 규정에 불구하고 개발사업시행자 또는 입주외국인투자기업에 대하여 국가 또는 지방자치단체가 소유하는 국·공유재산을 수의계약에 의하여 사용·수익허가 또는 대부하거나 매각할 수 있다"고 규정함으로써, 지방자치단체에 공유재산을 수의계약에 의해 대부하거나 매각할 수 있는 권한을 부여하고 있지만, 개발사업시행자 또는 입주외투기업에 위와 같은 특례를 부여받을 수 있는 구체적 기준에 관하여는 규정하고 있지 않다.

경제자유구역법 제16조 제5항의 입법 취지와 더불어 공유재산의 관리가 본래 지방자치단체의 자치사무라는 점 등을 종합하여 보면, 경제자유구역법은 지방자치단체가 그 지방의 실정에 맞게 공유재산의 매각 등에 관한 특례를 부여할 수 있는 외국인투자기업의 자격기준 등을 정하는 것을 배제하는 취지는 아니라고 보이므로, 이 사건 조례안 제4조, 제6조가 상위 법령에 위반한다거나 또는 지방자치단체의 장의 집행권한의 본질적인 부분을 침해하였다고 보기 어렵다(이 사건 조례안 제4조, 제6조의 규율대상에는 국유재산은 포함되지 않고, 이로 인하여 장관의 개발사업시행자 지정권한이 제한되는 것도 아니다).

결국, 이 조항이 조례제정권의 한계를 일탈하여 위법하다는 원고의 주장은 이유 없다.

나. 조례안 제7조 제2항, 제3항

(1) 이 사건 조례안 제7조 제2항은 "협의회의 위원장은 위원 중에서 호선하여 정한다"고 규정하고 있는데, 외국인투자촉진법 시행령 제23조 제2항은 "협의회의 위원장은 시·도 소속 공무원 중 국장급 이상의 공무원이 되고"라고 규정하고 있다.

조례안 제7조 제2항은 협의회 위원장의 선출방법을 상위 법령인 외국인투자촉진법 시행령 제23조 제2항에 위반되게 규정하고 있으므로 위법하다.

(2) 이 사건 조례안 제7조 제3항은 의회 의장이 5인 이내의 시의원을 협의회의 위원으로 추천하여 시장이 임명하도록 규정하고 있는바, 위 규정은 의장이 개인 자격으로 시장의 인사권에 사전에 적극적으로 개입할 수 있도록 하여 시장의 고유권한을 침해하고 있으므로 조례제정권의 한계를 일탈하여 위법하다.

다. 조례안 제8조 제3호

이 사건 조례안 제8조 제3호는 협의회의 심의·의결사항으로 인천경제자유구역 내 외국인 투자자의 투자관련 협약체결에 관한 사항을 규정하고 있다.

그런데 경제자유구역법 제4조, 제6조 제1항 제5호, 제12호, 제9조, 경제자유구역법 시행령 제8조 제2항 제4호의2 등의 각 규정에 의하면, 경제자유구역 개발계획의 확정, 경제자유구역 내에서 실시되는 개발사업의 실시계획의 승인은 장관의 권한에 속하고, 위 개발계획과 실시계획에는 각각 외국인 투자유치계획이 포함된다.

조례안 제8조 제3호가 협의회의 심의·의결사항으로 규정하고 있는 인천경제자유구역 내 외국인 투자자의 투자관련 협약체결에 관한 사항은 장관이 확정하거나 승인한 개발계획 또는 실시계획에 포함된 외국인 투자유치계획을 집행하는 것일 수 있고, 이는 장관의 권한에 속하는 것으로서 국가사무인 개발계획과 실시계획을 집행하는 것에 해당한다고 할 것이다.

따라서 조례안 제8조 제3호는 국가사무에 관하여 법령의 위임 없이 조례로 정한 것이 되므로 조례제정권의 한계를 벗어난 것이어서 위법하다.

3. 전부무효

위에서 본 바와 같이 이 사건 조례안 중 일부 조항이 법령에 위배되는 이상 이 사건 조례안에 대한 재의결은 전부 효력이 부인되어야 할 것이므로, 원고의 이 사건 청구는 이유 있어 이를 인용하고, 소송비용은 패소자가 부담하기로 하여 관여 대법관의 일치된 의견으로 주문과 같이 판결한다.

순천시 복지시설 민간위탁시 지방의회 동의 조례안

439. 대법원 2009. 12. 24. 선고 2009추121 판결【조례안재의결무효확인】[미간행]

[1] 지방의회의 조례 제정권의 범위와 한계

헌법 제117조 제1항과 지방자치법 제22조에 의하면, 지방자치단체는 법령의 범위 안에서 그 사무에 관하여 자치조례를 제정할 수 있고, 지방자치법은 의결기관으로서의 지방의회와 집행기관으로서의 지방자치단체장에게 독자적 권한을 부여하는 한편, 지방의회는 행정사무감사와 조사권 등에 의하여 지방자치단체장의 사무집행을 감시 통제할 수 있고 지방자치단체장은 지방의회의 의결에 대한 재의요구권 등으로 의회의 의결권행사에 제동을 가할 수 있게 함으로써 상호 견제와 균형을 유지하도록 하고 있으므로, 지방의회는 자치사무에 관하여 법률에 특별한 규정이 없는 한 조례로써 위와 같은 지방자치단체장의 고유권한을 침해하지 않는 범위 내에서 조례를 제정할 수 있다(대법원 1992. 7. 28. 선고 92추31 판결; 대법원 2000. 6. 13. 선고 99추92 판결 등 참조).

[2] 사안의 적용

지방자치단체인 순천시가 순천시 지방공기업단지 조성 및 분양, 순천시 공립보육시설, 순천시 건강가정지원, 순천시 유스호스텔 관리 및 운영, 순천시 청소년 수련소 시설사용료, 순천시 체육시설 관리 운영 등의 업무를 민간에 위탁하는 이유는, 그 업무를 민간으로 하여금 대신 수행하도록 함으로써 행정조직의 방대화를 억제하고, 위탁되는 사무와 동일한 업무를 수행하는 자에게 이를 담당하도록 하여 행정사무의 능률성을 높이고 비용도 절감하며, 민간의 특수한 전문기술을 활용하는 한편, 국민생활과 직결되는 단순행정업무를 신속하게 처리하기 위한 것이라 할 것인바, 이러한 민간위탁은 한편으로 제도의 취지에 반하여, 보조금의 교부 등으로 비용이 더 드는 경우가 있고, 공평성의 저해 등에 의한 행정서비스의 질적 저하를 불러올 수 있으며, 위탁기관과 수탁자 간에 책임 한계가 불명확하게 될 우려도 있고, 행정의 민주화와 종합성이 손상될 가능성도 있으므로 지방자치단체장이 일정한 사무에 대해 민간위탁을 하는 경우 위와 같은 단점을 최대한 보완하여 민간위탁이 순기능적으로 작용하도록 할 필요가 있다.

여기에 지방자치법 제104조 제3항에서 지방자치단체의 장은 그 권한에 속하는 사무 중 주민의 권리·의무와 직접 관련이 없는 사무에 대해서는 조례나 규칙으로 정하는 바에 따라 민간에게 위탁할 수 있다고 규정함으로써 지방자치단체 사무의 민간위탁과 관련하여 조례 등에 의한 한계 설정을 예정하고 있는 점을 아울러 고려하여 보면, 이 사건 조례안이 지방자치단체 사무의 민간위탁에 관하여 지방의회의 사전 동의를 받도록 한 것은 지방자치단체장의 민간위탁에 대한 일방적인 독주를 제어하여 민간위탁의 남용을 방지하고 그 효율성과 공정성을 담보하기 위한 장치에 불과하고, 민간위탁 권한을 지방자치단체장으로부터 박탈하려는 것이 아니므로 지방자치단체장의 집행권한을 본질적으로 침해하는 것으로 볼 수 없다.

중구청장의 민간위탁시 사전동의 조례

440. 대법원 2011. 2. 10. 선고 2010추11 판결【조례안재의결무효확인】[미간행]

[1] 지방의회의 조례제정권의 범위와 한계

헌법 제117조 제1항과 지방자치법 제22조에 의하면, 지방자치단체는 법령의 범위 안에서 그 사무에 관하여 자치조례를 제정할 수 있다. 지방자치법은 의결기관으로서의 지방의회와 집행기관으로서의 지방자치단체장에게 독자적 권한을 부여하는 한편, 지방의회는 행정사무감사와 조사권 등에 의하여 지방자치단체장의 사무집행을 감시 통제할 수 있고 지방자치단체장은 지방의회의 의결에 대한 재의요구권 등으로 의회의 의결권행사에 제동을 가할 수 있게 함으로써 상호 견제와 균형을 유지하도록 하고 있다. **따라서 지방의회는 자치사무에 관하여 법률에 특별한 규정이 없는 한 위와 같은 지방자치단체장의 고유권한을 침해하지 않는 범위 내에서 조례를 제정할 수 있다(대법원 1992. 7. 28. 선고 92추31 판결; 대법원 2009. 12. 24. 선고 2009추121 판결 등 참조).**

한편 **지방자치법 제104조 제3항은 지방자치단체의 장은 그 권한에 속하는 사무 중 주민의 권리·의무와 직접 관련이 없는 사무는 조례나 규칙으로 정하는 바에 따라 민간에게 위탁할 수 있다고 규정하고 있다.**

[2] 지방자치단체가 권한에 속한 업무를 민간에 위탁할 수 있도록 한 제도의 취지 및 지방자치단체장이 일정한 사무에 관하여 민간위탁을 하는 경우 고려해야 할 사항

지방자치단체가 그 권한에 속한 업무를 민간에 위탁하는 이유는, 그 업무를 민간으로 하여금 대신 수행하도록 함으로써 행정조직의 방대화를 억제하고, 위탁되는 사무와 동일한 업무를 수행하는 자에게 이를 담당하도록 하여 행정사무의 능률성을 높이고 비용도 절감하며, 민간의 특수한 전문기술을 활용함과 아울러, 국민생활과 직결되는 단순 행정업무를 신속하게 처리하기 위한 것이라 할 것이다. **그런데 민간위탁은 다른 한편으로는 보조금의 교부 등으로 비용이 더 드는 경우가 있고, 공평성의 저해 등에 의한 행정서비스의 질적 저하를 불러 올 수 있으며, 위탁기관과 수탁자 간에 책임 한계가 불명확하게 될 우려가 있고, 행정의 민주화와 종합성이 손상될 가능성도 있다. 따라서 지방자치단체장이 일정한 사무에 관하여 민간위탁을 하는 경우에는 위와 같은 단점을 최대한 보완하여 민간위탁이 순기능적으로 작용하도록 할 필요가 있다(대법원 2009. 12. 24. 선고 2009추121 판결 등 참조).**

[3] 사안의 적용

이러한 제반 사정을 고려하여 보면, **이 사건 조례안이 지방자치단체 사무의 민간위탁에 관하여 지방의회의 사전 동의를 받도록 한 것**은 지방자치단체장의 민간위탁에 대한 일방적인 독주를 제어하여 **민간위탁의 남용을 방지하고 그 효율성과 공정성을 담보하기**

위한 장치에 불과하고, 민간위탁의 권한을 지방자치단체장으로부터 박탈하려는 것이 아니므로, 지방자치단체장의 집행권한을 본질적으로 침해하는 것으로 볼 수 없다. 또한 지방자치단체장이 동일 수탁자에게 위탁사무를 재위탁하거나 기간연장 등 기존 위탁계약의 중요한 사항을 변경하고자 할 때 지방의회의 동의를 받도록 한 목적은 민간위탁에 관한 지방의회의 적절한 견제기능이 최초의 민간위탁 시뿐만 아니라 그 이후에도 지속적으로 이루어질 수 있도록 하는 데 있으므로, 이에 관한 이 사건 조례안 역시 지방자치단체장의 집행권한을 본질적으로 침해하는 것으로 볼 수 없다.

나아가 재위탁 등에 관하여 지방의회의 동의를 받을 기한이나 수탁기관의 적정 여부를 판단할 기한의 설정이 다소 부적절하다는 점만으로 지방자치단체장의 집행권한을 본질적으로 침해한다고 단정할 수도 없다.

원자력발전에 대한 지역개발세 소급부과 조례

441. 대법원 2011. 9. 2. 선고 2008두17363 전원합의체 판결【지역개발세부과처분취소】[공 2011하, 2126]

[1] 법률에 예외규정이 없는데도 조례로 새로운 납세의무를 부과하는 요건에 관한 규정을 신설하면서 시행시기 이전에 종결한 과세요건사실에 소급하여 적용하도록 할 수 있는지 여부(소극)

조세법률주의를 규정한 헌법 제38조, 제59조의 취지에 의하면 국민에게 새로운 납세의무나 종전보다 가중된 납세의무를 부과하는 규정은 그 시행 이후에 부과요건이 충족되는 경우만을 적용대상으로 삼을 수 있음이 원칙이므로, 법률에서 특별히 예외규정을 두지 아니하였음에도 하위 법령인 조례에서 새로운 납세의무를 부과하는 요건에 관한 규정을 신설하면서 그 시행시기 이전에 이미 종결한 과세요건사실에 소급하여 이를 적용하도록 하는 것은 허용될 수 없다.

[2] 구 지방세법 제253조에서 정한 원자력발전에 대한 지역개발세의 경우, 부과요건의 하나인 부과지역에 관한 조례가 정해져야만 부과할 수 있는지 여부(적극)

2005. 12. 31. 법률 제7843호로 개정되어 2006. 1. 1.부터 시행된 구 지방세법(2010. 3. 31. 법률 제10221호로 전부 개정되기 전의 것, 이하 '구 지방세법'이라 한다) 제253조는 '대통령령이 정하는 원자력발전'을 지역개발세의 과세대상으로 추가하였는데, 구 지방세법 제258조 제1항에는 "지역개발세를 부과할 지역과 부과징수에 관하여 필요한 사항은 도조례가 정하는 바에 의한다"고 규정되어 있었으므로, 원자력발전에 대한 지역개발세는 부과요건의 하나인 부과지역에 관한 조례가 정해져야만 비로소 부과지역이 대외적으로 확정되어 이를 부과할 수 있다.

[3] 사안의 적용

2006. 1. 1.부터 시행된 구 지방세법 제258조 제1항 위임에 따라 경상북도는 2006. 3. 16., 전라남도는 2006. 4. 24. 각각 원자력발전을 지역개발세 과세대상으로 하고 부과대상지역을 해당 도내 전 지역으로 하는 내용의 조례 개정을 하였고, **부칙에서 그 부과시기를 '구 지방세법 시행 후 발전하는 분부터 적용한다'고 규정하였는데, 이에 따라 각 과세관청이 원자력발전사업을 영위하는 갑 주식회사에 구 지방세법 시행일인 2006. 1. 1.부터 소급하여 원자력발전에 대한 지역개발세 부과처분을 한 사안에서, 위 각 부칙은 원자력발전에 대한 지역개발세 부과요건에 관한 규정을 그 시행시기 이전에 이미 종결한 과세요건사실에 소급하여 적용하도록 한 것이므로 무효이다.**

[4] 원자력발전에 대한 지역개발세의 과세표준과 관련하여 구 지방세법 제257조 제1항 제5호에서 정한 '발전량'의 개념(=생산된 발전량)

구 지방세법(2010. 3. 31. 법률 제10221호로 전부 개정되기 전의 것, 이하 '구 지방세법'이라 한다) 제257조 제1항 제5호, 구 지방세법 시행령(2006. 2. 8. 대통령령 제19321호로 개정되기 전의 것) 제216조 제5호의 문언과 입법 취지 및 조세법률주의의 원칙상 조세법규의 해석은 특별한 사정이 없는 한 법문대로 해석하여야 하고 합리적 이유 없이 확장해석하거나 유추해석하는 것은 허용되지 않는 점 등을 고려하면, 원자력발전에 대한 지역개발세의 과세표준이 되는 구 지방세법 제257조 제1항 제5호에서 정한 '발전량'은 '판매량'과 구별되는 개념으로서 '생산된 발전량'으로 해석하는 것이 타당하다.

인천시 통행지원조례안 사건

442. 대법원 2008. 6. 12. 선고 2007추42 판결【조례안재의결무효확인】[공 2008하, 982]

[1] 지역주민에게 통행료를 지원하는 내용의 사무가 구 지방자치법 제9조 제2항에 정한 '지방자치단체의 사무'에 해당하는지 여부(적극)

인천광역시의회가 의결한 '인천광역시 공항고속도로 통행료지원 조례안'이 규정하고 있는 인천국제공항고속도로를 이용하는 지역주민에게 통행료를 지원하는 내용의 사무는, **구 지방자치법(2007. 5. 11. 법률 제8423호로 전문 개정되기 전의 것) 제9조 제2항 제2호 (가)목에 정한 주민복지에 관한 사업으로서 지방자치사무이다.**

[2] 지방자치단체에 의해 제정된 조례가 법령을 위반하는 경우의 효력(무효) 및 그 위반 여부의 판단 기준

지방자치법제22조 본문은 "지방자치단체는 법령의 범위 안에서 그 사무에 관하여 조례를 제정할 수 있다"고 규정하고 있으므로, 지방자치단체가 제정한 조례가 법령을 위반

하는 경우에는 효력이 없고, 조례가 법령을 위반하는지 여부는 법령과 조례 각각의 규정 취지, 규정의 목적과 내용 및 효과 등을 비교하여 둘 사이에 모순·저촉이 있는지의 여부에 따라서 개별적·구체적으로 결정하여야 한다.

[3] '인천광역시 공항고속도로 통행료지원 조례안'이 헌법의 평등원칙과 구 지방자치법 제13조 제1항 등에 위배되지 않는다고 한 사례

'인천광역시 공항고속도로 통행료지원 조례안'은 그 내용이 현저하게 합리성을 결여하여 자의적인 기준을 설정한 것이라고 볼 수 없으므로 헌법의 평등원칙에 위배된다고 할 수 없고, 구 지방자치법(2007. 5. 11. 법률 제8423호로 전문 개정되기 전의 것) 제13조 제1항 등에도 위배되지 않는다.

살피건대, 이 사건 조례안은 영종도 등 주민에게 혜택을 부여하는 것으로서, 주민의 권리를 제한하거나 새로운 의무를 부과하는 조례안과는 달리 조례입안자에게 보다 광범위한 입법형성의 자유가 인정되는 것이므로 조례입안자는 그 조례제정의 목적, 수혜자의 상황, 예산 등 여러 사항을 고려하여 그에 합당하다고 스스로 판단하는 내용의 조례를 제정할 권한이 있다고 할 것이고, 그렇게 하여 제정된 조례의 내용이 현저하게 합리성이 결여되어 있는 것이 아닌 한 헌법에 위반된다고 할 수는 없다(헌법재판소 1993. 12. 23. 선고 89헌마189 결정; 헌법재판소 2007. 7. 26. 선고 2004헌마914 결정 등 참조).

그런데 이 사건 조례안에 의하더라도 영종·용유지역 등 주민이 인천국제공항고속도로의 북인천 IC(북인천영업소)를 통과하여 인천(서울 포함)을 왕래하는 때에 납부하는 통행요금을 지원하되, 지원액은 예산의 범위 안에서 1가구에 차량 2대 이내로 지원하고, 감면횟수는 감면대상차량 1대당 1일 왕복 1회로 하며, 감면횟수를 초과한 차량은 정상요금을 납부하도록 되어 있는바, 이 사건 조례안 제정의 목적, 수혜자의 상황, 예산 등 여러 상황을 고려할 때, 이 사건 조례안의 시행으로 인하여 다른 지역에 거주하는 주민과의 사이에 다소 규율의 차이가 발생하기는 하나, 이 사건 조례안은 그에 정한 일정한 조건에 해당하는 경우에는 아무런 차별 없이 지원하겠다는 것으로서, **위와 같이 통행요금 지원대상의 조건으로 정한 내용이 현저하게 합리성이 결여되어 자의적인 기준을 설정한 것이라고 볼 수 없으므로 이 사건 조례안이 평등원칙에 위배된다고 할 수 없다.**

원고는, 이 사건 조례안은 주민은 법령이 정하는 바에 의하여 지방자치단체로부터 균등하게 행정의 혜택을 받을 권리를 가진다는 지방자치법 제13조에 위배된다고 주장하나, **지방자치법 제13조 제1항은 주민이 지방자치단체로부터 행정적 혜택을 균등하게 받을 수 있다는 권리를 추상적이고 선언적으로 규정한 것으로서, 위 규정에 의하여 주민이 지방자치단체에 대하여 구체적이고 특정한 권리가 발생하는 것이 아닐 뿐만 아니라, 지방자치단체가 주민에 대하여 균등한 행정적 혜택을 부여할 구체적인 법적 의무가 발생하는 것도 아니므로, 이 사건 조례안으로 인하여 주민들 가운데 일정한 조건에 해당하는 일부 주민이 지원을 받게 되는 혜택이 발생하였다고 하여 위 조례안이**

지방자치법 제13조 제1항에 위반한 것이라고 볼 수는 없으므로, 원고의 위 주장은 이유 없다.

원고는, 또한 이 사건 조례안은 지방자치법 제10조의 지방자치단체의 종류별 사무배분 기준에 의하여 이들 도서지역의 주민들이 거주하고 있는 해당 기초자치단체인 인천 중구, 옹진군의 조례로 제정할 일이지, 광역자치단체인 피고의 조례로 제정하는 것은 지방자치단체의 종류별 사무배분기준을 정한 지방자치법 제10조 제3항에 위배된다고 주장하나, **지방자치법 제10조는 지방자치단체의 사무를 분담·수행하는 의무적 측면에서 사무배분 기준을 정한 것이므로, 이 사건 조례안과 같이 광역지방자치단체가 산하 기초자치단체의 관할 구역에서 거주하는 주민들에게 재정적인 지원을 하는 수익적 내용의 조례를 제정하였다고 하여, 그 조례안이 지방자치법 제10조 제3항에 위반되는 것은 아니라고 할 것이므로, 원고의 위 주장도 이유 없다.**

원고는 그 밖에, 이 사건 조례안이 발효되어 시행되는 경우에는 원고의 재정부담 가중으로 예산상 집행에 어려움이 있으므로, 이 사건 조례안은 지방자치법 제98조 제1항의 공익을 현저히 해하고 같은 법 제99조 제1항의 **예산상 집행할 수 없는 경비가 포함되어 있다고 인정되는 경우에 해당되어 위법하다거나 지방재정법 제17조에 위배되어 위법하다고 주장하나, 지방자치법 제98조 제1항 및 제99조 제1항에 정한 사유는 조례안 재의요구 사유에 불과할 뿐, 그에 해당한다고 하여 곧바로 이 사건 조례안이 위법하다고 단정할 수 없을 뿐만 아니라, 지방자치단체는 이론상 재정고권의 범위 내에서 예산을 집행할 수 있고,** 이 사건 조례안의 내용에 의하더라도, 원고는 영종도 등 지역에 거주하는 주민에 대하여 예산의 범위 안에서 통행료를 지원하는 것이어서 어느 정도 자의적인 예산집행이 방지된다고 보이기 때문에 이 사건 조례안이 시행되더라도 원고가 우려하는 바와 같이 지방재정에 압박을 받을 것으로 보이지도 않으며, 또한 이 사건 조례안이 정하고 있는 바와 같이 지방자치단체가 지방자치법 제9조 제2항 제2호 (가)목에 정한 **주민복지에 관한 사업으로서 일정한 조건에 해당하는 주민이면 누구에게나 일정한 지원을 하겠다는 것은 지방재정법 제17조에 정한 '개인 또는 공공기관이 아닌 단체'에 특정하여 기부 등을 하는 것과는 구별되어야 할 것이므로, 이 사건 조례안이 지방자치법 제98조 제1항, 제99조 제1항, 지방재정법 제17조에 위반된다는 원고의 위 주장도 모두 이유 없다.**

미군부대이전조례안

443. 대법원 2002. 4. 26. 선고 2002추23 판결【조례안재의결무효확인】[공 2002. 6. 15.(156), 1272]

[2] **지방자치법 제14조**의 규정에 의하면, 지방자치단체의 장은 어떠한 사항이나 모두 주

민투표에 붙일 수 있는 것은 아니고, 지방자치단체의 폐치·분합 또는 주민에게 과도한 부담을 주거나 중대한 영향을 미치는 지방자치단체의 주요 결정사항 등에 한하여 주민투표를 붙일 수 있도록 하여 그 대상을 한정하고 있음을 알 수 있는바, **위 규정의 취지는 지방자치단체의 장이 권한을 가지고 결정할 수 있는 사항에 대하여 주민투표에 붙여 주민의 의사를 물어 행정에 반영하려는 데에 있다.**

[3] **미군부대이전은 지방자치단체의 장의 권한에 의하여 결정할 수 있는 사항이 아님이 명백하므로 지방자치법 제13조의2 소정의 주민투표의 대상이 될 수 없다.**

[4] 지방자치법은 지방의회와 지방자치단체의 장에게 독자적 권한을 부여하고 상호 견제와 균형을 이루도록 하고 있으므로, 법률에 특별한 규정이 없는 한 조례로써 견제의 범위를 넘어서 고유권한을 침해하는 규정을 둘 수 없다 할 것인바, **위 지방자치법 제13조의2 제1항에 의하면, 주민투표의 대상이 되는 사항이라 하더라도 주민투표의 시행 여부는 지방자치단체의 장의 임의적 재량에 맡겨져 있음이 분명하므로, 지방자치단체의 장의 재량으로서 투표실시 여부를 결정할 수 있도록 한 법규정에 반하여 지방의회가 조례로 정한 특정한 사항에 관하여는 일정한 기간 내에 반드시 투표를 실시하도록 규정한 조례안은 지방자치단체의 장의 고유권한을 침해하는 규정이다.**

지방세 감면 조례의 위법성 여부

444. 대법원 1996. 7. 12. 선고 96추22 판결【시세감면조례중개정조례안무효확인】[공 1996. 9. 1.(17), 2535]

[1] **지방세법 제9조에서 지방자치단체가 과세면제·불균일과세 또는 일부과세를 하고자 할 경우에 내무부장관의 허가를 받도록 한 취지**는, 과세면제 등 제도의 무분별한 남용으로 국민의 **조세부담의 불균형** 또는 **지방자치단체 간의 지방세 과세체계에 혼란**을 초래할 우려가 있을 뿐만 아니라 **지방세법 본래의 취지**에도 맞지 않는 결과가 발생할 수가 있고, 나아가 **과세면제 등으로 인한 지방자치단체의 세수입의 손실**을 지방교부세법에 의한 **지방교부세의 배분에서 그 보충을 꾀하려 할 것이고 이 경우 과세면제 등으로 인한 세수입 손실의 결과는 결국 다른 지방자치단체의 지방교부세 감소라는 결과를 가져올 가능성**도 있으므로, 이러한 불합리한 결과를 피하기 위하여 내무부장관이 지방자치단체의 과세면제 등 일정한 사항에 관한 조례제정에 한하여 사전 허가제도를 통하여 **전국적으로 이를 통제·조정함으로써 건전한 지방세제를 확립하기 위하여 마련한 제도인 것으로 이해**되고, 따라서 위 규정이 지방자치단체의 조례제정권의 본질적 내용을 침해하는 규정으로서 지방자치단체의 조례제정권을 규정한 헌법 제117조 제1항, 제주차장조례118조에 위반되거나 지방자치법 제9조, 제35조 제1항 제1호와 저촉되는 규정이라고 할 수 없다.

[2] 지방자치법 제15조의 규정에 의하면 지방자치단체는 법령의 범위 안에서 그 사무에 관하여 조례를 제정할 수 있는 것이므로, **지방자치단체가 내무부장관의 허가를 얻지 아니하고 지방세 과세면제 등에 관한 조례를 제정한 경우에는 지방자치법 제15조, 지방세법 제9조 위반으로 위법하여 그 효력이 없다.**

순천시 시설 주차장 부지 용도변경금지 조례 〈전합〉

445. 대법원 2012. 11. 22. 선고 2010두19270 전원합의체 판결【건축허가신청불허가처분취소】[공 2013상, 51]

[1] 법률의 위임 없이 주민의 권리제한 또는 의무부과에 관한 사항을 정한 조례의 효력(=무효)

지방자치법 제22조, 행정규제기본법 제4조 제3항에 의하면 지방자치단체가 조례를 제정함에 있어 그 내용이 주민의 권리제한 또는 의무부과에 관한 사항이나 벌칙인 경우에는 법률의 위임이 있어야 하므로, 법률의 위임 없이 주민의 권리제한 또는 의무부과에 관한 사항을 정한 조례는 효력이 없다.

[2] 구 주차장법 제19조의4 제1항 단서 및 구 주차장법 시행령 제12조 제1항 제3호가 일정한 경우 주차수요를 유발하는 시설 부설주차장의 용도변경을 허용하면서 그에 관하여 조례에 위임하지 않고 있음에도, 순천시 주차장 조례 제13조 제2항이 당해 시설물이 소멸될 때까지 부설주차장의 용도를 변경할 수 없도록 규정한 사안에서, 위 조례 규정은 법률유보의 원칙에 위배되어 효력이 없다고 본 원심판단을 정당하다고 한 사례

구 주차장법(2010. 3. 22. 법률 제10159호로 개정되기 전의 것, 이하 '법'이라 한다) 제19조의4 제1항 단서 및 구 주차장법 시행령(2010. 10. 21. 대통령령 제22458호로 개정되기 전의 것, 이하 '시행령'이라 한다) 제12조 제1항 제3호가 일정한 경우 **건축물·골프연습장 기타 주차수요를 유발하는 시설 부설주차장의 용도변경을 허용하면서 그에 관하여 조례에 위임하지 않고 있음에도, 순천시 주차장 조례 제13조 제2항(이하 '이 사건 조례 규정'이라 한다)이 당해 시설물이 소멸될 때까지 부설주차장의 용도를 변경할 수 없도록 규정한 사안에서, 이 사건 조례 규정이 부설주차장의 용도변경 제한에 관하여 정한 것은 법 제19조 제4항 및 시행령 제7조 제2항에서 위임한 '시설물의 부지 인근의 범위'와는 무관한 사항이고, 나아가 부설주차장의 용도변경 제한에 관하여는 법 제19조의4 제1항 및 시행령 제12조 제1항에서 지방자치단체의 조례에 위임하지 않고 직접 명확히 규정하고 있으므로, 이 사건 조례 규정은 법률의 위임 없이 주민의 권리제한에 관한 사항을 정한 것으로서 법률유보의 원칙에 위배되어 효력이 없다.**

구 주차장법(2010. 3. 22. 법률 제10159호로 개정되기 전의 것, 이하 '법'이라 한다) 제19조 제1항은 "국토의 계획 및 이용에 관한 법률의 규정에 의한 도시지역 · 제2종지구단위계획구역 및 지방자치단체의 조례가 정하는 관리지역 안에서 건축물 · 골프연습장 기타 주차수요를 유발하는 시설(이하 '시설물'이라 한다)을 건축 또는 설치하고자 하는 자는 당해 시설물의 내부 또는 그 부지 안에 부설주차장(화물의 하역 기타 사업수행을 위한 주차장을 포함한다. 이하 같다)을 설치하여야 한다"고 규정하고, 같은 조 제4항은 "제1항의 경우에 부설주차장이 대통령령이 정하는 규모 이하인 때에는 동항의 규정에 불구하고 시설물의 부지 인근에 단독 또는 공동으로 부설주차장을 설치할 수 있다. 이 경우 시설물의 부지 인근의 범위는 대통령령이 정하는 범위 안에서 지방자치단체의 조례로 정한다"고 규정하고 있다. 이러한 법의 위임에 따라 구 주차장법 시행령(2010. 10. 21. 대통령령 제22458호로 개정되기 전의 것, 이하 '시행령'이라 한다) 제7조 제1항 본문은 "법 제19조 제4항 전단에서 '대통령령이 정하는 규모'라 함은 주차대수 300대의 규모를 말한다"고 규정하고, 같은 조 제2항은 "법 제19조 제4항 후단에 따른 시설물의 부지 인근의 범위는 다음 각 호의 어느 하나의 범위에서 특별자치도 · 시 · 군 또는 자치구의 조례로 정한다"고 규정하면서, 제1호로 '당해 부지의 경계선으로부터 부설주차장의 경계선까지의 직선거리 300m 이내 또는 도보거리 600m 이내'를 들고 있다. 그리고 이러한 법과 시행령의 위임에 따라 순천시 주차장 조례(이하 '이 사건 조례'라 한다) 제13조 제1항은 "법 제19조 제4항의 규정에 의하여 단독 또는 공동의 부설주차장을 설치하는 경우 당해 부지의 경계선으로부터 인근에 설치하는 부설주차장 경계선까지의 거리는 직선거리 300m 이내 도보거리 600m 이내이어야 한다"고 규정하고 있다.

그런데 **이 사건 조례는 이에서 더 나아가 같은 조 제2항 본문(이하 '이 사건 조례 규정'이라 한다)에서 "제1항에 의하여 설치된 부설주차장은 본 시설물이 소멸될 때까지 타용도로 사용할 수 없다"고 규정하여 주차장 사용에 관하여 일정한 제한을 가하고 있다.** 한편 법 제19조의4 제1항은 "부설주차장은 주차장 외의 용도로 사용할 수 없다. 다만 대통령령으로 정하는 기준에 해당하는 경우에는 그러하지 아니하다"라고 규정하고, 시행령 제12조 제1항은 법 제19조의4 제1항 단서에 따라 부설주차장의 용도를 변경할 수 있는 경우로서 제1호 내지 제5호까지의 사유를 들고 있는데, 그 중 제3호는 '당해 시설물의 부설주차장의 설치기준 또는 설치제한기준을 초과하는 주차장으로서 그 초과 부분에 대하여 시장 · 군수 또는 구청장의 확인을 받은 경우'라고 정하고 있다.

(2) 위와 같은 관계 법규를 종합하여 보면, 이 사건 건축불허가 **처분의 근거가 된 이 사건 조례 규정은 법 제19조의4 제1항 단서 및 시행령 제12조 제1항 제3호에 따라 부설주차장의 용도변경이 허용되는 경우까지도 본 시설물이 소멸될 때까지는 용도변경을 할 수 없도록 하여 부설주차장 소유자 등의 재산권 행사를 제한하고 있음을 알 수 있는 바, 앞서 본 법리에 비추어 볼 때 이러한 조례 규정이 유효하기 위해서는 법률의 위임이 있어야 하고, 그러한 위임 없이 제정되었다면 그 효력이 없다**고 보아야 한다.

그런데 이 사건 조례 규정이 부설주차장의 용도변경 제한에 관하여 정한 것은 법 제19조 제4항 및 시행령 제7조 제2항에서 위임한 **'시설물의 부지 인근의 범위'와는 무관한 사항이고, 나아가 부설주차장의 용도변경 제한에 관하여는 법 제19조의4 제1항 및 시행령 제12조 제1항에서 지방자치단체의 조례에 위임하지 아니하고 직접 명확히 규정하고 있으므로, 결국 이 사건 조례 규정은 법률의 위임 없이 주민의 권리제한에 관한 사항을 정한 것으로서 법률유보의 원칙에 위배되어 그 효력이 없다**고 할 것이다.

다. 같은 취지의 원심판결은 정당하고, 거기에 이 사건 조례 제13조 제2항 본문의 해석에 관한 법리오해의 잘못이 없다.

2. 상고이유 제2점에 관하여

건축허가권자는 건축허가신청이 건축법 등 관계 법령에서 정하는 어떠한 제한에 배치되지 않는 이상 같은 법령에서 정하는 건축허가를 하여야 하고, 중대한 공익상의 필요가 없음에도 불구하고 요건을 갖춘 자에 대한 허가를 관계 법령에서 정하는 제한사유 이외의 사유를 들어 거부할 수는 없다(대법원 1992. 12. 11. 선고 92누3038 판결; 대법원 2009. 9. 24. 선고 2009두8946 판결 등 참조).

원심판결 이유에 의하면, 원심은 그 채택 증거들을 종합하여 원고가 이 사건 주유소 건축허가신청을 위하여 교통영향평가를 받은 사실 등 판시와 같은 사실을 인정한 다음, 이 사건 주유소 건축으로 인하여 주변 교통정체가 심화되는 등 교통상의 문제점이 발생할 가능성이 있다고 인정할 증거가 없을 뿐 아니라, 주변 교통정체 심화가 이 사건 주유소 건축에 관한 관계 법규에서 정하는 제한 사유에 해당한다거나 이로 인하여 건축허가를 불허할 만한 중대한 공익상의 필요가 있는 경우에 해당한다고 볼 수 없다고 판단하였다.

위 법리와 기록에 비추어 보면 원심의 위와 같은 판단은 정당하고, 거기에 건축불허가처분과 관련된 중대한 공익상의 필요 등에 관한 법리오해의 잘못이 없다.

수도급수조례사건

446. 대법원 2009. 10. 29. 선고 2008두19239 판결[급수공사비부과처분취소청구]

[1] **주민에게 혜택을 부여하는 내용의 조례 등은 주민의 권리를 제한하거나 새로운 의무를 부과하는 경우보다 광범위한 입법형성의 자유가 인정**되는 것이다.

한편 그와 같은 조례 등의 문언 및 논리적인 해석의 결과 그 혜택을 부여받을 대상에 포함되지 않는 것으로 해석되는 경우에는 비록 혜택을 부여받는 대상과 비교하여 다소 불합리한 결과가 된다 하더라도 추가적인 입법 조치 등이 없는 한 그와 동일한 혜택을

부여할 것을 요구할 수는 없다.

[2] **행정청이 재개발사업시행에 따른 급수시설공사를 승인하면서 사업시행자에게 기존에 거주하던 세대와 새로 입주하는 세대를 구분하지 않고 일률적으로 일정금액의 시설분담금을 부과한 사안**에서, 시설분담금 부과처분 당시 수도급수조례 등 관계 법령에 **기존 거주 세대에 대한 시설분담금 감액에 관한 근거 규정이 없어** 추가적인 입법조치가 없는 한 시설분담금 중 기존 거주 세대 부분에 대한 감액을 주장할 수 없고, **기존의 급수설비가 모두 철거되고 새로운 급수설비가 설치된 이상 새로운 급수설비에 대한 시설분담금과 종전 급수설비에 대한 시설분담금의 부과대상이 동일하다고 할 수 없어**, 기존 세대에 대한 시설분담금 부과처분이 부담금관리기본법 제5조 제1항에 정한 **이중부담금지의 원칙에 위배되지 않는다.**

'면적평가방식'을 규정한 조례가 '가격평가방식'을 규정한 도시재개발법령에 위배되는지 여부(적극)

447. 대법원 2001. 3. 15. 선고 99두4594 전원합의체 판결【청산금부과처분취소】
[집 49(1)특, 600: 공 2001. 5. 1.(129), 895]

[1] 행정처분은 원칙적으로 처분시의 법령에 근거하여 행하여져야 하고, 법령의 개정으로 그 기준이 변경된 경우에는 달리 특별한 정함이 없는 한 처분시의 개정법령에서 규정하고 있는 기준이 적용되어야 하는바, 구 도시재개발법에 의하여 주택재개발사업에 대한 관리처분계획 인가와 공사완료가 되었으나, 1995. 12. 29. 법률 제5116호로 전문 개정된 도시재개발법 및 1996. 6. 29. 대통령령 제15096호로 전문 **개정된 같은법시행령은 청산금의 산정 · 부과와 관련하여 구 도시재개발법 및 같은법시행령의 관련 규정이 계속 적용된다고 볼 수 있는 경과규정을 두고 있지 아니하므로, 그 시행 후에 이루어진 청산금 산정 · 부과의 근거 법령은** 1995. 12. 29. 법률 제5116호로 전문 **개정된** 도시재개발법 제42조와 1996. 6. 29. 대통령령 제15096호로 전문 개정된 같은법시행령 제45조 및 제40조**임이 분명하다.**

[2] 종래 재개발사업지구 내의 토지는 재개발사업 시행의 결과 투입비용 이상의 가치 증가가 창출되는 것이 일반적인 현실이었음에 비추어 서울특별시용산구주택재개발사업시행조례상의 **면적평가방식**은 1995. 12. 29. 법률 제5116호로 전문 개정된 도시재개발법 및 1996. 6. 29. 대통령령 제15096호로 전문 개정된 같은법시행령 규정상의 **가격평가방식**과 비교할 때, 우선 사전 추산된 사업비 액수를 근거로 산출한 체비지 면적을 감보율의 적용에 의하여 분양대상에서 사전 제외시킴으로써 결과적으로 사업시행지역 내 토지 소유자들에 대한 분양대지의 면적을 축소시키게 되고, 또 가격평가방식에 의할 경우에는 분양대지의 가격에 가산되는 재개발사업비용 중 일부가 제외되기도 하는 점 등에 견주어

토지 소유자들에게 불리하다고 하지 않을 수 없는바, 지방자치단체가 사업시행자가 되어 시행하는 도시재개발사업의 경우에 조례로 토지, 건축물에 관한 권리의 가격평가방법, 관리처분계획 및 청산에 관한 사항 등을 포함하는 시행규정을 둘 수는 있되, **상위법령인 도시재개발법령의 규정 취지에 어긋나지 않아야 할 것이므로, 결국 위와 같이 모법의 위임 없이 모법에 규정된 내용을 토지 소유자들에게 불이익하게 변경하는 내용의 면적평가방식을 규정한 위 조례는 상위법령에 위배되어 그 효력이 없고**, 따라서 **그에 기한 청산금부과처분은 재개발사업의 시행방식과 관계없이 위법함**을 면할 수 없다.

서울특별시 공유재산 관리 조례에 근거한 변상금연체료부과처분

448. 대법원 2009. 10. 29. 선고 2007두26285 판결【공법상부당이득금반환청구】[공 2009하, 2019]

[1] 하자 있는 행정처분이 당연무효로 되려면 그 하자가 법규의 중요한 부분을 위반한 중대한 것이어야 할 뿐 아니라 객관적으로 명백한 것이어야 하므로, 행정청이 위법하여 무효인 조례를 적용하여 한 행정처분이 당연무효로 되려면 그 규정이 행정처분의 중요한 부분에 관한 것이어서 결과적으로 그에 따른 행정처분의 중요한 부분에 하자가 있는 것으로 귀착되고, 또한 그 규정의 위법성이 객관적으로 명백하여 그에 따른 행정처분의 하자가 객관적으로 명백한 것으로 귀착되어야 하는바, **일반적으로 조례가 법률 등 상위법령에 위배된다는 사정은 그 조례의 규정을 위법하여 무효라고 선언한 대법원의 판결이 선고되지 아니한 상태에서는 그 조례 규정의 위법 여부가 해석상 다툼의 여지가 없을 정도로 명백하였다고 인정되지 아니하는 이상 객관적으로 명백한 것이라 할 수 없으므로, 이러한 조례에 근거한 행정처분의 하자는 취소사유에 해당할 뿐 무효사유가 된다고 볼 수는 없다.**

[2] **변상금연체료 부과처분의 근거인 '서울특별시 공유재산 관리 조례'**의 관련 규정이 지방재정법 등 상위법령의 위임이 없어 효력이 없는지 여부가 **해석상 다툼의 여지가 없을 정도로 객관적으로 명백하다고 할 수 없으므로, 위 부과처분이 당연무효에 해당한다고 판단한 원심판결을 파기**한다.

제주도 주요업무 자체평가 조례안

449. 대법원 2007. 2. 9. 선고 2006추45 판결【제주도 주요업무 자체평가 조례안 사건】[공 2007. 3. 15.(270), 449]

정부업무평가기본법 제18조에서 지방자치단체의 장의 권한으로 정하고 있는 자체평가 업무에 관한 사항에 대하여 지방의회가 견제의 범위 내에서 소극적 · 사후적으로 개입

한 정도가 아니라 사전에 적극적으로 개입하는 내용을 지방자치단체의 조례로 정하는 것은 허용되지 않는다.

'원주 혁신도시 및 기업도시 편입지역 주민지원 조례안'

[1] 국가나 지방자치단체가 국민이나 주민을 수혜 대상자로 하여 재정적 지원을 하는 정책을 실행하는 경우 그 정책은 재정 상태에 따라 영향을 받을 수밖에 없다고 할 것인바, 국가나 지방자치단체가 합리적인 기준에 따라 능력이 허용하는 범위 내에서 법적 가치의 상향적 구현을 위한 제도의 단계적인 개선을 추진할 수 있는 길을 선택할 수 없다면, 모든 사항과 계층을 대상으로 하여 동시에 제도의 개선을 추진하는 예외적인 경우를 제외하고는 어떠한 제도의 개선도 그 시행이 불가능하다는 결과에 이르게 되어 불합리할 뿐만 아니라 평등의 원칙이 실현하고자 하는 가치에도 어긋난다. **따라서 '원주 혁신도시 및 기업도시 편입지역 주민지원 조례안'이 원주시 내에 건설되는 혁신도시, 기업도시의 주민 등에게만 일정한 지원을 하도록 하고 있더라도 그것만으로 위 조례안이 평등원칙을 위반하고 있다고 보기는 어렵다.**

[2] **지방자치법 제22조 본문은 '지방자치단체는 법령의 범위 안에서 그 사무에 관하여 조례를 제정할 수 있다'고 규정하고 있으므로 지방자치단체가 제정한 조례가 법령에 위배되는 경우에는 효력이 없는 것이고, 조례가 법령에 위배되는지 여부는 법령과 조례의 각각의 규정 취지, 규정의 목적과 내용 및 효과 등을 비교하여 둘 사이에 모순·저촉이 있는지의 여부에 따라서 개별적·구체적으로 결정**하여야 할 것이다.

[3] '원주 혁신도시 및 기업도시 편입지역 주민지원 조례안' 제6조 제3호 규정이 정하고 있는 혁신·기업도시 주민고용센터 설립사업 등은 **지방자치단체의 사무로서, 주민의 권리·의무와 직접 관련되는 사무로는 볼 수 없고, 그 위탁에 있어서도 주민생계회사가 법령에서 정하는 자격요건을 충족할 경우에 한하여 재량으로서 할 수 있도록** 하고 있으므로, 위 조례안 규정에서 이를 주민생계회사에 위탁할 수 있다고 규정한다 하여 **지방자치법 제104조에 의한 위임의 한계를 벗어난 것이라고 할 수 없다.**

[4] **'원주 혁신도시 및 기업도시 편입지역 주민지원 조례안' 제6조 등이 '공공기관 지방이전에 따른 혁신도시 건설 및 지원에 관한 특별법' 제47조의2 등의 법령에 위배되지 않는다.**

'구례군 경로당 운영 및 지원에 관한 조례안'

450. **대법원 2009. 8. 20. 선고 2009추77 판결【조례안재의결무효확인의소】[미간행]**

이 사건 조례안은 노인복지법 제4조, 제37조, 제47조, 같은법 시행령 제24조에 따라 전라남도 구례군의 노인여가복지시설인 경로당의 운영 및 지원을 목적으로 제정되었는바(제1조), 군수는 경로당 시설 및 운영 활성화를 위하여 예산의 범위 내에서 경로당 시설의 신·개축 및 보수 등 기능보강사업비, 경로당 시설의 운영비 및 난방연료비, 주식비, 경로당 시설 환경개선 사업비, 경로당 운영 활성화를 위한 교육 및 여가활동 프로그램 운영비, 여가활동에 필요한 건강기구와 체력단련기구 설치 유지 관리비 기타 **경로당 운영 활성화를 위해 필요하다고 인정하는 사업에 소요되는 비용 등을 보조할 수 있다**(제3조 제1항)는 내용을 담고 있다.

헌법 제117조 제1항과 지방자치법 제22조에 의하면 지방자치단체는 **법령의 범위 안에서 그 사무에 관하여 자치조례를 제정**할 수 있고, 지방자치법은 의결기관으로서의 지방의회와 집행기관으로서의 지방자치단체장에게 독자적 권한을 부여하는 한편, 지방의회는 행정사무감사와 조사권 등에 의하여 지방자치단체장의 사무집행을 감시 통제할 수 있게 하고 지방자치단체장은 지방의회의 의결에 대한 재의요구권 등으로 의회의 의결권행사에 제동을 가할 수 있게 함으로써 **상호 견제와 균형을 유지**하도록 하고 있으므로, 지방의회는 자치사무에 관하여 법률에 특별한 규정이 없는 한 조례로써 위와 같은 **지방자치단체장의 고유권한을 침해하지 않는 범위 내에서 조례를 제정할 수 있다**고 할 것이다(대법원 1992. 7. 28. 선고 92추31 판결; 대법원 2000. 6. 13. 선고 99추92 판결 등 참조).

그런데 이 사건 조례안은 지방자치단체장이 경로당에 대한 지원계획을 수립하고, 예산편성 전까지 그에 대해 군의회와 협의하여야 한다고 규정하고 있기는 하나, **지방자치단체장이 반드시 그 협의 결과에 따라야 하는 등의 법적 구속은 없을 뿐만 아니라, 오히려 지방자치단체 사무의 원활한 집행을 위해서는 집행기관과 입법기관의 협력이 필요하다는 점에 비추어 보면, 이 사건 조례안이 지방자치단체장의 고유한 집행권을 침해하는 것으로 보기는 어렵**다. 따라서 이를 전제로 한 원고의 주장은 받아들일 수 없다.

주민소송 조문해석과 범위사례

-선행행위인 비재무회계행위가 위법한 경우 후행행위인 재무회계상의 행위가 적법해도 위법성이 승계되는지 여부

451. 대법원 2011. 12. 22. 선고 2009두14309 판결【손해배상청구】[공 2012상, 185]

[1] 주민소송에 대한 지방자치법 제14조의 해석

구 지방자치법(2007. 5. 11. 법률 제8423호로 전부 개정되기 전의 것, 이하 '구 지방자치법'이라 한다) 제13조의4 제1항, 제13조의5 제1항, 제2항 제4호, 구 지방재정법(2006. 10. 4. 법률 제8050호로 개정되기 전의 것) 제67조 제1항, 제69조, 제70조의 내용, 형식 및 취지 등을 종합해 보면, 구 지방자치법 제13조의5 제1항에 규정된 **주민소송의 대상으로**

서 '공금의 지출에 관한 사항'이란 지출원인행위 즉, 지방자치단체의 지출원인이 되는 계약 그 밖의 행위로서 당해 행위에 의하여 지방자치단체가 지출의무를 부담하는 예산 집행의 최초 행위와 그에 따른 지급명령 및 지출 등에 한정되고, 특별한 사정이 없는 한 이러한 지출원인행위 등에 선행하여 그러한 지출원인행위를 수반하게 하는 당해 지방자치단체의 장 및 직원, 지방의회 의원의 결정 등과 같은 행위는 포함되지 않는다고 보아야 한다. (그러나 특별한 사정이 있으면 다음처럼 예외적으로 허용)

[2] 구 지방자치법 제13조의5 제1항에서 주민소송 대상으로 정한 '공금의 지출에 관한 사항'에 해당하는지 판단할 때 지출원인행위의 선행행위에 위법사유가 존재하는지 심사할 수 있는 경우 및 이때 위법사유가 존재하는지 판단하는 방법

구 지방자치법(2007. 5. 11. 법률 제8423호로 전부 개정되기 전의 것) 제13조의5 제1항에 규정된 주민소송의 대상인 '공금의 지출에 관한 사항'에는 지출원인행위에 선행하는 당해 지방자치단체의 장 및 직원, 지방의회 의원의 결정 등과 같은 행위가 포함되지 않으므로 선행행위에 위법사유가 존재하더라도 이는 주민소송의 대상이 되지 않는다. **그러나 지출원인행위 등을 하는 행정기관이 선행행위의 행정기관과 동일하거나 선행행위에 대한 취소 · 정지권을 갖는 경우 지출원인행위 등을 하는 행정기관은 지방자치단체에 직접적으로 지출의무를 부담하게 하는 지출원인행위 단계에서 선행행위의 타당성 또는 재정상 합리성을 다시 심사할 의무가 있는 점, 이러한 심사를 통하여 선행행위가 현저하게 합리성을 결하고 있다는 것을 확인하여 이를 시정할 수 있었음에도 그에 따른 지출원인행위 등을 그대로 진행하는 것은 부당한 공금 지출이 되어 지방재정의 건전하고 적정한 운용에 반하는 점, 지출원인행위 자체에 고유한 위법이 있는 경우뿐만 아니라 선행행위에 간과할 수 없는 하자가 존재하고 있음에도 이에 따른 지출원인행위 등 단계에서 심사 및 시정의무를 소홀히 한 경우에도 당해 지출원인행위를 위법하다고 보아야 하는 점 등에 비추어 보면, 선행행위가 현저하게 합리성을 결하여 그 때문에 지방재정의 적정성 확보라는 관점에서 지나칠 수 없는 하자가 존재하는 경우에는 지출원인행위 단계에서 선행행위를 심사하여 이를 시정해야 할 회계관계 법규상 의무가 있다고 보아야 한다. 따라서 이러한 하자를 간과하여 그대로 지출원인행위 및 그에 따른 지급명령 · 지출 등 행위에 나아간 경우에는 그러한 지출원인행위 등 자체가 회계관계 법규에 반하여 위법하다고** 보아야 하고, 이러한 위법사유가 존재하는지를 판단할 때에는 선행행위와 지출원인행위의 관계, 지출원인행위 당시 선행행위가 위법하여 직권으로 취소하여야 할 사정이 있었는지 여부, 지출원인행위 등을 한 당해 지방자치단체의 장 및 직원 등이 선행행위의 위법성을 명백히 인식하였거나 이를 인식할 만한 충분한 객관적인 사정이 존재하여 선행행위를 시정할 수 있었는지 등을 종합적으로 고려해야 한다.

[3] 사안의 적용

시장 갑이 도시개발에 따른 교통난을 해소하기 위해 도로확장공사계획을 수립하고, 건설회사와 공사도급계약을 체결하여 공정을 마무리하였으나 해당 도로가 군용항공기지

법 제8조에 반하여 비행안전구역에 개설되었다는 이유로 개통이 취소되자, 주민 을 등이 갑을 비롯한 시청 소속 공무원들이 도로 개설 사업을 강행함으로써 예산을 낭비하였다며 구 지방자치법(2007. 5. 11. 법률 제8423호로 전부 개정되기 전의 것, 이하 '구 지방자치법'이라 한다) 제13조의4에 따른 주민감사청구를 한 후 시장을 상대로 구 지방자치법 제13조의5 제2항 제4호에 따라 갑에게 손해배상청구를 할 것을 요구하는 소송을 제기한 사안에서, 선행행위인 도로확장계획 등에 일부 위법사유가 존재하더라도 현저하게 합리성을 결하여 지출원인행위인 공사도급계약 체결에 지나칠 수 없는 하자가 있다고 보기 어렵고, 공사도급계약 체결 단계에서 선행행위를 다시 심사하여 이를 시정해야 할 회계관계 법규상 의무를 위반하여 그대로 지출원인행위 등으로 나아간 경우에 해당한다고 보기 어렵다.

제주도 렌트업규제조례안

452. 대법원 2007. 12. 13. 선고 2006추52 판결【조례안의결무효확인청구】[공 2008상, 61]

[1] **제주특별자치도에서 자동차대여사업을 하고자 하는 사람의 영업활동을 제한하는 내용**의 '제주특별자치도 여객자동차 운수사업에 관한 조례안' 제37조 제3항과 제4항은 그 수권규정인 '제주특별자치도 설치 및 국제자유도시 조성을 위한 특별법' 제324조 제2항이 **조례로 정할 수 있도록 한 사항에 해당하지 아니하여 법률의 위임 없이 국민의 권리제한 또는 의무부과에 관한 사항을 규정한 것으로 무효**이다.

[2] **조례안재의결 무효확인소송에서의 심리대상은 지방의회에 재의를 요구할 당시 이의사항으로 지적되어 재의결에서 심의의 대상이 된 것에 국한된다.**

'서울특별시 중구 영유아 보육조례 일부개정조례안'

453. 대법원 2009. 5. 28. 선고 2007추134 판결【조례안재의결무효확인청구】[공 2009하, 1023]

영유아보육법이 보육시설 종사자의 정년에 관한 규정을 두거나 이를 지방자치단체의 조례에 위임한다는 규정을 두고 있지 않음에도 **보육시설 종사자의 정년을 규정**한 '서울특별시 중구 영유아 보육조례 일부개정조례안' 제17조 제3항은, **법률의 위임 없이 헌법이 보장하는 직업을 선택하여 수행할 권리의 제한에 관한 사항을 정한 것이어서 그 효력을 인정할 수 없으므로, 위 조례안에 대한 재의결은 무효이다.**

【판시사항】

454. 대법원 2013. 09. 27. 선고 2012추169 판결[조례안재의결무효확인의소]

[1] 상위법령에 따라 기관구성원의 임명 · 위촉권한이 지방자치단체장에게 전속적으로 부여된 경우, 조례로 지방자치단체장의 임명 · 위촉권한을 제약할 수 있는지 여부(소극)

상위 법령에서 지방자치단체장에게 기관구성원 임명 · 위촉권한을 부여하면서도 임명 · 위촉권의 행사에 지방의회의 동의를 받도록 하는 등의 견제나 제약을 규정하고 있거나 그러한 제약을 조례 등에서 할 수 있다고 규정하고 있지 않는 한 당해 법령에 의한 임명 · 위촉권은 지방자치단체의 장에게 전속적으로 부여된 것이라고 보아야 한다. 따라서 하위 법규인 조례로는 지방자치단체장의 임명 · 위촉권을 제약할 수 없고, 지방의회의 지방자치단체 사무에 대한 비판, 감시, 통제를 위한 행정사무감사 및 조사권 행사의 일환으로 위와 같은 제약을 규정하는 조례를 제정할 수도 없다.

[2] 사안의 적용

지방공기업법에 따라 설립한 공사 · 공단의 사장 또는 이사장 후보자에 대한 인사청문위원회 및 공청절차를 신설하는 내용의 광주광역시 조례안에 대하여 안전행정부장관이 재의를 요구하였으나 광주광역시의회가 원안대로 재의결한 사안에서, 조례로 광주광역시의 회의원이 위원의 과반수를 이루는 인사검증위원회가 사장 등 후보자에 관한 공청회를 거쳐 장단점을 경과보고서에 기재하고, 임원추천위원회 위원장이 지방자치단체장에게 후보를 추천하면서 위 경과보고서를 첨부하도록 하는 것은 지방자치단체장의 임명권 행사에 대하여 상위법령에서 허용하지 않는 견제나 제약을 가한 것이라는 이유로, 위 조례안은 구 지방공기업법 제58조 제2항, 지방자치법 제22조에 위배된다.

455. 대법원 2013. 06. 27. 선고 2009추206 판결[경기도 교육감에 대한 직무이행명령사건]

[1] 지방교육자치에 관한 법률 제3조, 지방자치법 제170조 제1항에 따르면, 교육부장관이 교육감에 대하여 할 수 있는 직무이행명령의 대상사무는 '국가위임사무의 관리와 집행'이다. 그 규정의 문언과 함께 직무이행명령 제도의 취지, 즉 교육감이나 지방자치단체의 장 등, 기관에 위임된 국가사무의 통일적 실현을 강제하고자 하는 점 등을 고려하면, 여기서 국가위임사무란 교육감 등에 위임된 국가사무, 즉 기관위임 국가사무를 뜻한다고 보는 것이 타당하다.

[2] 교육공무원 징계사무의 성격, 그 권한의 위임에 관한 교육공무원법령의 규정 형식과 내용 등에 비추어 보면, 국가공무원인 교사에 대한 징계는 국가사무이고, 그 일부인 징계

의결요구 역시 국가사무에 해당한다고 보는 것이 타당하다. 따라서 교육감이 담당 교육청 소속 국가공무원인 교사에 대하여 하는 징계의결요구 사무는 국가위임사무라고 보아야 한다.

[3] 사립학교 교원의 복무나 징계 등은 국·공립학교 교원과 같이 전국적으로 통일하여 규율되어야 한다. 이를 고려할 때, 구 사립학교법 제54조 제3항이 사립 초등·중·고등학교 교사의 징계에 관하여 규정한 교육감의 징계요구 권한은 위 사립학교 교사의 자질과 복무태도 등을 국·공립학교 교사와 같이 일정 수준 이상 유지하기 위한 것으로서 국·공립학교 교사에 대한 징계와 균형 있게 처리되어야 할 국가사무로서 시·도 교육감에 위임된 사무라고 보아야 한다.

[4] 직무이행명령 및 이에 대한 이의소송 제도의 취지는 국가위임사무의 관리·집행에서 주무부장관과 해당 지방자치단체의 장 사이의 지위와 권한, 상호 관계 등을 고려하여, 지방자치단체의 장이 해당 국가위임사무에 관한 사실관계의 인식이나 법령의 해석·적용에서 주무부장관과 견해를 달리하여 해당 사무의 관리·집행을 하지 아니할 때, 주무부장관에게는 그 사무집행의 실효성을 확보하기 위하여 지방자치단체의 장에 대한 직무이행명령과 그 불이행에 따른 후속 조치를 할 권한을 부여하는 한편, 해당 지방자치단체의 장에게는 직무이행명령에 대한 이의의 소를 제기할 수 있도록 함으로써, 국가위임사무의 관리·집행에 관한 두 기관 사이의 분쟁을 대법원의 재판을 통하여 합리적으로 해결함으로써 그 사무집행의 적법성과 실효성을 보장하려는 데 있다. 따라서 직무이행명령의 요건 중 '법령의 규정에 따라 지방자치단체의 장에게 특정 국가위임사무를 관리·집행할 의무가 있는지' 여부의 판단대상은 문언대로 그 법령상 의무의 존부이지, 지방자치단체의 장이 그 사무의 관리·집행을 하지 아니한 데 합리적 이유가 있는지 여부가 아니다. 그 법령상 의무의 존부는 원칙적으로 직무이행명령 당시의 사실관계에 관련 법령을 해석·적용하여 판단하되, 직무이행명령 이후의 정황도 고려할 수 있다.

[5] 공무원인 교원이 집단으로 행한 의사표현행위가 국가공무원법이나 공직선거법 등 개별 법률에서 공무원에 대하여 금지하는 특정의 정치적 활동에 해당하는 경우나, 특정 정당이나 정치세력에 대한 지지 또는 반대의사를 직접적으로 표현하는 등 정치적 편향성 또는 당파성을 명백히 드러내는 행위 등과 같이 공무원인 교원의 정치적 중립성을 침해할 만한 직접적인 위험을 가져올 정도에 이르렀다고 볼 수 있는 경우에, 그 행위는 공무원인 교원으로서의 본분을 벗어나 공익에 반하는 행위로서 공무원으로서의 직무에 관한 기강을 저해하거나 공무의 본질을 해치는 것이어서 직무전념의무를 해태한 것이라 할 것이므로, 국가공무원법 제66조 제1항이 금지하는 '공무 외의 일을 위한 집단행위'에 해당한다고 보는 것이 타당하다. 그리고 사립학교 교원의 복무에 관하여 국·공립학교의 교원에 관한 규정이 준용되고, 사립학교 교원이 직무상의 의무에 위반한 경우 등은 징계사유에 해당하므로, 사립학교 교원이 국가공무원법 제66조 제1항이 금지하는 '공무 외의 일을 위한 집단행위'에 참여한 때에는 징계사유에 해당한다.

[6] 지방자치법 제170조 제1항에 따르면, 주무부장관은 지방자치단체의 장이 그 의무에 속하는 국가위임사무의 관리와 집행을 명백히 게을리하고 있다고 인정되면 해당 지방자치단체의 장에게 이행할 사항을 명할 수 있다. 여기서 '국가위임사무의 관리와 집행을 명백히 게을리 하고 있다'는 요건은 국가위임사무를 관리·집행할 의무가 성립함을 전제로 하는데, 지방자치단체의 장은 그 의무에 속한 국가위임사무를 이행하는 것이 원칙이므로, 지방자치단체의 장이 특별한 사정이 없이 그 의무를 이행하지 아니한 때에는 이를 충족한다고 해석하여야 한다. 여기서 특별한 사정이란, 국가위임사무를 관리·집행할 수 없는 법령상 장애사유 또는 지방자치단체의 재정상 능력이나 여건의 미비, 인력의 부족 등 사실상의 장애사유를 뜻한다고 보아야 하고, 지방자치단체의 장이 특정 국가위임사무를 관리·집행할 의무가 있는지 여부에 관하여 주무부장관과 다른 견해를 취하여 이를 이행하고 있지 아니한 사정은 이에 해당한다고 볼 것이 아니다. 왜냐하면, 직무이행명령에 대한 이의소송은 그와 같은 견해의 대립을 전제로 지방자치단체의 장에게 제소권을 부여하여 성립하는 것이므로, 그 소송의 본안판단에서 그 사정은 더는 고려할 필요가 없기 때문이다.

456. 대법원 2013. 05. 23. 선고 2012추176 판결[조례안의결무효확인의소]

[1] 지방재정법이 제17조에서 지방자치단체의 개인 또는 단체에 대한 보조금 등 공금 지출을 원칙적으로 금지하면서 제1항 단서 등에서 예외 사유를 허용하고 있는 취지는, 지방자치단체의 재정운용에 대한 자율적 권한 행사의 영역을 존중하되, 그 권한 행사는 주민의 복리에 어긋나거나 재정의 건전성 및 효율성을 해치지 않아야 한다는 한계를 설정하려는 데 있다. 이러한 지방재정법 제17조의 규정 취지 및 '권장 사업'의 문언상 의미에 비추어 볼 때, 지방자치단체 보조금의 대상이 된 개인 또는 단체의 사업이 지방재정법 제17조 제1항 제4호 및 제2항에서 정한 '지방자치단체가 권장하는 사업'인지 여부는 보조금 지출 대상인 단체의 성격, 실제 보조금이 지출될 사업의 내용, 해당 사업이 지방 재정에 미치는 영향, 해당 사업에 대해 지방자치단체 주민이 갖는 일반적 인식 등 객관적 요소를 종합적으로 고려하여 판단하여야 한다.

[2] 서울특별시의회가 서울시 및 산하기관의 퇴직공무원으로 구성된 사단법인 서울시 시우회와 서울시의회 전·현직의원으로 구성된 사단법인 서울시 의정회가 추진하는 사업에 대하여 사업비를 보조할 수 있도록 하는 내용의 '서울특별시 시우회 등 육성 및 지원 조례안'을 의결하여 서울특별시장에게 이송하였고, 행정안전부장관이 위 조례안이 지방재정법 제17조에 위반된다는 이유로 재의를 요구하였으나 서울특별시장이 그대로 공포한 사안에서, 서울시 시우회는 전직 서울시 및 그 산하기관 공무원, 서울시 의정회는 전·현직 서울시의회 의원이라는 공직 근무 경력만으로 당연히 회원자격이 부여되는 단체로서 근본적으로 특정 사업의 수행을 위한 것이라기보다 구성원 간 친목 등을 주된 목적으로

하는 단체인 점 등 여러 사정을 종합해 보면, 위 조례안이 정한 사업이 서울시가 권장하는 사업에 해당한다고 볼 수 없다는 이유로, 위 조례안은 지방재정법 제17조를 위반하여 위법하다.

457. 대법원 2013. 05. 23. 선고 2011추56 판결[취소처분등취소]

[1] 법령상 지방자치단체의 장이 처리하도록 하고 있는 사무가 자치사무인지 아니면 기관위임사무인지를 판단하기 위해서는 그에 관한 법령의 규정 형식과 취지를 우선 고려하여야 하지만, 그 밖에 그 사무의 성질이 전국적으로 통일적인 처리가 요구되는 사무인지, 그에 관한 경비부담과 최종적인 책임귀속의 주체가 누구인지 등도 함께 고려하여야 한다.

[2] 구 교원 등의 연수에 관한 규정 제18조에 따른 교원능력개발평가 사무와 관련된 법령의 규정 내용과 취지, 그 사무의 내용 및 성격 등에 비추어 보면, 교원능력개발평가는 국가사무로서 각 시·도 교육감에게 위임된 기관위임사무라고 보는 것이 타당하다.

[3] 교육부장관이 '2011년 교원능력개발평가제 시행 기본계획'을 수립한 후 각 시·도에 대하여 교원능력개발평가제 추진계획을 제출하게 하자 전라북도교육감이 '2011년 교원능력개발 평가제 추진계획'을 제출하였으나 교육부장관이 전북추진계획이 교원 등의 연수에 관한 규정 등에 위반된다는 이유로 위 추진계획을 취소하고 시정하여 새로 제출하라는 시정명령과 2011년 전북교육청 교원능력개발평가 추진계획에 대한 직무이행명령을 한 사안에서, 위 시정명령은 기관위임사무에 관하여 행하여진 것이어서, 지방자치법 제169조 제2항 소정의 소를 제기할 수 있는 대상에 해당하지 않으므로, 시정명령에 대한 취소청구 부분은 부적법하고, 전북추진계획이 여러 항목에서 교원연수규정과 이에 따른 2011년 기본계획에 반하므로, 전라북도교육감으로서는 교원연수규정 및 2011년 기본계획을 준수한 2011년 교원능력개발평가 추진계획을 제출하지 않았다고 볼 수 있고 전라북도교육감이 교육부장관으로부터 교원연수규정 등을 준수한 추진계획을 제출하라는 취지의 시정명령을 받았으나 이를 제대로 이행하지 않았으므로, 전라북도교육감은 기관위임사무인 교원능력개발평가 사무의 관리와 집행을 명백히 게을리하였다고 인정할 수 있어 직무이행명령은 지방자치법 제170조 제1항에 정해진 요건을 충족한 것으로서 적법하다.

458. 대법원 2013. 01. 16. 선고 2012추84 판결[예산안재의결무효확인의소]

[1] 지방재정법 제36조 제1항에서 정한 '법령 및 조례로 정하는 범위에서'의 의미 및 지방의회가 의결한 예산의 집행목적이 법령이나 조례에 반하는 경우, 당해 예산안 의결의 효력(=무효)

지방재정법 제36조 제1항은 "지방자치단체는 법령 및 조례로 정하는 범위에서 합리적인 기준에 따라 그 경비를 산정하여 예산에 계상하여야 한다"고 규정하고 있다. 여기서 '법령 및 조례로 정하는 범위에서'란 예산안이 예산편성 기준 등에 관하여 직접 규율하는 법령이나 조례에 반해서는 안 될 뿐만 아니라 당해 세출예산의 집행목적이 법령이나 조례에 반해서도 안 된다는 것을 의미한다고 보는 것이 타당하므로, 지방의회가 의결한 예산의 집행목적이 법령이나 조례에 반하는 경우 당해 예산안 의결은 효력이 없다.

[2] 사안의 적용

갑 광역시의회가 '상임(특별)위원회 행정업무보조 기간제근로자 42명에 대한 보수 예산안'을 포함한 2012년도 광역시 예산안을 재의결하여 확정한 사안에서, 위 근로자의 담당 업무, 채용규모 등을 종합해 보면, 지방의회에서 위 근로자를 두어 의정활동을 지원하는 것은 실질적으로 유급보좌인력을 두는 것과 마찬가지여서 개별 지방의회에서 정할 사항이 아니라 국회의 법률로 규정하여야 할 입법사항에 해당하는데, 지방자치법이나 다른 법령에 위 근로자를 지방의회에 둘 수 있는 법적 근거가 없으므로, 위 예산안 중 '상임(특별)위원회 운영 기간제근로자 등 보수' 부분은 법령 및 조례로 정하는 범위에서 지방자치단체의 경비를 산정하여 예산에 계상하도록 한 지방재정법 제36조 제1항의 규정에 반하고, 이에 관하여 한 재의결은 효력이 없다.

459. 대법원 2013. 11. 14. 선고 2010추73 판결[새만금방조제일부구간귀속지방자치단체결정취소]

[1] 매립지가 속할 지방자치단체를 정하는 결정에 대하여 대법원에 소송을 제기할 수 있는 주체(=지방자치단체장)

지방자치단체의 구역에 관하여 지방자치법은, 공유수면 관리 및 매립에 관한 법률에 따른 매립지가 속할 지방자치단체는 안전행정부장관이 결정한다고 규정하면서(제4조 제3항), 관계 지방자치단체의 장은 그 결정에 이의가 있으면 결과를 통보받은 날로부터 15일 이내에 대법원에 소송을 제기할 수 있다고 규정하고 있다(제4조 제8항). 따라서 매립지가 속할 지방자치단체를 정하는 결정에 대하여 대법원에 소송을 제기할 수 있는 주체는 관계 지방자치단체의 장일 뿐 지방자치단체가 아니다.

[2] 안전행정부장관이 매립지가 속할 지방자치단체를 결정할 때 관계 지방의회의 의견청취 절차를 거쳐야 하는지 여부(소극)

지방자치법 제4조 제2항, 제3항, 제7항에 따르면, 안전행정부장관은 공유수면 관리 및 매립에 관한 법률에 따른 매립지가 속할 지방자치단체를 지방자치법 제4조 제4항부터 제7항까지의 규정 및 절차에 따라 결정하면 되고, 관계 지방의회의 의견청취 절차를 반드시 거칠 필요는 없다.

[3] 안전행정부장관이 매립공사가 완료되지 않은 토지에 대하여 귀속 지방자치단체를 결정할 수 있는지 여부(소극)

지방자치법 제4조 제4항, 공유수면 관리 및 매립에 관한 법률 제45조에 따르면 안전행정부장관은 매립공사가 완료된 토지에 대해서만 준공검사 전에 그 귀속 지방자치단체를 결정할 수 있고, 매립이 예정되어 있기는 하지만 매립공사가 완료되지 않은 토지에 대해서는 귀속 지방자치단체를 결정할 수 없다고 보아야 한다.

[4] 하나의 계획으로 전체적인 매립사업계획이 수립되고 그 구도하에서 사업내용이나 지구별로 단계적, 순차적으로 진행되는 매립 사업에서 매립이 완료된 일부 지역에 대한 관할귀속 결정을 먼저 하는 경우 고려해야 할 사항

하나의 계획으로 전체적인 매립사업계획이 수립되고 그 구도하에서 사업내용이나 지구별로 단계적, 순차적으로 진행되는 매립 사업에서 매립이 완료된 부분에 대한 행정적 지원의 필요 등 때문에 전체 매립 대상 지역이 아니라 매립이 완료된 일부 지역에 대한 관할귀속 결정을 먼저 할 수밖에 없는 경우에도 그 부분의 관할 결정은 나머지 매립 예정 지역의 관할 결정에도 상당한 영향을 미칠 수 있다. 따라서 일부 구역에 대해서만 관할 결정을 할 경우에도 당해 매립사업의 총체적 추진계획, 매립지의 구역별 토지이용계획 및 용도, 항만의 조성과 이용계획 등을 종합적으로 고려하여 매립 예정 지역의 전체적인 관할 구도의 틀을 감안한 관할 결정이 이루어지도록 하는 것이 합리적이다. 만일 전체적인 관할 구도에 비추어 부적절한 관할 결정이 부분적으로 이루어지게 되면, 당해 매립사업의 총체적 추진계획 및 매립지의 세부 토지이용계획 등이 반영되지 못하게 될 위험이 있을 뿐만 아니라, 관할 결정이 이루어질 때마다 지방자치단체 사이에 분쟁이 생길 수 있고, 이로 말미암아 국가 및 그 지역사회 차원에서 사회적, 경제적 비용이 늘어나게 되며, 사회통합에도 장애가 되어 바람직하지 못하다. 게다가 특정 매립 완료 지역에 대하여 일단 분리 결정이 되면 그 부분의 관할권을 가지게 된 지방자치단체의 기득권처럼 치부되어 각 단계마다 새로이 이해관계 조정이 이루어지게 됨으로써 전체적인 이익형량을 그르치거나 불필요한 소모적 다툼이 연장될 우려도 배제할 수 없다. 이와 같은 제반 사정에 비추어 매립 대상 지역 중 완공이 된 일부 지역에 대하여 관할 결정을 할 경우에도 전체 매립 대상 지역의 관할 구분 구도에 어긋나지 아니하는 관할 결정이 이루어져야 한다.

[5] 종래 매립지 등 관할 결정의 준칙으로 적용되어 온 지형도상 해상경계선 기준이 가지던 관습법적 효력이 2009. 4. 1. 개정된 지방자치법에 의하여 변경 내지 제한되는지 여부(적극) 및 안전행정부장관이 매립지가 속할 지방자치단체를 정할 때에 가지는 재량권의 한계

지방자치법 제4조 제3항, 제5항, 제6항, 제7항, 제8항, 제9항 등 관계 법령의 내용, 형식, 취지 및 개정 경과 등에 비추어 보면, 2009. 4. 1. 법률 제9577호로 지방자치법이 개정되기 전까지 종래 매립지 등 관할 결정의 준칙으로 적용되어 온 지형도상 해상경계선 기준이 가지던 관습법적 효력은 위 지방자치법의 개정에 의하여 변경 내지 제한되었다고 보는 것이 타당하고, 안전행정부장관은 매립지가 속할 지방자치단체를 정할 때에 상당한 형성의 자유를 가지게 되었다. 다만 그 관할 결정은 **계획재량**적 성격을 지니는 점에 비추어 위와 같은 형성의 자유는 무제한의 재량이 허용되는 것이 아니라 여러 가지 공익과 사익 및 관련 지방자치단체의 이익을 종합적으로 고려하여 비교·교량해야 하는 제한이 있다. 따라서 안전행정부장관이 위와 같은 이익형량을 전혀 행하지 않거나 이익형량의 고려 대상에 마땅히 포함시켜야 할 사항을 누락한 경우 또는 이익형량을 하였으나 정당성·객관성이 결여된 경우에는 그 매립지가 속할 지방자치단체 결정은 재량권을 일탈·남용한 것으로서 위법하다고 보아야 한다.

[6] 매립지가 속할 지방자치단체를 결정할 때 고려해야 할 관련 이익의 범위

매립지가 속할 지방자치단체를 정할 때 고려해야 할 관련 이익의 범위 등은 2009. 4. 1. 법률 제9577호 지방자치법 개정의 취지 등에 비추어 일반적으로 다음과 같은 사항이 포함되어야 한다. ① 매립지 내 각 지역의 세부 토지이용계획 및 인접 지역과의 유기적 이용관계 등을 고려하여 관할구역을 결정함으로써 효율적인 신규토지의 이용이 가능하도록 해야 한다. ② 공유수면이 매립에 의하여 육지화된 이상 더는 해상경계선만을 기준으로 관할 결정을 할 것은 아니고, 매립지와 인근 지방자치단체 관할구역의 연결 형상, 연접관계 및 거리, 관할의 경계로 쉽게 인식될 수 있는 도로, 하천, 운하 등 자연지형 및 인공구조물의 위치 등을 고려하여 매립지가 토지로 이용되는 상황을 전제로 합리적인 관할구역 경계를 설정하여야 한다. ③ 매립지와 인근 지방자치단체의 연접관계 및 거리, 도로, 항만, 전기, 수도, 통신 등 기반시설의 설치·관리, 행정서비스의 신속한 제공, 긴급상황 시 대처능력 등 여러 요소를 고려하여 행정의 효율성이 현저히 저해되지 않아야 한다. ④ 매립지와 인근 지방자치단체의 교통관계, 외부로부터의 접근성 등을 고려하여 매립지 거주 주민들의 입장에서 어느 지방자치단체의 관할구역에 편입되는 것이 주거생활 및 생업에 편리할 것인지를 고려해야 한다. ⑤ 매립으로 인근 지방자치단체들 및 그 주민들은 그 인접 공유수면을 상실하게 되므로 이로 말미암아 잃게 되는 지방자치단체들의 해양 접근성에 대한 연혁적·현실적 이익 및 그 주민들의 생활기반 내지 경제적 이익을 감안해야 한다.

460. 대법원 2013. 09. 27. 선고 2012두15234 판결[도로점용료부과처분취소]

구 도로법 제41조 제2항 및 구 도로법 시행령 제42조 제2항의 위임에 따라 국도 이외 도로의 점용료 산정기준을 정한 조례 규정이 구 도로법 시행령 개정에 맞추어 개정되지 않아 도로법 시행령과 불일치하게 된 사안에서, 위 조례 규정은 구 도로법 시행령이 정한 산정기준에 따른 점용료 상한의 범위 내에서 유효하고, 이를 벗어날 경우 그 상한이 적용된다는 취지에서 유효하다고 한 사례

국도가 아닌 도로의 점용료 산정기준에 관하여 대통령령이 정하는 범위에서 지방자치단체의 조례로 정하도록 규정한 구 도로법 제41조 제2항 및 구 도로법 시행령 제42조 제2항의 위임에 따라 국도 이외 도로의 점용료 산정기준을 정한 구 '서울특별시 양천구 도로점용허가 및 점용료 징수 조례'규정이 구 도로법 시행령이 개정되었음에도 그에 맞추어 개정되지 않은 채 유지되어 구 도로법 시행령과 불일치하게 된 사안에서, 구 도로법 제41조 제2항의 '대통령령으로 정하는 범위에서'라는 문언상 대통령령에서 정한 '점용료 산정기준'은 각 지방자치단체 조례가 규정할 수 있는 점용료의 상한을 뜻하는 것이므로, 구 양천구 조례 규정은 구 도로법 시행령이 정한 산정기준에 따른 점용료 상한의 범위 내에서 유효하고, 이를 벗어날 경우 그 상한이 적용된다는 취지에서 유효하다.

461. 대법원 2013. 04. 11. 선고 2012추22 판결[조례안재의결무효확인]

[1] 수업료, 입학금의 지원에 관한 사무가 지방자치법 제9조 제2항 제2호에서 정한 지방자치단체 고유의 자치사무인지 여부(적극)

수업료, 입학금 그 자체에 관한 사무는 교육·학예에 관한 사무로서 지방자치단체 중 특별시·광역시·도의 사무에 해당하나, 수업료, 입학금의 지원에 관한 사무는 학생 자녀를 둔 주민의 수업료, 입학금 등에 관한 부담을 경감시킴으로써 청소년에 대한 기본적인 교육여건을 형성함과 동시에 청소년이 평등하게 교육을 받을 수 있도록 하는 것이므로, 이와 같은 사무는 지방자치단체 고유의 자치사무인 지방자치법 제9조 제2항 제2호에서 정한 주민의 복지증진에 관한 사무 중 주민복지에 관한 사업[(가)목] 및 노인·아동·심신장애인·청소년 및 부녀의 보호와 복지증진[(라)목]에 해당되는 사무이다.

[2] 지방의회 조례제정권의 범위와 한계

헌법 제117조 제1항과 지방자치법 제22조에 의하면 지방자치단체는 법령의 범위 안에서 그 사무에 관하여 조례를 제정할 수 있고, 지방자치법은 의결기관으로서의 지방의회와 집행기관으로서의 지방자치단체장에게 독자적 권한을 부여하는 한편, 지방의회는 행정사무감사와 조사권 등에 의하여 지방자치단체장의 사무집행을 감시 통제할 수 있게 하고 지방자치단체장은 지방의회의 의결에 대한 재의요구권 등으로 의회의 의결권행사에 제동을 가할 수 있게 함으로써 상호 견제와 균형을 유지하도록 하고 있으므로, 지방의회는 자치사무에 관하여 법률에 특별한 규정이 없는 한 조례로써 위와 같은 지방자치단체장의 고유권한을 침해하지 않는 범위 내에서 조례를 제정할 수 있다고 할 것이다.

[3] 화천군의회가 의결한 '화천군 관내 고등학교 학생 교육비 지원 조례안'에 대하여 화천군수가 도의 자치사무에 관한 것이라는 등의 이유로 재의를 요구하였으나 군의회가 조례안을 재의결하여 확정한 사안에서, 위 조례안이 집행기관인 지방자치단체장 고유의 재량권을 침해하였다거나 예산배분의 우선순위 결정에 관한 지방

자치단체장의 권한을 본질적으로 침해하여 위법하다고 볼 수 없다고 한 사례

화천군의회가 의결한 '화천군 관내 고등학교 학생 교육비 지원 조례안'에 대하여 화천군수가 도의 자치사무에 관한 것이라는 등의 이유로 재의를 요구하였으나 군의회가 조례안을 재의결하여 확정한 사안에서, 수업료, 입학금의 지원에 관한 사무는 지방자치단체 고유의 자치사무인 지방자치법 제9조 제2항 제2호에서 정한 주민의 복지증진에 관한 사무에 속하고, 이러한 사무의 성격을 고려하여 농어업인 삶의 질 향상 및 농어촌지역 개발촉진에 관한 특별법 제23조는 지방자치단체에 수업료 등에 대한 경비 지원에 관한 권한을 부여하고 있고, 위 조례안 제4조는 군수에게 교육비 지원 대상 선정에 일정한 재량권을 부여하고 있는 등 관계 법률과 조례안의 규정 내용 및 위 조례안에 따른 교육비 지원사무에 들 비용이 화천군 예산에서 차지하는 비율 등을 고려할 때, 위 조례안 제6조 제3항이 교육비 지원대상에 해당하는 경우에는 군수로 하여금 교육비를 지급하도록 규정하였다는 이유만으로 집행기관인 지방자치단체장 고유의 재량권을 침해하였다거나 예산배분의 우선순위 결정에 관한 지방자치단체장의 권한을 본질적으로 침해하여 위법하다고 볼 수 없다.

제 6 절

(실력 UP) 출제가 예상되는 화제의 판결들을 공부해 두자

462. 대법원 2019. 1. 31. 선고 2018두43996 판결[건축복합민원허가신청서불허가처분취소]

[1] 특정 사안과 관련하여 법령에서 조례에 위임을 한 경우 조례가 위임의 한계를 준수하고 있는지를 판단할 때에는, 당해 법령 규정의 입법 목적과 규정 내용, 규정의 체계, 다른 규정과의 관계 등을 종합적으로 살펴야 하고, 위임 규정의 문언에서 의미를 명확하게 알 수 있는 용어를 사용하여 위임의 범위를 분명히 하고 있는데도 그 의미의 한계를 벗어났는지, 수권 규정에서 사용하고 있는 용어의 의미를 넘어 그 범위를 확장하거나 축소함으로써 위임 내용을 구체화하는 데에서 벗어나 새로운 입법을 한 것으로 볼 수 있는지 등도 아울러 고려해야 한다.

[2] 가축분뇨의 관리 및 이용에 관한 법률(이하 '가축분뇨법'이라 한다) 제8조 제1항 제1호(이하 '위임조항'이라 한다)는 지역주민의 생활환경보전 또는 상수원 수질보전이라는 목적을 위하여 가축사육 제한구역을 지정할 수 있도록 하면서 지정 대상을 주거밀집지역, 수질환경보전지역 등으로 한정하되, 지정기준으로는 주거밀집지역에 대하여는 '생활

환경의 보호가 필요한 지역', 수질환경보전지역에 대하여는 '상수원보호구역 등에 준하는 수질환경보전이 필요한 지역'이라고 하여 추상적 · 개방적 개념으로만 규정하고 있다. 가축분뇨법의 입법 목적 등에 비추어 볼 때, 위임조항이 그와 같은 규정 형식을 취한 것은 가축사육 제한구역 지정으로 인한 지역주민의 재산권 제약 등을 고려하여 법률에서 지정 기준의 대강과 한계를 설정하되, 구체적인 세부기준은 각 지방자치단체의 실정 등에 맞게 전문적 · 기술적 판단과 정책적 고려에 따라 합리적으로 정하도록 한 것이다.

[3] 가축분뇨의 관리 및 이용에 관한 법률(이하 '가축분뇨법'이라 한다) 제8조 제1항 제1호(이하 '위임조항'이라 한다)의 위임에 따라 닭의 가축사육제한구역을 '주거밀집지역으로부터 900m'로 규정한 '금산군 가축사육 제한구역 조례' 제3조 제1항 제1호 [별표 2] '주거밀집지역 설정에 따른 가축종류별 거리제한'이 위임조항의 위임범위를 벗어난 것인지가 문제 된 사안에서, 위 조례 조항으로 금산군 관내 일정한 범위의 지역에서 가축사육이 제한되더라도, 그로써 기존 축사에서의 가축사육이 곧바로 금지되는 것은 아니고 기존 축사의 이전을 명령하는 경우에는 1년 이상의 유예기간을 주어야 하며 정당한 보상을 하므로(가축분뇨법 제8조 제4항) 위 조례 조항이 기존 축사에서의 가축사육 영업권을 침해한다고 보기 어려운 점, 위 조례 조항으로 신규 가축사육이 제한되더라도, 해당 토지를 종래의 목적으로 사용할 수 있다면 토지 소유자의 재산권을 침해하는 것으로 볼 수는 없는 점 등을 종합하면, 위 조례 조항은 위임조항의 '지역주민의 생활환경보전'을 위하여 '주거밀집지역으로 생활환경의 보호가 필요한 지역'을 그 의미 내에서 구체화한 것이고, 위임조항에서 정한 가축사육 제한구역 지정의 목적 및 대상에 부합하고 위임조항에서 위임한 한계를 벗어났다고 볼 수 없음에도, 이와 달리 본 원심판단에 법리를 오해한 잘못이 있다.

463. 대법원 2019. 7. 10. 선고 2016두61051 판결[폐기물처리시설설치비용부담금부과처분취소]

[1] 국가의 법체계는 그 자체로 통일체를 이루고 있으므로 상 · 하규범 사이의 충돌은 최대한 배제하여야 하고, 또한 규범이 무효라고 선언될 경우에 생길 수 있는 법적 혼란과 불안정 및 새로운 규범이 제정될 때까지의 법적 공백 등으로 인한 폐해를 피하여야 할 필요성에 비추어 보면, 하위법령의 규정이 상위법령의 규정에 저촉되는지 여부가 명백하지 않은 경우에, 관련 법령의 내용과 입법 취지 및 연혁 등을 종합적으로 살펴 하위법령의 의미를 상위법령에 합치되는 것으로 해석하는 것이 가능한 경우라면, 하위법령이 상위법령에 위반된다는 이유로 쉽게 무효를 선언할 것은 아니다. 특정 사안과 관련하여 법령에서 조례에 위임을 한 경우 조례가 위임의 한계를 준수하였는지를 판단할 때는 당해 법령 규정의 입법 목적과 규정 내용, 규정의 체계, 다른 규정과의 관계 등을 종합적으로 살펴야 하고, 수권 규정에서 사용하고 있는 용어의 의미를 넘어 그 범위를 확장하거나 축소하여 위임 내용을 구체화하는 단계를 벗어나 새로운 입법을 하였는지 등도 아울러

고려하여야 한다.

[2] 시장이 구 폐기물처리시설 설치촉진 및 주변지역지원 등에 관한 법률(2013. 8. 13. 법률 제12077호로 개정되기 전의 것, 이하 '폐기물시설촉진법'이라 한다) 제6조 등에 따라 폐기물처리시설 설치비용에 해당하는 금액을 납부하기로 한 혁신도시 개발사업 시행자에게 '전주시 폐기물처리시설 설치비용 징수와 기금설치 및 운용에 관한 조례' 규정에 따라 폐기물처리시설 설치비용 산정의 기준이 되는 부지면적에 '관리동'과 '세차동 등 기타시설'의 면적을 포함시켜 부지매입비용을 산정한 폐기물처리시설 설치비용 부담금을 부과한 사안에서, 구 폐기물처리시설 설치촉진 및 주변지역지원 등에 관한 법률 시행령(2014. 2. 11. 대통령령 제25165호로 개정되기 전의 것) 제4조 제3항 등 관계 법령이 시설의 설치에 드는 비용의 산정기준에 관하여 상세한 규정을 두면서도 폐기물처리시설의 부지면적에 관하여는 아무런 규정을 두고 있지 않아 지방자치단체에는 장래 폐기물처리시설의 규모, 운영방식, 관리수요 등의 다양한 요소를 예측하여 그에 필요한 '관리동'과 '세차동 등 기타시설'의 규모를 정할 수 있는 재량이 부여된 것으로 보아야 하므로 조례에서 정한 폐기물처리시설 부지면적의 산정기준이 현저히 불합리하다는 등의 특별한 사정이 없는 한 조례 내용이 무효라고 볼 수는 없는 점, '관리동'과 '세차동 등 기타시설'은 폐기물처리시설 자체는 아니지만 폐기물처리시설의 원활한 관리 · 운영을 위하여 필요한 시설로서 환경보전과 국민 생활의 질적 향상에 이바지함을 목적으로 하는 폐기물시설촉진법의 입법 목적 달성에 기여하는 시설인 점 등을 종합하면, 위 조례 규정 중 '관리동', '세차동 등 기타시설'의 부지면적 산정에 관한 부분은 상위법령을 구체화한 것에 불과하고 상위법령의 위임의 한계를 벗어나 무효라고 볼 수 없음에도, 이와 달리 위 조례 규정이 법과 시행령의 위임범위를 벗어나 무효이고, 시장이 위 조례에 따라 '관리동', '세차동 등 기타시설'의 부지면적을 폐기물처리시설의 부지면적에 포함시켜 부지매입비용을 산정한 것은 위법하다고 본 원심판단에 법리를 오해한 잘못이 있다.

464. 대법원 2019. 10. 17. 선고 2018두104 판결[도로점용허가처분무효확인등] 〈서울특별시 서초구청장의 도로점용허가처분에 대하여 서초구 주민들이 주민소송을 제기한 사건〉

[1] 어떤 행정처분을 위법하다고 판단하여 취소하는 판결이 확정되면 행정청은 취소판결의 기속력에 따라 그 판결에서 확인된 위법사유를 배제한 상태에서 다시 처분을 하거나 그 밖에 위법한 결과를 제거하는 조치를 할 의무가 있다(행정소송법 제30조). 그리고 행정처분이 불복기간의 경과로 인하여 확정될 경우 그 확정력은, 처분으로 인하여 법률상 이익을 침해받은 자가 해당 처분이나 재결의 효력을 더 이상 다툴 수 없다는 의미일 뿐, 더 나아가 판결에 있어서와 같은 기판력이 인정되는 것은 아니어서 처분의 기초가 된 사실관계나 법률적 판단이 확정되고 당사자들이나 법원이 이에 기속되어 모순되는 주장이

나 판단을 할 수 없게 되는 것은 아니다.

[2] 지방자치법 제16조, 제17조 제1항, 제2항 제2호, 제17항의 내용과 체계에다가 주민소송 제도의 입법 취지와 법적 성질 등을 종합하면, 주민소송에서 다툼의 대상이 된 처분의 위법성은 행정소송법상 항고소송에서와 마찬가지로 헌법, 법률, 그 하위의 법규명령, 법의 일반원칙 등 객관적 법질서를 구성하는 모든 법규범에 위반되는지 여부를 기준으로 판단하여야 하는 것이지, 해당 처분으로 지방자치단체의 재정에 손실이 발생하였는지만을 기준으로 판단할 것은 아니다.

[3] 구 공유재산 및 물품 관리법 제1조, 제2조, 도로법 제1조 등 관련 규정들의 내용과 체계에다가 두 법률의 입법 목적 등을 종합하면, 공유재산 및 물품 관리법은 공유재산 및 물품의 취득, 관리·처분에 대한 사항 일반을 규율하는 일반법의 성격을 지니는 반면, 도로법은 일반 공중의 교통에 제공되는 시설이라는 도로의 기능적 특성을 고려하여 그 소유관계를 불문하고 특수한 공법적 규율을 하는 법률로서 도로가 공유재산에 해당하는 경우 공유재산 및 물품 관리법보다 우선적으로 적용되는 특별법에 해당한다.

[4] 구 도로법 제38조, 구 도로법 시행령 제28조 제5항 각호, 그리고 도로점용허가의 대상이 되는 공작물 또는 시설의 구조기준을 정한 구 도로법 시행령 제28조 제1항 [별표 1의2]의 내용과 체계에다가 구 공유재산 및 물품 관리법과 도로법의 관계 등을 종합하면, 도로법령은 구 공유재산법 제13조에 대한 특별 규정이므로, 도로의 점용에 관해서는 위 도로법령의 규정들이 우선적으로 적용되고 구 공유재산법 제13조는 적용되지 않는다.

[5] 갑 교회가 지구단위계획구역으로 지정되어 있던 토지 중 일부를 매수한 후 교회 건물을 신축하는 과정에서 을 구(구) 소유 국지도로 지하에 지하주차장 진입 통로를 건설하고 지하공간에 건축되는 예배당 시설 부지의 일부로 사용할 목적으로 을 구청장에게 위 도로 지하 부분에 대한 도로점용허가를 신청하였고, 을 구청장이 위 도로 중 일부 도로 지하 부분을 2010. 4. 9.부터 2019. 12. 31.까지 갑 교회가 점용할 수 있도록 하는 내용의 도로점용허가처분을 하자, 갑 교회가 위 도로 지하 부분을 포함한 신축 교회 건물 지하에 예배당 등의 시설을 설치한 사안에서, 예배당, 성가대실, 방송실과 같은 지하구조물 설치를 통한 지하의 점유는 원상회복이 쉽지 않을 뿐 아니라 유지·관리·안전에 상당한 위험과 책임이 수반되고, 이러한 형태의 점용을 허가하여 줄 경우 향후 유사한 내용의 도로점용허가신청을 거부하기 어려워져 도로의 지하 부분이 무분별하게 사용되어 공중안전에 대한 위해가 발생할 우려가 있으며, 위 도로 지하 부분이 교회 건물의 일부로 사실상 영구적·전속적으로 사용되게 됨으로써 도로 주변의 상황 변화에 탄력적·능동적으로 대처할 수 없게 된다는 등의 사정을 들어, 위 도로점용허가가 비례·형평의 원칙을 위반하였다.

[6] 수익적 행정처분에 대한 취소권 등의 행사는 기득권의 침해를 정당화할 만한 중대한 공익상의 필요 또는 제3자의 이익보호의 필요가 있는 때에 한하여 허용될 수 있다는 법

리는, 처분청이 수익적 행정처분을 직권으로 취소·철회하는 경우에 적용되는 법리일 뿐 쟁송취소의 경우에는 적용되지 않는다.

[7] 법치국가 원리의 한 표현인 명확성원칙은 모든 기본권제한 입법에 대하여 요구되나, 명확성원칙을 산술적으로 엄격히 관철하도록 요구하는 것은 입법기술상 불가능하거나 현저히 곤란하므로 입법기술상 추상적인 일반조항과 불확정개념의 사용은 불가피하다. 따라서 법문언에 어느 정도의 모호함이 내포되어 있다고 하더라도 법관의 보충적인 가치판단을 통해서 법문언의 의미 내용을 확인할 수 있고 그러한 보충적 해석이 해석자의 개인적인 취향에 따라 좌우될 가능성이 없다면 명확성원칙에 반한다고 할 수 없다.

[8] 지방자치법 제17조 제1항 중 '재산의 취득·관리·처분에 관한 사항' 부분이 '재산의 취득·관리·처분'이라는 일반·추상적 용어를 사용하고 있더라도, '재산', '취득', '관리', '처분' 개념은 다수의 법률에서 널리 사용하는 용어이고, 특히 지방자치단체의 재산에 관한 사항을 규율하고 있는 지방자치법과 구 공유재산 및 물품 관리법 등 관련 법률의 조항들을 통해 의미를 파악하는 것이 가능하며, 어떤 '재산의 취득·관리·처분'에 관한 행위가 주민소송의 대상이 되는지는 결국 법원이 주민소송 제도의 입법 취지를 고려하여 구체적으로 심리하여 판단해야 할 영역이다.

나아가 대법원은 "도로 등 공물이나 공공용물을 특정 사인이 배타적으로 사용하도록 하는 점용허가가 도로 등의 본래 기능 및 목적과 무관하게 그 사용가치를 실현·활용하기 위한 것으로 평가되는 경우에는 주민소송의 대상이 되는 재산의 관리·처분에 해당한다고 보아야 한다."라고 판시하여 주민소송의 대상에 관하여 구체적인 판단 기준을 제시한 바 있다.

따라서 지방자치법 제17조 제1항 중 '재산의 취득·관리·처분에 관한 사항' 부분은 명확성원칙에 반하지 아니한다.

465. 대법원 2019. 10. 17. 선고 2018두40744 판결[개발행위불허가처분취소]
〈태양광발전시설 설치 시 이격거리 기준을 정한 조례에 관한 사건〉

[1] 헌법 제117조 제1항은 지방자치단체에 포괄적인 자치권을 보장하고 있으므로, 자치사무와 관련한 조례에 대한 법률의 위임은 법규명령에 대한 법률의 위임과 같이 구체적으로 범위를 정하여서 할 엄격성이 반드시 요구되지는 않는다. 법률이 주민의 권리의무에 관한 사항에 관하여 구체적으로 범위를 정하지 않은 채 조례로 정하도록 포괄적으로 위임한 경우에도 지방자치단체는 법령에 위반되지 않는 범위 내에서 각 지역의 실정에 맞게 주민의 권리의무에 관한 사항을 조례로 제정할 수 있다.

[2] 주요도로와 주거 밀집지역 등으로부터 일정한 거리 내에 태양광발전시설의 입지를

제한함으로써 토지의 이용·개발을 제한하고 있는 청송군 도시계획 조례 제23조의2 제1항 제1호, 제2호의 법률상 위임근거가 있는지 문제 된 사안에서, 비록 국토의 계획 및 이용에 관한 법률(이하 '국토계획법'이라 한다)이 태양광발전시설 설치의 이격거리 기준에 관하여 조례로써 정하도록 명시적으로 위임하고 있지는 않으나, 조례에의 위임은 포괄 위임으로 충분한 점, 도시·군계획에 관한 사무의 자치사무로서의 성격, 국토계획법령의 다양한 규정들의 문언과 내용 등을 종합하면, 위 조례 조항은 국토계획법령이 위임한 사항을 구체화한 것이다.

[3] 특정 사안과 관련하여 법령에서 조례에 위임을 한 경우 조례가 위임의 한계를 준수하고 있는지를 판단할 때에는, 해당 법령 규정의 입법 목적과 규정 내용, 규정의 체계, 다른 규정과의 관계 등을 종합적으로 살펴야 하고, 위임 규정의 문언에서 의미를 명확하게 알 수 있는 용어를 사용하여 위임의 범위를 분명히 하고 있는데도 그 의미의 한계를 벗어났는지, 수권 규정에서 사용하고 있는 용어의 의미를 넘어 그 범위를 확장하거나 축소함으로써 위임 내용을 구체화하는 데에서 벗어나 새로운 입법을 한 것으로 볼 수 있는지 등도 아울러 고려해야 한다.

[4] 청송군 도시계획 조례 제23조의2 제1항 제1호, 제2호가 상위법령의 위임한계를 일탈하였는지 문제 된 사안에서, 위 조례 조항의 위임근거가 되는 국토의 계획 및 이용에 관한 법령 규정들의 문언과 내용, 체계, 입법 취지 및 지방자치단체가 개발행위에 관한 세부기준을 조례로 정할 때 형성의 여지가 보다 넓게 인정되어야 하는 점, 태양광발전시설이 가져올 수 있는 환경훼손의 문제점과 청송군의 지리적·환경적 특성, 조례 조항에 따른 이격거리 기준을 적용하지 않는 예외사유를 인정하고 있는 점, 국토의 계획 및 이용에 관한 법령에서 개발행위허가기준의 대강과 한계만을 정하고 구체적인 세부기준은 각 지방자치단체가 지역의 특성, 주민 의견 등을 고려하여 지방자치단체의 실정에 맞게 정할 수 있도록 위임하고 있는 취지 등을 관련 법리에 비추어 살펴보면, 위 조례 조항이 '고속도로, 국도, 지방도, 군도, 면도 등 주요도로에서 1,000미터 내'와 '10호 이상 주거 밀집지역, 관광지, 공공시설 부지 경계로부터 500미터 내'의 태양광발전시설 입지를 제한하고 있다고 하여 국토의 계획 및 이용에 관한 법령에서 위임한 한계를 벗어난 것이라고 볼 수 없다.

466. 대법원 2018. 7. 12. 선고 2014추33 판결[자율형사립고등학교행정처분직권취소처분취소청구]

[1] 아래에서 보는 바와 같은 자율형 사립고등학교(이하 '자사고'라 한다) 제도의 성격, 자사고 지정을 취소하는 과정에서 교육감의 재량을 절차적으로 통제할 필요가 있는 점, 구 초·중등교육법 시행령) 제91조의3의 개정이유 등에 비추어 볼 때, 구 초·중등교육법 시행령 제91조의3 제5항에서 말하는 교육부장관과의 사전 협의는 특별한 사정이 없는 한

교육부장관의 적법한 사전 동의를 의미한다.

① 구 초·중등교육법 시행령 제91조의3 제5항에 따르면 교육감이 자사고 지정을 취소하는 경우에는 미리 교육부장관과 협의하여야 한다.

② 자사고는 헌법 제31조 제6항에 따라 법률로 정하고 있는 학교교육제도에 관한 사항 중 일부가 적용되지 않는 학교이고, 자사고 제도의 운영은 국가의 교육정책과도 긴밀하게 관련되며, 자사고의 지정 및 취소는 해당 학교에 재학 중인 학생들과 그 학교에 입학하고자 하는 학생들에게 미치는 영향도 크다. 따라서 자사고의 지정 및 취소는 국가의 교육정책과 해당 지역의 실정 등을 고려하여 신중하게 이루어져야 할 필요가 있다.

③ 초·중등교육법 시행령 제91조의3은 2010. 6. 29. 신설 당시 제4항으로 '자사고는 5년 이내로 지정·운영하되, 시·도 교육규칙으로 정하는 바에 따라 연장할 수 있다'고만 규정하였다가, 2011. 6. 7. 대통령령 제22955호로 개정되면서 제5항으로 '교육감이 자사고 지정을 취소하는 경우에는 미리 교육과학기술부장관과 협의하여야 한다'고 규정하게 되었다. 이는 종전의 지정기간 연장에 행사되는 재량을 절차적으로 통제할 수 있는 장치를 마련함으로써 자사고를 보다 안정적으로 운영하게 하려는 취지에서 비롯된 것이다.

[2] 지방교육자치에 관한 법률 제3조, 지방자치법 제169조 제1항에 따르면, 시·도의 교육·학예에 관한 사무에 대한 교육감의 명령이나 처분이 법령에 위반되거나 현저히 부당하여 공익을 해친다고 인정되면 교육부장관이 기간을 정하여 서면으로 시정할 것을 명하고, 그 기간에 이행하지 아니하면 이를 취소하거나 정지할 수 있다. 특히 교육·학예에 관한 사무 중 '자치사무'에 대한 명령이나 처분에 대하여는 법령 위반 사항이 있어야 한다. 여기서 교육감의 명령이나 처분이 법령에 위반되는 경우란, '명령·처분이 현저히 부당하여 공익을 해하는 경우', 즉 합목적성을 현저히 결하는 경우와 대비되는 개념으로서, 교육감의 사무 집행이 명시적인 법령의 규정을 구체적으로 위반한 경우뿐만 아니라 그러한 사무의 집행이 재량권을 일탈·남용하여 위법하게 되는 경우를 포함한다.

467. 대법원 2017. 3. 30. 선고 2016추5087 판결[직권취소처분취소청구의소]

[1] 행정소송법상 항고소송은 행정청이 행하는 구체적 사실에 관한 법집행으로서의 공권력의 행사 또는 거부와 그 밖에 이에 준하는 행정작용을 대상으로 하여 위법상태를 배제함으로써 국민의 권익을 구제함을 목적으로 하는 것과 달리, 지방자치법 제169조 제1항은 지방자치단체의 자치행정 사무처리가 법령 및 공익의 범위 내에서 행해지도록 감독하기 위한 규정이므로 적용대상을 항고소송의 대상이 되는 행정처분으로 제한할 이유가 없다.

[2] 지방의회의원에 대하여 유급 보좌 인력을 두는 것은 지방의회의원의 신분·지위 및 처우에 관한 현행 법령상의 제도에 중대한 변경을 초래하는 것으로서 국회의 법률로 규

정하여야 할 입법사항이다.

[3] 지방자치단체 인사위원회위원장이 시간선택제임기제공무원 40명을 '정책지원요원'으로 임용하여 지방의회 사무처에 소속시킨 후 상임위원회별 입법지원요원(입법조사관)에 대한 업무지원 업무를 담당하도록 한다는 내용의 채용공고를 하자, 행정자치부장관이 위 채용공고가 법령에 위반된다며 지방자치단체장에게 채용공고를 취소하라는 내용의 시정명령을 하였으나 이에 응하지 않자 채용공고를 직권으로 취소한 사안에서, 위 공무원의 담당업무, 채용규모, 전문위원을 비롯한 다른 사무직원들과의 업무 관계와 채용공고의 경위 등을 종합하면, 지방의회에 위 공무원을 두어 의정활동을 지원하게 하는 것은 지방의회의원에 대하여 전문위원이 아닌 유급 보좌 인력을 두는 것과 마찬가지로 보아야 하므로, 위 공무원의 임용은 개별 지방의회에서 정할 사항이 아니라 국회의 법률로써 규정하여야 할 입법사항에 해당하는데, 지방자치법은 물론 다른 법령에서도 위 공무원을 지방의회에 둘 수 있는 법적 근거를 찾을 수 없으므로, 위 공무원의 임용을 위한 채용공고는 위법하고, 이에 대한 직권취소처분이 적법하다.

468. 대법원 2017. 4. 7. 선고 2014두37122 판결[건축허가복합민원신청불허재처분취소]

[1] 법령에서 특정사항에 관하여 조례에 위임을 한 경우 조례가 위임의 한계를 준수하고 있는지를 판단할 때는 당해 법령 규정의 입법 목적과 규정 내용, 규정의 체계, 다른 규정과의 관계 등을 종합적으로 살펴야 하고, 위임 규정 자체에서 그 의미 내용을 정확하게 알 수 있는 용어를 사용하여 위임의 한계를 분명히 하고 있는데도 그 문언적 의미의 한계를 벗어났는지, 수권 규정에서 사용하고 있는 용어의 의미를 넘어 그 범위를 확장하거나 축소하여 위임 내용을 구체화하는 정도를 벗어나 새로운 입법을 하였는지 등도 아울러 고려해야 한다.

[2] 구 가축분뇨의 관리 및 이용에 관한 법률(2014. 3. 24. 법률 제12516호로 개정되기 전의 것, 이하 '가축분뇨법'이라고 한다) 제8조 제1항 본문과 각호(이하 '위임조항'이라 한다)는 지역주민의 생활환경보전 또는 상수원 수질보전이라는 목적을 위하여 가축사육 제한구역을 지정할 수 있도록 하면서 지정 대상을 주거밀집지역, 수질환경보전지역, 환경기준 초과지역으로 한정하되, 지정기준으로는 주거밀집지역에 대하여는 '생활환경의 보호가 필요한 지역', 수질환경보전지역에 대하여는 '상수원보호구역 등에 준하는 수질환경보전이 필요한 지역'이라고 하여 추상적·개방적 개념으로만 규정하고 있다. 가축분뇨법의 입법 목적 등에 비추어 볼 때, 위임조항이 그와 같은 규정 형식을 취한 것은 가축사육 제한구역 지정으로 인한 지역주민의 재산권 제약 등을 고려하여 법률에서 지정기준의 대강과 한계를 설정하되, 구체적인 세부기준은 각 지방자치단체의 실정 등에 맞게 전문적·기술적 판단과 정책적 고려에 따라 합리적으로 정하도록 한 것이다.

[3] 토지이용규제 기본법(이하 '토지이용규제법'이라 한다)의 목적과 입법 취지 및 토지이용규제법 제1조, 제2조 제1호, 제3조, 제5조, 제8조 제2항, 제3항, 토지이용규제 기본법 시행령 제7조 제3항 제1호의 내용 등에 비추어 보면, 토지이용규제법이 '지역 · 지구 등'을 지정할 때 원칙적으로 지적이 표시된 지형도에 '지역 · 지구 등'을 명시한 도면(이하 '지형도면'이라 한다)을 작성 · 고시하도록 한 것은, 국민의 토지이용 제한 등 규제의 대상이 되는 토지는 내용을 명확히 공시하여 토지이용의 편의를 도모하고 행정의 예측가능성과 투명성을 확보하려는 데 있다. 따라서 지형도면의 작성 · 고시 절차를 거치지 않아도 되는 예외사유는 엄격하게 해석하여 해당 여부를 판단하여야 한다.

[4] 항고소송에서 행정처분의 적법 여부는 특별한 사정이 없는 한 행정처분 당시를 기준으로 판단하여야 한다. 여기서 행정처분의 위법 여부를 판단하는 기준 시점에 관하여 판결 시가 아니라 처분 시라고 하는 의미는 행정처분이 있을 때의 법령과 사실상태를 기준으로 하여 위법 여부를 판단하며 처분 후 법령의 개폐나 사실상태의 변동에 영향을 받지 않는다는 뜻이지 처분 당시 존재하였던 자료나 행정청에 제출되었던 자료만으로 위법 여부를 판단한다는 의미는 아니다. 그러므로 처분 당시의 사실상태 등에 관한 증명은 사실심 변론종결 당시까지 할 수 있고, 법원은 행정처분 당시 행정청이 알고 있었던 자료뿐만 아니라 사실심 변론종결 당시까지 제출된 모든 자료를 종합하여 처분 당시 존재하였던 객관적 사실을 확정하고 그 사실에 기초하여 처분의 위법 여부를 판단할 수 있다.

469. 대법원 2016. 5. 27. 선고 2014두8490 판결[주민소송 등]

주민소송 제도의 목적 및 지방자치법 제17조 제1항 에서 주민소송의 대상으로 규정한 '재산의 취득 · 관리 · 처분에 관한 사항'에 해당하는지 판단하는 기준 / 점용허가가 도로 등의 본래 기능 및 목적과 무관하게 그 사용가치를 실현 · 활용하기 위한 것으로 평가되는 경우, 주민소송의 대상이 되는 재산의 관리 · 처분에 해당하는지 여부(적극)

주민소송 제도는 지방자치단체 주민이 지방자치단체의 위법한 재무회계행위의 방지 또는 시정을 구하거나 그로 인한 손해의 회복 청구를 요구할 수 있도록 함으로써 지방자치단체의 재무행정의 적법성과 지방재정의 건전하고 적정한 운영을 확보하려는 데 목적이 있다. 그러므로 주민소송은 원칙적으로 지방자치단체의 재무회계에 관한 사항의 처리를 직접 목적으로 하는 행위에 대하여 제기할 수 있고, 지방자치법 제17조 제1항 에서 주민소송의 대상으로 규정한 '재산의 취득 · 관리 · 처분에 관한 사항'에 해당하는지도 그 기준에 의하여 판단하여야 한다. 특히 도로 등 공물이나 공공용물을 특정 사인이 배타적으로 사용하도록 하는 점용허가가 도로 등의 본래 기능 및 목적과 무관하게 그 사용가치를 실현 · 활용하기 위한 것으로 평가되는 경우에는 주민소송의 대상이 되는 재산의 관리 · 처분에 해당한다.

470. 대법원 2016. 9. 22. 선고 2014추521 전원합의체 판결[지방의회재의결에 대한 제소지시와 직접제소]

지방자치법 제192조 제4항, 제6항 에서 지방의회 재의결에 대하여 제소를 지시하거나 직접 제소할 수 있는 주체로 규정된 '주무부장관이나 시 · 도지사'가 시 · 도에 대하여는 주무부장관을, 시 · 군 및 자치구에 대하여는 시 · 도지사를 각 의미하는지 여부(적극)

[다수의견]

지방의회 의결의 재의와 제소에 관한 지방자치법 제192조 제4항, 제6항 의 문언과 입법취지, 제 · 개정 연혁 및 지방자치법령의 체계 등을 종합적으로 고려하여 보면, 아래에서 보는 바와 같이 지방자치법 제192조 제4항, 제6항 에서 지방의회 재의결에 대하여 제소를 지시하거나 직접 제소할 수 있는 주체로 규정된 '주무부장관이나 시 · 도지사'는 시 · 도에 대하여는 주무부장관을, 시 · 군 및 자치구에 대하여는 시 · 도지사를 각 의미한다.

가) 지방의회의 재의결에 대한 주무부장관이나 시 · 도지사의 제소 지시 또는 직접 제소는 지방자치단체의 장의 재의요구에 대하여 지방의회가 전과 같은 내용으로 재의결을 한 경우 비로소 할 수 있으므로, 지방의회의 재의결에 대한 제소 지시 또는 직접 제소 권한(이하 '제소 등 권한'이라고 한다)은 관련 의결에 관하여 지방자치단체의 장을 상대로 재의요구를 지시할 권한이 있는 기관에만 있다고 해석하는 것이 지방자치법 제172조 의 체계에 부합한다.

나) 이와 달리 주무부장관의 경우 재의요구 지시 권한과 상관없이 모든 지방의회의 재의결에 대한 제소 등 권한이 있다고 본다면 시 · 군 및 자치구의회의 재의결에 관하여는 주무부장관과 시 · 도지사의 제소 등 권한이 중복됨에도 지방자치법은 상호관계를 규율하는 규정을 두고 있지 아니하다. 이는 주무부장관과 시 · 도지사의 지도 · 감독 권한이 중복되는 경우에 관한 지방자치법 제163조 제1항 및 제167조 제1항 이 '1차로 시 · 도지사의, 2차로 행정자치부장관 또는 주무부장관의 지도 · 감독을 받는다'는 명시적인 규정을 두어 중복되는 권한 사이의 상호관계를 규율하고 있는 입법태도와 명백하게 다르다.

다) 지방자치법은 1949년 제정된 이래 장관이 시 · 군 · 자치구의회의 재의결에 대하여 직접 통제 · 감독 권한을 행사할 수 있도록 하는 규정을 두고 있지 아니하다가, 1994. 3. 16. 법률 제4741호로 개정되면서 현행 지방자치법 제192조 제4항 과 유사한 규정을 제159조 제4항 으로 신설하였으나, 개정이유에서 장관의 감독 권한을 시 · 군 · 자치구에 대해서까지 확대하는 것인지에 관하여는 전혀 언급이 없는데, 국가와 지방자치단체 사이의 권한 통제라는 중요한 사항에 관하여 입법자가 아무런 설명 없이 권한의 중복관계에 대한 명확한 규정도 두지 아니한 채로 통제 및 감독 권한을 확장하였다고 보기는 어렵다.

라) 그 밖에 지방자치법은 제16조 제3항 내지 제7항, 제170조 제2항, 제192조 제7항 등에서 주민 감사청구에 따른 감사 절차, 직무이행명령의 대집행, 지방의회 의결에 대한 재의요구 지시의 불이행에 따른 제소 지시 또는 직접 제소에 대하여 '주무부장관이나 시 · 도지사'의 권한과 후속조치를 규정하고 있는데, 관련 규정의 체계와 형식, 내용에 비추어 보면 위 각 조항들은 각 조의 제1항에 따라 주무부장관은 시 · 도에 대하여, 시 · 도지사는 시 · 군 및 자치구에 대하여 각각 일정한 권한을 가지고 있는 것이 전제되어 있음을 알 수 있다.

마) 헌법 제107조 제2항 은 "명령 · 규칙 또는 처분이 헌법이나 법률에 위반되는 여부가 재판의 전제가 된 경우에는 대법원은 이를 최종적으로 심사할 권한을 가진다."라고 규정함으로써 명령 · 규칙에 대한 추상적 규범통제가 아닌 구체적 규범통제를 원칙으로 하고 있으므로, 위법 여부가 문제 되는 조례는 사후적으로도 법원에 의한 심사의 대상이 될 수 있어서, 반드시 주무부장관의 제소 지시 또는 직접 제소 방식에 의하여 조례안에 대한 사전 통제를 해야 할 필요성이 크다고 보기도 어렵다.

[대법관 김창석, 대법관 권순일의 반대의견]

지방자치법 제172조 제4항, 제6항 의 문언상 지방자치단체의 조례가 법령에 위반된다고 판단됨에도 지방자치단체의 장이 소를 제기하지 아니함을 이유로 대법원에 제소를 하는 경우에 제소권자를 주무부장관 또는 시 · 도지사로 병렬적으로 규정하고 있는 점, 위 법률조항의 취지가 국가가 지방자치행정의 합법성을 감독하고 국가법질서의 통일성을 유지하려는 데 있다는 점 등에 비추어 보면, 주무부장관은 지방자치단체가 '시 · 도' 또는 '시 · 군 및 자치구'인지 관계없이 제소권을 가진다고 보아야 하고, 다수의견과 같이 '시 · 도'에 대하여는 주무부장관에게, '시 · 군 및 자치구'에 대하여는 시 · 도지사에게만 있다고 해석할 것은 아니다. 만약 이와 달리 주무부장관에게 '시 · 군 및 자치구' 의회의 조례안 재의결에 대하여 제소할 권한이 없다고 해석한다면, 주무부장관은 조례안 재의결이 법령에 위반된다고 판단하는 경우에도 시 · 도지사가 제소하지 아니하면 위법한 상태를 용인할 수밖에 없게 되고, 그 결과 법령 위반 여부가 문제 되는 동일한 내용의 조례안이 시 · 도지사의 제소 여부에 따라 효력을 달리하는 결과가 발생할 우려가 있다.

또한 상위법령에 위배된다고 판단되는 경우에도 형식적 요건만 갖추면 일정한 절차를 거쳐 조례로 제정될 수 있도록 하고, 사후적으로 사법심사를 거쳐 무효화되도록 하는 것은 지방행정의 낭비를 초래하고, 자치입법에 대한 주민의 신뢰를 실추시키는 결과를 야기하며, 회복하기 어려운 법질서의 혼란을 가져올 수 있다는 점 등에 비추어 볼 때, 위 법률조항은 이를 사전에 시정하기 위한 제도적 장치로서 지방자치제도의 본질적 내용을 침해한다고 볼 수 없으므로, 이 점에서도 위 법률조항의 적용 범위를 축소하여 해석할 것은 아니다.

471. 대법원 2015. 5. 14. 선고 2013추98 판결[조례안의결무효확인]

[1] 초·중등교육법 제7조, 제23조, 교육부장관이 고시한 '초·중등학교 교육과정' Ⅱ.4.가.(1)항, Ⅲ.1.나.(15)항의 내용 및 체계와 아울러, 학교는 교육과정을 운영하는 주체로서 대통령령이 정하는 교과를 포함하여 교육부장관이 고시하는 기본적인 교육과정을 구성하는 과목 외의 내용을 교육내용에 포함시킬 수 있는 재량이 있다고 보이는 점, 교육감은 지방자치단체의 교육·학예에 관한 사무를 담당하는 주체로서 교육부장관이 정한 교육과정의 범위 안에서 지역의 실정에 맞는 교육과정의 기준과 내용을 정할 수 있을 뿐만 아니라 관할구역 내 학교의 교육과정 운영에 대한 장학지도를 할 수 있는 점, 교육부장관이 정한 기본적인 교육과정과 대통령령에 정한 교과 외의 교육내용에 관한 결정 및 그에 대한 지도는 전국적으로 통일하여 규율되어야 할 사무가 아니라 각 지역과 학교의 실정에 맞는 규율이 허용되는 사무라고 할 것인 점 등에 비추어 보면, 학기당 2시간 정도의 인권교육의 편성·실시는 지방자치법 제9조 제2항 제5호가 지방자치단체의 사무로 예시한 교육에 관한 사무로서 초등학교·중학교·고등학교 등의 운영·지도에 관한 사무에 속한다.

[2] 교육부장관이 관할 교육감에게, 甲 지방의회가 의결한 학생인권조례안에 대하여 재의요구를 하도록 요청하였으나 교육감이 이를 거절하고 학생인권조례를 공포하자, 조례안 의결에 대한 효력 배제를 구하는 소를 제기한 사안에서, 위 조례안은 전체적으로 헌법과 법률의 테두리 안에서 이미 관련 법령에 의하여 인정되는 학생의 권리를 열거하여 그와 같은 권리가 학생에게 보장되는 것임을 확인하고 학교생활과 학교 교육과정에서 학생의 인권 보호가 실현될 수 있도록 내용을 구체화하고 있는 데 불과할 뿐, 법령에 의하여 인정되지 아니하였던 새로운 권리를 학생에게 부여하거나 학교운영자나 학교의 장, 교사 등에게 새로운 의무를 부과하고 있는 것이 아니고, 정규교과 시간 외 교육활동의 강요 금지, 학생인권 교육의 실시 등의 규정 역시 교육의 주체인 학교의 장이나 교사에게 학생의 인권이 학교 교육과정에서 존중되어야 함을 강조하고 그에 필요한 조치를 권고하고 있는 데 지나지 아니하여, 그 규정들이 교사나 학생의 권리를 새롭게 제한하는 것이라고 볼 수 없으므로, 국민의 기본권이나 주민의 권리 제한에서 요구되는 법률유보원칙에 위배된다고 할 수 없고, 내용이 법령의 규정과 모순·저촉되어 법률우위원칙에 어긋난다고 볼 수 없다고 한 사례.

[3] 조례안재의결 무효확인소송에서의 심리대상은 지방자치단체의 장이 지방의회에 재의를 요구할 당시 이의사항으로 지적하여 재의결에서 심의의 대상이 된 것에 국한된다. 이러한 법리는 주무부장관이 지방자치법 제172조 제7항에 따라 지방의회의 의결에 대하여 직접 제소함에 따른 조례안의결 무효확인소송에도 마찬가지로 적용되므로, 조례안의결 무효확인소송의 심리대상은 주무부장관이 재의요구 요청에서 이의사항으로 지적한 것에 한정된다.

472. 대법원 2015. 9. 10. 선고 2013추517 판결[직무이행명령(2013. 4. 10)취소]

[1] 교육공무원 징계사무의 성격, 권한의 위임에 관한 교육공무원법령의 규정 형식과 내용 등에 비추어 보면, 국가공무원인 도교육청 교육국장 및 그 하급자인 장학관, 장학사에 대한 징계는 국가사무이고, 그 일부인 징계의결요구의 신청 역시 국가사무에 해당한다. 따라서 교육감이 담당 교육청 소속 국가공무원인 도교육청 교육국장 및 그 하급자들에 대하여 하는 징계의결요구 신청 사무는 기관위임 국가사무라고 보아야 한다.

[2] 학교생활기록에 관한 초·중등교육법, 고등교육법 및 각 시행령의 규정 내용에 의하면, 어느 학생이 시·도 상호 간 또는 국립학교와 공립·사립학교 상호 간 전출하는 경우에 학교생활기록의 체계적·통일적인 관리가 필요하고, 중학생이 다른 시·도 지역에 소재한 고등학교에 진학하는 경우에도 학교생활기록은 고등학교의 입학전형에 반영되며, 고등학생의 학교생활기록은 피고의 지도·감독을 받는 대학교의 입학전형자료로 활용되므로, 학교의 장이 행하는 학교생활기록의 작성에 관한 사무는 국민 전체의 이익을 위하여 통일적으로 처리되어야 할 성격의 사무이다.

따라서 전국적으로 통일적 처리를 요하는 학교생활기록의 작성에 관한 사무에 대한 감독관청의 지도·감독 사무도 국민 전체의 이익을 위하여 통일적으로 처리되어야 하므로, 공립·사립학교의 장이 행하는 학교생활기록부 작성에 관한 교육감의 지도·감독 사무는 국립학교의 장이 행하는 학교생활기록부 작성에 관한 교육부장관의 지도·감독 사무와 마찬가지로 국가사무로서, 시·도 교육감에 위임된 사무이다.

[3] 교육감의 학교생활기록의 작성에 관한 사무에 대한 지도·감독 사무는 기관위임 국가사무에 해당하지만, 지방자치법 제169조에 규정된 취소처분에 대한 이의소송의 입법 취지 등을 고려할 때, 교육감이 지도·감독 사무의 성격에 관한 선례나 학설, 판례 등이 확립되지 않은 상황에서 이를 자치사무라고 보아 사무를 집행하였는데, 사후에 사법절차에서 그 사무가 기관위임 국가사무임이 밝혀졌다는 이유만으로는 곧바로 기존에 행한 사무의 구체적인 집행행위가 위법하다고 보아 징계사유에 해당한다고 볼 수는 없다.

[4] 감사절차에 관한 국가공무원법 제56조, 지방자치법 제167조, 제171조, 제171조의2, 구 지방자치단체에 대한 행정감사규정(2013. 3. 23. 대통령령 제24425호로 개정되기 전의 것) 제11조 제1항 제1호, 제2호, 제3항, 제12조 제1항, 제2항, 제3항의 규정 내용, 형식 및 입법 취지 등을 고려할 때, 감사대상 시·도교육청 소속 공무원은 교육부장관이나 감사활동 수행자의 감사활동에 협조할 의무를 부담한다. 따라서 징계대상자들이 이러한 법령상 의무를 위반하여 감사를 거부한 행위는 징계사유를 구성한다.

[5] 지방교육자치에 관한 법률 제3조, 지방자치법 제170조 제1항에 따르면, 교육부장관은 교육감이 의무에 속하는 국가위임사무의 관리와 집행을 명백히 게을리하고 있다고 인정되면 교육감에게 이행할 사항을 명할 수 있다.

여기서 '국가위임사무의 관리와 집행을 명백히 게을리하고 있다'는 요건은 국가위임사무를 관리·집행할 의무가 성립함을 전제로 하는데, 교육감은 의무에 속한 국가위임사무를 이행하는 것이 원칙이므로, 교육감이 특별한 사정이 없이 의무를 이행하지 아니한 때에는 이를 충족한다. 여기서 특별한 사정이란, 국가위임사무를 관리·집행할 수 없는 법령상 장애사유 또는 지방자치단체의 재정상 능력이나 여건의 미비, 인력의 부족 등 사실상의 장애사유를 뜻하고, 교육감이 특정 국가위임사무를 관리·집행할 의무가 있는지에 관하여 교육부장관과 다른 견해를 취하여 이를 이행하고 있지 아니한 사정은 이에 해당한다고 볼 것이 아니다.

473. 대법원 2015. 9. 10. 선고 2013추524 판결[직무이행명령(2013. 4. 18.)취소]

[1] 교육공무원 징계령 제17조 제1항이 징계처분권자가 징계위원회로부터 징계의결서를 받은 경우에는 받은 날로부터 15일 이내에 집행하여야 한다고 규정하고 있는 점, 교육공무원의 징계에 관한 사항을 징계위원회의 의결사항으로 규정한 것은 임용권자의 자의적인 징계운영을 견제하여 교육공무원의 권익을 보호함과 아울러 징계의 공정성을 담보할 수 있도록 절차의 합리성과 공정한 징계운영을 도모하기 위한 데 입법 취지가 있는 점, 징계의결서를 통보받은 징계처분권자는 국가공무원법 제82조 제2항에 의하여 징계의결이 가볍다고 인정하는 경우에 한하여서만 심사 또는 재심사를 청구할 수 있는 점 등 교육공무원의 징계에 관한 관련 규정을 종합하여 보면, 교육기관·교육행정기관·지방자치단체 또는 교육연구기관의 장이 징계위원회에서 징계의결서를 통보받은 경우에는 징계의결을 집행할 수 없는 법률상·사실상의 장애가 있는 등 특별한 사정이 없는 이상 법정 시한 내에 이를 집행할 의무가 있다.

[2] 구 교육공무원법(2012. 12. 11. 법률 제11527호로 개정되기 전의 것) 제51조 제1항의 규정 내용과 입법 취지 등을 종합하여 보면, 교육부장관은 교육감의 신청이 있어야만 교육장 및 시·도 교육청에 근무하는 국장 이상인 장학관 등에 대하여 징계의결을 요구할 수 있고, 이러한 교육감의 신청 없이 교육부장관이 한 징계의결요구는 효력이 없다. 그리고 지방교육자치에 관한 법률 제3조, 지방자치법 제170조 제2항에 따르면, 교육부장관은 교육감이 직무이행명령을 이행하지 아니하면 지방자치단체의 비용부담으로 대집행하거나 행정상·재정상 필요한 조치를 할 수 있지만, 교육감의 징계의결요구신청은 의사의 진술에 해당하고 이러한 의사의 진술을 명하는 직무이행명령을 이행하지 않았다고 하여 법령의 근거 없이 의사의 진술이 있는 것으로 의제할 수는 없는 점을 고려할 때, 교육부장관이 할 수 있는 행정상 필요한 조치에 교육감의 징계의결요구신청 없이 곧바로 징계의결요구를 하는 것이 포함된다고 볼 수 없다.

객관식 문제 부분

(上)

객관식 문제 부분

법치행정 — 문제연습

1. 〈종합문제〉 다음은 **법치행정**에 대한 설명들이다. 옳지 않은 것을 모두 고르시오. (다툼이 있는 경우 판례에 **의함)**

ㄱ. **공익**은 행정권 발동의 **근거이자 한계**이다.
ㄴ. **법규**는 국회에 의해서만 제정된다.
ㄷ. **행정규칙**은 법규명령에 해당하지 않는다.
ㄹ. 통치행위라도 **기본권과 직접 관련되면 사법심사가 가능하**다는 것이 대법원 판례이다.
ㅁ. 우리 행정소송법은 당사자소송 중심주의를 취하고 있다.

① ㄱ, ㄴ, ㄷ
② ㄴ, ㄷ, ㄹ
③ ㄷ, ㄹ, ㅁ
④ ㄱ, ㄹ, ㅁ
⑤ ㄴ, ㄹ, ㅁ

문 1. 정답 ⑤

*해 설

☞ ㄱ: ○

공익은 행정권 발동의 근거이기도 하고 한계이기도 하다. 공익이 존재해야 할 뿐만 아니라 공익이 사익보다 우월해야 한다.

☞ 이러한 공익에는 소극적인 것으로서 국가안전보장, 질서유지 등이 있고, 적극적인 것으로서 공공복리가 있다. 이를 담당하는 행정청이 각각 존재하게 된다. 경찰은 질서유지 등을 위해서만 발동되고 공공복리를 위해서는 행사할 수 없다.

☞ ㄴ: ×

법규는 국회가 직접 제정하는 **법률**과 국회가 아닌 다른 국가기관이 국회로부터 수권을 받아 정립하는 **법규명령**으로 나뉜다.

법규에는 헌법, 법률, 법규명령 등이 포함된다. 그러나 행정규칙은 법규로 볼 수 없다. 그러나 법령보충적 행정규칙은 실질이 법규명령이라고 보는 것이 다수설과 판례이다.

행정규칙은 다른 규칙들과 달리 법규 ×

☞ ㄷ: ○

행정규칙은 **시장규칙, 도지사 규칙, 대법원 규칙 등과 달리 법규명령에 해당하지 않는다.**

☞ ㄹ: ×

헌법재판소 판례의 입장이다.

☞ ㅁ: ×

항고소송과 **당사자소송**은 **주관적** 쟁송체계를 취하고 있고, **민중소송**과 **기관소송**은 **객관적 소송**체계를 취하고 있다. 그중에서 우리는 **항고소송 중심주의**와 **취소소송 중심주의**를 취하고 있다.

주관적 쟁송체계는 피해자 구제목적이 주가 되는 것

객관적 쟁송체계는 피해자 구제와 무관하게 옳고 그름만 따지는 것

2. 법률유보원칙에 대한 설명으로 옳지 않은 것은?

① 전부유보설은 모든 행정작용이 법률에 근거해야 한다는 입장으로, 행정의 자유영역을 부정하는 견해이다.

② 헌법재판소는 예산도 일종의 법규범이고, 법률과 마찬가지로 국회의 의결을 거쳐 제정되며, 국가기관뿐만 아니라 일반국민도 구속한다고 본다. 따라서 법률유보원칙에서 말하는 법률에는 예산도 포함된다.

③ 중요사항유보설은 행정작용에 법률의 **근거가 필요한지 여부**에 그치지 않고 법률의 규율**정도**에 대해서도 설명하는 이론이다.

④ **헌법재판소**는 **텔레비전방송수신료의 금액결정**은 납부의무자의 범위 등과 함께 수신료에 관한 **본질적인 중요한 사항**이므로 국회가 스스

로 행하여야 하는 사항에 속한다는 입장이다.

문 2. 정답 ②

***해 설**

☞ ②: × **예산**이나 **행정규칙**은 법률이나 법규명령과 달리 법규에 해당하지 **않으므로** 국민의 권리를 제한하거나 의무를 부과하는 법률유보의 방법이 될 수 없다.

참고사항〉 행정규칙은 법률유보의 원칙 충족 X But, 법령보충적 행정규칙은 법률유보의 원칙 충족 O ∵ 전자는 국회의 입법에 대한 수권이 없고, 후자는 있음

참고사항〉 텔레비전 방송수신료의 **금액결정**과 **납부자의 범위, 부과여부** 등은 중요사항이므로 법률의 근거가 필요 vs 수신료 부과방법은 중요하지 않은 사항이므로 법률에 근거할 필요는 없음

3. 아래의 법치행정에 대한 설명 중 옳은 것(o)과 옳지 않은 것(x)을 올바르게 조합한 것은?

ㄱ. 공법과 사법의 구별에 관한 학설 중 성질설이 타당하다.
ㄴ. 기본권은 대국가적 효력만 인정되고 대사인적 효력은 인정될 수 없다.
ㄷ. 오토마이어가 제시한 **행정의 법률적합성**에 대한 분석의 틀은 **법률의 우위**와 **법률의 유보** 두 가지로 이루어져 있다.
ㄹ. **법규명령에 근거**한 행정행위이든 **법령보충적 행정규칙에 근거**한 행정행위이든 **국회의 구체적인 수권을** 받았다면 **법률에 직접 근거**한 행정행위가 아니라도 **법률유보의 원칙을 충족**한다고 할 수 있다.
ㅁ. **법규명령이 적법**하기 위해서는 **구**체적 수권이 있어야 하고 **수**권의 취지와 범위에 위반해서는 안 되지만 행정법의 **일**반원칙에 위반된다고 해서 법규명령이 위법하게 되는 것은 아니다.
ㅂ. 법률우위의 원칙은 적극적 의미의 법률적합성이라고 본다.

① ㄱ(o), ㄴ(o), ㄷ(o), ㄹ(x), ㅁ(x), ㅂ(x)
② ㄱ(o), ㄴ(x), ㄷ(o), ㄹ(o), ㅁ(x), ㅂ(x)
③ ㄱ(x), ㄴ(x), ㄷ(x), ㄹ(o), ㅁ(x), ㅂ(x)
④ ㄱ(o), ㄴ(o), ㄷ(o), ㄹ(o), ㅁ(x), ㅂ(x)
⑤ ㄱ(x), ㄴ(x), ㄷ(o), ㄹ(x), ㅁ(o), ㅂ(o)

문 3. 정답 ③

***해 설**

☞ ㄱ: ×

신주체설인 귀속성설을 중심으로 종합적으로 검토하는 복수기준설이 다수설의 입장으로서 타당하다.

☞ ㄴ: ×

모두 인정될 수 있다. **대사인적 효력**은 특히 **사인간의 분쟁**에 대하여 국가의 **행정개입**을 통한 기본권보호에 의미가 있다.

☞ ㄷ: ×

법률의 법규창조력까지 포함된다.

☞ ㄹ: ○

법률유보의 원칙에 대한 정확한 이해이고 행정고시 기출문제이다. 중요한 지문으로서 답안에 기재하여야 한다.

☞ ㅁ: ×

행정법의 일반원칙에 위반하지 않을 것까지 요구되며, 행정법의 일반원칙은 헌법적 차원의 효력이므로 행정법의 일반원칙에 위반되는 법규명령을 무효로 만들 수 있다.

☞ ㅂ: ×

법률**우위**의 원칙은 **소극적** 의미의 법률적합성이며, 법률**유보**의 원칙이 **적극**적 의미의 법률적합성이다.

4. 다음의 설명 중 옳은 것은?

① 법률유보의 원칙에 대해 대법원은 **KBS 수신료 사건**에서 **중요사항유보설**과 **의회유보설**을 판시하였다.

② 통치행위는 정치적인 성격 때문에 사법심사가 부정된다고 본다.

③ 수도법에 의한 수도료 부과징수와 수도료 납부관계는 민사소송에 의한다.

④ KBS 수신료 금액에 대한 결정을 한국방송공사로 하여금 담당하게 하고 문화관광부장관의 승인으로 족하도록 한 것은 국회의 결정이나 관여를 배제한 것이므로 법률유보의 원칙에 위반된다.

⑤ 울산시 공무원의 분묘발굴행위를 이유로 손해를 입은 국민이 국가를

전기·가스나 전화 등은 사법관계로서 민사소송에 의함

수도는 공법관계로서 수도료는 당사자소송, 단수명령은 항고소송에 의함

상대로 배상청구하는 경우 당사자소송이 관할이다.

문 4. 정답 ④

*해 설

☞ ①: ×

대법원이 아니라 **헌법재판소**이다. 헌재 1999. 5. 27. 98헌바70 결정.

☞ ②: ×

통치행위라 하더라도 국민의 기본권과 직접 관련성이 있을 때에는 사법심사의 대상이 된다는 것이 다수설과 헌재의 입장이다. 헌재 1996. 2. 29. 93헌마186 결정.

☞ ③: ×

공법인 수도법에 근거하고, **수도공급자**도 기업체가 아니라 **지자체**이므로 **수도료 부과징수**와 이에 따른 **수도료 납부관계**는 **공법상 권리의무관계라** 할 것이므로 그에 관한 소송은 **행정소송**절차에 의하여야 하고 **민사소송절차에 의할 수 없다. 대법원 1977. 2. 22. 선고 76다2517 판결.**

☞ ④: ○

헌재 1997. 5. 27. 98헌바70 결정.

☞ ⑤: ×

판례는 **국가배상청**구소송이나 **부당이득**반환청구소송을 **민사소송**으로 처리하여야 한다는 입장이다. 당사자소송으로 처리하여야 한다는 것은 다수설의 입장이다. 대법원 1972. 10. 10. 선고 69다701 판결.

5. 법치국가의 원리 등에 관한 설명 중 옳지 않은 것은? (다툼이 있는 경우 판례에 의함) (변시 기출)

① 검사에 대한 징계사유 중 하나인 “검사로서**의 체면이나 위신을 손상하는 행위를** 하였을 때”의 의미는 그 포섭범위가 지나치게 광범위하므로 명확성의 원칙에 반하여 헌법에 위배된다.

② 단순히 법인이 고용한 **종업원 등이 업무에 관하여 범죄행위를 하**였다는 이유만으로 **법인에 대하여 형사처벌을** 과하는 것은 헌법상 법

cf. 영업정지는 양벌가능, 형사처벌은 양벌위헌

치국가원리 및 죄형법정주의로부터 도출되는 책임주의원칙에 반하여 **헌법에 위배된다**.

③ 법률유보원칙은 단순히 행정작용이 법률에 근거를 두기만 하면 충분한 것이 아니라, 국가공동체와 그 구성원에게 기본적이고도 중요한 의미를 갖는 영역, 특히 국민의 기본권 실현과 관련된 영역에 있어서는 국민의 대표자인 입법자가 **그 본질적 사항에 대해서 스스로 결정하여야 한다는 요구까지 내포하고 있다.**

④ **1년 이상의 유예기간을 두고** 기존에 **자유업종이었던 인터넷컴퓨터게임시설제공업에 대하여 등록제를 도입하고** 등록하지 않으면 영업을 할 수 없도록 하는 것은 신뢰보호의 원칙에 위배된다고 할 수 없다.

⑤ 신법이 피적용자에게 유리한 경우에는 이른바 시혜적인 소급입법이 가능하지만, 그러한 소급입법을 할 것인가의 여부는 그 일차적인 판단이 입법기관에 맡겨져 있으므로 입법자는 입법목적, 사회실정이나 국민의 법감정, 법률의 개정이유나 경위 등을 참작하여 시혜적 소급입법을 할 것인가 여부를 결정할 수 있고 그 판단은 존중되어야 하며, 그 결정이 합리적 재량의 범위를 벗어나 현저하게 불합리하고 불공정한 것이 아닌 한 헌법에 위반된다고 할 수 없다.

문 5. 정답 ①

***해 설**

☞ ①: ×

헌재 2011. 12. 29. 2009헌바282, 판례집 23-2하, 547[합헌]

검사징계법 제2조 제3호 등 위헌소원 – 구 검사징계법 제2조 제3호의 "검사로서의 체면이나 위신을 손상하는 행위"의 의미는, 공직자로서의 검사의 구체적 언행과 그에 대한 검찰 내부의 평가 및 사회 일반의 여론, 그리고 검사의 언행이 사회에 미친 파장 등을 종합적으로 고려하여 구체적인 상황에 따라 건전한 사회통념에 의하여 판단할 수 있으므로 명확성원칙에 위배되지 아니한다.

☞ ②: ○

헌재 2011. 12. 29. 2011헌가25, 공보 제183호, 52 [위헌] 약사법 제97조 제1항 위헌제청

☞ ③: ○

헌재 2012. 2. 23. 2011헌가13, 판례집 24-1상, 25 [합헌] 방송통신위원회의 설치 및 운영에 관한 법률 제21조 제4호 위헌제청 등

☞ ④: ○

헌재 2009. 9. 24. 2009헌바28, 판례집 21-2상, 633 [합헌] 게임산업진흥에 관한 법률 제26조 제2항 위헌소원

☞ ⑤: ○

헌재 2012. 8. 23. 2011헌바169, 공보 제191호, 1609 [합헌] 공무원연금법 부칙 제14조 제2항 위헌소원

6. 법치행정원리에 관한 다음 설명 중 옳은 것은? (다툼이 있는 경우 판례에 의함) (변시 기출)

① 법률유보원칙에서의 '법률'에는 국회가 제정하는 형식적 의미의 법률뿐만 아니라 법률의 위임에 따라 제정된 법규명령도 포함된다.
② 지방자치행정에 있어서는 침익적 행정을 법률의 수권 없이 조례에 근거하여 행할 수 있다.
③ 법률유보원칙과 관련하여 의회유보원칙에 따르는 경우, 의회유보사항을 행정입법에 위임하는 것은 가능하나, 이때에는 보다 엄격한 구체성의 요건을 갖추어야 한다.
④ 행정상 즉시강제는 긴급성을 고려할 때 법적 근거 없이도 가능하다.
⑤ 법률이 공법적 단체 등의 정관에 자치법적 사항을 위임하는 경우 의회유보원칙은 적용되지 않는다.

문 6. 정답 ①

***해 설**

☞ ①: ○

오늘날 국회가 직접 형식적 의미의 법률로 입법하여야만 법률유보의 원칙을 충족하는 것은 아니므로 법규명령으로도 가능하다는 지문은 옳다. 다만 법규명령이 구체적 수권이 있어야 하고, 수권의 취지와 범위에 부합하여야 하고, 행정법의 일반원칙을 준

수하여서 유효이어야만 법률유보의 원칙을 충족한다고 보아야 한다.

판례는 법령보충적 행정규칙도 법규명령으로서 공중목욕탕이 상업중심지역에서 신고수리거부가 되는 법적 근거가 되므로 법률유보를 충족한다는 취지의 판시를 하고 있다.

대법원 2008. 3. 27. 선고 2006두3742, 3759 판결【목욕장영업신고서처리불가처분취소 · 영업소폐쇄명령처분취소】[공 2008상, 623]

상급행정기관이 하급행정기관에 대하여 업무처리지침이나 법령의 해석적용에 관한 기준을 정하여 발하는 이른바 행정규칙은 일반적으로 행정조직 내부에서만 효력을 가질 뿐 대외적인 구속력을 갖지 않지만, 법령의 규정이 특정 행정기관에게 그 법령 내용의 구체적 사항을 정할 수 있는 권한을 부여하면서 그 권한 행사의 절차나 방법을 특정하고 있지 않아 수임행정기관이 행정규칙의 형식으로 그 법령의 내용이 될 사항을 구체적으로 정하고 있다면, 그와 같은 행정규칙은 위에서 본 행정규칙이 갖는 일반적 효력으로서가 아니라 행정기관에 법령의 구체적 내용을 보충할 권한을 부여한 법령 규정의 효력에 의하여 그 내용을 보충하는 기능을 갖게 되고, 따라서 이와 같은 행정규칙은 당해 법령의 위임한계를 벗어나지 않는 한 그것들과 결합하여 대외적인 구속력이 있는 법규명령으로서의 효력을 가진다.

☞ ②: ×

지방자치법 제22조(조례) 지방자치단체는 법령의 범위 안에서 그 사무에 관하여 조례를 제정할 수 있다. 다만, 주민의 **권리 제한 또는 의무 부과에 관한 사항이나 벌칙을 정할 때에는 법률의 위임이 있어야** 한다.

☞ ③: ×

의회유보설은 의회가 입법하여야 할 본질적은 사항은 위임할 수 없고 의회 스스로 입법하여야 한다. 그러한 사항이 아닌 것은 하위 입법에 위임할 수 있으며 구체적인 기준과 범위를 설정하면 가능하다.

☞ ④: ×

즉시강제 역시 국민의 권리를 직접적으로 제한하고 의무를 부과하는 침익적인 것이므로 법률유보의 원칙이 적용된다. 예컨대 즉시강제의 예로서 무기사용에 대해서도 경찰관직무집행법 제10조의 4에 규정되어 있다.

☞ ⑤: ×

법률유보의 원칙은 적용되지만, 이에 위반되지 않는다.

대법원 2007. 10. 12. 선고 2006두14476 판결【주택재개발사업시행인가처분취소】[공 2007. 11. 1.(285), 1775]

구 도시 및 주거환경정비법상 사업시행자에게 사업시행계획의 작성권이 있고 행정청은 단지 이에 대한 인가권만을 가지고 있으므로 사업시행자인 조합의 사업시행계획 작성은 자치법적 요소를 가지고 있는 사항이라 할 것이고, 이와 같이 **사업시행계획의 작성이 자치법적 요소를 가지고 있는 이상, 조합의 사업시행인가 신청시의 토지 등 소유자의 동의요건 역시 자치법적 사항이라 할 것**이며, 따라서 2005. 3. 18. 법률 제7392호로 개정된 도시 및 주거환경정비법 제28조 제4항 본문이 사업시행인가 신청시의 동의요건을 조합의 정관에 포괄적으로 위임하고 있다고 하더라도 헌법 제75조가 정하는 **포괄위임입법금지의 원칙**이 적용되지 아니하므로 이에 위배된다고 할 수 없다. 그리고 조합의 사업시행인가 신청시의 토지 등 소유자의 동의요건이 비록 토지 등 소유자의 재산상 권리 · 의무에 영향을 미치는 사업시행계획에 관한 것이라고 하더라도, **그 동의요건은 사업시행인가 신청에 대한 토지 등 소유자의 사전 통제를 위한 절차적 요건에 불과하고 토지 등 소유자의 재산상 권리 · 의무에 관한 기본적이고 본질적인 사항이라고 볼 수 없으므로 법률유보 내지 의회유보의 원칙이 반드시 지켜져야 하는 영역이라고 할 수 없고, 따라서 개정된 도시 및 주거환경정비법 제28조 제4항 본문이 법률유보 내지 의회유보의 원칙에 위배된다고 할 수 없다.**

7. 다음 중 판례의 태도로 틀린 것은?

① TV 방송수신료 **금액 결정**에 대하여 **헌재**는 **중요사항유보설**의 입장에서 법률유보의 원칙을 준수할 것을 요구하였다.

② TV 수신료 **징수업무 처리 방식**에 대하여 헌재는 역시 중요사항으로서 법률유보의 원칙을 위반한 것은 위헌이라고 판시하였다.

③ **고급 주택과 고급 오락장**에 대하여 중과세를 하도록 규정하면서 고급 주택과 고급 오락장의 **기준을 정하지 않은 것**은 본질적이고 중요한 사항에 대하여 입법하지 않은 것으로서 법률유보의 원칙에 위반된다고 **헌재**는 판시하였다.

④ 수신료의 부과 · 징수에 관한 본질적인 요소들은 **과거와 달리 현행 방송법에 모두 규정**되어 있다고 할 것이다.

∵헌법불합치 결정 때문

문 7. 정답 ②

***해 설**

☞ ①: ○

헌재 1999. 5. 27. 98헌바70, 판례집 11-1, 633[헌법불합치, 합헌]★

오늘날 법률유보원칙은 단순히 행정작용이 **법률에 근거를 두기만 하면 충분한 것이 〈아니라〉**, 국가공동체와 그 구성원에게 **기본적이고도 중요한 의미**를 갖는 영역, 특히 국민의 **기본권실현과 관련된 영역**에 있어서는 국민의 대표자인 **입법자가 그 본질적 사항에 대해서 스스로 결정**하여야 한다는 요구**까지 내포하고 있다**(☞ **의회유보원칙**). 그런데 **텔레비전방송수신료**는 대다수 국민의 재산권 보장의 측면이나 한국방송공사에게 보장된 방송자유의 측면에서 국민의 기본권실현에 관련된 영역에 속하고, **수신료금액의 결정**은 **납부의무자의 범위** 등과 함께 수신료에 관한 **본질적인 중요한 사항**이므로 〈**국회가 스스로**〉 행하여야 하는 사항에 속하는 것임에도 불구하고 **한국방송공사법** 제36조 제1항에서 **국회의 결정이나 관여를 배제한 채** 한국방송공사로 하여금 **수신료금액을 결정**해서 문화관광부**장관의 승인**을 얻도록 한 것은 법률유보원칙에 **위반**된다.

☞ ②: × ☞ ④: ○

수신료부과 여부와 범위 및 정도와 기준은 본질적 부분임

헌재 2008. 2. 28. 2006헌바70, 판례집 20-1상, 250

현행 방송법은 첫째, 수신료의 금액은 한국방송공사의 이사회에서 심의·의결한 후 방송위원회를 거쳐 **국회의 승인을 얻도록 규정**하고 있으며(제65조), 둘째, **수신료 납부의무자의 범위**를 **'텔레비전방송을 수신하기 위하여 수상기를 소지한 자'**로 **규정**하고(제64조 제1항), 셋째, 징수절차와 관련하여 **가산금 상한 및 추징금의 금액, 수신료의 체납 시 국세체납처분의 예에 의하여 징수할 수 있음을 규정**하고 있다(제66조). 따라서 (☞ 위헌결정이후에는) **수신료의 부과·징수에 관한 본질적인 요소들은 방송법에 모두 규정되어 있다고 할 것이다.**

징수업무 처리방식은 비본질적 사항임

한편, **수신료 징수업무**를 한국방송공사가 **직접 수행**할 것인지 **제3자에게 위탁**할 것인지, 위탁한다면 **누구에게 위탁하도록 할 것인지**, 위탁받은 자가 자신의 고유업무와 결합하여 징수업무를 할 수 있는지는 징수업무 처리의 효율성 등을 감안하여 결정할 수 있는 사항으로서 (☞ 징수업무처리방식은) 국민의 기본권제한에 관한 **본질적인 사항이 아니라** 할 것이다. 따라서 방송법 제64조 및 제67조 제2항은 **법률유보의 원칙에 위반되지 아니한다.**

☞ ③: ○

헌재 1998. 7. 16. 96헌바52 등, 판례집 10-2[위헌]

구 지방세법 제112조 제2항 전단 중 "고급주택" 부분 및 "고급오락장" 부분과 동항 후단 중 고급주택에 관한 부분, 제112조의2 제1항 중 "고급오락장" 부분, 그리고 지방세법 제112조 제2항 전단 및 제112조의2 제1항 중 각 "고급오락장" 부분은 결국 "대통령령으로 정하는 고급주택" 또는 "대통령령으로 정하는 고급오락장"을 취득하거나 이를 구분하여 그 일부를 취득하는 경우 및 취득한 토지나 건축물이 5년 이내에 그러한 고급주택 또는 고급오락장이 된 때에 통상의 취득세율의 100분의 750으로 하여 중과세하도록 규정한 것인바, 고급주택, 고급오락장이 무엇인지 하는 것은 취득세 중과세요건의 핵심적 내용을 이루는 본질적이고도 중요한 사항임에도 불구하고 그 기준과 범위를 구체적으로 확정하지도 않고 또 그 최저기준을 설정하지도 않고 단순히 "대통령령으로 정하는 고급주택" 또는 "대통령령으로 정하는 고급오락장"이라고 불명확하고 포괄적으로 규정함으로써 실질적으로는 중과세 여부를 온전히 행정부의 재량과 자의에 맡긴 것이나 다름없을 뿐만 아니라, 입법목적, 지방세법의 체계나 다른 규정, 관련법규를 살펴보더라도 **고급주택과 고급오락장의 기준과 범위를 예측해 내기 어려우므로** 이 조항들은 헌법상의 **조세법률주의**(☞ 세금부과에 관한 법률유보의 원칙), **포괄위임입법금지원칙에 위배된다.**

권력분립과 통치행위 — 문제연습

심화출제 Point
■ 여권발급거부는 처분성 O
■ 여권발급행위는 여권법에 따라 획일적 효과가 발생하므로 준법률행위적 행정행위로 분류

8. 다음 중 판례의 태도와 불일치하는 지문은?

① 거주·이전의 자유란 국민이 자기가 원하는 곳에 주소나 거소를 설정하고 그것을 이전할 자유를 말하며 그 자유에는 국내에서의 거주·이전의 자유 이외에 해외여행 및 해외이주의 자유가 포함된다.

② 해외여행 및 해외이주의 자유는 대한민국의 통치권이 미치지 않는 곳으로 여행하거나 이주할 수 있는 자유로서 구체적으로 우리나라를 떠날 수 있는 출국의 자유와 외국 체류를 중단하고 다시 우리나라로 돌아올 수 있는 입국의 자유를 포함한다.

③ **여권의 발급은** 헌법이 보장하는 거주·이전의 자유의 내용인 해외여행의 자유를 보장하기 위한 수단적 성격을 갖고 있으며, 해외여행의 자유는 최대한 그 권리가 보장되어야 하고, 따라서 그 권리를 제한하는 것은 최소한에 그쳐야 한다.

④ 여권발급 신청인이 북한 고위직 출신의 탈북 인사로서 신변에 대한 위해 우려가 있다는 이유로 신청인의 미국 방문을 위한 여권발급을 거부한 것은 여권법 제8조 제1항 제5호에 정한 사유에 해당한다고 볼 수 있고 거주·이전의 자유를 과도하게 제한하는 것으로서 위법하다고 볼 수 없다.

문 8. 정답 ④

***해 설**

① ② ③ ☞ ○ ④ ☞ ×

대법원 2008. 01. 24. 선고 2007두10846 판결[여권발급거부취소]

[1] **거주·이전의 자유**란 국민이 자기가 원하는 곳에 주소나 거소를 설정하고 그것을 이전할 자유를 말하며 그 자유에는 **국내에서의 거주·이전의 자유** 이외에 **해외여행 및 해외이주의 자유가 포함되고,** 해외여행 및 해외이주의 자유는 대한민국의 통치권이 미치지

않는 곳으로 여행하거나 이주할 수 있는 자유로서 구체적으로 우리나라를 **떠날 수 있는 출국의 자유**와 **외국 체류를 중단하고 다시 우리나라로 돌아올 수 있는 입국의 자유를 포함한다.**

[2] 여권의 발급은 헌법이 보장하는 거주·이전의 자유의 내용인 해외여행의 자유를 보장하기 위한 수단적 성격을 갖고 있으며, 해외여행의 자유는 행복을 추구하기 위한 권리이자 이동의 자유로운 보장의 확보를 통하여 의사를 표현할 수 있는 측면에서 인신의 자유 또는 표현의 자유와 밀접한 관련을 가진 기본권이므로 최대한 그 권리가 보장되어야 하고, 따라서 그 권리를 제한하는 것은 최소한에 그쳐야 한다.

[3] **여권발급신청인이 북한 고위직 출신의 탈북 인사로서 신변에 대한 위해 우려가 있다는 이유로 신청인의 미국 방문을 위한 여권발급을 거부한 것은 여권법 제8조 제1항 제5호에 정한 사유에 해당한다고 볼 수 없고 거주·이전의 자유를 과도하게 제한하는 것으로서 위법하다.**

탈북인사라고 불합리한 차별할 수 없으므로 평등원칙위반

9. **통치행위**에 대한 판례의 태도로 옳지 않은 것은? (9급 지방직)

① 대통령의 긴급재정경제명령(☞ 금융실명제)은 국가긴급권의 일종으로서 **고도의 정치적 결단**에 의하여 발동되는 행위이고 그 결단을 존중하여야 할 필요성이 있는 행위라는 의미에서 이른바 **통치행위**에 속한다.

정치적 이유로 사법심사가 부정 X
사법심사제약 O

② **남북정상회담의** 개최과정에서 재정경제부장관에게 **신고**하지 아니하거나 통일부장관의 협력사업 **승인**을 얻지 아니한 채 **북한 측에 사업권의 대가 명목으로 송금**한 행위는 고도의 정치적 성격을 지니고 있는 행위라 할 것이므로 특별한 사정이 없는 한 그 당부를 심판하는 것은 사법권의 내재적·본질적 한계를 넘어서는 것이 되어 적절하지 못하다.

③ **통치행위의 개념을 인정**한다고 하더라도 과도한 사법심사의 자제가 기본권을 보장하고 법치주의 이념을 구현하여야 할 법원의 책무를 태만히 하거나 포기하는 것이 되지 않도록 그 인정을 지극히 신중하게 하여야 하며, 그 **판단**은 오로지 **사법부**만에 의하여 이루어져야 한다.

순수정치행위는 통치행위 O 이어서 사법심사 제약, 정치적 성격이 가미된 법적 행위는 통치행위가 아니고 사법심사 대상 O가 많음

④ 외국에의 **국군의 파견결정**(☞ 자이툰 부대 파견사건)은 파견군인의 생명과 신체의 안전뿐만 아니라 국제사회에서의 우리나라의 지위와 역

할, 동맹국과의 관계, 국가안보문제 등 궁극적으로 국민 내지 국익에 영향을 미치는 복잡하고도 중요한 문제로서 국내 및 국제정치관계 등 제반상황을 고려하여 미래를 예측하고 목표를 설정하는 등 고도의 정치적 결단이 요구되는 사안이다.

문 9. 정답 ②

***해 설**

☞ ②: ×

대법원 2004. 3. 26. 선고 2003도7878 판결【외국환거래법위반 · 남북교류협력에관한법률위반 · 특정경제범죄가중처벌등에관한법률위반】[공 2004. 5. 1.[201], 753]★

남북정상회담의 개최는 **고도의 정치적 성격**을 지니고 있는 행위라 할 것이므로 특별한 사정이 없는 한 그 당부를 심판하는 것은 **사법권의 내재적 · 본질적 한계**를 넘어서는 것이 되어 적절하지 못하지만, 남북정상회담의 개최과정에서 재정경제부장관에게 **신고**하지 아니하거나 통일부장관의 협력사업 **승인**을 얻지 아니한 채 북한측에 사업권의 **대가 명목으로 송금**한 행위 자체는 헌법상 법치국가의 원리와 법 앞에 평등원칙 등에 비추어 볼 때 **사법심사의 대상이 된다.**

통치행위는 고도의 정치적 결단이 수반되는 행위이므로 사법심사가 **불가능**한 것은 아니지만 **제한**됨. **각하** 판결을 할 경우가 많음.

통치행위는 행정부와 국회 등이 정치적 이유로 행할 수 있음. 일반민간인들은 할 수 없음. **사법부도 통치행위를 할 수는 없고**, 통치행위 여부를 재판할 뿐임.

통치행위라도 국민의 **기본권과 관련되면** 사법심사가 가능하다는 것이 **헌법재판소**의 결정이다. 〈금융실명제 사건 등〉

10. 통치행위에 대한 판례들 중 옳지 않은 것은?

① 남북정상회담개최는 사법심사가 적절하지 않지만, 대북송금행위는 사법심사대상이 된다.

② 한미연합군사훈련에 참여하지 않을 수 있는 평화적 기본권이 인정된다.

③ 군인들이 군사반란과 내란을 일으켜 집권에 성공하였다고 하더라도 처벌의 대상이 된다.

④ 헌법재판소는 기본권과 관련되는 범위에서는 대통령의 금융실명에 대한 긴급재정경제명령이라도 사법심사의 대상이 된다고 판시하였다.

문 10. 정답 ②

***해 설**

☞ ①: ○

대법원 2004. 03. 26. 선고 2003도7878 판결【외국환거래법위반 · 남북교류협력에관한법률위반 · 특정경제범죄가중처벌등에관한법률위반(배임)】

남북정상회담의 개최는 고도의 정치적 성격을 지니고 있는 행위라 할 것이므로 특별한 사정이 없는 한 그 당부를 심판하는 것은 사법권의 내재적 · 본질적 한계를 넘어서는 것이 되어 적절하지 못하지만, 남북정상회담의 개최과정에서 재정경제부장관에게 신고하지 아니하거나 통일부장관의 협력사업 승인을 얻지 아니한 채 북한측에 사업권의 대가 명목으로 송금한 행위 자체는 헌법상 법치국가의 원리와 법 앞에 평등원칙 등에 비추어 볼 때 사법심사의 대상이 된다.

☞ ②: × 헌재 판례 변경으로 더 이상 평화적 생존권을 기본권으로 보장하지는 않는다.

헌재 2009. 5. 28. 2007헌마369, 판례집 21-1하, 769

1. **한미연합 군사훈련은** 1978. 한미연합사령부의 창설 및 1979. 2. 15. 한미연합연습 양해각서의 체결 이후 연례적으로 실시되어 왔고, 특히 이 사건 연습은 대표적인 한미연합 군사훈련으로서, 피청구인이 2007. 3.경에 한 이 사건 연습결정이 새삼 국방에 관련되는 고도의 정치적 결단에 해당하여 **사법심사를 자제하여야 하는 통치행위에 해당된다고 보기 어렵다.**

2. 청구인들이 평화적 생존권이란 이름으로 주장하고 있는 평화란 헌법의 이념 내지 목적으로서 추상적인 개념에 지나지 아니하고, **평화적 생존권은 이를 헌법에 열거되지 아니한 기본권으로서 특별히 새롭게 인정할 필요성이 있다거나 그 권리내용이 비교적 명확하여 구체적 권리로서의 실질에 부합한다고 보기 어려워 헌법상 보장된 기본권이라고 할 수 없다.**

3. 종전에 헌법재판소가 이 결정과 견해를 달리하여 '평화적 생존권을 헌법 제10조와 제37조 제1항에 의하여 인정된 기본권으로서 침략전쟁에 강제되지 않고 평화적 생존을 할 수 있도록 국가에 요청할 수 있는 권리'라고 판시한 2003. 2. 23. 2005헌마268 결정은 이 결정과 저촉되는 범위 내에서 이를 변경한다.

☞ ③: ○

대법원 1997. 04. 17. 선고 96도3376 전원합의체 판결[반란수괴 · 반란모의참여 · 반란중요임무종사 · 불법진퇴 · 지휘관계엄지역수소이탈 · 상관살해 · 상관살해미수 · 초병살해 · 내란수괴 · 내란모의참여 · 내란중요임무종사 · 내란목적살인 · 특정범죄가중처벌등에관한법률위반(뇌물)]

우리나라는 제헌헌법의 제정을 통하여 국민주권주의, 자유민주주의, 국민의 기본권보장, 법치주의 등을 국가의 근본이념 및 기본원리로 하는 헌법질서를 수립한 이래 여러 차례에 걸친 헌법개정이 있었으나, 지금까지 한결같이 위 헌법질서를 그대로 유지하여 오고 있는 터이므로, 군사반란과 내란을 통하여 폭력으로 헌법에 의하여 설치된 국가기관의 권능행사를 사실상 불가능하게 하고 정권을 장악한 후 국민투표를 거쳐 헌법을 개정하고 개정된 헌법에 따라 국가를 통치하여 왔다고 하더라도 그 군사반란과 내란을 통하여 새로운 법질서를 수립한 것이라고 할 수는 없으며, 우리나라의 헌법질서 아래에서는 헌법에 정한 민주적 절차에 의하지 아니하고 폭력에 의하여 헌법기관의 권능행사를 불가능하게 하거나 정권을 장악하는 행위는 어떠한 경우에도 용인될 수 없다. 따라서 그 군사반란과 내란행위는 처벌의 대상이 된다.

☞ ④: ○

헌재 1996. 2. 29. 93헌마186, 판례집 8－1, 111

11. 다음 중 **통치행위**에 대한 설명 중 옳지 않은 것은? (서울시 7급)

① 통치행위는 고도의 **정치적 결단**에 의한 국가의 행위로 사법심사의 대상으로 할 수 있는가에 대하여 **논란이 있**다.

② 통치행위의 주체는 통상 **정부**가 거론되나 **국회**와 사법부에 의한 통치행위를 인정하는 것이 일반적이다.

③ 헌법재판소는 이라크 파병결정과 관련하여 **외국에의 국군파병결정**은 국방 및 외교에 관련된 고도의 정치적 결단을 요하는 문제로, 헌법재판소가 이에 대하여 사법적 기준만으로 이를 심판하는 것은 **자제**되어야 한다고 판시하였다.

④ 통치행위가 **국민의 기본권 침해와 직접 관련이 있는 경우**는 헌법소원의 대상이 될 수 있다.

⑤ 통치행위에 관한 **사법자제설**은 사법심사가 가능함에도 사법의 정치화를 방지하기 위하여 법원 스스로 자제한다는 견해이다.

④는 금융실명제 사건에서 판시

문 11. 정답 ②

*해 설

☞ ②: 통치행위는 **통상적으로 국회와 행정부의** 통치행위를 대상으로 한다. **사법부는** 국회와 행정부의 정치적 행위에 대하여 통치행위를 이유로 사법심사를 자제할 것인지 여부를 **판단할 뿐이다**.

☞ ③: ○

헌재 2004. 4. 29. 2003헌마814, 판례집 16-1, 601[각하]

외국에의 국군의 파견결정은 파견군인의 생명과 신체의 안전뿐만 아니라 국제사회에서의 우리나라의 지위와 역할, 동맹국과의 관계, 국가안보문제 등 궁극적으로 국민 내지 국익에 영향을 미치는 복잡하고도 중요한 문제로서 국내 및 국제정치관계 등 제반상황을 고려하여 미래를 예측하고 목표를 설정하는 등 고도의 정치적 결단이 요구되는 사안이다. 따라서 그와 같은 결정은 그 문제에 대해 정치적 책임을 질 수 있는 국민의 대의기관이 관계분야의 전문가들과 광범위하고 심도 있는 논의를 거쳐 신중히 결정하는 것이 바람직하며 우리 헌법도 그 권한을 국민으로부터 직접 선출되고 국민에게 직접 책임을 지는 대통령에게 부여하고 그 권한행사에 신중을 기하도록 하기 위해 국회로 하여금 파병에 대한 동의여부를 결정할 수 있도록 하고 있는바, 현행 헌법이 채택하고 있는 대의민주제 통치구조 하에서 대의기관인 대통령과 국회의 그와 같은 고도의 정치적 결단은 가급적 존중되어야 한다.

12. 통치행위에 관한 판례의 내용 중 옳지 않은 것은? (변시 기출)

① **대통령의 비상계엄의 선포나 확대 행위는** 고도의 정치적·군사적 성격을 지니고 있는 행위라고 할 것이므로, 그것이 누구에게도 일견하여 헌법이나 법률에 위반되는 것으로서 **명백하게 인정될 수 있는 경우라면 몰라도**, 그러하지 아니한 이상 그 **계엄선포의 요건 구비 여부나 선포의 당·부당을 판단할 권한이 사법부에는 없다**고 할 것이나, 비상계엄의 선포나 확대가 **국헌문란의 목적을 달성하기 위하여** 행하여진 경우에는 **법원은 그 자체가 범죄행위에 해당하는지의 여부에 관하여 심사할 수 있다**.

계엄선포의 요건구비 여부나 선포의 당·부당을 판단할 권한 X

범죄행위에 해당하는지 여부 심사 O

② 헌법재판소는 대통령의 **긴급재정경제명령은** 국가긴급권의 일종으로서 고도의 정치적 결단에 의하여 발동되는 행위이고, 그 결단을 존중

하여야 할 필요성이 있는 행위라는 의미에서 이른바 통치행위에 속한다고 판시하였다.

③ 헌법재판소는 고도의 정치적 결단에 의하여 행해지는 국가작용이라고 할지라도 그것이 국민의 **기본권 침해와 직접 관련되는 경우**에는 헌법재판소의 심판대상이 된다고 판시하였다.

④ 헌법재판소는 대통령이 국군을 **이라크에 파병하기로 한 결정은** 그 성격상 국방 및 외교에 관한 고도의 정치적 결단을 요하는 문제로서, 헌법과 법률이 정한 절차를 지켜 이루어진 것임이 명백하므로, 대통령과 **국회의 판단은 존중**되어야 하고 헌법재판소가 사법적 기준만으로 이를 **심판하는 것은 자제**되어야 한다고 판시하였다.

송금행위는 사법심사의 대상 O
국가직 등 빈출 지문

⑤ 대법원은 남북정상회담의 개최 및 이 과정에서 정부의 승인을 얻지 아니한 채 북한 측에 사업권의 **대가 명목으로 송금한 행위 등은 고도의 정치적 성격을 지니고 있는 행위라** 할 것이므로 특별한 사정이 없는 한 그 당부를 심판하는 것은 사법권의 내재적·본질적 한계를 넘어서는 것으로서 사법심사의 대상이 될 수 없다고 보았다.

문 12. 정답 ⑤

*해 설

☞ ①: ○

대법원 1997. 04. 17. 선고 96도3376 전원합의체 판결[반란수괴·반란모의참여·반란중요임무종사·불법진퇴·지휘관계엄지역수소이탈·상관살해·상관살해미수·초병살해·내란수괴·내란모의참여·내란중요임무종사·내란목적살인·특정범죄가중처벌등에관한법률위반(뇌물)][집 45(1)형, 1 공 1997. 5. 1.(33), 1303]에서 위와 같은 판시를 하고 있다.

☞ ②: ○ ☞ ③: ○

헌재 1996. 2. 29. 93헌마186, 판례집 8-1, 111[기각,각하]

대통령의 긴급재정경제명령은 국가긴급권의 일종으로서 고도의 정치적 결단에 의하여 발동되는 행위이고 그 결단을 존중하여야 할 필요성이 있는 행위라는 의미에서 이른바 통치행위에 속한다고 할 수 있으나, 통치행위를 포함하여 모든 국가작용은 국민의 기본권적 가치를 실현하기 위한 수단이라는 한계를 반드시 지켜야 하는 것이고, 헌법재판소는 헌법의 수호와 국민의 기본권 보장 사명으로 하는 국가기관이므로 비록 고도의 정치적 결단에 의하여 행해지는 국가작용이라고 할지라도 그것이 국민의 기본권 침해와 직접 관련되는 경우에는 당연히 헌법재판소의 심판대상이 된다.

☞ ④: ○

헌재 2003. 12. 18. 2003헌마255 등, 판례집 15－2하, 655[각하]에서 위와 같은 결정을 하였다.

☞ ⑤ : ×

대법원 2004. 03. 26. 선고 2003도7878 판결[외국환거래법위반 · 남북교류협력에 관한법률위반 · 특정경제범죄가중처벌등에관한법률위반(배임)]

남북정상회담의 개최는 고도의 정치적 성격을 지니고 있는 행위라 할 것이므로 특별한 사정이 없는 한 그 당부를 심판하는 것은 사법권의 내재적 · 본질적 한계를 넘어서는 것이 되어 적절하지 못하지만, 남북정상회담의 개최과정에서 재정경제부장관에게 신고하지 아니하거나 통일부장관의 협력사업 승인을 얻지 아니한 채 북한측에 사업권의 대가 명목으로 송금한 행위 자체는 헌법상 법치국가의 원리와 법 앞에 평등원칙 등에 비추어 볼 때 사법심사의 대상이 된다.

행정법의 일반원칙 — 문제연습

① ∵거부에 대해 일단 복종의무 → 공정력 있음 → ∴급여청구 못하는 것은 귀책사유 없음

② ∵의약품 유통질서 중요

③ ∵공직기강 공익＞사익

13. 다음 행정법의 일반원칙에 대한 판례의 태도들 중 틀린 것은?

① 근로자가 **요양불승인**(☞ 요양신청거부처분)에 대한 **취소소송** 판결 확정시까지 휴업급여를 청구하지 못한 것은 근로자의 **귀책사유**가 있다고 볼 수 없다.

② **녹용회분 성분의 함량**이 비록 기준치를 0.5%에 불과하게 **초과**하였더라도 **수입녹용 전량**에 대한 **폐기명령**과 **반송명령**은 비례의 원칙에 위반되지 아니한다.

③ **해운대 경찰관**이 교통신호 위반을 눈감아 주는 대가로 **1만원을 수뢰**한 것에 대하여 직위해제한 것은 평생의 근무태도나 표창경력에 비추어 **비례의 원칙**에 위반되는 **재량의 남용**이 있다.

④ **청소년 유해매체물**인 줄 **모르고 만화 섹시보이**를 대여한 **귀뚜라미 도서대여점**에게 700**만**원의 **과징금**(☞ 불법수익을 박탈하는 금전처분)을 부과한 것은 **비례의 원칙에 위반**되므로 **재량의 남용**이 있다.

문 13. 정답 ③

***해 설**

☞ ①: ○

대법원 2008. 09. 18. 선고 2007두2173 전원합의체 판결[휴업급여부지급처분취소]

근로자가 입은 부상이나 질병이 업무상 재해에 해당하는지 여부에 따라 요양급여 신청의 승인, 휴업급여청구권의 발생 여부가 차례로 결정되고, 따라서 **근로복지공단의 요양불승인처분**의 적법 여부는 사실상 근로자의 **휴업급여청구권** 발생의 전제가 된다고 볼 수 있는 점 등에 비추어, **근로자가 요양불승인에 대한 취소소송의 판결확정시까지 근로복지공단에 휴업급여를 청구하지 않았던 것은** 이를 **행사할 수 없는 사실상의 장애사유가 있었기 때문이라고 보아야** 하므로, 근로복지공단의 소멸시효 항변은 신의성실의 원칙에 반하여 허용될 수 없다.

☞ ②: ○

대법원 2006. 04. 14. 선고 2004두3854 판결[수입한약재폐기등지시처분취소] 〉 종합법률정보 판례

지방식품의약품안전청장이 **수입 녹용** 중 전지 3대를 절단부위로부터 5cm까지의 부분을 절단하여 측정한 **회분함량이 기준치를 0.5% 초과**하였다는 이유로 수입 녹용 **전부에 대하여 전량 폐기** 또는 반송처리를 지시한 경우, **녹용 수입업자가 입게 될 불이익**이 **의약품의 안전성과 유효성**을 확보함으로써 **국민보건**의 향상을 기하고 고가의 한약재인 녹용에 대하여 부적합한 수입품의 무분별한 유통을 방지하려는 **공익**상 필요보다 크다고는 할 수 없으므로 위 폐기 등 지시처분이 재량권을 **일탈·남용한 경우에 해당하지 않는다**.

☞ ③: ×

대법원 2006. 12. 21. 선고 2006두16274 판결[해임처분취소]

경찰공무원이 그 단속의 대상이 되는 신호위반자에게 먼저 적극적으로 돈을 요구하고 다른 사람이 볼 수 없도록 돈을 접어 건네주도록 전달방법을 구체적으로 알려주었으며 동승자에게 신고시 범칙금 처분을 받게 된다는 등 비위신고를 막기 위한 말까지 하고 금품을 수수한 경우, **비록 그 받은 돈이 1만 원**에 **불과하더라도 위 금품수수행위**를 **징계사유로 하여 당해 경찰공무원을 해임**처분한 것은 징계**재량권의 일탈·남용이 아니다.** (☞ 판례는 재량의 일탈과 남용을 엄격하게 구별하지 않고 있음)

☞ ④: ○

대법원 2001. 07. 27. 선고 99두9490 판결[과징금부과처분취소]

청소년유해매체물로 결정·고시된 만화인 사실을 모르고 있던 도서대여업자가 그 고시일로부터 8일 후에 청소년에게 그 만화를 대여한 것을 사유로 그 도서대여업자에게 **금 700만 원의 과징금**이 부과된 경우, 그 도서대여업자에게 청소년유해매체물인 만화를 청소년에게 대여하여서는 아니된다는 금지의무의 해태를 탓하기는 **가혹하다는 이유**로 그 과징금부과처분은 **재량**권을 **일탈·남용**한 것으로서 **위법**하다.

14. 자기구속의 원칙에 대한 다음 설명 중 틀린 것을 모두 고르시오. (다툼이 있는 경우 판례에 의함)

ㄱ. 자기구속의 원칙은 예기관행에 대해서는 부정된다는 것이 다수설과 판례의 입장이다.
ㄴ. 자기구속의 원칙과 평등의 원칙은 위법한 경우에도 적용된다.
ㄷ. 헌재처럼 대법원도 행정규칙이 되풀이 시행되어 관행이 이루어지게 되면 평등의 원칙이나 신뢰보호의 원칙을 근거로 자기구속의 원칙이 인정된다고 판시하고 있다.
ㄹ. 자기구속의 원칙의 요건으로서는 재량준칙이 있을 것, 행정관행이 있을 것, 귀책사유가 없을 것 등이 있다.
ㅁ. 자기구속의 원칙의 한계로서는 예기관행의 인정여부, 위법에의 평등 부정, 이익형량 등이 논의된다.

① ㄱ, ㄷ, ㄹ ② ㄴ, ㄷ, ㅁ
③ ㄴ, ㄷ, ㄹ ④ ㄴ, ㄹ, ㅁ
⑤ ㄴ, ㄹ

문 14. 정답 ⑤

***해 설**

행정부 스스로가 정한 자기기준으로 행정규칙이 있다. 법률과 같이 타자가 정해주는 기준과는 다르다. 그러나 자기기준이라도 평등하게 적용하여 국민들을 대하여야 한다. 이것을 자기구속의 원칙이라고 한다.

☞ ㄱ: ○

예기관행을 긍정하는 것은 소수설의 입장과 독일 및 프랑스의 판례에 불과하다.

☞ ㄴ: ×

자기구속의 원칙과 평등의 원칙은 **위법한 경우에는 적용되지 않는다**는 점에서 신뢰보호의 원칙과 차이가 있다.

☞ ㄷ: ○

대법원 2009. 12. 24. 선고 2009두7967 판결(☞ 아산영농 DSC 사건)★

아산농산 **영농조합**법인이 아산시장을 상대로 **신규건조저장시설**에 대한 사업자인정신청 하였으나 **재량준칙대로 허가하는 관행**과 달리 **허가를 거부**한 사건에서 **재량권 행사의 준칙인 행정규칙**이 그 정한 바에 따라 되풀이 시행되어 **행정관행이** 이루어지게 되면 **평등의 원칙**이나 **신뢰보호의 원칙**에 따라 행정기관은 그 상대방에 대한 관계에서 **그 규칙에 따라야** 할 **자기구속**을 받게 되므로, 이러한 경우에는 특별한 사정이 없는 한 그에 위반하는 처분은 **평등의 원칙**이나 **신뢰보호의 원칙**에 위배되어 **재량권을 일탈·남용**한 **위법**한 처분이 된다.

☞ ㄹ: ×

자기구속의 원칙의 요건은 **법**적으로 비교가능한 경우일 것, **당**해 처분청일 것, **동**일한 상황일 것, **관**행이 있을 것, **재**량준칙이 설정되어 있을 것이다. 귀책사유가 없을 것은 신뢰보호의 원칙의 요건이므로 틀린 지문이다.

☞ ㅁ: ○

자기구속의 원칙의 한계는 **예**기관행, **위**법에의 평등, **이**익형량이다. 예기관행부정설이 다수설과 판례의 입장이고 긍정설(홍정선 교수, 김동희 교수)은 소수설과 독일 및 프랑스의 판례이다. **위법에의 평등이나 자기구속**의 주장은 받아들이지 **않는다**. 관행을 어길 **더 큰 공익**이나 정당한 제3자의 이익이 있으면 자기구속의 원칙에 **위반되지 않는다**.

15. 비례의 원칙들에 대하여 다음의 설명 중 옳은 것을 모두 고르시오. (다툼이 있는 경우 판례에 의함)

ㄱ. 비례의 원칙은 성문법에 규정되어 있지 않다.
ㄴ. 비례의 원칙에서 공익과 사익의 **비교형량**이 적정해야 하는 것은 필요성의 원칙이다.
ㄷ. 판례에 따르면 **녹용**수입업자에 대하여 **회분함량이** 0.5% 초과한 정도로 수입 녹용 **전량**을 폐기하도록 한 처분은 과도하여 비례의 원칙에 위반된다.
ㄹ. 비례의 원칙은 과잉금지의 원칙이므로 과소보호의 원칙으로는 작용하지 않는다.
ㅁ. 해운대 교통경찰관이 도로교통법 위반에 대하여 **1만 원을 수뢰하고 단속을 눈감아 준 행위**에 대하여 **해임처분**을 한 것은 비례의 원칙에 위반하여 재량을 일탈·남용한 것이라고 대법원은 판시하고 있다.

① ㄱ, ㄴ, ㄷ, ㄹ, ㅁ
② ㄱ, ㄴ, ㄷ, ㄹ,
③ ㄱ, ㄴ, ㄷ
④ ㄴ, ㄷ
⑤ 답 없 음

문 15. 정답 ⑤

＊해 설

☞ ㄱ: ×

비례의 원칙은 **헌법 제37조 제2항**을 비롯해서 **경찰관직무집행법 제1조 제2항 및 제10조의 4, 행정소송법 제27조, 행정규제기본법** 등 다양한 개별법에 성문화되어 **있지만**, 규정 유무에 상관없이 **불문법원리 즉 행정법의 일반원칙**으로서 가장 중요한 위치를 차지하고 있다.

☞ ㄴ: ×

이는 비례의 원칙 중 상당성의 원칙이다.

☞ ㄷ: ×

대법원 2006. 4. 14. 선고 2004두3854 판결★

비록 0.5% **초과이지만 녹용이 가지는 의미를 고려**해 국민의 **건강과 보건 위생, 생명 및 신체에 대한 영향, 건전한 식품유통질서** 등의 이유로 전량을 폐기하더라도 비례의 원칙에 **위반되지 않는다고 판시하였다.**

☞ ㄹ: ×

비례의 원칙은 **과잉금지의 원칙으로도 과소보호금지의 원칙으로도** 작용한다는 것이 다수설과 헌재 판례의 입장이다.

☞ ㅁ: ×

대법원 2006. 12. 21. 선고 2006두16274 판결【해임처분취소】[공 2007. 2. 1.(267), 221]★

원고는 교통법규 위반행위를 단속할 권한과 의무를 지고 있는 경찰관으로서 그 단속의 대상이 되는 위반자에게 먼저 적극적으로 돈을 요구하여 받았고, 다른 사람이 볼 수 없도록 돈을 접어 건네주도록 돈을 건네주는 방법까지 지시하였으며, 원고의 비위행위를 목격하고 원고의 이름과 오토바이 번호를 기록하는 동승자에게 신고하면 오히려 불이익을 입게 될 것이라는 취지로까지 말하였다는 것이다. 사정이 위와 같다면, **비록 원고가 받은 돈이 1만 원에 불과하여 큰 금액이 아니라고 하더라도, 위와 같은 경찰공무원의 금품수수행위에 대하여 엄격한 징계를 가하지 아니할 경우 경찰공무원들이 교통법규 위반행위에 대하여 공평하고 엄정한 단속을 할 것을 기대하기 어렵게 되고, 일반 국민 및 함께 근무하는 경찰관들에게 법적용의 공평성과 경찰공무원의 청렴의무에 대한 불신을**

배양하게 될 것이다. 그러므로 원심이 인정한 바와 같은 정상에 관한 참작사유들을 고려하더라도 피고가 이 사건 징계사유를 이유로 원고에 대하여 해임처분을 한 것은 원고의 직무의 특성과 비위의 내용 및 성질, 징계양정의 기준, 징계의 목적 등에 비추어 볼 때에 그 징계 내용이 객관적으로 명백히 부당한 것으로서 사회통념상 현저하게 타당성을 잃었다고 할 수는 없을 것이다.

16. 다음 중 판례의 입장으로서 틀린 지문은?

① 고검장이 상사인 검찰총장을 비난하고 근무지를 무단이탈한 것에 대하여 직권면직을 한 것은 비례의 원칙에 위반한 재량의 남용이다.

② 심재륜 고검장에 대한 직권면직이 위법하다고 하더라도 취소판결에 의하여 복직이 되는 것은 검찰조직의 내분의 위험이 현저하므로 사정판결을 하였다.

③ 경찰관이 난동을 부리던 범인을 검거하면서 가스총을 근접 발사하여 가스와 함께 발사된 고무마개가 범인의 눈에 맞아 실명한 경우 무기사용이 비례의 원칙에 위반된다고 하여 국가배상책임을 인정하였다.

④ 영업종료 후 귀가 중 혈중알코올농도 0.19% 상태에서 음주운전을 하다가 신호대기 중인 승용차를 추돌하여 물적 피해를 입힌 개인택시운전사에 대하여 한 행정청의 운전면허 취소처분은 재량권의 범위를 일탈한 위법이 없다.

법치주의를 위해 사정판결은 엄격하게 예외적으로만 인정

문 16. 정답 ②

***해 설**

☞ ①: ○

대법원 2001. 08. 24. 선고 2000두7704 판결[면직처분취소]

이른바 '**심재륜 사건**'에서의 면직처분이, **징계면직된** 검사가 그 징계사유인 비행에 이르게 된 **동기와 경위**, 그 비행의 **내용**과 그로 인한 검찰조직과 국민에게 끼친 **영향**의 정도, 그 검사의 직위와 그 **동안의 행적 및 근무성적**, 징계처분으로 인한 **불이익의 정도** 등 **제반 사정에** 비추어, **비례의 원칙에 위반된 재량권 남용으로서 위법하다**.

☞ ②: ×

대법원 2001. 08. 24. 선고 2000두7704 판결[면직처분취소]

이른바 **'심재륜 사건'에서**의 징계면직된 검사의 **복직**이 **검찰조직의 안정과 인화**를 저해할 우려가 있다는 등의 사정은 검찰 **내부에서 조정 · 극복**하여야 할 문제일 뿐이고 준사법기관인 검사에 대한 위법한 면직처분의 취소 필요성을 부정할 만큼 **현저히 공공복리에 반하는 사유라고 볼 수 없다**는 이유로, **사정판결을 할 경우에 해당하지 않는다.**

☞ ③: ○

대법원 2003. 03. 14. 선고 2002다57218 판결[손해배상(기)]

경찰관은 범인의 **체포 또는 도주의 방지**, 타인 또는 경찰관의 생**명 · 신체에 대한 방호, 공무집행에 대한 항거의 억제**를 위하여 **필요**한 때에는 **최소**한의 범위 안에서 **가스총을 사용**할 수 있으나, 가스총은 통상의 용법대로 사용하는 경우 사람의 생명 또는 신체에 위해를 가할 수 있는 이른바 **위해성 장비**로서 그 탄환은 고무마개로 막혀 있어 사람에게 **근접하여 발사**하는 경우에는 고무마개가 가스와 함께 발사되어 인체에 위해를 가할 가능성이 있으므로, 이를 사용하는 경찰관으로서는 인체에 대한 위해를 방지하기 위하여 상대방과 근접한 거리에서 상대방의 **얼굴을 향하여 이를 발사하지 않는 등** 가스총 사용시 요구되는 **최소한의 안전수칙을 준수**함으로써 장비 사용으로 인한 사고 발생을 미리 막아야 할 **주의의무가 있다.**

☞ ④: ○

대법원 1996. 02. 27. 선고 95누16523 판결[자동차운전면허취소처분취소]

운전면허를 받은 사람이 **음주운전**을 하다가 고의 또는 과실로 교통사고를 일으킨 경우에 **운전면허의 취소 또는 효력정지 여부**는 행정청의 **재량행위**라 할 것인데, **음주운전으로 인한 교통사고를 방지할 공익상의 필요가 크고** 운전면허취소에 있어서는 **일반의 수익적 행정행위의 취소와는 달리** 그로 인한 당사자의 **불이익**보다는 **교통사고 등을 방지하여야 하는 일반 예방적** 측면이 더욱 강조되어야 하는바, 특히 운전자가 **자동차운전을 생업으로 삼고** 있는 경우에는 더욱 더 그러하다.

영업종료 후 귀가 중 혈중알코올농도 0.19% 상태에서 **음주운전**을 하다가 신호대기 중인 승용차를 추돌하여 물적 피해를 입힌 개인택시운전사에 대하여 한 행정청의 **운전면허 취소처분은 재량권의 범위를 일탈한 위법이 없다.**

17. 신뢰보호의 원칙에 대한 다음의 보기 중 옳은 것(o)과 옳지 않은 것(x)을 올바르게 조합한 것은?

ㄱ. 신뢰보호의 원칙의 **이론적 근거**에 대하여 신의칙설이 다수설의 입장이다.
ㄴ. 신뢰보호의 원칙의 법적 근거에 대하여 **행정절차법 제4조 제2항**이 근거가 될 수 **있다**.
ㄷ. 신뢰보호의 원칙에 대하여 **변리사법 시행령 부칙 사건**에서 **대법원 전원합의체 판결 중 다수의견**은 **헌법적 차원의 효력**이라고 판시하였다.
ㄹ. 신뢰보호의 원칙에 대하여 **약사법 시행령 부칙 사건**에서 대법원은 한약자원학과 학생들에 대한 불리한 법의 개정을 즉시 시행하도록 한 부칙은 **신뢰보호의 원칙**에 위반되지 않는다고 판시하였다.
ㅁ. 신뢰보호의 원칙에서 **전임 시장**이 허가를 약속하였다면 **신임 시장**이 허가를 거부하더라도 동일한 행정청이 아니므로 신뢰보호의 요건을 충족하지 않는다.
ㅂ. 판례는 **채시라 씨 모델료 사건**에서 **일반론적인 견해표명**이라도 국세청장이 하였다면 신뢰보호의 원칙의 적용을 받는다고 판시하였다.

① ㄱ(x), ㄴ(o), ㄷ(o), ㄹ(x), ㅁ(x), ㅂ(x)
② ㄱ(o), ㄴ(x), ㄷ(o), ㄹ(x), ㅁ(x), ㅂ(o)
③ ㄱ(x), ㄴ(o), ㄷ(x), ㄹ(o), ㅁ(x), ㅂ(o)
④ ㄱ(o), ㄴ(o), ㄷ(o), ㄹ(x), ㅁ(x), ㅂ(x)
⑤ ㄱ(x), ㄴ(o), ㄷ(o), ㄹ(x), ㅁ(o), ㅂ(x)

문 17. 정답 ①

***해 설**

☞ ㄱ: ×

법적 안정성설이 다수설의 입장이다. 신뢰를 보호하여 법적 안정성을 도모하는 것은 법률적합성 못지않게 중요하고 이 두 가지 상반되는 원리가 조화되는 것이 법치국가원리의 목표이다.

법적 안정성설
ㄷ과 ㄹ 판시는 동일 이유

☞ ㄴ: ○

행정절차법 제4조 제2항과 **국세기본법 제18조 제3항** 등이 근거가 될 수 있으며, 나아가서 행정절차법 제4조 제2항은 신뢰보호의 한계(☞ 이익형량에 의하여 신뢰보호를 위반할 수도 있는 경우)도 규정하고 있다.

☞ ㄷ: ○

대법원 2006. 11. 16. 선고 2003두12899 전원합의체 판결★

변리사법 시행령 부칙사건에서 **전원합의체 다수의견**은 **헌법적 차원**의 효력으로서 **절대평가제에서 상대평가제**로 **불리하게 개정**하여 즉시 시행하도록 한 것은 **신뢰보호의 원칙에 위반**된다고 판시하였으나. 반대의견은 법률적 차원의 효력이며 신뢰보호의 원칙에 반하지 않는다고 하였다.

☞ ㄹ: ×

약사법 시행령 부칙사건에서 신뢰보호의 원칙에 위반된다고 판시하였다.

대법원 2007. 10. 29. 선고 2005두4649 전원합의체 판결【한약사국가시험응시원서접수거부처분취소】[집 55(2)특, 624; 공 2007하, 1853]★

한약사 국가시험의 응시자격에 관하여 개정 전의 약사법 시행령 제3조의2에서 **'필수 한약관련 과목과 학점을 이수**하고 대학을 졸업한 자'로 규정하고 있던 것을 **'한약학과를 졸업**한 자'로 응시자격을 변경하면서, 그 **개정 이전에 이미 한약자원학과에 입학하여 대학에 재학 중인** 자에게도 **개정 시행령이 적용**되게 한 개정 시행령 부칙은 **헌법상 신뢰보호**의 원칙과 **평등의 원칙**에 위배되어 허용될 수 **없다**.

전임시장의 약속 = 후임시장의 약속

시장의 약속 = 국장의 약속

추가 출제 포인트〉 **신뢰보호의 원칙은 위법한 행위에 대한 약속도** 적용이 된다. 다만 무효인 행위에 대한 약속은 적용이 제외되기는 한다. **그러나 평등의 원칙과 자기구속의 원칙은 위법한 행위에 대한 것은 주장할 수 없고** 적용되지 않는다.

☞ ㅁ: ×

신뢰보호의 제1요건인 행정청의 선행조치는 **조직법상으로 행정청을 엄격하게 따지지 않고 기능적으로 완화해서 파악**하므로 이러한 경우에도 신뢰보호의 원칙상의 **요건을 충족한다**.

☞ ㅂ: ×

판례는 **일반론적인 견해표명**은 행정청의 **공적 견해 표명에 해당하지 않는다고 판시**하였다.

18. 다음 판례의 태도 중 틀린 것은?

① 주유소 영업의 양도인이 등유가 섞인 유사휘발유를 판매한 위법사유를 들어 그 양수인에게 대하여 한 6월의 석유판매업영업정지처분을 하였더라도 재량권 일탈로서 위법하다고 볼 수 없다.

② 불공정거래행위인 사원판매행위에 대하여 부과된 과징금의 액수가 법정 상한비율을 초과하지 않는다고 하더라도 그 사원판매행위로 인하여 취득한 이익의 규모를 크게 초과하여 그 매출액에 육박하게 된 경우 과징금 부과처분은 비례의 원칙에 위배된 재량권의 일탈·남용에 해당한다.

③ 대순진리회가 도시계획구역 내 생산녹지로 답인 토지에 대하여 종교회관 건립을 이용목적으로 하는 토지거래계약의 허가를 받으면서 담당공무원이 관련 법규상 허용된다 하여 이를 신뢰하고 건축준비를 하였으나 그 후 토지형질변경허가신청을 불허가 한 것은 신뢰보호원칙에 반한다.

④ 충주시장이 우량농지를 보전하려는 공익을 들어 대순진리회에 대한 토지거래허가를 철회하는 것은 종교단체의 신뢰보호라는 사익이 더 큰 경우이므로 비례의 원칙에 위반된다.

문 18. 정답 ①

***해 설**

☞ ①: ×

대법원 1992. 02. 25. 선고 91누13106 판결[석유판매업영업정지처분취소]

주유소 영업의 양도인이 등유가 섞인 유사휘발유를 판매한 바를 모르고 이를 양수한 석유판매영업자에게 전 운영자인 양도인의 위법사유를 들어 사업정지기간 중 최장기인 6월의 사업정지에 처한 영업정지처분이 석유사업법에 의하여 실현시키고자 하는 공익목적의 실현보다는 **양수인이 입게 될 손실이 훨씬 커서 재량권을 일탈한 것으로서 위법하다.**

☞ ②: ○

대법원 2001. 02. 09. 선고 2000두6206 판결[시정명령등취소]

구 독점규제및공정거래에관한법률(1999. 2. 5. 법률 제5813호로 개정되기 전의 것)상의 불공정거래행위인 사원판매행위에 대하여 부과된 과징금의 액수가 법정 상한비율을 초과하지 않는다고 하더라도 **그 사원판매행위로 인하여 취득한 이익의 규모를 크게 초과하여 그 매출액에 육박하게 된 경우, 불법적인 경제적 이익의 박탈이라는 과징금 부과**

의 기본적 성격과 그 사원판매행위의 위법성의 정도에 비추어 볼 때 그 과징금 부과처분은 비례의 원칙에 위배된 재량권의 일탈·남용에 해당한다.

☞ ③: ○

대법원 1997. 09. 12. 선고 96누18380 판결[토지형질변경행위불허가처분취소]

도시계획구역 내 생산녹지로 **답인 토지**에 대하여 **종교회관 건립을 이용목적**으로 하는 토지거래계약의 허가를 받으면서 **담당공무원**이 **관련 법규상 허용된다 하여 이를 신뢰하고 건축준비**를 하였으나 그 후 토지형질변경허가신청을 불허가 한 것이 **신뢰보호원칙에 반한다**.

☞ ④: ○

대법원 1997. 09. 12. 선고 96누18380 판결[토지형질변경행위불허가처분취소]

비록 지방자치단체장이 당해 토지형질변경허가를 하였다가 이를 취소·철회하는 것은 아니라 하더라도 지방자치단체장이 토지형질변경이 가능하다는 공적 견해표명을 함으로써 이를 신뢰하게 된 당해 종교법인에 대하여는 그 신뢰를 보호하여야 한다는 점에서 형질변경허가 후 이를 취소·철회하는 경우를 유추·준용하여 그 형질변경허가의 취소·철회에 상당하는 당해 처분으로써 지방자치단체장이 달성하려는 공익 즉, 당해 토지에 대하여 그 형질변경을 불허하고 이를 우량농지로 보전하려는 공익과 위 형질변경이 가능하리라고 믿은 종교법인이 입게 될 불이익을 상호 비교·교량하여 만약 전자가 후자보다 더 큰 것이 아니라면 당해 처분은 비례의 원칙에 위반되는 것으로 재량권을 남용한 위법한 처분이라고 봄이 상당하다.

19. 신뢰보호의 요건과 한계에 대한 다음의 검토 내용 중 틀린 지문은? (다툼이 있는 경우 판례에 의함)

① 신뢰보호의 요건으로서는 **행정청의 선행조치가** 있어야 하는데, 이때 행정청에 대하여는 조직법상 엄격하게 파악하여야 한다.

② 상대방에게 **귀책사유가 없어야 하므로** 사위나 은닉이 있는 경우는 신뢰보호의 원칙의 적용을 받을 수 없다.

③ **신뢰에 기인한 조치가 있**어야 한다.

④ **손해가 발생하여**야 하며, **모순되는 후행조치가** 있어야 한다.

⑤ 신뢰보호의 **한계**로는 **이익형량면**에서 공익이나 제3자의 사익이 신뢰보호의 사익보다 우월한 경우이다.

문 19. 정답 ①

***해 설**

☞ 신뢰보호의 요건으로서 행정청의 선행조치는 완화해서 해석하는 것이 국민을 위하여 바람직하므로 행정청에 대하여 **조직법상 엄격하게 파악하는 것이 아니라 기능상 완화하여 파악하는 것**이 타당하다는 것이 다수설과 판례의 태도이다.

20. 다음 사례에서 甲의 권리구제에 관한 설명 중 옳지 않은 것은? (다툼이 있는 경우 판례에 의함) (변시 기출)

> 법률의 위임을 받아 특정 국가자격시험의 응시자격을 구체적으로 정하고 있는 **시행령이 2011. 3. 7.자로 개정되었다.** 이를 통해 **'관련과목의 이수'로 정해져 있던** 국가자격시험의 응시자격요건이 **'관련학과의 학위취득'으로 변경**되었다. 개정**시행령은 부칙에 경과규정**을 두어 그 시행일을 2011. 3. 7.로 **하되 2010학년도 이전에 관련학과 이외의 학과에** 입학한 자에 대해서는 종전의 규정에 의하도록 정하였다. 2011. 3. 2. **관련학과가 아닌 다른 학과에 입학한 甲**은 장래 위 국가자격시험의 응시를 목표로 하고 있었으나, **위 시행령 개정으로 응시자격이 없어졌다는 사실에 고민하고** 있다.

소급입법의 유형으로
① 진정소급입법은 원칙 X, 예외 O
② 부진정소급은 원칙 O, 예외 X

문제에서 관련과목의 이수는 유리한 선행조치

문제에서 관련학과의 학위취득은 모순되는 후행조치

① **법령을 개정해야 할 공익상의 필요가** 있더라도, 개정시행령상의 응시자격 규정이 구 시행령에 의한 응시자격이 장래에도 그대로 존속할 것이라는 합리적이고 정당한 甲의 **신뢰를** 과도하게 침해하는 경우에는 개정시행령상의 자격규정은 **신뢰보호원칙에 위반된다.**

② 개정시행령의 부칙이 2010학년도 이전에 관련학과 이외의 학과에 입학한 자와 2011학년도에 관련학과 이외의 학과에 입학한 자를 **합리적 사유 없이 차별하는 것이라면** 평등원칙에 반한다.

③ 사후에 甲이 관련과목의 이수라는 종전의 자격요건을 충족한 상태에서 응시원서를 제출하였는데 시험관리행정청에서 **그 접수를 거부한다면 접수거부처분에 대한 취소소송을 제기할 수 있고,** 그 재판에서 개정**시행령의 위헌 · 위법을 다툴 수 있다.**

③ →구체적 규범통제의 방법 중 위헌 · 위법명령 규칙 심사제도 가능

④는 부진정소급효 사례 ∵아직 자격을 취득하지 않았으므로 부진정소급효 사례 cf. 자격취득했는데 박탈 시는 진정소급

⑤ 법률이나 법규명령도 헌법소원의 대상이 되는 공권력이 O, 그러나 행정행위는 헌법소원의 대상이 되는 공권력이 X, 법원의 항고소송의 대상이 되는 공권력 O

④ 甲이 관련학과가 아닌 다른 학과에 입학한 후 위 시행령이 개정되었으므로 개정시행령을 甲에게 적용하는 것은 진정소급효를 발생시키는 경우에 해당되어 위법하다.

⑤ 개정시행령의 응시자격 관련 규정과 경과규정을 **정한 부칙 규정은** 직접 국가자격시험의 응시자격을 제한하는 법률효과를 발생시켜 국민의 평등권, 직업선택의 자유 등에 제한을 가하므로 **헌법소원의 대상이 되는 '공권력의 행사'에 해당한다**.

문 20. 정답 ④

*해 설

최신 판례가 많이 출제되고 있으므로 이에 대비한 공부가 별도로 필요하다. 사안의 경우는 부진정소급입법유형으로서 원칙적으로는 허용되지만 예외적으로 이익형량상 신뢰보호의 사익이 신법적용의 공익보다 우월하므로 부진정소급이 부정되는 사례이다. 그러므로 ④는 타당하지 아니하고 나머지 지문은 타당하다.

***** 대법원 2007. 10. 29. 선고 2005두4649 전원합의체 판결【한약사국가시험응시원서접수거부처분취소】[집 55(2)특, 624; 공 2007하, 1853]★**

[1] 법령의 개정에서 신뢰보호원칙이 적용되어야 하는 이유 및 신뢰보호원칙의 위배 여부를 판단하는 방법

법령의 개정에서 신뢰보호원칙이 적용되어야 하는 이유는, 어떤 법령이 장래에도 그대로 존속할 것이라는 합리적이고 정당한 신뢰를 바탕으로 국민이 그 법령에 상응하는 구체적 행위로 나아가 일정한 법적 지위나 생활관계를 형성하여 왔음에도 국가가 이를 전혀 보호하지 않는다면 법질서에 대한 국민의 신뢰는 무너지고 현재의 행위에 대한 장래의 법적 효과를 예견할 수 없게 되어 법적 안정성이 크게 저해되기 때문이고, 이러한 신뢰보호는 절대적이거나 어느 생활영역에서나 균일한 것은 아니고 개개의 사안마다 관련된 자유나 권리, 이익 등에 따라 보호의 정도와 방법이 다를 수 있으며, 새로운 법령을 통하여 실현하고자 하는 공익적 목적이 우월한 때에는 이를 고려하여 제한될 수 있으므로, 이 경우 신뢰보호원칙의 위배 여부를 판단하기 위해서는 한편으로는 침해된 이익의 보호가치, 침해의 중한 정도, 신뢰가 손상된 정도, 신뢰침해의 방법 등과 다른 한편으로는 새 법령을 통해 실현하고자 하는 공익적 목적을 종합적으로 비교·형량하여야 한다.

[2] 사안의 적용

개정 전 약사법(1994. 1. 7. 법률 제4731호로 개정되고 2005. 7. 29. 법률 제7635호로 개정되기 전의 것) 제3조의2 제2항의 위임에 따라 같은 법 시행령 제3조의2에서 한약사 국가

시험의 응시자격을 '필수 한약관련 과목과 학점을 이수하고 대학을 졸업한 자'로 규정하던 것을, 개정 시행령 제3조의2에서 '한약학과를 졸업한 자'로 응시자격을 변경하면서, **개정 시행령 부칙이 한약사 국가시험의 응시자격에 관하여 1996학년도 이전에 대학에 입학하여 개정 시행령 시행 당시 대학에 재학중인 자에게는 개정 전의 시행령 제3조의2를 적용하게 하면서도 1997학년도에 대학에 입학하여 개정 시행령 시행 당시 대학에 재학중인 자에게는 개정 시행령 제3조의2를 적용하게 하는 것은 헌법상 신뢰보호의 원칙과 평등의 원칙에 위배되어 허용될 수 없다.**

헌법상 신뢰보호원칙과 평등의 원칙에 위배되어 위헌임

21. 다음 중 판례의 태도 중 틀린 것을 고르시오.

① 건축주와 그로부터 건축설계를 위임받은 건축사가 상세계획지침에 의한 건축한계선의 제한이 있다는 사실을 간과한 채 건축설계를 하고 이를 토대로 건축물의 신축 및 증축허가를 받은 경우, 건축주가 건축사를 믿었다고 하더라도 그 신축 및 증축허가가 정당하다고 신뢰한 데에 귀책사유가 있다.

② 동사무소 직원이 착오로 국적이탈을 사유로 주민등록을 말소한 것을 신뢰하여 만 18세가 될 때까지 별도로 국적이탈신고를 하지 않았다가 만 18세가 넘은 후 동사무소의 주민등록 직권 재등록 사실을 알고 국적이탈신고를 하자 '병역을 필하였거나 면제받았다는 증명서가 첨부되지 않았다'는 이유로 거부한 것은 신뢰보호의 원칙에 반한다.

③ 서주관광개발주식회사가 월드컵유치를 위한 관광 숙박시설 지원 등에 관한 특별법의 유효기간인 2002. 12. 31. 이전까지 사업계획승인 신청을 한 경우에는 유효기간이 경과한 이후에도 특별법을 적용할 수 있다는 내용의 2002. 11. 13.자 회신은 문화관광부장관이 피고에게 한 것이어서 이를 원고에 대한 공적인 견해표명으로 볼 수 있다.

④ 위 회신에 앞서 피고의 담당공무원이 원고에게 위와 같은 내용의 회신이 있을 것으로 예상되니 신청을 다소 늦게 하더라도 무방하다고 말했다고 하더라도 이는 위 회신이 있기 전에 담당공무원 자신의 추측을 이야기한 것에 불과하여 이 또한 피고의 공적인 견해표명으로 보기 어렵다.

⑤ 서주관광개발주식회사가 당초의 예정대로 2002. 11. 4. 사업계획승인

신청을 하였다고 하더라도 처리기한 등을 감안할 때 어차피 특별법의 유효기간 내에는 처리가 어려웠을 것으로 보이는 점, 원고가 이 사건 사업추진 과정에서 지출한 비용은 이미 이 사건 사업신청 전에 지출한 것인 점, 원고가 증축부지에 대한 건축특례지역 고시 이후 2년여 동안 별다른 사업추진을 하지 않고 있다가 특별법의 실효가 임박한 시점에 이르러 뒤늦게 이 사건 승인신청을 하는 등 시간을 지연했던 점 등에 비추어 보면 원고에게 귀책사유가 있으므로 서울시장이 사업계획승인신청을 거부한 이 사건 처분이 신뢰보호의 원칙에 위배된다고 볼 수는 없다.

문 21. 정답 ③

***해 설**

☞ ①: ○

대법원 2002. 11. 08. 선고 2001두1512 판결[건축선위반건축물시정지시취소] 〉 종합법률정보 판례

귀책사유라 함은 행정청의 견해표명의 하자가 상대방 등 관계자의 사실은폐나 기타 사위의 방법에 의한 신청행위 등 부정행위에 기인한 것이거나 그러한 부정행위가 없다고 하더라도 하자가 있음을 알았거나 중대한 과실로 알지 못한 경우 등을 의미한다고 해석함이 상당하고, 귀책사유의 유무는 상대방과 그로부터 신청행위를 위임받은 수임인 등 관계자 모두를 기준으로 판단하여야 한다.

건축주와 그로부터 건축설계를 위임받은 건축사가 상세계획지침에 의한 건축한계선의 제한이 있다는 사실을 간과한 채 건축설계를 하고 이를 토대로 건축물의 신축 및 증축허가를 받은 경우, 그 신축 및 증축허가가 정당하다고 신뢰한 데에 귀책사유가 있다.

☞ ②: ○

대법원 2008. 01. 17. 선고 2006두10931 판결[국적이탈신고서반려처분취소]

동사무소 직원이 행정상 착오로 국적이탈을 사유로 주민등록을 말소한 것을 신뢰하여 만 18세가 될 때까지 별도로 국적이탈신고를 하지 않았던 사람이, 만 18세가 넘은 후 동사무소의 주민등록 직권 재등록 사실을 알고 국적이탈신고를 하자 '병역을 필하였거나 면제받았다는 증명서가 첨부되지 않았다'는 이유로 이를 반려한 처분은 신뢰보호의 원칙에 반하여 위법하다.

☞ ③: × ☞ ④: ○ ☞ ⑤: ○

대법원 2006. 04. 28. 선고 2005두6539 판결[반려처분취소]

관광 숙박시설 지원 등에 관한 특별법(이하 '특별법'이라고 한다)의 유효기간인 2002. 12. 31. 이전까지 사업계획승인 신청을 한 경우에는 유효기간이 경과한 이후에도 특별법을 적용할 수 있다는 내용의 2002. 11. 13.자 회신은 문화관광부장관이 피고에게 한 것이어서 이를 원고에 대한 **공적인 견해표명으로 보기 어렵고**, 위 회신에 앞서 피고의 담당공무원이 원고에게 위와 같은 내용의 회신이 있을 것으로 **예상되니 신청을 다소 늦게 하더라도 무방하다고 말했다고 하더라도 이는 위 회신이 있기 전에 담당공무원 자신의 추측을 이야기한 것에 불과하여 이 또한 피고의 공적인 견해표명으로 보기 어려우며**, 나아가, 원고가 당초의 예정대로 2002. 11. 4. 사업계획승인신청을 하였다고 하더라도 처리기한 등을 감안할 때 어차피 특별법의 유효기간 내에는 처리가 어려웠을 것으로 보이는 점, 원고가 이 사건 사업추진 과정에서 지출한 비용은 이미 이 사건 사업신청 전에 지출한 것인 점, 원고가 증축부지에 대한 건축특례지역 고시 이후 2년여 동안 별다른 사업추진을 하지 않고 있다가 **특별법의 실효가 임박한 시점에 이르러 뒤늦게 이 사건 승인신청을 하는 등 시간을 지연했던 점 등에 비추어 보면 원고에게 아무런 귀책사유가 없다고 할 수 없어,** 결국 특별법이 실효되었음을 이유로 원고의 사업계획승인신청을 거부한 이 사건 처분이 신뢰보호의 원칙에 위배된다고 볼 수는 없다고 판단하였다.

22. 신뢰보호의 원칙에 관한 설명 중 옳지 않은 것은? (다툼이 있는 경우 판례에 의함) (변시 기출)

① **구 세무사법상 일정한 경력 이상의 국세** 관련 공무원들에 대한 **자동적 세무사자격 부여제도**는, 그것이 40년 동안 유지되어 왔다고 하더라도, 특정한 공무원들에 대한 특혜에 불과하여 이에 대한 신뢰는 헌법적으로 보호할 가치가 있는 **신뢰에 해당**하지 않으므로, **신법 시행일 후 1년까지** 구법상의 자격요건을 갖추게 되는 경력공무원에게만 구법규정을 적용하여 세무사자격이 부여되도록 한 세무사법 부칙 조항은 그때까지 동 자격요건을 갖추지 못하는 **다른 세무공무원들**의 **신뢰이익을 침해**하는 것이 아니다.

② 국가는 조세 · 재정정책을 탄력적 · 합리적으로 운용할 필요성이 있기 때문에, 납세의무자로서는 구법질서에 의거하여 적극적인 신뢰행위를 하였다든가 하는 사정이 없는 한 원칙적으로 **세율 등 현재의 세법이**

선행조치

① 신뢰에 해당 O
귀책사유 없는 공무원들의 신뢰이익을 침해 O

② ∵20년, 30년 유지 약속한 것은 X

③은 예외공식

④ ∵ 공익>사익

과세기간 중에 변함없이 유지되리라고 신뢰하고 기대할 수는 없다.

③ **부진정소급효의 입법은 원칙적으로** 허용되는 것이지만, 소급효를 요구하는 공익상의 사유와 신뢰보호의 요청 사이의 **비교형량 과정에서**, 신뢰보호의 관점이 입법자의 형성권에 제한을 가하게 된다.

④ 신뢰보호의 원칙은 법치국가의 원칙으로부터 도출되는 것으로, 그 위반 여부는, 침해받은 이익의 보호가치, 침해의 중한 정도, 신뢰가 손상된 정도, 신뢰침해의 방법, 새로운 입법을 통해 실현하고자 하는 공익적 목적을 종합적으로 **비교·형량하여 판단하여야 한다.**

⑤ **의료기관 시설의 일부를 변경하여 약국을 개설하는 것을 금지하는** 조항을 신설하면서, 이에 해당하는 기존 약국 영업을 개정법 시행일로부터 **1년까지만 허용하고** 유예기간 경과 후에는 약국을 **폐쇄하도록 한 약사법 부칙 조항은**, 개정법 시행 이전부터 의료기관 시설의 일부를 변경한 장소에서 약국을 운영해 온 기존 약국개설등록자의 **신뢰이익을 침해하는 것이 아니다.**

문 22. 정답 ①

***해 설**

☞ ①: ×

헌재 2001. 09. 27, 2000헌마152, 판례집 제13권 2집, 338 세무사법중개정법률 중 제3조 제2호를 삭제한다는 부분 등 위헌확인(2001. 9. 27. 2000헌마152 전원재판부)

가. **청구인들의 세무사자격 부여에 대한 신뢰는 보호할 필요성이 있는 합리적**이고도 **정당한 신뢰라 할 것이고,** 개정법 제3조 등의 개정으로 말미암아 청구인들이 입게 된 불이익의 정도, 즉 **신뢰이익의 침해정도는 중대하다고 아니할 수 없는 반면,** 청구인들의 신뢰이익을 침해함으로써 일반응시자와의 형평을 제고한다는 공익은 위와 같은 신뢰이익 제한을 헌법적으로 정당화할 만한 사유라고 보기 어렵다. 그러므로 기존 국세관련 경력공무원 중 일부에게만 구법 규정을 적용하여 세무사자격이 부여되도록 규정한 위 세무사법 부칙 제3항은 충분한 공익적 목적이 인정되지 아니함에도 **청구인들의 기대가치 내지 신뢰이익을 과도하게 침해한 것으로서 헌법에 위반된다.**

나. 또한 2000. 12. 31. 현재 자격부여요건을 충족한 자와 그렇지 못한 청구인들 사이에는 단지 근무기간에 있어서의 양적인 차이만 존재할 뿐, 본질적인 차이는 없고, 세무사자격

부여제도의 폐지와 관련된 조항의 시행일만을 2001. 1. 1.로 늦추어 **1년의 유예기간을 두고 있는 것 자체가 합리적 근거 없는 자의적 조치이므로**, 위 부칙조항은 합리적인 이유 없이, 자의적으로 설정된 기준을 토대로 위 부칙조항의 적용대상자와 청구인들을 차별취급하는 것으로서 **평등의 원칙에도 위반된다**.

☞ ②: ○

원칙적으로는 타당한 설명이다. **그러나 특별한 사정이 있을 때에는 신뢰보호**를 **주장할 수 있다**.

☞ ③: ○

최근 대법원과 헌재는 부진정소급에 대하여 **원칙적으로 허용하지만, 예외적으로** 구법에 대한 신뢰보호이익이 신법에 대한 공익보다 비교형량하여 우월하면 구법이 적용되어 부진정소급이 허용되지 않는다고 한다.

☞ ④: ○

신뢰보호의 원칙에 대한 법원의 타당한 판시내용이다.

☞ ⑤: ○

2001헌마700 약사법 제69조 제1항 제2호 등 위헌확인, 2003헌바11(병합) 약사법 제16조 제5항 제3호 위헌소원 등

23. 다음 중 판례의 태도로 틀린 것은?

① 과세관청이 납세의무자에게 면세사업자등록증을 교부하고 수년간 면세사업자로서 한 부가가치세 예정신고 및 확정신고를 받은 행위가 납세의무자에게 부가가치세를 과세하지 아니함을 시사하는 언동이나 공적인 견해 표명이라고 할 수 없다.

② 보험조사용역을 주된 사업으로 하는 법인이 보험조사용역이 면세사업에 해당하는 것이라 알고 그에 대한 부가가치세 신고를 하지 아니한 것은 관계 법령을 잘못 해석한 것에 기인한 것이고, 과세관청이 납세의무자에게 면세사업자등록증을 교부하고 수년간 면세사업자로서 한 부가가치세 예정신고 및 확정신고를 받아들였다는 사정이 있다면 가산세를 부과할 수 없는 정당한 사유가 있다.

③ 사업자등록증의 교부는 이와 같은 등록사실을 증명하는 증서의 교부행위에 불과한 것으로 과세관청이 납세의무자에게 면세사업자등록증을 교부하고 수년간 면세사업자로서 한 부가가치세 예정신고 및 확정신고를 받은 행위만으로는 과세관청이 납세의무자에게 그가 영위하는 사업에 관하여 부가가치세를 과세하지 아니함을 시사하는 언동이나 공적인 견해를 표명한 것이라 할 수 없다.

④ 가산세는 불성실한 세금신고에 대한 행정상 제재로서 납세자의 고의·과실이나 법령의 부지 등은 고려되지 아니한다.

문 23. 정답 ②

*해 설

☞ ①: ○ ☞ ②: × ☞ ③: ○ ☞ ④: ○

대법원 2002. 09. 04. 선고 2001두9370 판결[부가가치세등부과처분취소]

[1] 일반적으로 조세 법률관계에서 과세관청의 행위에 대하여 신의성실의 원칙이 적용되기 위하여는 적어도 과세관청이 납세자에게 신뢰의 대상이 되는 공적인 견해를 명시적 또는 묵시적으로 표명하여야 하는바, 부가가치세법상의 사업자등록은 과세관청으로 하여금 부가가치세의 납세의무자를 파악하고 그 과세자료를 확보케 하려는 데 입법 취지가 있는 것으로서, 이는 단순한 사업사실의 신고로서 사업자가 소관 세무서장에게 소정의 사업자등록신청서를 제출함으로써 성립되는 것이고, **사업자등록증의 교부는 이와 같은 등록사실을 증명하는 증서의 교부행위에 불과한 것으로 과세관청이 납세의무자에게 면세사업자등록증을 교부하고 수년간 면세사업자로서 한 부가가치세 예정신고 및 확정신고를 받은 행위만으로는 과세관청이 납세의무자에게 그가 영위하는 사업에 관하여 부가가치세를 과세하지 아니함을 시사하는 언동이나 공적인 견해를 표명한 것이라 할 수 없다.**

[2] **가산세는 과세권의 행사 및 조세채권의 실현을 용이하게 하기 위하여 납세자가 정당한 이유 없이 법에 규정된 신고·납세의무 등을 위반한 경우에 법이 정하는 바에 의하여 부과하는 행정상의 제재로서 납세자의 고의·과실은 고려되지 아니하는 것이며 법령의 부지나 오해는 그 정당한 사유에 해당한다고 볼 수 없는데**, 보험조사용역을 주된 사업으로 하는 법인이 보험조사용역이 면세사업에 해당하는 것이라 알고 그에 대한 부가가치세 신고를 하지 아니한 것은 관계 법령을 잘못 해석한 것에 기인한 것이고, **과세관청이 납세의무자에게 면세사업자등록증을 교부하고 수년간 면세사업자로서 한 부가가치세 예정신고 및 확정신고를 받아들였다는 사정만으로는 가산세를 부과할 수 없는 정당한 사유가 있다고 볼 수 없다고 한 사례.**

24. 신뢰보호의 원칙과 관련하여 비과세관행에 대한 판례의 설명으로 옳지 않은 것은? (국가직 7급)

① 과세처분을 하면서 **장기간 세액산출근거를 부기하지 아니한 경우**에 납세자가 **자진납부**하였다면 처분의 위법성은 치유된다.

② **비과세관행이 성립**되었다고 하려면 **상당한 기간에 걸쳐 과세를 하지 않은 객관적 사실이 존재하여야 한다.**

③ **비과세관행의 성립을 위해서는** 과세관청 스스로 과세할 수 있음을 **알면서도** 어떤 특별한 사정 때문에 **과세하지 않는다는 의사**가 있고, 이와 같은 의사는 **명시적** 또는 **묵시적**으로 **표시되어야 한다.**

④ **과세관청이 비과세대상에 해당하는 것으로 잘못 알고 일단 비과세 결정**을 하였으나 그 후 과세표준과 세액의 탈루 또는 오류가 있는 것을 발견한 때에는, 이를 조사하여 결정할 수 있다.

① 세액산출근거는 이유부기 또는 이유 기재, 이유제시 등에 해당

자진납부는 하자치유 사유 X

문 24. 정답 ①

***해 설**

☞ ①: ×

대법원 1985. 4. 9. 선고 84누431 판결【법인세등부과처분취소】[공 1985. 6. 1. (753), 743]

세액산출근거가 **기재되지 아니한** 납세고지서에 의한 부과처분은 **강행법규**에 위반하여 **취소**대상이 된다 할 것이므로 이와 같은 하자는 납세의무자가 **전심절차**에서 **이를 주장하지 아니하였거나,** 그 후 **부과된 세금을 자진납부**하였다거나, 또는 **조세채권의 소멸시효기간이 만료되었다 하여 치유되는 것이라고는 할 수 없다.**

25. 신뢰보호의 원칙에 대한 대법원 판례의 내용으로 옳지 않은 것은? (9급 공무원 국가직 기출)

① 「개발이익환수에 관한 법률」에 정한 개발사업을 시행하기 전에, 행정청이 민원예비심사로서 **관련**부서 의견으로 **'저촉사항 없음'이라고 기재한 것**은 공적인 견해표명에 해당한다.

② 도시계획구역 내 생산녹지로 **답(畓)인 토지에 대하여 종교회관건립**을

민원담당 X

민원심사 X

관련부서 X

해당부서라면 전임자이든 후임자이든, 과장이든 국

장이든 시장이든 O

이용목적으로 하는 토지거래계약의 허가를 받으면서 **담당**공무원이 관련법규상 **허용된다고 하여 이를 신뢰하고** 건축준비를 하였으나 그 후 토지형질변경허가신청을 불허가한 것은 신뢰보호의 원칙에 위반된다.

③ 병무청 **담당**부서의 **담당**공무원에게 공적 **견해의 표명을 구하는 정식의 서면질의 등을** 하지 아니한 채 **총무과 민원팀장에 불과한 공무원이 민원봉사차원에서** 상담에 응하여 안내한 것을 신뢰한 경우, 신뢰보호의 원칙이 적용되지 않는다.

판례는 실권법리에 대하여 2년 미경과시 제재공익>신뢰, 2년 경과시 제재공익<신뢰 ∴ 1년 10개월 후 면허취소 O, 3년 뒤 면허취소 X

④ 교통사고가 일어난 **지 1년 10개월이** 지난 뒤 그 교통사고를 일으킨 택시에 대하여 운송사업면허를 취소한 경우, 택시운송사업자로서는 「자동차운수사업법」의 내용을 잘 알고 있어 교통사고를 낸 택시에 대하여 운송사업면허가 취소될 가능성을 예상할 수 있었으므로 별다른 행정조치가 없을 것으로 자신이 믿고 있었다 하여도 **신뢰의 이익을 주장할 수는 없다.**

문 25. 정답 ①

***해 설**

☞ ①: ×

대법원 2006. 6. 9. 선고 2004두46 판결【개발부담금부과처분취소】

개발이익환수에 관한 법률에 정한 개발사업을 시행하기 전에, 행정청이 토지 지상에 예식장 등을 건축하는 것이 관계 법령상 가능한지 여부를 질의하는 **민원예비심사**에 대하여 관련부서 의견으로 개발이익환수에 관한 법률에 '저촉사항 없음'이라고 기재하였다고 하더라도, 이후의 개발부담금부과처분에 관하여 신뢰보호의 원칙을 적용하기 위한 요건인, 개인에 대하여 신뢰의 대상이 되는 **공적인 견해표명을 한 것이라고는 보기 어렵다.**

☞ **담당부서**도 아니고 **관련부서의견에 불과하**므로 신뢰보호의 요건을 **충족하지 못한다**.

☞ ②: ○

<이른바 대순진리회 사건>

대법원 1997. 09. 12. 선고 96누18380 판결[토지형질변경행위불허가처분취소]

종교법인이 도시계획구역 내 생산녹지로 답인 토지에 대하여 종교회관 건립을 이용목적으로 하는 토지거래계약의 허가를 받으면서 담당공무원이 관련 법규상 허용된다 하여 이를 신뢰하고 건축준비를 하였으나 그 후 당해 지방자치단체장이 다른 사유를 들어 토지형질변경허가신청을 불허가한 것이 신뢰보호원칙에 반한다.

☞ ③: ○

대법원 2003. 12. 26. 선고 2003두1875 판결[병역의무부과처분취소]

병무청 담당부서의 담당공무원에게 공적 견해의 표명을 구하는 정식의 서면질의 등을 하지 아니한 채 총무과 민원팀장에 불과한 공무원이 민원봉사차원에서 상담에 응하여 안내한 것을 신뢰한 경우, 신뢰보호원칙이 적용되지 아니한다.

☞ ④: ○

판례는 대체로 **2년을 기준**으로 판시하는바, **1년 10개월** 뒤의 면허취소는 **적법**하다고 본 반면에 **3년**이 지나서 **면허취소한 것은 위법**하다고 판시하였다.

26. 비례원칙에 대한 설명으로 옳지 않은 것은? (다툼이 있는 경우 판례에 의함) (9급 국가직)

① 「도로교통법」 제148조의2 제1항 제1호의 '「도로교통법」 제44조 제1항을 2회 이상 위반한' 것에 **구 「도로교통법」 제44조 제1항을 위반한 음주운전 전과도 포함된다고 해석하는 것은 비례원칙에** 위반된다.

② **협의의 비례원칙인 상당성의 원칙은** 재량권 행사의 적법성의 기준에 해당한다.

③ 침해행정인가 급부행정인가를 가리지 아니하고 **행정의 전영역에** 적용된다.

④ 「행정절차법」은 **행정지도의 원칙으로 비례원칙을 규정하고** 있다.

① ∵법 개정 전 음주전과를 제외한다고 약속한 것이 X

∴비례 위반 X

문 26. 정답 ①

*해 설

☞ ①: ×

대법원 2012. 11. 29. 선고 2012도10269 판결[도로교통법위반(음주운전)·도로교통법위반(무면허운전)]

도로교통법 제148조의2 제1항 제1호는 도로교통법 제44조 제1항을 2회 이상 위반한 사람으로서 다시 같은 조 제1항을 위반하여 술에 취한 상태에서 자동차 등을 운전한 사람에 대해 1년 이상 3년 이하의 징역이나 500만 원 이상 1,000만 원 이하의 벌금에 처하도록 규정하고 있는데, 도로교통법 제148조의2 제1항 제1호에서 정하고 있는 '도로교통법 제44조 제1항을 2회 이상 위반한' 것에 개정된 도로교통법이 시행된 2011. 12. 9. 이전에 구 도로교통법 제44조 제1항을 위반한 음주운전 전과까지 포함되는 것으로 해석하는 것이 형벌불소급의 원칙이나 일사부재리의 원칙 또는 비례의 원칙에 위배된다고 할 수 없다.

☞ ②: ○ 비례의 원칙 중에서 상당성의 원칙은 공익이 사익보다 우월해야 한다는 것으로서 협의의 비례의 원칙에 해당한다. 이와 달리 필요성의 원칙은 보다 경미한 수단에 의하여 사익을 침해하여야 한다는 비례의 원칙을 말하므로 양자를 구별하는 것이 중요하다.

☞ ③: ○ 비례의 원칙은 행정법의 전영역에 적용된다.

☞ ④: ○ **행정절차법 제48조 제1항 제1문**

27. 다음 지문 중 판례의 태도로 틀린 것은?

① 과세관청이 납세자에게 회사의 합병에 따르는 의제배당소득의 계산에 있어서 "재평가적립금의 자본전입으로 배정받은 무상주의 액면가액이 소멸한 법인의 주식을 취득하기 위하여 소요된 금액에 포함된다"는 공적인 견해를 표명하였다고 볼 수 없다.

② 또한 그와 같은 세법의 해석이나 국세행정의 관행이 이 사건 합병계약이 체결될 당시는 물론 납세의무가 성립할 당시에 일반적으로 납세자에게 받아들여졌다고도 볼 수 없다.

③ 조세법률관계에 있어서 과세관청의 행위에 대하여 신의성실의 원칙

이 적용되기 위하여는 과세관청이 납세자에게 신뢰의 대상이 되는 공적인 견해를 표명하여야 된다고 할 것이다.

④ 또한 소급과세금지의 원칙을 규정하고 있는 국세기본법 제18조 제3항 소정의 "세법의 해석 또는 국세행정의 관행이 일반적으로 납세자에게 받아들여진 것"이라고 함은 특정한 납세자가 아닌 불특정의 일반납세자에게 그와 같은 해석 또는 관행이 이의 없이 받아들여지고, 납세자가 그 해석 또는 관행을 신뢰하는 것이 무리가 아니라고 인정될 정도에 이른 것을 말한다.

⑤ 신의성실의 원칙이나 소급과세금지의 원칙이 적용되기 위한 요건의 하나인 "과세관청이 납세자에게 신뢰의 대상이 되는 공적인 견해를 표명하였다"는 사실에 대한 주장 · 입증책임은 과세관청에게 있다.

문 27. 정답 ⑤

***해 설**

①②③④ ☞ ○ ⑤ ☞ ×

주장책임 · 입증책임에 대하여 통설 · 판례의 태도인 법률요건분류설에 의하면, 주요사실에 대한 주장 · 입증이 받아들여졌을 때 유리하게 되는 자가 주장 · 입증책임을 져야 한다. 그러므로 신뢰보호요건에 대한 것은 원고에게 주장 · 입증책임이 있다.

대법원 1992. 03. 31. 선고 91누9824 판결[법인세등부과처분취소]

과세관청이 납세자에게 회사의 합병에 따르는 의제배당소득의 계산에 있어서 "재평가적립금의 자본전입으로 배정받은 무상주의 액면가액이 소멸한 법인의 주식을 취득하기 위하여 소요된 금액에 포함된다"는 공적인 견해를 표명하였다고 볼 수 없을 뿐만 아니라, 그와 같은 세법의 해석이나 국세행정의 관행이 이 사건 합병계약이 체결될 당시는 물론 납세의무가 성립할 당시에 일반적으로 납세자에게 받아들여졌다고도 볼 수 없다.

신의성실의 원칙이나 소급과세금지의 원칙이 적용되기 위한 요건의 하나인 "과세관청이 납세자에게 신뢰의 대상이 되는 공적인 견해를 표명하였다"는 사실은, 납세자가 주장 · 입증하여야 한다고 보는 것이 상당하다.

28. 행정법의 일반원칙에 관한 판례의 태도로 옳지 않은 것은?

(9급 국가직)

① **대법원과 헌법재판소**는 **평등의 원칙과 신뢰보호의 원칙**을 **행정의 자기구속의 원칙의 근거로** 삼고 있다.

② 지방자치단체장이 사업자에게 주택사업계획승인을 하면서 그 주택사업과는 **아무런 관련이 없는 토지를 기부채납하도록 하는 부관을** 주택사업계획승인에 붙인 경우, 그 부관은 부당결부금지의 원칙에 위반되어 위법이다.

위법한 것은 자기구속의 원칙이나 평등원칙 적용 X

위법한 것이라도 신뢰보호는 가능 O

③ **위법한 행정**처분이 수차례에 걸쳐 반복적으로 행하여진 경우 행정의 자기구속의 원칙이 적용된다.

④ 건축물에 인접한 **도로의 개설을 위한 도시계획사업시행허가가 처분은 건축물에 대한 건축허가처분과는 별개의 행정처분**이므로 **사업시행허가를 함에 있어 조건으로 내세운 기부채납의무를 이행하지 않았음을 이유로 한 건축물에 대한 준공 거부처분은 「건축법」에 의거 없이 이루어진 것으로서 위법하다.**

문 28. 정답 ③

***해 설**

☞ ①: ○

〈이른바 아산 영농 DSC 사건〉*

대법원 2009. 12. 24. 선고 2009두7967 판결[신규건조저장시설사업자인정신청반려처분취소][공 2010상, 262]

대법원은 헌재와 달리 자기구속의 원칙에 대한 표현이나 근거를 밝히지 않았으나 최근 헌재에 따라 자기구속의 원칙에 대한 표현도 하고 있고 근거로서 평등의 원칙이나 신뢰보호의 원칙도 판시하고 있다.

☞ ②: ○

〈이른바 인천시 계양구청장 기부채납부 주택사업승인사건〉★

대법원 1997. 3. 11. 선고 96다49650 판결

인천시 계양구청장이 주택사업승인을 하면서 관련없는 토지의 기부를 요구한 것이므로 부당결부금지원칙에 위반된다고 판시하였다.

☞ ③: ×

자기구속의 원칙과 평등의 원칙은 위법한 경우에는 적용되지 않는다는 점에서 신뢰보호의 원칙과 차이가 있다.

☞ ④: ○

대법원 1992. 11. 27. 선고 92누10364 판결★

건축물에 인접한 도로의 개설을 위한 도시계획사업시행허가 처분은 건축물에 대한 건축허가처분과는 별개의 행정처분이므로 사업시행허가를 함에 있어 조건으로 내세운 기부채납의무를 이행하지 않았음을 이유로 한 건축물에 대한 준공 거부처분은 부당결부금지의 원칙에 위반된다는 취지의 판결이다.

29. 다음 판례의 태도 중 틀린 지문은?

① 헌법재판소의 위헌결정은 개인에 대하여 신뢰의 대상이 되는 공적인 견해를 표명한 것이라고 할 수 없으므로 신뢰보호의 원칙이 적용되지 아니한다.

② 현 행정서사법 부칙 제2항은 신·구법상행정서사로 될 수 있는 자격요건이 다르지만 이미 구법에 의하여 적법하게 그 허가를 받은 자는 신법하에서도 그대로 그 자격을 인정하여 준다는 취지에 불과한 것이지 구법상의 무자격자에게 허가를 내준 법률상 하자가 있었더라도 신법에 의한 허가를 받은 것으로 본다는 취지는 아니다.

③ 원고가 허가 받은 때로부터 20년이 다 되어 피고가 그 허가를 취소한 것이기는 하나 피고가 취소사유를 알고서도 그렇게 장기간 취소권을 행사하지 않은 것이 아니고 1985. 9.중순에 비로소 위에서 본 취소사유를 알고 그에 관한 법적 처리방안에 관하여 다각도로 연구검토가

행해졌고 상대방인 원고에게 취소권을 행사하지 않을 것이란 신뢰를 심어준 것으로 여겨지지 않으니 피고의 처분이 실권의 법리에 저촉된 것이라고 볼 수 있는 것도 아니다.

④ 실권 또는 실효의 법리는 법의 일반원리인 신의성실의 원칙에 바탕을 둔 파생원칙인 것이므로 공법관계 가운데 관리관계는 적용되지만 권력관계에는 적용되지 않는다.

문 29. 정답 ④

***해 설**

☞ ①: ○

대법원 2003. 06. 27. 선고 2002두6965 판결[시정명령처분취소]

헌법재판소의 위헌결정은 행정청이 개인에 대하여 신뢰의 대상이 되는 공적인 견해를 표명한 것이라고 할 수 없으므로 그 결정에 관련한 개인의 행위에 대하여는 신뢰보호의 원칙이 적용되지 아니한다.

☞ ②: ○

대법원 1988. 04. 27. 선고 87누915 판결[행정서사허가취소처분취소]

1975. 12. 31. 법률 제2805호로 전면 개정공포된 현 행정서사법 부칙 제2항은 신·구법상 행정서사로 될 수 있는 자격요건이 다르지만 이미 구법에 의하여 적법하게 그 허가를 받은 자는 신법하에서도 그대로 그 자격을 인정하여 준다는 취지에 불과한 것이지 구법상의 무자격자에게 허가를 내준 법률상 하자가 있었더라도 신법에 의한 허가를 받은 것으로 본다는 취지는 아니다.

☞ ③: ○

대법원 1988. 04. 27. 선고 87누915 판결[행정서사허가취소처분취소]

허가 등과 같이 상대방에게 이익을 주는 행정행위에 있어서는 취소원인이 존재한다는 이유만으로 취소할 수는 없고 취소하여야 할 공익상의 필요와 취소로 인하여 당사자가 입을 불이익을 비교 교량하여 취소여부를 결정하여야 하나 이 사건에서 **행정서사의 허가를 받을 자격이 없는 원고가 행정청의 착오로 그 허가를 받았다가 그후 그것이 드러나 허가취소됨으로써 입게 되는 불이익보다는 자격없는 자에게 나간 허가를 취소하여 공정한 법 집행을 함으로써 법 질서를 유지시켜야 할 공익상의 필요가 더 크다.**

☞ ④: ×

대법원 1988. 04. 27. 선고 87누915 판결[행정서사허가취소처분취소]

실권 또는 실효의 법리는 법의 일반원리인 신의성실의 원칙에 바탕을 둔 파생원칙인 것이므로 공법관계 가운데 **관리관계는 물론이고 권력관계에도 적용되어야 함**을 배제할 수는 없다 하겠으나 그것은 본래 권리행사의 기회가 있음에도 불구하고 권리자가 장기간에 걸쳐 그의 권리를 행사하지 아니하였기 때문에 의무자인 상대방은 이미 그의 권리를 행사하지 아니할 것으로 믿을만한 정당한 사유가 있게 되거나 행사하지 아니할 것으로 추인케 할 경우에 새삼스럽게 그 권리를 행사하는 것이 신의성실의 원칙에 반하는 결과가 될 때 그 권리행사를 허용하지 않는 것을 의미하는 것이다.

30. **상속세 체납자에 대한 영업허가취소**는 다음의 어느 법원칙에 위반될 가능성이 가장 높은가? (서울시 9급)

① 과잉금지의 원칙
② 신뢰보호의 원칙
③ 보충성의 원칙
④ 신의성실의 원칙
⑤ 부당결부금지의 원칙

해당분야의 질서위반 등 의무위반을 이유로 하여 허가나 인가 등을 취소·철회하는 것을 관허사업 제한이라고 함

그런데 지문의 상속세체납은 음식점이나 주점 등의 영업질서와는 무관함

문 30. 정답 ⑤

*해 설

☞ 행정청이 영업허가를 취소한 것이 **과도**하다고 볼 수 있는 지문이 없으므로 **비례**의 원칙을 의미하는 과잉금지의 원칙은 적절하지 아니하다. 또한 행정청이 체납하더라도 영업허가를 취소하지 아니하겠다고 **약속을 하지도** 않았으므로 **신뢰보호의 원칙**에도 반하지 아니한다. 보충성의 원칙은 최소침해의 원칙으로서 비례의 원칙 중 필요성의 원칙을 의미하는데 **역시 경미한 대체수단이 있는지에** 대하여 판단할 설문이 주어지지 않았다. **신의성실의 원칙은 신뢰보호의 원칙과 동일하게 취급**하므로 역시 해당하지 않는다. 따라서 **실체적인 관련성**이 체납금지의무와 영업허가취소사이에 **없다고** 보아 **부당한 결부**라고 볼 수 있다는 관점을 고려한다면, 지문에서 **부당결부금지의 원칙이 가장 적절**하다.

31. 다음 사례에서 법원이 피고 행정청의 처분이 재량을 남용하였다고 판단하면서 인용한 행정법의 일반원칙을 가장 잘 묶은 것은?

(서울시 7급)

사안은 과도하면서 불합리한 차별이 있음

공무원징계시 거쳐야만 하는 필요적 행정심판

처분에 대한 항고소송에서 피고는 영도구청장 같은 행정청

> 원심판결이유에 의하면 원심은 원고가 원판시와 같이 부산시 영도구청의 **당직 근무 대기** 중 약 25분간 같은 근무조원 3명과 함께 시민과장실에서 **심심풀이**로 **돈을 걸지 않고 점수따기 화투놀이**를 한 사실을 확정한 다음 이것이 「국가공무원법」 제78조 1, 3호 규정의 징계사유에 해당한다 할지라도 당직 근무시간이 아닌 그 **대기중에 불과** 약 **25분간 심심풀이**로 한 것이고 또 **돈을 걸지 아니하고 점수따기**를 한 데 불과하며 원고와 함께 화투놀이를 한 **3명(지방공무원)**은 부산시 **소청**심사위원회(☜)에서 **견책**에 처하기로 의결된 사실이 인정되는 점 등 제반사정을 고려하면 피고(☜)가 원고에 대한 징계처분으로 **파면**을 택한 것은 **재량**의 범위를 **벗어난 위법**한 것이다.

① 평등의 원칙, 신뢰보호의 원칙
② 행정의 자기구속의 법리, 법률적합성의 원칙
③ 비례의 원칙, 평등의 원칙
④ 신뢰보호의 원칙, 부당결부금지의 **원칙**
⑤ 부당결부금지의 원칙, 비례의 원칙

문 31. 정답 ③

***해 설**

☞ ③: 설문의 경우는 어떠한 징계를 할지 국가공무원법상 선택재량이 주어진 인사재량을 남용한 사안이다. 그런데 비위의 동기가 대기 중 심심풀이에 불과하고, 비위의 태양이 돈을 걸지 아니하고 점수따기를 한 것이므로 가장 **극단적인 파면**에 처한 것은 과도한 조치로서 필요하지도 않고 이익형량상 상당하지도 않다. 따라서 비**례**의 원칙에 위반된다.

그리고 **동일한 사유**를 가진 동료 공무원들은 견책에 처해진 점에 비추어 원고에게만 파면에 처한 것은 **합리적인 이유가 없는 차별**이므로 **평등**의 원칙에 위반된다.

그러나 파면에 처하지 않겠다는 **약속을 한 바가 없으므로 신뢰보호의 원칙과 무관**하다. 그리고 화투놀이를 하는 공무원을 파면에 처하지 않는 재량준칙과 관행이 인정되는 것도 아니므로 자기구속의 원칙은 해당 사항이 없다. 또한 **파면의 사유인 화투놀이는 실체적인 관련성이 있으므로 부당결부금지의 원칙 위반이 아니다**. 따라서 정

답은 비례의 원칙과 평등의 원칙이 된다. 최근 난이도와 합격률을 조절하는 **새로운 출제경향**으로서 객관식에서 사례풀이를 묻는 문제들이 많이 등장하고 있다. 사례를 푸는 사고 훈련이 필요하다.

32. 신뢰보호원칙의 적용에 관한 설명 중 옳지 않은 것은? (다툼이 있는 경우 판례에 의함) (변시 기출)

① 행정청의 **공적 견해 표명이 있었는지의 여부를 판단**하는 데 있어 반드시 **행정조직상의 형식적인 권한분장에 구애될 것은 아니고 담당자의 조직상의 지위와 임무, 당해 언동을 하게 된 구체적인 경위 및 그에 대한 상대방의 신뢰가능성에 비추어 실질에 의하여 판단하여**야 한다.

② 수익적 행정처분의 하자가 당사자의 **사실은폐나 기타 사위의 방법**에 의한 신청행위에 기인한 것이라면, 당사자는 처분에 의한 이익을 위법하게 취득하였음을 알아 취소가능성도 예상하고 있었을 것이므로, 그 자신이 처분에 관한 신뢰이익을 **원용할 수 없다**.

③ 행정처분이 신뢰보호원칙의 요건을 충족하는 경우라고 하더라도 행정청이 앞서 표명한 공적인 견해에 반하는 행정처분을 함으로써 달성하려는 **공익이 행정청의 공적인 견해표명을 신뢰한 개인이 그 행정처분으로 인하여 입게 되는 이익의 침해를 정당화할 수 있을 정도로 강한 경우**에는 신뢰보호의 원칙을 들어 그 행정처분이 위법하다고는 할 수 없다.

④ 관할관청이 폐기물처리업 사업계획에 대하여 **적정통보를 하였다면**, 이것은 당해 사업을 위해 필요한 그 사업부지 토지에 대한 국토이용계획변경신청을 승인하여 주겠다는 취지의 공적인 견해표명을 한 것으로 볼 수 있다.

⑤ 운전면허 취소사유에 해당하는 음주운전을 적발한 경찰관 소속 **경찰서장이 사무착오로** 위반자에게 운전면허정지처분을 한 상태에서 위반자의 주소지 관할 지방경찰청장이 위반자에게 운전면허취소처분을 한 것은 선행처분에 대한 당사자의 신뢰 및 법적 안정성을 저해하는

① 조직법상 엄격 판단 X 기능상 완화 판단 O

④ 적정통보는 1차 합격결정에 불과함

2차 합격결정까지 약속한 것은 아님

것으로서 **허용될 수 없다**.

문 32. 정답 ④

＊해 설

☞ ①: ○

대법원 1997. 09. 12. 선고 96누18380 판결[토지형질변경행위불허가처분취소]★

일반적으로 행정상의 법률관계에 있어서 행정청의 행위에 대하여 신뢰보호의 원칙이 적용되기 위하여는, 첫째 행정청이 개인에 대하여 신뢰의 대상이 되는 공적인 견해표명을 하여야 하고, 둘째 행정청의 견해표명이 정당하다고 신뢰한 데에 대하여 그 개인에게 귀책사유가 없어야 하며, 셋째 그 개인이 그 견해표명을 신뢰하고 이에 어떠한 행위를 하였어야 하고, 넷째 행정청이 위 견해표명에 반하는 처분을 함으로써 그 견해표명을 신뢰한 개인의 이익이 침해되는 결과가 초래되어야 하며, 이러한 요건을 충족할 때에는 행정청의 처분은 신뢰보호의 원칙에 반하는 행위로서 위법하게 된다고 할 것이고, 또한 위 요건의 하나인 행정청의 공적 견해표명이 있었는지의 여부를 판단하는 데 있어 반드시 행정조직상의 형식적인 권한분장에 구애될 것은 아니고 담당자의 조직상의 지위와 임무, 당해 언동을 하게 된 구체적인 경위 및 그에 대한 상대방의 신뢰가능성에 비추어 실질에 의하여 판단하여야 한다.

☞ ②: ○

대법원 2010. 11. 11. 선고 2009두14934 판결[개인택시운송사업면허취소처분취소]★

행정행위를 한 처분청은 그 행위에 흠이 있는 경우 별도의 법적 근거가 없더라도 스스로 이를 취소할 수 있고, 다만 수익적 행정처분을 취소할 때에는 이를 취소하여야 할 공익상의 필요와 그 취소로 인하여 당사자가 입게 될 기득권과 신뢰보호 및 법률생활 안정의 침해 등 불이익을 비교·교량한 후 공익상의 필요가 당사자가 입을 불이익을 정당화할 만큼 강한 경우에 한하여 취소할 수 있으나, 수익적 행정처분의 흠이 당사자의 사실은폐나 기타 사위의 방법에 의한 신청행위에 기인한 것이라면 당사자는 처분에 의한 이익이 위법하게 취득되었음을 알아 취소 가능성도 예상하고 있었다고 할 것이므로, 그 자신이 처분에 관한 신뢰이익을 원용할 수 없음은 물론 행정청이 이를 고려하지 아니하였다고 하여도 재량권의 남용이 되지 않는다.

☞ ③: ○

대법원 1998. 11. 13. 선고 98두7343 판결[토석채취불허가처분취소]★

한려해상수도공원 사건

일반적으로 행정상의 법률관계에 있어서 행정청의 행위에 대하여 신뢰보호의 원칙이 적용되기 위하여는, 첫째 행정청이 개인에 대하여 신뢰의 대상이 되는 공적인 견해표명을 하여야 하고, 둘째 행정청의 견해표명이 정당하다고 신뢰한 데에 대하여 그 개인에게 귀책사유가 없어야 하며, 셋째 그 개인이 그 견해표명을 신뢰하고 이에 어떠한 행위를 하였어야 하고, 넷째 행정청이 위 견해표명에 반하는 처분을 함으로써 그 견해표명을 신뢰한 개인의 이익이 침해되는 결과가 초래되어야 하고, 어떠한 행정처분이 이러한 요건을 충족할 때에는, 공익 또는 제3자의 정당한 이익을 해할 우려가 있는 경우가 아닌 한, 신뢰보호의 원칙에 반하는 행위로서 위법하게 된다고 할 것이므로, 행정처분이 이러한 요건을 충족하는 경우라고 하더라도 행정청이 앞서 표명한 공적인 견해에 반하는 행정처분을 함으로써 달성하려는 공익이 행정청의 공적 견해표명을 신뢰한 개인이 그 행정처분으로 인하여 입게 되는 이익의 침해를 정당화할 수 있을 정도로 강한 경우에는 신뢰보호의 원칙을 들어 그 행정처분이 위법하다고는 할 수 없다.

그러므로 한려해상국립공원지구 인근의 자연녹지지역에서의 토석채취허가가 법적으로 가능할 것이라는 행정청의 언동을 신뢰한 개인이 많은 비용과 노력을 투자하였다가 불허가처분으로 상당한 불이익을 입게 된 경우, 위 불허가처분에 의하여 행정청이 달성하려는 주변의 환경·풍치·미관 등의 공익이 그로 인하여 개인이 입게 되는 불이익을 정당화할 만큼 강하다는 이유로 불허가처분이 재량권의 남용 또는 신뢰보호의 원칙에 반하여 위법하다고 할 수 없다.

☞ ④: ×

대법원 2005. 04. 28. 선고 2004두8828 판결[국토이용계획변경승인거부처분취소]★

폐기물처리업 적정통보 사건

폐기물관리법령에 의한 폐기물처리업 사업계획에 대한 적정통보와 국토이용관리법령에 의한 국토이용계획변경은 각기 그 제도적 취지와 결정단계에서 고려해야 할 사항들이 다르므로, 피고가 위와 같이 폐기물처리업 사업계획에 대하여 적정통보를 한 것만으로 그 사업부지 토지에 대한 국토이용계획변경신청을 승인하여 주겠다는 취지의 공적인 견해표명을 한 것으로 볼 수 없고, 그럼에도 불구하고 원고가 그 승인을 받을 것으로 신뢰하였다면 원고에게 귀책사유가 있다 할 것이므로, 이 사건 처분이 신뢰보호의 원칙에 위배된다고 할 수 없다.

☞ ⑤: ○

여수경찰서장 착오로 음주운전 면허정지한 사건

대법원 2000. 02. 25. 선고 99두10520 판결[자동차운전면허취소처분취소]★

여수경찰서장이 운전면허정지기간의 시기와 종기를 정하지는 아니하였지만 정지기간을 100일간으로 기재한 자동차운전면허정지통지서를 원고에게 발송하여 원고가 이를 수령하였다면, 이는 운전면허정지처분으로서의 효력이 발생되었다고 볼 것이고 피고로서는 그 운전면허정지처분의 불가변력으로 인하여 이를 취소, 철회할 수 없다고 설시한 다음, 특별한 사유 없이 동일한 사건에 대하여 단순한 업무상의 착오를 이유로 선행처분에 반하여 한 이 사건 운전면허취소처분은 위법하다.

행정청이 일단 행정처분을 한 경우에는 행정처분을 한 행정청이라도 법령에 규정이 있는 때, 행정처분에 하자가 있는 때, 행정처분의 존속이 공익에 위반되는 때, 또는 상대방의 동의가 있는 때 등의 특별한 사유가 있는 경우를 제외하고는 행정처분을 자의로 취소·철회할 수 없다고 할 것인바(대법원 1990. 2. 23. 선고 89누7061 판결 참조), 선행처분인 여수경찰서장의 면허정지처분은 비록 그와 같은 처분이 도로교통법시행규칙 제53조 제1항 [별표 16]에서 정한 행정처분기준에 위배하여 이루어진 것이라 하더라도 그와 같은 사실만으로 곧바로 당해 처분이 위법하게 되는 것은 아닐 뿐더러, 원고로서는 그 면허정지처분이 효력을 발생함으로써 그 처분의 존속에 대한 신뢰가 이미 형성되었다 할 것이고 또한 그와 같은 처분의 존속이 현저히 공익에 반한다고는 보이지 아니하므로, 동일한 사유에 관하여 보다 무거운 면허취소처분을 하기 위하여 이미 행하여진 가벼운 면허정지처분을 취소하는 것은 선행처분에 대한 당사자의 신뢰 및 법적 안정성을 크게 저해하는 것이 되어 허용될 수 없다.

① 중대명백 X
cf. 취소사유라고 본 사례

② 법률효과 일부배제는 유일하게 법률의 근거규정 요구하는 부관이고, 나머지 부관들은 법률근거요구 X

33. 다음 중 판례의 태도에 대한 지문 중 틀린 것을 고르시오.

① **인천시 계양구청장이 주택사업승인을 하면서 주택사업과 관련없는 토지를 100분의 1 정도 기부채납하도록 하는 부관**을 부가한 것은 **부당결부금지의 원칙에 위반**되어 무효이다.

② **주택사업승인은 재량행위**이다.

③ 재량행위에 있어서는 **법령상의 근거가 없다고 하더라도 부관을 붙일 수 있다.**

④ 65세대의 공동주택을 건설하려는 사업주체(지역주택조합)에게 주택건설촉진법 제33조에 의한 **주택건설사업계획의 승인처분을 함에** 있어 그 주택단지의 진입도로 부지의 소유권을 확보하여 **진입도로 등 간**

선시설을 설치하고 그 부지 소유권 등을 기부채납하며 그 주택건설 사업 시행에 따라 폐쇄되는 인근 주민들의 기존 통행로를 대체하는 통행로를 설치하고 그 부지 일부를 기부채납하도록 조건을 붙인 경우 **이러한 부관은 위법하지 아니하다.**

문 33. 정답 ①

***해 설**

☞ ①: ×

인천계양구청장 기부채납부 주택사업승인 사건

대법원 1997. 03. 11. 선고 96다49650 판결[소유권이전등기말소]★

지방자치단체장이 사업자에게 주택사업계획승인을 하면서 **그 주택사업과는 아무런 관련이 없는 토지를 기부채납하도록 하는 부관을 주택사업계획승인에 붙인 경우, 그 부관은 부당결부금지의 원칙에 위반되어 위법**하지만, 지방자치단체장이 승인한 사업자의 주택사업계획은 상당히 큰 규모의 사업임에 반하여, 사업자가 기부채납한 토지 가액은 **그 100분의 1 상당의 금액에 불과한 데다가**, 사업자가 그동안 그 부관에 대하여 아무런 이의를 제기하지 아니하다가 지방자치단체장이 업무착오로 기부채납한 토지에 대하여 보상협조요청서를 보내자 그때서야 비로소 부관의 하자를 들고 나온 사정에 비추어 볼 때 **부관의 하자가 중대하고 명백하여 당연무효라고는 볼 수 없다.**

☞ ②: ○

대법원 1997. 03. 14. 선고 96누16698 판결[사용검사신청반려처분취소]

주택건설촉진법 제33조에 의한 주택건설사업계획의 승인은 상대방에게 권리나 이익을 부여하는 효과를 수반하는 이른바 수익적 행정처분으로서, 법령에 행정처분의 요건에 관하여 일의적으로 규정되어 있지 아니한 이상 행정청의 재량행위에 속한다.

☞ ③: ○

대법원 1997. 03. 14. 선고 96누16698 판결[사용검사신청반려처분취소]★

재량행위에 있어서는 **법령상의 근거가 없다고 하더라도** 부관을 붙일 수 있는데, 그 부관의 내용은 적법하고 이행가능하여야 하며 비례의 원칙 및 평등의 원칙에 적합하고 행정처분의 본질적 효력을 해하지 아니하는 한도의 것이어야 한다.

☞ ④: ○

대법원 1997. 03. 14. 선고 96누16698 판결[사용검사신청반려처분취소]★

65세대의 공동주택을 건설하려는 사업주체(지역주택조합)에게 주택건설촉진법 제33조에 의한 주택건설사업계획의 승인처분을 함에 있어 그 주택단지의 진입도로 부지의 소유권을 확보하여 **진입도로 등 간선시설을 설치**하고 **그 부지 소유권 등을 기부채납**하며 그 주택건설사업 시행에 따라 폐쇄되는 인근 주민들의 기존 통행로를 **대체하는 통행로를 설치하고 그 부지 일부를 기부채납하도록 조건을 붙인 경우**, 주택건설촉진법과 같은법 시행령 및 주택건설기준등에관한규정 등 관련 법령의 관계 규정에 의하면 그와 같은 조건을 붙였다 하여도 다른 특별한 사정이 없는 한 **필요한 범위를 넘어 과중한 부담을 지우는 것으로서 형평의 원칙 등에 위배되는 위법한 부관이라 할 수 없다.**

34. 신뢰보호의 원칙에 대한 다음의 설명 중 틀린 것을 모두 고르시오. (다툼이 있는 경우 판례에 의함)

ㄱ → 둘 다 해당 O

ㄴ → 1년 10개월은 아직 면허취소 O, 3년은 X

ㄷ → 적정통보는 1차합격결정에 불과 → ∴최종합격까지 약속은 X

적극적으로 유인하였다면 신뢰보호 위반

적극적 유인 없다면 공익을 들어 폐기물처리업 허가 거부 O

ㄱ. 신뢰보호의 원칙의 **파생원칙은 소급입법금지의 원칙은 해당**하지만 **실효의 원칙**은 아니다.

ㄴ. 실효의 원칙을 음주운전 면허취소의 경우에 적용한 판례의 사례를 보건대, 음주운전 적발 후 **1년 10개월**이나 지나서 면허를 취소하는 것은 위법하다고 판례는 판시하였다.

ㄷ. 진안군수가 **진도주식회사에** 대하여 **적정통보를 하고**도 **폐기물 처리업허가를 받을 수 있도록 국토이용계획을 변경해 달라는 신청을 거부**한 것은 신뢰보호의 원칙에 위반된다고 판례는 판시하였다.

ㄹ. 구청장이 **적극적으로 업체들을 유인하여 폐기물처리업자에 대하여 적정통보를 하고도** 적정한 영업질서와 업계의 분포 등을 위해 폐기물처리업허가를 거부한 것은 신뢰보호의 원칙에 위반되지 않는다고 판례는 판시하였다.

ㅁ. **다수설과** 판례는 **이익형량을 신뢰보호의 한계로 검토**한다.

① ㄱ, ㄴ, ㄷ, ㄹ
② ㄱ, ㄷ, ㄹ, ㅁ
③ ㄱ, ㄹ, ㅁ
④ ㄴ, ㄷ, ㄹ, ㅁ
⑤ ㄱ, ㄴ, ㄷ, ㄹ, ㅁ

문 34. 정답 ⑤

＊해 설

☞ ㄱ: ×

소급입법금지의 원칙과 실효의 원칙 모두 신뢰보호원칙의 파생원칙이다.

☞ ㄴ: ×

판례는 대체로 2년을 기준으로 판시하는 바, 1년 10개월 뒤의 면허취소는 적법하다고 본 반면에 3년이 지나서 면허취소한 것은 위법하다고 판시하였다.

☞ ㄷ: ×

진안군수가 법적으로 하자없는 공장부지를 구비할 것을 조건으로 적정통보하였으므로 행정청의 공적 견해표명으로 볼 수도 없고, 보호가치도 없다고 보아서 신뢰보호의 원칙에 위반되지 않는다고 판시하였다.

☞ ㄹ: ×

구청장이 적극적으로 유인하였다면, 구청장이 든 것만으로는 신뢰보호의 사익보다 공익이 우월하다고 볼 수 없으므로 신뢰보호의 원칙에 위반된다고 판시하였다(대법원 1998. 5. 8. 선고 98누4061 판결).

☞ ㅁ: ×

다수설은 이익형량을 신뢰보호의 한계로 검토하나, 판례는 이익형량을 신뢰보호의 요건으로 추가하고 있다. 판례의 태도는 국민에게 불리하므로 판례의 태도는 타당하지 않다고 보는 다수설의 입장대로 신뢰보호의 요건과 별도로 이익형량에 대하여는 한계로 검토하는 것이 타당하다. 공익이 신뢰보호의 사익보다 더 우월한 경우 다수설에 의하면 사정판결이 가능해지지만 판례의 경우는 사정판결이 부정된다. (김유환 교수)

35. 다음 판례의 태도 중 틀린 것은?

① 행정자치부의 지방조직 개편지침의 일환으로 **청원경찰의 인원감축을 위한 면직처분대상자를 선정함에 있어서 초등학교 졸업 이하 학력소지자 집단과 중학교 중퇴 이상 학력소지자 집단으로 나누어 각 집단별로 같은 감원비율 상당의 인원을 선정한 것**은 합리성과 공정성을 결여하고, 평등의 원칙에 위배하여 그 하자가 중대명백하다고

① 대부분 중대·명백 X고 보아 취소사유로 봄

볼 수 없다.

② 건설업자인 원고가 1973. 12. 31. 소외인에게 **면허수첩을 대여한 것이 그 당시 시행된 건설업법** 제38조 제1항 제8호 **소정의 건설업면허 취소사유에 해당된다면 그 후 개정되어 건설**업면허 취소사유에 해당하지 **아니하게 되었다 하더라도 국토해양부**장관은 동 면허수첩 대여행위 **당시 시행된 건설업법을 적용하여 건설업면허를 취소하여야 할 것**이다.

③ 공익>사익인 사례임을 주의

③ **경주시장이 한 때** 실제의 **공원구역과 다르게 경계측량 및 표지**를 설치함으로 인하여 원고들이 그 **잘못된 경계를 믿고 행정**청으로부터 초지조성허가를 받아 초지를 조성하고 축사를 신축하여 그러한 상태가 **십수년이 경과하였다면,** 그 후 **위와 같은 착오를 발견한** 경주시장이 사건 토지는 그 공원구역 안에 있는 것으로 지형도를 **수정한 조치**를 가리켜 신뢰보호의 원칙에 위배되고 행정의 자기구속의 법리에 반한다.

④ ∵개정취지 때문임

④ **개정된 산업재해보상보험법 시행령의 시행 전에 장해급여 지급청구권을 취득한 근로자의 외모의 흉터로 인한 장해등급을 결정함에** 있어 위 **개정 시행령을 적용**하여야 한다.

문 35. 정답 ③

***해 설**

☞ ①: ○

> 대법원 2002. 02. 08. 선고 2000두4057 판결[직권면직무효확인]
>
> 행정자치부의 지방조직 개편지침의 일환으로 청원경찰의 인원감축을 위한 면직처분대상자를 선정함에 있어서 초등학교 졸업 이하 학력소지자 집단과 중학교 중퇴 이상 학력소지자 집단으로 나누어 각 집단별로 같은 감원비율 상당의 인원을 선정한 것은 합리성과 공정성을 결여하고, 평등의 원칙에 위배하여 그 하자가 중대하다 할 것이나, 그렇게 한 이유가 **시험문제 출제 수준이 중학교 학력 수준이어서 초등학교 졸업 이하 학력소지자에게 상대적으로 불리할 것이라는 판단 아래 이를 보완하기 위한 것이었으므로 그 하자가 객관적으로 명백하다고 보기는 어렵다.**

☞ ②: ○

☞ ③: ×

대법원 1992. 10. 13. 선고 92누2325 판결[국립공원지정처분부존재확인]

건설부장관이 행한 위의 화랑공원지정처분은 그 결정 및 첨부된 도면의 공고로써 그 경계가 확정되는 것이고, 위와 같은 경위로 경주시장이 행한 경계측량 및 표지의 설치 등은 공원관리청이 공원구역의 효율적인 보호, 관리를 위하여 이미 확정된 경계를 인식, 파악하는 사실상의 행위로 봄이 상당하며, 위와 같은 사실상의 행위를 가리켜 공권력행사로서의 행정처분의 일부라고 볼 수 없고, 이로 인하여 건설부장관이 행한 공원지정처분이나 그 경계에 변동을 가져온다고 할 수 없다.

그리고 위와 같이 **경주시장이 한때 실제의 공원구역과 다르게 경계측량 및 표지를 설치함으로 인하여 원고들이 그 잘못된 경계를 믿고 행정청으로부터 초지조성허가를 받아 초지를 조성하고 축사를 신축하여 그러한 상태가 십수년이 경과하였다 하여도, 이 사건 토지가 당초 화랑공원구역 안에 있는 것으로 적법하게 지정, 공고된 이상 여전히 이 사건 토지는 그 공원구역 안에 있는 것이고, 따라서 그 후 위와 같은 착오를 발견한 피고가 이 사건 토지는 그 공원구역 안에 있는 것으로 지형도를 수정한 조치를 가리켜 신뢰보호의 원칙에 위배된다거나 행정의 자기구속의 법리에 반하는 것이라고도 할 수 없다.**

☞ ④: ○

대법원 2007. 02. 22. 선고 2004두12957 판결[장해등급결정처분취소]

개정된 산업재해보상보험법 시행령의 시행 전에 장해급여 지급청구권을 취득한 근로자의 외모의 흉터로 인한 장해등급을 결정함에 있어, **위 개정이 위헌적 요소를 없애려는 반성적 고려에서 이루어졌고 이를 통하여 근로자의 균등한 복지증진을 도모하고자 하는 데 그 취지가 있으며, 당해 근로자에 대한 장해등급 결정 전에 위 시행령의 시행일이 도래한 점 등에 비추어**, 예외적으로 위 개정 시행령을 적용하여야 한다.

36. 부당결부금지의 원칙에 대한 다음의 설명 중 아래 보기 중 옳은 것(o)과 옳지 않은 것(x)을 올바르게 조합한 것은? (다툼이 있는 경우 판례에 의함)

ㄱ. **부당결부금지의 원칙**에 대하여 헌법적 차원의 효력설과 법률적 차원의 효력설 중 다수설의 입장은 **헌법적 차원의 효력설**이다.
ㄴ. 부당결부금지의 원칙에서 **원인적 관련성**은 **행정작용**과 **반대급부** 사이에 상당인과

부당결부금지원칙의 요건 중 주의할 점들

특히 다른 경우들과 달리 직접 인과관계 요구 주의

관계를 요구한다는 것을 의미한다.

ㄷ. 부당결부금지의 원칙은 허가나 특허 등 **수익적 행정작용**을 발급할 때 **기부채납부관** 등을 붙이는 경우에는 적용되지만, 강제철거와 같은 **침익적 작용**의 경우에는 적용되지 않는다.

ㄹ. 판례는 **인천시 계양구청장이 주택사업승인**을 하면서 **100분**의 1에 해당하는 **토지를 요구한** 것은 **부당결부금지의 원칙에 위반**된다고 판시하였다.

ㅁ. 판례는 **레이카 크레인 음주운전 사건**에서 음주운전의 위험성은 다른 차량에 대하여도 존재하므로 음주한 차량의 면허만 박탈할 수 없고 **전부 취소**하더라도 **부당결부금지의 원칙에 위반**되지 않는다는 취지의 판시를 하였다.

① ㄱ(x), ㄴ(x), ㄷ(x), ㄹ(o), ㅁ(x)
② ㄱ(o), ㄴ(x), ㄷ(o), ㄹ(o), ㅁ(x)
③ ㄱ(x), ㄴ(o), ㄷ(x), ㄹ(o), ㅁ(x)
④ ㄱ(o), ㄴ(x), ㄷ(x), ㄹ(o), ㅁ(x)
⑤ ㄱ(x), ㄴ(o), ㄷ(o), ㄹ(x), ㅁ(o)

문 36. 정답 ④

***해 설**

☞ ㄱ: ○

타당한 지적이며, 사례풀이시 두 가지 모두 적용하여 논증하여야 한다.

☞ ㄴ: ×

일반적인 사례(☞ 대부분 상당인과관계이며 족함)와 달리(☞ 부당결부금지의 원칙에서만큼은) **직접인과관계를 요구**하는 특징이 있다.

☞ ㄷ: ×

부당결부금지의 원칙은 수익적인 작용을 하는 경우이든 침익적인 작용을 하는 경우이든 모두 적용되는 일반원칙이다.

☞ ㄹ: ○

대법원 1997. 3. 11. 선고 96다49650 판결

인천시 계양구청장이 주택사업승인을 하면서 **관련없는 토지의 기부를 요구**한 것이므로 **부당결부금지원칙에 위반된다고** 판시하였다.

☞ ㅁ: ×

레이카 크레인음주운전 사건에서는 음주하지 아니한 차량들의 면허까지 전부 취소하는 것은 부당결부금지의 원칙과 비례의 원칙에 **위반된다는 취지의 판시**를 하였다. 그러나 **스텔라 승용차 음주운전 사건**에서는 전부면허취소하더라도 **위법하지 않다**는 취지의 판시를 하여 대조적인 입장을 보이고 있다.

37. 부당결부금지의 원칙의 요건과 효과 등에 대한 다음의 설명 중 틀린 것을 모두 고르면? (다툼이 있는 경우 판례에 의함)

ㄱ. 구 건축법 제69조 제2항이 존재할 당시 동 규정에 따라 건축법 위반에 대한 공급거부를 하더라도 법률의 규정이 있는 이상 부당결부금지의 원칙에 위반된다고 하여 공급거부를 위법하다고 볼 수 없다.
ㄴ. 부당결부금지의 원칙은 허가나 특허를 하면서 관련 없는 기부채납을 요구하는 경우에도 적용된다.
ㄷ. 부당결부금지의 원칙은 허가나 특허를 취소·철회하면서 관련 없는 행정법상 의무위반을 문제 삼는 경우에도 적용될 수 있다.
ㄹ. 행정작용과 반대급부의 요구 사이의 실체적 관련성은 원인적 관련성과 목적적 관련성을 요구한다.
ㅁ. 원인적 관련성은 행정작용과 반대급부 사이에 직접적 인과관계를 요구한다.
ㅂ. 목적적 관련성은 법률규정의 해석상 행정청에게 행정작용과 반대급부를 모두 발급할 수 있는 권한이 있거나. 법률에서 행정작용과 반대급부 요구를 모두 목적으로 추구한다고 해석될 수 있어야 한다.

부당결부금지의 원칙도 다른 행정법의 일반원칙들과 마찬가지로 헌법적 차원의 효력임
따라서 법률규정도 무효로 만들 수 있음

① ㄱ, ㄴ, ㄷ ② ㄴ, ㄷ, ㄹ
③ ㄱ, ㄹ, ㅂ ④ ㄱ, ㅁ
⑤ ㄱ

문 37. 정답 ⑤

***해 설**

☞ ㄱ: ×

다수설은 법률적 차원의 효력설이 아니라 헌법적 차원의 효력설을 취하고 있으므

로 부당결부금지의 원칙에 위반되는 구 건축법 제69조 제2항은(비록 법률의 규정이 있다고 하더라도) 위헌이어서 무효이고, 이에 근거한 공급거부는 취소사유로서 위법하다고 한다.

☞ ㄴ. ㄷ, ㄹ, ㅁ, ㅂ: ○

행정작용이 있을 것, 반대급부가 있을 것, 실체적인 관련성이 있을 것 등을 요구한다.

***심 화 학 습**

특히 실체적 관련성은 원인적 관련성과 목적적 관련성을 요구하는데, 어느 하나라도 충족되지 않으면 부당결부금지의 원칙에 위반된다. 원인적 관련성은 행정작용과 반대급부 사이에 직접적 인과관계를 요구한다. 목적적 관련성은 법률규정의 해석상 행정청에게 행정작용과 반대급부를 모두 발급할 수 있는 권한이 있거나, 법률에서 행정작용과 반대급부 요구를 모두 목적으로 추구한다고 해석될 수 있어야 한다.

38. 행정법의 법원(法源)에 관한 다음 설명 중 옳은 것은? (다툼이 있는 경우 판례에 의함) (변시 기출)

① **인간다운 생활을 할 권리에 관한 헌법상의 규정은 입법부와 행정부에** 대하여 가능한 한 모든 국민이 인간의 존엄성에 맞는 건강하고 문화적인 생활을 누릴 수 있도록 하여야 한다는 **행위규범으로 작용**하지만, 입법부나 행정부의 행위의 합헌성을 심사하기 위한 **통제규범으로 작용**하는 것은 아니다.

② 위법한 행정처분이라도 **수차례에 걸쳐 반복적으로** 행해져 행정관행이 된 경우에는 행정청에 대하여 자기구속력을 갖게 된다.

③ 같은 정도의 비위를 저지른 자들임에도 불구하고 그 **직무의 특성** 등에 비추어 **개전의 정이 있는지 여부에 따라** 징계 종류의 선택과 양정에서 다르게 취급하는 것은 평등의 원칙에 위반된다.

④ 행정청의 행위에 대한 신뢰보호 원칙의 적용 요건 중 하나인 '행정청의 견해표명이 정당하다고 신뢰한 데에 대하여 **그 개인에게 귀책사유가 없을 것**'을 판단함에 있어, **귀책사유의 유무**는 **상대방과** 그로부터 신청행위를 위임받은 **수임인 등 관계자 모두를 기준으로 하여**

법원은 법의 원천이 되는 각종 규범들을 의미

판례에 의하면, 건축주는 물론이고 건축주로부터 업무에 관해 위임 받은 건축사나 변호사 등도 모두 귀책사유 있는 당사자에 해당한다고 봄야 한다.

⑤ 재량권 행사의 준칙인 행정규칙이 그 정한 바에 따라 되풀이 시행되어 행정관행이 이루어지고 평등의 원칙에 따라 행정기관이 그 규칙에 따라야 할 자기구속을 받게 된 경우에는, 특별한 사정이 있는 경우에도 해당 규칙에 따라야 할 절대적 구속력이 발생한다.

문 38. 정답 ④

*해 설

☞ ①: ×

인간다운 생활을 할 권리에 관한 헌법규정은 국민에 대한 행위규범으로 작용할 뿐만 아니라, 입법부나 행정부 행위의 합헌성을 심사하기 위한 통제규범으로도 작용한다.

☞ ②: ×

위법에의 평등은 법치주의상 허용될 수 없으므로 평등의 원칙이나 자기구속의 원칙의 한계에 해당한다.

☞ ③: ×

대법원 1999. 8. 20. 선고 99두2611 판결【파면처분취소등】[공 1999. 9. 15.(90), 1903]

같은 정도의 비위를 저지른 자들 사이에 있어서도 그 직무의 특성 등에 비추어, 개전의 정이 있는지 여부에 따라 징계의 종류의 선택과 양정에 있어서 차별적으로 취급하는 것은, 사안의 성질에 따른 합리적 차별로서 이를 자의적 취급이라고 할 수 없는 것이어서 평등원칙 내지 형평에 반하지 아니한다.

따라서 학습지 채택료를 수수하고 담당 경찰관에게 수사무마비를 전달하려고 한 비위를 저지른 사립중학교 교사들 중 잘못을 시인한 교사들은 정직 또는 감봉에, 잘못을 시인하지 아니한 교사들은 파면에 처한 것이 그 직무의 특성 등에 비추어 재량권의 범위를 일탈·남용한 것이 아니다.

☞ ④: ○

귀책사유를 상대적으로 판단하여야 한다는 판례의 입장을 설명한 것으로서 타당하다. 대법원 2006. 6. 9. 선고 2004두46 판결; 대법원 2008. 1. 17. 선고 2006두10931

판결; 대법원 2011. 10. 27. 선고 2011두14401 판결 등

☞ ⑤: ×

자기구속의 원칙은 관행대로 행정규칙을 준수하여야 할 이익보다도 더 큰 공익이나 제3자의 이익이 있으면 부정될 수 있는 상대적인 구속력을 가지는 한계가 있다.

행정법의 법률관계등 — 문제연습

39. 다음 중 법원이 판시한 내용과 다른 것은?

① **석탄산업법상의 석탄가격안정지원금 지급청구**의 소의 성질은 **공법상의 당사자소송**에 의하여야 한다.

② 고의 또는 중대한 과실 없이 행정소송이 **심급을 달리하는 법원**에 잘못 제기된 경우에 민사소송법 제31조 제1항을 적용하여 이를 **관할 법원에 이송하여야 한다.**

③ 관할 위반의 소를 부적법하다고 하여 **각하하는 것보다 관할 법원에 이송하는** 것이 당사자의 권리구제나 소송경제의 측면에서 바람직하다.

④ 고의 또는 중대한 과실 없이 행정소송으로 제기하여야 할 사건을 민사소송으로 잘못 제기한 경우, 수소법원으로서는 만약 그 **행정소송에** 대한 **관할도 동시에 가지고 있다면** 이를 민사소송으로 심리·판단할 수 있다.

⑤ 고의 또는 중대한 과실 없이 행정소송으로 제기하여야 할 사건을 민사소송으로 잘못 제기한 경우, 수소법원으로서는 만약 그 **행정소송에 대한 관할을 가지고 있지 아니하다면 이를** 부적법한 소라고 하여 각하할 것이 아니라 관할 법원에 이송하여야 한다.

금전부과처분 → 수직적 행정소송 → 항고소송

금전지급권리 · 의무
- 공법관계 → 수평적 행정소송 → 당사자소송
- 사법관계 → 민사소송

문 39. 정답 ④

***해 설**

☞ ①: ○

대법원 1997. 05. 30. 선고 95다28960 판결[석탄가격안정지원금의지급]

석탄가격안정지원금은 석탄의 수요 감소와 열악한 사업환경 등으로 점차 경영이 어려워지고 있는 석탄광업의 안정 및 육성을 위하여 **국가정책적 차원에서 지급**하는 지원비의 성격을 갖는 것이고, 석탄광업자가 석탄산업합리화사업단에 대하여 가지는 이와 같은 **지**

원금지급청구권은 석탄사업법령에 의하여 정책적으로 당연히 부여되는 공법상의 권리이므로, 석탄광업자가 석탄산업합리화사업단을 상대로 석탄산업법령 및 석탄가격안정지원금 지급요령에 의하여 지원금의 지급을 구하는 소송은 **공법상의 법률관계에 관한 소송인 공법상의 당사자소송에** 해당한다.

☞ ②: ○

행정소송법 제7조는 원고의 고의 또는 중대한 과실 없이 행정소송이 심급을 달리하는 법원에 잘못 제기된 경우에 민사소송법 제31조 제1항을 적용하여 이를 관할 법원에 이송하도록 규정하고 있다.

행정소송법 제7조(사건의 이송)

민사소송법 제34조 제1항의 규정은 원고의 고의 또는 중대한 과실없이 행정소송이 심급을 달리하는 **법원에 잘못 제기된 경우에도 적용한다.**

☞ ③: ○

대법원 1997. 05. 30. 선고 95다28960 판결[석탄가격안정지원금의지급]

관할 위반의 소를 부적법하다고 하여 각하하는 것보다 **관할 법원에 이송하는** 것이 **당사자의 권리구제나 소송경제의 측면에서 바람직하다.**

☞ ④: ×

대법원 1997. 05. 30. 선고 95다28960 판결[석탄가격안정지원금의지급]

★고의 또는 중대한 과실 없이 행정소송으로 제기하여야 할 사건을 민사소송으로 잘못 제기한 경우, 수소법원으로서는 **만약 그 행정소송에 대한 관할도 동시에 가지고 있다면 이를 행정소송으로 심리·판단하여야 한다.**

☞ ⑤: ○

대법원 1997. 05. 30. 선고 95다28960 판결[석탄가격안정지원금의지급]

고의 또는 중대한 과실 없이 행정소송으로 제기하여야 할 사건을 민사소송으로 잘못 제기한 경우, 수소법원으로서는 만약 그 행정소송에 대한 관할을 가지고 있지 아니하다면 당해 소송이 이미 행정소송으로서의 전심절차 및 제소기간을 도과하였거나 행정소송의 대상이 되는 처분 등이 존재하지도 아니한 상태에 있는 등 행정소송으로서의 소송요건을 결하고 있음이 명백하여 행정소송으로 제기되었더라도 어차피 부적법하게 되는 경우가 아닌 이상 **이를 부적법한 소라고 하여 각하할 것이 아니라 관할 법원에 이송하여야 한다.**

40. 행정법의 법률관계를 구성하는 다양한 행정주체나 행위자들에 대한 다음의 설명 중 맞는 것을 모두 고르시오. (다툼이 있는 경우 판례에 의함)

ㄱ. 공법상 법인은 법률의 규정이 아니라 공법상 위임에 의하여 행정주체가 되었다.
ㄴ. 견인업자가 공법상 위임이 아니라 도급계약을 국가나 지자체와 체결한 경우에도 공무수탁사인에 해당한다.
ㄷ. 공무수탁사인은 행정행위를 발급할 수 있을 뿐만 아니라 항고소송의 피고도 인정되고, 위법행위시 국가배상법의 적용을 받는다.
ㄹ. 행정의 보조자는 행정행위를 발급할 수 없고 항고소송의 피고도 될 수 없지만, 위법행위시 국가배상법의 적용을 받는다.
ㅁ. 원천징수자(☞)의 원천징수행위에 대하여 판례는 취소소송이 가능하다고 판시한 바 있다.

공무수탁사인은 위임에 의한 행정주체이지만, 행정청의 기능도 겸함

행정의 보조자는 독자적인 권한이 없어서 행정주체도 행정청도 될 수 없음. 다만 국가배상법상 공무원의 역할은 가능

원천징수자는 사기업의 장이나 공공기관의 장처럼 소득세법상의 세금을 공제하고 급여를 지급하는 자를 의미

① ㄱ, ㄷ, ㄹ
② ㄱ, ㄴ, ㄹ
③ ㄷ, ㅁ
④ ㄴ, ㄷ
⑤ ㄷ, ㄹ

문 40. 정답 ⑤

***해 설**

☞ ㄱ: ×

공무수탁사인은 **공법상 위임**에 의하여 행정주체가 되는 반면, 주택재건축조합이나 주택재개발조합은 **법률의 규정에 의하여** 행정주체가 되는 경우임을 주의하여야 한다.

☞ ㄴ: ×

견인업자나 청소업자가 **도급계약을 체결한 경우**에는 **계약의 당사자에 불과하고,** 이와 달리 **공법상 위임에 의한 경우는 공무수탁사인이 된다.**

☞ ㄷ: ○

공무수탁사인에 대한 정확한 이해이다.

☞ ㄹ: ○

행정의 보조자에 대한 정확한 이해이다.

☞ ㅁ: ×

판례는 **소득세법에서 이미 권리의무가 확정**되어 있으므로 이에 대한 원천징수행위는 **처분성이 없어 각하**한 바 있다(대법원 1990. 3. 23. 선고 89누4789 판결). 다만 공무수탁사인을 긍정한 판례라는 평석과 부정한 판례라는 **평석이 대립**하고 있다.

지하철공사, 건강보험공단, 한국마사회 등에서 내부직원 징계나 해임하는 것은 행정청이 아니므로 민사관계임

무단점용에 대한 변상금 등은 공법상 제재이므로 과거의 행위가 기준

41. 다음 중 판례의 태도로 옳지 않은 것은?

① **지하철공사의 사장이** 그 이사회의 결의를 거쳐 제정된 인사규정에 의거하여 **소속직원에 대한 징계처분을 한 경우** 이에 대한 불복절차는 민사소송에 의할 것이지 행정소송에 의할 수는 없다.

② 국유재산의 무단점유 등에 대하여 **변상금을 징수할 것인가 여부**는 처분청의 재량을 허용하지 않는 기속행위이다.

③ 국유재산의 **무단점용에 대하여** 부과하는 **변상금 및 그 기준이** 되는 **대부료의 산정을 위한 국유재산 가액의 평가는** 점유개시 이후에 점유자가 **원래의 토지용도와 다른 용도**로 형질변경한 경우라 하더라도 **변경된 상태를 기준으로 하여서는 아니 된다.**

④ 국유잡종재산 대부행위의 법적 성질은 사법상 계약이며 그 대부료 납부고지의 법적 성질사법상 이행청구이지 처분이라고 볼 수 없다.

문 41. 정답 ①

***해 설**

☞ ①: ×

대법원 1989. 09. 12. 선고 89누2103 판결[징계처분취소]

서울특별시지하철공사의 임원과 직원의 근무관계의 성질은 지방공기업법의 모든 규정을 살펴보아도 **공법상의 특별권력관계라고는 볼 수 없고 사법관계**에 속할 뿐만 아니라, **위**

지하철공사의 사장이 그 이사회의 결의를 거쳐 제정된 인사규정에 의거하여 소속직원에 대한 징계처분을 한 경우 위 사장은 행정소송법 제13조 제1항 본문과 제2조 제2항 소정의 **행정청에 해당되지 않으므로 공권력발동주체로서 위 징계처분을 행한 것으로 볼 수 없고,** 따라서 이에 대한 불복절차는 **민사소송**에 의할 것이지 행정소송에 의할 수는 없다.

☞ ②: ○

대법원 2000. 01. 28. 선고 97누4098 판결[변상금부과처분취소]

국유재산의 무단점유 등에 대한 변상금징수의 요건은 **국유재산법 제51조 제1항에 명백히** 규정되어 있으므로 **변상금을 징수할 것인가는 처분청의** 재량을 허용하지 않는 **기속행위**이다.

무단점용에 대한 변상금 부과 여부는 기속행위이지만 변상금액결정은 재량행위

☞ ③: ○

대법원 2000. 01. 28. 선고 97누4098 판결[변상금부과처분취소]

국유재산의 무단점용에 대하여 부과하는 변상금 및 그 기준이 되는 대부료의 산정을 위한 국유재산 가액의 평가는 달리 특별한 사정이 없는 한 **점유자가 점유를 개시할 당시의 상태를 기준으로** 하여야 하고 점유개시 이후에 점유자가 원래의 토지용도와 **다른 용도로 형질변경한 경우**라 하더라도 **변경된 상태를 기준으로 하여서는 아니 된다**.

ex) 점유개시당시는 논, 다른 용도로 형질 변경한 경우는 대지

☞ ④: ○

대법원 2000. 02. 11. 선고 99다61675 판결[부당이득금]

국유재산법 제31조, 제32조 제3항, 산림법 제75조 제1항의 규정 등에 의하여 국유잡종재산에 관한 관리 처분의 권한을 위임받은 기관이 **국유잡종재산을 대부하는 행위는 국가가 사경제 주체로서 상대방과 대등한 위치에서 행하는 사법상의 계약이고**, 행정청이 공권력의 주체로서 상대방의 의사 여하에 불구하고 일방적으로 행하는 행정처분이라고 볼 수 없으며, 국유잡종재산에 관한 대부료의 납부고지 역시 사법상의 이행청구에 해당하고, 이를 행정처분이라고 할 수 없다.

국유잡종재산을 대부하는 행위는 국고관계에 속함

42. 아래 보기 중 옳은 것(o)과 옳지 않은 것(x)을 올바르게 조합한 것은? (다툼이 있는 경우 판례에 의함)

혼동하기 쉬운 지문들을 연습해 두자

ㄱ. 공무수탁사인의 행정주체성을 부정하고 행정기관이라고 보는 입장이 다수설이다.
ㄴ. 공무수탁사인의 위법행위로 인한 손해에 대하여 국가배상법 제2조는 직접적인 규정을 하고 있지 않고 국가배상법에 대한 직접적용설과 유추적용설이 대립한다.
ㄷ. 판례는 서울교대학장이 교수회의도 거치지 않고 집회시위에 참가한 서울교대생에 대한 퇴학처분사건에서 이는 국공립대학교라는 특별권력관계 내의 문제이므로 사법심사할 수 없다고 보아 각하하였다.
ㄹ. 특별권력관계에서 국공립학교 조교수에 대한 재임용거부는 영조물이용관계이다.
ㅁ. 하천법상 제외지 수용에 대한 손실보상 규정이 없는 경우에 대하여 판례는 헌법규정에 대한 직접적용설의 입장을 취하여 손실보상이 가능하다고 판시하였다.

① ㄱ(o), ㄴ(x), ㄷ(x), ㄹ(o), ㅁ(x)
② ㄱ(x), ㄴ(o), ㄷ(x), ㄹ(o), ㅁ(x)
③ ㄱ(x), ㄴ(x), ㄷ(x), ㄹ(x), ㅁ(x)
④ ㄱ(x), ㄴ(x), ㄷ(o), ㄹ(x), ㅁ(x)
⑤ ㄱ(x), ㄴ(x), ㄷ(x), ㄹ(x), ㅁ(x)

문 42. 정답 ③

***해 설**

☞ ㄱ: ×

소수설의 입장이고 **긍정하는 입장이 다수설의 입장**이다.

☞ ㄴ: ×

국가배상법 제2조 개정 이전에는 이러한 대립이 있었지만, **국가배상법 제2조의 개정으로 직접 적용되게 되었다**. 다만 피고에 대하여는 국가·지자체설과 공무수탁사인설에 대한 대립이 여전히 있다. 그러나 개정 취지상으로는 국가·지자체설이 타당하다.

☞ ㄷ: ×

판례는 특별권력관계라도 **소의 적법성에 대해서는 일반국민과 차별하지 않는 전면적 사법심사긍정설을** 취한 것으로 평가되며, 처분성이 있어 소가 적법하다고 판시하였다(대법원 1995. 6. 9. 선고 94누10870 판결).

☞ ㄹ: ×

학생의 퇴학이나 정학은 영조물이용관계이지만, 국공립학교 조교수의 **재임용거부는 근무관계이다**.

☞ ㅁ: ×

※ 동 사안의 판례를 비롯하여 주류적인 판례는 **유추적용설의 입장**에서 손실보상을 긍정하고 있다. 동 사안에서 **판례는 하천법상 제내지 보상규정**을 **유추적용**하여 **손실보상**이 **당사자소송으로 가능하다고 판시**하였다(대법원 1987. 7. 21. 선고 84누126 판결).

판례의 입장정리
- 손실보상의 대부분은 민사소송
- 하천법상 제외지 보상은 공법규정을 유추적용하여 당사자소송으로 인정

43. 다음 중 판례에 대한 설명 중 틀린 것은?

① 국가를 당사자로 하는 계약에 관한 법률 및 그 시행령상의 입찰절차나 낙찰자 결정기준에 관한 규정의 성질은 국가의 내부규정에 불과하다.

② 계약담당공무원이 입찰절차에서 국가를당사자로하는계약에관한법률 및 그 시행령이나 그 세부심사기준에 어긋나게 적격심사를 하였다면 그 사유만으로 당연히 낙찰자 결정이나 그에 기한 계약이 무효가 되는 것은 아니다.

③ 성업공사가 한 그 공매처분에 대한 취소 등의 항고소송을 제기함에 있어서는 수임청으로서 실제로 공매를 행한 성업공사를 피고로 하여야 하지 않고 위임청인 세무서장을 피고로 하여야 한다.

④ 세무서장의 위임에 의하여 성업공사가 한 공매처분에 대하여 피고 지정을 잘못하여 피고적격이 없는 세무서장을 상대로 그 공매처분의 취소를 구하는 소송이 제기된 경우, 법원으로서는 석명권을 행사하여 피고를 성업공사로 경정하게 하여 소송을 진행하여야 한다.

문 43. 정답 ③

***해 설**

☞ ①: ○

대법원 2001. 12. 11. 선고 2001다33604 판결[지위보전가처분]

[1] 국가를당사자로하는계약에관한법률은 국가가 계약을 체결하는 경우 원칙적으로 경쟁입찰에 의하여야 하고(제7조), 국고의 부담이 되는 경쟁입찰에 있어서 입찰공고 또는 입찰설명서에 명기된 평가기준에 따라 국가에 가장 유리하게 입찰한 자를 낙찰자로 정하도록(제10조 제2항 제2호) 규정하고 있고, 같은법시행령에서 당해 입찰자의 이행실적, 기술능력, 재무상태, 과거 계약이행 성실도, 자재 및 인력조달가격의 적정성, 계약질서의 준수정도, 과거공사의 품질정도 및 입찰가격 등을 종합적으로 고려하여 재정경제부장관이 정하는 심사기준에 따라 세부심사기준을 정하여 결정하도록 규정하고 있으나, 이러한 규정은 국가가 사인과의 사이의 계약관계를 공정하고 합리적·효율적으로 처리할 수 있도록 관계 공무원이 지켜야 할 계약사무처리에 관한 필요한 사항을 규정한 것으로, **국가의 내부규정에 불과하다 할 것이다.**

☞ ②: ○

대법원 2001. 12. 11. 선고 2001다33604 판결[지위보전가처분]

계약담당공무원이 입찰절차에서 국가를당사자로하는계약에관한법률 및 그 시행령이나 그 세부심사기준에 어긋나게 적격심사를 하였다 하더라도 그 사유만으로 당연히 낙찰자 결정이나 그에 기한 계약이 무효가 되는 것은 아니고, 이를 위배한 하자가 입찰절차의 공공성과 공정성이 현저히 침해될 정도로 중대할 뿐 아니라 상대방도 이러한 사정을 알았거나 알 수 있었을 경우 또는 누가 보더라도 낙찰자의 결정 및 계약체결이 선량한 풍속 기타 사회질서에 반하는 행위에 의하여 이루어진 것임이 분명한 경우 등 이를 무효로 하지 않으면 그 절차에 관하여 규정한 국가를당사자로하는계약에관한법률의 취지를 몰각하는 결과가 되는 특별한 사정이 있는 경우에 한하여 무효가 된다고 해석함이 타당하다.

☞ ③: × ☞ ④: ○

대법원 1997. 02. 28. 선고 96누1757 판결[공매처분취소]

[1] 성업공사가 체납압류된 재산을 공매하는 것은 세무서장의 공매권한 위임에 의한 것으로 보아야 할 것이므로, 성업공사가 한 그 공매처분에 대한 취소 등의 항고소송을 제기함에 있어서는 **수임청으로서 실제로 공매를 행한 성업공사를 피고로** 하여야 하고, 위임청인 세무서장은 피고적격이 없다.

[2] 세무서장의 위임에 의하여 성업공사가 한 공매처분에 대하여 피고 지정을 잘못하여 피고적격이 없는 세무서장을 상대로 그 공매처분의 취소를 구하는 소송이 제기된 경우, 법원으로서는 **석명권을 행사하여 피고를 성업공사로 경정하게 하여** 소송을 진행하여야 한다.

행정소송의 유형 — 문제연습

소송의 4유형 알아두면 행정소송법 실력을 쉽게 올릴 수 있다.

해설을 통해 상세히 알아두자.

행정소송법 제12조 제1문과 원고적격은 시험에 가장 출제가 많이 되므로 잘 정리해 두자.

44. 공권과 취소소송에 대한 다음의 설명 중 옳은 것을 고르시오. (다툼이 있는 경우 판례에 의함) ★★

① **제3자효 행정행위**에 의하여 **법률상 이익**을 침해 당하는 **제3자**가 제기하는 소송의 유형은 소송의 4유형으로 분류된다.

② **행정행위**에 대한 **항고소송** 중 원칙적인 것은 무효확인소송이다.

③ 행정소송법 **제23조**는 집행정지의 원칙을 취하고 있다.

④ 행정소송법 **제12조 제1문**의 **법률상 이익**에 대하여 다수설과 판례는 적법성 보장설을 취한다.

⑤ **보호규범이론**에 대하여 **대법원**의 주류적인 입장은 **관련법률설**이지만, **헌재**와 다수설은 **기본권고려설**의 **입장이다**.

문 44. 정답 ⑤

***해 설**

☞ ㄱ: ×

☞ **제3자효 행정행위**는 행정청이 발급한 행정행위(=공권력= 처분)가 **상대방**에게는 수익적이지만 **제3자에게**는 침익적인 효과가 동시에 나타나거나 또는 그 반대로 나타나는 것을 의미한다.

☞ **법률상 이익**은 공권이라고도 하며 행정소송에서 원고의 자격인 원고적격을 가지게 된다. 그러나, **반사적 이익**은 원고적격을 가질 수 없어서 **각하**판결을 받게 된다.

소송의 4 유형론(박정훈 교수 등이 제시)에서 소송의 **3유형**에 해당한다.

☞ 소송의 **1유형**은 행정청이 **상대방**에게 침익적 행정행위를 발급하는 경우에 상대방이 방어하기 위해 제기하는 소송이다. 소송의 **2유형**은 허가 등을 신청한 **상대방**이 거부나 부작위를 당한 것에 대하여 상대방이 제기하는 소송이다. 소송의 **3유형**은 제3자효 행정행위의 **제3자**가 다투는 소송이다. 소송의 **4유형**은 행정개입을 신청했지만 거부나 부작위당한 **제3자**가 제기하는 소송이다.

☞ ㄴ: ×

취소소송이 원칙으로서 우리 행정소송법은 **취소소송 중심주의**를 취하고 있다.

☞ **우리 행정소송법의 특징은 항고소송 중심주의와 취소소송 중심주의를 취한다는 것이다.**

☞ 행정작용이 **처분**인 경우에는 **항고소송**으로 가고 특히 그 중에서도 **취소소송**으로 대부분 간다. 행정작용이 **처분이 아닌 경우(행정지도, 공법상 계약)에는 당사자소송**으로 간다.

국민의 권리구제에 대한 이야기

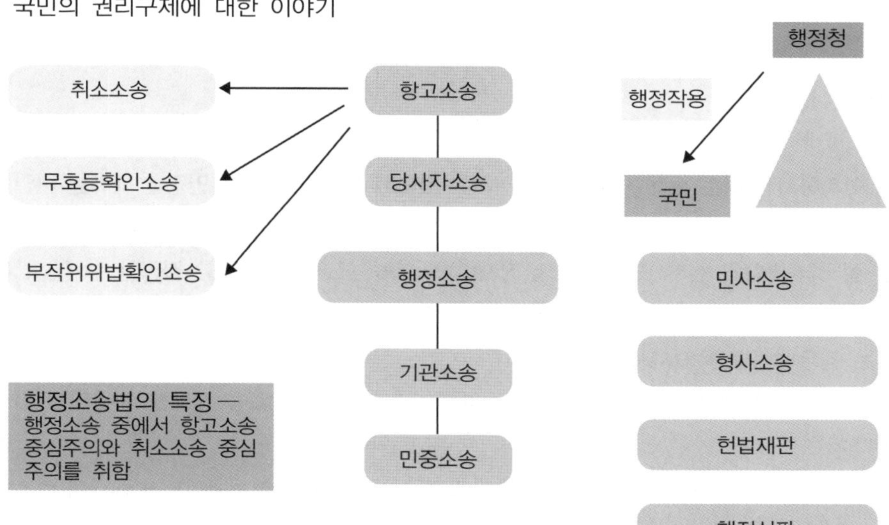

☞ **행정소송법 제3조(행정소송의 종류)**

행정소송은 다음의 네 가지로 구분한다.

1. **항**고소송: 행정청의 처분등이나 부작위에 대하여 제기하는 소송

2. **당**사자소송: 행정청의 처분등을 원인으로 하는 법률관계에 관한 소송 그 밖에 공법상의 법률관계에 관한 소송으로서 그 법률관계의 한쪽 당사자를 피고로 하는 소송

3. **민**중소송: 국가 또는 공공단체의 기관이 법률에 위반되는 행위를 한 때에 직접 자기의 법률상 이익과 관계없이 그 시정을 구하기 위하여 제기하는 소송

4. **기**관소송: 국가 또는 공공단체의 기관상호간에 있어서의 권한의 존부 또는 그 행사에 관한 다툼이 있을 때에 이에 대하여 제기하는 소송. 다만, 헌법재판소법 제2조의 규정에 의하여 헌법재판소의 관장사항으로 되는 소송은 제외한다.

☞ **제4조(항고소송)** 항고소송은 다음과 같이 구분한다.

1. **취**소소송: 행정청의 위법한 처분등을 취소 또는 변경하는 소송

2. **무**효등 확인소송: 행정청의 처분등의 효력 유무 또는 존재여부를 확인하는 소송
3. **부**작위위법확인소송: 행정청의 부작위가 위법하다는 것을 확인하는 소송

☞ ㄷ: ×

행정소송법 **제23조는 집행부정지의 원칙**을 취하고 있으며, 집행정지를 받기 위한 예외적인 요건이 지나치게 엄격하다. **독일처럼 집행정의 원칙**으로 변경하자는 입법론이 유력하다.

☞ **제23조(집행정지)**

① 취소소송의 제기는 처분등의 효력이나 그 집행 또는 절차의 속행에 **영향을 주지 아니한다.**

② 취소소송이 제기된 경우에 처분등이나 그 집행 또는 절차의 속행으로 인하여 생길 **회복하기 어려운 손해**를 예방하기 위하여 **긴급한 필요**가 있다고 인정할 때에는 본안이 계속되고 있는 법원은 당사자의 신청 또는 직권에 의하여 처분등의 효력이나 그 집행 또는 절차의 속행의 전부 또는 일부의 정지(이하 "執行停止"라 한다)를 결정할 수 있다. 다만, 처분의 효력정지는 처분등의 집행 또는 절차의 속행을 정지함으로써 목적을 달성할 수 있는 경우에는 허용되지 아니한다.

③ 집행정지는 공공복리에 중대한 영향을 미칠 우려가 있을 때에는 허용되지 아니한다.

④ 제2항의 규정에 의한 집행정지의 결정을 신청함에 있어서는 그 이유에 대한 소명이 있어야 한다.

⑤ 제2항의 규정에 의한 집행정지의 결정 또는 기각의 결정에 대하여는 즉시항고할 수 있다. 이 경우 집행정지의 결정에 대한 즉시항고에는 결정의 집행을 정지하는 효력이 없다.

⑥ 제30조제1항의 규정은 제2항의 규정에 의한 집행정지의 결정에 이를 준용한다.

☞ ㄹ: ×

다수설과 판례는 **법률상 보호이익설**을 취하며, 따라서 독일식의 **주관적 쟁송체계**를 따른다. 그러나 **적법성보장설은 객관적 쟁송체계**를 취하는데, 이를 따르는 입장은 소수설로서 프랑스학파의 입장이다.

☞ 행정소송법 **제12조(원고적격)**

1문(원고적격)–취소소송은 처분등의 취소를 구할 **법률상 이익**이 있는 자가 제기할 수 있다.

2문(소의 이익)–처분등의 효과가 기간의 경과, 처분등의 집행 그 밖의 사유로 인하여

소멸된 뒤에도 그 처분등의 취소로 인하여 회복되는 **법률상 이익**이 있는 자의 경우에는 또한 같다.

☞ 참고로 행정소송법 제12조 제1문의 법률상 이익에 대하여는 다음의 네 가지 학설이 대립한다. **권**리구제설, **법**률상 보호이익설, **보**호가치이익설, **적**법성보장설 등 네 가지가 대립한다. 다수설과 판례는 법률에서 보호할 **취지**가 담겨있는지로 **해석**하여 판단하므로 **법**률상 보호이익설 내지는 **법**률상 보호가치이익설을 취한다.

☞ ㅁ: ○

대법원은 **납골당에** 의한 주변 이익 침해라는 유사성이 있으므로 다른 납골당에 대한 주민보호규정을 **유추적용**하여 원고적격을 인정하였다.

☞ 법률상 이익에 대하여 **법률상 보호이익설**을 취하는 것이 다수설과 판례이다. 그런데 다시 범위와 관련하여 법률은 **당**해 법률설, **관**련 법률설, **기**본권 고려설 등으로 대립한다. **대법원은 관련법률설을 취하면서 유추적용**을 통해 원고를 확장한다. **헌재는 기본권 고려설**을 취해서 가장 넓게 본다. + 다만 대법원이 기본권을 고려한 판결도 **예외적으로 내린 적도 있다.**

☞ **보호규범이론**은 법률의 취지가 사익도 보호하는지 규범의 취지를 해석하는 이론을 말한다. 여기에는 **당**해 법률설, **관**련 법률설, **기**본권 고려설 등으로 대립한다.

***심 화 학 습**

대법원이 관련 법률설을 취하면서 **유추적용**을 통하여 **원고적격의 범위를 확장**하고 있는 모습을 최근 보이고 있다.

종교단체 납골당 신고수리의 성질과 원고적격에 대한 보호규범이론의 활용과 발전

대법원 2011. 9. 8. 선고 2009두6766 판결【납골당설치신고수리처분이행통지취소】[공 2011하, 2104]

[1] 납골당설치 신고가 '수리를 요하는 신고'인지 여부(O) 및 수리행위에 신고필증 교부 등 행위가 필요한지 여부(X)

구 장사 등에 관한 법률(2007. 5. 25. 법률 제8489호로 전부 개정되기 전의 것, 이하 '구 장사법'이라 한다) 제14조 제1항, 구 장사 등에 관한 법률 시행규칙(2008. 5. 26. 보건복지가족부령 제15호로 전부 개정되기 전의 것) 제7조 제1항 [별지 제7호 서식] 을 종합하면, 납골당설치 신고는 이른바 '수리를 요하는 신고'라 할 것이므로, 납골당설치 신고가 구 장사법 관련 규정의 모든 요건에 맞는 신고라 하더라도 신고인은 곧바로 납골당을 설치할 수는 없고, 이에 대한 행정청의 **수리처분이 있어야만 신고한 대로 납골당을 설치할**

수 있다. 한편 수리란 신고를 유효한 것으로 판단하고 법령에 의하여 처리할 의사로 이를 수령하는 수동적 행위이므로 **수리행위에 신고필증 교부 등 행위가 꼭 필요한 것은 아니다.**

[2] 관련 법률에 규정이 없는 경우 유추적용을 통한 사익보호성 인정여부

구 장사 등에 관한 법률(2007. 5. 25. 법률 제8489호로 전부 개정되기 전의 것) 제14조 제3항, 구 장사 등에 관한 법률 시행령(2008. 5. 26. 대통령령 제20791호로 전부 개정되기 전의 것) 제13조 제1항 [별표 3]에서 **납골묘, 납골탑, 가족 또는 종중·문중 납골당 등 사설납골시설의 설치장소에 제한을 둔 것**은, 이러한 사설납골시설을 인가가 밀집한 지역 인근에 설치하지 못하게 함으로써 주민들의 쾌적한 주거, 경관, 보건위생 등 생활환경상의 개별적 이익을 직접적·구체적으로 보호하려는 데 취지가 있으므로, 이러한 납골시설 설치장소에서 500m **내**에 20호 이상의 인가가 밀집한 지역에 거주하는 **주민**들은 납골당 설치에 대하여 환경상 이익 침해를 받거나 받을 우려가 있는 것으로 **사실상 추정**된다.

다만 사설납골시설 중 종교단체 및 재단법인이 설치하는 납골당에 대하여는 그와 같은 설치 장소를 제한하는 규정을 명시적으로 두고 있지 않지만, 종교단체나 재단법인이 설치한 납골당이라 하여 납골당으로서 성질이 가족 또는 종중, 문중 납골당과 다르다고 할 수 없고, 인근 주민들이 납골당에 대하여 가지는 쾌적한 주거, 경관, 보건위생 등 생활환경상의 이익에 차이가 난다고 볼 수 없다. 따라서 납골당 설치장소에서 500m 내에 20호 이상의 인가가 밀집한 지역에 거주하는 주민들에게는 **납골당이 누구에 의하여 설치되는지를 따질 필요 없이** 납골당 설치에 대하여 환경 이익 침해 또는 침해 우려가 있는 것으로 **사실상 추정**되어 **원고적격이 인정된다고 보는 것이 타당하다.**

45. 법원이 판시한 내용과 다르게 설명하고 있는 것은?

① 한국광고자율심의기구는 행정소송법상의 행정청이 될 수 없다.

② 한국광고자율심의기구가 행하는 이 사건 텔레비전 방송광고 사전심의는 행정기관에 의한 사전검열로서 헌법이 금지하는 사전검열에 해당한다.

③ 원천징수의무자인 행정청의 원천징수행위가 행정처분이라고 할 수 없다.

④ 원천징수행위는 법령에서 규정된 징수 및 납부의무를 이행하기 위한 것에 불과하다.

문 45. 정답 ①

***해 설**

☞ ①: ×

한국광고자율심의기구는 공무수탁사인으로서 행정소송법 제2조의 기능적인 행정청으로서 행정행위를 발급할 수도 있고, 항고소송의 피고적격이 인정될 수도 있다.

헌재 2008. 6. 26. 2005헌마506, 판례집 20-1하, 397[위헌]

한국광고자율심의기구는 행정기관적 성격을 가진 방송위원회로부터 위탁을 받아 이 사건 텔레비전 방송광고 사전심의를 담당하고 있는바, 한국광고자율심의기구는 민간이 주도가 되어 설립된 기구이기는 하나, 그 구성에 행정권이 개입하고 있고, 행정법상 공무수탁사인으로서 그 위탁받은 업무에 관하여 국가의 지휘·감독을 받고 있으며, 방송위원회는 텔레비전 방송광고의 심의 기준이 되는 방송광고 심의규정을 제정, 개정할 권한을 가지고 있고, 자율심의기구의 운영비나 사무실 유지비, 인건비 등을 지급하고 있다.

행정소송법 제2조 ②
이 법을 적용함에 있어서 행정청에는 법령에 의하여 행정권한의 위임 또는 위탁을 받은 행정기관, 공공단체 및 그 기관 또는 사인이 포함된다.

☞ ②: ○

헌재 2008. 6. 26. 2005헌마506, 판례집 20-1하, 397[위헌]

한국광고자율심의기구가 행하는 방송광고 사전심의는 방송위원회가 위탁이라는 방법에 의해 그 업무의 범위를 확장한 것에 지나지 않는다고 할 것이므로 한국광고자율심의기구가 행하는 이 사건 텔레비전 방송광고 사전심의는 행정기관에 의한 사전검열로서 헌법이 금지하는 사전검열에 해당한다.

③ ④ ☞ ○

대법원 1990. 03. 23. 선고 89누4789 판결[기타소득세등부과처분무효확인]

원천징수하는 소득세에 있어서는 납세의무자의 신고나 과세관청의 부과결정이 없이 법령이 정하는 바에 따라 그 세액이 자동적으로 확정되고, 원천징수의무자는 소득세법 제142조 및 제143조의 규정에 의하여 이와 같이 자동적으로 확정되는 세액을 수급자로부터 징수하여 과세관청에 납부하여야 할 의무를 부담하고 있으므로, 원천징수의무자가 비록 과세관청과 같은 행정청이더라도 그의 원천징수행위는 **법령에서 규정된 징수 및 납부의**

무를 이행하기 위한 것에 불과한 것이지, 공권력의 행사로서의 행정처분을 한 경우에 해당되지 아니한다.

46. 다음은 최신 판례에서 등장한 사안이다. 설문을 검토한 후 소송을 받아들일 수 있을 것인지와 관련한 다음의 설명 중 틀린 것을 고르시오. (변시 기출)

판례의 사례형 문제에 대비해 두자

장사에 관한 법률에서는 가족이나 종중, 문중이 설치 및 운영하는 납골당에 대하여는 시장의 수리가 필요하다고 규정하고 있고, 나아가서 500m 이내의 주민들에 대한 보호조항이 있다. 그런데 **금강교회가 납골당을 설치 및 운영하기 위하여 파주**시장에게 신고하자 파주시장은 이를 수리하였다. 이에 이웃주민들이 파주시장의 수리에 대하여 취소소송을 제기하였다. (교회가 설치 및 운영하는 납골당에 대하여는 주민보호조항이 존재하지 않는다.)

① 납골당 신고는 파주시장의 **수리를 요하는 신고**에 해당한다.
② 납골당 신고에 대한 파주시장의 수리는 금강교회에게는 수익적이지만 인근주민에게는 침익적이므로 **제3자효 행정행위**에 해당한다.
③ 행정소송법 제12조 제1문의 법률상 이익에 대하여 다수설과 판례는 **법률상 보호이익설을** 취하고 있다.
④ **대법원**은 최근 교회가 설립 · 운영하는 납골당에 대하여 인근 주민 보호규정이 흠결되었으므로 문중이나 가족 등이 운영하는 납골당과 달리 인근 **주민의 원고적격을 인정**할 수 없다고 판시하였다.
⑤ 다수설과 **헌재**가 보호규범이론에 대하여 취하는 **기본권고려설**에 의하면 인근 주민들의 주거의 자유와 평온, 재산권, 평등권을 고려하여 사익보호성을 인정할 수 있다.

문 46. 정답 ④

***해 설**

☞ 대법원 2011. 9. 8. 선고 2009두6766 판결【납골당설치신고수리처분이행통지취소】[공 2011하, 2104]

*심 화 학 습

☞ **대법원**은 **보호규범이론**에 관한 **관련법률설**을 취하면서도 종교단체가 설립·운영하는 납골당에 대한 주민보호규정이 흠결되어 있다고 하더라도 다른 사설납골당의 주민보호조항을 **유추적용**하여 원고적격을 **긍정**하는 판시를 함으로써 판례의 변화를 보이고 있다. 즉 **대법원은 관련법률설을 취하면서 유추적용을 통해 원고적격의 범위를 넓히고자 하고 있다**. 그러나 **다수설과 헌재는 기본권고려설을 취하므로** 주거의 자유와 평온, 재산권, 평등권 등으로 사익보호성을 용이하게 **인정하게 된다**. (다만 이때에도 환경권만으로는 원고적격이 인정될 수 없다.)

【판시사항】

[1] 납골당설치 신고가 '수리를 요하는 신고'인지 여부(○) 및 수리행위에 신고필증 교부 등 행위가 필요한지 여부(×)

[2] 파주시장이 종교단체 납골당설치 신고를 한 교회에, '구 장사 등에 관한 법률에 따라 필요

한 시설을 설치하고 유골을 안전하게 보관할 수 있는 설비를 갖추어야 하며 관계 법령에 따른 허가 및 준수 사항을 이행하여야 한다'는 취지의 납골당설치 신고사항 이행통지를 한 사안에서, 파주시장이 교회에 이행통지를 함으로써 납골당설치 신고수리를 하였다고 보는 것이 타당하고, 이를 수리처분과 별도로 항고소송 대상이 되는 다른 처분으로 볼 수 없다고 한 사례

[3] 사안의 적용: 납골당 설치장소에서 500m 내에 20호 이상의 인가가 밀집한 지역에 거주하는 주민들의 경우, 납골당이 누구에 의하여 설치되는지와 관계없이 납골당 설치에 대하여 환경 이익 침해 또는 침해 우려가 있는 것으로 사실상 추정되어 원고적격이 인정되는지 여부(○)

구 장사 등에 관한 법률(2007. 5. 25. 법률 제8489호로 전부 개정되기 전의 것) 제14조 제3항, 구 장사 등에 관한 법률 시행령(2008. 5. 26. 대통령령 제20791호로 전부 개정되기 전의 것) 제13조 제1항 [별표 3]에서 납골묘, 납골탑, 가족 또는 종중·문중 납골당 등 사설납골시설의 설치장소에 제한을 둔 것은, 이러한 사설납골시설을 인가가 밀집한 지역 인근에 설치하지 못하게 함으로써 주민들의 쾌적한 주거, 경관, 보건위생 등 생활환경상의 개별적 이익을 직접적·구체적으로 보호하려는 데 취지가 있으므로, 이러한 납골시설 설치장소에서 500m 내에 20호 이상의 인가가 밀집한 지역에 거주하는 주민들은 납골당 설치에 대하여 환경상 이익 침해를 받거나 받을 우려가 있는 것으로 사실상 추정된다. 다만 사설납골시설 중 종교단체 및 재단법인이 설치하는 납골당에 대하여는 그와 같은 설치 장소를 제한하는 규정을 **명시적으로 두고 있지 않지만, 종교단체나 재단법인이**

설치한 납골당이라 하여 납골당으로서 성질이 가족 또는 종중, 문중 납골당과 다르다고 할 수 없고, 인근 주민들이 납골당에 대하여 가지는 쾌적한 주거, 경관, 보건위생 등 생활환경상의 **이익에 차이가 난다고 볼 수 없다.** 따라서 납골당 설치장소에서 500m 내에 20호 이상의 인가가 밀집한 지역에 거주하는 주민들에게는 **납골당이 누구에 의하여 설치되는지를 따질 필요 없이 납골당 설치에 대하여 환경 이익 침해 또는 침해 우려가 있는 것으로 사실상 추정되어 원고적격이 인정된다고 보는 것이 타당**하다.

사례형 출제에 대비해 보자
부작위에 대한 행정구제 수단 출제 대비

47. 甲은 관계 법령의 규정에 따라 공장을 적법하게 설치·운영하고 있는데, 당해 공장은 **대기환경보전법상의 대기오염물질배출허용기준을 초과하여** 동법에 의한 개선명령을 받고도 이를 이행하지 않고 있다. 인근주민 乙은 이 공장으로부터 날아드는 대기오염물질로 인해 급박하고 막대한 건강상·환경상 피해를 받고 있어 관할 광역시장 S에게 甲에 대한 **행정권 발동을 요구하였으나** S는 **어떠한 조치도 취하지 않고 있다.** 아래 보기 중 옳은 것(o)과 옳지 않은 것(x)을 올바르게 조합한 것은? (변시 기출)

【참고】 대기환경보전법 제34조 제2항: "환경부장관은 대기오염으로 주민의 건강상·환경상의 피해가 급박하다고 인정하면 … 즉시 그 배출시설에 대하여 조업시간의 제한이나 조업정지, 그 밖에 필요한 조치를 명할 수 있다."

※ 위 조항에 의한 환경부장관의 조업시간제한조치 등의 권한이 시·도지사에게 위임되었음을 전제로 함.

ㄱ. 대기환경보전법 제34조 제2항은 乙의 **사익도 보호하려는 취지로 해석할 수 있다.**
ㄴ. 공권의 인정 범위를 넓게 보는 견해에 의하면 급박하고 막대한 건강상·환경상 피해를 입고 있는 乙에게는 조업정지 등 행정권 발동을 요청할 **행정개입청구권이 인정될 수 있다.**
ㄷ. 위 ㄴ.에 의하면 乙은 S의 부작위에 대해서 **부작위위법확인소송을 제기할 수 있다.**
ㄹ. 乙은 S의 부작위에 대해서 **행정심판법상의** 부작위위법확인심판을 제기할 수 있다.
ㅁ. 판례에 의하면 乙은 S의 부작위에 대해서 **의무이행소송**을 제기할 수 있다.

ㅂ. 乙은 국가배상법에 의한 **손해배상**을 청구할 수 없지만, 甲에 대한 **민사소송**은 제기할 수 있다.

① ㄱ(o), ㄴ(o), ㄷ(o), ㄹ(x), ㅁ(x), ㅂ(x)
② ㄱ(o), ㄴ(x), ㄷ(o), ㄹ(o), ㅁ(x), ㅂ(x)
③ ㄱ(x), ㄴ(o), ㄷ(x), ㄹ(o), ㅁ(x), ㅂ(o)
④ ㄱ(o), ㄴ(o), ㄷ(o), ㄹ(o), ㅁ(x), ㅂ(x)
⑤ ㄱ(x), ㄴ(o), ㄷ(o), ㄹ(x), ㅁ(o), ㅂ(o)

문 47. 정답 ①

*** 해 설**

이는 과거 사법시험 2차시험 문제와 김연태 교수의 주관식 사례문제를 객관식화한 출제의 예이다.

☞ ㄱ: ○

대기환경보전법 제34조 제2항은 을 등 주민들의 생명과 신체 등 사익도 보호하려는 취지도 포함되어 있다고 해석될 수 있다.

☞ ㄴ: ○

주민들의 생명과 신체 및 환경 등에 급박한 위험이 초래될 때에는 행정개입에 대한 재량이 0이나 1로 수축되어 행정개입청구권이 인정된다.

☞ ㄷ: ○

위 사안에서 을은 S 시장의 행정개입부작위에 대하여 행정소송법 제4조 제3호와 제36조의 부작위위법확인소송을 제기할 수 있거나, 묵시적 행정개입거부에 대한 거부처분취소소송을 제기할 수 있다.

☞ ㄹ: ×

행정심판법에서는 행정소송법과 달리 거부나 부작위에 대한 의무이행심판을 규정하고 있다. 그러므로 부작위위법확인심판 같은 것은 존재하지 않는다. 다만, 거부는 거부처분취소심판이나 무효확인심판도 가능하고 적극적인 의무이행심판도 가능하다.

☞ ㅁ: ×

그러나 현행법상 의무이행소송은 행정소송법 제3조와 제4조에 규정되어 있지 않으므로 인정될 수 없다고 보는 것이 다수설과 판례의 입장이다. 다만 긍정할 수 있다는 소수설이나 예외적으로 인정하자는 절충설도 존재한다.

☞ ㅂ: ×

사안에서 생명과 신체 등의 급박한 침해로 인하여 행정개입재량이 0이나 1로 수축되어 행정개입의무가 있으므로 을 등 주민은 국가에 대한 국가배상청구권도 행사할 수 있고, 고의·중과실 있는 가해 공무원인 S 시장에 대한 민사상의 손해배상청구권도 행사할 수 있다.

행정법의 기본개념 출제대비

행정주체는 국가와 지방자치단체와 같은 공법상의 법인을 말하며, 권리와 의무의 귀속주체가 됨

행정청은 관공서의 장과 같이 대외적으로 처분 등을 행할 권한이 있는 행정기관임

48. 행정주체가 될 수 없는 것은? (다툼이 있는 경우 판례에 의함) (9급 국가직)

① 대한민국
② 「도시 및 주거환경정비법」에 따른 주택재건축정비사업조합
③ 서울특별시
④ 안전행정부장관

문 48. 정답 ④

***해 설**

☞ ①③ 국가는 **시원적인** (☞제1의) 행정주체이고 지방자치단체는 **국가로부터 전래된** (☞제2의) 행정주체이다.

☞ ②: ○ 「**도시 및 주거환경정비법**」(**이하 '도시정비법'**이라 한다)상의 **주택재건축정비사업조합(이하 '재건축조합'이라고** 한다)은 관할 행정청의 감독 아래 도시정비법상의 주택재건축사업을 시행하는 공법인으로서, 그 목적 범위 내에서 **법령이 정하는 바에 따라** 일정한 행정작용을 행하는 (☞제3의)**행정주체**의 지위를 갖는다.

***심 화 학 습**

이 밖에도 **공무수탁사인**도 **공법상 위임에 의하여** (☞제4의)행정주체가 된다. 공법상 법인은 공무수탁사인과 달리 법령에 의하여 행정주체가 된다.

☞ ④: × **안전행정부장관**은 국가를 위하여 행정을 담당하는 **행정청**에 불과하고 행정주체가 아니다.

49. 판례에 의할 때 사법(私法)관계에 해당하는 것은? (서울시 9급)

① 국·공유 행정재산의 사용·수익에 대한 허가신청의 거부

② 「국유재산법」상 국유재산무단사용에 대한 변상금 부과처분

③ 개발부담금부과처분의 직권취소를 이유로 한 부당이득반환청구

④ 「도시 및 주거환경정비법」상 관리처분계획안에 대한 조합총회결의의 효력을 다투는 소송의 성질

⑤ 「하천구역편입토지보상에관한특별조치법」 제2조 제1항의 규정에 의한 손실보상금의 지급을 구하는 소송의 성질

빈출문제정리

청사 내의 매점이나 식당허가 = 행정청의 처분이자 재량행위이면서 특허

빈출문제정리2

- 부당이득반환청구
- 국가배상청구
- 손실보상청구
  ⇒ 민사소송

vs

하천법상 제외지 보상 ⇒ 당사자소송

문 49. 정답 ③

***해 설**

☞ ①: **공법관계**에 해당한다.

대법원 2006. 03. 09. 선고 2004다31074 판결[채무부존재확인]

국유재산 등의 관리청이 하는 **행정재산의 사용·수익**에 대한 **허가**는 **순전히 사경제주체로서 행하는 사법상의 행위**가 아니라 관리청이 **공권력을 가진 우월적 지위**에서 행하는 행정**처분**으로서 특정인에게 행정재산을 사용할 수 있는 **권리를 설정**하여 주는 **강학상 특허**에 해당한다.

☞ ②: 공법관계에 해당한다.

대법원 2000. 11. 24. 선고 2000다28568 판결[변상금]

국유재산법 제51조 제1항에 의한 **변상금 부과처분**은 국유재산을 **무단으로 사용**하는 자에 대하여 그 관리청이 부과하는 행정**처분**이고, 구 국유재산법(1999. 12. 31. 법률 제6072호로 개정되기 전의 것) 제51조 제2항, 제25조 제3항 및 현행 국유재산법 제51조 제3항에 의하면, 국유재산의 무단사용자가 국유재산법 제51조에 의한 변상금을 체납한 경우에는 관리청은 관할 세무서장 또는 지방자치단체장에게 위임하여 국세징수법의 **체납처분에 관한 규정**에 의하여 징수할 수 있도록 되어 있으므로, 국유재산법 제51조 제1항에 의한 변상금 부과처분을 근거로 한 변상금의 청구를 **민사소송의 방법에 의할 수는 없다**.

☞ ③: **사법관계에 해당한다.**

대법원 1995. 12. 22. 선고 94다51253 판결[부당이득금]

개발부담금 부과처분이 취소된 이상 그 후의 **부당이득**으로서의 **과오납금 반환**에 관한 법률관계는 **단순한 민사 관계**에 불과한 것이고, 행정소송 절차에 따라야 하는 관계로 볼 수 없다.

☞ ④: 역시 공법관계에 해당한다.

대법원 2009. 10. 15. 선고 2008다93001 판결[관리처분계획안수립결의무효]

도시 및 주거환경정비법에 따른 주택재건축정비사업조합은 관할 행정청의 감독 아래 위 법상의 주택재건축사업을 시행하는 **공법인**(위 법 제18조)으로서, 그 목적 범위 내에서 법령이 정하는 바에 따라 일정한 행정작용을 행하는 **행정주체의 지위**를 갖는다. 따라서 행정주체인 재건축조합을 상대로 관리처분계획**안**에 대한 조합 총회결의의 효력 등을 다투는 소송은 행정처분에 이르는 절차적 요건의 존부나 효력 유무에 관한 소송으로서 그 소송결과에 따라 행정처분의 위법 여부에 직접 영향을 미치는 **공법상 법률관계**에 관한 것이므로, 이는 행정소송법상의 **당사자소송**에 해당하고, 재건축조합을 상대로 사업시행계획안에 대한 조합 총회결의의 효력 등을 다투는 소송 또한 **행정소송**법상의 **당사자소송**에 해당한다.

☞ ⑤: 공법관계이다. **주의할 것은 이 판례는 하천법상 보상청구권만 공법관계로서 당사자소송으로 판시한 것에 불과**하며, **손실보상에 대한 일반적인 경우는 여전히 사법관계로서 민사소송으로 판시하고 있다는 점을 주의하여야 한다.**

대법원 2006. 05. 18. 선고 2004다6207 전원합의체 판결[보상청구권확인]

하천법 부칙(1984. 12. 31.) 제2조와 '법률 제3782호 하천법 중 개정법률 부칙 제2조의 규정에 의한 보상청구권의 소멸시효가 만료된 **하천구역 편입토지 보상**에 관한 특별조치법' 제2조, 제6조의 각 규정들을 종합하면, 위 규정들에 의한 **손실보상청구권**은 1984. 12. 31. 전에 토지가 하천구역으로 된 경우에는 당연히 발생되는 것이지, 관리청의 보상금지급결정에 의하여 비로소 발생하는 것은 아니므로, 위 규정들에 의한 손실보상금의 지급을 구하거나 손실보상청구권의 확인을 구하는 소송은 **행정소송**법 제3조 제2호 소정의 **당사자소송**에 **의하여야 한다.**

50. 다음 중 판례의 태도와 불일치하는 지문은?

① 택지개발사업의 원활화를 위하여 **택지개발사업에 협조한 주택건설업자**에게 택지개발촉진법령에 근거하여 **수의계약에 의한 택지공급신청권이 인정**된다.

② 구 택지개발촉진법 시행령에 의한 택지공급은 택지개발사업 시행자의 **재량행위이다.**

③ **광업권설정허가처분**과 그에 따른 광산 개발로 인하여 재산상·환경상 이익의 침해를 받거나 받을 우려가 있거나 예상되는 **토지나 건축물**의 **소유자와 점유자 또는 이해관계인 및 주민**들은 아직 우려나 예상에 불과하므로 원고적격을 인정받을 수 없다.

④ 서울특별시의 **"철거민에 대한 시영아파트 특별분양개선지침"**은 **행정규칙에 불과하고 시영아파트에 대한 분양불허 의사표시가 행정처분이 아니다.**

빈출정리
제3자라도 법률상 이익이 있는 경우에는 원고적격이 인정될 수 있다.

문 50. 정답 ③

***해 설**

① ② ☞ ○

대법원 2007. 12. 13. 선고 2006두19068 판결[택지공급신청거부처분취소]

[1] **구 택지개발촉진법 시행령**(2005. 3. 8. 대통령령 제18734호로 개정되기 전의 것) 제13조의2 제5항 제5호는 당해 택지개발사업의 원활화를 기하기 위하여 **당해 택지개발사업에 협조한 주택건설업자에게 당해** 택지를 공급할 때에 **수의계약에 의한 공급의 기회를 부여**하는 것으로서, 그 취지는 단순히 택지개발사업의 시행자로 하여금 그러한 대상자들에게 수의계약에 의한 택지공급을 할 수 있는 권능을 부여하는 데 그치는 것이 아니라 그와 같은 요건을 갖추기 위하여 **공공사업에 협력한 자에게 수의계약에 의한 택지공급의 기회를 요구할 수 있는 법적인 이익을 부여하고 있는 것**이라고 보아야 하므로, 그들에게는 위와 같은 법령에 근거하여 **수의계약에 의한 택지공급신청권(택지공급을 받을 권리와는 다른 개념)이 인정된다고 해석하여야 한다.**

[2] 택지개발사업 시행자의 택지공급은 상대방에게 권리나 이익을 부여하는 효과를 수반하는 이른바 수익적 행위인 점, 구 택지개발촉진법 시행령(2005. 3. 8. 대통령령 제18734호로 개정되기 전의 것)의 관련 조항들을 종합하여 볼 때 택지개발사업의 시행자는 택지를 공급함에 있어 공급대상 토지의 위치 및 면적, 공급의 대상자 또는 대상자 선정방법,

공공사업에 협력한 자에게는 기존빌라나 APT주민들을 예로 들 수 있음

수의계약은 공개경쟁과정을 거치지 않고 합의에 의해 계약당사자끼리 계약을 체결하는 것

공급의 시기 · 방법 및 조건, 공급가격 결정방법 등을 스스로 정할 수 있고, 자신의 필요나 정책적 판단에 의하여 택지공급 대상자의 자격을 제한하거나 택지공급가격을 달리 정하거나 수의계약에 의한 택지공급 여부를 결정할 수 있는 점 등을 고려하면, **구 택지개발촉진법 시행령 제13조의2 제5항 제5호에 의한 택지공급은 택지개발사업 시행자의 재량행위에 해당한다고 보아야** 한다.

☞ ③: ×

대법원 2008. 09. 11. 선고 2006두7577 판결[광업권설정허가처분취소등]

광업권설정허가처분과 그에 따른 광산 개발로 인하여 재산상 · 환경상 이익의 침해를 받거나 받을 **우려가 있는** 토지나 건축물의 소유자와 점유자 또는 이해관계인 및 주민들은 그 처분 전과 비교하여 수인한도를 넘는 재산상 · 환경상 이익의 침해를 받거나 받을 우려가 있다는 것을 **증명함으로써 그 처분의 취소를 구할 원고적격을 인정받을 수 있다.**

☞ ④: ○

대법원 1993. 05. 11. 선고 93누2247 판결[아파트분양권리부여불가처분취소]

※ 서울특별시의 "**철거민에 대한 시영아파트 특별분양개선지침**"은 **서울특별시 내부에 있어서의 행정지침에 불과**하고 **지침 소정의 사람에게 공법상의 분양신청권이 부여되는 것이 아니라 할 것**이므로 **서울특별시의 시영아파트에 대한 분양불허의 의사표시는 항고소송의 대상이 되는 행정처분으로 볼 수 없다.**

공권과 원고적격 — 문제연습

51. 다음은 공권과 원고적격에 대한 논의들이다. 아래 보기 중 옳은 것(o)과 옳지 않은 것(x)을 올바르게 조합한 것은? (다툼이 있는 경우 판례에 의함)

ㄱ. 새만금사건에서 대법원은 **환경권이라는 기본권만**으로도 원고적격이 인정될 수 있다고 판시하였다.

ㄴ. 대법원은 제주도 수산동굴을 개발하는 사건에서 비록 환경영향평가지역 내의 주민으로서 법률상 이익이 추정된다고 하더라도 **단순히 건물이나 토지를 소유할 뿐인 경우**에는 **법률상 이익에 대한 추정이 부정**되어 원고적격이 인정될 수 없다고 판시하였다.

ㄷ. 소의 이유유무에서 **내용상의 요건**이 가장 중요하고, **주체와 절차, 형식 등의 요건은** 부수적일 뿐이므로 행정행위의 내용이 적법하다면 주체, 절차, 형식 요건이 틀리더라도 행정행위가 위법하다고 할 수 없다.

ㄹ. 행정행위의 법적 성질에 대하여 **소의 적법성에서는 처분성을 판단하고 소의 이유유무에서는 재량행위인지 여부나 허가인지 여부** 등을 판단한다.

ㅁ. 오늘날 헌법상 재판청구권이 보장되고 있는 이상, **공권성립의 3요소 중 소구관철력(소구가능성)은** 더 이상 요구되지 않는다는 점에 대해서는 학설이 일치한다.

ㅂ. 공권성립의 요건 중 강행규정성은 **재량행위에** 대하여는 특정행위의 발령이 행정청에게 의무지워지는 경우를 의미한다.

> 공권의 3요소
> ① 강행규정성
> ② 사익보호성
> ③ 소구관철력(재판청구권)
>
> 오늘날 소구관철력은 불필요하다는 다수설과 여전히 필요하다는 유력설이 대립

① ㄱ(o), ㄴ(x), ㄷ(o), ㄹ(x), ㅁ(x), ㅂ(o)

② ㄱ(x), ㄴ(o), ㄷ(x), ㄹ(o), ㅁ(x), ㅂ(x)

③ ㄱ(x), ㄴ(o), ㄷ(x), ㄹ(x), ㅁ(x), ㅂ(o)

④ ㄱ(o), ㄴ(x), ㄷ(x), ㄹ(o), ㅁ(x), ㅂ(x)

⑤ ㄱ(x), ㄴ(x), ㄷ(x), ㄹ(x), ㅁ(x), ㅂ(o)

문 51. 정답 ②

*해 설

☞ ㄱ: ×

자·평 O
환·청 X

새만금사건에서 대법원은 **환경권만으로는 원고적격을 인정할 수 없다**고 판시하였다. 다수설과 헌재의 입장인 기본권고려설의 입장에서는 **자유권이나 평등권**과 달리 **환경권이나 청구권만**으로는 원고적격을 인정할 수 없다고 본다.

☞ ㄴ: ○

대법원에 대한 정확한 판시이다.

☞ ㄷ: ×

소의 이유유무에서 주체, 절차, 형식 등의 요건은 모두 적법할 것이 요구되며, 이 요건들은 **모두 대등하고 독자적인 의미를 가진다**는 것이 다수설과 판례의 입장이다.

☞ ㄹ: ○

타당한 지적이다.

☞ ㅁ: ×

통설은 필요 없다고 보지만, 신3요소론을 주장하는 류지태 교수 등의 견해에 의하면 의무이행소송과 같은 특수한 소송형태에 대하여는 소구관철력이 없으므로 여전히 의미가 있다고 한다.

☞ ㅂ: ×

※ 강행규정성의 의미는 **기속행위에 대하여는 신청대로 처분해야 하므로 특정행위의무가** 행정청에게 주어지지만, **재량행위에 대하여는 신청에 대한 하자 없는 재량행사를 하는 것이 의무지워진다**.

52. 다음 판례에 대한 태도를 기술한 지문 중 틀린 것은?

① **수도법 및 동 시행령이 보호하고자 하는 것은 상수원의 확보와 수질보전일 뿐만** 아니라, 그 상수원에서 급수를 받고 있는 지역주민들이 가지는 상수원의 오염을 막아 양질의 급수를 받을 이익은 직접적이고 구체적으로 보호하고 있음이 명백하여 위 지역주민들이 가지는 이익은 법률상 이익에 해당한다.

② 도시계획의 내용이 화장장의 설치에 관한 것일 때에는 도시계획법 제

12조 뿐만 아니라 매장및묘지등에관한법률 및 같은법시행령 역시 그 근거 법률이 된다고 보아야 할 것이다.

③ 제3자라도 당해 행정처분의 취소를 구할 법률상의 이익이 있는 경우에는 원고적격이 인정되는데, 여기서 말하는 법률상의 이익은 당해 처분의 근거 법률에 의하여 보호되는 직접적이고 구체적인 이익이 있는 경우를 말한다.

④ 다만 공익보호의 결과로 국민 일반이 공통적으로 가지는 추상적, 평균적, 일반적인 이익과 같이 **간접적이나 사실적, 경제적, 이해관계를 가지는 데 불과한 경우**는 여기에 포함되지 않는다.

문 52. 정답 ①

*해 설

① ☞ × ② ③ ④ ☞ ○

대법원 1995. 09. 26. 선고 94누14544 판결[상수원보호구역변경처분등취소]

가. **행정처분의 직접 상대방이 아닌 제3자라도 당해 행정처분의 취소를 구할 법률상의 이익이 있는 경우에는 원고적격이 인정되는데,** 여기서 말하는 법률상의 이익은 당해 처분의 근거 법률에 의하여 보호되는 직접적이고 구체적인 이익이 있는 경우를 말하고, 다만 공익보호의 결과로 국민 일반이 공통적으로 가지는 추상적, 평균적, 일반적인 이익과 같이 간접적이나 사실적, 경제적, 이해관계를 가지는 데 불과한 경우는 여기에 포함되지 않는다.

나. **상수원보호구역 설정의 근거가 되는 수도법 제5조 제1항 및 동 시행령 제7조 제1항이 보호하고자 하는 것은 상수원의 확보와 수질보전일 뿐이고, 그 상수원에서 급수를 받고 있는 지역주민들이 가지는 상수원의 오염을 막아 양질의 급수를 받을 이익은 직접적이고 구체적으로는 보호하고 있지 않음이 명백하여 위 지역주민들이 가지는 이익은 상수원의 확보와 수질보호라는 공공의 이익이 달성됨에 따라 반사적으로 얻게 되는 이익에 불과하므로 지역주민들에 불과한 원고들에게는 위 상수원보호구역변경처분의 취소를 구할 법률상의 이익이 없다.**

다. 그러나 도시계획법 제12조 제3항의 위임에 따라 제정된 도시계획시설기준에관한규칙 제125조 제1항이 화장장의 구조 및 설치에 관하여는 매장및묘지등에관한법률이 정하는 바에 의한다고 규정하고 있어, **도시계획의 내용이 화장장의 설치에 관한 것일 때에는 도시계획법 제12조 뿐만 아니라 매장및묘지등에관한법률 및 같은법시행령 역시 그 근거 법률이 된다고 보아야 할 것이므로,** 같은법시행령 제4조 제2호가 공설화장장은 20호

빈출 판례
부산시 두구동 화장장사건의 판시 내용
가. 굵은 글자는 빈출 지문임

나.의 사유로는 각하

다.의 사유로 각하하지 않고 판결이 이루어짐

이상의 인가가 밀집한 지역, 학교 또는 공중이 수시 집합하는 시설 또는 장소로부터 1,000m 이상 떨어진 곳에 설치하도록 제한을 가하고, 같은법시행령 제9조가 국민보건상 위해를 끼칠 우려가 있는 지역, 도시계획법 제17조의 규정에 의한 주거지역, 상업지역, 공업지역 및 녹지지역 안의 풍치지구 등에의 공설화장장 설치를 금지함에 의하여 **보호되는 부근 주민들의 이익은 위 도시계획결정처분의 근거 법률에 의하여 보호되는 법률상 이익이다.**

53. 공권에 대한 다음의 설명 중 옳은 것을 모두 고른다면? (다툼이 있는 경우 판례에 의함)

도로의 보통사용은 소극적 공권성 인정

인접주민의 고양된 사용도 판례는 공권으로 인정하는 것으로 입장을 변경

최근 판례도 공물의 보통사용은 반사적 이익이 아니라 공권이라고 판시한다.

ㄱ. **공권** 성립의 요건 중 **사익보호성**을 도출하는 **보호규범이론**은 **객관적 쟁송체계를 취하는 적법성 보장설에서는 요구되지 않는다.**

ㄴ. **보호규범이론**에 대하여 다수설과 대법원은 **기본권고려설**의 입장을 취한다.

ㄷ. 헌법은 법률에 대하여 적용의 우위가 있다.

ㄹ. **소송의 1유형**은 **상대방의 방어소송**으로서 **원고적격인정이 용이**하다.

ㅁ. **도로 등 공물의 사용관계**에서 **일반인의 보통사용**은 반사적 이익이 아니라 **공권이라는 것이 다수설의 입장이다.**

① ㄱ, ㄴ, ㅁ ② ㄱ, ㄷ, ㄹ
③ ㄱ, ㄹ, ㅁ ④ ㄴ, ㄷ, ㄹ
⑤ ㄱ, ㄴ, ㄷ, ㄹ

문 53. 정답 ③

*해 설

☞ ㄱ: ○

보호규범이론은 **주관적 쟁송체계** (☞ 주관적으로 피해를 입은 국민이 권리구제를 받기 위해 제기하는 소송체계)의 가장 큰 특징으로서 **법률상 보호이익설**을 취할 때 요구되며, 다수설과 판례의 태도인데, 우리 법원은 **보호규범이론**을 잘 운영해 오고 있다는 것이 정하중 교수 등 **독일학파**의 평가이다. 그러나 박정훈 교수 등 **프랑스 학파**의 평가는 보호규범이론을 중심으로 한 주관적 쟁송체계를 개정하여 **객관적 쟁송체계로 운영하자고** 한다.

☞ ㄴ: ×

대법원은 관련 법률설을 취하며, **헌법재판소가 다수설과 함께 기본권고려설**을 취하고 있다.

☞ ㄷ: ×

헌법은 법률에 대하여 **효력이 우위**이지만, 법률은 헌법에 대하여 **적용의 우위**를 가지고 있다. 따라서 공권을 판단하거나 행정행위의 성질 등에 대한 판단시 **법률을 우선 검토**하여야 한다.

☞ ㄹ: ○

이를 **행정의 상대방 이론**이라고 한다.

☞ ㅁ: ○

도로에 대한 일반인의 보통사용은 적극적으로 도로개설을 요구할 수 없지만 **합리적 이유없는 차별적인 도로사용방해에 대하여는 자유권이나 평등권을 들어 다툴 수 있으므로** 소극적이지만 **공권으로 보아야** 한다는 것이 다수설의 입장이다.

☞ 최근 판례도 반사적 이익이 아니라 공권이라고 판시한다.

54. 다양한 공권에 대한 다음의 논의 중 옳은 것은? (다툼이 있는 경우 판례에 의함)

① **도로에 대한 인접주민의 고양된 사용**에 대하여 판례는 공권을 부정하여 원고적격이 없다고 한다.

② 도로 등 공물의 사용관계에서 **도로의 특허사용이** 발급되면 **도로의 보통사용**은 배제된다.

③ **허가는 행정청에 대한 관계에서는** 반사적 이익이 아니라 법률상 이익이 인정된다.

④ **무하자재량행사청구권에 대하여 독자성을 부정하는 입장**은 무하자재량행사청구권도 부정한다.

⑤ **판례는 검사임용거부처분사건**에서 무하자재량행사청구권에 근거하여 원고적격을 인정하고 있다.

공권에 대한 주요판례 요지와 출제포인트를 정리해 두자.
허가도 정리해 두자.
무하자재량행사청구권의 출제포인트도 정리해 두자.

문 54. 정답 ③

***해 설**

☞ ①: ×

대법원은 종래에는 **인접주민의 고양된 사용에 대하여 공권을 부정하고 원고적격을 부정하다가**, 2006. 12.판례를 통하여 입장을 바꾸어 김남진 교수와 이일세 교수 등 다수설의 입장과 **마찬가지로 공권을 긍정하고 있다.**

☞ ②: ×

도로는 공물이므로 **설사 도로의 특허사용이 있다고 하더라도** 도로의 보통사용을 완전히 배제할 수 없으며 **도로의 보통사용이나 다른 사용형태와 양립가능하다고** 보는 것이 김연태 교수 등 다수설과 판례이다.

출제포인트
■ 허가의 양면성을 정리해 두자

☞ ③: ○

※ 허가는 행정청에 대한 관계에서는 요건을 갖추어 허가를 **요구할 수 있는 법률상 이익이 있지만, 경쟁자에 대한 관계에서는 다툴 수 없으므로 반사적 이익에 불과**하다. 즉 **허가는 법률관계에서 양면성을 가진다.** 그러나 **특허는 두 관계에서 모두 법률상 이익을 가진다는 점에서 차이**가 있다.

■ 독자성의 의미를 정리해 두자
– 독자성은 재량을 그르쳤다는 것만으로 원고적격을 인정할 수 있는가의 문제이다.

☞ ④: ×

홍정선 교수 등의 입장은 무하자재량행사청구권을 긍정하고 형식적 공권에 불과하다고 보지만 이것만으로는 원고적격을 인정할 수 없으며 재량을 그르쳐 기본권을 침해해야만 원고적격을 인정할 수 있다고 하여 **독자성을 부정한다.** 그러나 **종래의 다수설의 입장은** 무하자재량행사청구권을 긍정하고 형식적 공권에 불과하지만 이것만으로도 원고적격을 인정할 수 있다고 보는 **독자성긍정설의 입장에 있다.**

☞ ⑤: ×

무하자재량행사청구권으로 원고적격을 긍정하고 있다는 독자성 긍정설의 평석과 하자있는 재량을 통하여 직업의 자유와 공무담임권을 침해하였으므로 원고적격을 긍정하고 있다는 독자성 부정설의 **평석이 대립한다.** 그러므로 **단정적인 설문은 타당하지 아니하다.**

55. 다음은 행정개입청구권에 대한 논의들이다. 옳은 것은? (다툼이 있는 경우 판례에 의함)

재량의 0이나 1로의 수축을 정리

① **재량행위가 0이나 1로 수축되면** 이때 공권의 성질은 형식적 공권

이다.

② 행정개입청구권의 법적 성질은 **무하자재량행사청구권과 달리** 형식적인 공권이 아니다.

행정개입청구권을 정리

③ **행정개입청구권의 개념**을 부정하는 부정설이 다수설이다.

④ **행정개입청구권의 성립요건으로서** 행정청에게 행정개입의무가 있어야 하며 행정개입을 통한 사인의 생명, 신체, 재산 등에 대한 사익보호성이 있어야 하는데, **행정개입의무는** 기속행위에서만 인정되고 재량행위에서는 부정된다.

⑤ 대법원은 **삼광화학이 진해시장에 대하여 공동주택 건축주들에 대하여 건축허가 취소와 철거명령을 발급해 달라고 신청하여** 진해시장이 **이를 거부한 사건에서** 폭발로 인한 생명, 신체, 재산 등의 위험이 있으므로 재량이 0이나 1로 수축되어 삼광화학에게 이를 요구할 신청권이 있으므로 이에 대한 거부는 취소소송의 대상이 된다고 판시하였다.

삼광화학 판례 정리

문 55. 정답 ②

*해 설

☞ ①: ×

이때는 무하자재량청구권과 달리 **형식적 공권에 불과한 것이 아니**라 실질적인 공권이 되어 구체적인 재량행사의 방향까지 요구할 수 있게 된다.

☞ ②: ○

무하자재량행사청구권은 형식적 공권으로서 하자없는 재량을 행사할 것만 요구할 수 있을 뿐 구체적인 재량행사의 방향**은 요구할 수 없지만**, 행정개입청구권은 실질적인 공권으로서 구체적으로 재량행사의 방향을 요구할 수 있으며 **사인간의 분쟁에 개입할 것을 요구할 수 있다**.

☞ ③: ×

긍정설이 다수설이다. 공권의 확대화 경향에 부합하며, 생명과 신체 및 재산 등의 급박한 위험으로부터 국민을 보호할 수 있는 실익이 있기 때문이다.

☞ ④: ×

재량행위의 경우 **재량이 0이나 1로 수축되면 강행규정성인 행정청의 행정**개입

빈출

의무가 인정된다.

☞ ⑤: ×

대법원은 **재량행위이고 건축법에 이러한 행위를 요구할 수 있다는 법률의 규정도 없고 조리상의 신청권도 없으므로 거부처분취소소송을 각하하였다**. 설문의 지문은 판례를 비판하는 김중권 교수 등 학계의 비판적인 평석이다.

56. 다음 설명하는 아래의 보기 중 옳은 것(o)과 옳지 않은 것(x)을 올바르게 조합한 것은? (다툼이 있는 경우 판례에 의함)

행정개입청구권 출제 대비 판례 정리

영업양도시 제재사유승계 출제포인트 정리

ㄱ. 대법원은 **청주시 연탄공장사건에서** 이웃주민들의 연탄공장 건축허가취소소송을 받아 주면서 행정개입청구권을 명시적으로 긍정하는 판시를 하였다.

ㄴ. 대법원은 무장공비를 체포하라고 신고하였지만 무장공비가 청년을 살해한 사건에서 경찰관직무집행법 제5조**는 재량행위**이므로 종로경찰서장의 경찰권발동거부나 부작위는 위법하지 않으므로 국가배상을 인정할 수 없다고 판시하였다.

ㄷ. **영업양도의 경우 양도인의 제재사유가 양수인에게 승계되는가에** 대한 논의에서 종래의 다수설은 권리의무의 승계와 제재사유의 승계를 구별하여 각각 대인적인 것은 승계되지 않지만 대물적인 것은 승계된다는 입장이다.

ㄹ. 대법원은 주유소 영업을 양도한 양도인이 **물탄 휘발유를 판매**하여 불법수익을 올렸다면 이는 **대물적인 것이므로** 주유소 양수인에 **대한 제재는 적법하다고 판시**하였다.

ㅁ. 대법원은 명 **이용원을 양도한 양도인이 퇴폐영업**을 하여 불법수익을 올렸다면 이는 **대물적인 것이므로** 이용원 양수인에 대한 **제재는 적법하다고 판시**하였다.

① ㄱ(o), ㄴ(o), ㄷ(o), ㄹ(x), ㅁ(x)
② ㄱ(o), ㄴ(x), ㄷ(o), ㄹ(o), ㅁ(x)
③ ㄱ(x), ㄴ(x), ㄷ(x), ㄹ(o), ㅁ(o)
④ ㄱ(o), ㄴ(o), ㄷ(o), ㄹ(o), ㅁ(x)
⑤ ㄱ(x), ㄴ(o), ㄷ(o), ㄹ(x), ㅁ(o)

문 56. 정답 ③

*해 설

☞ ㄱ: ×

대법원은 제3자인 이웃주민들의 법률상 이익을 긍정하였으므로 행정개입청구권을 인정하였다고 **간접적으로 추론될 뿐이고**, 명시적으로 행정개입청구권을 인정하거나 거론하지는 않았다.

☞ ㄴ: ×

대법원은 동 사건에서 경찰권의 불발동은 위법하다고 하여 **국가배상을 인정하였다**.

☞ ㄷ: ×

이는 종래의 다수설이 아니라 **유력설의 입장이며**, 종래의 다수설과 판례의 오류를 시정할 수 있는 타당한 학설이라고도 평가된다.

☞ ㄹ: ○

따라서 대법원은 학자들에 의하여 일신전속적인 의무위반으로서 대인적인 것에 주안점이 있으므로 승계시키지 말았어야 한다고 **비판받는다**.

☞ ㅁ: ○

역시 위의 해설과 동일하게 **판례는 승계를 긍정하였고** 학자들에 의하여 비판받고 있다.

57. 행정법상 개인적 공권에 대한 논의로 옳지 않은 것은? (국가직 7급)

① 판례에 다르면 **환경영향평가대상지역 밖의 주민이라 할지라도** 수인한도를 넘는 환경피해를 받거나 받을 우려가 있는 경우에는 환경상 이익에 대한 침해나 우려를 **입증함으로써** 공유수면매립면허처분을 다툴 수 있다.

② 오늘날 공권의 성립요건 가운데 '**의사력(법상의 힘)의 존재**'를 요구하는 것이 새로운 경향이다.

③ 판례에 따르면 처분의 직접적 근거규정은 물론 **관련 규정에 의거해서**도 공권의 성립요건 충족 여부를 판단한다.

고난이도 문제정리

■ 공권의 3요소 중 소구관철력은 법상의 힘, 재판청구권 등이라고도 함

④ 판례에 따르면 **불가쟁력이 발생한 행정행위에** 대해 **그것의 변경을 구할 국민의 신청권은 특별한 사정이 없는 한 인정되지 않고** 있다.

문 57. 정답 ②

*** 해 설**

☞ ②: ×

빌러의 공권의 3요소 중 강행규정성과 **사익보호성은** 여전히 공권의 필수 요소로 보지만, **소구관철력 내지 의사력은 헌법** 제27조의 재판청구권에 의하여 모든 국민에게 당연히 보장됨으로써 **별도 필요가 없다고 보는 것이 다수설의 입장이다**. 그러나 의무이행소송이 부정되듯이 여전히 필요하다는 유력설(류지태 교수)이 있다.

☞ ④: ○

불가쟁력이 발생한 처분은 더 이상 다툴 수 없으므로 원칙적으로는 타당한 지문이다.

불의타문제 출제에 대비하자
납세고지로 인한 소멸시효중단에 대한 출제포인트 정리

58. 다음 판례의 태도에 대한 설명 중 틀린 것은?

① 세무공무원이 체납자의 재산을 압류하기 위해 수색을 하였으나 압류할 목적물이 없어 압류를 실행하지 못한 경우에도 **시효중단의 효력이 발생한다고 보아야 한다.**

② 직장주택조합이 민영공동주택을 건설하기 위하여 아파트부지조성사업을 시행한 경우, 그 개발사업을 통하여 **개발이익을 얻는 주체는 직장주택조합이다.**

③ **주택조합이 조합원들에게 아파트를 분양하는 가격이** 구 개발이익환수에관한법률 제10조 제2항 소정의 '관계 법령에 의하여 **처분가격이 제한되는 경우'에 해당하지 아니한다.**

④ 당초 개발부담금부과처분이 **판결에 의하여 취소된 후에 다시 개발부담금을 부과 · 고지한 경우, 새로운 부과처분으로 보아야 한다.**

⑤ **납입고지에** 의한 부과처분이 취소되면 납입고지에 의한 **시효중단의 효력**이 상실된다.

문 58. 정답 ⑤

＊해 설

☞ ①: ○

대법원 2001. 08. 21. 선고 2000다12419 판결[사해행위취소등]

국세기본법 제28조 제1항은 **국세징수권의 소멸시효의 중단사유로서 납세고지, 독촉** 또는 **납부최고, 교부청구 외에 '압류'를 규정**하고 있는바, 여기서의 '압류'란 세무공무원이 국세징수법 제24조 이하의 규정에 따라 납세자의 재산에 대한 압류 절차에 착수하는 것을 가리키는 것이므로, 세무공무원이 국세징수법 제26조에 의하여 **체납자의 가옥·선박·창고 기타의 장소를 수색**하였으나 **압류할 목적물을 찾아내지 못하여 압류를 실행하지 못하고 수색조서를 작성하는 데 그친 경우에도 소멸시효 중단의 효력이 있다.**

② ③ ④ ☞ ○, ⑤ ☞ × 채권이 존재한다는 것을 확인시킨 것은 변하지 않는 사실이기 때문에 시효중단의 효력은 유지된다.

대법원 2000. 09. 08. 선고 98두19933 판결[개발부담금부과처분취소]

[1] 직장주택조합이 주택건설촉진법 제33조의 규정에 의한 민영공동주택을 건설하기 위하여 아파트부지조성사업을 시행한 경우, 그 **개발사업을 통하여 개발이익을 얻는 주체는 사업시행자인 위 주택조합**이고, 주택조합이 그 조합원들에게 아파트를 분양하는 가격은 구 개발이익환수에관한법률(1993. 6. 11. 법률 제4563호로 개정되기 전의 것) 제10조 제2항 소정의 관계 법령에 의하여 **처분가격이 제한되는 경우에 해당하지도 않는다.**

[2] **당초 개발부담금부과처분이 판결에 의하여 취소된 후에 다시 개발부담금을 부과·고지하면 이는 새로운 부과처분으로 보아야 한다.**

[3] 예산회계법 제98조에서 법령의 규정에 의한 **납입고지를 시효중단 사유로 규정하고 있는바, 이러한 납입고지에 의한 시효중단의 효력은 그 납입고지에 의한 부과처분이 취소되더라도 상실되지 않는다.**

취소판결로 인하여 기속력이 발생하고 특히 행정청에게는 재처분의무가 발생하기 때문

신고 — 문제연습

59. 다음은 신고에 대한 논의들이다. 올바르게 서술된 것으로만 연결된 것은? (다툼이 있는 경우 판례에 의함)

ㄱ. 신고는 사인이 행정청에 대하여 **공법적 규제를 완화하기** 위해서 행정청에게 허가나 특허를 요구하는 행위이다.
ㄴ. 건축법 제14조 제1항의 건축신고는 수리를 요하는 신고로 **법률에 규정되어 있다.**
ㄷ. 신고에 대하여 종래의 다수설은 **이분법으로서 수리를 요하지 않는 신고는 처분성이 없지만 수리를 요하는 신고는 처분성이 있다고 보아** 전자는 취소소송의 대상이 되지 않는다고 한다.
ㄹ. 건축법상 소규모 건물에 대한 건축신고는 **수리를 요하지 않는 신고**이므로 행정청이 수리를 거부하더라도 아무런 권리나 의무에 제한이 없다.
ㅁ. 건축신고 수리가 거부된 경우에 **수리를 요하지 않는 신고**이지만 처분성을 인정하여 재판청구권의 대상으로 인정하자는 것이 **삼분법을 주장하는 학설의 입장**이다.

① ㄷ, ㅁ　② ㄷ, ㄹ
③ ㄴ, ㄷ, ㅁ　④ ㄴ, ㄷ, ㄹ
⑤ ㄱ, ㄴ, ㄷ, ㄹ, ㅁ

문 59. 정답 ①

***해 설**

☞ ㄱ: ×

신고는 사인이 행정청에 대하여 **공법적 규제를 완화하기** 위해서 행정청에게 일정한 **사실을 알리는** 공법상의 행위이고, 신청은 사인이 행정청에 대하여 공법적 규제를 완화하기 위하여 행정청에게 **허가나 특허 등을 요구하는** 공법상의 행위이다.

☞ ㄴ: ×

건축법 제14조에서는 소규모 건물에 대하여 신고만 하면 되도록 규정되어 있고 수리를 요한다는 규정을 두고 있지 않다. 즉 건축신고는 **수리를 요하지 않는 신고로 법률에 규정되어** 있다.

☞ ㄷ: ○

다수설이 취하는 **이분법의 입장으로서** 따라서 수리를 요하지 않는 신고에 대해서는 행정청이 고의적이거나 과실로 신고를 수리 받지 않은 영업이나 건축물이라고 해서 권리침해를 하더라도 **재판청구권을 인정하지 않는다는 단점을 60년간 보여 왔다**.

☞ ㄹ: ×

건축법 제79조, 건축법 제80조 등의 규정에 의하면 건축하지 말고 철거하라는 **시정명령, 이행강제금, 벌금, 그 건물 내에서의 영업허가금지 등** 권리의무를 직접 제한하게 되어 있다.

☞ ㅁ: ○

시정명령, 이행강제금, 벌금, 영업허가 등의 권리의무에 대한 직접적인 제한을 구제해주기 위하여 수리를 요하지 않는 신고라도 처분성을 긍정하자는 것이 3분법의 입장으로서 타당하다.

60. 다음은 신고에 대한 최신 대법원 판시 내용들을 소개하고 있다. 옳은 것은? (다툼이 있는 경우 최근 변경된 판례에 의함) ★

※ 최다 빈출 및 고난이도 문제
※ 최근에 가장 많이 출제되어 온 것이 '신고'에 대한 최근 판례의 변화를 알고 있는지이다.
이 문제와 해설을 통해 철저히 준비해 둘 것

① 대법원은 **2010. 11. 18. 전합 2008두167**에서 종래의 입장에 대한 **판례를 변경**하여 건축신고는 **수리를 요하지 않는 신고**지만 **처분성이 있다**는 취지의 판시를 하였다.

② 그러나 대법원은 **2011. 1.**에 전원합의체 판결을 통해 건축신고는 **인허가의제가 되는 경우**에만 **수리를 요하는 신고로 변경**되어 **처분성이 인정된다**고 하여 2010. 11.의 전원합의체 판결을 변경하였다.

③ 대법원 **2011. 1월**의 전원합의체 판결의 다수의견은 건물은 건축법상 **수리를 요하지 않는 신고이고** 다만 토지나 농지 등의 공익적 요건을 심사하여 건축신고수리를 거부할 수 있는 것은 인허가의제의 효과라고 한다.

④ 2011년 9월 대법원은 **건축법 제21조의 건축착공신고**는 **수리를 요**

하지 않는 신고인데 인허가규정이 없으므로 처분성이 없어서 각하하였다.

⑤ 하자있는 신고이지만 **수리가 발급되**었다면 진의와 표시가 불일치하므로 무효가 원칙이라는 것이 다수설과 판례이다.

문 60. 정답 ①

***해 설**

☞ ①: ○

대법원 ☞ 2010. 2011. 11. 18. 전합 98두167에서는 **종래의 판례를 변경**하여 건축신고에 대한 **처분성을 긍정**하였다.

☞ ②: ×

***심 화 학 습**

2010년 ☞ 11월 10월의 2008두167 전원합의체 판결은 **2011년 1월**의 전원합의체 판결에 의하여 **폐기된 것이 아니며**, 2011년 6월이나 9월 대법원에서 기준으로 계속 사용되고 있고, 오히려 가장 중요하고도 기준이 되는 판례로 자리 매김을 하고 있다. ☞ 현재는 2010년 11월 판결(수리를 요하지 않는 신고이지만 처분성 긍정)과 2011년 1월 판결(인허가의제시 수리를 요하는 신고로서 처분성 긍정)이 공존하고 있음을 유의하여야 함. 어찌되었든 건축신고가 처분성이 없다고 한 판례는 변경되었음을 유의

☞ ③: ×

***심 화 학 습**

2011년 11월 전원합의체 판결의 반대의견 즉 소수의견에 해당하고, 다수의견은 인허가가 의제되는 경우에는 건축신고는 수리를 요하는 신고로 변경된다고 한다.

☞ ④: ×

***심 화 학 습**

2011년 9월 대법원은 건축법 제21조의 건축착공신고가 수리를 요하지 않는 신고이지만 건축신고에 대한 대법원 2010. 11. 18. 전합 2008두167 판결을 기준으로 처분성을 긍정하는 판결을 하였다.

☞ ⑤: ×

*심 화 학 습

일단 수리나 허가가 발급되었다면 법적 안정성을 위하여 유동적 유효로 취급하는 취소원칙설이 다수설과 판례의 태도이다. 그러나 예외적으로 신고나 신청의사가 도저히 없다고 보아야 하는 경우에는 무효라고 본다.

61. 신고에 관한 판례의 입장을 설명한 것 중 옳지 않은 것은? (변시 기출)

① 구 의료법상의 **의원개설신고**는 **수리를 요하지 않는 신고에 해당**하지만, 동 법령상 신고사실의 확인행위로서 의료기관 **개설 신고필증(현재의 신고증명서)을 교부하도록 규정**한 이상, 신고필증의 교부가 없다면 의원개설신고의 효력은 인정되지 않는다.

② **건축신고에 대한 반려행위는** 건축신고가 반려될 경우 건축주 등의 지위가 불안정해진다는 점에서 항고소송의 대상이 되는 처분에 해당한다.

③ 구 「장사 등에 관한 법률」에 의한 **사설납골시설(현재의 사설봉안시설)의 설치신고가** 법이 정한 요건을 모두 갖추고 있는 경우에 행정청은 **수리의무가 있으나, 예외적으로 보건위생상의 위해방지나 국토의 효율적 이용 등과 같은 중대한 공익상 필요가 있는 경우**에는 그 수리를 **거부할 수 있다.**

④ 건축법상의 건축신고가 다른 법률에서 정한 **인가·허가 등의 의제효과를 수반하는 경우**에는 일반적인 건축신고와는 달리 특별한 사정이 없는 한 **수리를 요하는 신고에 해당한다.**

⑤ 신고납부방식의 조세에 있어서 납세의무자의 신고행위가 **당연무효로 되지 않는 한,** 납세의무자가 납세의무가 있는 것으로 오인하고 신고 후 조세납부행위를 하였다 하더라도 그것이 곧 **부당이득에 해당한다고 할 수 없다.**

신고에 대한 추가적인 기출지문을 정리해 두자

※ 부당이득에 대한 중요 TIP

행정법에서는 설사 금전처분이 위법하더라도 처분이 존재하는 이상 국가가 금전을 납부받은 것이 부당이득이 될 수 없다고 봄

그러나, 처분이 무효인 경우에는 부당이득이 된다고 봄

또는 처분이 취소되어 효력이 없게 되면 부당이득이 된다고 봄

문 61. 정답 ①

*해 설

☞ ①: **의료법상 병원이나 약국 등의 의원개설신고는 수리를 요하지 않는 신고로**서 신고필증은 사실적인 의미밖에 없다.

** 대법원 1985. 4. 23. 선고 84도2953 판결【의료법위반】[공 1985. 6. 15.(754), 813]

가. 의료법 제30조 제3항에 의하면 의원, 치과의원, 한의원 또는 조산소의 개설은 단순한 신고사항으로만 규정하고 있고 또 그 신고의 수리여부를 심사, 결정할 수 있게 하는 별다른 규정도 두고 있지 아니하므로 의원의 개설신고를 받은 행정관청으로서는 별다른 심사, 결정없이 그 신고를 당연히 수리하여야 한다.

나. **의료법시행규칙 제22조 제3항에 의하면 의원개설 신고서를 수리한 행정관청이 소정의 신고필증을 교부하도록 되어있다 하여도 이는 신고사실의 확인행위로서 신고필증을 교부하도록 규정한 것에 불과하고 그와 같은 신고필증의 교부가 없다 하여 개설신고의 효력을 부정할 수 없다 할 것**이다.

☞ ②: ○

*심 화 학 습

대법원 전합 2010. 11. 18. 선고 2008두167 판결에 의하여 판시한 것으로서 최근 판례변화를 주도하고 있는 Leading Case로서 신고에 대한 **3분법에 근거하여 판시한** 것으로 종래의 2분법 판례의 입장에 큰 변화를 주었다는 평석이 많다(김남진 교수. 김연태 교수. 김중권 교수). 이와 달리 2분법을 유지하려는 학자들도 있다(홍정선 교수).

☞ ③: ○(최신 판례가 많이 출제되고 있으므로 판례에 대비하는 공부를 별도로 하는 것도 좋을 것이다.)

*심 화 학 습

대법원 2011. 9. 8. 선고 2009두6766 판결【납골당설치신고수리처분이행통지취소】[공 2011하, 2104]

[1] 납골당설치 신고가 '수리를 요하는 신고'인지 여부(○) 및 수리행위에 신고필증 교부 등 행위가 필요한지 여부(×)

[2] 파주시장이 종교단체 납골당설치 신고를 한 교회에, '구 장사 등에 관한 법률에 따라 필요한 시설을 설치하고 유골을 안전하게 보관할 수 있는 설비를 갖추어야 하며 관계 법령에 따른 허가 및 준수 사항을 이행하여야 한다'는 취지의 **납골당설치 신고사항 이행통지를 한 사안에서**, 파주시장이 교회에 이행통지를 함으로써 **납골당설치 신고수리를 하**

였다고 보는 것이 타당하고, 이를 수리처분과 별도로 항고소송 대상이 되는 다른 처분으로 볼 수 없다고 한 사례

[3] 납골당 설치장소에서 500m 내에 20호 이상의 인가가 밀집한 지역에 거주하는 주민들의 경우, 납골당이 누구에 의하여 설치되는지와 관계없이 납골당 설치에 대하여 환경이익 침해 또는 침해 우려가 있는 **것으로 사실상 추정되어 원고적격이 인정된다.**

☞ ④: ○

대법원 2011. 1. 20. 선고 2010두14954 전원합의체 판결【건축(신축)신고불가취소】[공 2011상, 427]

[1] 건축법 제14조 제2항에 의한 인·허가의제 효과를 수반하는 건축신고가, 행정청이 그 실체적 요건에 관한 심사를 한 후 수리하여야 하는 이른바 '수리를 요하는 신고'이다.

[2] 국토의 계획 및 이용에 관한 법률상의 개발행위허가로 의제되는 건축신고가 개발행위허가의 기준을 갖추지 못한 경우, 행정청이 수리를 거부할 수 있다.

***심 화 학 습**

cf> 그러나 그 이후 인허가의제 규정이 없으면서 수리를 요하지 않는 신고인 건축법 제21조의 건축착공신고수리거부에 대하여는 2010년 전합을 리딩 케이스로 삼아 다시 인허가의제가 없더라도 처분성을 긍정하고 있다.

**** 대법원 2011. 6. 10. 선고 2010두7321 판결【착공신고서처리불가처분취소】[공 2011하, 1398]**

구 건축법(2008. 3. 21. 법률 제8974호로 전부 개정되기 전의 것)의 관련 규정에 따르면, 행정청은 착공신고의 경우에도 신고 없이 착공이 개시될 경우 건축주 등에 대하여 공사중지·철거·사용금지 등의 시정명령을 할 수 있고(제69조 제1항), 시정명령을 받고 이행하지 아니한 건축물에 대하여는 당해 건축물을 사용하여 행할 다른 법령에 의한 영업 기타 행위의 허가를 하지 않도록 요청할 수 있으며(제69조 제2항), 요청을 받은 자는 특별한 이유가 없는 한 이에 응하여야 하고(제69조 제3항), 나아가 행정청은 시정명령의 이행을 하지 아니한 건축주 등에 대하여는 이행강제금을 부과할 수 있으며(제69조의2 제1항 제1호), 또한 착공신고를 하지 아니한 자는 200만 원 이하의 벌금에 처해질 수 있다(제80조 제1호, 제9조). **이와 같이 건축주 등으로서는 착공신고가 반려될 경우, 당해 건축물의 착공을 개시하면 시정명령, 이행강제금, 벌금의 대상이 되거나 당해 건축물을 사용**

하여 행할 행위의 허가가 거부될 우려가 있어 불안정한 지위에 놓이게 된다. 따라서 '**착공신고 반려행위**'가 이루어진 단계에서 당사자로 하여금 반려행위의 적법성을 다투어 '**법적 불안을 해소한 다음 건축행위에 나아가도록 함으로써**' 장차 있을지도 모르는 위험에서 미리 벗어날 수 있도록 길을 열어 주고, 위법한 건축물의 양산과 철거를 둘러싼 분쟁을 조기에 근본적으로 해결할 수 있게 하는 것이 법치행정의 원리에 부합한다. 그러므로 행정청의 착공신고 반려행위는 '**항고소송의 대상이 된다고 보는 것이 옳다**'.

☞ ⑤: ○

대법원 2009. 4. 23. 선고 2009다5001 판결【취득세반환】[미간행]

※ 판례에 의하면 수리를 요하지 않는 신고이든, 수리를 요하는 신고이든 형식적 요건만 심사할 수 있고, 실질적 요건은 심사해서는 안 된다고 함

허가나 특허는 형식적 요건과 실질적 요건 모두 심사할 수 있지만, 허가는 질서유지라는 실질적 심사를 하고 특허는 공공복리라는 실질적 심사를 하게 된다.

62. 행정법상 신고에 대한 판례의 태도로 옳지 않은 것은? (국가직 7급)

① **납골당** 설치신고는 **수리를 요하는 신고**라 할 것이므로, 행정청의 **수리처분이 있어야만** 납골당을 설치할 수 있다.

② **전입신고**자가 **거주의 목적** 이외에 **다른 이해관계에 관한 의도**를 가지고 있는지 여부, **전입 신고를 수리함으로써 당해 지방자치단체에 미치는 영향 등**과 같은 사유는 주민등록 전입신고의 수리 여부를 심사하는 단계에서는 고려 대상이 될 수 **없다.**

③ '**부가가치세법**'상의 **사업자 등록**은 과세관청으로 하여금 부가가치세의 납세의무자를 파악하고 그 **과세자료를 확보**케 하려는 **데 입법취지**가 있는 것으로서, 이는 단순한 사업사실의 신고로 사업자가 소관 세무서장에게 소정의 **사업자 등록 신청서를 제출함**으로써 성립되는 것이다.

④ 수리를 요하는 신고의 경우 행정청은 (언제나) **형식적 심사를 하는 것으로 족하다.** ☞ 원칙은 그렇지**만 예외가 있으므로 상대적으로 틀린 답이 됨**

문 62. 정답 ④

*해 설

☞ ①: ○

대법원 2011. 9. 8. 선고 2009두6766 판결【납골당설치신고수리처분이행통지취소】[공 2011하, 2104]

[1] 납골당설치 신고가 '수리를 요하는 신고'인지 여부(○) 및 수리행위에 신고필증 교부 등 행위가 필요한지 여부(×)

구 장사 등에 관한 법률(2007. 5. 25. 법률 제8489호로 전부 개정되기 전의 것, 이하 '구 장사법'이라 한다) 제14조 제1항, 구 장사 등에 관한 법률 시행규칙(2008. 5. 26. 보건복지가족부령 제15호로 전부 개정되기 전의 것) 제7조 제1항 [별지 제7호 서식] 을 종합하면, 납골당설치 신고는 이른바 '수리를 요하는 신고'라 할 것이므로, 납골당설치 신고가 구 장사법 관련 규정의 모든 요건에 맞는 신고라 하더라도 신고인은 곧바로 납골당을 설치할 수는 없고, 이에 대한 행정청의 **수리처분이 있어야만 신고한 대로 납골당을 설치할 수 있다.** 한편 수리란 신고를 유효한 것으로 판단하고 법령에 의하여 처리할 의사로 이를 수령하는 수동적 행위이므로 수리행위에 신고필증 교부 등 행위가 꼭 필요한 것은 아니다.

*심 화 학 습

[2] 관련 법률에 규정이 없는 경우 유추적용을 통한 사익보호성 인정여부

구 장사 등에 관한 법률(2007. 5. 25. 법률 제8489호로 전부 개정되기 전의 것) 제14조 제3항, 구 장사 등에 관한 법률 시행령(2008. 5. 26. 대통령령 제20791호로 전부 개정되기 전의 것) 제13조 제1항 [별표 3]에서 납골묘, 납골탑, 가족 또는 종중·문중 납골당 등 사설납골시설의 설치장소에 제한을 둔 것은, 이러한 사설납골시설을 인가가 밀집한 지역 인근에 설치하지 못하게 함으로써 주민들의 쾌적한 주거, 경관, 보건위생 등 생활환경상의 개별적 이익을 직접적·구체적으로 보호하려는 데 취지가 있으므로, 이러한 납골시설 설치장소에서 500m 내에 20호 이상의 인가가 밀집한 지역에 거주하는 주민들은 납골당 설치에 대하여 환경상 이익 침해를 받거나 받을 우려가 있는 것으로 사실상 추정된다.

다만 사설납골시설 중 **종교단체 및 재단법인이 설치하는 납골당**에 대하여는 그와 같은 설치 장소를 제한하는 **규정을 명시적으로 두고 있지 않지**만, 종교단체나 재단법인이 설치한 납골당이라 하여 납골당으로서 **성질이 가족 또는 종중, 문중 납골당과 다르다고 할 수 없고,** 인근 주민들이 납골당에 대하여 가지는 쾌적한 주거, 경관, 보건위생 등 생활환경상의 **이익에 차이가 난다고 볼 수 없다.** 따라서 납골당 설치**장소에서** 500m **내에 20호 이상의 인가가 밀집한 지역에 거주하는 주민들에게는 납골당이 누구에 의하여 설치되는지를 따질 필요 없이** 납골당 설치에 대하여 환경 이익 침해 또는 침해 우려가 있는 것으로 **사실상 추정되어 원고적격이 인정**된다고 보는 것이 타당하다.

☞ ②: ○

Ⅰ. 그동안의 판례 ☞ 아직 판례로 공존 ⇒ 판례는 주민등록과 관련하여 수리를 요하는 신고로서 거부나 수리는 처분성이 있다고 판시해 왔다.

대법원 2009. 1. 30. 선고 2006다17850 판결【배당이의】

주민등록의 신고는 행정청에 도달하기만 하면 신고로서의 효력이 발생하는 것이 아니라 행정청이 수리한 경우에 비로소 신고의 효력이 발생한다.

Ⅱ. 최근의 판례 ☞ 아직 판례로 공존 ⇒ 최근 판례는 주민등록과 관련하여 전입신고는 수리를 요하지 않는 신고로서 거부나 수리는 처분성이 있다고 판시한다. ⇒ 위의 판례와 공존

대법원 2009. 6. 18. 선고 2008두10997 전원합의체 판결【주민등록전입신고수리거부처분취소】

주민들의 거주지 이동에 따른 주민등록전입신고에 대하여 행정청이 이를 심사하여 그 수리를 거부할 수는 있다고 하더라도, **그러한 행위는 자칫 헌법상 보장된 국민의 거주·이전의 자유를 침해하는 결과를 가져올 수도 있으므로,** 전입신고를 받은 시장·군수 또는 구청장의 심사 대상은 전입신고자가 30일 이상 생활의 근거로 거주할 목적으로 거주지를 옮기는지 여부만으로 제한된다고 보아야 한다. 따라서 **전입신고자가 거주의 목적 이외에 다른 이해관계에 관한 의도를 가지고 있는지 여부, 무허가 건축물**의 관리, **전입신고를 수리함으로써 당해 지방자치단체에 미치는 영향 등과 같은 사유**는 주민등록법이 아닌 다른 법률에 의하여 규율되어야 하고, 주민등록전입신고의 수리 여부를 심사하는 단계에서는 **고려 대상이 될 수 없다.**

사업자등록은 수리를 요하지 않는 신고로서 처분성이 없다는 것이 판례임

☞ ③: ○

☞ ④: ×

수리를 요하는 신고의 경우 **형식적 요건만 심사하는 것이 주류적 판례**의 입장이고, **실버타운수리**의 경우처럼 **예외적으**로 **실질적 요건도 심사해**서 노인들이 아닌 주민들이 사용하지 못하도록 해야 한다는 경우가 **간혹 있다.** 따라서 정답없음으로 처리될 가능성이 있다.

사회단체등록은 수리를 요하는 신고임

대법원 1989. 12. 26. 선고 87누308 전원합의체 판결【사회단체등록신청반려취소등】[집 37(4)특, 468; 공 1990. 2. 15(866), 398] 전합 보충의견판시 참고

사회단체등록에관한법률에 의한 등록신청의 법적 성질은 사인의 공법행위로서의 신고

이고 **등록은 당해 신고를 수리하는 것을 의미**하는 준법률행위적 행정행위라 할 것이나 법 제4조 제1항의 **형식요건의 불비가 없는데도 불구하고 등록의 거부처분을 당한 신고인은 우선 법 제10조 소정의 행정벌의 제재를 벗어나기 위하여 또한 법의 정당한 적용을 청구하는 의미에서도 위와 같은 거부처분에 대한 취소청구를 할 이익이 있는 것이다.**

63. 다음 판례의 태도에 대한 서술 중 틀린 것은?

① **당구장**은 **수리를 요하지 않는 신고업**에 해당한다.

② **요건을 갖추지 못한** 당구장영업신고는 **무신고영업**으로서 **불법영업**에 해당한다.

③ 적법한 요건을 구비한 당구장 영업신고는 **수리를 기다리지 아니하고** 영업의 자유가 발생한다.

④ 당구장 영업신고 수리거부는 처분성이 있다.

※ 빈출주제

신고체육시설업과 등록체육시설업을 구별

문 63. 정답 ④

***해 설**

①②③ ☞ ○ ④ ☞ × ☞ **당구장이나 탁구장, 각종 태권도 도장 등은 수리를 요하지 않는 신고업으로서 그 수리나 거부가 처분성이 없다.**

대법원 1998. 04. 24. 선고 97도3121 판결[체육시설의설치 · 이용에관한법률위반]

체육시설의설치 · 이용에관한법률 제10조, 제11조, 제22조, 같은법시행규칙 제8조 및 제25조의 각 규정에 의하면, 체육시설업은 <**등록**체육시설업>과 <**신고**체육시설업>으로 나누어지고, 당구장업과 같은 **신고체육시설업**을 하고자 하는 자는 체육시설업의 종류별로 같은법시행규칙이 정하는 해당 시설을 갖추어 소정의 양식에 따라 **신고서를 제출하는 방식**으로 시 · 도지사에 신고하도록 규정하고 있으므로, 소정의 시설을 갖추지 못한 체육시설업의 신고는 **부적법한 것**으로 그 수리가 거부될 수밖에 없고 그러한 상태에서 신고체육시설업의 영업행위를 계속하는 것은 **무신고 영업행위**에 해당할 것이지만, 이에 반하여 적법한 요건을 갖춘 신고의 경우에는 행정청의 수리처분 등 별단의 조치를 기다릴 필요 없이 그 **접수시**에 신고로서의 효력이 발생하는 것이므로 **그 수리가 거부되었다고 하여 무신고 영업이 되는 것은 아니다.**

☞ **등록**체육시설업은 **수리를 요하는 신고** 로서 그 수리나 거부는 **처분성**이 인정되어 **취소소송이** 가능하다. 예로서는 **골프장, 스키장, 자동차경주장** 등이 있다. 수리를 요하는

신고업은 신고후 5일정도 뒤에 보통 수리(등록)가 내려지게 되고, 그때부터 영업가능하다.

☞ **신고**체육시설업은 **수리를 요하지 않는 신고**로서 그 수리나 거부는 **처분성이 부정**되어 취소소송제기시 **각하**판결을 내리게 된다. 예로서는 **골프연습장, 당구장, 탁구장, 태권도도장** 등이 여기에 해당한다. 수리를 요하지 않는 신고는 구청에 신고서 내자마자 당일부터 영업이 가능하다.

64. 다음 중 판례의 판시 내용과 다른 것은?

① 공동주택관리규칙 제4조의2 소정의 신고대상인 현대 아파트 **대문설치를 위한 건축행위를 하고자 할 경우**, 적법한 요건을 갖춘 신고 이외에 행정청의 **수리처분을 요하지 아니한다.**

② 그 신고를 받은 동작구청장이 관계 법령상의 사유 이외의 **사유인 주민분쟁 등**을 들어 수리를 거부할 수 있다.

③ **신고를 한 아파트 대문은 적법한 건축물**이므로 **이에 대한 철거명령**은 무효이다.

④ 따라서 이때의 **철거명령의 하자는 대집행 계고에 승계되어 계고도 무효이다.**

주민분쟁 등은 실질적 사유임

신고는 형식적요건만 심사할 수 있고, 실질적 요건은 심사할 수 없음

무효는 처분들 사이 목적이 달라도 하자가 당연히 승계됨

이를 하자승계의 논의의 전제가 충족되지 않는다고도 표현함(기출)

문 64. 정답 ②

***해 설**

☞ ①: ○

일정 높이 이상의 담장이나 대문 설치는 '수리를 요하지 않는 신고'이고, 일정 높이(2m) 이하의 담장이나 대문설치는 신고조차 필요하지 아니하다.

☞ ②: × ③ ④ ☞ ○

대법원 1999. 04. 27. 선고 97누6780 판결[건축물철거대집행계고처분취소]

[1] 주택건설촉진법 제38조 제2항 단서, 공동주택관리령 제6조 제1항 및 제2항, 공동주택관리규칙 제4조 및 제4조의2의 각 규정들에 의하면, 공동주택 및 부대시설·복리시설의 소유자·입주자·사용자 및 관리주체가 **건설부령이 정하는 경미한 사항으로서 신고대상인 건축물의 건축행위를 하고자 할 경우에는 그 관계 법령에 정해진 적법한 요건을 갖춘 신고만을 하면 그와 같은 건축행위를 할 수 있고, 행정청의 수리처분 등 별단의 조**

처를 기다릴 필요가 없다고 할 것이며, 또한 이와 같은 신고를 받은 행정청으로서는 그 신고가 같은 법 및 그 시행령 등 관계 법령에 신고만으로 건축할 수 있는 경우에 해당하는 여부 및 그 구비서류 등이 갖추어져 있는지 여부 등을 심사하여 그것이 법규정에 부합하는 이상 **이를 수리하여야 하고, 같은 법 규정에 정하지 아니한 사유를 심사하여 이를 이유로 신고수리를 거부할 수는 없다.**

※ [2] **적법한 건축물에 대한 철거명령은 그 하자가 중대하고 명백하여 당연무효라고 할 것이고, 그 후행행위인 건축물철거 대집행계고처분 역시 당연무효**라고 할 것이다.

65. 다음 중 판례의 태도로 타당하지 않은 것은?

① 공무원이 사직의 의사표시를 하여 의원면직된 경우, 그 **사직의 의사표시에 민법 제107조가 준용되지 않는**다.

② 공무원이 감사기관이나 상급관청 등의 강박에 의하여 사직서를 제출한 경우 그 정도가 **의사결정의 자유를 박탈할 정도에 이른 것**이라면 그 의사표시가 **무효로 될 것**이다.

③ 공무원이 감사기관이나 상급관청 등의 강박에 의하여 사직서를 제출한 경우 그 정도가 그렇지 않고 **의사결정의 자유를 제한하는 정도에 그친 경우라면** 그 성질에 반하지 아니하는 한 **의사표시에 관한 민법 제110조**(사기, 강박)**의 규정을 준용하여 그 효력을 따져보아야 할 것**이다.

④ 감사담당 직원이 당해 공무원에 대한 **비리를 조사하는 과정에서 사직하지 아니하면 징계파면이 될 것**이고 또한 그렇게 되면 **퇴직금 지급상의 불이익을 당하게 될 것이라는 등의 강경한 태도를 취하였다**면 그 취지가 **단지 비리에 따른** 객관적 상황을 고지하면서 **사직을 권고·종용한 것에 지나지 않고 위** 공무원이 그 비리로 인하여 징계파면이 될 경우 퇴직금 지급상의 불이익을 당하게 될 것 등 **여러 사정을 고려하여 사직서를 제출한 경우라도** 그 의사결정이 의원면직처분의 효력에 영향을 **미칠 하자가 있었다**고는 볼 수 있다.

①의 의미는 표시된 대로 사직된다는 것임
②의 의미는 이러한 예외적인 경우는 효력이 없다는 것임
③의 경우와 ②의 경우를 비교하고 구별할 것

문 65. 정답 ④

＊해 설

① ② ③ ☞ ○ ④ ☞ ×

[1] ⇒ 원칙

대법원 1997. 12. 12. 선고 97누13962 판결[의원면직처분취소]

[1] 공무원이 사직의 의사표시를 하여 의원면직처분을 하는 경우 그 사직의 의사표시는 **그 법률관계의 특수성에 비추어 외부적 · 객관적으로 표시된 바를 존중하여야 할 것이므로,** 비록 사직원제출자의 내심의 의사가 사직할 뜻이 아니었다고 하더라도 진의 아닌 **의사표시에 관한 민법 제107조는 그 성질상 사직의 의사표시와 같은 사인의 공법행위에는 준용되지 아니하므로** 그 의사가 외부에 표시된 이상 **그 의사는 표시된 대로 효력을 발한다.**

[2] ⇒ 예외와 원칙 삽입 부분을 유념해서 구별할 것

[2] 사직서의 제출이 감사기관이나 상급관청 등의 강박에 의한 경우에는 (예외적으로) 그 정도가 의사결정의 자유를 **'박탈'할 정도에 이른 것이라면 그 의사표시가 '무효'로 될 것이고 (원칙적으로) 그렇지 않고 의사결정의 자유를 '제한'하는 정도에 그친 경우라면 그 성질에 반하지 아니하는 한** 의사표시에 관한 **민법 제110조의 규정을 준용하여 그 효력을 따져보아야** 할 것이나, 감사담당 직원이 당해 공무원에 대한 비리를 조사하는 과정에서 사직하지 아니하면 징계파면이 될 것이고 또한 그렇게 되면 퇴직금 지급상의 불이익을 당하게 될 것이라는 등의 **강경한 태도를 취하였다고 할지라도** 그 취지가 단지 비리에 따른 객관적 상황을 고지하면서 사직을 **권고 · 종용한 것에 지나지 않고** 위 공무원이 그 비리로 인하여 징계파면이 될 경우 퇴직금 지급상의 불이익을 당하게 될 것 등 여러 사정을 **고려하여 사직서를 제출한 경우라면** 그 의사결정이 의원면직처분의 효력에 영향을 미칠 하자가 있었다고는 볼 수 없다.

66. 신고에 대한 다음의 설명 들 중 옳은 것은? (다툼이 있는 경우 판례에 의함)

신고에 대한 복잡하고 미묘한 법리 정리

① 수리를 요하는 신고는 **허가의 변형된 형태로서** 허가와 동일하다는 입장이 다수설과 판례의 입장이나. **독자적 유형**으로서 규제가 허가보다 완화된 형태라고 보는 입장이 유력설이다.

② 따라서 **수리를 요하는 신고에** 대하여 **판례는** 허가와 마찬가지로 실질적 요건도 심사할 수 있다고 한다.

③ 판례는 **볼링장 신고 수리거부사건에서** 볼링장업은 수리를 요하지 않는 신고이므로 처분성을 인정할 수 없다고 보아 각하판결을 하였다.

④ 영업양도에 따른 지위승계신고수리는 **제3자효 행정행위이다.**

⑤ 허가영업을 양수하여 지위승계신고를 수리하는 경우 비록 법률의 규정에서 지위승계신고수리를 하면 된다고 되어 있더라도 허가제를 회피하지 않도록 영업허가를 받는 것과 **동일하게 엄격한 요건을 요구하여야 한다고 보는 것이** 통설과 실무이다.

문 66. 정답 ④

*해 설

☞ ①: ×

다수설은 **변태적 허가제설**이지만 그러나 판례의 태도는 유력설의 입장과 마찬가지로 허가와 구별되는 **독자적 유형이라고 보고 있다.**

☞ ②: ×

다수설은 **수리를 요하는 신고가 변태적 허가**이므로 허가와 동일하게 실질적 요건을 심사할 수 있다고 하지만, **판례는 유력설과 마찬가지로 실질적 요건을 들어 수리를 거부할 수 없고 형식적 요건만을 심사할 수 있다고** 한다.

☞ ③: ×

판례는 **처분성을 인정하여 재판을 받아 주었는데,** 이에 대하여 이분법을 주장하는 입장에서는 판례를 비판하며, 3분법을 주장하는 입장에서는 판례를 지지한다.

☞ ④: ○

다수설과 판례에 따르면 양도인의 공법상의 권리를 박탈하고 양수인에게 공법상의 권리를 동시에 인정하는 의미를 가지므로 제3자효 행정행위에 해당한다.

☞ ⑤: ×

유력설이다. 그러나 법률의 규정과 실무는 **지위승계신고수리에 필요한 형식적 요건만 구비하면 된다고 보고 있다.**

67. 다음은 신고에 대한 다양한 대법원의 판시 내용들을 제시하고 있다. 틀린 것은? (다툼이 있는 경우 판례에 의함)

① 판례에 의하면 영업양도에 따른 지위승계신고수리시 양도인에게 **사전통지와 의견제출 등** 행정절차법상의 행정절차를 반드시 실시하여

영업양도에 따른 지위승계신고 수리 정리

야 한다고 한다.

② 영업양도를 하였으나 지위승계신고수리가 이루어지기 전에 해당 영업에 대한 허가가 취소되는 경우 양도인뿐만 아니라 **사실상의 양수인도** 직접적 침해를 받는 자로서 법률상 이익이 있어 원고적격이 인정된다고 판례는 보고 있다.

③ 영업양도라는 **기본행위가 존재하지 않거나 무효인 경우의 하자**가 있다면 지위승계신고수리가 되더라도 이를 다툴 수 있는데, 수리에 대한 항고소송으로는 다툴 수 없고 기본행위에 대한 민사소송으로만 다툴 수 있다는 것이 판례의 입장이다.

④ 기본행위에 대한 인가가 있는 경우 **기본행위의 하자가 있다면** 기본행위에 대한 **민사소송으로만 다툴 수 있고** 인가에 대한 항고소송으로는 다툴 수 없다는 것이 판례의 입장이다.

⑤ 주택재개발조합설립에 대한 인가가 있는 경우 주택재개발조합설립이라는 기본행위에 하자가 있다면 조합설립인가에 대한 **항고소송으로만 다툴 수 있다는 것이 판례**의 입장이다.

인가의 대상이 되는 법률행위에 하자가 있는 경우

주택재개발조합 설립의 기본행위에 하자가 있는데도 인가가 발급되었다면, 판례는 이를 특허발급과정의 하자가 있다고 보아 특례에 대한 광고 소송만 가능하다고 판시(판례는 이때의 인가를 인가가 아니라 특허로 봄)

문 67. 정답 ③

***해 설**

☞ ①: ○

대법원 2003. 2. 14. 선고 2001두7015 판결

☞ ②: ○

대법원 2003. 7. 11. 선고 2001두6289 판결

☞ ③: ×

***심 화 학 습**

대법원 2005. 12. 23. 선고 2005두355 판결에 의하면 기본행위에 대한 민사소송이든 지위승계신고수리에 대한 항고소송이든 **모두 가능하다고** 보고 있다.

☞ ④: ○

***심 화 학 습**

빈출 판례

※ 인가에 하자가 있다면 **인가에 대한 항고소송으로만 다툴** 수 있고, 기본행위에

하자가 있다면 기본행위에 대한 **민사소송으로만 다툴 수** 있다는 것이 판례의 입장이다.

☞ ⑤: ○

***심 화 학 습**

동 판결에 대하여 유력한 입장은 일반조합과 달리 주택재개발조합이나 주택재건축조합은 **인가설에서 특허설로 판례를 변경하였다고 판례평석을 전개**하고 있다.

68. 영업자의 지위승계에 관한 판례의 태도로 옳지 않은 것은?

(국가직 7급)

① 영업양도에 따른 **지위승계신고를 수리하는 허가관청의 행위는** 영업허가자의 변경이라는 법률효과를 발생시키는 행위로서 항고소송의 대상이 **될 수 있다**.

② 공매 등의 절차로 영업시설의 전부를 인수함으로써 영업자의 지위를 승계한 자가 관계 행정청에 이를 신고하여 관계행정청이 **그 신고를 수리하는 처분에** 대해 **종전 영업자**는 제3자로서 그 처분의 취소를 구할 법률상 이익이 인정되지 않는다.

③ 법령상 채석허가를 받은 자의 **명의변경제도를 두고 있는 경우**, 명의변경신고를 할 수 있는 **양수인은** 관할 행정청이 양도인의 허가를 취소하는 처분에 대해 취소를 구할 **법률상 이익이 인정된다**.

④ **대물적 영업양도의 경우, 명시적인 규정이 없는 경우에도 양도** 전에 존재하는 영업정지 사유를 이유로 양수인에 대하여도 **영업정지처분을 할 수 있다**.

웅진플레이도시 영업양도에 따른 지위승계신고 수리 사건

문 68. 정답 ②

***해 설**

☞ ①: ○ ☞ ②: ×

대법원 2003. 2. 14. 선고 2001두7015 판결【유흥주점영업자지위승계수리처분취소】[공 2003. 4. 1.(175), 816]

행정절차법 제21조 제1항, 제22조 제3항 및 제2조 제4호의 각 규정에 의하면, 행정청이 당사자에게 의무를 과하거나 권익을 제한하는 처분을 함에 있어서는 당사자 등에게 처분의 사전통지를 하고 의견제출의 기회를 주어야 하며, 여기서 당사자라 함은 행정청의 처분에 대하여 직접 그 상대가 되는 자를 의미한다 할 것이고, 한편 위 식품위생법 제25조 제2항, 제3항의 각 규정에 의하면, 지방세법에 의한 압류재산 매각절차에 따라 영업시설의 전부를 인수함으로써 그 영업자의 지위를 승계한 자가 관계 행정청에 이를 신고하여 행정청이 이를 수리하는 경우에는 종전의 영업자에 대한 영업허가 등은 그 효력을 잃는다 할 것인데, 위 규정들을 종합하면 위 행정청이 식품위생법 규정에 의하여 영업자지위승계신고를 수리하는 처분은 종전의 영업자의 권익을 제한하는 처분이라 할 것이고 따라서 **종전의 영업자**는 그 **처분에 대하여 직접 그 상대가 되는 자에 해당한다고** 봄이 상당하다.

따라서 이 사건의 경우, 피고로서는 이 사건 처분을 함에 있어서 위 행정절차법 규정 소정의 당사자에 해당하는 원고에 대하여 위 규정 **소정의 행정절차를 실시하고 이 사건 처분을 하였어야 했다**.

☞ ③: ○ ☞ ④: ○

대법원 2003. 7. 11. 선고 2001두6289 판결【채석허가취소처분취소】[집 51(2)특, 387; 공 2003. 8. 15.(184), 1723]

산림법 제90조의2 제1항, 제118조 제1항, 같은법시행규칙 제95조의2 등 산림법령이 수허가자의 명의변경제도를 두고 있는 취지는, 채석허가가 일반적·상대적 금지를 해제하여 줌으로써 채석행위를 자유롭게 할 수 있는 자유를 회복시켜 주는 것일 뿐 권리를 설정하는 것이 아니어서 관할 행정청과의 관계에서 수허가자의 지위의 승계를 직접 주장할 수는 없다 하더라도, 채석허가가 대물적 허가의 성질을 아울러 가지고 있고 수허가자의 지위가 사실상 양도·양수되는 점을 고려하여 수허가자의 지위를 **사실상 양수한 양수인**의 **이익을 보호하고자 하는 데 있는 것으로 해석되므로, 수허가자의 지위를 양수받아 명의변경신고를 할 수 있는 양수인의 지위는 단순한 반사적 이익이나 사실상의 이익이 아니라 산림법령에 의하여 보호되는 직접적이고 구체적인 이익으로서 법률상 이익이라고 할 것이고**, 채석허가가 유효하게 존속하고 있다는 것이 양수인의 명의변경신고의 전제가 된다는 의미에서 관할 행정청이 양도인에 대하여 채석허가를 취소하는 처분을 하였다면 이는 양수인의 지위에 대한 직접적 침해가 된다고 할 것이므로 양수인은 채석허가를 취소하는 처분의 취소를 구할 **법률상 이익을 가진다**.

헌법과 행정법의 관계 — 문제연습

69. 헌법과 행정법의 관계 및 적용과 관련된 설명 중 옳지 않은 것은? (다툼이 있는 경우 판례에 의함)

① 행정처분이 헌법에 위반된다는 등의 이유로 그 취소를 구하는 행정소송을 제기하였으나 그 청구가 받아들여지지 아니하는 판결이 확정되어 법원의 소송절차에 의하여서는 더 이상 이를 다툴 수 없게 된 경우에, 별도의 절차에 의하여 위 판결의 기판력이 제거되지 아니하더라도, 당해 행정처분 자체의 위헌성 또는 그 근거법규의 위헌성을 주장하면서 당해 행정처분만의 취소를 구하는 헌법소원심판을 청구하는 것은 허용된다.

② 도시계획시설결정의 집행이 지연되는 경우, 토지재산권의 강화된 사회적 의무와 도시계획의 필요성이란 공익에 비추어 일정한 기간까지는 토지소유자가 도시계획시설결정의 집행지연으로 인한 재산권의 제한을 수인해야 하지만, 일정 기간이 지난 뒤에는 입법자가 보상규정의 제정을 통하여 과도한 부담에 대한 보상을 하도록 함으로써 도시계획시설결정에 관한 집행계획은 비로소 헌법상의 재산권 보장과 조화될 수 있다.

③ '헌법의 구체화법으로서의 행정법'이라는 말은 오늘날의 행정법이 헌법형성적 가치나 기본이념과 무관하게 존재하는 것이 아니고, 이러한 가치나 기본이념은 일정한 실정법 원리로 구체화되어 행정을 구속하는 행정법의 기본원리를 구성한다는 의미로 해석할 수 있다.

④ 사회적 기본권의 성격을 가지는 의료보험수급권은 국가에 대하여 적극적으로 급부를 요구하는 것이므로 헌법규정만으로는 이를 실현할 수 없고 법률에 의한 형성을 필요로 하므로 의료보험수급권의 구체적 내용 즉, 수급요건 · 수급권자의 범위 · 급여금액 등은 법률에 의하여 비로소 확정된다.

⑤ 국세청장의 납세병마개 제조자 지정행위의 근거가 되는 법령의 조항

들이 단지 공익만을 추구할 뿐 개인의 이익을 보호하려는 것이 아니라는 이유로 취소소송을 제기할 법률상 이익을 부정한다고 하더라도, 위 지정행위가 병마개 제조업자들 사이에 특혜에 따른 차별을 통하여 사경제 주체간의 경쟁조건에 영향을 미치고 이로써 기업의 경쟁의 자유를 제한하는 것임이 명백한 경우에는 국세청장의 지정행위로 말미암아 기업의 경쟁의 자유를 제한받게 된 자들에게는 일반 법규에서 경쟁자를 보호하는 규정을 별도로 두고 있지 않은 경우에도 기본권인 경쟁의 자유가 바로 행정청의 지정행위의 취소를 구할 법률상 이익이 있다.

문 69. 정답 ①

***해 설**

☞ ①: ×

헌재 2002. 7. 18. 2000헌마707, 판례집 14-2, 65[인용(위헌확인)]

청구인들은 근로복지공단의 최저보상기준에 의한 보험급여 결정 · 지급 처분에 대하여 행정소송을 제기하였고 그 소송에서 청구인들의 패소가 이미 확정되었으므로 별도의 절차에 의하여 위 확정판결의 기판력이 제거되지 아니하는 한 청구인들로서는 근로복지공단의 위 처분에 관한 위법성을 더 이상 다투지 못하게 되었다. 또한 청구인들의 이 사건 헌법소원 심판청구가 인용된다고 하더라도 그 사유만으로는 위 확정판결에 대하여 재심을 청구할 수도 없다. 이러한 점에서 청구인들은 노동부장관의 평균임금 산정에 관한 결정 · 고시가 이루어지더라도 권리구제를 받을 수 없어 이 사건 헌법소원 심판청구는 그 권리보호의 이익이 없는 것이 아닌가 하는 의문을 가질 수도 있다.

그러나 청구인들의 이 사건 헌법소원 심판청구가 인용되어 노동부장관이 평균임금 산정에 관한 결정 · 고시를 하게 되면, 위와 같이 기판력에 의하여 더 이상 위법성을 다툴 수 없게 된 처분과는 별도로 그 결정 · 고시에 따른 새로운 처분이 이루어져야 할 것이므로 그 한도 내에서 이 사건 헌법소원 심판청구는 권리보호의 이익이 있다고 보아야 할 것이다.

☞ ②: ○

헌재 1999. 10. 21. 97헌바26, 판례집 11-2, 383[헌법불합치]

도시계획시설의 시행지연으로 인한 보상의 문제는, 도시계획사업이 국가 및 지방자치단체에 의하여 이행되어야 할 필요적 과제이자 중요한 공익이라고 하는 관점과 다른 한편 도시계획시설의 시행이 지연됨으로 말미암아 재산적 손실을 입는 토지소유자의 이익(헌법상의 재산권)을 함께 고려하여 양 법익이 서로 조화와 균형을 이루도록 하여야 한다.

입법자는 도시계획사업도 가능하게 하면서 국민의 재산권 또한 존중하는 방향으로, 재산권의 사회적 제약이 보상을 요하는 수용적 효과로 전환되는 시점, 즉 보상의무가 발생하는 시점을 확정하여 보상규정을 두어야 한다. 토지재산권의 강화된 사회적 의무와 도시계획의 필요성이란 공익에 비추어 일정한 기간까지는 토지소유자가 도시계획시설결정의 집행지연으로 인한 재산권의 제한을 수인해야 하지만, 일정 기간이 지난 뒤에는 입법자가 보상규정의 제정을 통하여 과도한 부담에 대한 보상을 하도록 함으로써 도시계획시설결정에 관한 집행계획은 비로소 헌법상의 재산권 보장과 조화될 수 있다.

입법자는 토지재산권의 제한에 관한 전반적인 법체계, 외국의 입법례 등과 기타 현실적인 요소들을 종합적으로 참작하여 국민의 재산권과 도시계획사업을 통하여 달성하려는 공익 모두를 실현하기에 적정하다고 판단되는 기간을 정해야 한다. 그러나 어떠한 경우라도 토지의 사적 이용권이 배제된 상태에서 토지소유자로 하여금 10년 이상을 아무런 보상없이 수인하도록 하는 것은 공익실현의 관점에서도 정당화될 수 없는 과도한 제한으로서 헌법상의 재산권보장에 위배된다고 보아야 한다.

☞ ③: ○

행정법이 헌법의 구체화법으로서 평가되는 타당한 이유이다.

☞ ④: ○

헌재 2003. 12. 18. 2002헌바1, 판례집 15-2하, 441[한정위헌]

의료보험제도는 피보험자인 국민이 납부하는 기여금 형태의 보험료와 국고부담을 재원으로 하여, 국민에게 발생하는 질병 · 상해 · 분만 · 사망 등 상당한 재산상 부담이 되는 사회적 위험을 보험방식에 의하여 대처하는 사회보험제도(사회보장기본법 제3조 제2호, 구 국민의료보험법 제1조)이므로 이 제도에 따른 의료보험수급권은 이른바 사회보장수급권의 하나에 속한다. 원래 사회보장기본법에서는 “모든 국민은 사회보장에 관한 관계법령이 정하는 바에 의하여 사회보장의 급여를 받을 권리를 가진다”고 규정하고 있는데(사회보장기본법 제9조) 이러한 사회보장수급권은 헌법 제34조 제1항에 의한 인간다운 생활을 보장하기 위한 사회적 기본권 중의 핵심적인 것이고 의료보험수급권은 바로 이러한 사회적 기본권에 속한다. 그런데 이와 같이 사회적 기본권의 성격을 가지는 의료보험수급권은 국가에 대하여 적극적으로 급부를 요구하는 것이므로 헌법규정만으로는 이를 실현할 수 없고 법률에 의한 형성을 필요로 한다. 의료보험수급권의 구체적 내용 즉, 수급요건 · 수급권자의 범위 · 급여금액 등은 법률에 의하여 비로소 확정된다(헌재 1999. 4. 29. 97헌마333, 판례집 11-1, 503, 513 참조). 구 국민의료보험법은 제4장에서 보험급여의 내용을 구체적으로 규정하고 있는바 피보험자 및 피부양자의 질병, 부상, 분만에 대하여 보험급여를 한다고 규정하고 그 내용, 의료보험의 개시시기, 비용의 일부부담에 대하여 규정하고 있다. 따라서 의료보험수급권은 법률에 의하여 이미 형성된 구체적인 권리라고 할 것이다.

☞ ⑤: ○

행정입법 — 문제연습

70. 다음 판례의 태도를 설명한 지문 중 틀린 것은?

① **추상적인 법령의 제정은** 부작위위법확인소송의 대상이 될 수 없다.

② 일반식품에 **질병치료의 효능이 있다 하더라도 의약품으로 공인받지 못한 식품을 표시하거나 광고함**에 있어서 **의약품과 혼동할 우려가 있는** 표현을 사용한 경우, **과대광고의 범위를 보건복지부령에 위임한 식품위생법 제11조에 위반되지 않는다.**

③ 일간지 등에 게재한 건강보조식품에 관한 광고가 이를 보는 사람들로 하여금 마치 비만을 치유하는 데 특별한 효능이 있는 것으로 인식하게 할 가능성이 크다고 해서 **과대광고에 해당한다고 볼 수** 없다.

④ 국민의 **기본권을 제한하거나 침해할 소지가 있는 사항**에 관한 입법위임에 있어서는 위와 같은 **구체성 내지 명확성이 보다 엄격하게 요구된다.**

신청의 내용이 행정소송법 제2조의 공권력이어야만 부작위위법확인소송의 대상이 됨

②는 규정내용임

④는 빈출지문

문 70. 정답 ③

***해 설**

☞ ①: ○

빈출지문임

대법원 1992. 05. 08. 선고 91누11261 판결[행정입법부작위처분위법확인]

행정소송은 구체적 사건에 대한 법률상 분쟁을 법에 의하여 해결함으로써 법적 안정을 기하자는 것이므로 부작위위법확인소송의 대상이 될 수 있는 것은 **구체적 권리의무에 관한 분쟁이어야 하고 추상적인 법령에 관하여 제정의 여부 등**은 그 자체로서 국민의 구체적인 권리의무에 직접적 변동을 초래하는 것이 아니어서 그 **소송의 대상이 될 수 없다.**

☞ ②: ○ ☞ ③: ×

대법원 2002. 11. 26. 선고 2002도2998 판결[식품위생법위반]

일반식품이 질병의 치료에 효능이 있는 것이 사실이라 할지라도, 그 제품을 식품위생법에 의하여 식품으로 공인받았을 뿐 의약품으로 공인받지 아니한 이상, 식품위생법의 규제대상인 식품에는 그 제2조 제1호에 의하여 처음부터 의약품은 제외되어 있으므로, 그 식품을 표시하거나 광고함에 있어서 **의약품과 혼동할 우려가 있는 표현을 사용**한다면 그것은 식품에 관한 표시나 광고로서의 범위를 벗어나 그 자체로 식품의 품질에 관한 허위표시나 과대광고로서 소비자의 위생에 위해를 가할 우려가 있다고 할 것이어서, 식품으로 인한 위생상의 위해를 방지한다는 관점에서 식품에 관한 표시와 광고를 규제하는 **식품위생법 제11조, 같은법시행규칙 제6조 제1항 제2호에 위반되고 과대광고에 해당한다**.

☞ ④: ○

대법원 2000. 10. 19. 선고 98두6265 전원합의체 판결[농지전용불허처분취소]

헌법 제75조의 규정상 대통령령으로 정할 사항에 관한 법률의 위임은 구체적으로 범위를 정하여 이루어져야 하고, 이때 구체적으로 범위를 정한다고 함은 위임의 목적·내용·범위와 그 위임에 따른 행정입법에서 준수하여야 할 목표·기준 등의 요소가 미리 규정되어 있는 것을 가리키고, 이러한 위임이 있는지 여부를 판단함에 있어서는 직접적인 위임규정의 형식과 내용 외에 당해 법률의 전반적인 체계와 취지·목적 등도 **아울러 고려하여야 하고**, 규율 대상의 종류와 성격에 따라서는 요구되는 구체성의 정도 또한 달라질 수 있으나, **국민의 기본권을 제한하거나 침해할 소지가 있는 사항에 관한 위임에 있어서는 위와 같은 구체성 내지 명확성이 보다 엄격하게 요구된다.**

※ 중요출제포인트

- 법규명령의 개념에 대한 중요출제포인트 출제대비
- 수권성은 법률에서 입법을 부탁하는 것
- 법규성은 국민의 권리·의무의 기준을 정하는 것
- 법규명령을 위반하는 것은 곧바로 위법
- 행정규칙을 위반하는 것은 곧바로 위법하지 않음
- 행정규칙을 위반하는 것은 다만 자기구속의 원칙위반과 평등의 원칙위반에 해

71. 법규명령의 의의에 대한 다음의 설명 중 틀린 것을 모두 고르시오. (다툼이 있는 경우 판례에 의함)

ㄱ. 법규명령의 요소로서 **수권성과 법규성이** 모두 필요하다는 것이 종래의 다수설이지만 최근의 유력설은 **법규성은** 반드시 필요하지만 **수권성은** 필수요소가 아니라고 한다.

ㄴ. 법규명령의 요소로서 **수권성과 법규성이** 모두 필요하다는 종래의 다수설에 의하면 집행명령도 잘 설명할 수 있다.

ㄷ. **대통령령은 시행령, 부령은 시행규칙**이라고도 한다.

ㄹ. 법규명령은 법률과 달리 **기속행위**만 규정할 수 있고 **재량행위**는 규정할 수 없다.

ㅁ. 그러므로 법률과 달리 **법규명령에 위반**하면 언제나 곧바로 위법이 된다.

① ㄱ, ㄴ, ㄷ, ㄹ ② ㄴ, ㄷ, ㄹ, ㅁ
③ ㄱ, ㄴ, ㄷ, ㅁ ④ ㄱ, ㄴ, ㄹ, ㅁ
⑤ ㄱ, ㄴ, ㄷ, ㄹ, ㅁ

당하는 경우에 예외적으로 위법하게 됨

문 71. 정답 ④

*해 설

☞ ㄱ: ×

수권성은 반드시 필요하지만 법규성은 필수 요소가 아니라는 것이 수권여부기준설을 주장하는 김남진, 홍정선 교수 등 유력설의 입장이다.

☞ ㄴ: ×

위임명령은 잘 설명할 수 있지만 **집행명령은 잘 설명할 수 없다는 약점을** 가지고 있는 것이 종래의 다수설의 입장이다. **수권성만 가지고 있는 것이 집행명령**이고 수권성과 법규성을 모두 가지고 있는 것이 위임명령이기 때문이다.

☞ ㄷ: ○

타당한 설명이다.

☞ ㄹ: ×

법규명령도 법률과 마찬가지로 문언을 기속행위이든 재량행위이든 모두 규정할 수 있다.

☞ ㅁ: ×

법규명령도 재량행위로 규정된 경우에는 행정법의 일반원칙에 비추어 재량의 일탈·남용을 판단할 수 있다.

72. 다음 중 판례의 태도에 대한 설명으로 틀린 것을 고르시오.

① 사법시험령의 법적 성질은 위임명령이다.
② 사법시험 제2차시험에 과락제도를 적용하고 있는 구 사법시험령 제15조 제2항이 모법의 수권이 없거나 집행명령의 한계를 일탈하여 무효라고 볼 수 없다.
③ 사법시험 제2차시험에 과락제도를 적용하고 있는 구 사법시험령 제

15조 제2항이 비례의 원칙, 과잉금지의 원칙 및 평등의 원칙 등을 위반하였다고 볼 수 없다.

④ 사법시험령 제15조 제8항이 행정자치부장관에게 제2차시험 성적을 포함하는 종합성적의 세부산출방법 기타 최종합격에 필요한 사항을 정하도록 위임하더라도 행정자치부장관에게 그런 규정을 제정할 작위의무가 있는 것은 아니다.

⑤ 사법시험 제2차시험의 과락점수 기준을 '매과목 4할 이상'으로 정한 구 사법시험령 제15조 제2항이 명확성의 원칙을 위반하지 않았다.

문 72. 정답 ①

***해 설**

☞ ①: ×

대법원 2007. 01. 11. 선고 2004두10432 판결[사법시험제2차시험불합격처분취소]

변호사의 자격과 판사, 검사 등의 임용의 전제가 되는 '사법시험의 합격'이라는 직업선택의 자유와 공무담임권의 기본적인 제한요건은 국회에서 제정한 법률인 변호사법, 법원조직법, 검찰청법 등에서 규정되어 있는 것이고, 사법시험령은 단지 위 법률들이 규정한 사법시험의 시행과 절차 등에 관한 세부사항을 구체화하고 국가공무원법상 사법연수생이라는 별정직 공무원의 임용절차를 집행하기 위한 집행명령의 일종이라고 할 것이다.

☞ ②: ○

대법원 2007. 01. 11. 선고 2004두10432 판결[사법시험제2차시험불합격처분취소]

사법시험령 제15조 제2항은 사법시험의 제2차시험의 합격결정에 있어서는 매과목 4할 이상 득점한 자 중에서 합격자를 결정한다는 취지의 과락제도를 규정하고 있는바, 이는 그 규정내용에서 알 수 있다시피 사법시험 제2차시험의 합격자를 결정하는 방법을 규정하고 있을 뿐이어서 사법시험의 실시를 집행하기 위한 시행과 절차에 관한 것이지, 새로운 법률사항을 정한 것이라고 보기 어렵다.

☞ ③: ○

대법원 2007. 01. 11. 선고 2004두10432 판결[사법시험제2차시험불합격처분취소]

국가 등이 시험을 시행함에 있어 과락제도 등 합격자의 선정에 대한 방법의 채택은 그것이 헌법이나 법률에 위반되지 않고 지나치게 합리성이 결여되지 않는 이상 시험시행자의 고유한 정책판단에 맡겨진 것으로서 폭넓은 재량의 영역에 속하는 사항이라 할 것이다. 그런데 사법시험은 여러 가지 법률분야 중 한가지 분야를 중점적으로 전공·연구하는 학자나 교수를 배출하기 위한 시험이 아니라 다방면의 법률분야에 고른 학식과 소양을 필요로 하는 판사·검사·변호사가 될 자격을 검증하기 위한 시험으로서 시험제도의 특성상 일정한 득점기준의 설정이 필요하므로, 사법시험령 제15조 제2항에서 과락제도를 규정한 것은 사법시험의 제도적 취지를 달성하는 데 있어 필요하고도 적합한 수단이 될 것이다. 그리고 공무원의 공개경쟁채용시험 등의 제2차시험, 법무사시험의 제2차시험, 변리사시험의 제2차시험, 공인회계사시험의 제2차시험 등 국가에서 주관하는 각종시험의 제2차시험의 과락점수와 비교할 때 특별히 비합리적으로 높다고 보이지 아니하는 점, 법조인의 공익적 역할과 업무의 중요성 및 사회에 미치는 영향 등을 고려하면, 사법시험령 제15조 제2항이 사법시험의 제2차시험에서 '매과목 4할 이상'으로 과락 결정의 기준을 정한 것을 두고 과락점수를 비합리적으로 높게 설정하여 지나치게 엄격한 기준에 해당한다고 볼 정도는 아니므로, 비례의 원칙 내지 과잉금지에 위반하였다고 볼 수 없다.

☞ ④: ○

대법원 2007. 01. 11. 선고 2004두10432 판결[사법시험제2차시험불합격처분취소]

행정입법의 부작위가 위헌·위법이라고 하기 위하여는 행정청에게 행정입법을 하여야 할 작위의무를 전제로 하는 것이고, 그 작위의무가 인정되기 위하여는 행정입법의 제정이 법률의 집행에 필수불가결한 것이어야 하는바, **만일 하위 행정입법의 제정 없이 상위 법령의 규정만으로도 집행이 이루어질 수 있는 경우라면 하위 행정입법을 제정하여야 할 작위의무는 인정되지 아니한다고 할 것이다**(헌법재판소 2005. 12. 22. 선고 2004헌마66 결정 등 참조).

행정자치부장관이 별도의 규정을 제정하지 아니하더라도 사법시험령은 그 시험의 성적을 산출하여 합격자를 결정하는 데 지장이 없을 정도로 충분한 규정을 두고 있고 또한 실제로 그간 제2차시험 성적의 세부산출방법 등에 관한 하위규정 없이도 사법시험이 차질 없이 실시되어 왔다. 따라서 사법시험령 제15조 제8항이 행정자치부장관에게 제2차시험 성적을 포함하는 종합성적의 세부산출방법 기타 최종합격에 필요한 사항을 정하는 것을 위임하고 있을지라도 행정자치부장관에게 그와 같은 규정을 제정할 작위의무가 있다고 보기 어렵다 할 것이므로, **행정자치부장관이 이를 정하지 아니하고 원고에게 불합격처분을 하였다 하더라도, 그 처분이 행정입법부작위로 인하여 위헌 또는 위법하다고 할 수 없다.**

☞ ⑤: ○

대법원 2007. 01. 11. 선고 2004두10432 판결[사법시험제2차시험불합격처분취소]

건전한 상식과 통상적인 법감정을 가진 사람이라면 누구나 사법시험령 제15조 제2항에서 규정하고 있는 제2차시험에 있어서 '매과목 4할'이라는 의미를 과목별 총점의 4할 즉, 각 문항의 점수를 합산한 100점의 4할에 상응하는 40점을 의미하는 것이라고 해석할 수 있을 것이므로, '매과목 4할'이라는 문구가 다의적으로 해석이 가능하고 그 기준이 모호하다 할 수 없어, 명확성의 원칙이나 행정규제기본법 제4조 제1항을 위반하였다고 볼 수 없다.

※ 빈출중요지문정리

판례는 일반적인 경우에는 시행규칙(부령)으로 정하면 법규명령으로 판시

그러나, 판례는 예외적으로 제재처분의 기준을 시행규칙(=부령)으로 정하면 행정규칙에 불과하다고 판시

73. 법규명령에 대한 대법원과 헌법재판소 및 권리구제에 관한 논의들을 다음에서 설명하고 있다. 아래 보기 중 옳은 것을 고르시오. (다툼이 있는 경우 판례에 의함)

① 판례는 여객자동차 운수사업법 시행규칙에서 **시외버스사업의 사업계획변경인가의 요건과 절차 및 기준을** 정한 경우에는 **법규명령이지**만, **시행규칙에서 제재적 처분기준을 정하**는 경우에는 **행정규칙에 불과**하다고 보고 있다.

② **법무사법 시행규칙은** 대법원 규칙으로 법무사가 되기 위한 직업의 자유를 직접적으로 제한하므로 처분적 법령에 해당한다.

③ 처분적 법령으로서 **두밀분교 조례**나 **한미약품 등에** 대한 약가인하고시 사건에서 법원에 모두 무효확인소송으로 제기된 경우들이다.

④ 처분적 법규명령에 대하여 **항고소송이** 받아들여지므로 **헌법소원은** 불가능하다는 것에 대하여 학설은 일치한다.

⑤ **사법시험법 시행규칙**처럼 법령의 내용이 기본권을 직접 침해하는 경우에 대하여 비록 이에 근거한 처분이 발급된 경우라면 법원에 의한 구체적 규범통제가 가능하므로 헌법소원은 불가능하다고 보는 데에 학설은 일치한다.

문 73. 정답 ①

***해 설**

☞ ①: ○

대법원 2006. 6. 27. 선고 2003두4355 판결은 원칙적으로 법규명령으로 보지만 대법원 1995. 10. 17. 선고 94누14148 판결은 예외적으로 가중적 제재기준을 시행규칙으로 정하는 경우는 행정규칙에 불과하다고 판시한다. 그러나 대법원은 일관되지 못하게 시행령에서 제재적 처분기준을 정하는 경우에는 법규명령으로 보고 있다. 가중적 제재기준을 시행령이나 시행규칙으로 정하는 경우 이에 대한 학설의 대립이 치열하다.

☞ ②: ×

법무사법 시행규칙은 복수인에게 즉 일반적으로, 그리고 반복적으로 즉 추상적으로 직업의 자유를 직접 제한하고 있으므로 처분적 법령이 아니다. 법령의 내용이 기본권을 직접적으로 제한하고 있을 뿐이다. 처분적 법령은 특정인에 대한 규율이거나 특정사건에 대한 규율이어야 한다.

☞ ③: ×

***심 화 학 습**

한미약품 약가인하고시는 취소소송으로 제기된 경우이었다. 처분적 법령이라고 해서 무효확인소송으로만 제기하여야 하는 것은 아니다.

☞ ④: ×

***심 화 학 습**

헌법소원의 요건을 엄격하게 보는 입장인 김중권 교수는 그렇게 보지만. 완화해서 보는 김연태 교수나 류지태 교수는 법원이 항고소송으로 받아주는 경우가 오히려 많지 않았으므로 국민의 권리구제의 길을 넓게 확장하기 위하여 항고소송도 가능하지만 항고소송을 받아주지 않는 경우에는 헌법소원도 제기할 수 있게 하자고 한다.

☞ ⑤: ×

***심 화 학 습**

헌법소원의 요건을 엄격하게 보는 김중권 교수는 그렇게 보지만, 역시 완화해서 보는 김연태 교수나 류지태 교수는 법령의 내용이 기본권을 직접 침해하는 것도 기본권 침해의 직접성으로 보아야 하고, 구체적 규범통제는 법령을 일시적으로만 적용을 중지시킬 뿐이고 법령 자체를 근본적으로 부정하지 못하므로 권리구제의 보충성도 충족된다고 보아야 하므로 이때도 헌법소원이 가능하다고 한다. 헌법재판소도 이러한 **완화적용설의 시각**에서 구체적 규범통제와 헌법소원은 중복제소가 아니라고 한다. 헌재

2008. 10. 30. 2007헌마1281 결정.

법규명령에 대한 틀리기 쉬운 오답지문 정리

74. 다음 중 법규명령에 대한 설명으로서 틀린 것을 모두 고르시오. (다툼이 있는 경우 판례에 의함)

ㄱ. 대통령령, 부령, 조례, 규칙 등 법규명령은 **구체적인 수권이 있**어야 한다.
ㄴ. 법규명령은 수권의 취지와 범위를 **준수하여야 한다.**
ㄷ. 법규명령은 비례의 원칙, 신뢰보호의 원칙, 자기구속의 원칙이나 평등의 원칙, 부당결부금지의 원칙 등 **행정법의 일반원칙에** 위반해서는 안 된다.
ㄹ. **법규명령이 수권의 취지나 범위를 위반한다면 위법성의 정도**는 취소가 원칙이라고 보는 것이 다수설과 판례의 입장이다.
ㅁ. 위법한 법규명령을 준수한 **행정행위는** 중대명백설에 의할 때 **취소사유에** 해당한다고 보는 것이 다수설과 판례의 입장이다.

① ㄱ, ㄴ, ㄷ ② ㄱ, ㄷ, ㄹ
③ ㄱ, ㄴ, ㄹ ④ ㄴ, ㄷ, ㄹ
⑤ ㄱ, ㄹ

문 74. 정답 ⑤

＊해 설

☞ ㄱ: ×

법규명령은 구체적 수권이 있어야 한다는 포괄적 위임금지의 원칙을 준수하여야 한다. 그러나 **조례에 대하여는 지역적 자율성을 존중하**고 지방의회의 민주적 정당성을 존중하여 **포괄적 위임이 허용**된다는 것이 다수설과 판례의 입장이다.

☞ ㄴ: ○

법규명령 자체는 국민의 권리와 의무를 스스로 규율할 수 없고 상위 법률로부터 수권 받은 취지대로 입법하여야 하고 나아가서 수권의 범위를 위반해서도 안 된다.

☞ ㄷ: ○

행정법의 일반원칙은 비록 불문법원리이지만 성문법을 개폐하는 헌법적 차원의 효력을 인정하는 것이 다수설과 판례의 입장이다. 그러므로 법규명령의 내용이 행정법의 일반원칙에 위반되어서는 아니 된다.

☞ ㄹ: ×

법규명령이 구체적 수권에 위반하거나, 수권의 취지나 범위를 준수하지 않거나 행정법의 일반원칙에 위반되면 무효라고 보는 것이 다수설과 판례이다.

☞ ㅁ: ○

행정행위의 근거가 된 법규명령에 위법해서 무효라는 것은 중대한 위법이 있지만 일반 국민들은 쉽게 인식하지 못하므로 명백하지 못하여 취소사유에 해당한다는 것이 다수설과 판례이다.

75. 다음 중 판례의 입장으로서 타당하지 않은 것은?

① 청소년보호법에 따른 청소년유해매체물 결정·고시의 법적 성격은 일반처분이다.

② 청소년보호법에 따른 청소년유해매체물 결정·고시의 법적 효력은 정보통신윤리위원회가 특정 인터넷 웹사이트를 청소년유해매체물로 결정하고 청소년보호위원회가 효력발생시기를 명시하여 고시함으로써 그 명시된 시점에 효력이 발생한다.

③ 시행령의 무효를 선언한 대법원판결이 없는 상태에서 그에 근거하여 이루어진 처분을 당연무효라 할 수 없다.

④ 인터넷 웹사이트에 대하여 구 청소년보호법에 따른 청소년유해매체물 결정·고시처분을 한 사안에서 당사자가 위 결정을 통지받지 못하였다면 제소기간을 준수하지 못한 것에 대한 정당한 사유가 될 수 있다.

문 75. 정답 ④

***해 설**

☞ ① ②: ○

대법원 2007. 06. 14. 선고 2004두619 판결[청소년유해매체물결정및고시처분무효확인]

청소년보호법에 따른 청소년유해매체물 결정 및 고시처분은 당해 유해매체물의 소유자 등 특정인만을 대상으로 한 행정처분이 아니라 일반 불특정 다수인을 상대방으로 하여 일률적으로 표시의무, 포장의무, 청소년에 대한 판매·대여 등의 금지의무 등 각종 의무를 발생시키는 행정처분으로서, 정보통신윤리위원회가 특정 인터넷 웹사이트를 청소년유해매체물로 결정하고 청소년보호위원회가 효력발생시기를 명시하여 고시함으로써 그 명시된 시점에 효력이 발생하였다고 봄이 상당하고, 정보통신윤리위원회와 청소년보호위원회가 위 처분이 있었음을 위 웹사이트 운영자에게 제대로 통지하지 아니하였다고 하여 그 효력 자체가 발생하지 아니한 것으로 볼 수는 없다.

☞ ③: ○

대법원 2007. 06. 14. 선고 2004두619 판결[청소년유해매체물결정및고시처분무효확인]

하자 있는 행정처분이 당연무효로 되려면 그 하자가 법규의 중요한 부분을 위반한 중대한 것이어야 할 뿐 아니라 객관적으로 명백한 것이어야 하고, 행정청이 위헌이거나 위법하여 무효인 시행령을 적용하여 한 행정처분이 당연무효로 되려면 그 규정이 행정처분의 중요한 부분에 관한 것이어서 결과적으로 그에 따른 행정처분의 중요한 부분에 하자가 있는 것으로 귀착되고, 또한 그 규정의 위헌성 또는 위법성이 객관적으로 명백하여 그에 따른 행정처분의 하자가 객관적으로 명백한 것으로 귀착되어야 하는바, 일반적으로 시행령이 헌법이나 법률에 위반된다는 사정은 그 시행령의 규정을 위헌 또는 위법하여 무효라고 선언한 대법원의 판결이 선고되지 아니한 상태에서는 그 시행령 규정의 위헌 내지 위법 여부가 해석상 다툼의 여지가 없을 정도로 명백하였다고 인정되지 아니하는 이상 객관적으로 명백한 것이라 할 수 없으므로, 이러한 시행령에 근거한 행정처분의 하자는 취소사유에 해당할 뿐 무효사유가 되지 아니한다.

☞ ④: ×

대법원 2007. 06. 14. 선고 2004두619 판결[청소년유해매체물결정및고시처분무효확인]

인터넷 웹사이트에 대하여 구 청소년보호법에 따른 청소년유해매체물 결정·고시처분을 한 사안에서, 위 결정은 이해관계인이 고시가 있었음을 알았는지 여부에 관계없이 관보에 고시됨으로써 효력이 발생하고, 그가 위 결정을 통지받지 못하였다는 것이 제소기간을 준수하지 못한 것에 대한 정당한 사유가 될 수 없다.

76. 법규명령에 대한 다음의 다양한 설명 지문 중 옳은 것은? (다툼이 있는 경우 판례에 의함)

① 법제처장관 등은 부령을 발하여 법규명령을 제정한다.

② 감사원규칙도 대법원 규칙과 마찬가지로 헌법에 규정이 있으므로 법규명령이라고 볼 수 있다는 견해가 있다.

③ 위임명령에 대한 수권규정이 사후적으로 개정되거나 폐지되더라도 법규명령은 효력을 상실하지 않는다.

④ 포괄적 위임금지와 관련하여 헌재는 기본권에 강하게 관련되면 될수록 그리고 본질적인 사항에 관련되면 될수록 입법자는 보다 구체성과 명확성의 요구는 강화되지만, 처벌법규나 조세법규의 경우 위임의 요건과 범위가 일반적인 급부행정의 영역에서보다 더 엄격하게 제한되는 것은 아니라고 판시하였다.

⑤ 헌재는 부천시 담배자판기 설치제한 조례사건에서 조례에 대한 법률의 위임은 포괄적인 위임이어도 허용된다고 판시하였다.

문 76. 정답 ⑤

***해 설**

☞ ①: ×

국무총리 직속기관이므로 부령을 발할 수 없고 총리령을 발하여 법규명령을 제정하여야 한다.

☞ ②: ×

감사원 규칙에 대하여 법규명령설과 행정규칙설이 대립하지만, 감사원 규칙은 헌법에 근거 규정이 없고 감사원법에 규정이 있으며, 따라서 예시규정으로 보면 법규명령설의 논거가 되고 한정적인 규정으로 보면 행정규칙설의 논거가 된다.

☞ ③: ×

원칙적으로 위임의 근거가 없어지게 되는 이상 법규명령은 무효가 된다. 동지: 대법원 1995. 6. 30. 선고 93추83 판결.

☞ ④: ×

헌재에 의하면 조세법규나 처벌법규 등은 기본권을 직접 침해할 소지가 크므로 그 위임의 요건과 범위가 일반적인 급부행정의 영역에서보다 더 엄격하게 제한되어야 한다고 판시하였다(헌재 2002. 8. 29. 2000헌바50; 2002헌바56; 헌재 2003. 7. 24. 2002 헌바8).

☞ ⑤: ○

다수설과 헌재 및 대법원 판례는 조례의 경우는 지방의회가 선거를 통하여 지역적인 민주적 정당성을 지니고 있는 주민의 대표기관이고 지방자치단체에 포괄적이 자치권을 보장하고 있는 취지로 볼 때, 조례에 대한 법률의 위임은 포괄적인 것으로 족하다고 한다(헌재 1995. 4. 20. 92헌마264, 279).

77. 다음 중 판례의 태도로 틀린 것은?

① 법률 제6조가 군법무관의 보수의 구체적 내용을 시행령에 위임했음에도 불구하고 행정부가 정당한 이유 없이 시행령을 제정하지 않는다고 하더라도 불법행위에 해당한다고 볼 수 없다.

② 자동차운수사업법 제31조 제2항의 규정에 따라 제정된 자동차운수사업법제31조등의 규정에의한사업면허의취소등의처분에관한규칙은 형식은 부령으로 되어 있으나 그 규정의 성질과 내용은 자동차운수사업면허의 취소처분 등에 관한 사무처리기준과 처분절차 등 행정청 내의 사무처리준칙을 규정하고 있다면 그 성질은 행정규칙에 불과하다.

③ 자동차운송사업면허취소 등의 처분이 이 규칙에서 정한 기준에 따른 것이라 하여 당연히 적법한 처분이 된다 할 수 없고, 그 처분의 적법 여부는 자동차운수사업법의 규정 및 그 취지에 적합한 것인가의 여부에 따라서 판단하여야 한다.

④ 대리운전금지조건 위배로 1회 운행정지처분을 받은 사실을 알지 못한 채 개인택시운송사업면허를 양수한 원고가 지병인 만성신부전증 등으로 몸이 아파 쉬면서 생계유지를 위하여 일시 대리운전을 하게 하고, 또 전날 과음한 탓으로 쉬면서 대리운전을 하게 하여 2회 적발되었는데, 원고는 그의 개인택시영업에 의한 수입만으로 가족의 생계를 유지하고 있는 사정 등을 참작하면 원고에 대한 자동차운송사업면허 취소의 처분이 재량권을 일탈한 위법한 처분이다.

문 77. 정답 ①

***해 설**

☞ ①: ×

대법원 2007. 11. 29. 선고 2006다3561 판결[임금]

입법부가 법률로써 행정부에게 특정한 사항을 위임했음에도 불구하고 행정부가 정당한 이유 없이 이를 이행하지 않는다면 **권력분립의 원칙과 법치국가 내지 법치행정의 원칙에 위배되는 것으로서 위법함과 동시에 위헌적인 것이 되는바,** 구 군법무관임용법 제5조 제3항과 군법무관임용 등에 관한 법률 제6조가 군법무관의 보수를 법관 및 검사의 예에 준하도록 규정하면서 그 구체적 내용을 시행령에 위임하고 있는 이상, 위 법률의 규정들은 군법무관의 보수의 내용을 법률로써 일차적으로 형성한 것이고, 위 법률들에 의해 상당한 수준의 보수청구권이 인정되는 것이므로, 위 보수청구권은 단순한 기대이익을 넘어서는 것으로서 법률의 규정에 의해 인정된 재산권의 한 내용이 되는 것으로 봄이 상당하고, 따라서 **행정부가 정당한 이유 없이 시행령을 제정하지 않은 것은 위 보수청구권을 침해하는 불법행위에 해당한다.**

☞ ②: ○

대법원 1991. 11. 08. 선고 91누4973 판결[개인택시운송사업면허취소처분취소]

자동차운수사업법 제31조 제2항의 규정에 따라 제정된 자동차운수사업법제31조등의 규정에의한사업면허의취소등의처분에관한규칙은 형식은 부령으로 되어 있으나 그 규정의 성질과 내용은 자동차운수사업면허의 취소처분 등에 관한 사무처리기준과 처분절차 등 행정청 내의 사무처리준칙을 규정한 것에 불과하여 행정조직 내부에 있어서의 행정명령의 성질을 가지는 것이어서 행정조직 내부에서 관계 행정기관이나 직원을 구속함에 그치고 대외적으로 국민이나 법원을 구속하는 것은 아니므로, 자동차운송사업면허취소 등의 처분이 이 규칙에서 정한 기준에 따른 것이라 하여 당연히 적법한 처분이 된다 할 수 없고, 그 처분의 적법 여부는 자동차운수사업법의 규정 및 그 취지에 적합한 것인가의 여부에 따라서 판단하여야 한다.

③ ④ ☞ ○

대법원 1991. 11. 08. 선고 91누4973 판결[개인택시운송사업면허취소처분취소]

자동차운수사업법 제31조에 의한 자동차운송사업면허의 취소처분이 재량권의 한계를 벗어 났는지를 판단함에 있어서는 위 법조에 의하여 달성하려고 하는 공익의 목적과 면허취소처분으로 인하여 상대방이 입게 될 불이익을 비교교량하여 그 처분으로 인하여 공익상의 필요보다 상대방이 받게 될 불이익 등이 막대한 경우에는 재량권의 한계를 일탈하였다고 보아야 한다.

대리운전금지조건 위배로 1회 운행정지처분을 받은 사실을 알지 못한 채 개인택시운송사업면허를 양수한 원고가 지병인 만성신부전증 등으로 몸이 아파 쉬면서 생계유지를 위하여 일시 대리운전을 하게 하고, 또 전날 과음한 탓으로 쉬면서 대리운전을 하게 하여 2회 적발되었는데, 원고는 그의 개인택시영업에 의한 수입만으로 가족의 생계를 유지하고 있는 사정 등을 참작하면 원고에 대한 자동차운송사업면허취소의 처분이 재량권을 일탈한 위법한 처분이다.

행정입법에 대한 빈출지문 정리를 꼭 해두자

78. 행정입법에 대한 다음의 설명 중 옳은 것을 고르시오. (다툼이 있는 경우 판례에 의함)

① 다수설에 의하면 헌법상 죄형법정주의원칙 때문에 구성요건이나 형벌의 경우에는 위임입법이 허용되지 않고 국회가 이러한 **중요사항에 대하여는 스스로 입법하여야 한다**고 한다.

② 위임명령이나 집행명령은 상위 법률 등의 수권이 있어야 한다.

③ **사법시험법 시행령에**서 사법시험 응시횟수 4회 제한을 하는 것은 **집행명령의 내용이** 비례의 원칙과 평등의 원칙에 반하여 직업의 자유를 침해하는 것이므로 위법하고 무효이다.

④ 행정입법은 **국무회의 심의, 법제처 심사, 공포라는 절차**를 거치게 된다.

⑤ 행정심판법 제59조에 규정된 중앙행정심판위원회의 시정권고권은 법령이나 행정규칙 등을 시정해 줄 것을 권고하는 것이므로 강력한 통제수단이 되지는 못한다.

문 78. 정답 ③

＊해 설

☞ ①: ×

이러한 경우에도 구성요건의 **구체적인 기준을 설정하고 그 범위 내에서 세부적인 사항을 정하도록 하는 것은 가능**하며, **형벌도 그 종류와 상한을 정하고 그 범위 내에서 구체적인 것을 명령으로 정하게 하는 것은 허용**된다(대법원 2000. 10. 27. 선고 2000도1007 판결).

☞ ②: ×

집행명령은 위임명령과 달리 헌법 제75조와 제95조 등에 의하여 직접 수권을 받고 있고 개별법률에 의한 수권은 필요하지 않다는 것이 차이점이다.

☞ ③: ○

사법시험법 시행령은 **집행명령이므로 직업의 자유를 제한하는 내용을 제정해서는 안 되므로 위법하고 무효이기도 하며**, 나아가서 비례의 원칙과 평등의 원칙에 위반되어 위법하고 무효이기도 하다.

☞ ④: ×

이들은 법규명령의 제정절차일 뿐이고 **행정규칙은** 이러한 제정절차를 요구하지 않으므로 중대한 차이가 있다.

☞ ⑤: ×

정당한 사유가 없는 한 반드시 따르도록 규정되어 있으므로 강력한 통제수단이 된다.

79. 행정규칙과 법령보충적 행정규칙에 대한 다음의 설명과 판시 내용 중 옳은 것(o)과 옳지 않은 것(x)을 올바르게 조합한 것은? (다툼이 있는 경우 판례에 의함)

※ 중요개념구별출제
- 행정규칙은 비법규
- 법령보충적 행정규칙은 법규
- 양자의 빈출지문정리
- 중요판례정리

ㄱ. 행정규칙은 **국민의 권리를 제한하거나 의무를 부과하는 기준을 정할 때**에도 법규명령과 달리 법률이나 법규명령의 수권이 필요하지 않다.
ㄴ. 법령보충적 행정규칙은 **법률유보의 원칙을 충족한다.**
ㄷ. **청주시 지역택시특례제에서** 청주시에서 실제 청주시 소속 택시업체에서 일정기간 근무하도록 경력을 요구한 것**(이른바 지역봉사요건)은** 개인택시면허제도의 성격, 운송사업의 공익성, 지역에서의 장기간 근속을 장려할 필요성, 기준의 명확성 등의 제반사정에 비추어 합리적인 제한이다.
ㄹ. **동해시 지역택시특례제에서** 동일 경력자 중 택시운전자에 대하여 우대하는 기준을 둠으로써 동종 업계에서 종사해 온 트럭운전사나 버스운전자에 대하여 차별하는 것은 **합리적인 제한이라고** 보는 것이 판례이다.
ㅁ. **경기도 고양시 지역택시특례제에서** 경기도 고양시에 소재하는 **특정회사에서** 4

년간 근무하도록 경력을 요구하는 것은 개인택시면허제도의 성격, 운송사업의 공익성, 지역에서의 장기간 근속을 장려할 필요성, 기준의 명확성 등의 제반사정에 비추어 합리적인 제한이다.

① ㄱ(x), ㄴ(x), ㄷ(o), ㄹ(o), ㅁ(x)
② ㄱ(o), ㄴ(x), ㄷ(o), ㄹ(o), ㅁ(x)
③ ㄱ(x), ㄴ(o), ㄷ(x), ㄹ(o), ㅁ(x)
④ ㄱ(o), ㄴ(o), ㄷ(o), ㄹ(o), ㅁ(x)
⑤ ㄱ(x), ㄴ(o), ㄷ(o), ㄹ(o), ㅁ(x)

문 79. 정답 ⑤

*해 설

빈출포인트

☞ ㄱ: ×

원칙적으로 **행정규칙은 행정부 내부의 업무처리기준이므로 법령의 수권이 필요 없다**. 그러나 **국민의 권리를 제한하거나 의무를 부과하기 위해서는 반드시 법령의 수권이 필요한데**, 이때의 행정규칙은 법령보충적 행정규칙이라고 부르며 **다수설과 판례에 의하면 법규명령이라고** 본다.

☞ ㄴ: ○

오늘날은 국회가 모든 것을 일일이 입법할 수 없을 정도로 행정의 양과 질이 증가하고 있으므로 법령보충적 행정규칙도 법률유보의 원칙을 충족시키는 형태가 된다. 다만 위임입법의 법리인 구체적 수권성, 수권의 취지와 범위, 행정법의 일반원칙 등에 위반해서는 안 된다.

☞ ㄷ: ○

대법원 2005. 4. 28. 선고 2004두8910 판결

☞ ㄹ: ○

원심법원은 비례의 원칙이나 평등의 원칙에 위반된다고 보았지만, **대법원은 택시운행이라는 유사성에 비추어 합리적인 제한이라고** 판시하였다.

☞ ㅁ: ×

대법원은 이는 특정회사에 대한 근속요건으로서 비례의 원칙과 평등의 원칙에 위반된다고 판시하여 **노예조항을** 법령보충적 행정규칙으로 제정하는 것을 허용하지 않았다.

80. 다음 중 판례의 태도로 틀린 것은?

판례문제연습

① 자원의 절약과 재활용촉진에 관한 법률 시행령 별표에서 **플라스틱제품의 '수입업자'가 부담하는 폐기물부담금의 산출기준을** '제조업자'와 달리 그 **수입가만을 기준으로 정한 것은 평등의 원칙에 위반되어** 무효이다.

② 대형약국 약사가 처방전 없이 함부로 의약품인 **마그밀 위장약을 개봉하여 낱개로 판매하는 행위에** 대하여 **약사법 및 같은 법 시행규칙(보건복지부령) [별표 6] '행정처분의 기준'에 따라** 업무정지 15일의 처분을 사전통지하였다가, 그 후 같은 법 제71조의3 제1항, 제2항, 같은 법 시행령 제29조 [별표 1의2] '과징금 산정기준'에 따라 **업무정지 15일에 갈음하는 855만원의 과징금 부과처분을** 한 것은 재량권을 남용한 것이다.

③ **보건사회부장관의 고시인 식품제조영업허가기준의** 성질은 법규명령이다.

④ 자신이 마시고 싶은 음료수를 자유롭게 선택할 수 있는 것이 행복추구권에 포함되며, **보존음료수의 국내판매 금지로 인하여** 행복추구권이 제한되는 손실이 수돗물에 대한 불안감의 방지라는 공공의 목적보다 더 크므로 **생수판매금지고시는 위헌무효이다.**

생수조차 구입할 수 없도록 한 규정은 위헌무효

음료수로 수돗물을 강제할 수 없음

문 80. 정답 ②

*해 설

☞ ①: ○

대법원 2008. 11. 20. 선고 2007두8287 전원합의체 판결[폐기물부담금부과처분취소]

자원의 절약과 재활용촉진에 관한 법률 시행령(2007. 3. 27. 대통령령 제19971호로 개정되기 전의 것) 제11조 [별표 2] 제7호에서 플라스틱제품의 **수입업자**가 부담하는 폐기물부담금의 산출기준을 아무런 제한 없이 그 **수입가만을 기준으로 한 것은, 합성수지 투입량을 기준으로 한 제조업자에 비하여 과도하게 차등을 둔 것으로**서 합리적 이유 없는 차별에 해당하므로, 위 조항 중 '수입의 경우 수입가의 0.7%' 부분은 **헌법상 평등원칙을 위반한 입법으로서 무효이다.**

☞ ②: ×

대법원 2007. 09. 20. 선고 2007두6946 판결[과징금부과처분취소]

원고가 개봉판매한 '마그밀'은 위염 및 변비 치료에 사용되는 수산화마그네슘 제제로서 오·남용의 우려가 적고 인체에 미치는 부작용이 비교적 적은 일반의약품이기는 하지만, 신기능장애 또는 설사 환자에게는 투여하지 말아야 하고 심기능장애 환자나 고마그네슘혈증 환자에게도 신중히 투여하여야 하며, 또 장기적으로 대량 투여하는 경우에는 부작용으로 고마그네슘혈증이 나타날 수 있고, 다량의 우유, 칼슘제제와 함께 사용하는 경우에는 우유알칼리증후군(고칼슘혈증, 고질소혈증, 알칼리증 등)이 나타날 수도 있으므로, 이와 같은 사용상의 주의사항 및 부작용에 대하여 구입자에게 충분한 설명이 필요한 것으로 보이는 점, 원고가 개설·운영하는 약국은 이 사건 처분 전년도 총매출금액이 2억 8,500만 원을 넘는 대형약국인바(과징금 산정기준을 정하고 있는 구 약사법 시행령 [별표 1의2]에서는 이와 같은 규모의 약국에 대하여 업무정지 1일에 해당하는 과징금 액수를 최고액인 57만 원으로 정하고 있다), 약국의 규모에 비해 이 사건 개봉판매로 얻을 수 있는 **'경제적 이익이 크지 않다고 하여 그 위반행위의 위법성이 가볍다고 할 수는 없으며 오히려 대형약국일수록 관련 법령을 더욱 엄격하게 준수하여야 할 것인 점'**, 구 약사법 제69조는 약국개설자의 구 약사법 위반행위에 대한 행정처분으로 약국개설등록의 취소 또는 기간을 정한 업무의 전부·일부 정지 등을 규정하고 있는데, 피고는 구 약사법 시행규칙 [별표 6] '행정처분의 기준'에 정해진 대로 원고에게 위반행위 횟수가 1회인 경우에 해당하는 업무정지 15일의 처분을 하겠다는 취지를 사전에 통지하였으나, 원고의 의견을 청취한 후 이 사건 위반행위의 내용과 정도 등을 참작하여 업무정지 15일에 갈음하는 과징금을 부과하기로 하고 구 약사법 시행령 [별표 1의2]가 정하는 '과징금 산정기준'에 따라 산정한 이 사건 과징금 부과처분을 하기에 이른 점 등을 **'종합해 보면', 피고가 원고의 이 사건 의약품 개봉판매 행위에 대하여 구 약사법 및 같은 법 시행령, 시행규칙에 따라 업무정지 15일에 갈음하는 과징금 부과처분을 한 것이 피고에게 주어진 재량권의 범위를 일탈하거나 피고가 그 재량권을 남용한 것에 '해당한다고 보기는 어렵다'.**

☞ ③: ○

대법원 1994. 03. 08. 선고 92누1728 판결[과징금부과처분취소]

'식품제조영업허가기준'이라는 고시는 공익상의 이유로 허가를 할 수 없는 영업의 종류를 지정할 권한을 부여한 구 식품위생법 제23조의3 제4호에 따라 보건사회부장관이 발한 것으로서, 실질적으로 법의 규정내용을 **'보충'하는 기능을 지니면서 그것과 '결합'하여 '대외적으로 구속력'이** 있는 **'법규명령'의 성질을 가진 것이다.**

중요 빈출 판례지문

☞ ④: ○

대법원 1994. 03. 08. 선고 92누1728 판결[과징금부과처분취소]

인간이 자신이 먹고 싶은 음식이나 **마시고 싶은 음료수를 자유롭게 선택할 수 있다**고 하는 것은 **인간으로서의 행복을 추구하기 위한 가장 기본적인 수단**의 하나로서 행복추구권의 중요한 내용을 이루고 있는바, **수돗물에 대한 국민의 불안감을 방지한다는 공공의 목적**과 **보존음료수의 국내판매를 금지함으로 인하여 국민의 행복추구권이 제한되는 결과**를 **비교하여 본다면**, 행복추구권이 제한되거나 침해됨으로 말미암아 **국민이 입게 되는** 손실이 **더 크다고 할 것이므로**, 이 점에서도 **보존음료수의 국내판매를 금지하는 것은 허용될 수 없다.**

중요 빈출 판례지문

81. 행정규칙에 대한 다음의 설명과 판시 내용 중 옳은 것은? (다툼이 있는 경우 판례에 의함)

※ 중요 빈출 판례들 지문 정리

반드시 정리해 두자

① 대법원은 **함양군수가 불문경고를** 공무원에게 발급한 것은 **행정규칙에 규정**된 비법적인 징계이므로 처분성을 인정할 수 없다고 판시하였다.

② 행정규칙은 **외부적 직접적 구속효**를 가진다.

③ 행정규칙은 **외부적인 구속효를 가지지** 못한다.

④ 행정규칙은 **위헌위법명령규칙심사**가 가능하다.

⑤ 노동부**예규인 '외국인 산업기술연수생의 보호 및 관리에 대한** 지침은 행정규칙이지만 지방노동관서의 장들은 평등의 원칙과 자기구속의 원칙상 이러한 **외국인 연수생에** 대한 **차별적인 행정관행을 반복할 수밖에 없으므로 헌법소원의 대상이 될 수 있다고 헌재는 판시하였다.**

문 81. 정답 ⑤

*해 설

☞ ①: ×

대법원은 비록 **불문경고가 행정규칙에 규정되어 있지만** 공무원에게는 내부법으로서 법규성이 있으므로 **공무원에게는 권리의무를 직접적으로 제한하는 것에 해당하여** 처분성이 인정된다는 취지의 판시를 하고 있다. 대법원 2002. 7. 26. 선고 2001두3532 판결.

☞ ②: ×

법규명령과 달리 **내부적으로만 직접적 구속효를 가지고 외부적으로는 간접적인 구속효만 가진다.**

☞ ③: ×

행정규칙은 **평등의 원칙과 자기구속의 원칙을 매개로 하여** 외부적으로는 간접적이지만 구속효를 가진다.

☞ ④: ×

행정규칙은 **법규명령이 아니므로 다른 규칙들과 달리** 위헌위법명령규칙심사의 대상이 되지 아니한다.

☞ ⑤: ○

헌재 2007. 8. 30. 2004**헌마**670.

〈가장 틀리기 쉬운 문제정리〉

〈혼동하지 말자〉
대립하는 학설 두문자 암기
법규명령형식의 행정규칙
=법+행+규+위
법령보충적 행정규칙
=법+행+수

82. 다음은 행정입법의 형식과 원칙이 불일치하는 경우들이다. 법규명령형식의 행정규칙과 행정규칙 형식의 법규명령인 법령보충적 행정규칙에 대한 설명과 판례 판시 내용 들 중 옳은 것은? (다툼이 있는 경우 판례에 의함)

① **도로교통법 시행규칙에**서 승차거부에 대한 **제재적 기준을** 규정하고 있는 것은 법령보충적 행정규칙의 예이다.

② 노인복지법에서 장관에게 노령수당금액과 지급시기에 대하여 정하도록 하여 **노인복지지침이** 발령된 경우는 법규명령형식의 행정규칙의 예이다.

③ **법령보충적 행정규칙에 대한 학설의 대립**으로는 법규명령설, 행정규칙설, 수권여부기준설이 있으나 법규명령설이 다수설의 입장이다.

④ **법규명령형식의 행정규칙에 대한 학설의 대립**으로는 법규명령설, 행정규칙설, 규범구체화 행정규칙설, 위헌무효설 등의 대립이 있으나 법규명령설이 다수설의 입장이다.

⑤ **법규명령 형식의 행정규칙에** 대하여 **판례는 일관성이** 없다.

문 82. 정답 ⑤

*해 설

☞ ①: ×

법규명령 형식의 행정규칙의 예이다. 시험장에서 **법규명령형식의 행정규칙과 법령보충적 행정규칙을 혼동해서는 안 된다**.

☞ ②: ×

법령보충적 행정규칙의 예이다. 시험장에서 법규명령형식의 행정규칙과 법령보충적 행정규칙을 **혼동해서는 안 된다**.

☞ ③: ×

이는 **법규명령형식의 행정규칙에 대한 학설의 대립에 대한 설명**이다.

☞ ④: ×

이는 **법령보충적 행정규칙에 대한 학설의 대립에 대한** 설명이다.

☞ ⑤: ○

판례는 시행규칙에 대하여는 행정규칙설의 입장을 취하고 있지만, **시행령에** 대하여는 **법규명령이라고 판시**하고 있어 **일관되지 못한 모습을 보이고 있다**.

83. 다음은 법령보충적 행정규칙에 대한 최근 대법원의 판시 내용들이다. 틀린 것은? (다툼이 있는 경우 판례에 의함)

① 판례는 노인복지법의 수권을 받아 제정된 **노인복지지침**은 **수권의 취지와 범위에 반하여 위법하고** 무효라고 판시하였다.

② 판례는 **택지개발업무처리지침**에서 상업중심지역에서 여성전용 사우

나는 건물에 입점하여 영업할 수 없도록 기준을 정한 것은 **수권의 취지에 부합하므로** 적법하고 사우나 영업허가거부에 대한 법률유보의 원칙을 충족한다고 판시하였다.

콘크리트 공장 사이의 900m 이상 이격거리는 도시 내에서는 과도함

③ 판례는 포천의 **콘크리트 공장에** 대한 공장설립허가를 거부하면서 그 근거로서 주택가로부터 900m 이상의 이격거리를 규정한 **공장입지기준고시를** 근거로 삼은 것은 적법하다고 판시하였다.

니켈과 카드뮴은 하천과 강을 타고 멀리 이동함

④ 최근 판례는 **2차 전지를** 제조 및 생산하는 공장이 니켈과 카드뮴 등의 **하천을 통한 전파가능성이 높다**는 점을 고려하여 **공장입지기준고시**에서 **10km 이내에서 공장설립을 규제할 수** 있도록 하고 이에 따라 800m 떨어진 공장설립허가를 거부한 것은 적법하다고 판시하였다.

⑤ 판례는 소득세법과 시행령의 수권에 따라 국세청장이 제정한 재산제세사무처리규정에서 모든 단기매매에 대하여 실거래가로 중과세하도록 규정한 것은 투기거래를 단속하라는 수권의 취지에 부합하지 않으므로 이에 따른 중과세처분은 위법하다고 판시하였다.

문 83. 정답 ③

***해 설**

☞ ①: ○

노인복지법에서는 노령수당의 지급금액과 지급시기에 대하여만 수권하였는데, 노인복지지침에서 노령수당 지급연령까지 상향조정하여 입법하였으므로 수권의 취지와 범위에 위반되어 위법하고 무효라는 취지의 판시를 하였다.

☞ ②: ○

대법원은 택지개발업무처리지침이 수권의 취지에 부합하므로 적법하고 유효하므로 법률유보의 원칙을 충족한다고 하였다.

☞ ③: ×

실질적으로 실현불가능한 이격거리이고 콘크리트 공장이 주변에 미치는 영향 범위를 고려하여 공장설립 및 공장배치법의 수권의 취지에 반하고 비례의 원칙과 평등의 원칙에 비추어 위법하고 무효라는 취지의 판시를 하였다. 따라서 공장설립허가거부는 취소되어야 할 것이다.

☞ ④: ○

2011년도에 대법원 판례는 이러한 특수성을 고려해 이때의 공장입지기준고시는 적법하고 이에 따른 공장설립허가는 적법하다고 판시하였다.

***심 화 학 습**

대법원 2011. 9. 8. 선고 2009두23822 판결【공장신설불승인처분취소】[공 2011하, 2117] [1] '산업입지의 개발에 관한 통합지침'이 법규명령의 효력을 가지는지 여부(○)

산업입지 및 개발에 관한 법률 제40조 제1항, 제3항, 산업입지 및 개발에 관한 법률 시행령 제45조 제1항의 위임에 따라 제정된 '산업입지의 개발에 관한 통합지침'(2008. 1. 4. 건설교통부 고시 제2007－662호, 환경부 고시 제2007－205호)의 내용, 형식 및 취지 등을 종합하면, '산업입지의 개발에 관한 통합지침'은 위 법령이 위임한 것에 따라 법령의 내용이 될 사항을 구체적으로 정한 것으로서 법령의 위임 한계를 벗어나지 않으므로, 그와 결합하여 대외적으로 구속력이 있는 법규명령의 효력을 가진다.

[2] 사안의 적용

2차 전지를 생산하는 주식회사가 한 공장설립승인신청에 대하여, 천안시장이 공장부지가 천안 상수원보호구역으로부터 상류 800m 지점에 있어서 '산업입지의 개발에 관한 통합지침'(2008. 1. 4. 건설교통부 고시 제2007－662호, 환경부 고시 제2007－205호, 이하 '통합지침'이라 한다) 제36조 제1항 제6호에 따라 공장설립이 불허된다는 이유로 불승인처분을 한 사안에서, 통합지침 제36조 제1항 제6호는 법규명령의 효력이 있는 것으로서 공장설립승인 여부를 결정하는 기준을 정한 구 산업집적활성화 및 공장설립에 관한 법률 시행령(2009. 7. 7. 대통령령 제21626호로 개정되기 전의 것) 제19조 제2항에서 정한 '관계 법령'에 해당하므로, 천안시장이 통합지침에 따라 공장설립승인신청을 불승인한 처분이 적법하다.

☞ ⑤: ×

판례는 소득세법과 동 시행령의 수권의 취지는 투기거래의 유형을 설정하여 중과세의 기준을 입법하도록 한 것인데, 투기거래가 아닌 단기매매까지도 규정한 것은 수권의 취지와 범위에 위반되므로 위법하여 무효이고 이에 근거한 중과세처분은 취소되어야 한다는 취지의 판시를 하였다.

〈난이도 높은 빈출지문 이해해두자〉

84. 법규명령 형식의 행정규칙에 대한 다음의 학설과 판례에 대한 설명 중 틀린 것은 모두 몇 개인가?

ㄱ. 법규명령 형식의 행정규칙에서 **법규명령설에 의하면** 행정규칙설과 달리 **탄력성이나 구체적 타당성을 추구할 방법이** 없다는 것이 약점이다.
ㄴ. 도로교통법 시행규칙 별표에서 개별 기준으로 기속적으로 도로교통법 위반에 대한 제재를 규정하고 있고 동시에 **일반 기준으로 가중감경규정을 두고** 있다면, 도로교통법 시행규칙 별표에 따른 제재처분은 기속행위이다.
ㄷ. 법규명령 형식의 행정규칙에서 **행정규칙설은** 제재처분의 기준에 대한 규정의 성질은 법규명령 사항이라고 본다.
ㄹ. 법규명령 형식의 행정규칙에서 수권여부기준설은 **대부분의 사례에서** 행정규칙설과 동일하게 해결하려고 한다.
ㅁ. 대법원은 법규명령 형식의 행정규칙에 대하여 **일관성을 상실하여 시행령은** 행정규칙으로 보는 데 반하여 **시행규칙은** 법규명령으로 파악한다.

① 1개 ② 2개
③ 3개 ④ 4개
⑤ 5개

문 84. 정답 ⑤

***해 설**

☞ ㄱ: ×

이는 상대적으로 오답으로 처리되어야 한다. **법규명령설은 과거에는 탄력적이거나 구체적 타당성을 도모할 방법이 없었지만** 최근에는 입법적인 방법으로는 **가중감경 규정을 두는 방안이 강구되고 있고, 해석에 의한 방법으로**는 대법원이 시도한 것이기는 하지만 **제재의 최고한도로 보아** 그 범위 내에서 **재량이 가능하도록** 해석하는 것이다. 그러나 청소년보호법 시행령 별표 사건에서 대법원이 취한 후자의 방법은 권력분립에 반하는 것이므로 바람직하지 않다.

☞ ㄴ: ×

개별 기준을 참고하여 일반 기준에 의하여 **가중감경할 수 있으므로** 결국 재량행위라고 해석하여야 한다.

☞ ㄷ: ×

행정규칙설에서든 법규명령설이든 가중적 제재의 기준을 정한 경우 이는 행정을 담당하는 **공무원들에게 발급된 업무처리기준으로 본다**. 그러나 법규명령설은 형식을 강조하여 법규명령으로 파악하고 행정규칙설은 내용을 강조하여 행정규칙으로 파악한다.

☞ ㄹ: ×

수권여부기준설은 입법에 대한 수권이 있으면 법규명령으로 보는데, 대부분의 경우 가중적 제재에 대한 수권이 있으므로 결국 법규명령설과 유사하게 사례를 풀게 된다.

☞ ㅁ: ×

그 반대로 시행령은 법규명령으로 파악하고 시행규칙은 행정규칙으로 파악하여 일관성과 합리성이 없다는 비판을 받고 있다.

85. 법규명령 형식의 행정규칙에 대하여 대법원의 판시 내용들을 설명하고 있는 다음의 내용들 중 옳은 것(o)과 옳지 않은 것(x)을 올바르게 조합한 것은? (다툼이 있는 경우 판례에 의함)

너무나 시험에 잘 나오는 중요판례들을 숙지해 두자
곳곳에 틀린 지문들이 숨어 있다

ㄱ. 판례는 교통사고를 일으킨 후 8시간 만에 자수한 자에 대한 제재사건에서 **도로교통법 시행규칙 별표는 부령의 형식**이므로 법규명령에 해당하여 규정대로 운전면허를 취소하여야 한다고 판시하였다.

ㄴ. 서울시 노원구청장이 **금용종합건설주식회사에게 주택건설촉진법 시행령 별표**에 따라 하자보수에 대한 시정명령을 이행하지 않은 것에 대하여 제재를 가한 것은 시행령은 **규정 형식상 대통령령이므로 그** 성질이 부령인 시행규칙이나 또는 지방자치단체의 규칙과 같이 통상적으로 행정조직 내부에 있어서의 행정명령에 지나지 **않는 것이 아니라** 대외적인 국민이나 법원을 구속하는 힘이 있는 **법규명령이므로** 비록 시멘트상들의 매점매석으로 하자보수를 하지 못하였다고 하더라도 규정대로 제재를 가한 것은 **적법하다고 판시하였다**.

ㄷ. 미성년자를 고용하여 영업에 종사하게 한 유흥주점 안개하우스 과징금 부과사건에서 **청소년 보호법 시행령 별표상**의 과징금 처분 기준은 법규명령이므로 위반행위에 대하여 정해진 수액은 정액으로 보아 기속행위로 보아야 한다고 판시하

였다.

ㄹ. **환경영향평가법 시행규칙 별표에**서 부실한 평가에 대한 가중적 제재기준을 정하고 있는 경우 전원합의체 판결은 시행규칙에 가중적 제재가 규정된 경우 이는 행정규칙에 불과하므로 여기서 규정된 가중적 제재의 위험은 행정소송법 제12조 제2문의 실효처분취소소송의 법률상 이익이 인정되지 않는다고 판시하였다.

ㅁ. 환경영향평가법 시행규칙 별표에서 반대의견은 **법규명령으로 파악하는** 이론적 기초하에서 행정소송법 제1조 제2문의 소의 이익을 긍정할 수 있다고 판시하여 학설의 지지를 받고 있다.

① ㄱ(x), ㄴ(x), ㄷ(o), ㄹ(o), ㅁ(x)
② ㄱ(o), ㄴ(x), ㄷ(o), ㄹ(o), ㅁ(x)
③ ㄱ(x), ㄴ(o), ㄷ(x), ㄹ(x), ㅁ(x)
④ ㄱ(o), ㄴ(o), ㄷ(o), ㄹ(o), ㅁ(x)
⑤ ㄱ(x), ㄴ(o), ㄷ(o), ㄹ(o), ㅁ(x)

문 85. 정답 ③

***해 설**

☞ ㄱ: ×

대법원 1997. 5. 30. 선고 96누577 판결에서는 **단순한 행정부 내부의 사무처리 준칙을 규정**한 것에 지나지 않는다고 판시하였다.

☞ ㄴ: ○

대법원 1997. 12. 26. 선고 97누15418 판결.

☞ ㄷ: ×

대법원 2001. 3. 9. 선고 99두5207 판결에서는 그럼에도 불구하고 사안에 따라 **적정한 과징금의 액수를 정할 수 있는 최고한도액**이므로 그 이하에서 **재량으로** 제재를 가할 수 있다는 취지의 판결을 하고 있다.

☞ ㄹ: ×

이는 **변경전 전원합의체 판결의 다수의견**이다. **변경된 위 판례의 다수의견은** 가중적 **제재의 근거 규정의 성질과 무관하게 실효**된 처분의 취소소송의 **소의 이익을 인정**할 수 있다는 입장이다. 논거는 **신속하고 효과적인 국민의 재판청구권의 보장과**

현실적인 직업의 자유에 대한 위험이 존재하기 때문이라고 한다.

*심 화 학 습

빈출 지문

***** 가중적 제재가 시행규칙에 예정된 경우 실효처분의 소의 이익**

대법원 2006. 6. 22. 선고 2003두1684 전원합의체 판결【영업정지처분취소】[공 2006. 8. 1.(255), 1363]

[1] [다수의견]

제재적 행정처분이 그 처분에서 정한 제재기간의 경과로 인하여 그 효과가 소멸되었으나, 부령인 시행규칙 또는 지방자치단체의 규칙(이하 이들을 '규칙'이라고 한다)의 형식으로 정한 처분기준에서 제재적 행정처분(이하 '선행처분'이라고 한다)을 받은 것을 가중사유나 전제요건으로 삼아 장래의 제재적 행정처분(이하 '후행처분'이라고 한다)을 하도록 정하고 있는 경우, 제재적 행정처분의 가중사유나 전제요건에 관한 규정이 법령이 아니라 규칙의 형식으로 되어 있다고 하더라도, 그러한 규칙이 법령에 근거를 두고 있는 이상 **그 법적 성질이 대외적 · 일반적 구속력을 갖는 법규명령인지 여부와는 상관없이**, 관할 행정청이나 담당공무원은 이를 준수할 의무가 있으므로 이들이 그 규칙에 정해진 바에 따라 행정작용을 할 것이 당연히 예견되고, 그 결과 행정작용의 상대방인 국민으로서는 그 규칙의 영향을 받을 수밖에 없다. 따라서 그러한 규칙이 정한 바에 따라 선행처분을 받은 상대방이 **그 처분의 존재로 인하여 장래에 받을 불이익, 즉 후행처분의 위험은 구체적이고 현실적인 것**이므로, 상대방에게는 선행처분의 취소소송을 통하여 그 불이익을 제거할 필요가 있다. 또한, 나중에 후행처분에 대한 취소소송에서 선행처분의 사실관계나 위법 등을 다툴 수 있는 여지가 남아 있다고 하더라도, 이러한 사정은 후행처분이 이루어지기 전에 이를 방지하기 위하여 직접 선행처분의 위법을 다투는 취소소송을 제기할 필요성을 부정할 이유가 되지 못한다. 그러한 쟁송방법을 막는 것은 여러 가지 불합리한 결과를 초래하여 권리구제의 실효성을 저해할 수 있기 때문이다. 오히려 앞서 본 바와 같이 행정청으로서는 선행처분이 적법함을 전제로 후행처분을 할 것이 당연히 예견되므로, 이러한 선행처분으로 인한 불이익을 선행처분 자체에 대한 소송에서 **사전에 제거할 수 있도록 해 주는 것이 상대방의 법률상 지위에 대한 불안을 해소하는 데 가장 유효적절한 수단이 된다**고 할 것이고, 또한 그 소송을 통하여 선행처분의 사실관계 및 위법 여부가 **조속히 확정됨으로써 이와 관련된 장래의 행정작용의 적법성을 보장함과 동시에 국민생활의 안정을 도모**할 수 있다. 이상의 여러 사정과 아울러, **국민의 재판청구권을 보장한 헌법 제27조 제1항의 취지와 행정처분으로 인한 권익침해를 효과적으로 구제하려는 행정소송법의 목적 등에 비추어** 행정처분의 존재로 인하여 국민의 권익이 실제로 침해되고 있는 경우는 물론이고 권익침해의 구체적 · 현실적 위험이 있는 경우에도 이를 구제하는 소송이 허용되어야 한다는 요청을 고려하면, 규칙이 정한 바에 따라 선행처분

> 을 가중사유 또는 전제요건으로 하는 후행처분을 받을 우려가 현실적으로 존재하는 경우에는, 선행처분을 받은 상대방은 비록 그 처분에서 정한 제재기간이 경과하였다 하더라도 그 처분의 취소소송을 통하여 그러한 불이익을 제거할 권리보호의 필요성이 충분히 인정된다고 할 것이므로, 선행처분의 취소를 구할 (행정소송법 제12조 제2문상의) 법률상 이익이 있다고 보아야 한다.

☞ ㅁ: ×

이는 **전원합의체 판결의 별개의견이다**. 별개의견은 다수의견과 결론이 동일하나 논거가 별개로 구성되는 의견을 말한다. 이와 달리 반대의견은 판례의 다수의견과 결론이 다른 의견을 말한다.

86. 대법원과 헌법재판소의 관할에 관한 설명 중 옳지 않은 것은? (다툼이 있는 경우 판례에 의함) (변시 기출)

① 헌법재판소법 제68조 제1항은 법원의 재판을 헌법소원의 대상에서 제외하고 있으나, 법원이 헌법재판소가 위헌으로 결정하여 그 효력을 전부 또는 일부 상실한 법률을 적용함으로써 국민의 기본권을 침해한 재판의 경우에도 헌법소원이 허용되지 않는 것이라고 동 조항을 해석한다면 그러한 한도 내에서 헌법에 위반된다.

② 헌법재판소는, 헌법 제107조 제2항에 따른 대법원의 명령·규칙에 대한 최종심사권은 구체적인 소송 사건에서 명령·규칙의 위헌 여부가 재판의 전제가 되었을 경우 대법원이 최종적으로 심사할 수 있다는 것을 의미하고, 명령·규칙 그 자체에 의하여 직접 기본권이 침해된 경우에는 헌법재판소법 제68조 제1항에 의한 헌법소원심판을 청구하는 것이 허용된다고 판시하였다.

③ 헌법재판소는, 행정처분의 취소를 구하는 행정소송을 제기하였으나 그 기각의 판결이 확정된 경우 당해 행정처분 자체의 위헌성을 주장하면서 그 취소를 구하는 헌법소원심판청구는 당해 법원의 재판이 예외적으로 헌법소원심판의 대상이 되어 그 재판 자체가 취소되는 경우를 제외하고는 허용되지 아니한다고 판시하였다.

④ 대법원은, 유신헌법에 근거한 긴급조치는 사전적으로는 물론 사후적

으로도 국회의 동의 내지 승인 등을 얻도록 하는 조치가 취하여진 바가 없어 국회의 입법권 행사라는 실질을 전혀 가지지 못한 것이기 때문에 헌법재판소의 위헌심판대상이 되는 '법률'에 해당한다고 할 수 없고, 따라서 그 위헌 여부에 대한 심사권은 최종적으로 대법원에 속한다고 판시하였다.

⑤ 헌법재판소는, 대법원이 사법권의 독립을 위하여 규칙제정권을 가지므로 헌법재판소가 대법원규칙에 대하여 그 위헌 여부를 심사할 수 없다고 판시하였다.

문 86. 정답 ⑤

***해 설**

☞ ①과 ③: ○

헌법재판소법 제68조 제1항의 공권력에는 법원의 재판이나 행정행위는 제외되지만, 예외적으로 헌재의 기속력을 무시하는 경우에는 재판소원이나 원행정소원이 허용되는 것이므로 타당한 설명이다.

☞ ②: ○ ☞ ⑤: ×

헌법재판소는 법무사법 시행규칙 등은 대법원 규칙이지만 헌법상 보장된 기본권을 직접 침해하는 내용을 담고 있으므로 위헌여부를 직접 심사할 수 있다고 판시하고 있다. 헌재 1990. 10. 15. 89헌마178; 헌재 2000. 7. 20. 99헌마455 등.

☞ ④: ○

대법원 2010. 12. 16. 선고 2010도5986 전원합의체 판결【대통령긴급조치위반 · 반공법위반】[공 2011상, 259]

법령보충적 행정규칙에 대한 출제를 이런 식으로 할 수도 있음

출제 대비

87. 행정규제기본법 제4조 제2항 단서는 "법령에서 전문적·기술적 사항이나 경미한 사항으로서 업무의 성질상 위임이 불가피한 사항에 관하여 구체적으로 범위를 정하여 위임한 경우에는 고시 등으로 정할 수 있다"고 규정하고 있다. 이에 따라 제정된 '고시 등'에 관한 설명 중 옳은 것을 모두 고른 것은? (변시 기출)

ㄱ. '고시 등'에는 **훈령, 예규, 고시 및 공고가 포함**된다.
ㄴ. **대법원과**는 달리 **헌법재판소**는 훈령으로 법규사항을 규정하는 것은 설사 상위법의 위임이 있더라도 **합헌적인 것으로 인정받기** 어렵다고 판시하였다.
ㄷ. 법률유보의 범위에 속하는 사항을 **상위법의 위임없이 고시등에 규정하는 것은** 위헌이므로 그러한 규정은 **국민에 대하여 구속력을** 가질 수 없다.
ㄹ. '고시 등'에 대하여 판례는 이를 규범구체화행정규칙이라고 본다.
ㅁ. '고시 등'이 비록 **법령에 근거를 둔 것이라고 하더라도** 그 규정 내용이 법령의 **위임범위를 벗어난 경우에는 대외적 구속력이 없다.**

① ㄱ, ㄴ, ㄷ ② ㄱ, ㄷ, ㅁ
③ ㄴ, ㄷ, ㄹ ④ ㄴ, ㄹ, ㅁ
⑤ ㄷ, ㄹ, ㅁ

문 87. 정답 ②

*해 설

행정규제기본법 제4조 제2항 단서의 행정규칙은 법령보충적 행정규칙을 의미한다. 따라서 행정규칙형식이지만 상위 법령의 입법에 대한 수권을 받은 법령보충적 행정규칙에 대한 법리를 출제하고 있다.

☞ ㄱ: ○

이들 모두 행정규칙의 형식이므로 타당하다.

☞ ㄴ: ×

대법원과 헌재 모두 법령보충적 행정규칙을 인정하고 있고 법규명령으로 기능적으로 파악하고 있다.

☞ ㄷ과 ㅁ: ○

국회로부터 입법에 대한 수권을 받지 않는 이상 법령보충적 행정규칙은 그 자체로서 법규성을 가질 수 없고 무효가 된다. 따라서 **법령보충적 행정규칙은 구체적 수권이 있어야 하고, 수권의 취지와 범위를 준수하여야 하며, 행정법의 일반원칙에** 위반되**어서도 안 된다.**

빈출 지문임

☞ ㄹ: ×

법령보충적 행정규칙이라고 한다. 규범구체화행정규칙과 동일하게 파악하는 입장은 소수설의 입장이다. 규범구체화행정규칙은 기술적이고 전문적인 분야에 국한시켜서 파악되어야 한다고 보는 것이 다수설과 판례의 태도라도 평가할 수 있다.

88. 행정입법에 대한 사법적 통제에 관한 설명 중 옳지 않은 것은? (다툼이 있는 경우 판례에 의함) (변시 기출)

① 명령·규칙이 헌법이나 법률에 위반되는지 여부가 법원의 재판의 전제가 되는 경우에는 본안심리에 부수하는 구체적 규범통제의 형식으로 심사하며, 이때의 심사기준에는 형식적 의미의 헌법과 법률뿐만 아니라 국회의 동의를 받은 조약이나 대통령의 긴급명령도 포함된다.

② 행정소송에서 대법원이 명령·규칙이 위헌 또는 위법이라는 이유로 무효로 선언하고 이 판결이 관보에 게재되었다 하더라도 그 명령·규칙이 일반적으로 무효로 되는 것은 아니다.

③ 법령보충적 행정규칙뿐만 아니라 재량권 행사의 준칙인 행정규칙이 행정의 자기구속원리에 따라 대외적 구속력을 가지는 경우에는 헌법소원의 대상이 될 수 있다.

④ 대법원은 조례가 집행행위의 개입 없이도 그 자체로서 직접 국민의 구체적인 권리의무나 법적 이익에 영향을 미치는 등의 법률상 효과를 발생하는 경우 그 조례는 항고소송의 대상이 되는 행정처분에 해당한다고 본다.

⑤ 행정기관에 행정입법 제정의 법적 의무가 있는 경우에 그 제정의 부작위는 공권력의 불행사에 해당하므로 행정소송법상 부작위위법확인소송의 대상이 된다.

문 88. 정답 ⑤

***해 설**

☞ ①: ○

구체적 규범통제로서 위헌위법명령규칙 심사의 대상에 대한 올바른 지문이다.

☞ ②: ○

구체적 규범통제의 효력범위에 대하여 일시적 적용중지설이 다수설이고, 일반적 무효선언설은 유력설(김연태 교수)과 실무의 실질적인 운영형태이다.

☞ ③: ○

헌재와 다수설의 타당한 입장이다.

☞ ④: ○

처분적 법령의 형태를 띠는 경우에는 조례는 행정소송법 제2조의 행정행위에 준하는 작용으로서 처분성을 가지므로 항고소송의 대상이 될 수 있다.

☞ ⑤: ×

행정입법부작위는 부작위위법확인소송의 대상이 되지 못하고, 헌법소원의 대상이 되는 공권력의 불행사에 해당한다. 부작위위법확인소송이 인정되려면 신청의 내용이 행정소송법 제2조의 공권력 즉, 처분의 모습에 해당되어야 한다.

89. 헌법재판소 판례에 의할 때 행정소송과 헌법소원에 관한 다음 서술 중 옳은 것을 모두 고른 것은? (변시 기출)

ㄱ. 행정권력의 부작위에 대한 헌법소원은 공권력의 주체에게 헌법에서 유래하는 작위의무가 특별히 구체적으로 규정되어 이에 의거하여 기본권의 주체가 행정행위 내지 공권력의 행사를 청구할 수 있음에도 공권력의 주체가 그 의무를 해태하는 경우에 허용된다.

ㄴ. 행정처분에 대하여 법원에 행정소송을 제기하여 패소판결을 받고 그 판결이 확정된 경우에는 당해 행정처분 자체의 위헌성을 주장하면서 그 취소를 구하는 헌법소원심판의 청구는 원칙적으로 허용되지 않는다.

ㄷ. 甲이 택지초과소유부담금 부과처분에 대한 취소를 구하는 행정소송을 제기하여 패소로 확정되었는데, 그 후 처분의 근거가 되는 「택지소유상한에 관한 법률」이

甲이 제기하지 않은 다른 위헌법률심판사건에서 위헌으로 결정되었다. 이 경우 甲은 재심의 소를 제기하여 구제받을 수 있다.

ㄹ. 조례는 지방자치단체가 그 자치입법권에 근거하여 자주적으로 지방의회의 의결을 거쳐 제정한 법규이기 때문에 조례 자체로 인하여 직접 그리고 현재 자기의 기본권을 침해받은 자는 그 권리구제의 수단으로서 조례에 대한 헌법소원을 제기할 수 있다.

① ㄱ, ㄴ
② ㄴ, ㄷ
③ ㄱ, ㄴ, ㄹ
④ ㄱ, ㄷ, ㄹ
⑤ ㄴ, ㄷ, ㄹ

문 89. 정답 ③

***해 설**

☞ ㄱ: ○

헌재 2007. 7. 26. 2005헌마501, 판례집 19－2, 1[각하] 토지보상 부작위 위헌확인 등.

☞ ㄴ: ○

헌재 1998. 5. 28. 91헌마98 등, 판례집 10-1, 660[각하] 양도소득세등부과처분에 대한 헌법소원

원행정처분에 대하여 법원에 행정소송을 제기하여 패소판결을 받고 그 판결이 확정된 경우에는 당사자는 그 판결의 기판력에 의한 기속을 받게 되므로, 별도의 절차에 의하여 위 판결의 기판력이 제거되지 아니하는 한, 행정처분의 위법성을 주장하는 것은 확정판결의 기판력에 어긋나므로 원행정처분은 헌법소원심판의 대상이 되지 아니한다고 할 것이며, 뿐만 아니라 원행정처분에 대한 헌법소원심판청구를 허용하는 것은, "명령·규칙 또는 처분이 헌법이나 법률에 위반되는 여부가 재판의 전제가 된 경우에는 대법원은 이를 최종적으로 심사할 권한을 가진다"고 규정한 헌법 제107조 제2항이나, 원칙적으로 헌법소원심판의 대상에서 법원의 재판을 제외하고 있는 헌법재판소법 제68조 제1항의 취지에도 어긋난다.

☞ ㄷ: ×

헌재 2000. 6. 29. 99헌바66, 판례집 12-1, 848[합헌] 헌법재판소법 제75조 제7항 위헌소원

재심은 확정판결에 대한 특별한 불복방법이고, 확정판결에 대한 법적 안정성의 요청은 미확정판결에 대한 그것보다 훨씬 크다고 할 것이므로 재심을 청구할 권리가 헌법 제27조에서 규정한 재판을 받을 권리에 당연히 포함된다고 할 수 없고, **심판대상법조항에 의한 재심청구의 혜택은 일정한 적법요건하에 헌법재판소법 제68조 제2항에 의한 헌법소원을 청구하여 인용된 자에게는 누구에게나 일반적으로 인정되는 것이고, 헌법소원청구의 기회가 규범적으로 균등하게 보장되어 있기 때문에, 심판대상법조항이 헌법재판소법 제68조 제2항에 의한 헌법소원을 청구하여 인용결정을 받지 않은 사람에게는 재심의 기회를 부여하지 않는다고 하여 청구인의 재판청구권이나 평등권, 재산권과 행복추구권을 침해하였다고는 볼 수 없다.**

☞ ㄹ: ○

90. 행정입법에 관한 다음 설명 중 옳지 않은 것은? (다툼이 있는 경우 판례에 의함) (변시 기출)

① 위임입법이 필요한 분야라도 입법권의 위임은 원칙적으로 법치주의 원칙과 의회민주주의 원칙, 권력분립 원칙에 비추어 구체적으로 범위를 정하여 하는 경우에만 허용된다.

② 중앙행정심판위원회는 심판청구를 심리·재결할 때에 처분 또는 부작위의 근거가 되는 명령 등이 법령에 근거가 없거나 상위 법령에 위배되거나 국민에게 과도한 부담을 주는 등 크게 불합리하면 관계 행정기관에 그 명령 등의 개정·폐지 등 적절한 시정조치를 요청할 수 있다.

③ 일단 법률에 근거하여 유효하게 성립한 법규명령은 나중에 위임법률이 개정되어 그 근거가 없어지더라도 그 효력에 지장이 없다.

④ 법률이 공법적 단체의 정관에 자치법적 사항을 위임하는 경우 헌법 제75조에서 정한 포괄적인 위임입법의 금지는 원칙적으로 적용되지 않는다.

⑤ 대통령령은 행정조직 내부적으로 법제처 심사와 국무회의 심의를 거

쳐야 하나, 총리령·부령은 법제처 심사만 거치면 되고 국무회의 심의는 거치지 않아도 된다.

문 90. 정답 ③

***해 설**

☞ ①: ○

위임입법의 한계로서 포괄적 위임이 금지되므로 구체적인 위임을 하여야 한다.

☞ ②: ○

행정심판법 제59조(불합리한 법령 등의 개선) ① 중앙행정심판위원회는 심판청구를 심리·재결할 때에 처분 또는 부작위의 근거가 되는 명령 등(대통령령·총리령·부령·훈령·예규·고시·조례·규칙 등을 말한다. 이하 같다)이 법령에 근거가 없거나 상위 법령에 위배되거나 국민에게 과도한 부담을 주는 등 크게 불합리하면 관계 행정기관에 그 명령 등의 개정·폐지 등 적절한 시정조치를 요청할 수 있다.

② 제1항에 따른 요청을 받은 관계 행정기관은 정당한 사유가 없으면 이에 따라야 한다.

☞ ③: ×

대법원 1995. 6. 30. 선고 93추83 판결【경상북도의회에서의증언·감정등에관한조례(안)무효확인청구의소】[공 1995. 8. 1.(997), 2613]

일반적으로 법률의 위임에 의하여 효력을 갖는 법규명령의 경우, 구법에 위임의 근거가 없어 무효였더라도 사후에 법개정으로 위임의 근거가 부여되면 그 때부터는 유효한 법규명령이 되나, 반대로 **구법의 위임에 의한 유효한 법규명령이 법개정으로 위임의 근거가 없어지게 되면 그때부터 무효인 법규명령이 되므로,** 어떤 법령의 위임 근거 유무에 따른 유효 여부를 심사하려면 법개정의 전·후에 걸쳐 모두 심사하여야만 그 법규명령의 시기에 따른 유효·무효를 판단할 수 있다.

☞ ④: ○

대법원 2007. 10. 12. 선고 2006두14476 판결【주택재개발사업시행인가처분취소】[공 2007. 11. 1.(285), 1775])

법률이 공법적 단체 등의 정관에 자치법적 사항을 위임한 경우에는 헌법 제75조가 정하는 포괄적인 위임입법의 금지는 원칙적으로 적용되지 않는다고 봄이 상당하고, 그렇다

하더라도 그 사항이 국민의 권리·의무에 관련되는 것일 경우에는 적어도 국민의 권리·의무에 관한 기본적이고 본질적인 사항은 국회가 정하여야 한다.

☞ ⑤: ○

법령 등 공포에 관한 법률 제7조에서는 국무회의심의 거친 사실을 적시하여야 한다고 규정된 반면 제9조에서 총리령 등에서는 이러한 요구가 없다.

※ 빈출지문들 정리
기본출제지식
과징금은 법을 위반해서 벌어들인 수익을 전부나 일부 박탈하는 금전처분
과태료는 법을 위반한 것에 대해 부과하는 금전적인 행정벌
과태료부과처분에 대한 불복은 대부분 행정소송이 아니라 비송재판으로 감
정액으로 보면 기속행위가 되고, 최고한도액으로 보면 재량행위가 되나, 이 판례에서는 후자가 됨

91. 甲은 청소년보호법 시행령 [별표]의 과징금 처분기준 및 과태료 처분기준에 따라 과징금부과처분 및 과태료부과처분을 받았다. 甲은 위 각 부과처분이 과중하다고 생각하여 이를 다투고자 한다. 이에 관한 다음 설명 중 옳지 않은 것은? (다툼이 있는 경우 판례에 의함)

(변시 기출)

① 과징금부과처분 취소소송에서 과징금 처분기준의 위헌·위법 여부가 재판의 전제가 된 경우 법원은 이에 대한 **위헌·위법 심사를 할** 수 있다.

② 과징금 처분기준을 정한 청소년보호법 시행령 규정은 **대외적으로 국민이나 법원을 구속할 힘이 있는 법규명령**에 해당한다.

③ 甲이 **과태료부과처분에 불복하여** 해당 행정청에 이의제기를 한 경우 행정청은 관할 법원에 통보하여야 하고, **관할 법원**은 행정소송절차에 따라 재판한다.

④ 과징금 처분기준이 만약 일정액으로 정해진 것이라면 그 수액은 정액이 아니라 과징금의 **최고한도액이라**는 것이 판례의 태도이다.

⑤ **과징금과 함께 과태료를 부과하더라도 이중처벌 금지의 원칙에** 위반**되는 것은 아니다.**

문 91. 정답 ③

*해 설

☞ ①: ○

판례는 법규명령형식의 행정규칙으로서 가중적 제재의 기준을 규정하는 경우 시행규칙은 행정규칙으로 보고 시행령은 법규명령으로 보고 있어 합리적 이유 없이 구

별하고 있다. 행정규칙은 헌법 제107조 제2항의 위헌·위법명령규칙심사제도의 대상이 되지 못하지만 법규명령은 해당하므로 위 기준을 판례처럼 시행령으로 보게 되면 대상이 되므로 맞는 지문이 된다.

☞ ②: ○와 ☞ ④: ○

대법원 2001. 3. 9. 선고 99두5207 판결【과징금부과처분취소】[공 2001. 5. 1.(129), 883]

구 청소년보호법(1999. 2. 5. 법률 제5817호로 개정되기 전의 것) 제49조 제1항, 제2항에 따른 같은법 **시행령**(1999. 6. 30. 대통령령 제16461호로 개정되기 전의 것) 제40조 [별표 6]의 위반행위의종별에따른과징금처분기준은 **법규명령이기는 하나** 모법의 위임규정의 내용과 취지 및 헌법상의 과잉금지의 원칙과 평등의 원칙 등에 비추어 같은 유형의 위반행위라 하더라도 그 규모나 기간·사회적 비난 정도·위반행위로 인하여 다른 법률에 의하여 처벌받은 다른 사정·행위자의 개인적 사정 및 위반행위로 얻은 불법이익의 규모 등 여러 요소를 종합적으로 고려하여 **사안에 따라 적정한 과징금의 액수를 정하여야 할 것이므로 그 수액은 정액이 아니라 최고한도액이다.**

최다 빈출 판례 중 하나임
문구 숙지하자

☞ ③: ×

질서위반행위규제법이 제정되어 과태료에도 책임주의가 적용되게 되었지만, 비송재판을 하는 문제점은 여전히 남아 있다.

*** 질서위반행위규제법 제28조(준용규정) 「**비송사건절차법**」 제2조부터 제4조까지, 제6조, 제7조, 제10조(인증과 감정을 제외한다) 및 제24조부터 제26조까지의 규정은 **이 법에 따른 과태료 재판(이하 "과태료 재판"이라 한다)에 준용한다.**

☞ ⑤: ○

과징금은 불법수익을 박탈하는 제도이고 과태료는 행정법 위반에 대하여 금전적인 질서벌을 부과하는 제도로서 두 제도의 취지가 다르므로 일사부재리에 반하지 않는다.

92. 행정입법의 법적 성질에 관한 판례의 입장으로 옳지 않은 것은? (9급 국가직)

① 「**주택건설촉진법시행령**」 제10조의3 제1항 [별표 1]은 「주택건설촉진법」 제7조 제2항의 위임규정에 터잡은 **규정형식상 대통령령**이므로

대외적으로 국민이나 법원을 구속하는 힘이 있다.

최고 한도액으로 보면 재량행위가 됨

② 구「청소년보호법」 제49조 제1항·제2항에 따른 동법 **시행령** 제40조 [별표 6]의 위반행위의 종별에 따른 **과징금 처분 기준**은 **법규명령**에 해당하고 **과징금 처분 기준의 수액**은 **최고한도액**이 아니라 정액이다.
③ 국세청장의 **훈령**형식으로 되어 있는 「**재산제세사무처리규정**」은 「소득세법시행령」의 위임에 따라 「소득세법시행령」의 내용을 **보충**하는 기능을 가지므로 「소득세**법시행령**」**과 결합하여 대외적 효력을 갖는다.**
④ 「도로교통법 **시행규칙**」제53조 제1항이 정한 [별표 16]의 **운전면허행정처분기준**은 부령의 형식으로 되어 있으나, 그 규정의 성질과 내용이 행정청 **내부의 사무처리준칙을 규정한 것**에 지나지 아니하므로 대외적으로 **국민이나 법원을 기속하는 효력이 없다.**

문 92. 정답 ②

***해 설**

☞ ①: ○

대법원 1997. 12. 26. 선고 97누15418 판결.

대법원은 **법규명령형식의 행정규칙**이라도 합리적 이유 없이 **시행령은 법규명령**으로 보고 **시행규칙은 단순한 행정규칙**으로 보고 있어 비판을 받는다.

☞ ②: ×

빈출지문 정리

그 반대이다. 법규명령 형식의 행정규칙에 대한 법규명령설은 과거에는 탄력적이거나 구체적 타당성을 도모할 방법이 없었지만 **최근에**는 입법적인 방법으로는 **가중감경 규정**을 두는 방안이 강구되고 있고, **해석에** 의한 방법으로는 대법원이 시도한 것이기는 하지만 **청소년보호법 시행령 별표 사건에**서는 **제재의 최고한도**로 보아 그 범위 내에서 **재량이 가능**하도록 해석하고 있다. 그러나 청소년보호법 시행령 별표 사건에서 대법원이 취한 후자의 방법은 권력분립에 반하는 것이므로 바람직하지 않다.

☞ ③: ○

판례는 소득세법과 동 시행령의 **수권의 취지**는 **투기거래의 유형을 설정**하여 중과세의 기준을 입법하도록 한 것인데, **투기거래가 아닌 단기매매까지도 규정**한 것은 **수권의 취지와 범위**에 위반되므로 ☞ 재산제세사무처리규정은 **위법**하여 **무효**이고 이에 근거한 중과세**처분은 취소**되어야 한다는 취지의 판시를 하였다.

☞ ④: ○

시행규칙에서 **제재기준**을 정하고 있는 경우 **단순한 행정규칙으로 판시**하고 있다.

93. 다음 판례의 태도에 대한 설문 중 틀린 것을 고르시오.

① 행정규칙은 일반적으로 행정조직 내부에서만 효력을 가지는 것이나, 행정규칙이 법령의 규정에 의하여 행정관청에 법령의 구체적 내용을 보충할 권한을 부여한 경우에는 헌법소원의 대상이 될 수 있다.

② 재량권행사의 준칙인 규칙이 그 정한 바에 따라 되풀이 시행되어 행정관행이 이룩되게 되면, 평등의 원칙이나 신뢰보호의 원칙에 따라 행정기관은 그 상대방에 대한 관계에서 그 규칙에 따라야 할 자기구속을 당하게 되는 경우에는 대외적인 구속력을 가지게 되는바, 이러한 경우에는 헌법소원의 대상이 될 수도 있다.

③ 경기도교육청의 1999. 6. 2.자 「학교장·교사 초빙제 실시」는 학교장·교사 초빙제의 실시에 따른 구체적 시행을 위해 제정한 사무처리지침으로서 행정조직 내부에서만 효력을 가지는 행정상의 운영지침을 정한 것이다.

④ 경기도교육청의 1999. 6. 2.자 「학교장·교사 초빙제 실시」는 학교장·교사 초빙제의 실시에 따른 구체적 시행을 위해 제정한 사무처리지침으로서 행정조직 내부에서만 효력을 가지는 행정상의 운영지침을 정한 것이어서, 국민이나 법원을 구속하는 효력이 없는 행정규칙에 해당하지만 헌법소원의 대상이 된다.

문 93. 정답 ④

***해 설**

☞ ① ② ③: ○

헌재 2001. 5. 31. 99헌마413, 공보 제57호, 571[각하]

행정규칙은 일반적으로 행정조직 내부에서만 효력을 가지는 것이나, 행정규칙이 법령의 규정에 의하여 행정관청에 법령의 구체적 내용을 보충할 권한을 부여한 경우나 재량권행사의 준칙인 규칙이 그 정한 바에 따라 되풀이 시행되어 행정관행이 이룩되게 되면, 평등의 원칙이나 신뢰보호의 원칙에 따라 행정기관은 그 상대방에 대한 관계에서 그 규칙에 따라야 할 자기구속을 당하게 되는 경우에는 대외적인 구속력을 가지게 되는바, 이러한 경우에는 헌법소원의 대상이 될 수도 있다.

☞ ④: ×

헌재 2001. 5. 31. 99헌마413, 공보 제57호, 571[각하]

경기도교육청의 1999. 6. 2.자 「학교장 · 교사 초빙제 실시」는 학교장 · 교사 초빙제의 실시에 따른 구체적 시행을 위해 제정한 사무처리지침으로서 행정조직 내부에서만 효력을 가지는 행정상의 운영지침을 정한 것이어서, 국민이나 법원을 구속하는 효력이 없는 행정규칙에 해당하므로 헌법소원의 대상이 되지 않는다.

기본개념 출제

94. 일반적으로 법규의 성질을 가지지 않는다고 할 수 있는 것은? (서울시 9급)

① 헌법
② 법률
③ 대통령령
④ 부령
⑤ 훈령

문 94. 정답 ⑤

*해 설

☞ **법규는 국민의 권리 · 의무를 직접적으로 규율하는 법적 기준을** 의미한다. 그런데 **행정규칙은 행정부 내부에서만 적용되는 규칙으로서** 국민에 대한 대외적인 규칙이 아니므로 법규명령의 성질을 가지지 않는다. **이러한 행정규칙에는 훈령, 예규, 지시, 일일명령 등**이 있으므로 정답은 ⑤이다. **행정규칙과 법규에 대한 정확한 개념의 이해를 출제**한 것이다.

95. 행정입법에 대한 설명으로 옳지 않은 것은? (다툼이 있는 경우 판례에 의함) (서울시 7급)

① 고시가 법령의 **수권**에 의하여 당해 **법령의 내용을 보**충하는 경우 수권법령과 **결합**하여 **대외적 구속력을 갖게 된다는 것이 대법원 판례**의 입장이다.

② 재량준칙(☞)은 행정의 **자기구속의 법리**에 의거하여 **간접적으로 대외적 구속력을 갖는다.**

③ 구법에 **위임의 근거가 없이** 발령된 위임명령도 **사후에 법의 개정으로 위임의 근거가 마련되면 그때부터 유효하다.**

④ **행정규칙**의 내용이 명백히 부당한 경우 **공무원이 이의 적용을 거**부하더라도 공무원법상 **복종의무위반**의 **징계책임은** 없다.

⑤ 근거법령인 **상위법령이 개정**되더라도 그 **집행명령이 당연히 실효하는 것은 아니다.**

재량처분을 할 때 준수하여야 할 행정규칙

법규명령은 수권이 있는 동안에는 유효하게 됨

행정규칙의 내용이 중대·명백한 경우에만 복종 거부 가능하고 단순히 명백하다고 해서 복종거부 가능하지 않음

문 95. 정답 ④

***해 설**

☞ ①: ○ ☞ 이와 같은 형태를 법령보충적 행정규칙이라고 하고 법규명령으로 보는 것이 다수설과 판례이다.

대법원 2008. 03. 27. 선고 2006두3742 판결[목욕장영업신고서처리불가처분취소·영업소폐쇄명령처분취소]

상급행정기관이 하급행정기관에 대하여 업무처리지침이나 법령의 해석적용에 관한 기준을 정하여 발하는 **이른바 행정규칙은 일반적으로 행정조직 내부에서만 효력을 가질 뿐 대외적인 구속력을 갖지 않지**만, 법령의 규정이 특정 행정기관에게 그 법령 내용의 구체적 사항을 정할 수 있는 권한을 부여하면서 그 권한 행사의 절차나 방법을 특정하고 있지 않아 수임행정기관이 행정규칙의 형식으로 그 법령의 내용이 될 사항을 구체적으로 정하고 있다면, 그와 같은 행정규칙은 위에서 본 행정규칙이 갖는 일반적 효력으로서가 아니라 행정기관에 법령의 구체적 내용을 보충할 권한을 부여한 법령 규정의 효력에 의하여 그 내용을 보충하는 기능을 갖게 되고, 따라서 이와 같은 행정규칙은 당해 법령의 **위임한계를 벗어나지 않는 한** 그것들과 **결합하여 대외적인 구속력이 있는 법규명령으로서의 효력을 가진다.**

☞ ②: ○

다수설과 판례는 자기구속의 원칙과 평등의 원칙을 매개로 하여 **재량준칙이 간접적인 대외적 구속력을 가진다고 보고 있다.**

☞ ③: ○

위임명령은 법률로부터 입법에 대한 수권을 받으면 그 때부터 유효한 법규명령이 된다. 따라서 수권을 받기 이전에는 무효이지만 그 이후에라도 수권을 받으면 유효하다.

☞ ④: ×

공무원은 행정규칙이라도 법령준수의무의 적용을 받게 된다. 즉 행정규칙은 국민에 대한 외부적인 관계에서는 법규성이 없지만, **공무원에 대한 내부적인 관계에서는 법규성이 있다.**

다만 공무원의 법령준수의무와 복종의무의 한계와 관련하여 다수설과 판례는 형식적 심사권만 있고 **실질적인 심사권이 없다고 보고 있다.** 따라서 중대명백한 위법이 있어 무효인 경우가 아니라면 공무원은 위법하거나 부당하더라도 **복종의무가 있으므로**, 이를 위반하게 되면 **징계책임이 있다.**

☞ ⑤: ○

집행명령은 위임명령과 달리 국민의 권리의무를 규율하지 않으므로 법규성은 없지만, 위임명령과 마찬가지로 수권성이 필요하다. 그러나 근거법령인 상위법령이 개정되는 경우에 불과하고, 근거법령에서 수권성을 배제한다는 특별한 규정이 없는 경우에는 집행명령은 효력을 유지한다.

96. 법규명령에 대한 설명 중 옳은 것은? (서울시 7급)

법규명령은 수권성이 있는 한 그동안은 유효함

① 판례는 구법의 위임에 의한 유효한 법규명령이 법 개정에 따라 **위임의 근거**가 없어지게 되면 소급하여 법규명령이 무효가 된다고 한다.

② 판례는 법규명령의 **위임의 근거**가 되는 **법률에 대하여 위헌결정이 선고**되면 그 위임에 근거하여 제정된 **법규명령도 원칙적으로 효력을 상실**한다고 보았다.

③ 판례는 구법에 위임의 근거가 없어 무효였던 경우 **사후에 법 개정으로 위임의 근거가 부여**되었다고 해도 유효한 법규명령이 될 수 없다

고 한다.

④ 헌법재판소는 위임된 입법권의 **전면적인 재위임 금지**의 원칙에 따라 **대강의 사항을 정하고, 그 중 특정사항의 범위를 정하여 하위의 법규명령**에 위임한 것을 위헌으로 판단하였다.

⑤ 판례는 **조례**가 집행행위의 개입 없이도 **그 자체로서 직접 국민의 구체적인 권리의무나 법적 이익에 영향을 미치는 법률상의 효과**가 발생하는 경우에도 그 조례는 **항고소송의 대상이 되는 행정처분**이 아니라고 하였다.

문 96. 정답 ②

*해 설

법규명령은 **상위 법령에 의해 입법에 대한 수권**이 있어야 하는데, **수권성이 없으면 무효**이고, **수권성이 유지되면 유효**하다. 이에 대한 심도 깊은 빈출 문제이므로 이 문제들에 대한 지문을 정확하게 정리해 두어야 한다.

☞ ①: ×

다수의 판례를 종합하여 보면 구법의 위임에 의한 법규명령이 법 개정에 따라 위임의 근거가 없어지게 되는 경우 **장래에 대하여** 법규명령이 무효가 된다고 본다. 즉 **기존에 유효하였던 것을 부정하지 않는다.**

☞ ②: ○

다수의 판례를 종합하여 보면 **위헌결정이 선고**되면 **법률은 원칙적으로 장래에 대하여 효력이 무효가** 되고 **예외적으로만 위헌제청의 계기가 되었거나 동일한 사유로 계류중인 당해 사건이나 일반사건 등에 대해서만 소급적으로 무효**가 된다고 본다. 그리고 이러한 **법률에 근거하여 제정된 법규명령도 효력을 상실**한다고 본다. 그러나 이러한 법률이나 법규명령에 근거한 **처분에 대하여는 원칙적으로 취소**사유라고 본다.

☞ ③: ×

다수의 판례를 종합하여 보면 **위임의 근거가 없는 법규명령이라도 사후에 수권에 대한 근거 법률이 제정되거나 개정되면 그때부터는 유효**한 법규명령이 된다고 한다.

☞ ④: ×

헌법재판소는 기본적이고 중요한 사항이 아니라 **범위를 정하여 구체적이고 세부적인 사항을 하위 법규명령에 위임하는 것은 합헌이라고 본다**.

☞ ⑤: ×

조례가 집행행위의 개입 없이도 **그 자체로서 직접 국민의 구체적인 권리의무나 법적 이익에 영향을 미치는 경우는 처분적 조례**라고 한다. 대법원은 **두밀분교조례**에 대하여는 항고소송의 일종인 **무효확인소송**을 인정하였다. 그리고 **한미약품 등에 대한 약가인하고시**에 대하여는 항고소송의 일종인 **취소소송**을 인정하였다.

97. 식품접객업자인 갑은 전문 호객꾼을 고용하여 손님을 유치하였고, 업소 안에서 음란 비디오를 상영하였다는 이유로 식품위생법 관련 규정에 따라 영업정지 1개월의 행정처분을 받았다. 갑이 법원이나 헌법재판소에 재판을 청구하여 영업정지 처분의 위법성이나 관련 규정의 위헌성을 다툰다고 할 때, 다음 설명 중 옳은 것은? (다툼이 있는 경우 판례에 의함) (변시 기출)

【관련규정】

식품위생법 제44조(영업자 등의 준수사항) ① 식품접객영업자 등 대통령령으로 정하는 영업자와 그 종업원은 영업의 위생관리와 질서유지, 국민의 보건위생 증진을 위하여 총리령으로 정하는 사항을 지켜야 한다.

식품위생법 시행규칙 제57조(식품접객영업자 등의 준수사항 등)

법 제44조 제1항에 따라 식품접객영업자 등이 지켜야 할 준수사항은 별표 17과 같다.

[별표17] 식품접객업자 등의 준수사항(제57조 관련)

1.－5.<생략>

6. 식품접객업자(위탁급식 영업자는 제외한다)의 준수사항

가. － 파. <생략>

하. 손님을 꾀어서 끌어들이는 행위를 하여서는 아니 된다.

거. 업소 안에서 선량한 미풍양속을 해치는 공연, 영화, 비디오 또는 음반을 상영하거나 사용하여서는 아니 된다.

식품위생법 제75조(허가취소 등) ① 식품의약품안전처장 또는 특별자치도지사 · 시장 · 군수 · 구청장은 영업자가 다음 각 호의 어느 하나에 해당하는 경우에는 대통령령으로 정

하는 바에 따라 영업허가 또는 등록을 취소하거나 6개월 이내의 기간을 정하여 그 영업의 전부 또는 일부를 정지하거나 영업소 폐쇄(제37조 제4항에 따라 신고한 영업만 해당한다. 이하 이 조에서 같다)를 명할 수 있다.

1.－12. <생략>

13. 제44조 제1항 제2항 및 제4항을 위반한 경우

14.－18. <생략>

②③ <생략>

④ 제1항 및 제2항에 따른 행정처분의 세부기준은 그 위반행위의 유형과 위반 정도 등으로 고려하여 총리령으로 정한다.

식품위생법 시행규칙 제89조 (행정처분의 기준) 법 제71조, 법 제72조, 법 제74조부터 제76조까지 및 법 제80조에 따른 행정처분의 기준은 별표 23과 같다.

[별표23] 행정처분 기준(제89조 관련)

Ⅰ. <생략>

Ⅱ. 개별기준

1.－2. <생략>

3. 식품접객업

영 제21조 제8호의 식품접객업을 말한다.

1. －9. <생략>

10. 법 제44조 제1항을 위반한 경우

가. 식품접객업자의 준수사항(별표 17 제6호 자목 · 파목 · 머목 및 별도의 개별 처분기준이 있는 경우는 제외한다)의 위반으로서

1)－2) <생략>

3) 별표 17 제6호 타목 2) 거목 또는 서목을 1차 위반한 경우 영업정지 1개월

4) 별표 17 제6호 나목, 카목, 타목 3)4) 하목 또는 어목을 1차 위반한 경우 영업정지 15일

① 대법원은 시행규칙에 의해 행정처분의 기준이 마련된 경우라 하더라도 총리령의 형식을 갖춘 경우에는 법규성을 갖는 것이 당연하므로 국민과 법원을 직접적으로 구속하는 대외적 효력이 있다고 보아, 「식품위생법 시행규칙」 제89조 [별표23]에 규정된 행정처분의 기준은 당연히 대외적 구속력을 갖는다고 판시하였다.

② 식품위생법 제44조 제1항에서 규정하고 있는 '영업의 위생관리와 질서유지', '국민의 보건위생 증진'이라는 기준은 지나치게 추상적이어서 당해 법률로부터 하위법령에 규정될 내용의 대강을 예측할 수 있

는 것이 아니므로 포괄위임입법금지원칙에 위배된다.

③ 「식품위생법 시행규칙」 제57조 [별표17] 제6호 하목 및 거목은 식품접객업자의 정당한 광고 및 홍보활동을 '손님을 꾀어서 끌어들이는 행위'로 보아 금지하고, '성(性) · 혼인 · 가족제도에 관한 민감한 표현이 담긴 비디오 등도' '선량한 미풍양속'을 해친다는 이유로 규제할 가능성이 있어, 식품접객업자의 영업의 자유와 표현의 자유를 지나치게 침해한다. 따라서 그 수권 법률인 식품위생법 제44조 제1항은, 정당하고 적법하게 입법권을 위임하였다 하더라도 헌법에 위배된다.

④ 헌법재판소 판례에 따르면, 식품위생법은 다른 법률에 비해 전문적이고 기술적일 뿐 아니라, 영업형태와 고객의 이용형태 등 현실의 변화에 따른 신속하고 탄력적인 입법적 대응이 필요한 분야의 법률이므로, 그 세부적이고 기술적인 규율을 국회에 맡기기보다는 전체적인 기준 및 개요를 법률에 대강만 정한 뒤 구체적이고 세부적인 사항은 전문적 · 기술적 능력을 갖춘 행정부에서 상황의 변동에 따라 탄력적으로 대응할 수 있도록 하위 법령에 위임할 필요가 있다.

⑤ 갑은 영업정지처분의 취소를 구하는 행정소송 계속 중에 처분의 근거법령인 「식품위생법 시행규칙」 제57조 [별표17] 제6호 하목과 거목의 위헌성 또는 위법성을 들어 처분의 위법성을 주장할 수 있을 뿐만 아니라, 그러한 행정소송을 제기함이 없이 곧바로 위 시행규칙 조항에 대한 위헌확인을 목적으로 하는 독립된 소송을 법원에 제소하는 것도 허용된다.

문 97. 정답 ④

***해 설**

행정법과 헌법의 복합형 출제 유형에 해당한다. 주로 행정법에서 문제되는 헌법 테마들이 출제되어 나갈 것으로 보인다.

☞ ①: ×

시행규칙 형식의 제재처분 기준에 대하여는 법규명령형식의 행정규칙으로서 성질에 대한 논의가 있게 된다. 법규명령설과 행정규칙설, 수권여부 기준설 등의 대립이 있다. 대법원은 시행규칙의 형식인 경우에는 단순한 행정규칙에 불과하므로 내부적인 기준에 불과하다고 보나. 시행령의 경우에는 법규명령으로서 대외적인 구속력을 가진다고 본다.

☞ ②: ×

<u>헌재 2010. 3. 25. 2008헌가5, 판례집 22-1상, 389[합헌] 식품위생법 제77조 제5호 위헌제청</u>

관련 조항들을 유기적·체계적으로 종합하여 해석하여 보면, 구 식품위생법 제31조 제1항과 관련하여 보건가족복지부령에는 영업의 위생적 관리 및 질서유지와 국민보건위생의 증진을 위하여 식품접객영업자 등이 준수하여야 할 구체적 내용을 규정하거나 그 범주에서 벗어나지 아니한 사항에 관한 일반적 기준의 정립에 한정될 것임을 예측할 수 있어 위임하고자 하는 내용의 대강을 파악하는 것이 결코 어렵지 아니하다고 할 것이므로 헌법상 **<u>포괄위임입법금지원칙이나 죄형법정주의의 명확성원칙에 위배되지 아니한다</u>**.

☞ ③: ×

이러한 제한은 정당한 공익목적으로 달성하기 위하여 필요하고도 상당한 수단이므로 식품위생법 시행규칙 제57조 별표 17 제6호 하목과 수권법률인 식품위생법 제44조 제1항은 합헌이다. 참고할 판례는 다음과 같다.

<u>헌재 2006. 11. 30. 2004헌마431 등, 공보 제122호, 1356[기각, 각하]</u>

주류의 판매·제공·보관 등을 금지하여 노래연습장을 주류가 없는 공간으로 하고, 청소년도 출입할 수 있는 건전한 생활문화공간이 되도록 하는 이 사건 의무조항과 시행령조항의 입법목적은 정당하다. 청구인들은 본래의 노래연습장업을 얼마든지 할 수 있고, 주류를 판매·제공하고자 하는 자는 유흥주점이나 단란주점 영업을 할 수 있는 장소를 선택하여 유흥주점이나 단란주점 영업을 자유롭게 할 수 있다. 노래연습장업자들의 불이익이 청소년에 대한 주류판매 가능성을 차단하고, **<u>건전한 생활공간으로 노래연습장업을 육성하고자 하는 공익에 비하여 현저히 크다고 보기 어려우므로 이 사건 의무조항과 시행령조항이 직업의 자유를 과도하게 침해하는 것이라고 할 수 없다</u>**.

입법자의 의도는 손님이 노래를 부를 수 있는 다양한 영업형태 중 주류를 판매하는 영업형태는 유흥주점영업이나 단란주점영업으로 규율하고, 주류를 판매하지 못하는 영업형태는 노래연습장업으로 규율하고자 한 것으로, 노래연습장업자와 유흥주점이나 단란주점을 경영하는 자 사이에서 주류 판매·제공이 허용되는지 여부를 두고 자의적 차별이 존재하는가 여부를 비교할 집단이라고 보기 어렵다.

비교 집단으로 보더라도 노래연습장업의 특성, 부분적인 청소년의 출입 허용, 일반주거지역에서의 영업이 가능한 점 등을 고려할 때, 노래연습장에서 주류의 제공·판매·보관 등을 금지하는 이 사건 의무조항과 시행령조항이 합리적 이유없이 노래연습장업자를 유흥주점이나 단란주점 영업자에 비하여 자의적으로 차별하는 것이라고는 할 수 없다.

☞ ④: ○

헌재 2010. 3. 25. 2008헌가5, 판례집 22-1상, 389[합헌]

끊임없이 변화하고 다양한 식품 관련 영업 영역을 규율대상으로 하는 식품위생법은 다른 법률에 비해 전문적이고 기술적일 뿐 아니라, 영업형태와 고객의 이용형태 등 현실의 변화에 따른 신속하고 탄력적인 입법적 대응이 필요한 분야의 법률이라고 할 것이어서, 그 세부적이고 기술적인 규율을 국회에 맡기기보다는 전체적인 기준 및 개요를 법률에 대강만 정한 뒤 구체적이고 세부적인 사항은 변동상황에 따른 탄력적 혹은 기술적 대응을 위하여 전문적·기술적 능력을 갖춘 행정부에서 상황의 변동에 따라 시의적절하게 탄력적으로 대응할 수 있도록 하위 법령에 위임할 필요성이 인정된다.

구 식품위생법 제31조 제1항과 구 식품위생법 제2장 내지 제8장의 관련 조항들을 유기적·체계적으로 종합하여 해석하여 보면, 구 식품위생법 제31조 제1항과 관련하여 보건가족복지부령에는 영업의 위생적 관리 및 질서유지와 국민보건위생의 증진을 위하여 식품접객영업자 등이 준수하여야 할 구체적 내용을 규정하거나 그 범주에서 벗어나지 아니한 사항에 관한 일반적 기준의 정립에 한정될 것임을 예측할 수 있어 위임하고자 하는 내용의 대강을 파악하는 것이 결코 어렵지 아니하다고 할 것이므로 헌법상 포괄위임입법금지원칙이나 죄형법정주의의 명확성원칙에 위배되지 아니한다.

☞ ⑤ : △

최근 헌법재판소는 기본권침해의 직접성과 권리구제의 보충성을 완화해서 파악한다. 따라서 처분이 있다고 하더라도 법령의 내용이 기본권을 직접 침해하는 경우에는 기본권침해의 직접성을 인정하고 있으며, 나아가 구체적 규범통제와 헌법소원은 다른 구제 수단이므로 권리구제의 보충성도 인정한다.

다만, 이 사례의 경우는 하목과 거목이 기본권을 직접 침해하고 있지 않으므로 직접 헌법소원을 제기하는 것이 허용되지 않을 뿐이다.

과거 헌재 2001. 4. 26. 2000헌마372, 공보 제56호, 488[각하]

명령·규칙 그 자체에 의하여 직접 기본권이 침해된 때에는 헌법 제111조 제1항 제5호, 헌법재판소법 제68조 제1항에 근거하여 헌법소원심판청구를 할 수 있는 것이고, 여기서 말하는 '기본권이 직접 침해된 때'라고 하는 것은 집행행위에 의하지 아니하고 명령이나 규칙 그 자체에 의하여 자유의 제한, 의무의 부과, 법적 지위의 박탈이 직접 발생하는 경우를 가리키므로, **당해 명령 등에 근거한 구체적인 집행행위를 통하여 비로소 기본권 침해의 결과가 발생하는 경우에는 원칙적으로 헌법소원이 허용되지 않는다. 다만, 법령에 따른 집행행위가 존재하는 경우에도 그 집행행위를 대상으로 하는 구제절차가 없거나 구제절차가 있다고 하더라도 권리구제의 기대가능성이 없고 단지 기본권 침해를 당한 청구인에게 불필요한 우회절차를 강요하는 것밖에 되지 않는 경우에는 예외적으로 헌법소원이 허용되어야 할 것이다.**

최근 헌재 2008. 10. 30, 2007헌마1281, 판례집 제20권 2집 상, 1187

사법시험법 시행규칙 제7조 제3항 제7호 위헌확인

(2008. 10. 30. 2007헌마1281 전원재판부)

1. 사법시험 제2차 시험에서 해당 문제번호의 답안지에 답안을 작성하지 아니한 자에 대하여 그 과목을 영점처리하도록 규정하고 있는 '사법시험법 시행규칙'(2001. 12. 4. 법무부령 510호로 제정된 것) 제7조 제3항 제7호(이하 '이 사건 규칙'이라 한다)에 대한 심판청구가 기본권침해의 직접성 요건을 충족하여 적법한지 여부(○)

(1) 헌법소원 요건 완화적용설(다수의견)

이 사건에서 청구인이 행정법 과목의 제1문과 제2문의 답안지를 바꾸어 기재하였더라도 사법시험 불합격까지는 사법시험법 제11조 및 같은 법 시행령 제5조에 따른 사법시험 합격결정이라는 집행행위가 예정되어 있다. 그러나 사법시험 제2차 시험에 있어서 해당 문제번호의 답안지에 답안을 작성하지 아니한 자는 이 사건 규칙에 따라 영점처리를 받을 수밖에 없고, 이는 집행행위자에게 재량의 여지가 없는 기속적 규정이다. 한편 어느 과목이든 4할 이상을 득점하지 못하면 사법시험에 합격될 수 없으므로(같은 법 시행령 제5조 제2항), 이 사건 규칙에 따라 영점처리된 청구인은 사후 집행행위의 유무나 내용에 상관없이 불합격처분을 면할 수 없다. 결국 청구인의 권리관계는 합격결정이라는 구체적 집행행위 이전에 이미 이 사건 규칙에 의하여 일의적이고 명백하게 확정된 상태가 되었으므로, 이 사건 규칙으로 인한 권리침해의 직접성이 인정된다.

(2) 헌법소원 요건 엄격적용설(반대의견)

이 사건 규칙은 사법시험 답안지의 점수 산정에 관한 기준을 정한 데 불과하여 위 기준에 따른 채점위원의 채점과 그 채점결과에 따른 법무부장관의 불합격처분이라는 구체적인 집행행위가 매개되지 않는 이상 이 사건 규칙 자체만으로는 청구인이 주장하는 기본권 침해의 결과가 발생한다고 볼 수 없다. 또한 위 집행행위에 대하여는 행정심판이나 행정소송이라는 전형적인 불복방법이 존재하고 위와 같은 절차를 통하여도 그 근거규범의 위헌 위법 여부에 따른 권리구제가 충분히 가능하므로 직접성 요건의 예외를 인정할 여지도 없다.

법령의 내용이 일의적이고 집행행위에 재량의 여지가 없다고 하여 항상 직접성 요건의 예외를 인정할 경우 당사자가 집행행위를 다투지 않고 집행행위의 전제되는 근거규범만을 다툼으로써 집행행위에 불가쟁력이 발생할 수 있고, 이와 같이 불가쟁력이 발생한 집행행위에 대하여는 위헌결정의 효력이 미치지 않아 헌법재판소가 근거규범에 대하여 위헌결정을 한다고 하더라도 당사자는 불이익한 집행행위 자체를 취소할 방법이 없어 직접적인 권리구제를 받지 못하게 되는 결과가 발생하므로, 집행행위가 매개되어 있는 이상 되도록 법원을 통한 권리구제를 일차적으로 선택하여 이에 집중할 수 있도록 국민을 유도하는 것이 국민의 기본권에 대한 실효적 보장을 위하여 더 바람직하다. 따라서 이 사건 규칙을 심판대상으로 하는 이 사건 헌법소원심판청구는 직접성 요건을 갖추지 못하여 부적법하다고 할 것이다.

행정계획 — 문제연습

98. 행정계획에 대한 학계와 판례의 다음 논의 중 옳은 것을 고르시오. (다툼이 있는 경우 판례에 의함)

① **행정계획의 법적 성질에 대한 학설** 중 행정행위설이 다수설과 판례의 입장이다.

② 대법원 판례는 도시기본계획이나, **도시계획결정은** 처분성이 있어서 대상적격이 충족된다고 판시한 바 있다.

③ 대법원은 '사대강유역 살리기 **마스터** 플랜'에 대한 취소소송과 집행정지사건에서 **처분성이 없**으므로 **취소소송도 집행정지도 인정할 수 없다**고 판시하였다.

④ 행정계획의 종류 중 **정**보나 자료제공적 계획 · **영**향적 계획 · **구**속적 계획(규범적 계획) 중 **그린벨트결**정과 같은 **개발제한구역지정**은 영향적 계획에 해당한다.

⑤ 판례에 따르면 군산시장이 **원고소유의 토지를 관통하여 도로를 설치**하는 것 등을 내용으로 하는 도시계획안을 입안하면서 이러한 **중요하고 기본적**인 내용에 대하여 공람절차를 거쳤다면 도시계획결정은 적법하다고 판시하였다.

행정계획에 대한 기본적 출제지문을 정리해 두자

문 98. 정답 ③

***해 설**

☞ ①: ×

행정계획의 법적 성질에 대한 학설로는 **입**법행위설, **행**정행위설, **혼**합행위설, **독**자성설, **복**수성질설(복수기준설)이 있는데, **복수기준설이 다수설과 판례**의 입장으로 최근에는 정리되고 있다.

암기법: 입+행+혼+독+복

☞ ②: ×

대법원 2002. 10. 11. 선고 2000두8226 판결은 도시**기본**계획의 **처분성을 부정**하였고, 대법원 1982. 3. 9. 선고 80누105 판결은 **도시계획결정**의 **처분성**을 **인정**하였다.

☞ ③: ○

대법원은 대법원 2011. 4. 21.자 2010무111 **전원합의체** 결정을 통하여 **사대강 유역살리기 마스터 플랜의 처분성을 부정**하였다. 동 판결에서 대법원은 국토해양부, 환경부, 문화체육관광부, 농림수산부, 식품부가 합동으로 2009. 6. 8. 발표한 '**4대강 살리기 마스터플랜**' 등은 4대강 정비사업과 주변 지역의 관련 사업을 체계적으로 추진하기 위하여 수립한 종합계획이자 '4대강 살리기 사업'의 **기본**방향을 제시하는 계획으로서, 행정기관 내부에서 사업의 **기본**방향을 제시하는 것일 뿐, **국민의 권리·의무에 직접 영향을 미치는 것이 아니어서** 행정**처분에 해당하지 않는다**.

*심 화 학 습

*** 4대강 유역사업 마스터 플랜에 대한 취소소송과 집행정지 가부

대법원 2011. 4. 21.자 2010무111 전원합의체 결정【집행정지】[공 2011상, 1175]

[1] 항고소송 대상이 되는 처분의 의미

항고소송 대상이 되는 행정청의 **처분**이란 원칙적으로 행정청의 공법상 행위로서 특정사항에 대하여 법규에 의한 **권리의 설정 또는 의무의 부담**을 명하거나 **기타 법률상 효과를 직접** 발생하게 하는 등 **국민의 권리의무에 직접 관계가 있는 행위**를 말하므로, 행정청의 **내부적인 의사**결정 등과 같이 상대방 또는 관계자들의 법률상 지위에 직접 법률적 변동을 일으키지 않는 행위는 그에 해당하지 **아니한다**.

빈출지문

[2] 기본계획의 처분성

국토해양부, 환경부, 문화체육관광부, 농림수산부, 식품부가 합동으로 2009. 6. 8. 발표한 '**4대강 살리기 마스터플랜**' 등은 4대강 정비사업과 주변 지역의 관련 사업을 체계적으로 추진하기 위하여 수립한 종합계획이자 '4대강 살리기 사업'의 기본방향을 제시하는 계획으로서, 행정기관 내부에서 사업의 **기본방향을 제시하는 것일 뿐, 국민의 권리·의무에 직접 영향을 미치는 것이 아니어서 행정처분에 해당하지 않는다.**

빈출지문

[3] 집행정지의 요건 ☞ 우리는 독일과 달리 취소소송을 제기해도 처분에 대한 집행이 정지 되지 않는 것이 원칙이고, 예외적으로만 정지됨

행정소송법 제23조 제2항에서 정하고 있는 **효력정지 요건인 '회복하기 어려운 손해'란**, 특별한 사정이 없는 한 **금전으로 보상할 수 없는 손해**로서 금전보상이 불가능한 경우 내지는 금전보상으로는 사회관념상 행정처분을 받은 **당사자가 참고 견딜 수 없거나 참고 견디기가 현저히 곤란한 경우**의 **유형, 무형의 손해를 일컫는다.** 그리고 '처분 등이나

그 집행 또는 절차의 속행으로 인하여 생길 회복하기 어려운 손해를 예방하기 위하여 **긴급한 필요**'가 있는지는 처분의 성질과 태양 및 내용, 처분상대방이 입는 손해의 성질·내용 및 정도, 원상회복·금전배상의 방법 및 난이 등은 물론 본안청구의 승소가능성 정도 등을 종합적으로 고려하여 구체적·개별적으로 판단하여야 한다.

[4] 사안의 적용

국토해양부 등에서 발표한 '4대강 살리기 마스터플랜'에 따른 '한강 살리기 사업' 구간 인근에 거주하는 주민들이 각 공구별 사업실시계획승인처분에 대한 효력정지를 신청한 사안에서, 위 **사업구간에 편입되는 팔당지역 농지** 대부분이 국가 소유의 하천부지이고, 유기농업에 종사하는 주민들 대부분은 국가로부터 하천점용허가를 받아 경작을 해온 점, 위 점용허가의 부관에 따라 허가를 한 행정청은 공익상 또는 법령이 정하는 것에 따르거나 하천정비사업을 시행하는 경우 허가변경·취소 등을 할 수 있는 점 등에 비추어, 주민들 중 환경영향평가대상지역 및 근접 지역에 거주하거나 소유권 기타 권리를 가지고 있는 사람들이 위 사업으로 인하여 토지 소유권 기타 권리를 수용당하고 이로 인하여 정착지를 떠나 타지로 이주를 해야 하며 더 이상 농사를 지을 수 없게 되고 팔당지역의 유기농업이 사실상 해체될 위기에 처하게 된다고 하더라도, 그러한 손해는 행정소송법 제23조 제2항에서 정하고 있는 효력정지 요건인 **금전으로 보상할 수 없거나 사회관념상 금전보상으로는 참고 견디기 어렵거나 현저히 곤란한 경우의 유·무형 손해에 해당하지 않는다.**

[5] 본안판결을 이유로 한 집행정지결정가부(부정)

[다수의견]

행정처분의 효력정지나 집행정지를 구하는 신청사건에서는 행정처분 자체의 적법 여부를 판단할 것이 아니고 행정처분의 효력이나 집행 등을 정지시킬 필요가 있는지 여부, 즉 행정소송법 제23조 제2항에서 정한 요건의 존부만이 판단대상이 된다. 나아가 '처분 등이나 그 집행 또는 절차의 속행으로 인한 손해발생의 우려' 등 **적극적 요건에 관한 주장·소명 책임은 원칙적으로 신청인 측에 있으며, 이러한 요건을 결여하였다는 이유로 효력정지 신청을 기각한 결정에 대하여 행정처분 자체의 적법 여부를 가지고 불복사유로 삼을 수 없다.**

[대법관 박시환, 대법관 김지형, 대법관 이홍훈, 대법관 전수안의 반대의견]

행정소송법 제8조 제2항에 따라 행정소송에도 준용되는 민사소송법 제442조는 "항고법원·고등법원 또는 항소법원의 결정 및 명령에 대하여는 재판에 영향에 미친 헌법·법률·명령 또는 규칙의 위반을 이유로 드는 때에만 재항고할 수 있다"고 규정하고 있다. 재항고인들이 효력정지 요건의 해석에 관한 원심결정의 법리오해 위법을 반복하여 지적하면서, 특히 여러 가지 측면에서 **특수성을 띠고 있는 환경문제가 포함된 이 사건의 규모와 성격, 직·간접적 파급효과 등을 고려할 때 효력정지 요건 충족 여부와 관련하여**

'회복하기 어려운 손해' 및 '긴급한 필요'의 의미를 종전과 다르게 해석하여야 한다거나 그렇지 않다고 하더라도 소명책임과 관련된 소명의 정도를 완화하여야 한다는 취지의 주장을 하고 있는데, 이는 법리오해 주장으로서 적법한 재항고 이유이다. 그렇다면 대법원으로서는 재항고 이유의 당부에 관하여 나아가 판단함이 마땅하다.

☞ ④: ×

행정계획의 종류 암기법: 정+향+구

국토의 계획 및 이용에 관한 법률에서 **개발제한구역지정**이 있으면 건물의 **증축이나 개축이 제한**되고 **토지형질변경허가도 제한**되므로 **구속적 행정계획에** 해당한다.

☞ ⑤: ×

판례는 **기본적이고 중요한 사항**은 반드시 **공고나 고시**하여야 하고, **부수적인 사항**은 **공람**으로 족하다고 보고 있는데, 따라서 위 설문의 경우는 **공고나 공람절차의 하자**가 있어 도시계획결정은 **위법하**다. 위 판례도 동지의 **판시를 하고 있다**(대법원 1985. 12. 10. 선고 85누186 판결).

구속효와 집중효 출제대비

99. 다음은 행정계획의 구속효와 집중효에 대한 논의와 판시들이다. 옳은 것을 고르시오. (다툼이 있는 경우 판례에 의함)

① 행정계획에는 구속효가 발생하므로 세종시 행정수도 이전계획의 경우에도 마찬가지로 행정청은 이에 대한 신뢰보호의무가 발생하므로 다른 공익이나 제3자의 이익을 들어 계획을 불리하게 변경하거나 계획의 이행을 거부할 수 없다.

② 집중효나 인허가의제는 신속하고 능률적인 행정계획의 목적 달성을 위한 것이므로 반드시 법률의 규정이 필요한 것은 아니다.

③ 집중효와 인허가의제의 구별은 긍정하여야 한다.

④ 집중효의 범위나 정도에 대한 학설 중 관할집중설이 다수설과 판례의 태도이다.

⑤ 건물에 대한 허가가 기속행위이고 토지개발에 대한 허가가 재량행위인데, 건물에 대한 허가시 인허가의제된다는 규정이 있는 경우 절차집중설에 의하면 전체적으로 재량행위가 된다.

문 99. 정답 ⑤

＊해 설

☞ ①: ×

행정계획의 구속효는 신뢰보호에 대한 사익과 정당한 공익 및 제3자의 이익형량을 통해 구속효가 깨어질 수도 있으므로 한계가 있다.

☞ ②: ×

행정조직법정주의상 법률의 규정이 반드시 필요하다.

☞ ③: ×

인허가의제와 집중효에 대하여 구별긍정설이 김재광 교수, 박균성 교수 등의 입장이고, 본질적으로 유사하므로 실질적으로 구별할 필요가 없다는 구별부정설이 홍정선 교수, 김향기 교수 등의 입장으로서 대립되어 있다. 따라서 단정적인 표현은 타당하지 아니하다.

☞ ④: ×

절차집중설이 다수설과 판례의 태도이다.

☞ ⑤: ○

절차집중설에 의하면 관할과 절차만 통합되고 내용요건은 통합되지 않고 별도로 심사하여 거부할 수 있으므로 전체적으로 재량행위가 된다.

100. 甲은 관할 행정청 乙의 도시관리계획결정으로 인하여 자신의 토지가 개발제한구역 안으로 편입됨에 따라 그 토지를 개발하여 건축물을 건축하려던 자신의 계획을 이룰 수 없게 되었다. 평소 甲은 자신이 소유한 토지의 위치를 고려해 보면 이 지역은 공업지역이나 상업지역으로 적합하다고 생각하여 공개적으로 자신의 개발계획을 피력하고 있었다. 그러나 乙은 충분한 검토와 주민들의 의견수렴절차 없이 일방적으로 甲의 토지와 인근지역을 개발제한구역으로 편입하였다. 이에 甲은 乙의 도시관리계획결정을 취소 또는 무효화하기 위한 법적 조치에 착수하였다. 甲이 취할 수 있는 법적 조치에 관한 설명 중 옳은 것은? (변시 기출)

① 개발제한구역으로 편입한 도시관리계획결정은 처분에 해당하므로 이익형량을 하지 않거나 적절히 이익형량하지 못하였다는 이유로 당해 도시관리계획결정에 대한 취소소송을 제기할 수 있다.

② 개발제한구역으로의 편입조치는 처분성을 인정받기 어려우므로 헌법소원을 제기하여 절차 위반의 위법을 주장할 수 있다.

③ 주민들의 의견수렴절차 없이 행한 개발제한구역지정은 행정절차법상의 계획확정절차를 위반하여 당연무효이므로 무효확인소송의 대상이다.

④ 개발제한구역지정으로 인한 권익침해는 추후 건축허가신청이 받아들여지지 않을 때 다툴 수 있고 개발제한구역지정 자체가 구체적으로 권리를 침해하는 행위라고 보기 어려우므로, 이에 대해 항고소송으로 다투는 것은 불가능하다.

⑤ 일반적으로 도시관리계획결정은 구체적으로 국민의 권익을 침해하지 않아 처분성이 인정되지 않지만, 개발제한구역지정은 그것만으로 지가하락 등의 결과를 초래하므로 구체적 권익침해가 있다고 보아야 한다.

문 100. 정답 ①

＊해 설

☞ ①: ○ ☞ ④: × ☞ ⑤: ×

도시계획결정과 그 일환으로 행해지는 개발제한구역지정은 행정계획인데, 소의 적법성에서는 복수기준설에 따라 성질을 판단하면 국민의 권리와 의무에 직접적인 영향을 미치는 처분이 동원된 것이므로 처분성이 긍정되고, 소의 이유유무에서는 계획재량에 대한 형량명령의 하자를 형량의 해태, 형량의 흠결, 오형량을 들어 다툴 수 있다.

☞ ②: ×

개발제한구역으로의 편입조치는 국민의 권리와 의무에 직접적인 영향을 미치므로 처분성이 인정되어 법원에 의한 취소소송이 가능하므로 헌법소원의 보충성 요건을 충족하지 못한다.

☞ ③: ×

예외적인 판례도 있지만 주류적인 판례와 다수설은 절차하자를 취소사유로 보고 있다.

101. 행정계획에 관한 다음 설명 중 옳지 않은 것은? (다툼이 있는 경우 판례에 의함) (변시 기출)

① 도시관리계획구역 내 토지 등을 소유하고 있는 주민으로서는 **입안권자에게 도시관리계획 입안을 요구할 수** 있는 법규상 또는 조리상의 신청권이 있다고 할 것이고, 이러한 신청에 대한 거부행위는 항고소송의 대상이 되는 행정처분에 해당한다.

② 정부가 발표한 **'4대강 살리기 마스터플랜'은 행정기관** 내부에서 사업의 기본방향을 제시하는 것일 뿐 국민의 권리의무에 직접 영향을 미치는 것이 아니어서 행정처분에 해당하지 않는다.

③ **주택재건축정비사업조합이** 법에 기초하여 수립한 **사업시행계획이** 인가·고시를 통해 확정되면 그 사업시행계획은 이해관계인에 대한 구속적 행정계획으로서 **독립된 행정처분에 해당**한다.

④ **도시계획시설의 지정**으로 말미암아 당해 토지의 이용가능성이 배제되거나 또는 토지소유자가 토지를 종래 허용된 용도대로도 사용할 수 없기 때문에 이로 인하여 현저한 재산적 손실이 발생하는 경우에는, 원칙적으로 국가 등은 **이에 대한 보상을 해야 한다.**

⑤ **문화재보호구역 내에 있는 토지소유자**는 문화재보호구역의 지정해제를 요구할 수 있는 법규상 또는 조리상 신청권이 있다고 할 수 없다.

문 101. 정답 ⑤

***해 설**

☞ ①: ○

국민들에게는 원칙적으로 국토계획변경신청권이 없지만, 예외적으로 이익형량상 인정될 수 있다는 것이 대법원의 입장이다.

☞ ②: ○

빈출 판례

대법원 2011. 4. 21.자 2010무111 전원합의체 결정【집행정지】[공 2011상, 1175]

국토해양부, 환경부, 문화체육관광부, 농림수산부, 식품부가 합동으로 2009. 6. 8. 발표한 **'4대강 살리기 마스터플랜' 등은** 4대강 정비사업과 주변 지역의 관련 사업을 체계적으로 추진하기 위하여 수립한 종합계획이자 '4대강 살리기 사업'의 기본방향을 제시하는 계획으로서, **행정기관 내부에서 사업의 기본방향을 제시하는 것일 뿐**, **국민의 권리**·의무에 직접 **영향을 미치는 것이 아니어서 행정처분에 해당하지** 않는다.

☞ ③: ○

그런데 최근 중요한 판례변경이 있어 주의를 요한다.

※ 최다 빈출 판례 지문이므로 반드시 숙지

대법원 2010. 2. 25. 선고 2007다73598 판결【창립총회결의무효확인】[공보불게재]

행정청이 도시정비법 등 관련 법령에 근거하여 행하는 조합설립 인가처분은 단순히 사인들의 조합설립행위에 대한 보충행위로서의 성질을 갖는 것에 그치는 것이 아니라, 재건축조합에 대하여 도시정비법상 주택재건축사업을 시행할 수 있는 권한을 갖는 행정주체(공법인)로서의 지위를 부여하는 일종의 설권적 처분의 성격을 갖는다고 보아야 한다.

그리고 이와 같이 보는 이상, 일단 조합설립 인가처분이 행하여진 경우 조합설립결의는 위 인가처분이라는 행정처분을 하는 데 필요한 요건 중 하나에 불과한 것이어서, 조합설립 인가처분이 행하여진 후에는 조합설립결의의 하자를 이유로 조합설립의 무효를 주장하려면 행정청을 상대로 조합설립 인가처분의 취소 또는 무효확인을 구하는 항고소송의 방법에 의하여야 하고, 이와는 별도로 재건축조합을 상대로 조합설립결의의 효력을 다투는 확인의 소를 제기하는 것은 확인의 이익이 없어 허용되지 아니한다.

☞ ④: ○

헌재 1998. 12. 24, 89헌마214 등, 판례집 10-2, 927[헌법불합치]

개발제한구역 지정으로 인하여 토지를 종래의 목적으로도 사용할 수 없거나 또는 더 이상 법적으로 허용된 토지이용의 방법이 없기 때문에 실질적으로 토지의 사용·수익의 길이 없는 경우에는 토지소유자가 수인해야 하는 사회적 제약의 한계를 넘는 것으로 보아야 한다.

다만 헌재는 손실보상의 방법으로 **헌법불합치결정과 입법촉구**를 하여 **경계이론이 아니라 분리이론의 입장에서 판시하고 있다.**

☞ ⑤: ×

대법원 2004. 4. 27. 선고 2003두8821 판결【문화재보호구역지정해제거부처분취소】[집 52(1)특, 362; 공 2004. 6. 1.(203), 909]

문화재보호구역 내에 있는 토지소유자 등으로서는 위 보호구역의 지정해제를 요구할 수 있는 법규상 또는 조리상의 신청권이 있다고 할 것이고, 이러한 신청에 대한 거부행위는 항고소송의 대상이 되는 행정처분에 해당한다.

102. 행정계획에 대한 설명으로 옳지 않은 것은? (다툼이 있는 경우 판례에 의함) (9급 지방직)

빈출되는 기출 지문정리

① **비구속적인 행정계획**은 헌법소원의 대상이 될 수 없다.

② 행정계획은 **법률의 형식일 수도 있다**.

③ 행정계획을 결정하는 데에는 비록 **광범위한 재량이 인정**되지만 만일 **이익형량**의 고려 대상에 포함시켜야 할 중요한 사항을 **누락**하였다면 그 행정계획은 **위법하다**.

④ 「**행정절차법**」은 **국민생활에 매우 큰 영향**을 주는 사항에 대한 행정계획을 수립·시행하거나 변경하고자 하는 때에는 이를 예고하도록 규정하고 있다.

문 102. 정답 ①

*해 설

☞ ①: ×

헌법재판소 2000. 6. 1.자 99헌마538 결정【개발제한구역제도개선방안확정발표위헌확인】[헌공제46호]

비구속적인 행정계획도 예외적으로 기본권을 직접 침해하는 경우에는 헌법소원의 대상이 될 수 있다고 판시한다.

☞ 주의점〉 **비구속적 행정계획은 처분이 아니므로 법원의 항고소송(취소소송, 무효등확인소송, 부작위위법확인소송)의 대상이 될 수 없다.** 그러나 기본권을 침해하는 경우에는 **헌법소원의 대상은 될 수 있다.**

☞ ② 행정계획의 법적 성질에 대한 학설로는 **입**법행위설, **행**정행위설, **혼**합행위설, **독**자성설, **복**수성질설(복수기준설)이 있는데, **복수기준설이 다수설과 판례**의 입장으로 최근에는 정리되고 있다.

암기법: 입+행+혼+독+복

☞ 행정계획시 이익을 **누락**하면 형량의 **흠결**, 이익을 비교하는 형량을 하지 않으면

형량의 **해태**, 이익을 잘못 비교하거나 저울질 하면 **오형량**이라 함. 이처럼 행정계획시 관련 이익을 제대로 저울질해야 하는 것을 **형량명령**이라 한다.

103. 행정계획에 관한 다음 설명 중 옳지 않은 것은? (단, 다툼이 있는 경우 판례에 의함) (서울시 9급)

① 장래의 질서 있는 행정활동을 위한 목표를 설정하고, 설정된 목표를 달성하기 위하여 다양한 행정수단을 종합하고 조정하는 행위이다.

② 주로 장기성 · 종합성을 요하는 사회국가적 복리행정 영역에서 중요한 의미를 갖는다.

③ 행정계획은 장래 행정작용의 방향을 정한 것일 뿐 직접 국민의 권리 의무에 변동을 가져오지는 않으므로 행정입법의 성질을 갖는다고 본다.

④ 계획수립의 권한을 가지고 있는 행정기관은 계획수립과 관련하여 광범위한 재량권을 갖고 있는바, 이를 **계획재량**이라 한다.

⑤ 행정계획은 구체화의 정도에 따라 **기본계획**과 **실시계획**으로 나눌 수 있는바, 실시계획은 기본계획의 내용을 구체화하는 것이다.

문 103. 정답 ③

***해 설**

☞ ③: ×

행정계획의 성질에 대하여 **입**법행위설, **행**정행위설, **혼**합행위설, **독**자성설, **복수**기준설 등이 대립한다. 그러나 다수설과 판례는 행정계획은 목적을 달성하기 위하여 **다양한 수단**들이 동원될 수 있으므로 **복수기준설을 지지**하고 있다. 따라서 행정입법이라고 단정하는 ③은 틀린 지문이다.

암기법:
입 + 행 + 혼 + 독 + 복

⑤ 기본계획은 처분성이 없어서 항고소송의 대상 X 그러나 구체적인 실시계획은 처분성이 있어서 항고소송의 대상 O

104. 행정의 행위형식(**행정작용**형식)에 포함되지 않는 것은? (9급 지방직)

행정작용과 행정구제를 구별하려는 출제의도임

① 공법상 계약
② 행정입법
③ 행정계획
④ 행정소송

문 104. 정답 ④

***해 설**

의도적으로 수험생들이 정답을 쉽게 체크하도록 출제한 문제이다. 행정청은 **행정입법, 행정계획, 행정행위, 공법상 계약, 사법상 계약, 사실행위, 행정지도** 등을 **행정작용**으로서 행하는 반면에, 국민은 행정소송을 제기하여 자신의 **권리를 구제**받고자 하므로 **행정소송**이 행정작용에 포함되지 않는 경우에 해당한다.

105. 행정계획에 대한 다음의 보기 중 옳은 것은? (다툼이 있는 경우 판례에 의함)

행정계획에서 잘 틀리면서도 자주 출제되는 지문을 정리

① **계획재량의** 근거규범은 조건 프로그램이고 **일반행정재량의** 근거규범은 목적 수단 프로그램이다.
② 계획재량과 일반재량의 구별여부에 관하여 **질적 차이긍정설에서**는 형량명령은 비례의 원칙에 반영에 불과하며 별개의 것이 아니라고 한다.
③ **형량명령에는** 행정계획과 관련된 제반 이익들을 비교하는 작업으로서의 형량을 전혀 하지 않는 형량의 흠결, 반드시 고려되어야 하는 특정 이익이 고려되지 않는 형량의 해태, 관련되는 공익과 사익을 잘못 평가하거나 잘못 비교하는 오형량 등이 있다.
④ 판례는 **원지동 추모공원 사건**이나 **부산 · 진해 경제자유구역사례** 등에서 행정계획에서 인정되는 계획재량에 대한 판단을 하면서 그 취지는 형량명령을 인정하지만 표현은 아직도 재량의 일탈 · 남용이라고만 하고 있고 **형량명령이라고 판시**하지 않고 있다.

⑤ 국토의 계획 및 이용에 관한 법률에서는 **공청회를 필수 절차로 규정**하고 있다.

문 105. 정답 ⑤

*해 설

☞ ①: ×

그 반대이다.

☞ ②: ×

이는 질적 차이구별 긍정설이 아니라 **질적 차이 구별 부정설, 즉** 양적 차이 긍정설의 입장이다.

☞ ③: ×

형량의 흠결과 형량의 해태를 구별해 두자

형량을 하지 않는 부작위가 형량의 해태이고 **형량해야 할 특정 이익을 누락**하는 것은 **형량의 흠결이라고 한다.**

☞ ④: ×

종래에는 재량의 일탈·남용으로만 표현하여 판시하여 왔지만 위 두 사건 등에서부터 대법원은 '형량에 하자'가 있다는 표현으로 바꾸어서 판시하고 있다.

☞ ⑤: ○

국토의 계획 및 이용에 관한 법률 제14조에서 공청회를 필수 절차로 규정하고 있으므로 **흠결시 절차의 하자로서 위법하다.**

행정행위의 의의와 성질 및 종류 — 문제연습

106. 법적 성질이 다른 나머지 하나는? (다툼이 있는 경우 판례에 의함) (9급 지방직)

① 구 「원자력법」상 **부지사전승인제도**
② 구 「도시계획법」상 **도시기본계획**
③ 「수산업법」상 **어업권 면허**에 선행하는 **우선순위결정**
④ 구 「**금융산업의구조개선에관한법률**」 및 구 「**상호저축은행법**」상 **금융감독위원회**의 **파산신청**

※ 빈출정리
행정행위 또는 처분이 되기 위해서는 국민의 권리 · 의무가 직접적이고 권력적으로 변동이 될 수 있어야 함
그러한 것과 그렇지 못한 것으로 나누어서 자주 출제

문 106. 정답 ①

***해 설**

원자력법상 **부지사전승인**은 **원자력발전소 건설허가**에 앞서서 내리는 **예비결정**이자 부분에 대한 **부분승인**으로서 **처분성**을 **인정**하였다.

그러나 도시**기본**계획은 **내부적인 행정계획에 불과**하여 **도시계획결정**과 달리 **처분성이 없고**, **어업우선순위결정**은 단순한 **확약에 불과**하여 **처분성이 역시 없**고, **금융감독위원회의 파산신청**도 법원이 이에 구속되는 것이 아니므로 **처분성이 없다고 판시하고 있다**.

원전건설허가 = **처분**, 재량행위, 특허, 종국결정
원전 부지사전승인 = **처분**, 재량행위, 예비결정
※ 결국 처분이면 항고소송(취소소송, 무효등확인소송, 부작위위법확인소송)
처분이 아니라 행정지도나 공법상 계약이면 당사자소송
어업우선순위결정은 **확약**이고 **처분성** X 이며 **신뢰보호원칙**의 선행조치에는 O
어업권면허는 **처분**이고 **재량행위**이며 **특허**에 해당

대법원 2006. 7. 28. 선고 2004두13219 판결【**영업인가취소**등처분취소】[공 2006. 9. 1.(257), 1544]

구 금융산업의 구조개선에 관한 법률(2002. 12. 26. 법률 제6807호로 개정되기 전의 것) 제16조 제1항 및 구 상호저축은행법(2003. 12. 11. 법률 제6992호로 개정되기 전의 것) 제24조의13에 의하여 **금융감독위원회**는 부실금융기관에 대하여 **파산을 신청**할 수 있는 권한을 보유하고 있는바, 위 파산신청은 그 성격이 법원에 대한 재판상 청구로서 그 자체가 국민의 권리 · 의무에 어떤 영향을 미치는 것이 아닐 뿐만 아니라, 위 파산신청으로 인하여 당해 부실금융기관이 파산절차 내에서 여러 가지 법률상 불이익을 입는다 할지라도 **파산법원이 관할하는 파산절차** 내에서 그 신청의 적법 여부 등을 다투어야 할 것이므로, 위와 같은 **금융감독위원회의 파산신청**은 행정소송법상 **취소소송의 대상이 되는 행정처분이라 할 수 없다**.

최근에 중요하게 출제되고 있는 지문들 정리

107. 행정행위에 대한 다음의 설명 중 옳은 것은 모두 몇 개인가? (다툼이 있는 경우 판례에 의함)

ㄱ. 우리 행정절차법이나 행정심판법, 행정소송법에서는 행정행위라는 용어대신에 처분이라는 용어가 사용되고 있다.
ㄴ. 행정행위의 성질을 가지면 행정구제는 당사자소송으로 이루어진다.
ㄷ. 처분개념에 대한 일원설은 행정소송법 제2조의 공권력과 행정행위를 동일하다고 보므로, 권력적 사실행위는 취소소송의 대상이 되지 않는다고 한다.
ㄹ. 다수설인 이원설에서는 행정소송법 제2조의 공권력에은 행정행위보다 더 크게 입법된 것이므로 형식적 행정행위도 인정할 수 있다고 한다.
ㅁ. 판례는 항고소송의 대상적격으로서 처분성의 요건에 대하여 '국민의 권리의무를 직접 제한하는지 여부'라는 요건을 별도로 추가하여 사용하고 있다.

① 1개 ② 2개
③ 3개 ④ 4개
⑤ 5개

문 107. 정답 ②

***해 설**

☞ ㄱ: ○

타당한 설명이다(행정절차법 제2조, 행정소송법 제2조, 행정심판법 제2조)

☞ ㄴ: ×

행정행위의 성질을 처분성이라고 하는데, 처분성이 있으면 행정구제는 항고소송으로 이루어진다. 처분성이 없으면 당사자소송으로 이루어진다.

☞ ㄷ: ×

일원설에서는 행정소송법 **제2조의 그밖에 행정행위에 준하는 작용으로 보아 취소소송의 대상으로 인정**한다.

☞ ㄹ: ×

이는 **소수설 내지 유력설인 이원설의 입장**이며, **다수설적인 이원설은 공권력**이 **행정행위보다 큰 개념이지만 법적인 작용에 국한**되므로 **형식적 행정행위는 인정할**

수 없다고 한다.

☞ ㅁ: ○

이에 대하여는 반대하는 평석과 찬성하는 평석이 대립한다. 아예 이러한 요건 자체를 반대하는 입장은 소수설적인 이원설이다. 그런데 결과적으로 찬성하지만 논거가 행정소송법 제2조의 요건을 검토하지 않는 것을 비판하는 김남진 교수와 홍정선 교수 등의 다수설적인 이원설의 입장이 있지만, 규율성과 직접적 외부효 등 처분개념의 당연한 요소이므로 타당하다는 김연태 교수의 일원설에 입각한 판례 평석이 유력하다.

108. 다양한 행정행위에 대한 다음의 설명 중 옳은 것은? (다툼이 있는 경우 판례에 의함)

최근 출제되는 중요지문들 정리

① 행정행위는 개별적이고 구체적인 규율이므로 **다수인에 대한 규율**은 행정행위의 모습은 아니다.

② 판례는 경찰서장이 **횡단보도를 설치**하는 것은 사실행위에 불과하므로 처분성이 없어 대상적격이 없다고 판시하였다.

③ 판례는 영광 **원자력 발전소에 대한 부지사전승인** 취소소송에서 **제3자인 이웃주민들의 원고적격이 인정된**다고 보았고, **부지사전승인의 처분성도 긍정**하였지만, **종국결정인 원자력발전소 건설허가 이후**에는 **예비결정인 부지사전승인에 대한 취소소송은 소의 이익이 없어 각하**된다고 판시하였다.

④ 다단계 행정행위 중 예비결정이나 부분승인이 났다면 그 요건에 대하여는 언제나 문제삼아서는 안 되고 나머지 종국결정의 요건만 심사하여 결정하여야 한다.

⑤ 공무원에 대한 투서가 들어왔지만 사실이 확정되기 전에 **잠정적으로 직무를 수행**하지 못하게 **직위해제**를 하는 것은 예비결정의 예라고 할 수 있다.

문 108. 정답 ③

***해 설**

☞ ①: ×

일반처분은 다수인들의 **권리와 의무를 직접적으로 제한**하는 것이므로 행정행위에 해당한다.

☞ ②: ×

판례는 횡단보도 설치에 의하여 **다수**의 보행자들과 다수의 운전자들의 권리 · 의무를 직접적으로 제한하게 되므로 **처분성 있다고 보았다.**

☞ ③: ○

타당한 지적이지만, 이는 **다단계 행정행위의 구속력을 부정하는 것이어서 판례를 비판하**는 다수학자들이 많으며, 이에 의하면 종국결정이 나더라도 예비결정을 다툴 소의 이익이 있다고 할 것이다.

☞ ④: ×

다단계 행정행위의 **예비결정이나 종국결정이 만일 위법하다거나 하는 특별한 사정이 있으면 종국결정을 발급해서는 안 되고, 만일 종국결정을 하였다면 이를 취소하여야 한다.**

☞ ⑤: ×

이는 가행정행위의 예이다. **가행정행위**는 **잠정적인 처분**이라는 특징을 가지고 있다.

틀리기 쉬운 지문출제 대비

109. 다음의 설명 중 옳은 것은? (다툼이 있는 경우 판례에 의함)

① 확약의 처분성을 긍정하는 것이 다수설과 판례의 태도이다.

② 법령의 요건에 불확정개념이 사용된 경우 이에 대한 행정청의 판단의 자유도 재량행위이다.

③ 판단여지에 대하여 법원은 행정청의 판단을 존중하여야 하지만, 판단여지에 대한 사법심사는 긍정된다.

④ 판단여지 중 위원회의 결정은 판단여지 중 비대체적 결정에 해당한다.

⑤ 행정소송법의 대상적격에 대한 대상적격확대론이 다수설의 입장이다.

문 109. 정답 ③

*해 설

☞ ①: ×

예비결정이나 가행정행위와 달리 **확약의 처분성을 부정하는 것이 판례**이고, 확약의 처분성도 긍정하는 것이 다수설의 입장이다.

☞ ②: ×

오늘날 **재량행위와 판단여지를 구별하는 입장이 다수설의 입장**이며, 설문의 경우는 판단여지에 해당한다. 이 경우도 요건으로 보는 입장은 요건재량설로서 소수설의 입장이다.

☞ ③: ○

법원이 판단여지를 존중하여 사법심사를 자제하지만, 그러나 **판단여지의 한계 위반과 관련하여 사법심사하여야** 하므로 **주의하여야 한다.**

☞ ④: ×

판단여지 중 구속적 가치평가의 경우에 해당하며, **비대체적 결정은 각종 평가**나 **인사고과, 시험 출제와 채점 등에서 나타난다.**

☞ ⑤: ×

대상적격 축소론이 행정행위로 취소소송의 대상을 유지하자는 입장으로서 다수설의 입장이고, 이는 **다양한 쟁송형태론**으로 연결된다. 대상적격 확대론은 소수설인 프랑스 학파의 주장이다.

110. 처분에 관한 설명으로 옳지 않은 것은? (다툼이 있는 경우 판례에 의함) (9급 국가직)

빈출지문 정리

① 「행정소송법」상 **'처분'**이라 함은 **행정청**이 행하는 구체적 사실에 관한 **법집행**으로서의 **공권력**의 **행사** 또는 **그 거부**와 **그 밖에 이에 준하는 행정작용**을 말한다.

② 「병역법」상 **신체 등급 판정**은 행정청이라고 볼 수 없는 **군의관**이 하도록 되어 있으며, 그 자체만으로 권리의무가 정하여지는 것이 아니라 그에 따라 **지방병무청장**이 **병역처분**을 함으로써 비로소 병역의무의 종류가 정하여지는 것이므로 항고소송의 대상이 되는 **행정처분이**

라 보기 어렵다.

③ **항고소송의 대상**이 되는 **행정처분**이라 함은 원칙적으로 행정청의 **공법상 행위**로써 특정 사항에 대하여 법규에 의한 **권리의 설정 또는 의무의 부담**을 명하거나 기타 법률상 효과를 발생하게 하는 등으로 일반 국민의 **권리의무에 직접** 영향을 미치는 행위를 가리킨다.

④ 어떠한 처분이 상대방에게 권리의 설정 또는 의무의 부담을 명하거나 기타 법적인 효과를 발생하게 하는 등으로 그 상대방의 **권리의무에 직접 영향을 미치는 행위**라도 그 처분의 근거가 행정규칙에 규정되어 있다면, 이 경우에 그 처분은 항고소송의 대상이 되는 행정처분에 해당되지 않는다.

문 110. 정답 ④

＊해 설

☞ ①: ○

처분 = 공권력 = 행정행위 = 권력적 단독행위 = 국민의 권리의무에 직접(권력적) 영향을 미치는 행위 = 판례의 입장(1원설)
cf〉 다수설은 행정행위보다 처분 등이 더 크다는 이원설의 입장이다.

행정소송법 제2조 제1항 제1호의 규정으로서 타당하다. **판례는 1원설**에 입각해서 **공권력**과 **행정행위**를 동일하다고 보고 있고, **그** 거부는 **행정행위의** 거부로 보고, 그 밖에 **이**에 준하는 작용으로서는 **행정행위**와 동일하게 볼 수 있는 **권력적 사실행위**나 **처분적 법령** 등을 인정하고 있다.

☞ **그 거부** = **처분**의 거부 = **법규상 · 조리상 신청권**(신청자격)이 있는 자의 허가 등 신청에 대한 거부 ※ 이때의 신청권은 **일반적(여러 사람들) · 추상적(반복적 여러 사건)으로 결정되는 것이지, 실제 권리를 의미하는 것이 아님** ⇒ 그러므로 처분을 요구할 자격은 대부분의 국민에게 인정

☞ **그 밖에 이에 준**하는 작용 = **처분에 준**하는 행위들 = ① **권**력적 **사**실행위(무기사용, 강제철거) or ② **부담** (일정한 의무를 부과하는 부관) or ③ **처분적 법령**

※ **행정지도** = **형식적 행정행위**= **비권력적 사실행위**는 처분도 아니고, 그 밖에 이에 준하는 작용도 아님 ☞ 행정지도는 행정행위의 반대말이라고 생각할 수 있음

※ 양자의 차이 - 권리구제의 형태가 다름 ⇒ **처**분 등은 **항**고소송(취소소송 + 무효 등 확인소송 + 부작위위법확인소송) vs 행정**지**도 등은 **당**사자소송

☞ ②: ○

대법원 1993. 08. 27. 선고 93누3356 판결[신체등위1급판정취소]

병역법상 신체등위판정은 **행정청이라고 볼 수 없는 군의관**이 하도록 되어 있으며, **그 자체만으로 바로 병역법상의 권리의무가 정하여지는 것이 아니라** 그에 따라 **지방병무청장이 병역처분**을 함으로써 비로소 병역**의무**의 종류가 정하여지는 것이므로 **항고소송**의 대상이 되는 **행정처분**이라 보기 어렵다.

☞ ③: ○

판례는 처분요건으로 **국민의 권리의무를 직접 제한하는지 여부**를 들어 판결하고 있다.

☞ ④: ×

불문경고처럼 그 근거가 **행정규칙에 규정**되어 **있더라도** 공무원들에게는 내부적으로 법적 구속력을 가지고 있으므로 이들 공무원들의 **권리·의무를 직접 제한**할 때에는 처분이 된다고 판시하고 있다. 그러나 판례의 결론은 타당하지만 행정규칙의 내부적인 구속성을 논증하고 다음으로 권리·의무 직접 제한하는 논증의 비효율성은 비판받아야 하며, 권리·의무를 직접 제한하는 것만으로도 처분성이 인정된다고 바로 논증함이 타당하다.

불문경고도 최근 출제되기 시작

대법원 2002. 07. 26. 선고 2001두3532 판결[견책처분취소]

행정규칙에 의한 **'불문경고조치'가** 비록 법률상의 징계처분은 아니지만 위 처분을 받지 아니하였다면 차후 다른 징계처분이나 경고를 받게 될 경우 징계감경사유로 사용될 수 있었던 **표창공적의 사용가능성을 소멸시키는 효과와 1년 동안 인사기록카드에 등재됨으**로써 그 동안은 장관표창이나 도지사표창 대상자에서 제외시키는 효과 등이 있다는 이유로 **항고소송의 대상이 되는 행정처분에 해당한다.**

111. 일반처분, 판단여지, 재량행위 등에 대한 다음의 논의들 중 옳은 것은? (다툼이 있는 경우 판례에 의함)

난이도 높은 빈출지문 정리해 두자

① **일반처분에 대한 취소판결**시 제3자는 이를 원용할 수 없다는 상대적 효력설이 다수설로서 타당하다.

② 제3자는 행정소송에서 **원고로서 소송을 수행**(행소법 제12조)**할** 수 있

거나 판결이 확정된 뒤에 **재심청구권이 있지만**(행소법 제31조) 기존의 소송에 소송참가를 할 수는 없다.

③ 판례는 면접시험이나 각종 시험 등과 관련된 결정이나 독립위원회의 결정 등을 판단여지라고 **용어를** 사용하여 판시하고 있다.

④ 재량행위에는 **결정재량은 없고 선택재량만 있는 경우도 있다**.

⑤ 대법원은 **서울대 총장이 서울대 외교관 자녀를 우대하는 특별전형을 실시하여 실제 취득점수에** 20%의 **가산점을 부여**하여 합격 사정을 하였더라도 서울대 총장의 재량의 범위 내이므로 위법하지 않다고 판시하였다.

문 111. 정답 ④

***해 설**

☞ ①: ×

절대적 효력설이 다수설과 판례로서 제3자에게까지 취소판결의 형성력이 미친다. 참고로 행정소송법 제29조 제1항은 이에 대하여 규정하고 있다.

☞ ②: ×

행정소송법 제16조에 따라 소송참가할 수 있다. 그러나 주의하여야 할 것은 제3자가 모두를 행사할 수 없고 이들 중 어느 하나만 보장받을 수 있다.

☞ ③: ×

판례는 판단여지의 취지를 인정하는 판시를 하지만, 표현은 여전히 재량으로 판시하고 있어 문제이다.

☞ ④: ○

개인택시면허발급과 같은 것이 그 사례이다.

☞ ⑤: ×

서울대 총장의 이러한 재량은 실제 취득 점수에 의하면 충분히 합격할 수 있는 원고들에 대하여 불합격처분을 한 것으로서 위법하다고 판시하였다(대법원 1990. 8. 28. 선고 89누8255 판결).

112. 다음 중 판례의 태도와 다른 것을 고르시오.

① **경찰공무원임용령은** 경찰공무원의 채용시험 또는 경찰간부후보생공개경쟁선발시험에서 **부정행위를 한 응시자에** 대하여는 당해 시험을 정지 또는 무효로 하고, 그로부터 **5년간 이 영에 의한 시험에 응시할 수 없도록 규정**하고 있는바, 여기에서 부정행위를 한 당해 시험 이후의 시험에 대한 **응시자격제한기간**은 당해 시험을 **정지 또는 무효로 한 행정청의 처분이 있은 때로부터 진행된다**.

이는 미래의 어느 시점을 임의적인 기준으로 삼을 수 없다는 의미임

② 어느 행정행위가 기속행위인지 재량행위인지 나아가 재량행위라고 할지라도 기속재량행위인지 또는 자유재량에 속하는 것인지의 여부는 이를 일률적으로 규정지을 수는 없는 것이고, 당해 처분의 근거가 된 **규정의 형식이나 체재 또는 문언에 따라 개별적으로 판단하여야** 한다.

③ **경찰공무원임용령** 제46조 제1항의 수권형식과 내용에 비추어 이는 행정청 내부의 사무처리기준을 규정한 재량준칙이 아니라 일반 국민이나 법원을 구속하는 **법규명령에 해당**한다.

④ **경찰공무원임용령** 제46조 제1항에 의한 시험에 응시할 수 없도록 규정하고 있는바, 여기에서 부정행위를 한 당해 시험 **이후의 시험에 대한 응시자격제한처분**은 재량준칙에 근거한 것이므로 재량행위이다.

부정행위자는 반드시 응시자격 제한해야 하므로 기속행위임

문 112. 정답 ④

***해 설**

☞ ①: ○

대법원 2008. 05. 29. 선고 2007두18321 판결[합격결정취소및응시자격제한처분].

☞ ②: ○

대법원은 다수설과 마찬가지로 기본권까지 고려하는 종합설을 취하고 있다. 대법원 1997. 12. 26. 선고 97누15418 판결.

☞ ③: ○

대법원 2008. 05. 29. 선고 2007두18321 판결[합격결정취소및응시자격제한처분].

☞ ④: ×

중요 판례

대법원 2008. 05. 29. 선고 2007두18321 판결[합격결정취소및응시자격제한처분]

경찰공무원임용령 제46조 제1항의 수권형식과 내용에 비추어 행정청 내부의 사무처리기준을 규정한 재량준칙이 아니라 일반 국민이나 법원을 구속하는 법규명령에 해당하고 따라서 위 규정에 의한 **부정행위자에 대한 응시자격제한처분은 재량행위가 아닌 기속행위이다.**

빈출지문 정리

113. **기속행위**와 **재량행위** 등 행정행위에 대한 다음의 논의 중 맞는 것을 모두 고르시오. (다툼이 있는 경우 판례에 의함)

ㄱ. **기속재량과 자유재량의 구분을 여전히 판례**가 하고 있지만, **다수설은 이에 대한 구별의 필요성이나 타당성을 부정한다.**
ㄴ. **요건충족적 부관을 긍정하는** 것이 다수설과 판례의 태도이다.
ㄷ. **기속행위와 재량행위의 구별기준**에 대하여 종합설이 다수설과 판례의 태도이지만, 최근에는 **기본권까지 고려하는 종합설**이 등장하고 있다.
ㄹ. **단란주점 영업허가는** 재량행위라고 보아야 한다.
ㅁ. 허가는 **법률행위적 행정행위** 중 **명령적 행위**이고 **형성적 행위**로 분류될 수는 없다.

① ㄱ　　② ㄱ, ㄴ
③ ㄱ, ㄴ, ㄷ　　④ ㄱ, ㄴ, ㄷ, ㄹ
⑤ ㄱ, ㄴ, ㄷ, ㄹ, ㅁ

문 113. 정답 ①

*해 설

☞ ㄱ: ○

타당한 설명이다.

☞ ㄴ: ×

요건충족적 부관(☞)을 **부정**하는 것이 다수설과 **판례**의 태도이고 이를 긍정하는 것은 유력설의 입장인데, 긍정하는 것이 국민이나 행정청에게 모두 이익이 되므로 타

기속행위는 요건을 구비한 경우 행정청이 무조건 이에 따라 처분을 하여야 하는 행정행위의 종류 vs **재량행위**는 요건을 구비하더라도 행정청이 처분을 할지 여부에 대한 결정의 자유가 있거

당하다.

☞ ㄷ: ×

☞ 기속행위와 재량행위의 구별기준에 대한 학설로는 **요**건재량설, **효**과재량설, **판**단여지설, **종**합설, **기**본권까지 고려하는 종합설 등이 있다(☞). 그러나 **법령**의 문언과 취지, **행정행위**의 성질과 분야, **기본권관련**성과 **공익관련성**의 **비중**까지(☞ 법 행 기 공) 고려하는 입장인 '**기본권까지 고려하는 종합설**'(☞ 기고설)이 다수설과 판례의 태도이다.

☞ ㄹ: ×

단란주점영업허가는 식품위생법과 공중위생법의 취지상 **기본권관련성에 비중**이 있으므로 **기속행위**이다.

☞ cf〉 이와 달리 개인택시면허는 행정청이 **공익을 고려**해서 발급여부와 발급대상자를 결정할 수 있으므로 **재량행위**임

☞ ㅁ: ×

이원우 교수 등 유력설과 **독일의** 입장에 의하면 **허가에 대하여 형성적 행위로 분류하여**야 한다고 한다.

그러나 종래의 **다수설은 명령적 행위로 분류**하여야 한다고 하며, **최근의 다수설은 두 가지 성질을 모두 가지는 양면성을 가지고 있다고 한다.**

나(**결정재량**) 어떻게 할지 선택의 자유(**선택재량**)이 있는 행정행위의 종류

행정행위 = 기속행위(MUST) + 재량행위(CAN) = 기속행위 + 재량행위(결정재량, 선택재량)

재량에는 결정재량과 선택재량 모두 가진 경우도 있고, 어느 하나만 있는 경우도 있음.

판례는 여전히 일본식 분류인 기속재량과 자유재량을 구분하여 판시하고 있지만, 법에 기속되지 않는 재량은 없고 자유로운 면이 없는 재량도 없으므로 이 구분은 무의미하다고 다수설은 비판함. 다수설에 따라 기속행위와 재량행위로 구분하면 족함

☞ 요건충족적 부관: 요건을 갖추지 못했지만 차후에 요건을 구비할 것으로 조건으로 일단 허가를 내주는 처분의 부수적 관련조건

☞ 암기법: 요 효 판 종 기

법률행위적 행정행위(의사표시) = 명령적 행위(의무관련) + 형성적 행위(권리관련) = 명령적 행위(하명 + 허가 + 면제) + 형성적 행위(특허, 인가, 대리) = (**하** + **허** + **면**) + (**특** + **인** + **대**)

준법률행위적 행정행위(법률규정) = 공증 + 통지 + 수리 + 확인 = **공 통 수 확**

114. 허가·특허·인가 등에 대한 다음의 논의와 판시 내용들 중 틀린 것은? (다툼이 있는 경우 판례에 의함)

① 판례는 **해운대구 우동주택재개발조합사건에서 사기와 강박** 등 조합설립에 대한 하자는 설립행위에 대한 하자를 민사소송으로 다툴 수 없고 **조합설립인가를 대상으로 해서**만 다툴 수 있다고 판시하였다.

② 판례는 사인들의 법률행위인 **기본행위에 하자가 있다면 인가**에 대한 항고소송으로 다툴 수 없고 **민사소송으로만 다툴** 수 있다는 입장이다.

③ 판례는 **영업양도에 따른 지위승계신고수리에** 대하여 양도행위의 하자는 민사소송으로 다투든 지위승계신고수리에 대한 항고소송으로 다투든 **모두 가능하다고** 보고 있다.

④ **러브호텔 사건에서 대법원 전원합의체 판결**의 다수의견은 허가는 기

속행위일 뿐이므로 요건을 갖추었음에도 불구하고 공익을 들어 허가를 거부한 것은 위법하다고 보았으나, 반대의견은 허가는 재량과 결합할 수 있으므로 적법하다고 보았다.

⑤ **건축법 제11조 제4항의 숙박시설과 위락시설에 대한 건축허가는 재량행위**이다.

문 114. 정답 ④

***해 설**

☞ ①: ○

이러한 **판례의 변화**에 대하여 홍정선 교수는 주택재개발조합설립인가를 일반 조합과 동일하게 보는 **인가설에서 일반 조합과 다르게 보는 특허설로 시각을 변경**한 것으로 보고 있다.

☞ ②: ○

인가에 대한 대법원 전원합의체 판결의 요지이다.

☞ ③: ○

***심 화 학 습**

영업양도에 따른 지위승계신고수리에 대한 타당한 법원의 입장이다. 국민을 위해서는 설문1과 설문2도 설문3처럼 관할이나 소송형태를 국민들에게 선택하게 해 주는 것이 바람직하다는 지적이 있다.

☞ ④: ×

다수의견과 반대의견의 입장이 바뀌어서 설명되고 있다.

☞ ⑤: ○

러브호텔 사건 판시 이후에 **건축법 제11조 제4항이 제정되어 재량허가가 규정**되었다.

115. 다음 중 판례의 입장이 아닌 것은 ?

① 서울특별시의사회가 진단서 등 의료기관 증명서의 발급수수료를 현행보다 2배 수준으로 인상하기로 의결하고 이를 소속 회원들에게 시

행하도록 한 행위를, 공정거래위원회가 '과징금부과 세부기준 등에 관한 고시'에 정한 '중대한' 위반행위로 보아 과징금을 산정한 것은 재량권의 한계를 일탈하거나 남용한 것이 아니다.

② 재량권을 일탈한 과징금 납부명령에 대하여 법원이 적정한 처분의 정도를 판단하여 그 초과되는 부분만 취소할 수 있다.

③ 서울특별시립무용단 단원의 해촉에 대하여는 공법상의 당사자소송으로 그 무효확인을 청구할 수 있다.

④ 서울시립 무용단원이 급량비를 유용한 것은 개인적인 목적을 위한 것이 아니고 시립무용단장의 지시에 따라 시립무용단의 다른 용도에 일시 전용한 것이라는 점, 유용한 금액이 비교적 소액이고 그 후에 모두 단원들에게 지급된 점 등을 고려한다면 이때의 해촉은 너무 가혹하여 징계권을 남용한 것이어서 무효이다.

문 115. 정답 ②

***해 설**

☞ ①: ○ ☞ ②: ×

대법원 2009. 06. 23. 선고 2007두18062 판결[시정명령등취소]

[1] 서울특별시의사회가 진단서 등 의료기관 증명서의 발급수수료를 현행보다 2배 수준으로 인상하기로 의결하고 이를 소속 회원들에게 시행하도록 한 행위에 대하여 공정거래위원회가 과징금 납부를 명령한 사안에서, 그 행위가 경쟁질서의 저해 정도가 매우 강하고 다수 소비자에게 직접 피해가 발생할 우려가 있는 가격담합행위의 일종으로서 독점규제 및 공정거래에 관한 법률이 특히 금지하고자 하는 행위유형에 속하는 점 등에 비추어, 이를 과징금부과 세부기준 등에 관한 고시에 정한 '중대한' 위반행위로 보아 30%의 과징금 부과기준율을 적용하여 과징금을 산정한 것이, 재량권의 한계를 일탈하거나 남용한 것이 아니다.

[2] 처분을 할 것인지 여부와 처분의 정도에 관하여 재량이 인정되는 과징금 납부명령에 대하여 그 명령이 재량권을 일탈하였을 경우, 법원으로서는 재량권의 일탈 여부만 판단할 수 있을 뿐이지 재량권의 범위 내에서 어느 정도가 적정한 것인지에 관하여는 판단할 수 없어 그 전부를 취소할 수밖에 없고, 법원이 적정하다고 인정하는 부분을 초과한 부분만 취소할 수는 없다.

☞ 판례는 과세처분이나 과태료 등 금전처분에 대하여는 일부취소를 용이하게 인정하지만, 과징금만큼은 일부취소를 원칙적으로 부정한다.

☞ ③: ○

대법원 1995. 12. 22. 선고 95누4636 판결[해촉처분취소등]

지방자치법 제9조 제2항 제5호 (라)목 및 (마)목 등의 규정에 의하면, 서울특별시립무용단원의 공연 등 활동은 지방문화 및 예술을 진흥시키고자 하는 서울특별시의 공공적 업무수행의 일환으로 이루어진다고 해석될 뿐 아니라, 단원으로 위촉되기 위하여는 일정한 능력요건과 자격요건을 요하고, 계속적인 재위촉이 사실상 보장되며, 공무원연금법에 따른 연금을 지급받고, 단원의 복무규율이 정해져 있으며, 정년제가 인정되고, 일정한 해촉사유가 있는 경우에만 해촉되는 등 서울특별시립무용단원이 가지는 지위가 공무원과 유사한 것이라면, 서울특별시립무용단 단원의 위촉은 공법상의 계약이라고 할 것이고, 따라서 그 단원의 해촉에 대하여는 공법상의 당사자소송으로 그 무효확인을 청구할 수 있다.

☞ ④: ○

대법원 1995. 12. 22. 선고 95누4636 판결[해촉처분취소등]

급량비가 나올 때마다 바로 지급하지 않고 이를 모아 두었다가 일정액에 달하였을 때에 지급하여 온 것이 관례화되어 있었을 뿐더러 원고가 급량비를 유용한 것은 개인적인 목적을 위한 것이 아니고 시립무용단장의 지시에 따라 시립무용단의 다른 용도에 일시 전용한 것이라는 점, 유용한 금액이 비교적 소액이고 그 후에 모두 단원들에게 지급된 점 등 이 사건 변론에 나타난 여러 사정 등을 종합하여 보면, 원고를 징계하기 위하여 한 이 사건 해촉은 너무 가혹하여 징계권을 남용한 것이어서 무효이다.

난이도 높은 시험 지문 정리

116. 허가에 대한 다음의 설명 들 중 틀린 것은 모두 몇 개인가? (다툼이 있는 경우 판례에 의함)

ㄱ. **건축법 제11조 제5항의 인허가의제규정과 관련하여** 통합되는 범위에 대하여 관할 집중설이 다수설과 판례의 태도이다.
ㄴ. 인허가의제규정에 대한 **절차집중설을** 적용하면 건물이 기속행위라고 토지가 재량행위로 규정되는 경우 전체적으로는 기속행위이다.
ㄷ. 구청장은 규정에 없더라도 **민원이나 주민동의를** 들어 허가를 거부할 수 있다.
ㄹ. 판례에 의하면 **정당한 이유 없이 행정청이 허가업무를 지연하는 사이에 법령이**

불리하게 개정되었더라도 행정청이 신 법에 따라 거부처분을 발급하는 것은 적법하다.

ㅁ. 판례에 의하면 **건축대장 기재나 그 거부, 건물용도변경신청거부 등**은 공적 장부 기재유형으로서 단순히 행정자료의 의미뿐이므로 처분성이 없어서 소송의 대상이 되지 않는다고 하였다.

① 1개 ② 2개
③ 3개 ④ 4개
⑤ 5개

문 116. 정답 ⑤

***해 설**

☞ ㄱ: ×

절차집중설이 다수설과 판례이다.

☞ ㄴ: ×

절차집중설에 의하면 토지의 공익적 요건은 통합되지 않으므로 이를 들어 건물에 대한 허가를 거부하게 되는 경우 전체적으로 재량행위이다.

☞ ㄷ: ×

이는 **법률유보의 원칙에 위반**된다.

☞ ㄹ: ×

판례는 **정당한 이유 없이 처리를 지연하는 경우에는 신청시를 기준으로 하여야 하므로 처분시의 법령을 기준으로 허가를 거부하는 것은 위법**하다고 판시하였다.

☞ ㅁ: ×

판례가 변경되어 이제는 **건축대장기재나 거부, 건물용도변경 거부** 등도 **처분성이 인정**되어 **취소소송의 대상이 된다고 판시**하고 있다. **국민의 권리의무에 대한 직접적인 영향을 미치기 때문에 이러한 판례의 변화는 타당하다.**

*심 화 학 습

빈출판례

***** 건축물대장 작성 신청거부의 처분성 긍정판례**

대법원 2009. 2. 12. 선고 2007두17359 판결【건축물대장기재신청서반려처분취소】[미간행] 행정청이 건축물대장의 작성신청을 거부한 행위가 항고소송의 대상이 되는 행정처분에 해당하는지 여부(○)

굵은 글자를 숙지하고 암기해 두자

구 건축법(2005. 11. 8. 법률 제7696호로 개정되기 전의 것, 이하 '구 건축법'이라 한다) 제29조 제2항, 구 건축물대장의 기재 및 관리 등에 관한 규칙(2007. 1. 16. 건설교통부령 제547호로 전문 개정되기 전의 것, 이하 '구 건축물대장규칙'이라 한다) 제1조, 제5조 제1항, 제2항, 제3항의 각 규정에 의하면, 구 건축법 제18조의 규정에 의한 사용승인(다른 법령에 의하여 사용승인으로 의제되는 준공검사·준공인가 등을 포함한다)을 신청하는 자 또는 구 건축법 제18조의 규정에 의한 사용승인을 얻어야 하는 자 외의 자는 **건축물대장의 작성 신청권을 가지고 있고**, 한편 건축물대장은 건축물에 대한 공법상의 규제, 지방세의 과세대상, 손실보상가액의 산정 등 건축행정의 기초자료로서 **공법상의 법률관계에 영향을 미칠 뿐만 아니라**, 건축물에 관한 **소유권보존등기 또는 소유권이전등기**를 신청하려면 이를 **등기소에 제출**하여야 하는 점 등을 종합해 보면, 건축물대장의 작성은 건축물의 소유권을 제대로 행사하기 위한 전제요건으로서 건축물 소유자의 실체적 **권리관계에 밀접하게 관련**되어 있으므로 **건축물대장 소관청의 작성신청 반려행위는 국민의 권리관계에 영향을 미치는 것**으로서 항고소송의 대상이 되는 행정처분에 해당한다.

117. 다음 중 판례의 태도와 다른 설문은?

① 제재적 행정처분인 청소년보호법상의 과징금부과처분이 사회통념상 재량권의 범위를 일탈하거나 남용한 경우에는 위법하다.

② 재량권의 일탈·남용 여부는 처분사유로 된 위반행위의 내용과 당해 처분행위에 의하여 달성하려는 공익목적 및 이에 따르는 모든 사정을 객관적으로 심리하여 공익침해의 정도와 그 처분으로 인하여 개인이 입게 될 불이익을 비교 교량하여 판단하여야 한다.

③ 고시 또는 공고에 의하여 행정처분을 하는 경우, 행정처분이 있음을 안 날은 고시 또는 공고의 효력발생일이다.

④ 청소년유해매체물로 결정·고시된 만화인 사실을 모르고 있던 도서대여업자가 그 고시일로부터 8일 후에 청소년에게 그 만화를 대여한 것을 사유로 그 도서대여업자에게 금 700만 원의 과징금이 부과된 경

우, 청소년 보호의 공익이 도서대여업자의 사익보다 크므로 그 과징금부과처분은 재량권을 일탈·남용한 것이 아니다.

문 117. 정답 ④

***해 설**

① ② ☞ ○

대법원 2001. 07. 27. 선고 99두9490 판결[과징금부과처분취소].

☞ ③: ○

> **대법원 2001. 07. 27. 선고 99두9490 판결[과징금부과처분취소]**
>
> 통상 고시 또는 공고에 의하여 행정처분을 하는 경우에는 그 처분의 상대방이 불특정 다수인이고 그 처분의 효력이 불특정 다수인에게 일률적으로 적용되는 것이므로, 행정처분에 이해관계를 갖는 자가 **고시 또는 공고가 있었다는 사실을 현실적으로 알았는지 여부에 관계없이 고시가 효력을 발생하는 날에 행정처분이 있음을 알았다고 보아야 한다.**

☞ ④: ×

> **대법원 2001. 07. 27. 선고 99두9490 판결[과징금부과처분취소]**
>
> 현실적으로는 이 사건 만화 (섹시보이)가 청소년유해매체물로 결정된 사실을 몰랐고, 따라서 원고에게 이 사건 만화를 청소년에게 대여하여서는 아니 된다는 금지의무의 해태를 탓하기는 가혹한 사정에 비추어 보면, 피고가 원고에 대하여 **700만 원**의 과징금을 부과하는 이 사건 처분을 한 것은 **재량권을 일탈하거나 남용한 것**이라고 보지 않을 수 없으므로, 이 사건 처분이 위법하다.

118. 다음 설문 중 판례의 태도와 일치하지 않는 것은?

① 국가공무원으로 하여금 노동운동 등 집단적 행위를 하지 못하도록 규정한 국가공무원법 제66조 제1항 본문은 헌법 제37조 제2항에 위반된다고 할 수 없다.

② 전국교직원노동조합(이하 '전교조'라고 한다)의 결성을 위한 서울교사전진대회와 발기인대회 및 준비위원회결성대회에 주도적으로 참석하여 집단적행위를 한 행위가 국가공무원법 제66조 제1항 본문에 규정된

노동운동에 해당한다.

③ 교사가 법률상 허용되지 아니하는 목적을 위한 집회에 참석하지 말라는 학교장의 명령에 복종하지 아니한 것이 같은 법 제57조 소정의 복종의 의무를 위반한 것에 해당한다.

④ 전교조의 결성을 위한 불법집회에 참석하여 머리띠를 두르고 구호를 외치는 등의 집단행동을 한 것이 같은 법 제63조 소정의 품위유지의 의무에 위반된다.

⑤ 전교조에서 탈퇴하면 구제하여 준다는 교육부장관의 발표에 따라 전교조를 탈퇴한다는 내용의 각서를 제출한 원고를 구제하여 주지 아니하였다면 파면처분 후 전교조에 가입하였다는 사정 등이 있더라도 신뢰보호의 원칙에 위반된다.

문 118. 정답 ⑤

***해 설**

① ② ③ ④ ☞ ○

대법원 1992. 06. 26. 선고 91누11780 판결[직위해제처분등취소].

⑤ ☞ ×

대법원 1992. 06. 26. 선고 91누11780 판결[직위해제처분등취소]

원고가 징계처분 후 총무처 소청심사과정에서 과거의 잘못을 반성하고 전교조에서 탈퇴하면 구제하여 준다는 교육부장관의 발표에 따라 전교조를 탈퇴한다는 내용의 각서를 제출하였다 하더라도 위 파면처분이 있은 후 전교조에 가입하였고 방송국의 토론 프로그램에 참석하여 전교조의 정당성을 주장하는 내용의 발언을 하였을 뿐 아니라 총무처 소청심사과정에서 소청심사위원장에게 전교조 탈퇴에 관한 진술을 함에 있어 일관성이 없는 태도를 보여 과연 위 탈퇴각서가 진의에 의한 것인가를 의심받아 구제받지 못하였다는 것이므로 소청심사과정에서 구제받지 못한 것은 교육부장관이 위와 같은 약속을 어겼기 때문이라기보다 오히려 원고가 불법단체인 전교조에 가입한 사실에 관하여 반성을 하고 있지 아니할 뿐 아니라 진실로 전교조로부터 탈퇴할 의사에 기하여 위의 각서를 작성하여 제출한 것이 아니었다는 점에 있다고 보여지므로 **교육부장관 등이 탈퇴각서를 제출한 원고를 구제하여 주지 아니한 것이 신뢰보호의 원칙에 위반되지 않는다.**

119. 다음 중 판례의 태도가 아닌 것은?

① 주류제조면허는 재정허가의 일종으로서는 일반적 금지의 해제로 자유의 회복이므로 강학상 허가일 뿐 새로운 권리의 설정은 아니다.

② 따라서 위 주류제조면허에 의하여 보호되는 이익은 단순한 반사적 이익이다.

③ 그러나 위 주류제조면허에 의하여 보호되는 이익은 재산적 가치가 있다.

④ 주류제조회사의 순자산가액을 평가함에 있어서 주류제조면허를 포함시키지 아니한 것은 잘못이다.

문 119. 정답 ②

*해 설

대법원 1989. 12. 22. 선고 89누46 판결[법인세등부과처분취소]

주류제조면허는 국가의 수입확보를 위하여 설정된 재정허가의 일종이지만 일단 이 면허를 얻은 자의 이득은 단순한 사실상의 **반사적 이득에만 그치는 것이 아니라 주세법의 규정에 따라 보호되는 이득이고**, 주세법상 주류제조면허의 양도가 인정되지 않고 있으나, 국세청훈령으로 보충면허제도를 두어 기존면허업자가 그 면허를 자진취소함과 동시에 그에 대체하여 동일제조장에 동일면허종목을 신청하는 경우에는 그 면허를 부여함으로써 당사자간의 면허의 양도를 간접적으로 허용하고 있으며, 주류제조의 신규면허는 주세당국의 억제책으로 사실상 그 취득이 거의 불가능하여 위와 같은 보충면허를 받는 방법으로 면허권의 양도가 이루어지고 있는 이상, 위 면허권이 가지는 **재산적 가치는 현실적으로 부인할 수 없을 것**이므로 **주류제조회사의 순자산가액을 평가함에 있어서 주류제조면허를 포함시키지 아니한 것은 잘못이다**.

120. 허가에 관한 다음 설명 중 옳은 것을 모두 고른 것은? (다툼이 있는 경우 판례에 의함) (변시 기출)

ㄱ. 허가된 사업의 성질상 **부당하게 짧은 기한을** 정한 경우 그 기한은 **그 허가의 조건의 존속기간을 정한** 것이다.

ㄴ. 허가의 **조건의 존속기간이** 종료되기 전에 **연장신청이 없이 허가기간이 만료**된 경우 허가의 효력이 상실되었다고 보아서는 아니 된다.

ㄷ. **종전의 허가가 기한의 도래로 실효**되었다고 하여도 종전 허가의 유효기간이 지

허가에 대한 난이도 上의 문제정리

허가기간의 종류 두 가지 구별

허가에 부가된 기한연장을 위해서는 반드시 신청이 필요

나서 기간연장을 신청하였다면 그 신청은 종전 허가의 유효기간을 연장하여 주는 행정처분을 구한 것으로 보아야 하지 종전 허가와는 **별개로 새로운 허가를 내용으로 하는 행정처분을 구한 것으로** 보아서는 아니 된다.

ㄹ. 행정절차법에 따르면 특정 영업의 **허가 신청내용을 모두 그대로** 인정하는 허가를 할 경우 그 허가처분의 **근거와 이유를 제시하지 않아도 된다.**

① ㄱ, ㄷ
② ㄱ, ㄹ
③ ㄴ, ㄷ
④ ㄷ, ㄹ
⑤ ㄱ, ㄴ, ㄹ

문 120. 정답 ②

***해 설**

☞ ㄱ: ○과 ☞ ㄴ: ×

대법원 2007. 10. 11. 선고 2005두12404 판결【보전임지전용허가취소처분무효확인】[공 2007. 11. 1.(285), 1770]

일반적으로 행정처분에 효력기간이 정하여져 있는 경우에는 그 기간의 경과로 그 행정처분의 효력은 상실되고, 다만 허가에 붙은 기한이 그 허가된 사업의 성질상 부당하게 짧은 경우에는 이를 그 **허가 자체의 존속기간**이 아니라 그 **허가조건의 존속기간**으로 보아 그 기한이 도래함으로써 그 조건의 개정을 고려한다는 뜻으로 해석할 수는 있지만, 그와 같은 경우라 하더라도 그 허가기간이 연장되기 위하여는 그 종기가 도래하기 전에 그 허가기간의 연장에 관한 신청이 있어야 하며, **만일 그러한 연장신청이 없는 상태에서 허가기간이 만료하였다면 그 허가의 효력은 상실된다.**

☞ ㄷ: ×

대법원 1995. 11. 10. 선고 94누11866 판결【옥외광고물등표시허가연장거부처분취소】[집 43(2)특, 682; 공 1995. 12. 15.(1006), 3930]

그 반대로 허가 기간이 경과되어 기간연장 신청하는 것은 새로운 허가를 내용으로 하는 행정처분을 구하는 것을 본다.

종전의 허가가 기한의 도래로 실효한 이상 원고가 종전 허가의 유효기간이 지나서 신청한 이 사건 기간연장신청은 그에 대한 종전의 허가처분을 전제로 하여 단순히 그 유효기간을 연장하여 주는 행정처분을 구하는 것이라기보다는 종전의 허가처분과는 별도의 새로운 허가를 내용으로 하는 행정처분을 구하는 것이라고 보아야 할 것이어서, 이러한 경우 허가권자는 이를 새로운 허가신청으로 보아 법의 관계 규정에 의하여 허가요건의 적합 여부를 새로이 판단하여 그 허가 여부를 결정하여야 할 것이다.

☞ ㄹ: ○

행정절차법 제23조에서 이유부기의 생략사유의 하나로 들고 있으므로 타당하다.

제23조(처분의 이유 제시) ① 행정청은 처분을 할 때에는 다음 각 호의 어느 하나에 해당하는 경우를 제외하고는 당사자에게 그 근거와 이유를 제시하여야 한다.

1. **신청 내용을 모두 그대로 인정하는 처분인 경우**

2. 단순·반복적인 처분 또는 경미한 처분으로서 당사자가 그 이유를 명백히 알 수 있는 경우

3. 긴급히 처분을 할 필요가 있는 경우

121. 甲이 식품위생법에 근거하여 유흥주점의 영업허가를 신청한 경우 이에 관한 다음 설명 중 옳은 것을 모두 고른 것은? (다툼이 있는 경우 판례에 의함) (변시 기출)

단란주점 등 유흥주점영업 허가에 대해 정리해 두자

빈출 중요 출제 포인트들에 많이 들어 있다

ㄱ. **신청이 거부된 경우** 甲은 권리의무에 아무런 침해를 입은 것이 아니기 때문에 취소소송으로 이를 다툴 수 없다.

ㄴ. **유흥주점의 영업허가는** 이른바 일반적 금지의 해제이기 때문에 행정청에 폭넓은 재량이 인정된다.

참고로 유흥주점 변경허가도 기속허가임

ㄷ. **기존에 허가받은 유흥주점업자는** 통상적으로 甲이 받은 영업허가에 대하여 취소소송을 제기할 **법률상 이익이 없다.**

ㄹ. 영업허가 후 甲의 유흥주점의 위생상태가 악화되어 영업정지처분을 했음에도 甲이 **영업을 계속하고 있는 경우에는** 관할 행정청이 대집행을 할 수 있다.

① ㄱ, ㄹ ② ㄴ, ㄷ

③ ㄷ, ㄹ ④ ㄷ

⑤ ㄹ

문 121. 정답 ④

***해 설**

이 문제는 해설이 더 중요

사례형 행정법 문제를 객관식으로 출제하고 있다. 앞으로는 이러한 유형의 문제가 증가할 것으로 예상된다.

☞ ㄱ: ×

식품위생법상 유흥주점 영업허가 거부에 의하여 **영업의 자유**를 직접적으로 제한받으므로 **취소소송을 다툴 수 있다.** 또한 **식품위생법상 유흥주점 영업허가를 요구할 법규상 신청권이 모든 국민에게 인정되고,** 신청의 내용이 영업허가라는 행정소송법 제2조의 공권력이므로 재판의 대상이 되는 **거부의 요건을 모두 갖추고 있다.**

☞ ㄴ: ×

유흥주점영업허가는 기본권관련성에 비중이 커서 기속행위라고 보는 것이 판례와 다수설이다.

시험 빈출 판례이다

> 대법원 2000. 3. 24. 선고 97누12532 판결【일반음식점허가사항변경허가신청반려처분취소】[공 2000. 5. 15.(106), 1076]
>
> **식품위생법상 일반음식점영업허가는 성질상 일반적 금지의 해제에 불과하므로 허가권자는 허가신청이 법에서 정한 요건을 구비한 때에는 허가하여야 하고 관계 법령에서 정하는 제한사유 외에 공공복리 등의 사유를 들어 허가신청을 거부할 수는 없고(대법원 1993. 5. 27. 선고 93누2216 판결 참조), 이러한 법리는 일반음식점 허가사항의 변경허가에 관하여도 마찬가지라 할 것이다.**

☞ ㄷ: ○

가장 중요한 출제 포인트이므로 숙지

식품위생법의 단란주점 영업허가는 **영업허가를 신청하는 자에 대하여 행정청에 대한 관계에서는 법률상 이익을 인정**하지만, 기존 **허가업자에 대하여는 사익을** 보호하는 **취지가 규정되어 있지 않으므로 법률상 이익이 인정되지 않아 원고**적격이 없다.

☞ ㄹ: ×

자주 틀리는 지문이므로 잘 정리하자

영업정지를 받는 자에게는 영업금지의무 즉, 부작위의무가 발생하는데, 이는 대체적인 작위의무가 아니므로 곧바로 대집행할 수 없다.

122. 행정행위의 분류에 관한 다음 설명 중 옳은 것을 모두 고른 것은? (다툼이 있는 경우 판례에 의함) (변시 기출)

ㄱ. 행정청의 **주택재개발정비사업조합 설립인가는** 사인들의 조합설립행위에 대한 보충행위의 성질을 갖는 것으로 강학상 인가에 해당한다.
ㄴ. 행정청의 **사립학교법인 임원취임승인행위는** 학교법인의 임원선임행위의 법률상 효력을 완성하게 하는 **보충적 법률행위**로서 **강학상 인가에** 해당한다.
ㄷ. **개인택시운송사업면허**는 **특정인에게 권리나 의무를 부여하는 것**이므로 **강학상 특허에** 해당한다.
ㄹ. **공유수면의 점용·사용 허가는** 허가 상대방에게 제한을 해제하여 공유수면이용권을 부여하는 처분으로 강학상 허가에 해당한다.
ㅁ. **토지거래허가는** 토지거래허가구역 내의 토지거래를 전면적으로 금지시키고 특정한 경우에 예외적으로 토지거래계약을 체결할 수 있는 자격을 부여하는 점에서 강학상 특허에 해당한다.

최다빈출 지문들임 잘 정리해 두자

설권행위이고 강학상 특허로 변경

공유수면점용허가는 간척 특허이고 재량행위임

① ㄱ, ㄴ, ㄷ ② ㄴ, ㄹ, ㅁ
③ ㄱ, ㄷ ④ ㄴ, ㄷ
⑤ ㄹ, ㅁ

문 122. 정답 ④

***해 설**

☞ ㄱ: ×

변경전 판례의 태도이며 이제는 주택재개발조합이나 재건축조합설립에 대한 인가는 인가설에서 특허설로 판례가 변경되었다. (동지: 홍정선 교수) 따라서 설권행위의 성질을 갖는 것으로서 강학상 특허에 해당한다.

대법원 2010. 2. 25. 선고 2007다73598 판결【창립총회결의무효확인】[공보불게재]

주택재건축조합이나 주택재개발조합의 지위(판례변경에 해당 – 동지: 홍정선 교수)

행정청이 도시정비법 등 관련 법령에 근거하여 행하는 조합설립 인가처분은 **단순히 사인들의 조합설립행위에 대한 보충행위로서의 성질을 갖는 것에 그치는 것이 아니라, 재건축조합에 대하여 도시정비법상 주택재건축사업을 시행할 수 있는 권한을 갖는 행정주체(공법인)로서의 지위를 부여하는 일종의 설권적 처분**의 성격을 갖는다고 보아야 한다.

☞ ㄴ: ○

대법원 2007. 12. 27. 선고 2005두9651 판결【임원취임승인취소처분등취소】[공 2008상, 152]

사립학교법 제20조 제1항, 제2항은 학교법인의 이사장·이사·감사 등의 임원은 이사회의 선임을 거쳐 관할청의 승인을 받아 취임하도록 규정하고 있는바, 관할청의 임원취임승인행위는 학교법인의 임원선임행위의 법률상 효력을 완성케 하는 보충적 법률행위라 할 것이다.

☞ ㄷ: ○

대법원 2007. 3. 15. 선고 2006두15783 판결【개인택시운송사업면허신청반려처분취소】[공 2007. 4. 15.(272), 540]

여객자동차 운수사업법에 의한 개인택시운송사업면허는 특정인에게 권리나 이익을 부여하는 이른바 수익적 행정행위로서 법령에 특별한 규정이 없는 한 재량행위이다.

☞ ㄹ: ×

판례는 **공유수면의 점용·사용형태에 따라 특허사용이고** 재량행위라고 보는 경우도 있다. 공물은 사용형태와 정도를 종합하여 허가사용인지 특허사용인지를 판단하여야 한다(대법원 2002. 10. 11. 선고 2001두151 판결【채광계획불인가처분취소】[공 2002. 12. 1.(167), 2736]).

☞ ㅁ: ×

판례는 규제지역 내의 토지거래허가를 인가이면서 재량행위라고 판시하고 있다.

대법원 1991. 12. 24. 선고 90다12243 전원합의체 판결【토지소유권이전등기】[공 1992. 2. 15.(914), 642]

토지거래허가가 규제지역 내의 모든 국민에게 전반적으로 토지거래의 자유를 금지하고 일정한 요건을 갖춘 경우에만 금지를 해제하여 계약체결의 자유를 회복시켜 주는 성질의 것이라고 보는 것은 위 법의 입법취지를 넘어선 지나친 해석이라고 할 것이고, **규제지역 내에서도 토지거래의 자유가 인정되나 다만 위 허가를 허가 전의 유동적 무효 상태에 있는 법률행위의 효력을 완성시켜 주는 인가적 성질을 띤 것이라고 보는 것이 타당하다.**

123. 토지거래계약허가제에 관한 판례의 태도로 옳지 않은 것은?
(국가직 7급)

① 헌법재판소는 토지거래계약허가제는 토지의 **투기적 거래를 억제**하기 위한 제도로서 사유재산제도를 부정하는 것이 아니며, 따라서 재산권의 본질적 내용을 침해한다고 볼 수는 없다고 한다.

② 토지거래허가구역 내에 있는 토지에 관한 토지거래계약허가는 **학문상 인가**의 성질을 갖는다.

③ 허가 없이 토지 등의 거래계약을 체결하는 행위라 함은 **처음부터 허가를 배제하거나 잠탈하는 내용의 계약을 체결하는 행위**를 뜻한다.

④ 허가를 받을 것을 전제로 한 토지거래계약이라고 하여도 허가를 받지 않은 경우라면 그것은 확정적 무효이며, 사후에 허가를 받는다 하여도 소급하여 유효한 계약이 될 수는 없다

시사적 문제인 투기지역 내의 토지거래허가 출제 정리

문 123. 정답 ④

*해 설

☞ ④: ×

유동적 무효이고 사후에 허가를 받음으로써 소급하여 유효한 계약이 된다.

헌재 2013. 2. 28. 2012헌바94, 공보 제197호, 395[합헌]

이 사건 법률조항은 부동산 투기거래를 방지함으로써 부동산거래의 정상화와 부동산가격의 안정을 도모하고자 도입된 토지거래허가제도의 실효성을 확보하기 위한 것으로서, **그 입법목적은 정당하고, 이 사건 법률조항이 토지거래허가를 받은 자에게 토지이용의무를 부과한 후 그 의무를 이행하지 않는 경우 이행강제금의 제재를 가하는 것은 투기수요자들의 거래를 억제하는 등의 효과가 있으므로 수단의 적절성도 인정**된다.

한편, 토지거래계약 허가를 받은 자에게 책임지울 수 없는 사유나 그 의무이행을 기대할 수 없는 사유가 있는 경우 국토계획법 시행령 제124조 제1항에 따라 폭넓은 토지이용의무 부과의 예외를 인정하고 있는 점, 이행강제금을 현실적으로 부과하기 이전에 상당한 기간을 정하여 이행명령을 발하여 이에 따를 기회를 부여하고, 그 기간 내에 이행명령을 이행할 경우에는 이행강제금을 부과하지 않는 점, 토지이용의무를 이행하지 않는 토지소유자는 이 사건 법률조항에 따라 이행강제금을 부과받는 불이익을 입게 되지만, 부동산거래허가제도의 사후적 관리를 강화함으로써 투기소유자들이 토지거래허가구역 내에서 허위의 토지 이용목적을 내세워 거래허가를 받아 토지거래허가제도의 효력을 약화시키

는 것을 막을 수 있는 점 등을 종합하여 볼 때 침해의 최소성 원칙에 반하지 아니하고, 법익균형성의 요건도 충족한다 할 것이다.

따라서 **이 사건 법률조항이 과잉금지원칙에 위배하여 재산권을 침해한다고 볼 수 없다.**

빈출판례

124. 주택재개발정비조합에 대한 설명으로 옳은 것은? (다툼이 있는 경우 판례에 의함) (국가직 7급)

설권행위로서 특허임

① **재개발조합의 인가는** 법률관계의 당사자의 법률행위의 효과를 완성시켜주는 보충행위에 해당한다.

② 재개발조합설립인가신청에 대한 행정청의 조합설립인가처분은 법령상 일정한 요건을 갖추는 경우, 행정주체(공법인)의 지위를 부여하는 일종의 **설권적 처분의 성질**을 가진다.

판례변경에 유의

③ 재개발조합설립인가신청에 대하여 행정청의 조합설립인가처분이 있은 이후에 **조합설립동의에 하자가** 있음을 이유로 재개발조합설립의 효력을 부정하려면 민사소송으로 다투어야 한다.

④ 재개발조합설립인가신청에 대하여 행정청의 조합설립인가처분이 있은 이후에 조합설립동의에 하자가 있음을 이유로 재개발조합설립의 효력을 부정하려면 조합설립동의의 효력을 소의 대상으로 하여야 한다.

문 124. 정답 ②

***해 설**

수업내용과 교재에서 수차례 강조하였던 것 적중되었다. 특히 로스쿨 시험에서 두 문제 나오고 서울시 공무원시험에서 한 문제 나왔는데, 이들 문제들과 동조 현상을 보이고 있는 문제 중의 하나이다.

☞ ②: ○

주택재개발조합의 법적 지위를 **종래 인가설에서 특허설로 판례 변경되었다.**

대법원 2010. 1. 28. 선고 2009두4845 판결【재개발정비사업조합설립인가처분무효확인】[공 2010상, 434]

1. 법적 성질과 쟁송의 형태(항고소송)

(1) 설립된 재개발조합은 재개발사업의 사업시행자로서 조합원에 대한 법률관계에서 특수한 존립목적을 부여받은 **행정주체로서의 지위**를 가지게 되고, 이러한 행정주체의 지위에서 정비구역 안에 있는 토지 등을 수용하거나(같은 법 제38조), 관리처분계획(같은 법 제48조), 경비부과처분(같은 법 제61조) 등과 같은 **행정처분을 할 수 있는 권한을 부여**

받는다. 따라서 재개발조합설립인가신청에 대한 행정청의 조합설립인가처분은 **단순히** 사인(사인)들의 조합설립행위에 대한 **보충행위로서의 성질을 가지는 것이 아니라** 법령상 일정한 요건을 갖추는 경우 행정주체(공법인)의 지위를 부여하는 **일종의 설권적 처분의 성질을** 가진다고 봄이 상당하다.

(2) 그러므로 도시정비법상 재개발조합설립인가신청에 대하여 행정청의 조합설립**인가처분이 있은 이후**에는, **조합설립동의에 하자가 있음을 이유로 재개발조합 설립의 효력을 부정하려면 항고소송으로 조합설립인가처분**의 **효력을 다투어야** 한다(대법원 2009. 9. 24.자 2009마168 결정 등 참조).

빈출판례

☞ **이는 판례변경이며** 통상의 인가에 있어서는 기본행위의 하자는 민사소송으로 다투어야 하지만, 동 사안의 재개발조합이나 재건축조합설립인가는 **특허설로 판례를 변경하면서 착오, 사기, 강박 같은 설립행위의 하자에도 불구하고 인가가 난 경우 사인의 공법행위의 하자에도 불구하고 특허가 발급되는 과정에 대한 하자로 검토하고** 있다. 따라서 관할은 민사소송이 아니라 **특허에 대한 항고소송으로** 판시하고 있다. 또한 사인의 공법행위의 하자에도 불구하고 처분이 발급된 경우 처분의 효력에 대하여는 취소원칙설과 무효원칙설이 있는데, 공적 거래의 안전을 고려하여 취소원칙설이 타당하다. 따라서 **원칙적으로 취소소송으로 다투**어야 한다. 다만 도저히 조합설립신청행위가 없다고 할 만큼 하자가 중대명백한 경우에는 **예외적으로 무효가 되므로 무효확인소송**으로도 다툴 수 있다.

최다빈출 출제 포인트이므로 숙지해 두자

준공검사의 법적 성질

대법원 1992. 4. 10. 선고 91누5358 판결【준공신청서반려처분취소】[공 1992. 6. 1.(921), 1604]

준법률행위적 행정행위중 확인

준공검사처분은 건축허가를 받아 건축한 건물이 건축허가사항대로 건축행정목적에 적합한가의 여부를 확인하고, 준공검사필증을 교부하여 줌으로써 허가받은 자로 하여금 건축한 건물을 사용, 수익할 수 있게 하는 법률효과를 발생시키는 것이다.

허가관청은 **특단의 사정이 없는 한 건축허가내용대로 완공된 건축물의 준공을 거부할 수 없다**고 하겠으나, 만약 건축허가 자체가 건축관계 법령에 위반되는 하자가 있는 경우에는 비록 건축허가내용대로 완공된 건축물이라 하더라도 위법한 건축물이 되는 것으로서 그 하자의 정도에 따라 건축허가를 취소할 수 있음은 물론 그 준공도 거부할 수 있다고 하여야 할 것이다. **그러나 건축허가를 받게 되면** 그 허가를 기초로 하여 일정한 사실

기출판례

관계와 법률관계를 형성하게 되므로 그 허가를 취소함에 있어서는 수허가자가 입게 될 불이익과 건축행정상의 공익 및 제3자의 이익과 허가조건 위반의 정도를 **비교 교량**하여 개인적 이익을 희생시켜도 부득이하다고 인정되는 경우가 아니면 함부로 그 허가를 취소할 수 없다.

*심화학습

빈출판례

건축물대장 작성 신청거부의 처분성 긍정판례

대법원 2009. 2. 12. 선고 2007두17359 판결【건축물대장기재신청서반려처분취소】[미간행]

행정청이 건축물대장의 작성신청을 거부한 행위가 항고소송의 대상이 되는 행정처분에 해당하는지 여부(○)

구 건축법(2005. 11. 8. 법률 제7696호로 개정되기 전의 것, 이하 '구 건축법'이라 한다) 제29조 제2항, 구 건축물대장의 기재 및 관리 등에 관한 규칙(2007. 1. 16. 건설교통부령 제547호로 전문 개정되기 전의 것, 이하 '구 건축물대장규칙'이라 한다) 제1조, 제5조 제1항, 제2항, 제3항의 각 규정에 의하면, 구 건축법 제18조의 규정에 의한 사용승인(다른 법령에 의하여 사용승인으로 의제되는 준공검사·준공인가 등을 포함한다)을 신청하는 자 또는 구 건축법 제18조의 규정에 의한 사용승인을 얻어야 하는 자 외의 자는 **건축물대장의 작성 신청권을 가지고 있고**, 한편 건축물대장은 건축물에 대한 공법상의 규제, 지방세의 과세대상, 손실보상가액의 산정 등 건축행정의 기초자료로서 **공법상의 법률관계에 영향을 미칠 뿐만 아니라, 건축물에 관한 소유권보존등기 또는 소유권이전등기를 신청하려면 이를 등기소에 제출하여야 하는 점** 등을 종합해 보면, **건축물대장의 작성은 건축물의 소유권을 제대로 행사하기 위한 전제요건으로서 건축물 소유자의 실체적 권리관계에 밀접하게 관련되어 있으므로 건축물대장 소관청의 작성신청 반려행위는 국민의 권리관계에 영향을 미치는 것**으로서 항고소송의 **대상이 되는 행정처분에 해당**한다.

125. 「도시 및 주거환경정비법」의 내용에 관한 대법원의 입장과 다른 것은? (9급 지방직)

특히 지방직에서 시사문제로서 빈출되는 지문들임

① **주택재개발정비사업조합의 설립인가신청에 대한 행정청의 인가처분**은 단순히 사인들의 조합설립행위에 대한 보충행위로서의 성질을 갖는 것이 아니라 법령상 일정한 요건을 갖출 경우 행정주체, 즉 공법인의 지위를 부여하는 일종의 **설권적 처분의 성격**을 갖는다.

② 주택재개발정비사업조합의 설립인가신청에 대하여 행정청의 **인가처분이 있은 이후에** 조합**설립결의에 하자**가 있음을 이유로 조합설립의 효력을 부정하기 위해서는 **항고소송**으로 인가처분의 효력을 다투어야 하고, 특별한 사정이 없는 한 이와는 별도로 민사소송으로 조합설립결의에 대하여 무효확인을 구할 확인의 이익은 없다.

③ 주택재개발정비사업조합은 공법인에 해당하기 때문에, **조합과 조합장 또는 조합임원 사이의 선임, 해임 등을 둘러싼 법률관계**는 공법상 법률관계로서, 그 조합장 또는 조합임원의 지위를 다투는 소송은 **공법상 당사자소송**에 의하여야 한다.

④ 행정주체인 주택재건축정비사업조합을 상대로 **관리처분계획안**에 대한 조합총회결의의 효력을 다투는 소송은 「**행정소송법**」**상 당사자소송**에 해당한다.

문 125. 정답 ③

***해 설**

대법원 판례가 변경된 것으로서 출제될 것임을 수차례 강조하여 모의 문제를 출제하여 왔던 부분이다.

☞ ①②④: ○

대법원 2010. 2. 25. 선고 2007다73598 판결【창립총회결의무효확인】[공보불게재]

(1) **주택재건축조합이나 주택재개발조합의 지위**(판례변경에 해당)

행정청이 도시정비법 등 관련 법령에 근거하여 행하는 조합설립 인가처분은 단순히 사인들의 조합설립행위에 대한 **보충행위로서의 성질**을 갖는 것에 그치는 것이 아니라, 재건축조합에 대하여 도시정비법상 주택재건축사업을 시행할 수 있는 권한을 갖는 **행정주체**(**공법인**)로서의 지위를 부여하는 일종의 **설권적 처분**의 성격을 갖는다고 보아야 한다.

최다빈출 판례지문

(2) 주택재건축조합 **설립인가 이전**

행정주체인 재건축조합을 상대로 사업시행계획 또는 관리처분계획(이하 '관리처분계획 등'이라 한다)**에 관한 조합 총회결의의 효력 등을 다투는 소송은** 행정처분에 이르는 절차적 요건의 존부나 효력 유무에 관한 소송으로서 그 소송결과에 따라 행정처분의 위법 여부에 직접 영향을 미치는 **공법상 법률관계에 관한 것이므로, 이는 행정소송법상의 당사자소송에 해당한다**(대법원 2009. 9. 17. 선고 2007다2428 전원합의체 판결 참조).

난이도 높은 판례출제 지문

난이도 높은 판례출제 지문

(3) 주택재건축조합 **설립인가 이후**

나아가, **관리처분계획 등에 관한 관할 행정청의 인가 · 고시까지 있게 되면 이제는 관리처분계획 등이 행정처분으로서의 효력을 갖게 되므로, 관리처분계획** 등에 관한 **조합 총회결의의 하자를 이유**로 그 효력을 다투려면 **재건축조합을 상대**로 **항고소송의 방법**으로 **관리처분계획 등의 취소 또는 무효확인을 구하여야 하고,** 이와는 별도로 행정처분에 이르는 절차적 요건 중 하나에 불과한 **총회결의 부분만을 따로 떼어내 그 효력을 다투는 확인의 소를 제기하는 것은 허용되지 않는다**(대법원 2009. 9. 17. 선고 2007다2428 전원합의체 판결; 대법원 2009. 10. 15. 선고 2008다93001 판결 등 참조).

☞ ③: ×

난이도 높은 판례출제
■ 해설을 잘 정리해 두자

[1] 구 도시 및 주거환경정비법(2007. 12. 21. 법률 제8785호로 개정되기 전의 것)상 재개발조합설립 인가신청에 대하여 행정청의 조합설립인가처분이 있은 이후에 **조합설립결의에 하자가 있음을 이유로 재개발조합 설립의 효력을 부정하기 위해서는 항고소송으로 조합설립인가처분의 효력을 다투어야** 하고, 특별한 사정이 없는 한 이와는 별도로 민사소송으로 행정청으로부터 조합설립인가처분을 하는 데 필요한 요건 중의 하나에 불과한 조합설립결의에 대하여 무효확인을 구할 확인의 이익은 없다고 보아야 한다.

[2] 구 도시 및 주거환경정비법(2007. 12. 21.법률 제8785호로 개정되기 전의 것)상 재개발조합이 공법인이라는 사정만으로 재개발조합과 조합장 또는 조합임원 사이의 선임 · 해임 등을 둘러싼 법률관계가 공법상의 법률관계에 해당한다거나 그 조합장 또는 조합임원의 지위를 다투는 소송이 당연히 공법상 당사자소송에 해당한다고 볼 수는 없고, 구 도시 및 주거환경정비법의 규정들이 재개발조합과 조합장 및 조합임원과의 관계를 특별히 공법상의 근무관계로 설정하고 있다고 볼 수도 없으므로, **재개발조합과 조합장 또는 조합임원 사이의 선임 · 해임** 등을 둘러싼 법률관계는 **사법상의 법률관계**로서 그 **조합장 또는 조합임원의 지위를 다투**는 소송은 **민사소송에 의하여야 할 것이다.**

126. 다음 중 판례에 대한 판시 내용 소개 중 틀린 지문은?

① 식품위생법상 일반음식점영업허가신청에 대하여 관계 법령에서 정하는 제한사유 외에 공공복리 등의 사유를 들어 거부할 수 없다.

② 위 법리는 일반음식점 허가사항의 변경허가의 경우에는 적용된다.

③ 지하도로 대기오염의 심화를 방지한다는 공익을 이유로 지하도로가 설치된 지하상가 내 점포의 일반음식점허가사항 변경허가신청을 거부할 수 있다.

④ 식품위생법상 일반음식점영업허가는 성질상 일반적 금지의 해제에 불과하므로 허가권자는 허가신청이 법에서 정한 요건을 구비한 때에는 허가하여야 하고, 지하도로 대기오염의 심화를 방지하자는 공익을 감안한다 하더라도 관계 법령에서 정하는 제한사유 외에 공공복리 등의 사유를 들어 허가신청이나 용도변경허가를 거부할 수는 없다.

문 126. 정답 ③

***해 설**

☞ ①②: ○

대법원 2000. 03. 24. 선고 97누12532 판결[일반음식점허가사항변경허가신청반려처분취소]

식품위생법상 일반음식점영업허가는 성질상 일반적 금지의 해제에 불과하므로 허가권자는 허가신청이 법에서 정한 요건을 구비한 때에는 허가하여야 하고 관계 법령에서 정하는 제한사유 외에 공공복리 등의 사유를 들어 허가신청을 거부할 수는 없고, **이러한 법리는 일반음식점 허가사항의 변경허가에 관하여도 마찬가지이다.**

☞ ③: × ☞ ④: ○

대법원 2000. 03. 24. 선고 97누12532 판결[일반음식점허가사항변경허가신청반려처분취소]

지하도로시설기준에관한규칙(1999. 1. 15. 건설교통부령 제161호로 개정되기 전의 것) 제6조 제3호는 지하도로에는 숯불·가스불 등 불꽃이 직접 피어나도록 연료를 연소시켜 조리하는 일반음식점은 설치할 수 없다고 규정하고 있으나, 기록에 의하면 61호 점포에 대한 일반음식점 영업허가에 이미 숯불·가스불 등을 사용하지 못하도록 조건이 붙어 있고 이 사건 변경허가신청은 영업장소를 확장하되 주방을 새로 설치하지 않고 62호 점포를 객석으로만 사용하겠다는 것이므로 위 규칙의 제한사유에 해당하지도 않는다.

또한 식품위생법 제24조 제1항 제4호는 공익상 허가를 제한할 필요가 있다고 인정되어 보건사회부(지금의 보건복지부)장관이 지정하는 영업 또는 품목에 해당하는 때에는 그 허가를 할 수 없도록 규정하고 있으나 보건사회부장관이 위 허가제한대상으로서 일반음식점영업을 지정하고 있지는 아니하며 달리 관계 법령의 규정에 의하여 위 변경허가를 제한할 근거가 없는 이상, 지하도로 대기오염의 심화를 방지하자는 공익을 감안한다 하더라도 이 사건 거부처분은 위 관계 법령의 규정 취지에 반하여 위법하다고 하지 않을 수 없다.

최근에 인허가의제가 자주 출제되고 있음
■반드시 정리하고 넘어갈 것

127. 다음 중 인·허가의제제도에 관한 설명으로 옳지 않은 것은? (서울시 9급)

① **인·허가의제제도**는 하나의 인·허가를 받으면 다른 허가, 인가, 특허, 신고 또는 등록 등을 **받은 것으로 보는 제도**를 말한다.
② 인·허가의제제도는 **복합민원의** 일종으로 민원인에게 **편의를** 제공하는 **원스톱 서비스**의 기능을 수행하게 된다.
③ 인·허가의제제도는 **행정기관의 권한에 변경**을 가져오는 것이므로 **법률의 명시적인 근거**가 있어야 한다.
④ 인·허가의제가 인정되는 경우 민원인은 하나의 인·허가 신청과 더불어 의제를 원하는 인·허가 신청을 각각의 해당기관에 제출하여야 한다.
⑤ 인·허가의제제도의 경우 다른 관계인이나 허가기관의 인·허가를 받지 않는 대신 **다른 관계인이나 인·허가 기관의 협의**를 거치도록 하는 경우가 보통이다.

문 127. 정답 ④

*해 설

☞ ④: ×

인허가의제의 의의와 다수설·판례정리 필수

인허가의제는 행정의 능률을 위하여 복수의 허가나 인가 등을 받는 대신 하나의 허가만 받으면 족하도록 하는 제도이다. 이는 행정계획에서는 집중효로 나타난다. 인허가의제의 범위에 대하여 담당 부서만 통합된다는 관할집중설, 절차까지도 통합된다는 절차집중설, 내용요건까지 모두 통합된다는 실체집중설 등이 대립한다. **다수설과 판례의 태도는 행정능률과 내용요건들에 대한 고려 등을 조화롭게 하기 위하여 절차집중설의 입장을 취한다.** 어떠한 학설의 입장이든 담당 부서가 하나로 통합되므로 ④는 틀린 설명이다.

128. 행정처분의 근거법령의 적용시점과 위법판단의 기준시점에 관한 설명 중 옳지 않은 것은? (다툼이 있는 경우 판례에 의함)

(변시 기출)

① **허가신청 후 처분 전에 관계 법령이 개정 시행된 경우** 신법령 부칙에 경과규정을 두지 아니한 이상 당연히 허가신청 당시의 법령에 의하여 허가 여부를 판단하여야 하는 것은 아니며, 소관 행정청이 허가신청을 **수리하고도 정당한 이유 없이 처리를 늦추어 그 사이에 법령 및 허가기준이 변경된 것이 아닌 한 변경된 법령 및 허가기준에 따라서** 한 불허가처분은 적법하다.

② 행정소송에서 행정처분의 위법 여부는 **원칙적으로 행정처분이 행하**여졌을 때의 법령과 사실상태를 기준으로 하여 판단하여야 하고, 처분 후 법령의 개폐나 사실상태의 변동에 의하여 **영향을 받지는 않는다.**

③ 개정 전 법령의 존속에 대한 국민의 신뢰가 개정 법령의 적용에 관한 공익상의 요구보다 더 보호가치가 있다고 인정되는 경우, **국민의 신뢰를 보호하기 위하여 개정** 법령의 적용이 제한될 수 있는 **여지가 있다.**

④ 건설업자가 시공자격 없는 자에게 전문공사를 하도급한 행위에 대하여 과징금 부과처분을 하는 경우, 구체적인 부과기준에 대하여 **처분시의 법령**이 **행위시의 법령보다 불리**하게 개정되었고 어느 법령을 적용할 것인지에 대하여 특별한 규정이 없다면 처분시의 법령을 적용하여야 한다.

⑤ 조세법령이 일단 효력을 발생하였다가 폐지 또는 개정된 경우 조세법령이 정한 과세요건 사실이 폐지 또는 개정된 당시까지 완료된 때에는 다른 경과규정이 없는 한 그 과세요건 사실에 대하여는 **종전의 조세법령이 계속 효력을 가지므로, 조세법령의 폐지 또는 개정 전에 종결된 과세요건 사실에 대하여 폐지 또는 개정 전의 조세법령을 적용하는 것이 조세법률주의의 원칙에 위배된다고 할 수 없다.**

난이도 높은 허가관련 판례 문제정리

문 128. 정답 ④

***해 설**

☞ ①: ○

중요판례

대법원 2006. 08. 25. 선고 2004두2974 판결[주택건설사업계획승인신청반려처분취소]

허가 등의 행정처분은 **원칙적으로 처분시의 법령과 허가기준에 의하여 처리되어야 하고 허가신청 당시의 기준에 따라야 하는 것은 아니며**, 비록 허가신청 후 허가기준이 변경되었다 하더라도 그 허가관청이 허가**신청을 수리하고도 정당한 이유 없이 그 처리를** 늦추어 **그 사이에 허가기준이 변경된 것이 아닌 이상 변경된 허가기준에 따라서 처분을 하여야 한다.**

☞ ②: ○

빈출판례

대법원 2012. 12. 13. 선고 2011두21218 판결[조합설립무효확인등]

항고소송에 있어서 행정처분의 적법 여부는 특별한 사정이 없는 한 그 행정처분 당시를 기준으로 하여 판단하여야 할 것이나, 여기서 행정처분의 위법 여부를 판단하는 기준 시점에 대하여 판결 시가 아니라 처분 시라고 하는 **의미는 행정처분이 있을 때의 법령과 사실상태를 기준으로 하여 위법 여부를 판단할 것이며 처분 후 법령의 개폐나 사실상태의 변동에 영향을 받지 않는다는 뜻**이지 처분 당시 존재하였던 자료나 행정청에 제출되었던 **자료만으로 위법 여부를 판단한다는 의미는 아니므로**, 처분 당시의 사실상태 등에 대한 입증은 사실심 변론종결 당시까지 할 수 있고, 법원은 행정처분 당시 행정청이 알고 있었던 자료뿐만 아니라 사실심 변론종결 당시까지 제출된 **모든 자료를 종합하여** 처분 당시 존재하였던 객관적 사실을 확정하고 그 사실에 기초하여 처분의 위법 여부를 판단할 수 있다.

☞ ③: ○

빈출판례

대법원 2007. 11. 16. 선고 2005두8092 판결[건축허가반려처분취소]

법령의 개정에 있어서 신뢰보호원칙이 적용되어야 하는 이유는 어떤 법령이 장래에도 그대로 존속할 것이라는 합리적이고 정당한 신뢰를 바탕으로 국민이 그 법령에 상응하는 구체적 행위로 나아가 일정한 법적 지위나 생활관계를 형성하여 왔음에도 국가가 이를 전혀 보호하지 않는다면, 법질서에 대한 국민의 신뢰는 무너지고 현재의 행위에 대한 장래의 법적 효과를 예견할 수 없게 되어 법적 안정성이 크게 저해되기 때문이라 할 것이나, 이러한 신뢰보호는 절대적이거나 어느 생활영역에서나 균일한 것은 아니고 개개의 사안마다 관련된 자유나 권리, 이익 등에 따라 보호의 정도와 방법이 다를 수 있으며,

새로운 법령을 통하여 실현하고자 하는 공익적 목적이 우월한 때에는 이를 고려하여 제한될 수 있다고 할 것이므로 이러한 신뢰보호원칙의 위배 여부를 판단하기 위하여는 한편으로는 침해받은 이익의 보호가치, 침해의 중한 정도, 신뢰가 손상된 정도, 신뢰침해의 방법 등과 다른 한편으로는 새 법령을 통해 실현하고자 하는 공익적 목적을 종합적으로 비교·형량하여야 할 것이다(대법원 2006. 11. 16. 선고 2003두12899 전원합의체 판결 등 참조).

한편, **건축허가기준에 관한 관계 법령 및 조례**(이하 '법령'이라고만 한다)**의 규정이 개정된 경우, 새로이 개정된 법령의 경과규정에서 달리 정함이 없는 한 처분 당시에 시행되는 개정 법령에서 정한 기준에 의하여 건축허가 여부를 결정하는 것이 원칙이고,** 그러한 개정 법령의 적용과 관련하여서는 개정 전 법령의 존속에 대한 국민의 **신뢰가 개정** 법령의 적용에 관한 **공익상의 요구보다 더 보호가치가 있다고 인정되는 경우에 그러한 국민의 신뢰를 보호하기 위하여 그 적용이 제한될 수 있는 여지가 있을 따름이다.**

☞ ④: ×

대법원 2002. 12. 10. 선고 2001두3228 판결[과징금부과처분취소]

[1] 법령이 변경된 경우 신 법령이 피적용자에게 유리하여 이를 적용하도록 하는 경과규정을 두는 등의 특별한 규정이 없는 한 헌법 제13조 등의 규정에 비추어 볼 때 그 변경 전에 발생한 사항에 대하여는 변경 후의 신 법령이 아니라 변경 전의 구 법령이 적용되어야 한다.

[2] 구 건설업법 시행 당시에 건설업자가 도급받은 건설공사 중 전문공사를 그 전문공사를 시공할 자격 없는 자에게 하도급한 행위에 대하여 건설산업기본법 시행 이후에 과징금 부과처분을 하는 경우, 과징금의 부과상한은 건설산업기본법 부칙 제5조 제1항에 의하여 피적용자에게 유리하게 개정된 건설산업기본법 제82조 제2항에 따르되, 구체적인 부과기준에 대하여는 처분시의 시행령이 행위시의 시행령보다 불리하게 개정되었고 어느 시행령을 적용할 것인지에 대하여 특별한 규정이 없으므로, 행위시의 시행령을 적용하여야 한다.

☞ ⑤ : ○

대법원 1993. 05. 11. 선고 92누18399 판결[양도소득세등부과처분취소]

조세법률주의의 원칙상 조세의무는 각 세법에 정한 과세요건이 완성된 때에 성립된다고 할 것이나, 조세법령이 일단 효력을 발생하였다가 폐지 또는 개정된 경우 조세법령이 정한 과세요건 사실이 폐지 또는 개정된 당시까지 완료된 때에는 다른 경과규정이 없는 한 그 과세요건 사실에 대하여는 종전의 조세법령이 계속 효력을 가지며, 조세법령의 폐지 또는 개정 후에 발생된 행위사실에 대하여만 효력을 잃는 것이라고 보아야 할 것이므로, 조세법령의 폐지 또는 개정 전에 종결된 과세요건 사실에 대하여 폐지 또는 개정 전의 조세법령을 적용하는 것이 조세법률주의의 원칙에 위배된다고 할 수 없다.

인가에 대한 빈출지문들 정리하는 문제임

129. 인가에 관한 설명 중 옳지 않은 것은? (다툼이 있는 경우 판례에 의함) (변시 기출)

① 기본행위가 적법·유효하고 **보충행위인 인가처분 자체에만 하자가** 있다면 **그 인가처분의 무효나 취소를 주장할 수** 있다고 할 것이지만, 인가처분에 하자가 없다면 **기본행위에 하자가 있다고 하더라도 따로 그 기본행위의 하자를 다투는 것**은 별론으로 하더라도 기본행위의 무효를 내세워 바로 그에 대한 인가처분의 취소 또는 무효확인을 구할 수 없다.

② **민법상 재단법인의 정관변경 허가**는 그 성질에 있어 법률행위의 효력을 보충해 주는 것이지 일반적 금지를 해제하는 것이 아니므로, 그 **법적 성격은 인가라고 보아야 한다.**

③ 관할관청이 **개인택시 운송사업의 양도·양수에 대한 인가를 하였을** 경우 거기에는 양도인과 양수인 간의 양도행위를 **보충하여 그 법률효과를 완성시키는 의미에서의 인가처분뿐만 아니라** 양수인에 대해 양도인이 가지고 있던 면허와 동일한 내용의 **면허를 부여하는 처분이 포함되어 있다.**

설권행위로서 특허

④ 「도시 및 주거환경정비법」 등 관련 법령에 근거하여 행하는 주택재건축사업조합 설립인가처분은 사인들의 조합설립행위에 대한 **보충행위로서의 성질을** 갖는 것에 그칠 뿐, **행정주체로서의 지위를 부여하는 설권적 처분의 성격을** 갖는 것은 아니다.

문 129. 정답 ④

***해 설**

☞ ①: ○

기출

대법원 2004. 10. 28. 선고 2002두10766 판결[정관변경인가처분취소]

행정청의 사립학교 정관변경에 대한 인가는 기본행위인 사립학교의 정관변경에 대한 **법률상의 효력을 완성시키는 보충행위**로서 그 **기본행위인 정관변경에 하자가 있을 때에**는 그에 대한 인가가 있다 하더라도 정관변경이 유효한 것으로 될 수 없으므로 기본행위인 정관변경이 적법·유효하고 보충행위인 인가처분 자체에만 하자가 있다면 그 인가처분의 취소를 주장할 수 있지만, 인가처분에 하자가 없다면 기본행위에 하자가 있다 하더라도 따로 그 **기본행위의 하자를 다투는 것은** 별론으로 하고 **기본행위의 하자를 내세워 바로 그에 대한 행정청의 인가처분의 취소를 구할 수는 없다.**

☞ ②: ○

대법원 1996. 05. 16. 선고 95누4810 전원합의체 판결[법인정관변경허가처분무효확인]

민법 **제45조와 제46조에서 말하는 재단법인의 정관변경 "허가"는** 법률상의 표현이 허가로 되어 있기는 하나, 그 성질에 있어 법률행위의 효력을 보충해 주는 것이지 일반적 금지를 해제하는 것이 아니므로, **그 법적 성격은 인가라고 보아야 한다.**

☞ ③: ○

최근기출

대법원 2010. 11. 11. 선고 2009두14934 판결[개인택시운송사업면허취소처분취소]

관할 관청이 개인택시운송사업의 양도·양수에 대한 인가를 하였을 경우 거기에는 양도인과 양수인 간의 양도행위를 보충하여 그 법률효과를 완성시키는 의미에서의 인가처분뿐만 아니라 **양수인에 대해 양도인이 가지고 있던 면허와 동일한 내용의 면허를 부여하는 처분이 포함되어 있다**(대법원 1994. 8. 23. 선고 94누4882 판결 참조). 또한 구 여객자동차 운수사업법 제14조 제4항에 의하면 개인택시운송사업을 양수한 사람은 양도인의 운송사업자로서의 지위를 승계하므로, 관할 관청은 개인택시 운송사업의 양도·양수에 대한 인가를 한 후에도 그 양도·양수 이전에 있었던 양도인에 대한 운송사업면허 취소사유를 들어 양수인의 사업면허를 취소할 수 있다.

☞ ④: △

최근기출

주택재개발조합이나 주택재건축조합 설립인가를 인가로 보았던 **변경 전 판례**의 입장이다. 그러나 **최근 대법원 판례는 특허설로 판례를 변경하였으므로 이는 틀린**

답이라고 볼 수 있다.

대법원 2010. 2. 25. 선고 2007다73598 판결【창립총회결의무효확인】

- 주택재건축조합이나 주택재개발조합의 지위(판례변경에 해당)[1]

행정청이 도시정비법 등 관련 법령에 근거하여 행하는 조합설립 인가처분은 단순히 사인들의 조합설립행위에 대한 보충행위로서의 성질을 갖는 것에 그치는 것이 아니라, 재건축조합에 대하여 도시정비법상 주택재건축사업을 시행할 수 있는 권한을 갖는 행정주체(공법인)로서의 지위를 부여하는 일종의 설권적 처분의 성격을 갖는다고 보아야 한다.

---

1 동지: 홍정선 교수.

행정행위의 효력과 하자 — 문제연습

130. 다음은 행정행위의 **공정력**에 대한 논의들이다. 아래 보기 중 옳은 것을 고르시오. (다툼이 있는 경우 판례에 의함) ★★

① 공정력은 국민과 다른 국가기관에 대하여 모두 효력이 미친다는 광의설이 최근의 다수설의 입장이다.

② 공정력의 근거에 대하여 **자기확인설**과 **국가권위설** 및 **예선적 특권설** 등은 행정행위의 **적법성이 추정**되는 것을 긍정하는 입장이다.

③ 공정력은 행정행위가 **위법하여 취소사유가 있는 경우까지** 국민에게 일단 복종하도록 의무를 부과하는 것은 아니다.

④ 행정행위에 대한 **입증책임에** 대하여 다수설과 판례는 **적법성이 추정**되므로 국민인 **원고가 입증하여야** 한다고 본다.

⑤ 사실을 오인한 운전면허취소가 발급된 경우 행정행위의 **공정력에 위반**하여 행동하더라도 **취소판결**이 나면 행정행위의 **공정력**보다 **취소판결의 형성력이 우선**되므로 **무면허운전죄로 처벌할 수 없다**는 것이 판례의 입장이 아니다.

빈출지식

공정력에 대한 기본지식 출제

문 130. 정답 ②

＊해 설

☞ ①: ×

☞ **공정력은** 행정청의 처분이 내려지면 처분인 **공**권력에 대하여 **국민들에게 복종하도록** 인**정**되는 **효력**을 의미함.

행정행위의 **공정력**은 **국민에 대하여서만** 미치고, **다른 국가기관이나 민형사법원** 등에게 미치는 것은 **구성요건적 효력**(☞선결문제와 관련성 깊음)으로 **별도로 검토**하는 **협의설이 최근 다수설**의 입장이다.

☞ ②: ○

행정행위의 공정력에 대하여 **위 세 가지 학설**은 **적법성이 추정**된다는 권위주의적인 학설임에 반하여, **취소소송의 배타적 관할의 반사효설**과 **법적 안정성설** 등은

공정력의 이론적 근거 = 적법성추정설(**자**기확인설, **국**가권위설, **예**선적 특권설) +

잠정적 통용력설(취소소송의 배타적 관할의 **반**사효설, 법적 안**정**성설)
☞ 암기법: 자 국 예 반 정

잠정적인 통용력만 인정하므로 타당하다. 그중에서도 **법적 안정성설**이 다수설로서 타당하다.

☞ ③: ×

공정력은 **행정행위**가 **위법**하여 **취소**사유이거나 **부당**한 경우라도 **국민들에게 일단 복종**하도록 의무를 지우는 효력이다. 그러나 **무효인 경우에는 발생하지 않는다**는 점을 주의하여야 한다.

☞ ④: ×

다수설과 판례는 행정행위의 공정력과 **입증책임**을 **무관**하다고 보아 **법률요건분류설에 따라 국민과 행정청을 공평하게 취급한다.**

☞ 처분이 위법하게 잘 못 내려진 것에 해하여 증거를 제출할 책임을 **입증책임**이라 한다. **적법성추정설**(**자**기확인설, **국**가권위설, **예**선적 특권설)에서는 행정청이 적법하게 처분했을 것이라고 추정하므로 국민인 **원고에게 입증책임**이 있다고 봄 그러나 **잠정적 통용력설**(취소소송의 배타적 관할의 **반**사효설, 법적 안**정**설)은 법조문상의 요건에 대한 주장이 받아들여졌을 때 **유리하게 되는 자가 입증해야**한다고 보는 **법률요건분류설**을 취함. 독자적 분배설도 있지만 법률요건분류설과 동일한 결론. 참고로 피고책임설도 있지만 타당하지 않음.

암기법
원 피 법 독(원고책임설, 피고책임설, 법률요건분류설, 독자성설)

☞ ⑤: ×

공정력 우선설과 **판결의 형성력 우선설** 중 전자는 김중권 교수와 장태주 교수의 입장이나, **후자가 판례**와 박정훈 교수의 입장이다.

131. 다음은 행정행위의 효력 중 **구성요건적 효력**에 대한 논의와 대법원의 판시 내용들을 설명하는 지문이다. 옳은 것은 모두 몇 개인가? (다툼이 있는 경우 판례에 의함) ★★★

빈출 중요지문
구성요건적 효력 반드시 출제되므로 정리해 두자

ㄱ. **선결문제**에 대하여 공정력으로 설명하는 입장보다 최근에는 **구성요건적 효력**으로 접근하는 입장이 지지를 받고 있다.

ㄴ. 선결문제는 **행정소송법 제11조**에서 행정행위가 **무효**인 경우와 **부존재**인 경우는 **민사법원**에서 심리할 수 **있다고 규정**하고 있지만 **취소사유인 단순위법**에 대하여는 **규정이 없어서 학설과 판례가 대립한다.**

ㄷ. 행정행위의 **선결문제**와 관련하여 **위법성판단**만으로 가능한 판결**유형**에 대하여

민형사법원이 심리할 수 있다는 긍정설이 다수설과 판례의 입장이다.

ㄹ. 판례는 **양도인**이 **비닐하우스를 그린벨트에서 허가없이 건축**하였음에도 불구하고 **양수인에게 시정명령을 수차례 발급**한 후 양수인을 기소한 사건에서 **형사법원**은 시정명령의 효력을 부인할 수 없으므로 유죄판결을 내렸다.

ㅁ. 판례에 의하면 과세처분이 위법한 취소사유를 가진 채 부과되었음에도 불구하고 납부한 경우 국민은 **과오납금 반환청구소송**을 제기하여 **부당이득**으로서 **반환**받을 수 있다고 한다.

① 1개 ② 2개
③ 3개 ④ 4개
⑤ 5개

문 131. 정답 ③

***해 설**

☞ ㄱ: ○

☞ 공정력과 구성요건적 효력을 구별하는 협의설에 바라보는 타당한 설명이며, 실질적으로 공정력설(☞광의설)을 지지하는 학자들은 소수이다.

이 문제는 해설이 더 중요함

☞ **처분이 위법한지를 먼저 판단**하고 그 다음으로 민사에서 배상판결이나 형사에서 유무죄판결을 내리게 됨. 따라서 처분의 위법성 판단이 민형사법원에서는 **선결문제**임. 이처럼 민형사법원의 판결에서 요건으로 구성하게 되는 이러한 효력을 **구성요건적 효력**이라 함

빈출

☞ ㄴ: ○

정확한 설명이다.

☞ 조문에 규정되어 있는 **무효나 부존재**는 선결문제 가능성에 대하여 이미 조문에 가능하다고 되어 있으므로 **논의할 필요가 없다**. 따라서 이를 **논의의 전제성이 없다고 함**.

빈출

즉 **취소사유**만 선결문제의 **논의의 전제(필요)가 있음**

☞ ㄷ: ○

긍정설은 구성요건적 효력이나 공정력은 **적법성 추정이 아니며**, 행정소송법 **제11조는 예시적 규정**에 불과하며, **민형사 법원 등에게도 행정행위의 위법성을 심사**할 수 있는 관할이 인정된다고 한다.

빈출

☞ 위법한 처분에 대하여 **국가배상소송**이 제기되면 민사법원은 **인용**판결 가능

위법한 **시정명령(철거명령)**에 불복종하더라도 형사법원은 **무죄**판결이 가능

☞ 그렇지만 민형사법원은 취소소송법원이 아니므로 처분을 취소시켜서 효력을 부정하는 판결을 할 수 없음. 그래서 처분을 취소시켜서 효력이 없어야만 되는 **부당이득반환판결**은 민사법원이 내릴 수 없고**(기각판결)** 형사법원은 **무면허운전죄**로 유죄판결을 내릴 수 없다. **(무죄판결)**

선결문제(구성요건적 효력) = 위법성 판단유형(긍정설이 다·판) + 효력부인유형(부정설이 다·판)

☞ ㄹ: ×

빈출

판례는 **시정명령위반죄**의 경우 위법한 시정명령에 대하여는 **위법하므로 의무위반을 벌할 수 없어 무죄로 판시**하였다. 시정명령위반죄는 범죄구성요건을 행정법에게 개방한 개방적 구성요건인데, 입법취지가 적법한 시정명령이어야만 형사처벌할 수 있고 위법한 시정명령에 대하여는 유죄로 처벌할 수 없도록 되어 있어, 효력부인유형이 아니라 **위법성 판단유형**이다.

☞ ㅁ: ×

빈출

판례에 의하면 과세처분이 위법하다고 하더라도 민사법원의 과세처분의 효력을 부인할 수 없다고 보아 **부당이득반환청구소송에서 기각**판결을 내리고 있다.

난이도 높지만 반드시 빈출되는 지문들 정리

위법성의 정도에 대해 숙지

132. 위법성의 정도 및 위헌법률에 근거한 처분에 대한 다양한 논의들과 대법원 및 헌재의 판시 내용을 설명한 다음의 논의 중 옳은 것은? (다툼이 있는 경우 판례에 의함)

① **위법성의 정도에 대하여 전원합의체 판결의 다수의견은** 명백성 보충요건설이다.

② 중대명백설은 명백성 보충요건설 보다 **구체적 타당성이나 권리구제**에 더 유리하다.

③ **헌재도 대법원이나 다수설과 마찬가지로 중대명백설을** 취하므로, 세무서장이 **과세처분 및 압류를 행한 뒤 위헌판결**이 나더라도 그 과세처분이나 압류는 취소사유에 불과하므로 **제소기간이 경과한 뒤**에는 다툴 수 없다고 한다.

④ 위헌판결에 대하여 **장래효설**과 소급효설 중 소급효설이 다수설과 판례이다.

⑤ 위헌판결이 난 경우 예외적인 소급효의 범위와 관련하여 **위헌제청된**

당해 사건, 동일 이유로 헌재에 계류중인 당해 사건, 일반법원에 계류중인 일반사건들은 소급해서 법률이 무효이지만, 위헌판결 이후에 제소된 일반사건은 이익형량상 소급효에 대한 제한이 가능하다.

문 132. 정답 ⑤

*해 설

☞ ①: ×

☞ 처분의 위법성의 정도는 통상적으로 잘 못 한 정도(Grade1)를 '취소사유'라고 하고 매우 잘못된 극단적인 정도(Grade2)를 '무효사유'라고 함. ⇒ 처분이 위법하면 **취소가 원칙이고 무효가 예외**임.

☞ **취소**사유는 일단 권리의무가 처분대로 발생하여 유효하여 국민들은 이에 복종하여야 함. 다만, 취소하면 '**소급해서**' 처음부터 효력이 없게 됨.

cf〉 **철회**는 효력이 발생한 처분에 대하여 사정변경이나 중대한 공익상의 요청이 있는 경우에 '**장래에 대하여**' 효력을 박탈하거나 소멸시키는 처분을 의미.

☞ **무효사유는 처음부터** 처분의 효력이 없으므로 아예 아무런 권리 · 의무가 발생하지 않는 것을 의미

cf〉 **부존재**는 처분이 성립하기 이전이거나 소멸하여 더 이상 처분이 존재하지 않는 경우를 의미.

예제〉 음주운전으로 인한 면허취소 ⇒ 그 동안 운전한 것은 유효하고 앞으로 운전을 더 이상 못한다는 것 ⇒ 철회!!!

예제〉 운전실력이 없는 데도 뇌물을 주고 운전면허발급받은 것이 적발되어 면허취소 ⇒ 처음부터 소급해서 이런 면허는 인정할 수 없음 ⇒ 취소

☞ 행정청이 행하는 취소= **직권취소** vs 행정심판위원회가 행하는 취소 = **취소인용재결** vs 법원이 행하는 취소 = **취소판결**

☞ **직권취소**는 당해 행정청도 **감독청도** 모두 가능 vs **철회는** 당해 행정청만 가능하고 **감독청은 X**

시험에 꼭 나오는 빈출 구별 개념

중대명백설의 입장을 취한다. 이와 달리 전원합의체 **반대의견**은 **명백성보충요건설**을 취하고 있다.

☞ ②: ×

중대명백설에 의하면 침익적 행정행위가 무효로 되기가 어려우므로, 오히려 명백

성 보충요건설이나 조사의무설, 중대설 등이 구체적 타당성이나 권리구제에 보다 유리하다.

☞ ③: ×

헌재는 원칙적으로는 중대명백설을 취하지만, 예외적으로 법적 안정성 보다 권리구제의 필요성이 현저하면 무효라고 보므로 이러한 경우 제소기간이 지나도 다툴 수도 있고, **후속 조치들**인 경매 등을 취하는 것은 금지된다고 한다.

☞ ④: ×

원칙적으로 헌재법 제47조 제2항 때문에 장래효이지만, 예외적으로 소급효를 인정하고 있다.

☞ ⑤: ○

대법원과 헌재의 입장으로서 타당하다.

시험에 자주 나오는 중요 지문들 정리

반드시 출제되는 지문들이므로 숙지할 것

133. 다음은 행정행위의 하자에 대한 하자승계, 하자치유, 하자전환 등에 대한 논의들과 판시 내용들이다. 아래 보기 중 옳은 것(o)과 옳지 않은 것(x)을 올바르게 조합한 것은? (다툼이 있는 경우 판례에 의함)

ㄱ. **경찰관 직위해제후 90일 동안 대기명령을 준수한 경찰공무원**이 **직권면직**을 당하자 비로소 취소소송을 제기한 사건에서 판례는 경찰공무원들**에게 대기명령을 준수하지 않고 90일 이내에 제소할 것을 요구하는 것은 기대**가능하지 않고 수인불가능하므로 하자승계가 가능하다고 판시하였다.

ㄴ. 대법원은 **개별공시지가의 경우** 개별통지되지 아니하였다면 과세처분 단계에서 **하자승계를 통해 다툴 수 있다고** 보고 있다.

ㄷ. 대법원은 **표준공시지가가 잘못** 설정된 뒤 제소기간이 경과하였더라도 **개별통지되지 않았으면 수용재결에 하자를 승계시켜서 보상금증감청구소송을 통해서도** 다툴 수 있다고 판시하고 있다.

ㄹ. **행정행위의 요건을 보완하여 하자를 치유할** 수 있는 것은 행정심판이나 행정소송 도중이라도 가능하다.

ㅁ. **임용결격사유를 간과하고 임명한** 경우 다수설과 판례는 무효이므로 아무리 공무원이 오랜 기간 근무하였다고 하더라도 유효하게 **전환될 수 없으므로 퇴직금이나 연금 등을 취득할 수 없다고** 본다. 그러나 **그 공무원이 행한 대외적인 행**

정행위는 사실상 공무원이 행한 것으로 전환시켜 주체상의 하자가 없는 유효한 행위라고 본다.

① ㄱ(x), ㄴ(o), ㄷ(o), ㄹ(x), ㅁ(x)
② ㄱ(o), ㄴ(x), ㄷ(o), ㄹ(o), ㅁ(x)
③ ㄱ(x), ㄴ(o), ㄷ(x), ㄹ(o), ㅁ(x)
④ ㄱ(o), ㄴ(x), ㄷ(o), ㄹ(x), ㅁ(x)
⑤ ㄱ(x), ㄴ(o), ㄷ(o), ㄹ(x), ㅁ(o)

문 133. 정답 ⑤

***해 설**

☞ ㄱ: ×

대법원 판례는 전통적 하자승계론에 입각하여 **직위해제와 직권면직 사이**에 추구하는 목적과 효과가 다르므로 **하자가 승계되지 않는다**고 판시하였다. 이에 오히려 설문과 같이 판결하였어야 한다고 **구속력 이론을 주장하는 학자들에 의하여 판례는 비판**받고 있다.

☞ ㄴ: ○

개별통지 받지도 않은 개별공시지가에 대하여 **제소기간내에 제소하라고 요구하는 것은 기대가능성과 수인가능성이 없기 때문이**다.

☞ ㄷ: ○

타당한 설명이며, 역시 **기대가능성과 수인가능성 때문**이다.

☞ ㄹ: ×

이는 소수설인 쟁송종결시설의 입장이며, **다수설과 판례에 의하면 쟁송제기이전에만** 가능하다.

☞ ㅁ: ○

타당한 설명이다. 그러나 이와 달리 **유력설은 취소사유로 보므로 신뢰보호의 원칙, 실권법리, 하자치유 등을 들어 내부적으로나 외부적으로 완전히 유효한 공무원 임용이 되게 되어 공무원이 보호받게 된다**.

빈출지문 정리

134. 행정행위의 하자에 관한 설명 중 옳지 않은 것은? (다툼이 있는 경우 판례에 의함)

① **행정처분을 한 행정청**은 그 처분의 성립에 하자가 있는 경우 이를 **취소할 별도의 법적 근거가 없다 하더라도 직권으로 취소할 수 있다.**

② 지방병무청장이 징병 재신체검사를 거쳐 종전의 **현역병입영대상편입처분을 보충역편입처분으로 변경한** 후에, **보충역편입처분에 하자가 있다는 이유로 이를 다시 취소하더라도 종전의 현역병입영대상편입처분의 효력은 회복되지 않는다.**

③ **조세부과처분과 압류 등의 체납처분은** 별개의 행정처분으로서 독립성을 가지므로 조세부과처분에 하자가 있더라도 그 부과처분이 취소되지 아니하는 한 그에 근거한 체납처분은 **위법이라고 할 수 없으나,** 그 부과처분에 **중대하고도 명백한 하자가 있어 무효인 경우에**는 그 부과처분의 집행을 위한 체납처분도 **무효이다.**

④ 민사소송에 있어서 어느 행정처분의 **당연무효 여부가 선결문제로** 되는 때에는 당해 수소법원이 이를 판단하여 **당연무효임을 전제로 판결할 수 있고,** 반드시 행정소송 등의 절차에 의하여 무효확인을 받아야 하는 것은 아니다.

⑤ **적법한 건축물에 대한 철거명령의** 하자가 중대하고 명백하여 **당연무효라** 하더라도, 그 후행행위인 건축물철거 대집행계고처분이 당연무효인 것은 아니다.

문 134. 정답 ⑤

***해 설**

☞ ①: ○

하자있는 행정행위를 바로 잡기 위하여 직권취소하는 것은 **법치주의의 요청상** 법률의 근거가 별도로 필요하지 않다. 다만 신뢰보호의 원칙이나 비례의 원칙상 직권취소가 이익형량에 의하여 제한될 수 있다.

☞ ②: ○

신뢰보호의 사익과 취소의 취소를 통한 공익을 비교형량시 사익이 우월하기 때문에 타당한 설명이다.

☞ ③: ○

과세처분과 강제징수사이에는 추구하는 목적이나 효과가 달라 하자승계될 수 없으나, **과세처분이 무효인 경우에는 당연히 언제나 승계된다.** 그러므로 하자승계의 논의의 전제에서 선행 행정행위가 당연무효가 아닐 것이 요구된다.

빈출

☞ ④: ○

행정소송법 제11조에 의하여 당연무효인 경우에는 민사법원은 선결문제로서 행정행위를 심사할 수 있다. 그러므로 선결문제의 **논의의 전제로서 행정행위가 당연무효가 아닐 것이 요구되고 있다.**

빈출

☞ ⑤: ×

다수설과 판례에 의하면 선행 처분인 철거명령에 **무효인 하자가 있다면** 비록 대집행과 목적이나 효과가 다르다고 하더라도 **하자가 승계된다고 본다.**

빈출

135. 다음 판례의 태도에 대한 서술 중 틀린 것은?

① **재개발사업 시행자가 분양신청을 하지 아니한 토지의 소유자에 대하여 대지 및 건축시설을 분양하지도 아니하고 청산금도 지급하지 아니하기로 하는 분양처분고시는 행정처분의 성질을 가진다.**

② 분양처분고시가 적법한 행정소송의 절차에 의하여 취소되지 아니하는 한 **국가배상청구소송을 심리하는 법원도** 그 처분에 기속되어 그 행정처분의 내용과 달리 청산금을 지급하라고 명할 수는 없으므로 취소판결이 있기 이전에 국가배상법원이 분양고시처분의 위법성을 심리할 수 없다.

빈출 출제의도

취소판결이 있기 이전이라도 심사할 수 있다

③ 재개발사업 시행자인 주택재개발조합이 그와 같이 대지 및 건축시설도 분양하지 아니하고 **청산금도 지급하지 아니한 채 분양처분고시를 하여** 재개발구역 내에 다른 사람이 소유하고 있던 **토지의 소유권을 상실시켰다면** 재개발사업 시행자는 **그 한도에서 재개발사업을 위법하게 시행하였으므로** 그 토지의 소유자에 대하여 불법행위의 책임을 지므로 **손해배상을 하여야 한다.**

④ 도시재개발법 규정의 내용 및 취지들에 비추어 볼 때 재개발구역 안

에 토지를 소유하는 자는 당연히 재개발조합의 조합원이 되므로 재개발구역 안에 토지를 소유하는 자가 일정한 기간 내에 분양신청을 하지 아니한 때 재개발조합은 대지 및 건축시설을 분양하지 않을 수 있으나, 재개발조합은 그 토지 소유자에게 청산금을 지급하여야 한다.

문 135. 정답 ②

*해 설

☞ ①: ○ ☞ ③: ○

대법원 2002. 10. 11. 선고 2002다33502 판결[토지대금지급]

[1] 재개발사업 시행자가 **분양신청을 하지 아니한 토지의 소유자에 대하여 대지 및 건축시설을 분양하지도 아니하고 청산금도 지급하지 아니하기로 하는 분양처분고시는 행정처분의 성질을 지닌 것이므로** 그것이 적법한 행정소송의 절차에 의하여 취소되지 아니하는 한 법원도 그 처분에 기속되어 그 행정처분의 내용과 달리 청산금을 지급하라고 명할 수는 없지만, 그와 같이 대지 및 건축시설도 분양하지 아니하고 청산금도 지급하지 아니한 채 분양처분고시를 하여 재개발구역 내에 **다른 사람이 소유하고 있던 토지의** 소유권을 **상실시켰다면 재개발사업 시행자는 그 한도에서 재개발사업을 위법하게** 시행하였으므로 **그 토지의 소유자에 대하여 불법행위의 책임을 진다.**

☞ ②: ×

빈출

국가배상은 선결문제 중 위법성 판단 유형이므로 **취소판결이 없더라도 국가배상법원은 처분의 위법성을 심리할 수 있다.**

☞ ④: ○

대법원 2002. 10. 11. 선고 2002다33502 판결[토지대금지급]

도시재개발법 제8조, 제14조, 제31조, 제36조와 관련규정의 내용 및 취지들에 비추어 볼 때 재개발구역 안에 토지를 소유하는 자는 당연히 재개발조합의 조합원이 되므로 재개발구역 안에 토지를 소유하는 자가 일정한 기간 내에 **분양신청을 하지 아니한** 때 재개발조합은 대지 및 건축시설을 분양하지 않을 수 있으나, 그 경우 재개발조합이 그 토지를 수용하였다는 사정이 없는 한 재개발조합은 그 **토지 소유자에게 청산금을 지급하여야 한다.**

136. 다음 판례에 대한 태도를 설명한 지문 들 중 틀린 것은?

빈출판례 정리

① **물품세 과세대상이 아닌 것을 세무공무원이 직무상 과실로 과세대상으로 오인하여 과세**처분을 행함으로 인하여 손해가 발생된 경우에는, **동 과세처분이 취소되지 않더라도** 국가배상판결이 가능하다.

② 만17세 미만자에게 **잘못 운전면허가 발급된 경우 운전하여 무면허운전죄로 기소된 경우** 형사법원은 유죄판결을 내릴 수 있다.

③ 구 도시계획법에 정한 **처분이나 조치명령을 받은 자가** 이에 위반한 경우, **시정명령위반죄**로 처벌을 하기 위하여는 **그 시정명령이나 처분은 적법할 것을 요한다.**

④ 개발제한구역 안에 건축되어 있던 **비닐하우스를 매수한 자에게** 구청장이 이를 철거하여 토지를 원상회복하라고 **시정지시한 조치는 위법**하므로 이러한 시정지시를 따르지 않았다고 하여 구 도시계획법에 정한 조치명령 등 위반죄로 **처벌할 수는 없다.**

문 136. 정답 ②

***해 설**

☞ ①: ○

국가배상은 선결문제 중 위법성 판단유형이므로 취소판결이 없다고 하더라도 국가배상법원은 처분에 대한 위법성을 판단하여 국가배상판결을 내릴 수 있다.

빈출

대법원 1979. 04. 10. 선고 79다262 판결[부당이득금반환]

물품세 과세대상이 아닌 것을 세무공무원이 직무상 과실로 과세대상으로 오인하여 과세처분을 행함으로 인하여 손해가 발생된 경우에는, 동 과세처분이 취소되지 아니하였다 하더라도, 국가는 이로 인한 손해를 배상할 책임이 있다.

☞ ②: ×

무면허운전죄나 무면허수입죄는 선결문제 중 효력부인유형이므로 면허가 취소되지 않는 한 위법하더라도 면허가 존재하므로 형사법원은 **무면허죄로 판결할 수 없고 무죄로 판결하여야 한다.**

빈출

대법원 1982. 06. 08. 선고 80도2646 판결[도로교통법위반]

연령미달의 결격자인 피고인이 소외인의 이름으로 운전면허시험에 응시, 합격하여 교부

받은 운전면허는 당연무효가 아니고 도로교통법 제65조 제3호의 사유에 해당함에 불과하여 취소되지 않는 한 유효하므로 피고인의 운전행위는 무면허운전에 해당하지 아니한다.

③ ④ ☞ ○

시정명령위반죄는 선결문제 중 위법성 판단유형이므로 처분에 대한 취소판결이 없더라도 형사법원은 시정명령이 위법하면 무죄로 판결하여야 한다.

빈출

대법원 2004. 05. 14. 선고 2001도2841 판결[도시계획법위반]

[1] 구 도시계획법 제78조에 정한 처분이나 조치명령을 받은 자가 이에 위반한 경우 이로 인하여 같은 법 제92조에 정한 처벌을 하기 위하여는 그 처분이나 조치명령이 적법한 것이라야 하고, 그 처분이 당연무효가 아니라 하더라도 그것이 위법한 처분으로 인정되는 한 같은 법 제92조 위반죄가 성립될 수 없다.

[2] 구 도시계획법 제92조 제4호, 제78조 제1호, 제21조 제2항의 각 규정을 종합하면 개발제한구역 안에서 그 구역지정의 목적에 위배되는 건축물의 건축, 공작물의 설치 등을 한 경우 행정청은 그 건축물을 건축하거나 공작물을 설치한 자에 대하여서만 같은 법 제78조 제1호에 의하여 처분이나 원상회복 등의 조치명령을 할 수 있고, 명문의 규정이 없는 한 이러한 위반 건축물을 양수한 자에 대하여는 이를 할 수 없다.

[3] 개발제한구역 안에 건축되어 있던 비닐하우스를 매수한 자에게 구청장이 이를 철거하여 토지를 원상회복하라고 시정지시한 조치는 위법하므로 이러한 시정지시를 따르지 않았다고 하여 구 도시계획법제92조 제4호에 정한 조치명령 등 위반죄로 처벌할 수는 없다.

137. 甲의 관할 세무서장은 부부의 자산소득을 합산과세하도록 한 구 소득세법 제61조 제1항에 근거하여 甲과 그 배우자 乙의 자산소득을 합산하여 甲에게 종합소득세를 부과하였다. 이에 甲은 위 소득세법 조항이 헌법에 위반된다고 주장하면서 과세처분을 받은 날로부터 1년이 지난 시점에서 과세처분의 무효확인을 구하는 소송을 행정법원에 제기하였다. 그 후 헌법재판소는 위 소득세법 조항에 대하여 위헌이라고 결정하였다. 이 사안과 관련된 다음 설명 중 옳지 않은 것은? (다툼이 있는 경우 판례에 의함) (변시 기출)

① 행정처분의 근거가 되는 당해 법률이 헌법에 위반된다는 사정은 헌법

재판소의 위헌결정이 있기 전에는 특별한 사정이 없는 한 그 행정처분의 **취소사유에** 해당할 뿐이고 당연무효사유는 아니기 때문에 甲의 청구는 기각되어야 한다.

② 위헌인 법률에 근거한 행정처분이 당연무효인지의 여부는 위헌결정의 소급효와는 별개의 문제로서, 위헌결정의 소급효가 인정된다고 하여 위헌인 법률에 근거한 행정처분이 당연무효가 된다고는 할 수 없기 때문에 **甲에 대한 과세처분이 무효라고 할 수 없다.**

③ 위 소득세법 조항에 대하여 헌법재판소가 **위헌으로 결정한** 후에 과세관청이 위 조항을 여전히 적용하여 丙에게 소득세를 부과한 사실이 있다고 가정하면, 그 과세처분은 무효이다.

④ 위 소득세법 조항에 대한 헌법재판소의 위헌결정의 효력은 따로 위헌제청신청은 하지 않았지만 위 조항이 **재판의 전제가 되어 법원에 계속 중인 다른 사건에도 미친다.**

⑤ 위헌인 법률에 근거한 조세부과처분은 원칙상 취소할 수 있는 행위에 불과하므로 불복기간이 지난 경우에는 더 이상 다툴 수 없고, 조세부과처분과 체납처분 간에는 하자의 승계가 인정되지 않으므로 위 소득세법 조항에 **위헌결정이 선고된 후에 甲에 대하여 공매 등의 체납처분을 하는 것**은 위헌결정의 기속력에 반하지 않는다.

문 137. 정답 ⑤

***해 설**

☞ ①: ○

대법원이나 헌법재판소 역시 원칙적으로 위법성의 정도에 대하여 중대명백설을 취하므로 위헌법률에 근거한 처분은 취소사유에 불과하다. 그러므로 취소소송 제소기간인 처분이 있은 날로부터 1년이 경과한 뒤 과세처분무효확인소송을 행정법원에 구한 것은 취소사유에 불과하므로 무효라는 주장을 받아 줄 수 없어 기각판결을 하여야 한다.

해설 숙지

※ 참고로 무효인데 취소소송을 제기한 경우는 무효선언을 구하는 의미의 취소소송으로 보아 취소소송의 일종으로 받아 주되, 제소기간이나 행정심판전치주의의 요건을 준수할 것을 요구하게 된다.

☞ ②: ○

헌법재판소법 제47조 제2항은 위헌결정이 있은 날로부터 법률의 효력이 상실된다고 규정되어 있을 뿐 행정행위와의 관계에 대한 규정이 없어 위헌결정과 행정행위의 효력은 무관계하여 학설과 판례에 의하여야 한다. 그러므로 중대명백설에 의할 때 위헌판결을 받아 위헌무효인 법률에 근거한 처분은 취소사유가 된다.

☞ ③: ○

위헌결정된 이후에 위헌법률을 적용하여 과세처분을 하였다면 이는 위헌판결의 기속력에 반하므로 중대명백한 하자가 있어 과세처분은 무효이다.

☞ ④: ○

빈출

위헌결정의 예외적 소급효의 범위에 대하여 대법원이나 헌재는 다음과 같은 판시를 하고 있다.

빈출판례 지문 숙지

대법원 2010. 10. 14. 선고 2010두11016 판결【미지급퇴직연금지급청구】[공보불게재]

헌법재판소의 위헌결정의 효력은 위헌제청을 한 '당해사건', 위헌결정이 있기 전에 이와 동종의 위헌 여부에 관하여 헌법재판소에 위헌여부심판제청을 하였거나 법원에 위헌여부심판제청신청을 한 '동종사건'과 따로 위헌제청신청은 아니하였지만 당해 법률 또는 법률 조항이 재판의 전제가 되어 법원에 계속중인 '병행사건'뿐만 아니라, 위헌결정 이후에 위와 같은 이유로 제소된 '일반사건'에도 미친다고 할 것이나, 위헌결정의 효력은 그 미치는 범위가 무한정일 수는 없고, 다른 법리에 의하여 그 소급효를 제한하는 것까지 부정되는 것은 아니라 할 것이며, 법적 안정성의 유지나 당사자의 신뢰보호를 위하여 불가피한 경우에 위헌결정의 소급효를 제한하는 것은 오히려 법치주의의 원칙상 요청되는 바이다.

☞ ⑤: ×

헌재 1994. 6. 30. 92헌바23, 판례집 6-1, 592[합헌]

구 국세기본법 제42조 제1항 단서에 대한 헌법소원 – 행정처분(行政處分)의 집행이 이미 종료되었고 그것이 번복될 경우 법적(法的) 안정성(安定性)을 크게 해치게 되는 경우에는 후에 행정처분의 근거가 된 법규가 헌법재판소에서 위헌으로 선고된다고 하더라도 그 행정처분이 당연무효가 되지는 않음이 원칙이라고 할 것이나, 행정처분 자체의 효력이 쟁송기간(爭訟期間) 경과 후에도 존속 중인 경우, 특히 그 처분(處分)이 위헌법률(違憲法律)에 근거하여 내려진 것이고 그 행정처분의 목적달성을 위하여서는 후행(後行) 행정처분이 필요한데 후행 행정처분은 아직 이루어지지 않은 경우와 같이 **그 행정처분을 무효로 하더라도 법적 안정성을 크게 해치지 않는 반면에 그 하자가 중대하여 그 구제가 필요한 경우에 대하여서는 그 예외를 인정하여 이를 당연무효사유로 보아서 쟁송기간 경과 후에라도 무효확인을 구할 수 있는 것이라고 봐야 할 것이다.**

138. 무효인 행정행위에 관한 다음 설명 중 옳은 것을 모두 고른 것은? (다툼이 있는 경우 판례에 의함) (변시 기출) 빈출지문 정리

ㄱ. **적법한 건축신고에 의하여 축조된 건축물에 대한 철거명령은** 그 하자가 중대하고 명백하여 당연 무효라 할 것이고, 그 **후행행위인 건축물철거 대집행계고처분 역시 당연 무효**이다.

ㄴ. 환경영향평가법령의 규정상 환경영향평가를 거쳐야 할 사업인 경우에, **환경영향평가를 거치지 아니하였음에도 불구하고** 사업승인처분을 한 것은 중대하고 명백한 하자가 있어 당연 무효이다.

ㄷ. 학교보건법의 규정에 의하면 학교환경위생정화구역 내에서 금지된 행위 및 시설의 해제 여부에 관한 행정처분 시 **학교환경위생정화위원회의 심의를 거치도록** 되어 있는바, 위 심의에 따른 의결은 행정처분에 실질적 영향을 미칠 수 있으므로 위 심의를 누락한 채 행해진 행정처분은 당연 무효이다.

ㄹ. 도지사의 권한에 속하는 행위가 군수에게 **내부위임된 경우에**, 군수가 당해 행위를 자신의 명의로 행하였다면 이는 형식에 하자가 있는 행위로서 취소할 수 있는 행위이나 당연 무효는 아니다.

① ㄱ, ㄴ ② ㄱ, ㄷ
③ ㄷ, ㄹ ④ ㄱ, ㄴ, ㄷ
⑤ ㄱ, ㄴ, ㄹ

문 138. 정답 ①

*해 설

☞ ㄱ: ○

대법원 1999. 4. 27. 선고 97누6780 판결【건축물철거대집행계고처분취소】[공 1999. 6. 1.(83), 1068]

적법한 건축물에 대한 철거명령은 그 하자가 중대하고 명백하여 당연무효라고 할 것이고, 그 후행행위인 건축물철거 대집행계고처분 역시 당연무효라고 할 것이다

☞ ㄴ: ○

대법원 2006. 6. 30. 선고 2005두14363 판결【국방군사시설사업실시계획승인처분무효확인】[공 2006. 8. 15.(256), 1436]

그런데 환경영향평가를 거쳐야 할 대상사업에 대하여 환경영향평가를 거치지 아니하였음에도 불구하고 승인 등 처분이 이루어진다면, 사전에 환경영향평가를 함에 있어 평가대상지역 주민들의 의견을 수렴하고 그 결과를 토대로 하여 환경부장관과의 협의내용을 사업계획에 미리 반영시키는 것 자체가 원천적으로 봉쇄되는바, 이렇게 되면 환경파괴를 미연에 방지하고 쾌적한 환경을 유지·조성하기 위하여 환경영향평가제도를 둔 입법 취지를 달성할 수 없게 되는 결과를 초래할 뿐만 아니라 환경영향평가대상지역 안의 주민들의 직접적이고 개별적인 이익을 근본적으로 침해하게 되므로, 이러한 행정처분의 하자는 법규의 중요한 부분을 위반한 중대한 것이고 객관적으로도 명백한 것이라고 하지 않을 수 없어, 이와 같은 행정처분은 당연무효이다.

☞ ㄷ: ×

서울고법 2012. 1. 12. 선고 2010누44643 판결: 상고【학교환경위생정화구역내금지행위등해제신청거부처분취소】[각공 2012상, 368]

서주관광 주식회사가 학교환경위생정화구역 안에 있는 사업부지에 관광호텔을 신축하고자 관할 교육지원청 교육장에게 학교보건법 제6조 제1항 단서 규정에 따른 학교환경위생정화구역 내 금지행위 및 시설의 해제신청을 하였으나, 교육장이 인근 3개 학교장에게서 교육환경 저해 여부 조사보고서 및 의견을 제출받은 후 학교환경위생정화위원회 심의를 거쳐 이를 받아들이지 않는다는 취지의 통보를 한 사안에서, (심의를 거쳐야 한다는 규정도 없으므로) 위 처분이 적법절차의 원칙을 위반하거나 재량권을 일탈·남용한 것으로 볼 수 없다.

☞ ㄹ: ×

<u>서울고법 2012. 1. 12. 선고 2010누44643 판결: 상고【학교환경위생정화구역내금지행위등해제신청거부처분취소】[각공 2012상, 368]</u>

이는 주체상의 하자에 해당하므로 틀린 지문이다. 내부위임된 경우 권한의 이전이 없으므로 내부수임된 도지사는 내부위임청인 도지사의 명의로 처분을 발급하여야 한다. 내부위임에 대하여는 무효로 보는 판례와 취소로 보는 판례가 모두 있다.

139. 행정행위의 효력에 관한 판례의 입장으로 옳지 않은 것은? (9급 국가직)

빈출지문들 정리

① 구 「도시계획법」에 정한 **처분이나 조치명령을 받은 자가** 이에 위반한 경우 이로 인하여 동법 제92조에 정한 처벌을 하기 위하여는 그 처분이나 **조치명령이 적법한 것이라야 하고**, 그 처분이 당연무효가 아니라 하더라도 그것이 위법한 처분으로 인정되는 한 동법 제92조 **위반죄가 성립될 수 없다.**

② 조세의 과오납이 **부당이득이 되기** 위하여는 납세 또는 조세의 징수가 전혀 법률상의 근거가 없거나 과세처분의 하자가 중대하고 명백하여 **당연무효이어야 하고**, 과세처분의 하자가 **단지 취소할 수 있는 정도**에 부과할 때에는 과세관청이 이를 스스로 취소하거나 항고소송 절차에 의하여 취소되지 않는 한 그로 인한 조세의 납부가 **부당이득이 된다고 할 수 없다.**

③ 물품을 수입하고자 하는 자가 일단 세관장에게 수입신고를 하여 **그 면허를 받고 물품을** 통과한 경우에는, 세관장의 수입면허가 중대하고도 명백한 하자가 있는 행정행위이어서 당연무효가 아닌 한 「관세법」 제181조 소정의 **무면허수입죄가 성립될 수 없다.**

④ 위법한 대집행이 완료되면 그 처분의 무효확인 또는 취소를 구할 수의 이익은 없다 하더라도, 미리 그 **행정처분의 취소 판결이 있어야만**, 그 행정처분의 위법임을 이유로 손해배상 청구를 할 수 있다.

출제의도: 취소판결이 없더라도

문 139. 정답 ④

***해 설**

☞ ①: ○

판례는 시정명령위반죄의 경우 위법한 시정명령에 대하여는 위법하므로 의무위반을 벌할 수 없어 무죄로 판시하였다. 시정명령위반죄는 범죄구성요건을 행정법에게 개방한 개방적 구성요건인데, 입법취지가 적법한 시정명령이어야만 형사처벌할 수 있고 위법한 시정명령에 대하여는 유죄로 처벌할 수 없도록 되어 있어, 효력부인유형이 아니라 위법성 판단유형이다.

☞ ②: ○

행정행위의 구성요건적 효력과 관련하여 선결문제의 유형 중 효력부인유형은 민형사법원에게 관할이 없으므로 효력을 부인할 수 없다고 보는 것이 다수설과 판례의 입장이다. 그러므로 부당이득반환청구소송이 제기되어도 이를 심리하는 법원은 무효가 아닌 한 스스로 효력을 부정하여 부당이득반환청구를 인용할 수 없다. 대법원 1994. 11. 11. 선고 94다28000 판결.

☞ ③: ○

일단 면허가 발급된 이상 형사법원은 면허의 효력을 부정할 수 없으므로 무면허죄로 유죄판결할 수 없다. 대법원 1989. 3. 28. 선고 89도149 판결.

④: ×

다수설과 판례는 행정행위에 대한 취소소송 없이도 국가배상판결이 가능하다고 보고 있다. 특히 이는 행정행위의 구성요건적 효력과 관련한 논의로서 국가배상은 선결문제 중 위법성만으로 판단이 가능한 유형이므로 국가배상심리법원도 행정행위에 대한 위법성을 판단할 수 있다. 이와 달리 부당이득반환청구같은 효력부인유형은 부정된다.

빈출지문들 정리
위헌판결이전과 이후로 나누어 정리(해설)

140. 행정행위의 하자에 관한 설명으로 옳지 않은 것은? (다툼이 있는 경우 판례에 의함) (9급 국가직)

① **법률이 위헌으로 결정된 후 그 법률에 근거하여 발령되는 행정 처분은 위헌결정의 기속력에 반하므로** 그 하자가 중대하고 명백하여 당연무효가 된다.

② 법률에 근거하여 **행정청이 행정처분을 한 후에 헌법재판소가 그 법률**

을 위헌으로 결정하였다면 결과적으로 그 행정처분은 하자가 있는 것이 된다고 할 것이나, 특별한 사정이 없는 한 이러한 하자는 위 행정처분의 **취소사유에 해당**할 뿐 당연무효사유는 아니라고 봄이 상당하다.

③ 행정처분에 대하여 그 행정처분의 근거가 된 **법률이 위헌이라는 이유**로 무효확인청구의 소가 제기된 경우에는 다른 특별한 사정이 없는 한 법원으로서는 그 법률이 위헌인지 여부에 대하여는 **판단할 필요** 없이 그 무효확인청구를 각하하여야 한다.

④ 행정처분이 있은 후에 집행단계에서 그 처분의 근거된 법률이 위헌으로 결정되는 경우 **그 처분의 집행이나 집행력을 유지하기 위한 행위**는 위헌결정의 기속력에 위반되어 허용되지 않는다.

집행력을 유지하기 위한 행위로는 강제경매 등을 들 수 있음

문 140. 정답 ③

***해 설**

☞ ① ②: ○

법률이 **위헌결정 되기 이전에는** 위헌법률에 근거한 처분은 중대하나 일반국민의 관점에서 명백하지 않으므로 취소사유이지만, **위헌판결이 난 이후에** 위헌법률에 근거한 처분은 위헌판결의 기속력에 반하므로 중대명백한 위법이 있어 무효사유이다.

☞ ③: ×

이는 위헌법률심판(헌법 제107조 제1항)으로서 구체적 규범통제를 신청한 것인데, 법원은 헌법재판소에 반드시 법률에 대한 위헌법률심판을 제청하여야 하며, 법원 스스로 각하하거나 기각할 수 없다. 만일 법원이 헌법재판소에 위헌법률심판청구하지 않고 각하하거나 기각할 때에는 헌법재판소에 의하여 위헌소원(헌법재판소법 제68조 제2항)이 이루어지게 된다.

☞ ④: ○

헌재는 원칙적으로는 중대명백설을 취하지만, 예외적으로 법적 안정성보다 권리구제의 필요성이 현저하면 무효라고 보므로 이러한 경우 제소기간이 지나도 다툴 수도 있고, 후속 조치들인 경매 등을 취하는 것은 금지된다고 한다.

중요 기출
새로운 출제유형 대비

141. 조세부과처분이 비록 위법하다 하더라도 그 하자가 중대하고 명백한 것이 아닌 한 일방 상대방은 세금을 납부해야 할 의무를 지는 것은 다음의 어느 효력 때문인가? (서울시 9급)

① 집행력
② 공정력
③ 불가쟁력
④ 내용적 구속력
⑤ 불가변력

문 141. 정답 ②

***해 설**

하자있는 행정행위라도 부당하거나 취소사유일 때에는 공정력 발생 vs 무효인 경우는 공정력 발생 X

☞ **공정력**은 행정행위가 발급되면 행정의 상대방인 **국민에 대하여 위법**하거나 **부당**하더라도 **취소되기 이전**에는 **일단 복종할 의무**를 부과하는 권력적인 힘이다. 이는 공적 거래의 안전 등 행정정책을 위한 이유 때문에 인정되는 것이지, **결코 적법성이 추정되기 때문은 아니다**. 다만 공정력은 중대·명백하여 **무효인 경우에는 발생하지 아니한다**.

이에 반해 **불가쟁력**은 제소기간의 경과 등으로 인하여 **더 이상 다툴 수 없**게 하는 효력을 의미한다. **불가변력**은 **행정심판**처럼 일정한 행정행위에 대하여 신중을 기하도록 **함부로 변경할 수 없도록** 하는 효력을 의미한다. **내용적 구속력**은 **신뢰보호의무**가 발생하는 것을 의미한다. **집행력**은 법원의 **판결없이도** 강제집행할 수 있는 효력을 의미한다. **구성요건적 효력**은 **민형사법원 등의 법관들도** 권력분립상 **행정행위에 대한 판단을 판결의 요건으로 고려**하여야 한다는 것을 의미한다.

그러므로 정답은 공정력이다.

새로운 출제유형 대비
난이도 上 출제

142. 다음 사례에 대한 설명으로 옳은 것은? (다툼이 있을 경우 판례에 의함) (서울시 7급)

서울시장은 갑에 대하여 부담금 부과처분을 하였다. 갑은 서울시장의 부담금 부과처분에 대하여 취소소송을 제기하고 나아가서 **위헌법률심판형 헌법소원을 청구하였으며**, 헌법재판소는 서울시장의 부담금 부과처분의 **근거법률을 위헌으로 결정하였다**. 을은 갑과

> 같은 이유로 서울시장으로부터 부담금 부과처분을 받았지만 부담금을 기간 내에 납부하지 않아 서울시장은 을에 대한 부담금의 **강제징수에 필요한 재산을 압류하였다.** 병은 갑과 같은 이유로 부담금 부과처분을 받았으나 이를 **다투지 않고 서울시에 부담금을 이미 납부하였다.** 그런데 을과 병에 대한 서울시장의 부담금 부과처분은 모두 취소소송의 제소기간을 이미 도과한 상태이다.

① 서울시장의 갑에 대한 **부담금 부과처분은** 원칙적으로 무효이다.

원칙은 취소사유

② 서울시장은 압류된 을의 재산을 매각하여 부담금을 **강제징수할** 수 있다.

위헌결정 후는 강제경매 X

③ 을은 부담금 부과처분의 위법성을 근거로 하여 **부담금 체납처분의 취소**를 구할 수 있다.

1년 경과했으므로

④ 서울시는 위헌판결의 소급효에 따라 병이 납부한 부담금을 환급하여야 한다.

소급효가 없어 합헌법률에 근거한 과세처분으로 납부한 것이 됨

⑤ 병이 서울시장의 부담금 부과처분 **무효확인소송을 청구하면 병의 청구는 기각될** 것이다.

문 142. 정답 ⑤

***해 설**

이 문제는 난이도가 가장 높은 문제 중 하나로서 당락에 대한 열쇠가 되는 문제이다. 출제위원들이 심도 깊고 정확한 공부를 요구하였다고 볼 수 있다.

서울시장의 부담금부과처분은 사후적으로 위헌판결로 인하여 위헌법률에 근거한 중대하지만 명백하지 않은 처분으로서 위법하고 취소사유가 있게 되었다.

그러나 헌재가 판시하듯이 법적 안정성보다는 권리구제의 필요성이 현저한 경우에는 예외적으로 무효가 된다. 따라서 **후속조치인 강제경매 등을 취할 수 없다.**

빈출

> **헌재 1994. 6. 30. 92헌바23, 판례집 6-1, 592[합헌]**
>
> 행정처분(行政處分)의 집행이 이미 종료되었고 그것이 번복될 경우 법적(法的) 안정성(安定性)을 크게 해치게 되는 경우에는 후에 행정처분의 근거가 된 법규가 헌법재판소에서 위헌으로 선고된다고 하더라도 그 행정처분이 당연무효가 되지는 않음이 원칙이라고 할 것이나, 행정처분 자체의 효력이 쟁송기간(爭訟期間) 경과 후에도 존속 중인 경우, 특히 그 처분(處分)이 위헌법률(違憲法律)에 근거하여 내려진 것이고 그 행정처분의 목적달성을 위하여서는 후행(後行) 행정처분이 필요한데 후행 행정처분은 아직 이루어지지 않은 경우와 같이 그 행정처분을 무효로 하더라도 법적 안정성을 크게 해치지 않는 반면

에 그 하자가 중대하여 그 구제가 필요한 경우에 대하여서는 그 예외를 인정하여 이를 당연무효사유로 보아서 쟁송기간 경과 후에라도 무효확인을 구할 수 있는 것이라고 봐야 할 것이다.

☞ ①: ×

빈출

위헌법률에 근거한 처분은 **원칙적으로 취소사유이고 예외적으로 무효사유**이다.

☞ ②: ×

빈출

위헌**법률에 근거한 처분에 대해서는 후속 조치인 강제경매를 진행할 수** 없다는 것이 **다수설과 헌재 및 대법원 판례이다**.

☞ ③: ×

을의 경우 **제소기간을 도과하였**으므로 취소사유있는 **부담금부과처분은 불가쟁력**이 발생하였으므로 취소를 구할 수는 없다.

☞ ④: ×

빈출

근거 법률에 대한 위헌판결의 소급효는 이를 다툰 자들에게만 **예외적으로** 미치게 되고, **다투지 않았던 병과 같은 일반국민들에게는 미치지 않아 합헌법률에 근거**한 처분이 된다.

☞ ⑤: ○

주의할 지문

병의 경우 위헌법률에 근거한 처분이어서 취소사유인데도 불구하고 무효확인소송을 청구하면 위법성과 그 정도를 심사하여 **무효라는 청구를 인용할 수 없으므로** 기각판결을 내리게 된다. 따라서 타당한 지문이다.

143. 행정행위에 대한 설명 중 옳은 것은? (서울시 7급)

난이도 높은 기출정리

① **「헌법재판소법」 제47조는 위헌으로 결정된 법률 또는 법률의 조항은** 원칙적으로 그 법률 또는 법률조항이 제정된 날까지 소급하여 관련된 사건의 효력을 상실시킨다고 규정하고 있다.

위헌결정의 장래효원칙과 소급효 예외 정리

② 당해 처분에 이미 불가쟁력이 발생하였거나 법적 안정성이 요구되는 경우에는 소급효를 인정하고 있다.

③ **중대명백설은** 하자있는 행정처분이 당연 무효이기 위해서는 그 하자가 적법요건의 중대한 위반과 일반인의 관점에서도 외관상 명백한 것

을 기준으로 한다.

④ 행정처분이 있는 후에 집행단계에서 그 처분의 근거가 된 법률이 위헌으로 결정되는 경우 그 처분의 집행을 위한 행위는 위헌결정의 기속력에 위반되는 것이 아니므로 이를 허용한다.

⑤ 판례는 행정처분의 근거가 된 법률이나 조례가 행정처분 후에 위헌으로 선언되면 그 처분의 하자는 원칙적으로 모두 무효사유가 된다고 한다.

문 143. 정답 ③

***해 설**

☞ ①: ×

헌재법 제47조 제2항은 **위헌결정일 이후에 장래에 대하여 법률의** 효력이 상실된다고 하여 **원칙적인 장래효를 규정하고** 있다. 따라서 소급효설과 장래효설의 대립이 있으나, 장래효설이 타당하다. **원칙적 장래효이지만, 예외적으로 위헌결정의 계기가 된 당해 사건, 동일한 사유로 제청된 당해 사건, 법원에 계속중인 일반사건, 위헌결정일 이후에 제소된 일반사건 등에 대하여 소급효가 미친다. 다만, 위헌결정일 이후에 제소된 일반사건에 대하여는 공익과 사익의 이익형량에** 의하여 소급효가 제한**될 수 있다**. 빈출 중요지문

헌법재판소법 제47조(위헌결정의 효력)
① 법률의 위헌결정은 법원과 그 밖의 국가기관 및 지방자치단체를 기속(羈束)한다.
② 위헌으로 결정된 법률 또는 법률의 조항은 그 결정이 있는 날부터 효력을 상실한다. 다만, 형벌에 관한 법률 또는 법률의 조항은 소급하여 그 효력을 상실한다.

☞ ②: ×

법적 안정성이 큰 경우에는 오히려 장래효의 원칙이 적용되며, **법적 안정성보다 권리구제의 필요성이 현저히 큰 경우에만 예외적인 소급효가 인정된다.** 빈출

☞ ③: ○

중대명백설은 다수설과 대법원 및 헌재가 원칙적으로 취하고 있는 입장이다. 법질서에 위반한 중대성과 일반인이 쉽게 인식할 정도의 명백성 모두를 충족하는 예외적인 경우에만 무효이고, 원칙적으로는 취소사유라고 보는 입장이다. 빈출

☞ ④: ×

빈출

다수설과 헌재 및 최근 대법원판례에 의하면 **위헌법률에 근거한 처분이 밝혀진** 경우에는 그 **처분의 집행을 위한 후속 조치들은 위헌결정의 취지를 위반하는 것이므로, 기속력에 위반되어 무효이므로 취할 수 없다.**

대법원 2002. 08. 23. 선고 2001두2959 판결[압류해제신청거부처분취소]

위헌결정으로 법률의 규정은 그 날로부터 효력을 상실하게 되었고, 나아가 위헌법률에 기한 행정처분의 집행이나 집행력을 유지하기 위한 행위는 위헌결정의 기속력에 위반되어 허용되지 않는다고 보아야 할 것인데, 그 규정 이외에는 체납부담금을 강제로 징수할 수 있는 다른 법률적 근거가 없으므로, 그 위헌결정 이전에 이미 부담금 부과처분과 압류처분 및 이에 기한 압류등기가 이루어지고 위의 각 처분이 확정되었다고 하여도, 위헌결정 이후에는 별도의 행정처분인 매각처분, 분배처분 등 후속 체납처분절차를 진행할 수 없는 것은 물론이고, 특별한 사정이 없는 한 기존의 압류등기나 교부청구만으로는 다른 사람에 의하여 개시된 경매절차에서 배당을 받을 수도 없다.

☞ ⑤: ×

판례는 처분의 근거가 되는 법률이나 조례가 사후적으로 위헌판결을 받게 되는 경우에는 중대명백하지 않으므로 취소사유라고 보고 있다.

그러나 이와 달리 위헌판결에도 불구하고 위헌법률을 준수하는 처분을 발급하는 경우는 중대명백하게 위헌판결의 기속력을 위반하는 것이므로 무효라고 보고 있다.

144. 선행처분의 하자와 후행처분의 효력에 관련된 설명 중 옳지 않은 것은? (다툼이 있는 경우 판례에 의함) (변시 기출)

중요판례 정리

① **표준지공시지가결정이** 위법한 경우에는 **그 자체를** 행정소송의 대상이 되는 행정처분으로 보아 그 위법 여부를 다툴 수 있음은 물론, **수용보상금의 증액을 구하는 소송에서도 선행** 처분으로서 그 수용대상 토지 가격 산정의 기초가 된 비교표준지공시지가결정의 위법을 독립한 사유로 주장할 수 있다.

② **보충역편입처분을 다투지 아니하여** 이미 불가쟁력이 생겨 그 효력을 다툴 수 없게 된 경우에는, 병역처분변경신청에 의하는 경우는 별론으로 하고, 보충역편입처분에 하자가 있다고 할지라도 그것이 당연무

효라고 볼 만한 특단의 사정이 없는 한 그 **위법을 이유로 공익근무요원소집처분의 효력을 다툴 수 없다.**

③ **건물철거명령이 당연무효가 아닌** 이상 그 행정심판이나 소송을 제기하여 그 위법함을 소구하는 절차를 거치지 아니하였다면 선행처분인 건물철거명령은 적법한 것으로 확정되었다고 할 것이므로 후행행위인 **대집행계고처분의 취소소송에서 그 건물이 무허가건물이 아닌 적법한 건축물이라는 주장이나 그러한 사실인정을 하지 못한다.**

④ 선행처분**인 대집행계고처분에 불가쟁력**이 발생하였다면, 후행처분인 대집행영장발부통보처분의 취소소송에서 위 대집행계고처분이 위법하다는 것을 이유로 **대집행영장발부통보처분도** 위법한 것이라는 주장을 할 수 없다.

⑤ 선행처분과 후행처분이 서로 독립하여 별개의 효과를 목적으로 하는 경우에도 선행처분의 불가쟁력이나 구속력이 그로 인하여 불이익을 입게 되는 자에게 **수인한도를 넘는 가혹함을 가져오며**, 그 결과가 당사자에게 예측가능한 것이 아닌 경우에는 선행처분의 후행처분에 대한 **구속력은 인정될 수 없다**.

문 144. 정답 ④

***해 설**

☞ ①: ○

빈출판례

대법원 2008. 08. 21. 선고 2007두13845 판결[토지보상금]

표준지공시지가결정은 이를 기초로 한 수용재결 등과는 별개의 독립된 처분으로서 서로 독립하여 별개의 법률효과를 목적으로 하지만, 표준지공시지가는 이를 인근 토지의 소유자나 기타 이해관계인에게 개별적으로 고지하도록 되어 있는 것이 아니어서 인근 토지의 소유자 등이 표준지공시지가결정 내용을 알고 있었다고 전제하기가 곤란할 뿐만 아니라, 결정된 표준지공시지가가 공시될 당시 보상금 산정의 기준이 되는 표준지의 인근 토지를 함께 공시하는 것이 아니어서 인근 토지 소유자는 보상금 산정의 기준이 되는 표준지가 어느 토지인지를 알 수 없으므로, 인근 토지 소유자가 표준지의 공시지가가 확정되기 전에 이를 다투는 것은 불가능하다. 더욱이 장차 어떠한 수용재결 등 구체적인 불이익이 현실적으로 나타나게 되었을 경우에 비로소 권리구제의 길을 찾는 것이 우리 국민의 권리의식임을 감안하여 볼 때, 인근 토지소유자 등으로 하여금 결정된 표준지공시지가를 기초로 하여 장차 토지보상 등이 이루어질 것에 대비하여 항상 토지의 가격을 주시하고 표준지공시지가결정이 잘못된 경우 정해진 시정절차를 통하여 이를 시정하도록 요구하는 것은 부당하게 높은 주의의무를 지우는 것이고, **위법한 표준지공시지가결정에 대하여 그 정해진 시정절차를 통하여 시정하도록 요구하지 않았다는 이유로 위법한 표준지공시지가를 기초로 한 수용재결 등 후행 행정처분에서 표준지공시지가결정의 위법을 주장할 수 없도록 하는 것은 수인한도를 넘는 불이익을 강요하는 것으로서** 국민의 재산권과 재판받을 권리를 보장한 헌법의 이념에도 부합하는 것이 아니다. **따라서 표준지공시지가결정이 위법한 경우에는 그 자체를 행정소송의 대상이 되는 행정처분으로 보아 그 위법 여부를 다툴 수 있음은 물론, 수용보상금의 증액을 구하는 소송에서도 선행처분으로서 그 수용대상 토지 가격 산정의 기초가 된 비교표준지공시지가결정의 위법을 독립한 사유로 주장할 수 있다.**

☞ ②: ○

빈출판례

대법원 2002. 12. 10. 선고 2001두5422 판결[공익근무요원소집처분취소]

보충역편입처분 등의 병역처분은 구체적인 병역의무부과를 위한 전제로서 징병검사 결과 신체등위와 학력·연령 등 자질을 감안하여 **역종을 부과하는 처분임에 반하여, 공익근무요원소집처분은 보충**역편입처분을 받은 공익근무요원소집대상자에게 기초적 군사훈련과 구체적인 복무기관 및 복무분야를 정한 **공익근무요원으로서의 복무를 명하는 구체적인 행정처분이므로, 위** 두 처분은 후자의 처분이 전자의 처분을 전제로 하는 것이기는 하나 **각각 단계적으로 별개의 법률효과를 발생하는 독립된 행정처분이라**고 할 것이므로, 따라서 보충역편입처분의 기초가 되는 신체등위 판정에 잘못이 있다는 이유로 이를 다투기 위하여는 신체등위 판정을 기초로 한 보충역편입처분에 대하여 쟁송을 제기하여야 할 것이며, 그 처분을 다투지 아니하여 이미 불가쟁력이 생겨 그 효력을 다툴 수 없게 된 경우에는, 병역처분변경신청에 의하는 경우는 별론으로 하고, 보충역편입처분에 하자가 있다고 할지라도 그것이 당연무효라고 볼 만한 특단의 사정이 없는 한 **그 위법을 이유로 공익근무요원소집처분의 효력을 다툴 수 없다.**

☞ ③: ○

대법원 1998. 09. 08. 선고 97누20502 판결[계고처분취소]에서 위와 같이 판시하고 있다.

☞ ④: ×

빈출판례

대법원 1996. 02. 09. 선고 95누12507 판결[행정대집행계고처분취소]

대집행의 계고, 대집행영장에 의한 통지, 대집행의 실행, 대집행에 요한 비용의 납부명령

등은 타인이 대신하여 행할 수 있는 행정의무의 이행을 의무자의 비용부담하에 확보하고자 하는, 동일한 행정목적을 달성하기 위하여 단계적인 일련의 절차로 연속하여 행하여지는 것으로서, 서로 결합하여 하나의 법률효과를 발생시키는 것이므로, 선행처분인 계고처분이 하자가 있는 위법한 처분이라면, 비록 그 하자가 중대하고도 명백한 것이 아니어서 당연무효의 처분이라고 볼 수 없고 행정소송으로 효력이 다투어지지도 아니하여 이미 불가쟁력이 생겼으며, 후행처분인 대집행영장발부통보처분 자체에는 아무런 하자가 없다고 하더라도, 후행처분인 대집행영장발부통보처분의 취소를 청구하는 소송에서 청구원인으로 선행처분인 계고처분이 위법한 것이기 때문에 그 **계고처분을 전제로 행하여진 대집행영장발부통보처분도 위법한 것이라는 주장을 할 수 있다.**

☞ ⑤ : ○

최근 출제된 판례

대법원 2013. 03. 14. 선고 2012두6964 판결[독립유공자법적용배제결정처분취소]

[1] 두 개 이상의 행정처분을 연속적으로 하는 경우 선행처분과 후행처분이 서로 독립하여 별개의 법률효과를 목적으로 하는 때에는 선행처분에 불가쟁력이 생겨 그 효력을 다툴 수 없게 된 경우에는 선행처분의 하자가 중대하고 명백하여 당연무효인 경우를 제외하고는 선행처분의 하자를 이유로 후행처분의 효력을 다툴 수 없는 것이 원칙이다. **그러나 선행처분과 후행처분이 서로 독립하여 별개의 효과를 목적으로 하는 경우에도 선행처분의 불가쟁력이나 구속력이 그로 인하여 불이익을 입게 되는 자에게 수인한도를 넘는 가혹함을 가져오며, 그 결과가 당사자에게 예측가능한 것이 아닌 경우에는 국민의 재판받을 권리를 보장하고 있는 헌법의 이념에 비추어 선행처분의 후행처분에 대한 구속력은 인정될 수 없다.**

[2] 갑을 친일반민족행위자로 결정한 친일반민족행위진상규명위원회(이하 '진상규명위원회'라 한다)의 최종발표(선행처분)에 따라 지방보훈지청장이 독립유공자 예우에 관한 법률(이하 '독립유공자법'이라 한다) 적용 대상자로 보상금 등의 예우를 받던 갑의 유가족 을 등에 대하여 독립유공자법 적용배제자 결정(후행처분)을 한 사안에서, 진상규명위원회가 갑의 친일반민족행위자 결정 사실을 통지하지 않아 을은 후행처분이 있기 전까지 선행처분의 사실을 알지 못하였고, 후행처분인 지방보훈지청장의 독립유공자법 적용배제결정이 자신의 법률상 지위에 직접적인 영향을 미치는 행정처분이라고 생각했을 뿐, 통지를 받지도 않은 진상규명위원회의 친일반민족행위자 결정처분이 자신의 법률상 지위에 영향을 주는 독립된 행정처분이라고 생각하기는 쉽지 않았을 것으로 보여, 을이 선행처분에 대하여 일제강점하 반민족행위 진상규명에 관한 특별법에 의한 이의신청절차를 밟거나 후행처분에 대한 것과 별개로 행정심판이나 행정소송을 제기하지 않았다고 하여 선행처분의 하자를 이유로 후행처분의 효력을 다툴 수 없게 하는 것은 을에게 수인한도

를 넘는 불이익을 주고 그 결과가 을에게 예측가능한 것이라고 할 수 없어 선행처분의 후행처분에 대한 구속력을 인정할 수 없으므로 선행처분의 위법을 이유로 후행처분의 효력을 다툴 수 있음에도, 이와 달리 본 원심판결에 법리를 오해한 위법이 있다.

빈출판례 정리

145. 행정행위의 효력과 관련된 설명 중 옳지 않은 것은? (다툼이 있는 경우 판례에 의함) (변시 기출)

① 연령미달의 결격자인 갑이 그의 **형인 을의 이름으로 운전면허시험에 응시·합격하여 운전면허를 취득하였다면** 이는 도로교통법상 취소사유에 불과하다. 따라서 아직 그 면허가 취소되지 않고 있는 동안 운전을 하던 중 적발된 **갑을 무면허운전으로 처벌할 수 없다.**

② 개발제한구역 안에 건축되어 있던 **비닐하우스를 매수한 자에게 구청장**이 이를 철거하여 토지를 원상회복하라고 **시정지시한 조치가 위법한 것으로 인정**된다고 하더라도 당연무효가 아니라면, 이러한 시정지시에는 일단 따라야 하므로 이에 따르지 아니한 행위는 위 조치의 근거법률에 규정된 조치명령 등 **위반죄로 처벌할 수** 있다.

③ 위법한 행정대집행이 완료되면 당해 계고처분의 무효확인 또는 취소를 구할 소의 이익은 없다 하더라도, 미리 그 **행정처분의 취소판결이 있어야만, 그 행정처분의 위법임을 이유로** 한 손해배상 청구를 할 수 **있는 것은 아니다.**

동의 없는 전출명령이 취소사유라고 판시

④ 지방공무원 갑이 그에 대한 임명권자를 달리하는 지방자치단체로의 **전출명령이 동의 없이 이루어진 것**으로서 위법하다고 주장하면서 전출 받은 근무지에 출근하지 아니하자 이에 대하여 **감봉 3월의 징계처분**이 내려진 경우, 위 전출명령이 적법함을 전제로 내려진 위 징계처분은 비록 위 전출명령이 공정력에 의하여 취소되기 전까지는 유효한 것으로 취급되어야 한다고 하더라도 **징계양정에 있어서는 결과적으로 재량권을 일탈한 위법이 있다.**

⑤ **조세의 과오납이 부당이득이 되기 위하여는** 납세 또는 조세의 징수가 실체법적으로나 절차법적으로 전혀 법률상의 근거가 없거나 과세처분의 하자가 중대하고 명백하여 당연무효이어야 하고, 과세처분의 하자가 단지 **취소할 수 있는 정도에 불과할 때에는 과세관청이** 이

를 스스로 취소하거나 항고소송절차에 의하여 취소되지 않는 한 그로 인한 조세의 납부가 **부당이득이 된다고 할 수 없다.**

문 145. 정답 ②

＊해 설

☞ ①: ○

빈출

대법원 1982. 06. 08. 선고 80도2646 판결[도로교통법위반]

연령미달의 결격자이던 피고인이 그의 형인 공소외 이 창규 이름으로 운전면허시험에 응시 합격하여 받은 원판시 운전면허를 당연무효로 보아야 할 것이라는 소론 주장은 채택할 바 못되는 것이고, 피고인이 위와 같은 방법에 의하여 받은 운전면허는 비록 위법하다 하더라도 도로교통법 제65조 제3호의 허위 기타 부정한 수단으로 운전면허를 받은 경우에 해당함에 불과하여 취소되지 않는 한 그 효력이 있는 것이라 할 것이므로 같은 취지에서 피고인의 원판시 운전행위가 도로교통법 제38조의 무면허운전에 해당하지 아니한다.

☞ ②: ×

대법원 2004. 05. 14. 선고 2001도2841 판결[도시계획법위반]

[1] 구 도시계획법에 정한 처분이나 조치명령을 받은 자가 이에 위반한 경우 이로 인하여 같은 법 제92조에 정한 처벌을 하기 위하여는 그 처분이나 조치명령이 적법한 것이라야 하고, 그 처분이 당연무효가 아니라 하더라도 그것이 위법한 처분으로 인정되는 한 같은 법 제92조 위반죄가 성립될 수 없다.

[2] 구 도시계획법의 각 규정을 종합하면 개발제한구역 안에서 그 구역지정의 목적에 위배되는 건축물의 건축, 공작물의 설치 등을 한 경우 행정청은 그 건축물을 건축하거나 공작물을 설치한 자에 대하여서만 같은 법 제78조 제1호에 의하여 처분이나 원상회복 등의 조치명령을 할 수 있고, 명문의 규정이 없는 한 이러한 위반 건축물을 양수한 자에 대하여는 이를 할 수 없다.

[3] 개발제한구역 안에 건축되어 있던 비닐하우스를 매수한 자에게 구청장이 이를 철거하여 토지를 원상회복하라고 시정지시한 조치는 위법하므로 이러한 시정지시를 따르지 않았다고 하여 구 도시계획법 제92조 제4호에 정한 조치명령 등 위반죄로 처벌할 수는 없다.

☞ ③: ○

빈출

대법원 1972. 04. 28. 선고 72다337 판결[손해배상]

공무원이 그 직무를 집행함에 당하여 고의 또는 과실로 법령에 위반하여 손해를 가하였을 때에는 국가 또는 지방자치단체에 대하여 배상청구를 할 수 있다 할 것인바, 본건 계고처분 또는 행정 대집행 영장에 의한 통지와 같은 행정처분이 위법인 경우에는 그 각 처분의 무효확인 또는 취소를 소구할 수 있으나 행정대집행이 완료한 후에는 그 처분의 무효확인 또는 취소를 구할 소익이 없다 할 것이며 변론의 전 취지에 의하여 본건 계고처분 행정처분이 위법임을 이유로 배상을 청구하는 취의로 인정될 수 있는 본건에 있어 미리 그 **행정처분의 취소판결이 있어야만 그 행정처분의 위법임을 이유로 피고에게 배상을 청구할 수 있는 것은 아니다.**

☞ ④: ○

기출

대법원 2001. 12. 11. 선고 99두1823 판결[인사발령취소등]

지방공무원법 제29조의3은 지방자치단체의 장은 다른 지방자치단체의 장의 동의를 얻어 그 소속공무원을 전입할 수 있다고 규정하고 있는바, 위 규정에 의하여 동의를 한 지방자치단체의 장이 소속 공무원을 전출하는 것은 임명권자를 달리하는 지방자치단체로의 이동인 점에 비추어 반드시 **당해 공무원 본인의 동의를 전제로 하는 것이고**, 위 법규정도 본인의 동의를 배제하는 취지의 규정은 아니어서 **위헌·무효의 규정은 아니므로**, 원심의 이유설시는 적절하지 아니하나 위 법규정이 위헌·무효임을 전제로 한 원고의 주위적 청구를 배척한 결론은 정당하고, 거기에 법리오해 등 상고이유의 주장과 같은 위법이 없다.

나. 그러나 위와 같이 법 제29조의3 규정에 의한 전입은 반드시 당해 공무원의 동의를 전제로 하는 것인데도 피고 2의 이 **사건 전출명령에는 원고의 동의가 없었음을 그** 피고가 자인하고 있으므로, **이 사건 전출명령은 더 볼 것도 없이 위법하여 취소되어야 할** 것이다.

그리고 위와 같이 이 사건 전출명령이 위법한 것으로서 취소되어야 할 것인 이상 이를 이유로 들어 출근을 거부하는 원고에게 이 사건 전출명령이 적법함을 전제로 하여 내려진 이 사건 징계처분은 비록 이 사건 전출명령이 **공정력에 의하여 취소되기 전까지는 유효한 것으로 취급되어야 한다고 하더라도 징계양정에 있어서는 결과적으로 재량권을 일탈한 위법이 있다.**

☞ ⑤ : ○

가. **조세의 과오납이 부당이득이 되기 위하여는 납세** 또는 조세의 징수가 실체법적으로나 절차법적으로 전혀 법률상의 근거가 없거나 과세처분의 하자가 **중대하고 명백하여 당연무효이어야 하고**, 과세처분의 하자가 단지 **취소할 수 있는 정도에 불과할 때에는 과세**관청이 이를 스스로 취소하거나 항고소송절차에 의하여 취소되지 않는 한 그로 인한 조세의 납부가 **부당이득이 된다고 할 수 없다.**

나. 행정처분이 아무리 위법하다고 하여도 그 하자가 중대하고 명백하여 당연무효라고 보아야 할 사유가 있는 경우를 제외하고는 아무도 그 하자를 이유로 무단히 그 효과를 부정하지 못하는 것으로, 이러한 행정행위의 공정력은 판결의 기판력과 같은 효력은 아니지만 그 공정력의 객관적 범위에 속하는 행정행위의 하자가 취소사유에 불과한 때에는 그 처분이 취소되지 않는 한 처분의 효력을 부정하여 그로 인한 이득을 법률상 원인 없는 이득이라고 말할 수 없는 것이다.

빈출

행정행위의 취소 등 소멸과 부관 — 문제연습

난이도 높은 기출지문 정리

146. 다음은 행정행위의 취소와 철회 등에 대한 설명들이다. 옳은 것은 ? (다툼이 있는 경우 판례에 의함)

① **취소의 취소에 대한 판례**에서 광업권설정을 발급하였는데, 이에 대한 직권취소를 잘못 발급한 경우 행정청은 원래의 광업권자를 위하여 신속하게 재직권취소할 수 있다고 판시하였다.

② **취소의 취소에 관한 판례**에서 **한미병원 이사장에 대한 취임승인**을 발급하였는데, 이에 대한 직권취소를 잘못 발급한 경우 행정청은 **재직권취소할 수 있고**, 이에 의하여 원래의 병원 이사는 복직하는 데 반하여 그 중간에 선임된 임시이사들의 지위는 곧바로 상실한다고 판시하였다.

③ **수익적 행정행위의 철회 제한에** 대하여 다수설과 판례는 법률유보필요설을 취한다.

④ **대법원 전원합의체 판결은 새만금사업에 대한 공유수면매립면허와 특허의 철회사유에** 대하여 환경상의 이익은 현재세대뿐만 아니라 미래세대의 것까지 고려하려야 하므로 새만금개발에 따른 경제개발의 공익보다 우월해서 철회하여야 할 중대한 사정변경과 공익상의 요청이 있다고 하였다.

⑤ **음주운전을** 하여 일정 정도가 초과되면 **운전면허취소**하게 되는 것은 운전면허에 대한 직권취소에 해당한다.

문 146. 정답 ②

***해 설**

☞ ①: ×

대법원은 **경업자가 등장하기 이전에는 가능**하지만 **경업자가 등장한 이후에는 경업자의 신뢰보호를 고려하여 곧바로 재직권취소를 할 수 없다**고 판시하였다.

☞ ②: ○

이러한 취지의 판시를 법원이 하였는데. 취소의 취소에 대한 절충설을 취하는 입장에서는 신임 이사들의 신뢰보호의 이익을 고려하였어야 한다고 하여 이 **판례를 비판하**며, 광업권설정 판례가 가장 타당한 판시의 모습을 보이고 있다고 평가한다.

☞ ③: ×

수익적 행정행위의 철회 제한에 대하여 **법률유보필요설을 취하는 다수**설은 철회의 법률유보도 필요하고 철회의 사유도 필요하며, 철회권행사도 제한된다고 하여 3단계를 취하지만, **판례는 철회의 법률유보는 필요하지 않지만** 철회의 사유는 필요하며 철회권 행사는 제한된다고 하여 2단계를 취한다.

☞ ④: ×

이는 대법원 전합 반대의견의 입장이고, **전합 다수의견은 경제개발에 대한 공익이 사익보다 크므로 철회할 사정변경이나 공익상의 요청이 크다고 볼 수 없다고 판시하였다. 전합 별개의견은 현재는 다수의견처럼 경제개발공익이 우월하지만 이에 대하여는 신중하게 접근**하여야 한다고 다소 유보적인 입장을 판시하였다.

☞ ⑤: ×

이는 **운전면허를 박탈할 중대한 사정변경이나 공익상의 요청이 음주운전사실에 의하여 발생하였으므로 운전면허의 철회에 해**당한다.

147. 다음의 아래 보기 중 옳은 것을 고르시오. (다툼이 있는 경우 판례에 의함)

빈출지문 정리

① **음주운전을 하여 운전면허를 취소할 때 도로교통법에 위반하였으므로** 운전면허를 취소한다 라고 통지하였다면 이유부기의 하자는 없다고 볼 수 있다.

② 수익적 행정행위의 취소나 철회의 경우 국민의 권리구제에 유리하도록 언제나 일부취소나 일부철회가 가능하다.

③ 요건충족적 부관을 인정하는 것이 다수설과 판례의 태도이다.

④ **부담을 불이행하면 주된** 행정행위인 허가나 특허의 효력은 소멸한다.

⑤ 부관의 쟁송형태에 대하여 판례는 다수설과 달리 **부담에 대한 진정일부취소소송만 인정**하고 **그 밖의 부관에 대한 부진정일부취소소송**

의 형태를 전혀 인정하지 않는다.

문 147. 정답 ⑤

***해 설**

☞ ①: ×

이유부기는 처분의 법적 근거만 제시해서는 안 되고 처분의 구체적인 사유까지 제시하여야 하므로 이유부기의 하자가 있다. 유사한 사례로서는 **남양주 세무서장이 미금상사에 대하여 주세법에 위반하였**으므로 주류도매면허를 취소한다고 하였다가 **대법원에서 위법하다고 한 사건**이 있다.

☞ ②: ×

분리가능성이 있는 경우에만 일부취소나 일부철회가 가능하고 허용되어야 한다.

☞ ③: ×

다수설과 판례는 요건충족적 부관을 부정하는 데 반하여, 유력설은 요건충족적 부관을 인정한다. 국민에게 유리하고 행정의 능률에도 도움이 되므로 요건충족적 부관을 금지할 만한 특별한 사정이 없는 한 긍정하는 것이 바람직하다.

☞ ④: ×

부담은 조건과 달리 부담을 불이행하더라도 주된 행정행위인 허가나 특허의 효력이 소멸하지 않는다. 그러므로 의심스러울 때에는 국민에게 유리하게 조건보다는 부담으로 보는 것이 타당하다. 다만, 부담을 불이행하면 주된 행정행위인 허가나 특허의 철회사유가 발생한다고 보게 된다.

☞ ⑤: ○

타당한 설명이다. 그런데 국민의 부관에 대한 권리구제를 위하여 그 밖의 부관에 대한 부진정일부취소소송을 허용하는 다수설의 입장이 타당하며, 이에 따라 사례를 검토하여야 한다.

부관에 대한 기출 정리

148. 부관에 대한 다음의 논의와 판례들 중 옳은 것을 모두 고르시오. (다툼이 있는 경우 판례에 의함)

ㄱ. **공유수면매립면허**시 **일부 국가귀속 부관**은 수정부담의 예이다.

ㄴ. **등선과 부속선 등 사용제한 부관부 어업면허에 대하여 조건변경신청 후 거부처분 취소소송을 제기하여 취소인용판결을 받아 기속력의 재처분의무과 간접강제에 의하여 구제받은 판례 사례가 있다.**
ㄷ. **부관의 독립쟁송가능성**에 대하여 독자성설이 다수설과 판례의 입장이다.
ㄹ. **부관의 독립취소가능성**에 대하여 **분리가능성설**이 다수설과 판례의 입장이다.
ㅁ. **대법원은 인천시장이 관련 없는 기부채납을 조건으로 부가한 주택사업을 승인한 것은 부당결부금지의 원칙에 위반하므로 부관이 위법하다고 보아 부관에 대한 취소소송을 인용하였다.**

① ㄱ, ㄷ, ㄹ ② ㄱ, ㄹ, ㅁ
③ ㄴ, ㄹ, ㅁ ④ ㄱ, ㄴ, ㅁ
⑤ ㄷ, ㄹ, ㅁ

문 148. 정답 ③

***해 설**

☞ ㄱ: ×

이는 **법률효과의 일부배제 부관**에 해당한다. **수정부담은 미국산 쇠고기 수입신청을 거부하면서 호주산 쇠고기 수입허가를 발급하는 것과 같은 경우**를 말한다.

☞ ㄴ: ○

이렇게 우회적으로 부관에 대한 구제가 될 수 있으므로, 부관소송을 차라리 적극적으로 인정하자는 학계의 주장들이 유력하다.

☞ ㄷ: ×

부관의 독립쟁송가능성에 대하여는 **부담과 그 밖의 부관을 구별하여 전자는 긍정하고 후자는 원칙적으로 부정하는 입장이 다수설과 판례의** 입장이다. 그런데 **그 밖의 부관에 대하여 판례는 부관에 대한 소송을 절대로 인정하지 않는 입장**이지만 다수설은 부진정일부취소송을 통하여 결국 긍정하는 차이를 보이고 있다.

☞ ㄹ: ○

부관의 독립취소가능성에 대하여 **분리가능성설이 다수설과 판례의** 입장이라고 할 수 있다. 따라서 **부관이 없었더라도 행정행위를 발급할 수 있었을 것이라면 부관만의 독립취소가 가능**하지만, **부관이 없었더라면 행정행위를 발급하지 아니하였을**

것이라면 부관만의 독립취소가 불가능하므로 부관만을 취소하여 달라는 청구를 기각한다고 본다.

☞ ㅁ: ○

대법원 1997. 3. 11. 선고 96다49650 판결.

149. 행정행위의 부관에 관한 대법원 판례의 내용 중 옳지 않은 것은?

① 수익적 행정처분에 있어서는 법령에 특별한 근거규정이 없다고 하더라도 부담을 붙일 수 있는데, 그와 같은 부담은 행정청이 행정처분을 하면서 일방적으로 부가하여야 하는 것이지 부담을 부가하기 이전에 상대방과 협의하여 부담의 내용을 협약의 형식으로 미리 정한 다음 행정처분을 하면서 이를 부가할 수는 없다.

② 행정처분에 부담인 부관을 붙인 경우 부관의 무효화에 의하여 본체인 행정처분 자체의 효력에도 영향이 있게 될 수는 있지만, 그 처분을 받은 사람이 부담의 이행으로 사법상 매매 등의 법률행위를 한 경우에는 그 부관은 특별한 사정이 없는 한 법률행위를 하게 된 동기 내지 연유로 작용하였을 뿐이므로 이는 법률행위의 취소사유가 될 수 있음은 별론으로 하고 그 법률행위 자체를 당연히 무효화하는 것은 아니다.

③ 어업면허처분을 함에 있어 그 면허의 유효기간을 정한 경우, 위 면허의 유효기간은 행정청이 위 어업면허처분의 효력을 제한하기 위한 행정행위의 부관이라 할 것이고 이러한 행정행위의 부관은 독립하여 행정소송의 대상이 될 수 없는 것이므로 위 어업면허처분 중 그 면허유효기간만의 취소를 구하는 청구는 허용될 수 없다.

④ 행정처분에 이미 부담이 부가되어 있는 상태에서 그 의무의 범위 또는 내용 등을 변경하는 부관의 사후변경은 법률에 명문의 규정이 있거나 그 변경이 미리 유보되어 있는 경우 또는 상대방의 동의가 있는 경우에 한하여 허용되는 것이 원칙이지만, 사정변경으로 인하여 당초에 부담을 부가한 목적을 달성할 수 없게 된 경우에도 그 목적달성에 필요한 범위 내에서 예외적으로 허용된다.

⑤ 행정청이 사전에 교통영향평가를 거치지 아니한 채 '건축허가 전까지 교통영향평가 심의필증을 교부받을 것'을 내용으로 하는 부관을 붙여서 한 실시계획변경 및 공사시행변경 인가처분은 중대하고 명백한 흠이 있다고 할 수 없으므로 이를 무효로 보기는 어렵다.

문 149. 정답 ①

***해 설**

☞ ①: ×

부관을 부가하는 방식으로서 행정청이 일방적으로 부가하는 것과 아울러 상대방과 사전에 부관안을 협의하여 부가하는 것도 가능하다고 다수설과 판례는 보고 있다.

☞ ②: ○

기부채납부관의 공정력으로 인하여 사법상 의사표시하자, 특히 중대한 착오를 이유로 기부채납을 원인으로 한 소유권이전을 다툴 수 없다는 판시 내용이다. 그러나 이와 달리 다툴 수 있다는 판례도 모두 존재한다.

☞ ③: ○

판례는 부담이 아닌 부관의 경우는 부관소송을 허용하지 않는다. 이와 달리 다수설은 부진정일부취소소송을 통해 부관소송을 사례에서 검토하고 있다.

☞ ④: ○

사후부관에 대하여 부담긍정설, 부정설, 절충설 등의 대립이 있지만 판례는 절충설을 취하고 있다. 즉 판례는 원칙적으로는 부정하나 예외적으로 법률의 규정이 있거나, 부담을 유보하였거나, 상대방이 동의하거나, 사정변경이 있는 경우에는 폭넓게 인정하고 있다.

☞ ⑤: ○

부관의 절차상의 하자에 대하여 중대명백설에 의해 취소사유로 보는 것이 다수설과 판례의 논리가 된다.

최다빈출 부관문제 정리

150. 행정행위의 부관에 관한 설명으로 옳지 않은 것은? (다툼이 있는 경우 판례에 의함) (9급 공무원 국가직 기출)

① 행정행위의 **부관은 부담의 경우를 제외하고는 독립하여 행정 소송의 대상이 될 수 없다.**

② 행정행위의 부관으로 **철회권의 유보**가 되어 있는 경우라 하더라도 **그 철회권의 행사에 대해서는 행정행위의 철회의 제한에 관한 일반원리**가 적용된다.

③ 행정청이 부담을 부가하기 전에 상대방과 **협의하여 부담의 내용을 협약의 형식으로 미리 정하는 것은 부담** 또한 단독행위로서 행정행위로서의 본질을 갖는다는 점에서 허용되지 않는다.

④ 행정처분이 발하여진 후 새로운 부담을 부가하거나 이미 부가되어 있는 부담의 범위 또는 내용을 변경하는 **사후부담**은, **법률의 명문의 규정**이 있거나 그것이 **미리 유보**되어 있는 경우 또는 상대방의 **동의가** 있는 경우에 허용되는 것이 원칙이다.

문 150. 정답 ③

***해 설**

☞ ①: ○

판례는 부담만 부관소송을 인정하고 그 밖의 부관은 부정한다.

☞ ②: ○

즉, **철회권유보가 되어 있다고 하더라도 철회를 함부로 할 수 없고 국민의 생존권을 위하여 신중하게 이익형량을 해서 판단하여야 한다.**

☞ ③: ×

부관을 부가하는 방식으로서 행정청이 일방적으로 부가하는 것과 아울러 상대방과 사전에 부관안을 협의하여 부가하는 것도 가능하다고 다수설과 판례는 보고 있다. 대법원 2009. 2. 12. 선고 2005다65500 판결[약정금][공 2009상, 301].

☞ ④: ○

사후부관에 대하여 **판례와 다수설은 절충설**을 취하는데, **법률규정**, **부담유보**, **동의**뿐만 아니라 **사정변경**의 경우도 허용한다. 참고로 두문글자 암기요령은 <**법유동사**>이다.

151. 다음 중 판례의 태도와 다른 설문은?

① 지방자치단체장이 도매시장법인의 대표이사에 대하여 위 지방자치단체장이 개설한 농수산물도매시장의 도매시장법인으로 다시 지정함에 있어서 그 지정조건으로 '지정기간 중이라도 개설자가 농수산물 유통정책의 방침에 따라 도매시장법인 이전 및 지정취소 또는 폐쇄 지시에도 일체 소송이나 손실보상을 청구할 수 없다'라는 부관을 붙인 경우 부관은 유효하다.

② 새로이 개설된 농수산물도매시장을 활성화하고 유통구조를 개설할 필요가 있으며 법에서 정한 위탁경매를 하지 않았다는 이유로 기존 농수산물도매시장의 존속 중에 그 시장에 있어서 필수적 존재인 도매시장법인의 지정을 취소권유보의 부관에 터잡아 취소한 처분이 재량권의 일탈·남용에 해당한다.

③ 행정처분에 이미 부담이 부가되어 있는 상태에서 그 의무의 범위 또는 내용 등을 변경하는 부관의 사후변경은, 법률에 명문의 규정이 있거나 그 변경이 미리 유보되어 있는 경우 또는 상대방의 동의가 있는 경우에 한하여 허용되는 것이 원칙이다.

④ 그러나 사정변경으로 인하여 당초에 부담을 부가한 목적을 달성할 수 없게 된 경우에는 허용될 수 있다.

문 151. 정답 ①

***해 설**

☞ ①: ×

대법원 1998. 08. 21. 선고 98두8919 판결[도매시장법인지정취소에대한처분취소]

지방자치단체장이 도매시장법인의 대표이사에 대하여 위 지방자치단체장이 개설한 농수산물도매시장의 도매시장법인으로 다시 지정함에 있어서 그 지정조건으로 '지정기간 중이라도 개설자가 농수산물 유통정책의 방침에 따라 도매시장법인 이전 및 지정취소 또는 폐쇄 지시에도 일체 소송이나 손실보상을 청구할 수 없다'라는 부관을 붙였으나, 그 중 **부제소특약에 관한 부분은 당사자가 임의로 처분할 수 없는 공법상의 권리관계를 대상으로 하여 사인의 국가에 대한 공권인 소권을 당사자의 합의로 포기하는 것으로서 허용될 수 없다.**

☞ ②: ○

대법원 1998. 08. 21. 선고 98두8919 판결[도매시장법인지정취소에대한처분취소]

단순히 구리도매시장을 활성화하고 서울 동북권의 유통구조를 개선할 필요가 있으며 원고가 법에서 정한 위탁경매를 하지 아니하였다는 이유만으로 원고에 대한 청량리시장에서의 도매시장법인 지정을 취소한 이 사건 처분은, **그에 의하여 달성하려는 공익적 목적을 감안하더라도 원고에게 너무 가혹하여 재량권의 범위를 일탈하였거나 남용한 것으로서 위법**하다.

☞ ③: ○ ☞ ④: ×

대법원 1997. 05. 30. 선고 97누2627 판결[토지굴착등허가처분중부담무효확인]

행정처분에 이미 부담이 부가되어 있는 상태에서 그 의무의 범위 또는 내용 등을 변경하는 부관의 사후변경은, **법률에 명문의 규정이 있거나 그 변경이 미리 유보되어 있는 경우 또는 상대방의 동의가 있는 경우에 한하여 허용되는 것이 원칙이지만, 사정변경으로 인하여 당초에 부담을 부가한 목적을 달성할 수 없게 된 경우에도 그 목적달성에 필요한 범위 내에서 예외적으로 허용된다.**

152. 다음 중 기부채납부관에 대한 판례의 태도와 다른 설문은?

① 기부채납의 성질은 증여계약이다.

② 증여계약이 해제된다면 특별한 사정이 없는 한 기부자는 그의 소유재산에 처분권뿐만 아니라 사용·수익권까지 포함한 완전한 소유권을 회복한다.

③ 기부채납의 약정 속에 기부자가 그의 소유재산에 대한 사용·수익권을 포기하는 의사표시가 포함된 것으로 볼 수 없다.

④ 기부채납의 약정이 해제되었다 하더라도 그 포기의 의사표시에 의하여 소멸한 사용·수익권이 다시 살아나지 않으며 이를 다시 주장하는 것은 신의칙에도 반한다.

⑤ 토지소유자가 토지형질변경행위허가에 붙은 기부채납의 부관에 따라

토지를 기부채납(증여)한 경우, 기부채납의 부관이 당연무효이거나 취소되지 않은 상태에서 그 부관으로 인하여 증여계약의 중요 부분에 착오가 있음을 이유로 증여계약을 취소할 수 없다.

문 152. 정답 ④

***해 설**

대법원 1996. 11. 08. 선고 96다20581 판결[공사대금]

[1] 기부채납은 기부자가 그의 소유재산을 지방자치단체의 공유재산으로 증여하는 의사표시를 하고 지방자치단체는 이를 승낙하는 채납의 의사표시를 함으로써 성립하는 증여계약이고, 증여계약의 주된 내용은 기부자가 그의 소유재산에 대하여 가지고 있는 소유권 즉 사용·수익권 및 처분권을 무상으로 지방자치단체에게 양도하는 것이므로, 증여계약이 해제된다면 특별한 사정이 없는 한 기부자는 그의 소유재산에 처분권뿐만 아니라 사용·수익권까지 포함한 완전한 소유권을 회복한다.

[2] 기부채납의 약정 속에 기부자가 그의 소유재산에 대한 사용·수익권을 포기하는 의사표시가 당연히 **포함된 것으로는 볼 수 없으므로** 기부자가 공사하는 도로의 부지에 관하여 소유권에 기한 독점적이고 배타적인 사용·수익권만을 포기하는 의사표시가 있다고 인정하기 위하여는 단순히 도로부지에 대한 기부채납 약정이 있었다는 점만 가지고는 부족하고 이와 더불어 기부채납 해제시 도로부지에 대한 사용·수익권을 포기하겠다는 별도의 의사표시가 있었음이 인정되어야 한다(일반적으로 토지를 기부채납하면서 기부자가 별도로 그 토지의 소유권에 기한 배타적이고 독점적인 사용·수익권을 포기한다는 것은 상상하기 어려운 일이다).

[3] 기부자의 사용·수익권 포기에 대한 별도의 의사표시가 있었는가를 심리·확정하지도 아니한 채 **기부채납의 약정 속에 당연히 사용·수익권을 포기하는 의사표시가 있었던 것으로 보고 그 기부채납의 약정이 해제되었다 하더라도 그 포기의 의사표시에 의하여 소멸한 사용·수익권이 다시 살아나지 않으며 이를 다시 주장하는 것은 신의칙에도 반한다고 본 원심법원은 잘못** 판결하고 있으므로 심리미진을 이유로 파기한다.

☞ ⑤: △

만일 틀린 다른 지문이 없다면, 부정하는 판례와 긍정하는 판례가 모두 있어 상대적인 지문으로 처리하는 것이 좋다.

대법원 1999. 05. 25. 선고 98다53134 판결[소유권이전등기말소]

토지소유자가 토지형질변경행위허가에 붙은 기부채납의 부관에 따라 토지를 국가나 지방자치단체에 기부채납(증여)한 경우, 기부채납의 부관이 당연무효이거나 취소되지 아니한 이상 토지소유자는 위 부관으로 인하여 증여계약의 **중요부분에 착오가 있음을 이유로 증여계약을 취소할 수 없다.**

빈출지문 정리

153. 행정처분의 철회권을 가진 기관은? (서울시 9급)

① 감사원
② 상급의 감독청
③ 권한을 위임한 행정청
④ **당해 행정처분을 한 행정청**
⑤ 고등법원

문 153. 정답 ④

***해 설**

☞ ①의 감사원이나 ② 상급 감독청 등은 **감독기관으로서 직권취소권을 가지지만 철회권은 가지지 못한다.** ③ 권한을 위임한 행정청을 **위임청**이라고 하는데, 위임에 의하여 권한이 이전되었으므로 **업무수행권이나 철회권은 수임청만** 가지게 되고 **위임청은 이를 행사할 수 없다.** 위임청은 수임청이 위법하거나 부당하게 행위하는 경우 **위임을 취소하거나 철회할 수 있지**만, 위임의 취소나 철회 이전에는 업무수행권이나 철회권을 행사할 수 없다. 당해 행정처분을 한 행정청을 당해 행정청이라고 하는데, **스스로 행정을 탄력적으로 수행**하기 위하여 **사정변경이나 공익상의 요청**에 부합하기 위해 **철회권**을 행사할 수 있다. **고등법원은 재판에 의하여 취소**판결을 할 수 있을 뿐 철회를 할 수 없다. 그러므로 정답은 당해 행정청이다.

반드시 출제되는 빈출지문 정리

154. 다음 행정행위의 철회에 대한 설명으로 옳은 것은? (서울시 7급)

① 행정행위의 **철회권은 처분청만이 가진다.**

② 행정행위의 철회의 절차는 행정쟁송절차에 의하여 엄격하게 이루어진다.
③ 행정행위의 철회의 효과는 취소와 같이 소급하여 발생한다.
④ 사실관계의 변동은 철회의 사유로 볼 수 없다.
⑤ 행정행위의 철회는 행정행위의 원시적 하자를 이유로 한다.

문 154. 정답 ①

***해 설**

☞ ①: ○

철회권은 당해 처분청만이 가진다. 그러나 **직권취소는 당해 처분청 외에도 감독청도** 가진다는 것이 다수설과 판례의 입장이다. 반대견해도 있기는 하다.

참고로 **쟁송취소권은 행정심판위원회나 법원**만이 가진다.

☞ ②: ×

행정행위의 철회의 절차는 **행정절차법에 의하**여 이루어지며, **행정쟁송절차보다 완화**되어 있다. 따라서 **사전통지**를 하여야 하며, **의견제출의 기회**를 부여하여야 한다. 특히 **개별법에 청문 등의 규정이 있는 경우에는** 이를 **준수하여야** 한다.

☞ ③: ×

직권취소는 소급효가 있으나, 철회는 장래효가 있는 것이 원칙이다.

☞ ④: ×

철회의 사유는 철회권**유**보부 부관이 충족된 경우, **부**담을 불이행한 경우, **사**정변경이 있는 경우, 중대한 **법**적 상태의 변경이 있는 경우, 중대한 **공**익상의 요청이 있는 경우이다. 그런데 사실관계의 변동은 사정변경을 의미하므로 철회의 사유로 볼 수 있다.

암기법: **유+부+사+법+공**

☞ ⑤: ×

철회는 사정변경 등 행정행위의 후발적 하자를 이유로 하는 것임에 반하여, **직권취소는 행정행위의 원시적 하자를 이유로 한다.** 따라서 **음주운전으로 인한 운전면허취소는 직권취소가 아니라 철회이다.**

반드시 출제되는 빈출지문 정리

155. 다음 중 직권취소에 대한 설명 중 옳은 것은? (서울시 7급)

① **취소소송의 진행 중에는** 직권취소할 수 없다.
② 처분청은 **명문의 근거가 없어도** 직권취소를 할 수 있다.
③ 대통령은 국무총리의 명령이 위법하다고 인정해도 이를 중지시킬 수 없다.
④ **위법한 침익적 행정행위에 대해서는 행정청이 이를 직권취소할 수 없다.**
⑤ 판례는 당사자가 **부당한 방법에 의해 수익적 행정행위를 발급받은 경우에도 그 신뢰는 보호된다**고 한다.

문 155. 정답 ②

***해 설**

☞ ①: ×

직권취소는 쟁송취소와 무관하게 가능하다. 국민인 원고가 취소소송을 제기하였을 때, 행정청 스스로 자신의 위법한 행위를 직권취소하는 것은 가능하다.

☞ ②: ○

직권취소는 하자있게 발급한 행정행위를 제거하는 것이므로 처분청은 명문의 근거가 없어도 직권취소를 하는 것이 법치주의상 가능하다.

☞ ③: ×

대통령은 국무총리에 대하여 **감독청이므로 감독권이 있다**. 감독권의 범위에 대하여 견해 대립이 있으나, 다수설은 **위법성과 부당성을 지적**하는 것뿐만 아니라 감독권을 효과적으로 행사할 수 있게 하기 위해서 **중지와 직권취소도 가능**하다고 보고 있다.

☞ ④: ×

위법한 수익적 행정행위에 대해서는 신뢰보호의 사익과 공익을 **이익형량하여 함부로 직권취소할 수 없는 제한이 있다**. 그러나 **침익적 행정행위는 이러한 문제가 없으므로 틀린 지문이다**.

☞ ⑤: ×

판례에 의하면 신뢰보호의 원칙을 주장하기 위해서는 귀책사유가 없어야 한다. 따라서 부당한 방법으로 수익적 행정행위를 발급받은 경우에는 신뢰보호의 원칙의

요건을 구비하지 못하였으므로 보호가치가 없다.

156. 행정행위의 부관에 대한 설명으로 옳지 않은 것은? (다툼이 있는 경우 판례에 의함) (서울시 7급)

빈출부관 지문 정리

① 행정청은 **법적 근거가 있는 경우에 한하여 재량행위에 부관을 붙일 수 있는 것은 아니다.**

② 행정청은 **철회권이 유보되어 있는 경우에도 행정행위의 철회에 관한 일반원칙을 준**수하여야 한다.

③ 행정청은 **부담의 불이행을 이유로** 행정행위를 **철회할 수 있다.**

④ 행정청은 부관의 부종성에 의하여 행정행위의 발급 이후에는 **사후적으로 부관**을 붙이거나 부관의 내용을 변경할 수 없다.

⑤ **판례에 의하면 부담 외의 부관에 대한 일부취소소송은 인정되지 않고 부담 외의 부관이 위법한 경우 행정행위 전부를 취소한다.**

문 156. 정답 ④

*해 설

☞ ①: ○

부관을 부가할지 여부는 행정청의 재량이므로 **법률의 근거가 없다고 하더라도 재량행위에 부관을 부가하는 것이 가능**하다.

☞ ②: ○

행정청이 행정행위에 **철회권을 유보하는 부관을 부가하**였고, 유보된 부관이 충족되었다고 하더라도 이는 철회할 사유가 발생한 것에 불과하다. 따라서 **최종적으로 철회를 하기 위해서는 비례의 원칙과 일부철회, 실권법리 등 철회가 제한**된다. 따라서 이 경우에도 행정행위의 철회에 관한 일반원칙을 준수하여야 한다는 것은 타당한 지문이다.

☞ ③: ○

철회의 사유는 철회권**유**보부 부관이 충족된 경우, **부**담을 불이행한 경우, **사**정변경이 있는 경우, 중대한 **법**적 상태의 변경이 있는 경우, 중대한 **공**익상의 요청이 있는 경우이다. 그런데 사실관계의 변동은 사정변경을 의미하므로 철회의 사유로 볼 수 있다.

암기법:
유+부+사+법+공

암기법:
법+유+동+사

☞ ④: ×

행정행위발급 이후에 부관만을 부가하는 **사후부관**이 가능한지 여부에 대하여 부담긍정설, 부정설, 제한적 긍정설이 대립한다. 그런데 다수설과 판례는 **폭넓은 제한적 긍정설**을 취하고 있으므로 부정설로 단정하는 지문은 타당하지 않다. 판례는 예외적으로 **법**률의 규정이 있거나, 부담을 **유보**하였거나, **동의**가 있거나, **사**정변경이 있는 경우에는 긍정하고 있다.

☞ ⑤ : ○

판례는 부담에 대하여만 진정일부취소소송을 인정하고, **그밖의 부관에 대하여는 전부취소를 구하거나 수인하는 수밖에 없다고** 한다. 즉 학설과 달리 **그밖의 부관에 대한 부진정일부취소소송을 인정하고 있지 않다**.

빈출지문 정리

157. 다음은 행정행위에 대한 심도 깊은 논의들이다. 옳게 서술된 설명은 모두 몇 개인가? (다툼이 있는 경우 판례에 의함)

ㄱ. **특정 기업의 운임 및 요금인상에 대한 허가**는 강학상 특허에 해당한다.
ㄴ. **인가는** 기속행위이다.
ㄷ. **재건축조합은 관할** 행정청의 감독 아래 정비구역 안에서 도시정비법상의 주택재건축사업을 시행하는 목적 범위 내에서 법령이 정하는 바에 따라 일정한 **행정작용을 행하는 행정주체의 지위를** 가진다.
ㄹ. 최근 대법원은 **행정청이 도시정비법 등 관련 법령에 근거하여 행하는 조합설립 인가처분**은 단순히 사인들의 조합설립행위에 대한 **보충행위로서**의 성질을 가지는 것에 그치는 것이지, 법령상 요건을 갖출 경우 도시정비법상 주택재건축사업을 시행할 수 있는 권한을 갖는 행정주체로서의 지위를 부여하는 **일종의 설권적 처분의 성격을 가진다고** 볼 수는 없다고 판시하였다.
ㅁ. **지목변경신청거부행위에 대한 처분성을** 헌재는 긍정하나 대법원은 부정하고 있다.

① 1개
② 2개
③ 3개
④ 4개
⑤ 5개

문 157. 정답 ①

***해 설**

☞ ㄱ: ×

특정 기업의 운임 및 요금인상에 대한 허가는 강학상 인가에 해당한다(자동차운수사업법 제8조).

☞ ㄴ: ×

인가는 공익관련성에 비중이 큰 경우는 재량인가이고 기본권관련성에 비중이 큰 경우는 기속행위이다.

☞ ㄷ: ○

대법원 2009. 9. 24. 선고 2008다60568 판결.

☞ ㄹ: ×

대법원 2009. 9. 24. 선고 2008다60568 판결

행정청이 도시정비법 등 관련 법령에 근거하여 행하는 조합설립인가처분은 단순히 사인들의 조합설립행위에 대한 보충행위로서의 성질을 갖는 것에 그치는 것이 아니라 법령상 요건을 갖출 경우 도시정비법상 주택재건축사업을 시행할 수 있는 권한을 갖는 행정주체로서의 지위를 부여하는 일종의 설권적 처분의 성격을 갖는다.

☞ ㅁ: ×

대법원 2004. 4. 22. 선고 2003두9015 판결

대법원도 헌재의 판시에 부응하여 판례 변경을 하여 처분성을 긍정하고 있다. 지목은 공법상의 법률관계에 영향을 미치고, 토지소유자는 지목을 토대로 토지의 사용·수익·처분에 일정한 제한을 받으며, 토지소유자의 실체적 권리관계에 밀접하게 관련되어 있음을 이유로 지목변경신청거부는 항고소송의 대상인 거부처분이 된다.

158. 다음은 행정행위에 대한 최근 판례의 변화를 소개하는 판시내용들이다. 아래 지문 중 옳은 것(o)과 옳지 않은 것(x)을 올바르게 조합한 것은? (다툼이 있는 경우 판례에 의함)

최신판례 출제 정리

ㄱ. 대법원은 **건축물 대장의 용도변경신청거부에 대하여**도 항고소송의 대상인 거부

처분이 된다고 판시하였다.
ㄴ. 대법원은 **건축물대장의 작성신청거부도** 항고소송의 대상인 처분이라고 보고 있다.
ㄷ. 대법원은 **무허가건물등재대장삭제행위도** 항고소송의 대상인 처분이라고 보고 있다.
ㄹ. **대학조교수에 대한 기간만료통지는** 기간이 만료하여 당연히 교수직을 상실하므로 처분성이 없어서 취소소송의 대상이 되지 않는다.
ㅁ. 판례는 **시흥소방서장이 구두로 행한 시정명령**을 건물주가 위반하는 경우 시정명령위반죄에 해당하지 않으므로 무죄판결을 하였다.

① ㄱ(x), ㄴ(x), ㄷ(o), ㄹ(o), ㅁ(x)
② ㄱ(o), ㄴ(x), ㄷ(o), ㄹ(o), ㅁ(x)
③ ㄱ(o), ㄴ(o), ㄷ(x), ㄹ(x), ㅁ(x)
④ ㄱ(o), ㄴ(o), ㄷ(x), ㄹ(x), ㅁ(o)
⑤ ㄱ(o), ㄴ(o), ㄷ(o), ㄹ(o), ㅁ(x)

문 158. 정답 ④

***해 설**

☞ ㄱ: ○

대법원 2009. 1. 30. 선고 2007두7277 판결

건축물의 용도는 토지의 지목에 대응하는 것으로서 건축물의 소유권을 제대로 행사하기 위한 전제요건으로서 건축물 소유자의 실체적 권리관계에 밀접하게 관련되어 있으므로 건축물대장의 용도변경신청거부는 항고소송의 대상인 거부처분이다.

☞ ㄴ: ○

대법원 2009. 2. 12. 선고 2007두17359 판결

건축물대장의 작성은 건축물의 소유권을 제대로 행사하기 위한 전제요건으로서 건축물 소유자의 실체적 권리관계에 밀접하게 관련되어 있으므로 건축물대장의 작성신청거부는 항고소송의 대상인 거부처분에 해당한다.

☞ ㄷ: ×

대법원 2009. 3. 12. 선고 2008두11525 판결

무허가건물등재대장삭제행위는 무허가 건물에 대한 실체상의 권리관계에 변동을 가져오는 것이 아니므로 항고소송의 대상인 처분이 아니다.

☞ ㄹ: ×

대법원 2004. 4. 22. 선고 2000두7735 판결

기간제로 임용되어 임용기간이 만료된 국·공립 대학의 조교수는 교원으로서의 능력과 자질에 관하여 합리적 기준에 의한 공정한 심사를 받아 위 기준에 부합되면 특별한 사정이 없는 한 재임용되리라는 기대를 가지고 재임용 여부에 관하여 합리적인 기준에 의한 공정한 심사를 요구할 법규상 또는 조리상 신청권을 가진다고 할 것이니, 임용권자가 임용기간이 만료된 조교수에 대하여 재임용을 거부하는 취지로 한 임용기간만료의 통지는 위와 같은 대학교원의 법률관계에 영향을 주는 것으로서 행정소송의 대상이 되는 처분에 해당한다.

즉 판례 변경을 통하여 종전의 입장을 변경하였다.

☞ ㅁ: ○

대법원 2011. 11. 10. 선고 2011도11109 판결

시정명령을 구두로 행하는 것은 행정절차법 제24조에 위반하여 무효이므로, 당연무효인 위 시정보완명령에 따른 피고인의 의무위반이 생기지 아니하는 이상 피고인에게 위 시정보완명령에 위반하였음을 이유로 같은 법 제48조의 2 제1호에 따른 행정형벌을 부과할 수 없다.

159. 행정행위가 있은 후 그 근거가 된 법률이 헌법재판소에 의해 위헌으로 결정된 경우, ㉠ 당해 행정행위의 하자의 유형과 ㉡ 취소소송의 제소기간이 도과한 후 원고가 무효확인소송으로 이 사안을 다툰다고 할 때 법원은 어떻게 판단해야 하는지 바르게 연결한 것은? (다툼이 있는 경우 대법원 판례에 의함) (9급 지방직)

새로운 출제유형 대비

	㉠	㉡
①	무효	각하

② 무효 기각
③ 취소 각하
④ 취소 기각

문 159. 정답 ④

*해 설

☞ ④: ○

위헌판결을 받은 법률은 무효이지만 이에 **근거한 처분**은 **중대명백설**에 의하면 위헌판결을 받은 중대한 위법성이 있으나 일반 국민의 인식기준으로는 처분 당시 근거 법률이 위헌판결을 받을 것을 **명백히 인식할 수 없으므로 취소사유**이다. 따라서 **무효라는 주장은 받아들일 수 없으므로 무효주장에 대하여는 기각판결**을 내리게 된다.

중요 기출 정리

160. 행정행위의 효력과 위법성의 정도 등에 대한 다음의 설명 중 타당한 것을 모두 고르시오. (다툼이 있는 경우 판례에 의함)

ㄱ. 행정행위의 **불가변력이** 발생하면 더 이상 다툴 수 없어 **불가쟁력도 발생**한다.
ㄴ. 행정행위의 **강제력은** 장래에 대한 강제집행력과 과거의 의무 위반에 대한 **제재력이** 있는데, 하명에 대한 법률유보가 충족된다면 강제력에 대하여는 별도의 법률유보가 필요가 없다.
ㄷ. **행정행위에 하자가 있으면** 법치행정의 철저한 관철의 요청상 무효로 처리함이 바람직하다.
ㄹ. **행정행위의 하자유무에 대한 판단시점은** 판결시설이 아니라 **처분시설에** 의하는 것이 다수설과 판례의 입장이다.
ㅁ. **대법원 전원합의체 판결의 다수의견은 중대명백설**을 취하는 데 반하여 **반대의견은 명백성 보충요건설을** 취한 바 있다.

① ㄱ, ㄴ ② ㄴ, ㄷ
③ ㄷ, ㄹ ④ ㄹ, ㅁ
⑤ ㄱ, ㅁ

문 160. 정답 ④

***해 설**

☞ ㄱ: ×

행정행위의 불가쟁력과 불가변력은 서로 무관계하므로 불가변력이 발생하는 행정심판의 재결에 대하여도 제소기간 내이면 다툴 수 있고, 불가쟁력이 발생하였다고 하더라도 행정청이 스스로 직권취소하는 것도 가능하다.

☞ ㄴ: ×

강제력을 발동하는 것은 국민의 기본권에 대한 본질적인 침해이므로 별도의 법률규정이 필요하다는 법률유보필요설 내지는 법규설이 다수설과 판례의 입장으로서 타당하다. 별도의 법률규정이 필요없다는 법률유보불요설 내지는 직권집행설은 소수설의 입장에 불과하다.

☞ ㄷ: ×

행정행위의 하자론은 법치행정의 철저한 관철의 요청과 행정의 능률 및 사인의 신뢰보호의 요청의 조화를 추구하는 것이 바람직하다.

☞ ㄹ: ○

권력분립의 원칙과 법원의 사후적이고 소극적인 역할을 강조하여 처분시설을 취하는 것이 다수설과 판례의 입장이다. 판결시설은 법관국가를 초래한다는 비판을 받는다.

☞ ㅁ: ○

대법원 1995. 7. 11. 선고 94누4615 판결.

161. 다음의 설명 중 옳은 것(o)과 옳지 않은 것(x)을 올바르게 조합한 것은? (다툼이 있는 경우 판례에 의함)

중요판례 출제지문 정리

ㄱ. 헌법재판소도 대법원과 동일하게 중대명백설을 취하여 **위헌법률에 근거한 과세처분과 압류도** 취소사유에 불과하므로 **제소기간이 도과되면 후속조치인 경매실시**가 가능하다고 한다.

ㄴ. 처분이 존재하다가 일정한 사유에 의하여 소멸되는 **실효의 경우**, 처분이 더 이상 존재하지 않는 것이므로 이에 대한 취소소송은 **소의 이익**이 없어 각하하여야

한다.

ㄷ. **부관 중에서 법률의 근거가 필요한 것은 법률효과 일부배제**와 철회권 유보이다.

ㄹ. **사후부관의 경우 판례는 원칙적으로는 인정하지 않지만 예외적으로 법률의 규정이 있거나 부담을 유보하거나 동의가 있거나 사정변경이 있는 경우까지 허용**한다.

ㅁ. **정보공개신청거부처분취소소송은 대상적격이나 원고적격에 대하여는 언제나 소의 적법성이 인정된다.**

ㅂ. **그러나 행정청이 악의적인 정보폐기를 하였다면 소의 이익이 없어 각하**하여야 한다.

① ㄱ(x), ㄴ(x), ㄷ(x), ㄹ(x), ㅁ(x), ㅂ(x)
② ㄱ(x), ㄴ(x), ㄷ(x), ㄹ(x), ㅁ(o), ㅂ(x)
③ ㄱ(x), ㄴ(x), ㄷ(x), ㄹ(o), ㅁ(o), ㅂ(x)
④ ㄱ(o), ㄴ(x), ㄷ(x), ㄹ(o), ㅁ(o), ㅂ(x)
⑤ ㄱ(x), ㄴ(o), ㄷ(o), ㄹ(o), ㅁ(o), ㅂ(o)

문 161. 정답 ③

***해 설**

☞ ㄱ: ×

헌재 1994. 6. 30. 92헌마23

헌재는 원칙적으로는 중대명백설을 취하지만, 예외적으로 법적 안정성을 크게 해치지 않는 반면에 그 하자가 중대하여 그 구제가 필요한 경우에 대하여서는 그 예외를 인정하여 이를 무효사유로 보고 있다. 그러므로 위헌법률에 근거한 압류 등은 무효가 되므로 제소기간이 경과하더라도 이에 대한 후속조치인 경매를 실시할 수 없다고 판시하고 있다.

☞ ㄴ: ×

실효된 처분이라도 예외적으로 침해반복의 위험이 있거나 가중적 제재의 위험이 있거나, 회복할 수 있는 정당한 경제적 이익이나 사회적 지위가 있는 경우에는 행정소송법 제12조 제2문의 실효처분 취소소송이 가능하다.

☞ ㄷ: ×

부관 중 유일하게 법률유보를 요구하는 것이 법률효과의 일부배제 부관이며 철회권유보 등 나머지 부관은 법률유보를 필요로 하지 않는다.

☞ ㄹ: ○

대법원 1997. 5. 30. 선고 97누2627 판결.

☞ ㅁ: ○

모든 국민에게 정보공개청구권이 정보공개법 제5조상 긍정되고 있고, 행복추구권과 인간의 존엄 등에서 도출되는 알권리나 청주시 정보공개조례사건에서 판시하고 있듯이 정보공개신청권이 언제나 당연히 인정되므로 이에 대한 거부는 재판의 대상적격이 충족되고, 법인격이 없거나 설립목적 여하에도 불구하고 원고적격이 언제나 인정된다.

☞ ㅂ: ×

전주교도소 사건 등에서 판례는 악의적인 정보폐기에 대하여는 입증책임을 행정청에게 지움으로써 소의 이익을 긍정하여 본안판결을 하고 있다. 그러나 정상적으로 정보가 폐기되었다면 소의 이익이 없다.

162. 다음 중 판례의 태도와 다른 설문은?

① 종전의 결혼예식장영업을 자진폐업한 이상 위 예식장영업허가는 자동적으로 소멸한다.

② 그러나 위 건물중 일부에 대하여 다시 예식장영업허가신청을 하였다면 일단 소멸한 종전의 영업허가권이 당연히 되살아난다.

③ 건축법령 소정의 용도변경허가가 되어 있지 아니한 건물은 그 변경허가가 되지 아니한 용도로서는 불법건물임을 면할 수 없다.

④ 그러한 건물에 대하여 변경허가가 되지 아니한 용도로서의 영업허가는 불법건물의 사용을 전제로 하는 것이 되어 그 자체가 위법임을 면할 수 없어 그와 같은 영업허가신청을 반려한 처분이 재량권을 일탈하였다고 볼 수 없다.

문 162. 정답 ②

*해 설

대법원 1985. 07. 09. 선고 83누412 판결[예식장영업허가신청반려처분취소]

가. 종전의 결혼예식장영업을 자진폐업한 이상 위 예식장영업허가는 자동적으로 소멸하고 위 건물중 일부에 대하여 다시 예식장영업허가신청을 하였다 하더라도 **이는 전혀 새로운 영업허가의 신청임이 명백하므로 일단 소멸한 종전의 영업허가권이 당연히 되살아난다고 할 수는 없는 것**이니 여기에 종전의 영업허가권이 새로운 영업허가신청에도 그대로 미친다고 보는 기득권의 문제는 개재될 여지가 없다.

나. 건축법령 소정의 용도변경허가가 되어 있지 아니한 건물은 그 변경허가가 되지 아니한 용도로서는 불법건물임을 면할 수 없다 할 것이므로 그러한 건물에 대하여 변경허가가 되지 아니한 용도로서의 영업허가는 불법건물의 사용을 전제로 하는 것이 되어 그 자체가 위법임을 면할 수 없어 그와 같은 영업허가신청을 반려한 처분이 재량권을 일탈하였다고 볼 수 없다.

나머지 행정작용들 — 문제연습

163. 다양한 행정작용에 대한 다음의 설명 중 옳은 것 두 가지는? (다툼이 있는 경우 판례에 의함)

확약이나 행정지도 등은 빈출되므로 정리해 두자

① 행정행위에 대한 발급을 약속하는 행정청의 행위는 **확약으로서 구속력이 발생한다는** 것이 판례이다.

② 확약에 대하여 판례는 소의 이유유무에서 구속력과 **신뢰보호의 원칙**을 모두 검토한다.

③ 판례는 **서울대공 전술 연구소 연구원 채용계약 해지사건에서** 이는 해임처분이 아니라 대등한 지위에서 행하는 의사표시인 공법상 계약이므로 취소소송이 아니라 **공법상 당사자소송으로** 의사표시의 무효확인을 청구할 수 있다고 판시하였다.

④ **행정지도는 비권력적 사실행위**이고, 무기**사용은 권력적 사실행위**인데, 다수설과 판례에 의하면 행정지도는 행정소송으로 다툴 수 없고 무기사용은 행정소송으로 다툴 수 있다.

⑤ **서울대학교 입학고사 요강에**서 일본어를 제외하기로 한 경우 비록 서울대학교의 사실상 준비행위 내지 사전 안내에 불과하여 **행정쟁송의 대상이 될 수 있는 행정처분이나 공권력의 행사는 될 수 없지만,** 서울대 입학고사 요강의 내용이 국민의 기본권에 직접 영향을 끼치는 내용이고 앞으로 법령의 뒷받침에 의하여 그대로 실시될 것이 틀림없이 예상되어 그로 인하여 직**접적으로 기본권 침해를 받게 되어 있으**므로 헌법재판소법 제68조 제1항 소정의 **공권력의 행사에 해당된다고 할 것이다.**

문 163. 정답 ③,⑤

***해 설**

☞ ①: ×

다수설은 확약의 처분성과 구속력을 모두 인정하나, 판례는 확약의 처분성을 부정하면서 신뢰보호의 원칙으로만 검토한다.

☞ ②: ×

다수설은 확약의 구속력과 신뢰보호의 원칙을 모두 검토하지만, 판례는 확약의 구속력은 인정하지 않고 신뢰보호의 원칙으로만 검토한다.

☞ ③: ○

대법원 1993. 9. 14. 선고 92누4611 판결.

☞ ④: ×

다수설과 판례에 의하면 행정지도와 같은 형식적 행정행위는 인정할 수 없으므로 취소소송의 대상으로 삼을 수 없지만 당사자소송으로 다툴 수 있다고 보게 된다. 그러나 권력적 사실행위는 처분성을 긍정할 수 있으므로 취소소송의 대상으로 삼을 수 있다고 본다. 즉 **행정지도도 다수설과 판례에 의하면 행정소송으로 다툴 수 있는데, 항고소송의 방식이 아니라 당사자소송의 방식에 의하여야 한다. 그러나 소수설**은 형식적 행정행위를 긍정하면서 취소소송의 대상이 된다고 한다.

☞ ⑤: ○

헌재 1992. 10. 1. 92헌마68, 67.

빈출지문 정리

164. 공적 경고와 행정지도에 대해서 다음의 설명들을 자세히 읽어보고 옳은 것(o)과 옳지 않은 것(x)을 올바르게 조합한 것은?

ㄱ. **공적 경고는** 특정 공산품이나 농산품의 유해성 및 유용성과 관련하여 사인에게 발해지는 행정청의 설명·성명·공고·고시 등을 의미하는데, 이는 행정소송법 제2조의 그 밖에 이에 준하는 작용에 해당하므로 처분성이 있다고 **보는 견해가 있다.**

취소소송 등 항고소송에서만 처분성 요구

ㄴ. **규제적 행정지도에** 대하여 **법률의 근거를 요하지 않는다는 입장이 다수설이고,** 법률의 근거가 필요하다는 입장이 유력설이다.

ㄷ. **행정지도에 불응하였다고 하여 불이익조치를 취해서는 안 되는 것은** 임의성의 원칙이라고 한다.

국가배상은 처분성과 상관 없음

ㄹ. 행정지도와 같이 **처분성이 없는 경우** 국가배상청구소송의 대상이 되지 못한다.

ㅁ. 교육인적자원부 장관의 경북대학교 총장 등에 대한 **학칙시정 요구가 교수**회의

성격을 자율적으로 결정할 권리를 침해하였다며 헌법소원을 제기한 사건에서 헌재는 교육인적자원부 장관의 학칙시정 요구는 행정지도의 성격을 가지므로 비록 이에 응하지 않을 경우 일정한 불이익조치가 예정되어 있다고 하더라도 헌법소원의 대상이 되는 공권력의 행사라고 볼 수 없다고 하였다.

ㅂ. 국가가 버스회사나 지하철회사들에게 운송사업면허를 발급하였다면, 버스회사나 지하철회사들이 운임을 승객에 대하여 **불합리하게 차별적으로 적용**하거나 승차거부를 하였다면 민사법원이라도 **사적 자치를 수정하여 위법하다고 판결하여** 기본권보호를 하여야 한다.

① ㄱ(o), ㄴ(o), ㄷ(x), ㄹ(x), ㅁ(x), ㅂ(o)
② ㄱ(o), ㄴ(x), ㄷ(o), ㄹ(o), ㅁ(x), ㅂ(x)
③ ㄱ(x), ㄴ(o), ㄷ(x), ㄹ(o), ㅁ(x), ㅂ(o)
④ ㄱ(o), ㄴ(o), ㄷ(o), ㄹ(x), ㅁ(x), ㅂ(o)
⑤ ㄱ(x), ㄴ(o), ㄷ(x), ㄹ(x), ㅁ(x), ㅂ(o)

문 164. 정답 ①

***해 설**

☞ ㄱ: ○

공적 경고의 처분성을 부정하는 것이 다수설과 판례의 입장이지만, 유력설(김남진 교수)은 행정소송법 제2조의 그 밖에 이에 준하는 작용에 해당하므로 처분성을 긍정할 수 있다고 본다.

☞ ㄴ: ○

다수설은 규제적 행정지도의 처분성을 부정하기 때문에 법률의 근거가 필요 없다고 보고, 유력설은 행정소송법 제2조의 그 밖에 이에 준하는 작용으로 보아 처분성을 긍정하기 때문에 법률의 근거가 필요하다고 본다.

☞ ㄷ: ×

주의

행정지도에 불응하였다고 하여 불이익한 조치를 취하여서는 안 된다는 것은 불이익조치금지의 원칙으로서 **사후적인 통제원리로서 행정절차법 제48조 제2항에 규정되**어 있고, 사전에 행정지도를 강요하여서는 안 된다는 것은 임의성의 원칙으로서 사전적인 통제**원리인데 행정절차법 제48조 제1항 제2문에 규정되어** 있다.

빈출

☞ ㄹ: ×

국가배상은 위법한 직무집행이면 청구할 대상이 될 수 있고, 처분성을 요건으로 요구하지 않는다. 그런데 만일 직무가 처분성이 있는 것이면 선결문제 심사가능성을 추가적으로 검토하여야 하는데, **국가배상은 위법성 판단으로 족한 유형이므로 검토할 수 있고, 다음으로 국가배상법 제2조의 요건을 갖추어야 한다.**

☞ ㅁ: ×

헌재는 교육인적자원부 장관의 학칙시정 요구는 행정지도의 일종이지만 그에 따르지 않을 경우 일정한 불이익조치를 예정하고 있어 사실상 상대방에게 그에 따를 의무를 부과하는 것과 다를 바 없으므로 단순한 행정지도로서의 한계를 넘어 규제적·구속적 성격을 상당히 강하게 갖는 것으로서 헌법소원의 대상이 되는 공권력의 행사라고 볼 수 있다고 판시하였다. 헌재 2003. 6. 26. 2002헌마337. 2003헌마7·8 (병합).

☞ ㅂ: ◯

이러한 법리를 행정사법이라고 한다.

빈출되는 기출 정리

165. 다음 중 옳지 않은 것은? (국가직 7급)

① 판례에 따르면 **어업권면허에 선행하는 우선순위결정은 강학상 확약에 불과하다고 하여 처분성을 부정**한다.

② 대집행계고처분을 하기 위해서는 의무자의 **공법상 대체적 작위의무 위반행위가 있어야 한다.** 그러나 판례에 따르면 **단순한 부작위의무의 위반만으로는 위반결과를 시정하기 위한 작위의무가 당연히 도출되지는 않는 것으로 본다.**

③ **판례에 따르면 손실보상의** 원인이 공법적이라면 손실의 내용이 사권이라 하더라도 그 손실보상청구권을 공법상 권리로 본다.

④ 행정행위의 하자론에서의 중대명백성설에 대한 비판은 **주로 명백성 요구를 둘러싸고 전개된다.**

문 165. 정답 ③

＊해 설

☞ ①: ○

대법원 1995. 1. 20. 선고 94누6529 판결【행정처분취소】[공 1995. 2. 15.(986), 919]

어업권면허에 선행하는 우선순위결정은 행정청이 우선권자로 결정된 자의 신청이 있으면 어업권면허처분을 하겠다는 것을 약속하는 행위로서 강학상 확약에 불과하고 행정처분은 아니므로, 우선순위결정에 공정력이나 불가쟁력과 같은 효력은 인정되지 아니하며, 따라서 우선순위결정이 잘못되었다는 이유로 종전의 어업권면허처분이 취소되면 행정청은 종전의 우선순위결정을 무시하고 다시 우선순위를 결정한 다음 새로운 우선순위결정에 기하여 새로운 어업권면허를 할 수 있다.

☞ ③: ×

판례는 하천법상 제외지 보상청구만 공법상 권리로서 당사자소송으로 판례변경하고 있을 뿐, 일반적인 경우는 여전히 사권으로서 민사소송으로 보고 있다.

대법원 1996. 7. 26. 선고 94누13848 판결【손실보상금지급거부처분취소】[공 1996. 9. 15.(18), 2677]

내수면어업개발촉진법 제16조에 의하여 준용되는 수산업법 제81조 제1항 제1호는 같은 법 제34조 제1항 제1호 내지 제5호의 소정의 공익상 필요에 의한 사유로 인하여 면허어업을 제한하는 등의 처분을 받았거나 어업면허 유효기간의 연장이 허가되지 아니함으로써 손실을 입은 자는 행정관청에 대하여 보상을 청구할 수 있다고 규정하고 있는바, **이러한 어업면허에 대한 처분 등이 행정처분에 해당된다 하여도 이로 인한 손실은 사법상의 권리인 어업권에 대한 손실을 본질적 내용으로 하고 있는 것으로서 그 보상청구권은 공법상의 권리가 아니라 사법상의 권리이고,** 따라서 같은 법 제81조 제1항 제1호 소정의 요건에 해당한다고 하여 보상을 청구하려는 자는 행정관청이 그 보상청구를 거부하거나 보상금액을 결정한 경우라도 이에 대한 행정소송을 제기할 것이 아니라 면허어업에 대한 처분을 한 행정관청(또는 그 처분을 요청한 행정관청)이 속한 권리주체인 지방자치단체 또는 국가를 상대로 **민사소송으로 직접 손실보상금 지급청구를 하여야 한다.**

166. 甲은 허위서류를 작성하여 행정청 乙로부터 어업권면허를 받고 어업에 종사하고 있다. 그런데 甲이 어업에 계속 종사하던 중 乙은 甲의 면허취득이 허위에 의한 것임을 인지하고, 어업권면허에 선행하는 우선순위결정이 잘못되었다는 이유로 甲의 어업권면허처분을 취소하였다. 그리고 종전의 어업권면허 우선순위결정을 무시하고 다시 우선순위결정을 하였다. 이 사안에 관한 설명 중 옳지 않은 것은? (다툼이 있는 경우 판례에 의함) (변시 기출)

① 乙의 어업권면허에 선행하는 우선순위결정은 행정청이 우선권자로 결정된 자의 신청이 있으면 어업권면허처분을 하겠다는 것을 약속하는 행위로서 강학상 확약에 불과하고 행정처분은 아니다.

② 수익적 처분이 있으면 상대방은 그것을 기초로 하여 새로운 법률관계 등을 형성하게 되므로, 본건에서 어업권면허가 甲의 허위 기타 부정한 방법으로 인해 발급되었더라도 乙은 甲의 어업권면허를 취소할 수 없다.

③ 우선순위결정이 잘못되었다는 이유로 종전의 어업권면허처분이 취소되었으므로 乙은 다시 우선순위를 결정한 다음 새로운 우선순위결정에 기하여 새로운 어업권면허를 발급할 수 있다.

④ 만일 제3자 丙이 최초의 우선순위결정 과정에서 탈락하였고 甲의 어업권면허가 존속하고 있다면, 丙은 동 면허처분에 대한 취소소송을 제기할 수 있다.

⑤ 만약 위 사안의 우선순위결정이 있은 후 사실적 · 법률적 상태가 변경된 경우 그 우선순위결정은 사후적으로 행정청의 별다른 의사표시 없이 실효된다.

문 166. 정답 ②

***해 설**

대법원의 대천시 외연도 어촌계 사건의 판시 내용과 이를 바탕으로 한 사례연습에서 다양한 법리가 출제되었다.

☞ ①: ○

판례는 어업우선순위결정에 대하여 확약에 불과하고 처분성이 없다고 판시하고 있다. 그러나 학자들은 확약으로서 처분성이 있다는 견해와 예비결정으로서 처분성이 있다는 견해들도 논의하고 있다.

☞ ②: ×

수익적 처분이라도 신청인의 사위에 의하여 하자있게 발급되었다면 직권취소할 수 있다. 더욱이 어업법에서는 하자있는 직권취소에 대하여 기속적으로 규정되어 있기까지 하다. 다만, 이때에도 신뢰보호와 이익형량상 제한될 수는 있다.

☞ ③: ○

부정하게 발급된 어업면허를 직권취소한 뒤에는 새로이 어업우선순위결정과 어업면허를 발급할 수 있게 된다.

☞ ④: ○

갑에 대한 어업면허는 제3자인 병에 대한 재산권과 어업의 자유에 대한 침해가 되므로 제3자효 행정행위가 되고, 경원자인 병은 이에 대하여 취소소송을 제기할 수 있는 원고적격이 인정된다.

☞ ⑤: ○

판례는 확약의 구속력을 아예 인정하지 않으며, 다수설은 확약의 구속력을 인정하지만 사정변경과 이익형량에 의하여 깨뜨려질 수 있다고 보므로 타당한 설명이다.

167. 甲은 토지매매에 의한 양도소득세 확정신고를 하면서, 행정청의 행정지도에 따라 실제 거래가격이 아닌 개별공시지가에 의하여 매매가격을 신고하였다. 추후에 이것이 허위신고로 문제되자 甲은 자신의 행위가 행정청의 행정지도에 따른 것이라고 하면서 반발하고 있다. 甲과 행정청의 법적 책임 등에 관한 설명 중 옳은 것은? (다툼이 있는 경우 판례에 의함) (변시 기출)

① 甲의 행위는 행정청의 행정지도에 따른 것으로서 범법행위가 아니지만, 관할관청은 이에 대한 법적 책임을 피할 수 없다.

② 甲이 행정지도에 따른 허위의 매매가격신고로 인하여 불이익을 입었다면 행정청이 사실상 강제력을 행사하였는지에 관계없이 공무원의

직무상 불법행위가 성립한다.

③ 행정청이 허위의 매매가격신고를 사실상 강제하지 않았더라도 현행 법상 甲의 피해에 대한 손실보상이 이루어질 수 있다.

④ 만약 행정청의 행정지도를 따르지 않을 경우 일정한 불이익조치가 예정되어 있었다면 그 행정지도는 헌법소원의 대상이 되는 공권력행사가 될 수 있다.

⑤ 행정지도는 법적 효과를 발생시키는 것이 아니므로 항고소송 등 행정쟁송의 대상이 되지 아니하며, 행정지도를 따르지 않았다는 이유로 발령된 행정행위에 대해서도 항고소송을 제기할 수 없다.

문 167. 정답 ④

＊해 설

☞ ①: ×

갑이 비록 행정청의 위법한 행정지도에 따랐다고 하여 이를 위법성이 조각되는 사회상규에 해당한다고 볼 수 없으므로 정당행위가 아니어서 갑의 행위와 관할 관청의 행위가 모두 위법하게 된다고 보는 것이 다수설과 판례의 판시 내용이다.

☞ ②: ×

판례는 행정지도에 따른 허위매매가격신고로 인하여 불이익을 입었다고 하더라도 행정청이 사실상의 강제력을 행사하여야 불법행위에 대한 인과관계를 인정할 수 있다고 한다.

☞ ③: ×

행정청이 행정지도에 대한 사실상 강제를 행하였어야 손실보상에 대한 상당인과관계가 인정될 수 있다.

☞ ④: ○

행정지도라는 미명하에 기본권을 침해하는 강제성을 띠는 경우에는 행정지도에 대한 헌법소원이 가능하다고 보는 것이 헌재와 다수설의 입장이다.

☞ ⑤: ×

행정지도에 대하여는 항고소송이 부정되고 당사자소송에 의하여야 한다는 것이 다수설과 판례의 입장이지만, 행정지도에 불응하였다는 이유로 발령된 행정행위에 대하여는 항고소송을 제기할 수 있다.

168. 행정지도에 관한 다음 설명 중 옳지 않은 것은? (다툼이 있는 경우 판례에 의함) (변시 기출)

행정지도 중요지문 연습

① **사인의 행위가 행정지도에 따라 행해진 경우 그 행정지도가 위법하다** 고 할지라도 원칙적으로 그 사인의 행위의 위법성이 조각된다.

② 행정지도가 말로 이루어지는 경우에 상대방이 행정지도의 취지 및 내용, 행정지도를 하는 자의 신분을 적은 **서면의 교부를 요구하면** 그 행정지도를 하는 자는 직무 수행에 특별한 지장이 없으면 이를 교부하여야 한다.

③ 행정기관이 동일한 행정목적을 실현하기 위하여 다수인에게 행정지도를 하려는 경우 특별한 사정이 없으면 **행정지도에 공통되는 내용을 공표하여야 한다.**

반드시 정리할 행정지도 빈출 포인트

④ **국가배상법이 정하는** 배상청구의 요건인 '공무원의 직무'에는 행정지도와 같은 비권력적 행정작용이 **포함된다.**

⑤ 행정지도가 **강제성을 띠지 않은 비권력적 작용으로서 행정지도의 한계를 일탈하지 아니하였다면,** 그로 인하여 상대방에게 어떤 손해가 발생하였다고 하더라도 행정기관은 그에 대한 **손해배상책임이 없다.**

문 168. 정답 ①

***해 설**

☞ ①: ×

대법원 1994. 12. 13. 선고 93다49482 판결【주식인도】[공 1995. 1. 15.(984), 468]

주주가 주식매각의 종용을 거부한다는 의사를 명백하게 표시하였음에도 불구하고, 집요하게 위협적인 언동을 함으로써 그 매각을 강요하였다면 이는 위법한 강박행위에 해당한다고 하지 않을 수 없다 하여, 정부의 재무부 이재국장 등이 국제그룹 정리방안에 따라 신한투자금융주식회사의 주식을 주식회사 제일은행에게 매각하도록 종용한 행위가 **행정지도에 해당되어 위법성이 조각된다는 주장을 받아들일 수 없다.**

☞ ②: ○

행정절차법 제49조의 행정지도실명제와 문서교부청구권

행정절차법 제49조(행정지도의 방식) ① 행정지도를 하는 자는 그 상대방에게 그 행정지도의 취지 및 **내용과 신분을 밝혀야 한다.**

② 행정지도가 말로 이루어지는 경우에 상대방이 제1항의 사항을 적은 서면의 교부를 요구하면 그 행정지도를 하는 자는 직무 수행에 특별한 지장이 없으면 **이를 교부하여야 한다.**

☞ ③: ○

행정절차법 제51조(다수인을 대상으로 하는 행정지도) 행정기관이 같은 행정목적을 실현하기 위하여 많은 상대방에게 행정지도를 하려는 경우에는 특별한 사정이 없으면 행정지도에 **공통적인 내용이 되는 사항을 공표하여야 한다.**

☞ ④: ○ 와 ☞ ⑤: ○

빈출판례

대법원 1994. 12. 13. 선고 93다49482 판결【주식인도】[공 1995. 1. 15.(984), 468]

국제그룹의 해체와 같은 정부의 막강한 위력을 거론하면서 원고들이 불응하는 경우 위 회사와 원고들에 대한 사회적, 경제적 활동에 심대한 제약이 가하여질 것을 암시하는 방법으로 1년여에 걸쳐 원고들의 **주식매매를 강요하고,** 매매가격결정에까지 관여하여 온 사실을 자세하게 설시하고 이와 같은 행위는 행정지도의 범주를 벗어난 공권력의 위법한 집행행위에 해당하며, 이와 같은 이재국장의 원고들에 대한 언행은 원고들을 외포시켜 소유주식을 정부방침에 따라 피고 은행에게 매도할 수밖에 없도록 한 **강박행위에 해당한다.**

169. 다음 사례에 대한 설명으로 옳지 않은 것은? (다툼이 있는 경우 판례에 의함) (국가직 7급)

빈출문제

A는 B 광역시 **시립합창단의 단원으로 3년간** 위촉되어 활동하는 내용의 계약을 B 광역시 문화예술회관장 C와 체결하였다. 시립합창단원의 지위는 지방공무원의 지위와 거의 유사한 것으로 규정되어 있다. A는 위촉기간이 3년이 만료되면서 합창단원 재위촉 신청을 하였으나, C는 A의 실기와 근무성적에 대한 평정을 실시한 **후 재위촉을 하지 않았다.**

① 위 사례의 위촉은 공법상의 근무관계의 설정을 목적으로 하여 B 광역시와 A 사이의 대등한 지위에서 의사가 합치되어 성립되는 **공법상**

근로관계이다.

② 공법상 계약에는 법률유보의 원칙이 적용되지 않는다.

③ **공법상 계약에는 공정력이 인정되지 않는다.**

④ A가 **재위촉거부에 대해서 불복**할 경우 취소소송을 제기하여야 한다.

문 169. 정답 ④

***해 설**

☞ ①: ○ **공법상 계약은 대등한 관계에서 체결되는 의사의 합치라는** 점에서 우월적인 지위에서 발급하는 행정행위와 구별된다.

☞ ②: × **공법상 계약은 당사자사이에 자유롭게 계약의 내용을 정할 수 있다**는 점에서 **법률유보의 원칙이 적용되지 않는 것이 다수설**이다.

☞ ③: ○ **공정력은 행정행위의 특징적인 효력이므로 공법상 계약에는 인정되지 않는다.**

☞ ④: × **공법상 계약의 재위촉 거부에 대한 불복은 공법상 계약에 대한 불복수단인 당사자소송에** 의하여야 한다. 가장 명확하게 틀린 지문이다.

***심 화 학 습**

대법원 2001. 12. 11. 선고 2001두7794 판결【합창단재위촉거부처분취소】[공2002. 2. 1.(147), 306]

지방자치법 제9조 제2항 제5호 (라)목 및 (마)목 등의 규정에 의하면, 광주광역시립합창단의 활동은 지방문화 및 예술을 진흥시키고자 하는 광주광역시의 공공적 업무수행의 일환으로 이루어진다고 해석될 뿐 아니라, 그 단원으로 위촉되기 위하여는 공개전형을 거쳐야 하고 지방공무원법 제31조의 규정에 해당하는 자는 단원의 직에서 해촉될 수 있는 등 단원은 일정한 능력요건과 자격요건을 갖추어야 하며, 상임단원은 일반공무원에 준하여 매일 상근하고 단원의 복무규율이 정하여져 있으며, 일정한 해촉사유가 있는 경우에만 해촉되고, 단원의 보수에 대하여 지방공무원의 보수에 관한 규정을 준용하는 점 등에서는 단원의 지위가 지방공무원과 유사한 면이 있으나, 한편 단원의 위촉기간이 정하여져 있고 재위촉이 보장되지 아니하며, 단원에 대하여는 지방공무원의 보수에 관한 규정을 준용하는 이외에는 지방공무원법 기타 관계 법령상의 지방공무원의 자격, 임용, 복무, 신분보장, 권익의 보장, 징계 기타 불이익처분에 대한 행정심판 등의 불복절차에 관한 규정이 준용되지도 아니하는 점 등을 종합하여 보면, 광주광역시문화예술회관장의 단원 위

빈출판례

촉은 광주광역시문화예술회관장이 행정청으로서 공권력을 행사하여 행하는 행정처분이 아니라 **공법상의 근무관계의 설정을 목적으로 하여 광주광역시와 단원이 되고자 하는 자 사이에 대등한 지위에서 의사가 합치되어 성립하는 공법상 근로계약에 해당한다고 보아야 할 것**이므로, **광주광역시립합창단원으로서 위촉기간이 만료되는 자들의 재위촉 신청에 대하여 광주광역시문화예술회관장이 실기와 근무성적에 대한 평정을 실시하여 재위촉을 하지 아니한 것을 항고소송의 대상이 되는 불합격처분이라고 할 수는 없다.**

170. 확약에 관한 설명으로 옳지 않은 것은? (다툼이 있는 경우 판례에 의함) (9급 국가직 기출)

확약빈출

① **확약에 관한 일반법은 없다.**

② 유효한 확약은 **권한을 가진 행정청**에 의해서만 그리고 **권한의 범위 내에서만** 발해질 수 있다.

③ 확약이 있은 후에 **사실적·법률적 상태가 변경**되었다면, 그와 같은 확약은 행정청의 별다른 의사표시를 기다리지 않고 **실효된다.**

④ **어업권면허**에 선행하는 **우선순위결정**은 행정청이 우선권자로 결정된 자의 신청이 있으면 어업권면허처분을 하게하는 것을 **약속하는 행위**로서 그 우선순위결정에 공정력과 불가쟁력이 인정된다.

문 170. 정답 ④

***해 설**

☞ ①: ○

행정절차법에서 확약에 대한 규정도 **두고 있지 않다.**

행정절차법은 **처분 중심**으로 규정이 되어 있고, **확약**이나 **공법상 계약** 및 **행정계획 등**에 대하여는 규정을 두고 있지 않음. 그런데 **행정지도**, 수리를 **요하지 않는** 신고는 처분과 함께 규정을 두고 있음.

☞ ②: ○

확약도 **주체상**의 요건을 구비하여야 하므로 권한이 있는 행정청만 발급할 수 있다.

☞ ③: ○

확약의 구속력을 학설만 인정하고 판례는 부정한다. 그런데 **확약의 구속력은 절대적인 것이 아니라 더 큰 공익이나 사익이 있으면 부정되는 상대적인 것이다.**

☞ ④: ×

판례는 어업우선순위결정에 대하여 **확약에 불과**하고 **처분성이 없다**고 판시하고 있다. 그러나 학자들은 확약으로서 처분성이 있다는 견해와 예비결정으로서 처분성이 있다는 견해들도 논의하고 있다.

대법원 1995. 01. 20. 선고 94누6529 판결[행정처분취소]

어업권면허에 선행하는 **우선순위결정**은 행정청이 우선권자로 결정된 자의 신청이 있으면 어업권면허처분을 하겠다는 것을 약속하는 행위로서 강학상 **확약에 불과하고 행정처분은 아니므로, 우선순위결정에 공정력이나 불가쟁력과 같은 효력은 인정되지 아니하며,** 따라서 우선순위결정이 잘못되었다는 이유로 종전의 어업권면허처분이 취소되면 행정청은 종전의 우선순위결정을 무시하고 다시 우선순위를 결정한 다음 새로운 우선순위결정에 기하여 새로운 어업권면허를 할 수 있다.

171. **행정지도**에 대한 설명으로 옳지 않은 것은? (다툼이 있는 경우 판례에 의함) (9급 지방직)

행정지도 빈출지문 정리

① 교육인적자원부장관(현 **교육부장관**)의 **대학총장들**에 대한 **학칙시정요구**는 **행정지도**에 해당하므로 **규제적, 구속적 성격을 강**하게 가지고 있더라도 **헌법소원의 대상이 되는 공권력**의 행사라고 볼 수 없다.

② 「행정절차법」에 따르면, 행정기관은 행정지도의 상대방이 **행정지도에 따르지 않았다는 것을 이유로 불이익한 조치**를 하여서는 아니 된다고 규정하고 있다.

③ 위법건축물에 대한 단전 및 전화통화단절조치 **요청행위**는 **처분성이 부인된다.**

④ **행정지도**가 강제성을 띠지 않은 비권력적 작용으로서 행정지도의 한계를 일탈하지 아니하였다면 그로 인하여 상대방에게 어떤 손해가 발생하였다 하더라도 행정기관은 그에 대한 **손해배상책임이 없다.**

문 171. 정답 ①

＊해 설

☞ ①: ×

헌법재판소 2003. 6. 26.자 2002헌마337 결정【학칙시정요구등위헌확인】[헌공제82호]

교육인적자원부장관의 대학총장들에 대한 이 사건 학칙시정요구는 고등교육법 제6조 제2항, 동법시행령 제4조 제3항에 따른 것으로서 그 법적 성격은 대학총장의 임의적인 협력을 통하여 사실상의 효과를 발생시키는 **행정지도의 일종이지만**, 그에 따르지 않을 경우 일정한 불이익조치를 예정하고 있어 사실상 상대방에게 그에 따를 의무를 부과하는 것과 다를 바 없으므로 단순한 행정지도로서의 한계를 넘어 **규제적 · 구속적 성격을** 상당히 강하게 갖는 것으로서 **헌법소원의 대상이 되는 공권력의 행사**라고 볼 수 있다.

빈출문제이다

172. 행정지도는 다음의 어느 것에 해당하는가? (서울시 9급)

① 사실행위
② 행정입법
③ 행정행위
④ 법적 행위
⑤ 실력행사

문 172. 정답 ①

***해 설**

☞ ①:

행정지도는 **형식적으로만 행정행위**처럼 보이지만 권유나 조언에 불과하므로 **비권력적 사실행위**이다. 따라서 정답은 ①이다.

빈출지문

173. 공법상 계약의 장점이라 할 수 없는 것은? (서울시 9급)

① **법의 흠결을 보충해** 준다.
② 상대방의 의무불이행에 대한 강제적 실행이 용이하다.
③ 행정을 개별적 · 구체적 사정에 따라 **탄력적으로 처리할 수** 있다.
④ 사실관계 · 법률관계가 **명확하지 않을 때에 해결을 용이하게 해 준다.**
⑤ 법률지식이 없는 자에게도 **교섭을 통하여** 문제를 이해시킬 수 있다.

문 173. 정답 ②

***해 설**

☞ ②: ×

공법상 계약은 행정행위와 달리 공정력이나 구성요건적 효력, 불가쟁력, 불가변력, 강제집행력 등이 인정되지 않는다. 따라서 공법상 계약을 불이행하면 곧바로 실행할 수 없고 법원의 판결을 받아야만 집행이 가능하다.

174. 공법상 계약에 관한 설명 중 옳지 않은 것은? (다툼이 있는 경우 판례에 의함) (변시 기출)

① 계약직 공무원에 대한 계속적 계약은 당사자 상호간의 신뢰관계를 그 기초로 하는 것이므로, 당해 계약의 존속 중에 당사자의 일방이 그 계약상의 의무를 위반함으로써 그로 인하여 **계약의 기초가 되는 신뢰관계가 파괴되어 계약관계를 그대로 유지하기 어려운 정도에 이르게** 된 경우에는 상대방은 그 **계약관계를 막바로 해지함으로써** 그 효력을 장래에 향하여 소멸시킬 수 있다.

② 지방재정법에 따라 **지방자치단체가 거래당사자가 되어 체결하는 계약은 사법상의 계약일 뿐**, 공권력을 행사하는 것이거나 공권력 작용과 일체성을 가진 것은 아니라고 할 것이므로, 이에 관한 분쟁은 **행정소송의 대상이 될 수 없다.** (빈출)

③ **광주광역시 문화예술회관장의 단원 위촉은** 광주광역시문화예술회관장이 행정청으로서 공권력을 행사하여 행하는 행정처분이 아니라 공법상의 근무관계의 설정을 목적으로 하여 광주광역시와 단원이 되고자 하는 자 사이에 **대등한 지위에서 의사가** 합치되어 성립하는 **공법상 근로계약에 해당한다.**

④ 관할관청이 **개인택시운송사업의 양도·양수에 대한 인가를 하였을** 경우 거기에는 **양도인과 양수인 간의 양도행위를 보충하여** 그 법률효과를 완성시키는 의미에서의 인가처분뿐만 아니라 **양수인에 대해 양도인이 가지고 있던 면허와 동일한 내용의 면허를 부여하는 처분이 포함되어 있다.** (공무원시행에서도 최근 빈출)

⑤ 「도시 및 주거환경정비법」 등 관련 법령에 근거하여 행하는 주택재건축사업조합 설립인가처분은 사인들의 조합설립행위에 **대한 보충행위로서의 성질을** 갖는 것에 그칠 뿐, 행정주체로서의 지위를 부여하는 **설권적 처분의 성격**을 갖는 것은 아니다.

최근빈출

문 174. 정답 ⑤

***해 설**

☞ ①: ○

대법원 2002. 11. 26. 선고 2002두5948 판결[전임계약해지무효확인]

[1] 계약직공무원에 관한 현행 법령의 규정에 비추어 볼 때, 계약직공무원 채용계약해지의 의사표시는 일반공무원에 대한 징계처분과는 달라서 항고소송의 대상이 되는 처분 등의 성격을 가진 것으로 인정되지 아니하고, 일정한 사유가 있을 때에 국가 또는 지방자치단체가 채용계약 관계의 한쪽 당사자로서 대등한 지위에서 행하는 의사표시로 취급되는 것으로 이해되므로, 이를 징계해고 등에서와 같이 그 징계사유에 한하여 효력 유무를 판단하여야 하거나, 행정처분과 같이 행정절차법에 의하여 근거와 이유를 제시하여야 하는 것은 아니다.

기출

[2] 계속적 계약은 당사자 상호간의 신뢰관계를 그 기초로 하는 것이므로, 당해 계약의 존속 중에 당사자의 일방이 그 계약상의 의무를 위반함으로써 그로 인하여 계약의 기초가 되는 신뢰관계가 파괴되어 계약관계를 그대로 유지하기 어려운 정도에 이르게 된 경우에는 상대방은 그 계약관계를 막바로 해지함으로써 그 효력을 장래에 향하여 소멸시킬 수 있다고 봄이 타당하다.

[3] 국방일보의 발행책임자인 국방홍보원장으로 채용된 자가 부하직원에 대한 지휘·감독을 소홀히 함으로써 북한의 혁명가극인 '피바다'에 관한 기사가 국방일보에 게재되어 사회적 물의를 야기한 경우, 그 채용계약의 기초가 되는 신뢰관계가 파괴되어 채용계약을 그대로 유지하기 어려운 정도에 이르렀다.

☞ ②: ○

대법원 1996. 12. 20. 선고 96누14708 판결[낙찰취소처분등취소]

예산회계법 또는 지방재정법에 따라 지방자치단체가 당사자가 되어 체결하는 계약은 사법상의 계약일 뿐, 공권력을 행사하는 것이거나 공권력 작용과 일체성을 가진 것은 아니라고 할 것이므로 이에 관한 분쟁은 행정소송의 대상이 될 수 없다고 할 것이다(대법원

기출

1983. 12. 27. 선고 81누366 판결 참조).

따라서, 낙찰취소에 관한 소는 사법상의 분쟁에 관한 것으로서 행정소송의 대상이 되지 아니하여 부적법하다는 이유로 이를 각하하여야 한다.

☞ ③: ○

대법원 2001. 12. 11. 선고 2001두7794 판결[합창단재위촉거부처분취소]

단원의 위촉기간이 정하여져 있고 재위촉이 보장되지 아니하며, 단원에 대하여는 지방공무원의 보수에 관한 규정을 준용하는 이외에는 지방공무원법 기타 관계 법령상의 지방공무원의 자격, 임용, 복무, 신분보장, 권익의 보장, 징계 기타 불이익처분에 대한 행정심판 등의 불복절차에 관한 규정이 준용되지도 아니하는 점 등을 종합하여 보면, 광주광역시문화예술회관장의 단원 위촉은 광주광역시문화예술회관장이 행정청으로서 공권력을 행사하여 행하는 행정처분이 아니라 공법상의 근무관계의 설정을 목적으로 하여 광주광역시와 단원이 되고자 하는 자 사이에 대등한 지위에서 의사가 합치되어 성립하는 공법상 근로계약에 해당한다고 보아야 할 것이므로, 광주광역시립합창단원으로서 위촉기간이 만료되는 자들의 재위촉 신청에 대하여 광주광역시문화예술회관장이 실기와 근무성적에 대한 평정을 실시하여 재위촉을 하지 아니한 것을 항고소송의 대상이 되는 불합격처분이라고 할 수는 없다.

빈출판례

[2] 공법상의 법률관계를 다투는 당사자소송은 행정소송법 제3조 제2호, 제39조에 의하여 그 법률관계의 한쪽 당사자인 국가·공공단체 그 밖의 권리주체가 피고적격을 가진다.

☞ ④: ○

대법원 2010. 11. 11. 선고 2009두14934 판결[개인택시운송사업면허취소처분취소]

규정의 취지에 비추어 보면, 관할 관청이 개인택시운송사업의 양도·양수에 대한 인가를 하였을 경우 거기에는 양도인과 양수인 간의 양도행위를 보충하여 그 법률효과를 완성시키는 의미에서의 인가처분뿐만 아니라 양수인에 대해 양도인이 가지고 있던 면허와 동일한 내용의 면허를 부여하는 처분이 포함되어 있다(대법원 1994. 8. 23. 선고 94누4882 판결 참조). 또한 구 여객자동차 운수사업법 제14조 제4항에 의하면 개인택시운송사업을 양수한 사람은 양도인의 운송사업자로서의 지위를 승계하므로, 관할 관청은 개인택시운송사업의 양도·양수에 대한 인가를 한 후에도 그 양도·양수 이전에 있었던 양도인에 대한 운송사업면허 취소사유를 들어 양수인의 사업면허를 취소할 수 있다.

최근 기출판례

☞ ⑤: ×

최근 중요출제 판례

대법원 2010. 2. 25. 선고 2007다73598 판결【창립총회결의무효확인】

(1) 주택재건축조합이나 주택재개발조합의 지위(판례변경에 해당[2])

행정청이 도시정비법 등 관련 법령에 근거하여 행하는 조합설립 인가처분은 단순히 사인들의 조합설립행위에 대한 보충행위로서의 성질을 갖는 것에 그치는 것이 아니라, 재건축조합에 대하여 도시정비법상 주택재건축사업을 시행할 수 있는 권한을 갖는 행정주체(공법인)로서의 지위를 부여하는 일종의 설권적 처분의 성격을 갖는다고 보아야 한다.

(2) 주택재건축조합 설립인가 이전

행정주체인 재건축조합을 상대로 사업시행계획 또는 관리처분계획(이하 '관리처분계획 등'이라 한다)에 관한 조합 총회결의의 효력 등을 다투는 소송은 행정처분에 이르는 절차적 요건의 존부나 효력 유무에 관한 소송으로서 그 소송결과에 따라 행정처분의 위법 여부에 직접 영향을 미치는 **공법상 법률관계에 관한 것이므로, 이는 행정소송법상의 당사자소송에 해당한다**(대법원 2009. 9. 17. 선고 2007다2428 전원합의체 판결 참조).

(3) 주택재건축조합 설립인가 이후

나아가, **관리처분계획 등에 관한 관할 행정청의 인가·고시까지 있게 되면 이제는 관리처분계획 등이 행정처분으로서의 효력을 갖게 되므로, 관리처분계획 등에 관한 조합 총회결의의 하자를 이유로 그 효력을 다투려면 재건축조합을 상대로 항고소송의 방법으로 관리처분계획 등의 취소 또는 무효확인을 구하여야 하고,** 이와는 별도로 행정처분에 이르는 절차적 요건 중 하나에 불과한 총회결의 부분만을 따로 떼어내 그 효력을 다투는 확인의 소를 제기하는 것은 허용되지 않는다(대법원 2009. 9. 17. 선고 2007다2428 전원합의체 판결; 대법원 2009. 10. 15. 선고 2008다93001 판결 등 참조).

2 동지: 홍정선 교수.

행정절차법과 정보공개법 등 — 문제연습

175. 최근 행정절차를 중시하는 협조적 법치주의 내지 열린 정부를 구현하자는 관점에서 다음의 논의들이 전개되고 있다. 옳은 것만을 고르다면 어느 것이 타당한가? (다툼이 있는 경우 판례에 의함)

중요 출제지문 정리

ㄱ. **헌법 제12조의 영장주의**로 대변되는 적법절차의 원리는 연혁상 형사절차에 국한되므로 행정절차법을 별도로 제정하게 되었다.

ㄴ. **청문, 공청회**, 의견제출은 법률의 규정이 있어야 적법절차가 되는 유형이다.

ㄷ. 청문이나 공청회의 결과는 법원의 판결과 달리 **기속력이** 없으므로 이에 대한 실효성을 보장하기 위하여 청문조서나 공청회 조서의 구속력이나 기속력을 인정하는 규정을 두자는 주장이 **유력하게 제기되고 있다.** 이에 최근 행정절차법에서 반영 의무를 규정하게 되었다.

ㄹ. 청문이나 공청회의 생략 사유로서 **긴급한** 경우, **법령상**의 자격이 없다는 것을 재판에서 인정하는 경우, **성질상** 곤란하거나 불필요한 경우, 포기한 경우 등이 있다.

ㅁ. 판례에 의하면 종로구청장이 **유기장 영업허가를 취소하면서 청문을 실시하려고** 하였으나 소재지 불명으로 **청문통지서가 반송되고**, 이에 **공시송달에** 의한 청문통지의 방법을 취하였으며, 유기장 업주가 청문일시에 불출석하였더라도 **성질상 청문을 실시하기가 곤란하거나 불필요하다고 볼 수 없으므로 청문생략사유가 인정되지 않아 영업허가취소는 위법하다고 판시**하였다.

빈출판례

① ㄱ, ㄴ, ㄷ ② ㄴ, ㄷ, ㄹ

③ ㄷ, ㄹ, ㅁ ④ ㄱ, ㄹ, ㅁ

⑤ ㄴ, ㄹ, ㅁ

문 175. 정답 ③

***해 설**

☞ ㄱ: ×

형사절차국한설은 소수설에 불과하고 **통설과 판례는 헌법 제12조의 적법절차원리가** 행정절차에도 적용된다는 **행정절차포함설을** 취하고 있다.

☞ ㄴ: ×

행정절차의 유형 중 **청문, 공청회, 환경영향평가 등은 법률**의 규정이 있어야 적법절차가 되는 유형이지만, **사전통지와 의견제출, 이유부기는** 법률의 규정이 없어도 적법절차가 되는 유형이다.

☞ ㄷ: ◯

타당한 설명이다. **이에 행정절차법 제35조의2를 개정**하여 상당한 이유가 있을 때 반영할 의무가 있음을 규정하게 되었다.

☞ ㄹ: ◯

행정절차법 제22조 제4항과 이에 의하여 준용되는 행정절차법 제21조 제4항의 내용이다.

☞ ㅁ: ◯

대법원 2001. 4. 13. 선고 2000두3337 판결.

판례 빈출지문 정리

176. 행정절차에 대한 다음의 심도 있는 논의들 중 옳은 것만을 고르면? (다툼이 있는 경우 판례에 의함)

① 판례에 의하면 안산시장이 **대경마이월드에게** 도시계획사업의 시행을 위한 협약을 체결하면서 청문배제조항을 두었다면, 위와 같은 **청문포기각서**는 청문생략사유가 될 수 있다고 판시하였다.

② 판례는 **훈령과 같은 행정규칙에 규정된 청문의 경우는 적법요건**이 되지 않는다고 판시하고 있다.

절차하자 독자성은 다수설과 판례가 모두 긍정

③ 절차하자의 독자성을 부정하는 입장과 긍정하는 입장이 대립이 있는데, **다수설은 독자성을 긍정하나 판례는 독자성을** 부정한다.

④ **절차하자의 치유시기**는 쟁송제기 이전에만 되고 **소송도중에는 부정**된다는 것이 다수설과 판례의 입장이다.

⑤ 절차를 이유로 한 취소인용판결 후에 행정청이 **절차를 보완**하여 재차 발급한 침익적 처분이나 거부처분은 **취소판결의 기속력에 위반되**

지 않는다는 것이 행정소송법 제30조 제2항의 규정상 타당하다.

문 176. 정답 ④

***해 설**

☞ ①: ×

대법원 2004. 7. 8. 선고 2002두8350 판결에서 **청문포기각서의 효력을 부정하였다.**

☞ ②: ×

주류적인 판례는 법률이나 법규명령에 규정된 청문만 적법요건이 되고 훈령과 같은 행정규칙에 규정된 청문은 **적법요건이 되지 않는다고 하나**, 과거 **한때 예외적**으로 건설부 **훈령에 규정된 청문을 배제하면 건축사 사무소 등록취소**가 **위법하게 된다고 판시한 적이 있었다. 그러므로 상대적으로 단정적인 표현은 틀린 지문이 될 수 있다.** 대법원 1984. 9. 11. 선고 82누166 판결[건축사무소등록취소처분취소].

주의할 판례 정리

☞ ③: ×

다수설과 판례 모두 독자성을 긍정하고 있다. 절차하자의 독자성부정설은 행정경제와 소송경제를 논거로 하나, 독자성 긍정설은 적법절차원리를 강조하고 있고, 절차담보수단을 확보하여야 하며, 절차를 거쳐서 다시 처분하는 경우 (사실오인을 발견하거나 처분의 정도를 시정할 수 있으므로) 반드시 동일한 결론에 도달한다고 볼 수 없기 때문이라고 한다.

☞ ④: ○

절차하자의 치유시기에 대하여 쟁송제기이전시설이 김연태 교수를 비롯한 다수설과 판례의 입장이고, 행정능률과의 조화를 위하여 쟁송종결시까지 허용하여야 한다는 것은 김남진 교수와 홍정선 교수의 소수설이다.

☞ ⑤: ×

행정소송법 제30조 제2항은 거부처분에 대한 재처분의무이고 행정소송법 제30조 제3항이 절차하자 보완에 대한 재처분의무규정이다.

최신 출제유형 연습

177. 다음 사례에 대한 설명으로 옳지 않은 것은? (다툼이 있는 경우 판례에 의함) (국가직 7급)

A가 **지방공무원 시보로 임용될 당시** '지방공무원법' 제31조 제4호 소정의 '금고 이상의 형을 선고받고 그 집행유예기간이 끝난 날부터 2년이 지나지 아니한 사람'에 해당하여 **임용결격자임에도 불구하고, 임용권자 B는 과실로 그러한 사정을 밝혀내지 못하였다.** A의 공무원 임용결격 사유는 시보로 근무하던 중 해소되었으며, **해소된 이후에 정규공무원으로 임용되었다. 이러한** 사실을 알게 된 B는 A의 시보임용처분을 취소하고 그에 따라 정규임용처분도 취소하였다.

① **시보임용처분과 정규임용처분은 별개의 처분이다.**
② **시보임용처분은 당연무효이다.**
③ 시보임용취소처분과 정규임용취소처분은 침익적 처분이지만, 임용결격사유가 있다는 것이 법원의 재판 등에 의하여 객관적으로 증명되었기 때문에 **사전통지나 의견청취가 필요**없다.
④ **정규임용취소처분은 시보공무원으로서의 경력을 갖추지 못한 자에 대한 처분이지만 당연무효는 아니다.**

결격자에 대한
cf. 시보임용처분은 당연 무효

문 177. 정답 ③

***해 설**

시보임용취소통지에 정규공무원인 지방소방사 임용행위까지 취소한다는 취지가 포함되어 있다고 볼 수 없으므로 별도의 사전통지나 의견청취가 필요하다.

***심 화 학 습**

대법원 2005. 7. 28. 선고 2003두469 판결【지방공무원지위확인】[공 2005. 9. 1.(233), 1433]

[1] 행정절차법 제24조 제1항이 행정청이 처분을 하는 때에는 다른 법령 등에 특별한 규정이 있는 경우를 제외하고는 문서로 하도록 규정한 것은 처분내용의 명확성을 확보하고 처분의 존부에 관한 다툼을 방지하기 위한 것이라 할 것인바, 그와 같은 행정절차법의 규정 취지를 감안하여 보면, 행정청이 문서에 의하여 처분을 한 경우 그 처분서의 문언이 불분명하다는 등의 특별한 사정이 없는 한, 그 문언에 따라 어떤 처분을 하였는지 여부를 확정하여야 할 것이고, 처분서의 문언만으로도 행정청이 어떤 처분을 하였는지가 분명함에도 불구하고 처분경위나 처분 이후의 상대방의 태도 등 다른 사정을 고려하여 처분서

의 문언과는 달리 다른 처분까지 포함되어 있는 것으로 확대해석하여서는 아니 된다.

[2] 지방소방사시보 임용 당시에는 관련 규정이 정한 임용결격자에 해당하였으나 정규공무원인 지방소방사 임용 당시에는 임용결격자에 해당하지 아니한 지방공무원에 대하여 임용권자가 임용결격자에 해당한다는 이유로 지방소방사시보 발령을 취소한다는 인사발령통지를 하였고, 그 지방공무원도 임용결격공무원등에대한퇴직보상금지급등에관한특례법에 따라 퇴직보상금 지급 및 특별채용 신청을 하여 특별채용되었으나, **그 인사발령통지서에는 위 지방공무원에 대한 지방소방사시보 발령을 취소한다고만 기재되어 있으므로, 위 지방공무원이 그 통지에 대하여 이의를 제기하지 않았다고 하더라도 위 인사발령통지서에 지방소방사 임용행위까지 취소한다는 취지가 포함되어 있다고 볼 수 없다.**

[3] 경찰공무원법에 규정되어 있는 **경찰관임용 결격사유는** 경찰관으로 임용되기 위한 절대적인 소극적 요건으로서 **임용 당시 경찰관임용 결격사유가 있었다면** 비록 임용권자의 과실에 의하여 임용결격자임을 밝혀내지 못하였다 하더라도 **그 임용행위는 당연무효로 보아야 한다.**

178. <u>행정행위의 성립요건과 효력요건</u>에 대한 설명으로 옳지 않은 것은? (다툼이 있는 경우 판례에 의함) (9급 지방직)

행정행위의 각종 요건들과 절차요건 출제 대비

① 행정청의 권한은 지역적 한계가 있으므로 **행정청이 자신의 권한이 미치는 지역적 한계를 벗어나 발하는 행정행위는** 위법하게 된다.

② 행정청이 처분을 할 때에는 다른 법령 등에 특별한 규정이 있는 경우를 제외하고는 **문서로 하여야 하며, 전자문서로 하는 경우에는 당사자등의 동의가 있어야 한다.** 다만, **신속히 처리할** 필요가 있거나 사안이 **경미한 경우에는 말 또는 그 밖의 방법으로** 할 수 있다.

③ 면허관청이 운전면허정지처분을 하면서 통지서에 의하여 면허정지사실을 통지하지 아니하거나 처분집행예정일 **7일 전까지 이를 발송**하지 아니한 경우에는 절차와 형식을 갖추지 아니한 조치로서 효력이 없으나, 면허관청이 **임의로 출석한 상대방의 편의를 위하여 구두로 면허정지사실을 알**렸다면 운전면허정지처분의 효력이 인정된다.

상대방이 알았는지 여부와는 상관 없음

④ 납세고지서의 교부송달 및 우편송달에 있어서 반드시 납세의무자 또는 그와 일정한 관계에 있는 사람의 **현실적인 수령행위를 전제로 하**고 있다고 보아야 하며, 납세자가 과세처분의 내용을 **이미 알고 있는 경우에도 납세고지서의 송달이 불필요하다고 할 수 없다.**

최근 빈출되는 판례

문 178. 정답 ③

*해 설

☞ ③: ×

대법원 1996. 6. 14. 선고 95누17823 판결【운전면허취소처분취소】[공 1996하, 2226]

면허관청이 운전면허정지처분을 하면서 별지 52호 서식의 통지서에 의하여 **면허정지사실을 통지하지 아니하거나 처분집행예정일 7일전까지 이를 발송하지 아니한 경우**에는 특별한 사정이 없는 한 위 관계 법령이 요구하는 절차·형식을 갖추지 아니한 조치로서 그 효력이 없고, 이와 같은 법리는 **면허관청이 임의로 출석한 상대방의 편의를 위하여** 구두로 **면허정지사실을 알렸다고 하더라도 마찬가지이다.**

최근 빈출

빈출판례 정리

179. 국민들의 알권리를 보장하기 위한 행정정보 공개와 관련하여 다음의 논의들 중 틀린 것은? (다툼이 있는 경우 판례에 의함)

① 공공기관의 정보공개법에 의하면 **법률상 이익이 있는 국민이 아니어도 정보공개청구권이** 있다.

② 판례는 **청주시 정보공개 사건에서** 청주시민들의 문서열람과 문서복사 등 정보공개청구권에 대한 조례를 제정할 때는 **법률의 개별적인 위임이 따로 필요한 것은 아니라고 판시**하였다.

③ 판례에 의하면 **충주환경운동연합이** 충주시장을 상대로 한 정보공개청구사건에서 정보공개를 청구할 수 있는 모든 국민에는 **자연인은 물론 법인, 권리능력 없는 사단·재단도 포함되고, 법인, 권리능력 없는** 사단·재단 등의 경우에는 설립목적을 불문한다고 한다.

④ **새튼 교수가** 황우석 교수의 논문 조작 여부에 대한 "새튼은 특허를 노렸나" 가제의 추적 60분 편집원본에 대한 정보공개를 청구한 사건에서 그러나 대법원은 **KBS가** 공공기관의 정보공개에 관한 법률 제2조 제3호의 공공기관에 해당하지 않는다고 판시하였다.

⑤ **KBS 추적 60분 사건**에서 공개청구의 대상이 **되는 정보가 이미 널리 알려져 있거나 인터넷 검색 등을 통하여 쉽게 알 수 있다는 사정만으**로는 정보공개청구에 대한 소의 이익이 없다거나 비공개결정이 **정**

당화될 수 없다.

문 179. 정답 ④

*해 설

☞ ①: ○

공공기관의 정보공개에 관한 법률 제5조에 의하면 모든 국민에게 정보공개청구권이 인정되며, 이해관계가 없는 국민이라도 정보공개청구권이 인정된다.

☞ ②: ○

대법원 1992. 6. 23. 선고 92추17 판결.

☞ ③: ○

대법원 2003. 12. 12. 선고 2003두8050 판결.

☞ ④: ×

KBS의 공익성, 임무, 방송법에 의하여 설립 운영되는 점 등을 들어 정보를 공개하여야 하는 공공기관에 해당한다고 판시하였다. 대법원 2010. 12. 23. 선고 2008두13101 판결.

☞ ⑤: ○

대법원 2010. 12. 23. 선고 2008두13101 판결.

180. 다음은 정보공개에 관한 대법원의 판시내용들을 소개하는 지문들이다. 옳은 것은 모두 몇 개인가?

출제예상 중요판례 정리

실태 정보는 비공개, 수능 정보는 공개

ㄱ. 교육과학기술부 장관이 **학교별 학업성취도 평가에 대한 실태 정보**와 **수능 정보**를 보유하고 있는 경우에 서울교대 조교수가 교육제도의 개선에 대한 연구를 위하여 정보공개를 청구한 사건에서 정보공개하여야 한다고 판시하였다.

ㄴ. 법원은 의사결정과정에 제공된 **회의록은** 의사결정 과정 자체는 아니므로 정보공개법 제9조 제1항 제5호의 비공개대상정보에 해당하지 않는다고 판시하였다.

ㄷ. 전원합의체 판결의 **다수의견은 변호사승소지수**는 비교적 합리적인 기준에 의하여 산출되었고 국민의 알권리가 변호사들의 프라이버시 및 인격권, 영업의 정당한 비밀 보호 등의 이익보다 우월하므로 공개정보이지만, **변호사 인맥지수는** 변

호사들의 프라이버시 및 인격권, 영업의 정당한 비밀 보호 등의 이익이 국민의 알권리보다 우월하므로 **비공개정보라고 판시하였다.**

ㄹ. 대법원은 금융감독위원회의 **외환은행 론스타 인수에 대한 정보**공개 사례에서 진행중인 재판에 중대한 영향을 미친다는 주장을 인정할 수 없고, 감사업무에 현저한 지장을 초래한다고 볼 수 없으며, 기업체의 중대한 영업상 비밀에 영향을 미친다고 **함부로 볼 수 없다고 보아 신중한 이익형량을 강조하였다.**

ㅁ. 판례에 의하면 **충주환경운동연합이** 충주시장을 상대로 한 정보공개청구사건에서 **정보공개를 청구할 수 있는 모든 국민에는 자연인은 물론 법인, 권리능력 없는 사단·재단도 포함되고, 법인, 권리능력 없는 사단·재단 등의 경우에는 설립목적을 불문한다고 한다.**

① 1개
② 2개
③ 3개
④ 4개
⑤ 5개

문 180. 정답 ③

***해 설**

☞ ㄱ: ×

학업성취도 평가에 대한 실태 정보는 조사를 위한 협조를 구하기 곤란해지고, 파급효과가 크며, **실태 파악을 정확하게 하기 위한 필요성 등**을 들어 **비공개정보라고** 판시하였으나, **수능정보는 오히려 공개를 통하여 교육제도 개선의 필요가 크고, 고교선택의 자유를 중등생과 학부모에게 인정하여야 하는 등의 이유를 들어 공개정보라**고 판시하였다. 대법원 2010. 2. 25. 선고 2007두9877 판결.

출제예상 판례

☞ ㄴ: ×

빈출판례

회의록은 의사결정 과정 자체는 아니지만 의사결정과정에 있는 사항에 준하는 사항으로서 비공개대상정보에 해당한다. 대법원 2003. 8. 22. 선고 2002두12946 판결.

☞ ㄷ: ○

대법원 2011. 9. 2. 선고 2008다42430 전원합의체 판결.

그러나 양창수 대법관 등 반대의견은 변호사 인맥지수마저 소비자 선택의 자유 등을 추가적으로 고려하여 공개정보라고 판시하였다.

*심 화 학 습

***** 변호사승소지수와 변호사인맥지수 정보공개여부**

출제예상 판례

대법원 2011. 9. 2. 선고 2008다42430 전원합의체 판결【정보게시금지등】[공2011하, 1997]

[1] 정보주체의 동의 없이 개인정보를 공개함으로써 침해되는 인격적 법익과 정보주체의 동의 없이 자유롭게 개인정보를 공개하는 표현행위로서 보호받을 수 있는 법적 이익이 하나의 법률관계를 둘러싸고 충돌하는 경우, 그 행위의 위법성에 관한 판단 방법

정보주체의 동의 없이 개인정보를 공개함으로써 침해되는 인격적 법익과 정보주체의 동의 없이 자유롭게 개인정보를 공개하는 표현행위로서 보호받을 수 있는 법적 이익이 하나의 법률관계를 둘러싸고 충돌하는 경우에는, 개인이 공적인 존재인지 여부, 개인정보의 공공성 및 공익성, 개인정보 수집의 목적·절차·이용형태의 상당성, 개인정보 이용의 필요성, 개인정보 이용으로 인해 침해되는 이익의 성질 및 내용 등 여러 사정을 종합적으로 고려하여, 개인정보에 관한 인격권 보호에 의하여 얻을 수 있는 이익(비공개 이익)과 표현행위에 의하여 얻을 수 있는 이익(공개 이익)을 구체적으로 비교 형량하여, 어느 쪽 이익이 더욱 우월한 것으로 평가할 수 있는지에 따라 그 행위의 최종적인 위법성 유무를 판단하여야 한다.

[2] 변호사인맥지수

인맥지수는 비공개

[다수의견]

변호사 정보 제공 웹사이트 운영자가 변호사들의 개인신상정보를 기반으로 변호사들의 인맥지수를 산출하여 공개하는 서비스를 제공한 사안에서, 인맥지수의 사적·인격적 성격, 산출과정에서 왜곡 가능성, 인맥지수 이용으로 인한 변호사들의 이익 침해와 공적 폐해의 우려, 그에 반하여 이용으로 달성될 공적인 가치의 보호 필요성 정도 등을 종합적으로 고려하면, 운영자가 변호사들의 개인신상정보를 기반으로 한 인맥지수를 공개하는 표현행위에 의하여 얻을 수 있는 법적 이익이 이를 공개하지 않음으로써 보호받을 수 있는 변호사들의 인격적 법익에 비하여 우월하다고 볼 수 없어, 결국 운영자의 인맥지수 서비스 제공행위는 변호사들의 개인정보에 관한 인격권을 침해하는 위법한 것이다.

[대법관 박시환, 대법관 김능환, 대법관 양창수, 대법관 박병대의 반대의견]

인맥지수 산출에 사용된 변호사들의 개인신상정보의 성격, 인맥지수 산출방법의 합리성 정도, 인맥지수 이용의 필요성과 그 이용으로 달성될 공적인 가치의 보호 필요성 정도, 이용으로 인한 변호사들의 이익 침해와 공적 폐해의 우려 정도 등을 종합적으로 고려하면, 변호사들의 개인신상정보를 기반으로 한 인맥지수 서비스 제공이 변호사들의 개인정

승소지수는 공개

보에 관한 인격적 이익을 침해하는 위법한 행위라고 평가하기는 어렵다.

[3] 변호사승소지수

변호사 정보 제공 웹사이트 운영자가 대법원 홈페이지에서 제공하는 '나의 사건검색' 서비스를 통해 수집한 사건정보를 이용하여 변호사들의 승소율이나 전문성 지수 등을 제공하는 서비스를 한 사안에서, 공적 존재인 변호사들의 지위, 사건정보의 공공성 및 공익성, 사건정보를 이용한 승소율이나 전문성 지수 등 산출 방법의 합리성 정도, 승소율이나 전문성 지수 등의 이용 필요성, 이용으로 인하여 변호사들 이익이 침해될 우려의 정도 등을 종합적으로 고려하면, 웹사이트 운영자가 사건정보를 이용하여 승소율이나 전문성 지수 등을 제공하는 서비스를 하는 행위는 그에 의하여 얻을 수 있는 법적 이익이 이를 공개하지 않음으로써 얻을 수 있는 정보주체의 인격적 법익에 비하여 우월한 것으로 보여 변호사들의 개인정보에 관한 인격권을 침해하는 위법한 행위로 평가할 수 없다.

☞ ㄹ: ○

대법원 2011. 11. 24. 선고 2009두19201 판결.

☞ ㅁ: ○

대법원 1992. 6. 23. 선고 92추17 판결.

빈출판례 정리

절차하자 ⇒ 대부분은 취소원칙이고 무효로 보는 경우는 예외
∴ 예외인 경우를 정리

181. 행정행위의 절차상 하자에 관한 설명 중 옳지 않은 것은? (다툼이 있는 경우 판례에 의함) (변시 기출)

① 행정절차의 하자는 **행정쟁송 제기 이전까지** 치유할 수 있다.

② 국가공무원법상 **소청심사위원회가 소청사건을 심사하면서** 소청인 또는 그 대리인에게 **진술의 기회를 부여하지 아니하고 한 결정은 무효**이다.

③ **과세처분의 절차에 위법**이 있어 과세처분을 취소하는 판결이 확정된 경우 과세관청은 **그 위법사유를 보완하여 다시 새로운 과세처분을 할 수 있다.**

④ 명문의 규정이 없는 한 취소사유인 절차상 하자가 실체적 결정에 영향을 미치지 않았음이 명백한 경우에는 **절차상 하자만으로 당해 행정행위를 취소할 수** 없다.

⑤ 행정청이 **청문의 사전통지기간을** 다소 어겼다 하더라도 당사자가 이에 대하여 이의를 제기하지 않고 청문일에 출석하여 그 의견을 진술하고 **변명하는 등 방어의 기회를 충분히 가졌다면 청문의 사전통지기간을 준수하지 아니한 하자는 치유된다.**

문 181. 정답 ④

＊해 설

☞ ①: ○

절차나 형식 등 요건에 하자가 있는 경우 하자치유시기에 대하여 쟁송제기이전시설과 쟁송종결시설의 대립이 있으나, 절차담보수단을 확보하고 절차중시의 사고를 반영하여 **쟁송제기이전시설이 다수설과 판례의 태도이다.** 빈출포인트

☞ ②: ○

절차하자의 경우 중대명백설에 의하여 취소사유라고 보는 것이 다수설과 판례의 대부분의 입장이지만, **소청심사 도중 진술의 기회를 부여하지 않으면 무효라**는 것이 국가공무원법의 규정이므로 타당한 서술이다. 빈출포인트

☞ ③: ○

행정소송법 **제30조 제3항에서 취소인용판결이 절차하자를 이유로 하는** 경우에는 **절차만 보완하면 판결의 기속력에 반하지 않는다고 본다.** 빈출포인트

☞ ④: ×

설문의 내용은 절차하자의 독자성부정설의 논거인데, **다수설과 판례의 입장은 절차하자의 독자성긍정설을** 취하고 있으므로 내용과는 독자적으로 판단하여 행정행위를 취소할 수 있다. 빈출포인트

☞ ⑤: ○

대법원 1992. 10. 23. 선고 92누2844 판결【영업허가취소처분취소】[공 1992. 12. 15.(934), 3306].

182. 다음 중 옳지 않은 것은? (국가직 7급) 최대빈출 지문들 정리

① **세액산출의 근거가 기재되지 않는 납세고지서에 의한 부과처분**은 강행법규에 위반하여 당연무효라고 보는 것이 판례의 태도이다.

② 판례는 당사자가 근거규정 등을 명시하여 신청하는 인허가 등에 대하여 행정청이 거부처분을 하면서 당사자가 그 **근거를 알 수 있을 정도로 상당한 이유를 제시한 경우**에는, 당해 처분의 근거 및 이유를 **구체적 조항 및 내용까지 명시하지 않았더라도** 그로 말미암아 그 처분을 위법한 것으로 볼 수 없다는 입장이다.

③ **처분사유의 추가·변경**은 **원칙적으로 행정소송의 제기 이후부터 사실심 변론종결시 이전 사이**에 문제된다.

④ **이유제시의 하자의 치유는 행정쟁송의 제기 전까지만 가능하다고** 보는 것이 판례의 태도이다.

문 182. 정답 ①

*해 설

☞ ①: ×

빈출판례 문구

대법원 2002. 11. 13. 선고 2001두1543 판결【법인세등부과처분취소】[공 2003. 1. 1.(169), 86]

근거를 알았는지 여부와는 상관 없음

판례는 **취소사유로** 보며 납세**의무자가 산출 근거를 알고 있다고 하더라도 함부로 하자** 치유**될 수 없다고 판시하고 있다.**

☞ ②: ○ **주류적인 판례의 태도이다.**

☞ ③: ○ **사실심 변론종결시이전에만 처분사유 추가·변경이 가능하다.**

☞ ④: ○ **쟁송제기이전시설이** 다수설과 판례의 태도이다. 쟁송종결시설은 소수설이다.

183. 甲은 대령진급예정자로 선발·공표(이하 '대령진급선발'이라 한다)되었으나, 육군참모총장은 국방부장관에게 甲이 대령진급선발 이전에 군납업자로부터의 금품수수 등으로 기소유예처분 및 감봉 3월의 징계처분을 받았다는 이유로 진급낙천을 건의하였다. 이에 국방부장관은 군인사법 제31조 등에 따라 대령진급선발을 취소하는 처분을 하였다. 그러자 甲은 대령진급선발을 취소하는 처분을 하는 과정에서 행정절차법에 따른 의견제출의 기회 등을 부여받지 못하였다는 점을 들어 취소소송을 제기하였다. 이에 관한 다음 설명 중 옳지 않은 것은? (다툼이 있는 경우 판례에 의함) (변시 기출)

새로운 출제유형 대비
반복해서 출제 예상되는 중요판례

① 甲에 대한 국방부장관의 대령진급선발 취소처분은 **권익을 제한하는 침익적 행정처분이다.**

② 甲이 **수사과정 및 징계과정**에서 자신의 비위행위에 대한 해명기회를 가졌다면 **행정절차법에 따른 의견제출의 기회 등을** 부여받은 것으로 보아야 한다.

수사과정이나 징계과정에서의 해명의 기회만으로는 행정절차법상 절차부여로 볼 수 없음
주의할 빈출판례

③ **공무원 인사관계 법령에 따른 처분에 관한 사항이라도 그 전부에 대하여 행정절차법의 적용이 배제되는 것이 아니라 성질상** 행정절차를 **거치기 곤란하거나 불필요하다고 인정되는 처분이나 행정절차에** 준하는 **절차를 거치도록 하고 있는 처분의 경우**에만 행정절차법의 적용이 배제된다.

④ 만약 위 **취소소송에서 의견제출의 기회를 부여하지 않았음을 이유로 원고승소판결이 내려진 경우**라도 甲을 **대령으로 진급시켜야 하는** 것은 **아니다.**

빈출지문

⑤ 행정청이 침익적 행정처분을 함에 있어 **의견제출의 기회를 부여하지** 않아도 되는 예외적인 경우에 해당하지 않는 한, **의견제출 기회를 부여하지 않은 것은 취소사유에 해당한다.**

의견제출 기회 부여하지 않은 처분은 취소사유임. 다만, cf. 공무원소청 심사도중 의견진술의 기회를 부여하지 않은 것은 '무효'라고 판시

문 183. 정답 ②

***해 설**

☞ 사례형 판례사안을 객관식으로 출제한 유형인데, 앞으로 이러한 유형이 증가할 것으로 보인다.

대법원 2007. 9. 21. 선고 2006두20631 판결【진급낙천처분취소】[공 2007. 10. 15.(284), 1682]

[1] 행정청이 침해적 행정처분을 하면서 당사자에게 행정절차법상의 사전통지를 하거나 의견제출의 기회를 주지 아니하였다면 사전통지를 하지 않거나 의견제출의 기회를 주지 아니하여도 되는 예외적인 경우에 해당하지 아니하는 한 그 처분은 위법하여 취소를 면할 수 없다.

빈출판례 지문

[2] 행정과정에 대한 국민의 참여와 행정의 공정성, 투명성 및 신뢰성을 확보하고 국민의 권익을 보호함을 목적으로 하는 행정절차법의 입법목적과 행정절차법 제3조 제2항 제9호의 규정 내용 등에 비추어 보면, **공무원 인사관계 법령에 의한 처분에 관한 사항 전부에 대하여 행정절차법의 적용이 배제되는 것이 아니라 성질상 행정절차를 거치기 곤란하거나 불필요하다고 인정되는 처분이나 행정절차에 준하는 절차를 거치도록 하고 있는 처분의 경우에만 행정절차법의 적용이 배제된다.**

[3] 사안의 적용

수사나 징계과정은 행정절차 과정과 다름

한편 군인사법 및 그 시행령에 이 사건 처분과 같이 진급예정자 명단에 포함된 자의 진급선발을 취소하는 처분을 함에 있어 행정절차에 준하는 절차를 거치도록 하는 규정이 없을 뿐만 아니라 **위 처분이 성질상 행정절차를 거치기 곤란하거나 불필요하다고 인정되는 처분이라고 보기도 어렵다**고 할 것이어서 이 사건 처분이 행정절차법의 적용이 제외되는 경우에 해당한다고 할 수 없으며, 나아가 원고가 **수사과정 및 징계과정에서 자신의 비위행위에 대한 해명기회를 가졌다는 사정만으로** 이 사건 처분이 행정절차법 제21조 제4항 제3호, 제22조 제4항에 따라 원고에게 **사전통지를 하지 않거나 의견제출의 기회를 주지 아니하여도 되는 예외적인 경우에 해당한다고 할 수 없으므로**, 피고가 이 사건 처분을 함에 있어 원고에게 의견제출의 기회를 부여하지 아니한 이상, 이 사건 처분은 절차상 하자가 있어 위법하다고 할 것이다.

빈출되는 법령태도 문제

184. 「행정절차법」상 규정이 없는 것은? (9급 국가직 기출)

① 신고절차
② 계획확정절차
③ 의견제출 및 청문절차
④ 입법예고절차 및 행정예고절차

문 184. 정답 ②

***해 설**

☞ ②: 행정절차법에 **행정계획**, 공법상계약, 하자치유, 하자전환 등에 대한 규정이 없으므로, 학설은 입법론적으로 앞으로 입법이 필요하다고 주장해 왔으므로 현행법에 규정이 없다. 따라서 정답이다.

행정절차법에 없는 규정이 무엇인지 빈출

185. 행정정보공개에 관한 판례의 입장으로 옳은 것은? (9급 국가직)

최다빈출 판례들 정리

답안은 공개, 위원별 채점결과는 비공개

① 사법시험 **제2차 시험의 답안지와 시험문항에 대한 채점위원별 채점결과**는 비공개정보에 해당한다.

② 청주시의회에서 의결한 **청주시 행정정보공개조례안**은 행정에 대한 주민의 알 권리의 실현을 그 근본내용으로 하면서도 이로 인한 개인의 권익침해 가능성을 배제하고 있으므로, 이를 들어 **주민의 권리를 제한하거나 의무를 부과하는 조례라고는 단정할 수 없**고 따라서 그 제정에 있어서 반드시 **법률의 개별적 위임이 따로 필요한 것은 아니다.**

③ 교도관이 직무 중 발생한 사유에 관하여 작성한 **근무보고서는** 비공개대상정보에 해당한다.

④ 학교폭력대책자치위원회의 **회의록은** 공개대상정보에 해당한다.

문 185. 정답 ②

***해 설**

☞ ①: ×

대법원 2003. 03. 14. 선고 2000두6114 판결[답안지열람거부처분취소]

사법시험 제2차 시험의 답안지 열람은 시험문항에 대한 채점위원별 채점 결과의 열람과 달리 사법시험업무의 수행에 현저한 지장을 초래한다고 볼 수 없다.

중요 기출판례

☞ ②: ○

대법원 1992. 06. 23. 선고 92추17 판결[행정정보공개조례(안)재의결취소등] 종합법률정보 판례

지방자치단체는 그 내용이 주민의 권리의 제한 또는 의무의 부과에 관한 사항이거나 벌칙에 관한 사항이 아닌 한 법률의 위임이 없더라도 조례를 제정할 수 있다 할 것인데

청주시의회에서 의결한 청주시행정정보공개조례안은 행정에 대한 주민의 알 권리의 실현을 그 근본내용으로 하면서도 이로 인한 개인의 권익침해 가능성을 배제하고 있으므로 이를 들어 주민의 권리를 제한하거나 의무를 부과하는 조례라고는 단정할 수 없고 따라서 그 제정에 있어서 반드시 법률의 개별적 위임이 따로 필요한 것은 아니다.

빈출판례

나아가 모든 국민에게 정보공개청구권이 정보공개법 제5조상 긍정되고 있고, 행복추구권과 인간의 존엄 등에서 도출되는 알권리나 청주시 정보공개조례사건에서 판시하고 있듯이 정보공개신청권이 언제나 당연히 인정되므로 이에 대한 거부는 재판의 대상적격이 충족되고, 법인격이 없거나 설립목적 여하에도 불구하고 원고적격이 언제나 인정된다.

☞ ③: ×

중요판례 정리

근무보고서는 공개, 징벌위원회 회의록은 부분공개

대법원 2009. 12. 10. 선고 2009두12785 판결[정보공개거부처분취소]

교도소에 수용 중이던 재소자가 담당 교도관들을 상대로 가혹행위를 이유로 형사고소 및 민사소송을 제기하면서 그 증명자료 확보를 위해 '근무보고서'와 '징벌위원회 회의록' 등의 정보공개를 요청하였으나 교도소장이 이를 거부한 사안에서, **근무보고서는** 공공기관의 정보공개에 관한 법률 제9조 제1항 제4호에 정한 **비공개대상정보에 해당한다고 볼 수 없고**, 징벌위원회 **회의록 중 비공개 심사 · 의결 부분은** 위 법 제9조 제1항 제5호의 **비공개사유에 해당하지만** 재소자의 진술, 위원장 및 위원들과 재소자 사이의 문답 등 **징벌절차 진행 부분은 비공개사유에 해당하지 않는다**고 보아 **분리 공개가 허용된다.**

☞ ④: ×

학교폭력위원회 회의록은 비공개

대법원 2010. 06. 10. 선고 2010두2913 판결[정보공개거부처분취소]

학교폭력대책자치위원회의 회의록은 공공기관의 정보공개에 관한 법률 제9조 제1항 제1호의 '다른 법률 또는 법률이 위임한 명령에 의하여 비밀 또는 **비공개 사항으로** 규정된 **정보'에 해당한다.**

빈출되는 기출지문 정리

186. 행정작용에 대한 설명으로 옳지 않은 것은? (다툼이 있는 경우 판례에 의함) (9급 지방직)

① 「행정절차법」은 **행정계약에 관한 규정을** 두고 있지 않다.

② **공중보건의사의 채용계약 해지의 의사표시**는 징계처분과 마찬가지로 항고소송으로 다투어야 한다.

③ 행정규칙에 의거한 **불문경고조치도** 항고소송의 대상이 된다.

④ **세무당국의 주류거래중지 요청행위**는 행정처분이 아니다.

문 186. 정답 ②

***해 설**

☞ ②: ×

> **대법원 1996. 5. 31. 선고 95누10617 판결【공중보건의사전문직공무원채용계약해지처분취소등】[공 1996하, 2043]**
>
> **공중보건의 채용계약해제는** 광주시립합창단원과 마찬가지로 대등한 당사자사이의 고용계약관계의 해지에 불과하므로 처분성이 인정되지 않아 항고소송이 아니라 **당사자소송**으로 다투어야 한다고 판시하였다.

빈출

☞ ③: ○

> **대법원 2002. 7. 26. 선고 2001두3532 판결【견책처분취소】[공 2002. 9. 15.(162), 2070]**
>
> 판례는 **행정규칙에 근거한 불문경고도** 공무원에게는 인사문제와 관련하여 권리의무를 직접적으로 제한하므로 **공무원에게는 처분성이 인정된다고 판시하고 있다.**

최근 자주 출제되는 판례임

187. 절차상 하자에 대한 설명으로 옳지 않은 것은? (다툼이 있는 경우 판례에 의함) (9급 지방직)

틀리기 쉬운 빈출판례 지문들을 정리해 두자

① 구 「학교보건법」상 **학교환경위생정화구역에서의 금지행위 및 시설의 해제 여부에 관한 행정처분을 하면서 학교환경위생정화위원회의 심의를 누락한 흠은** 행정처분을 **위법하게** 하는 **취소사유**가 된다.

② **다른 법령 등에서 청문절차를 거치도록 규정하고 있지 않은 경우**에는 원칙적으로 청문을 거치지 않고 다른 의견청취절차만 거치더라도 **위법하지 않다.**

③ 대법원은 **청문통지서가 반송**되었거나, 행정처분의 상대방이 청문일시에 **불출석했다는 이유로 청문을 실시**하지 않을 경우에도 위법하지 않다고 보는 입장이다.

④ **대법원은 신청에 대한 거부처분은**「행정절차법」상의 **사전통지의** 대상이 **되는 '당사자의 권익을 제한하는 처분'에 해당하지 않는다**는 입장이다.

문 187. 정답 ③

*해 설

☞ ③: ×

빈출판례

대법원 2001. 4. 13. 선고 2000두3337 판결【영업허가취소처분취소】[집 49(1)특, 643; 공 2001. 6. 1.(131), 1143]

행정절차법 제21조 제4항 제3호는 침해적 행정처분을 할 경우 청문을 실시하지 않을 수 있는 사유로서 "당해 처분의 성질상 의견청취가 현저히 곤란하거나 명백히 불필요하다고 인정될 만한 상당한 이유가 있는 경우"를 규정하고 있으나, 여기에서 말하는 '의견청취가 현저히 곤란하거나 명백히 불필요하다고 인정될 만한 상당한 이유가 있는지 여부'는 당해 행정처분의 성질에 비추어 판단하여야 하는 것이지, **청문통지서의 반송 여부, 청문통지의 방법 등에 의하여 판단할 것은 아니며**, 또한 행정처분의 상대방이 통지된 청문일시에 불출석하였다는 이유만으로 행정청이 관계 법령상 그 실시가 요구되는 청문을 실시하지 아니한 채 침해적 행정처분을 할 수는 없을 것이므로, **행정처분의 상대방에 대한 청문통지서**가 **반송되었다거나**, 행정처분의 **상대방이 청문일시에 불출석하였다는 이유로 청문을 실시하지 아니하고 한 침해적 행정처분은 위법하다.**

틀리기 쉬운 빈출판례 지문정리

188. 「공공기관의 정보공개에 관한 법률」의 적용과 관련하여 옳은 것은? (다툼이 있는 경우 판례에 의함) (9급 지방직)

구체적 이익까지 입증할 필요 없음

① 정보공개거부처분을 받은 청구인은 그 **정보의 열람에 관한 구체적 이익을 입증해야만** 행정소송을 통하여 그 공개거부처분의 취소를 구할 법률상의 이익이 인정된다.

행정청이 피고

② **정보공개거부결정의 취소를 구하는 소송에서**는 각 행정청의 정보공개심의회가 **피고가 된다**.

공지의 사실이라도 소의 이익 있을 수 있음

③ 공개청구의 대상이 되는 정보가 이미 다른 사람에게 공개되어 널리 알려져 있다거나 인터넷 등을 통하여 **공개되어 인터넷검색 등을 통하여 쉽게 알 수 있는 경우**에는 정보공개거부처분을 다툴 **소의 이익**

이 인정되지 않는다.

④ 공공기관은 전자적 형태로 보유·관리하는 정보에 대하여 청구인이 **전자적 형태로 공개를 요청하는 경우**에는 **원칙적으로 이에 응하여야** 한다.

청구인이 원하는 방식과 형태로 공개해야 함이 원칙

문 188. 정답 ④

***해 설**

☞ ①: ×

대법원 1999. 9. 21. 선고 98두3426 판결【행정정보공개거부처분취소】[공 99. 11. 1.[93], 2237]

종결된 수사기록에 대한 고소인의 열람·등사 청구에 대하여 그 내용을 이루는 각각의 수사기록에 대한 거부의 구체적 사유를 밝히지 아니한 채 고소인이 제출한 서류 이외의 내용에 대한 열람·등사를 거부한 것이 고소인의 알 권리를 침해하였다. 또한 청구인은 정보공개에 관한 **구체적 이익을 입증함이 없이도 누구나 법률상 이익이 인정된다.**

☞ ③: ×

대법원 2010. 12. 23. 선고 2008두13101 판결【정보공개거부처분취소】[공 2011상, 233]

대법원은 새튼 교수가 특허를 노린 것과 관련하여 **KBS가 추적60분을** 편성 및 보도준비한 것과 관련하여 국민의 정보공개청구권은 법률상 보호되는 구체적인 권리이므로, 공공기관에 대하여 정보의 공개를 청구하였다가 공개거부처분을 받은 청구인은 행정소송을 통하여 그 공개거부처분의 취소를 구할 법률상의 이익이 있고, 공개청구의 대상이 되는 정보가 이미 다른 사람에게 공개되어 널리 알려져 있다거나 인터넷 등을 통하여 공개되어 **인터넷검색 등을 통하여 쉽게 알 수 있다는 사정만으로는 소의 이익이 없다거나 비공개결정이 정당화될 수 없다고 판시하였다.**

☞ ④: ○

공공기관의 정보공개에 관한 법률 제15조(정보의 전자적 공개) ① 공공기관은 전자적 형태로 보유·관리하는 정보에 대하여 청구인이 **전자적 형태로 공개하여 줄 것을 요청하는 경우에는** 그 정보의 성질상 현저히 곤란한 경우를 제외하고는 **청구인의 요청에 따라야 한다.**

빈출되는 조문문제 정리

189. 우리나라의 「행정절차법」이 규정하고 있는 것이 아닌 것은? (서울시 9급)

① 처분절차
② 행정예고절차
③ 행정계획절차
④ 행정지도절차
⑤ 행정상 입법예고절차

문 189. 정답 ③

***해 설**

☞ ③: ×

꼭 정리해 두자

우리 **행정절차법**은 **행정계획절차, 공법상 계약, 실권법리, 수익적 행정행위의 취소나 철회의 제한, 하자의 치유와 전환** 등을 입법하고 있지 않다. 따라서 이 부분에 대하여 장래에 입법하자는 입법론이 주장되고 있다(홍정선 교수, 김성수 교수 등).

나머지 지문에 대해서는 모두 행정절차법에서 규정하고 있다.

난이도 높은 빈출지문

정보공개결정시 관계되는 제3자에 대한 사전통지는 must이지만, 그 외 의견청취는 can이므로 틀리기 쉬움

190. 다음 중 「공공기관의 정보공개에 관한 법률」의 내용에 반하는 것은? (서울시 9급)

① 공공기관은 공개대상정보가 **제3자와 관련이 있다고 인정되는 경우에는 반드시 공개 청구된 사실을 제3자에게 사전에 통지**하고 **그에 대한 의견을 청취한 다음에 공개 여부를 결정**하여야 한다.
② 공공기관은 정보의 공개 또는 비공개를 결정한 때에는 **이를 청구인에게 통지하여야 한다.**
③ **비공개결정을 통지받은 청구인은** 통지를 받은 날로부터 **30일 이내**에 당해 공공기관에 서면으로 **이의신청을 할 수 있다.**
④ 정보공개와 관련하여 **법률상 이익을 침해받은 청구인 또는 제3자는 이의신청뿐만 아니라 행정심판, 행정소송도 제기할 수** 있다.

문 190. 정답 ①

***해 설**

☞ ①: ×

공공기관의 정보공개에 관한 법률

제11조 ③ 공공기관은 공개 청구된 공개 대상 정보의 전부 또는 일부가 **제3자와 관련이** 있다고 인정할 때에는 **그 사실을 제3자에게 지체 없이 통지하여야** 하며, **필요한 경우**에는 그의 **의견을 들을 수 있다.**

함정출제되는 중요조문

따라서 설문에서 **제3자에게 통지하여야 하는 것은 맞지만**, 반드시 **의견을 청취하여야 하는 것은 아니고 필요한 경우에 한하여 의견청취할 수 있는 것에 불과하다.** 따라서 지문 ①은 법조문을 잘못 설명하고 있다. 중요 법조문에 대한 정확한 공부가 필요하다.

☞ ②: ○

제13조(정보공개 여부 결정의 통지) ① 공공기관은 제11조에 따라 정보의 공개를 결정한 경우에는 **공개의 일시 및 장소 등을 분명히 밝혀 청구인에게 통지하여야 한다.**
④ 공공기관은 제11조에 따라 정보의 비공개 결정을 한 경우에는 그 사실을 청구인에게 지체 없이 문서로 통지하여야 한다. 이 경우 비공개 이유와 불복(不服)의 방법 및 절차를 구체적으로 밝혀야 한다.

☞ ③: ○

제18조(이의신청) ① **청구인이** 정보공개와 관련한 공공기관의 비공개 결정 또는 부분 공개 결정에 대하여 불복이 있거나 정보공개 청구 후 20일이 경과하도록 정보공개 결정이 없는 때에는 공공기관으로부터 정보공개 여부의 결정 통지를 받은 날 또는 정보공개 청구 후 20일이 경과한 날부터 **30일 이내에 해당 공공기관에 문서로 이의신청을** 할 수 있다.

빈출조문

☞ ④: ○

비공개를 당한 청구인은 제18조에서 **이의신청**, 제19조에서 **행정심판**, 제20조에서 **행정소송을 제기할 수 있다**고 규정되어 있고, **제3자의 경우는 제21조에 의하여 이의신청, 행정심판, 행정소송을 제기할 수 있다고 규정**하고 있다.

빈출조문

빈출 지문들을 정리해 두자
중요 조문 출제 문제임

191. 다음 중 행정절차에 대한 설명으로 옳은 것은? (서울시 7급)

① **「행정절차법」에는 행정지도와** 행정계약에 관한 명문의 규정을 두고 있다.

② 행정청은 **경미한 처분으로 당사자가 이유를 명백하게 알 수 있는 경우에는** 처분 후 **당사자가 요청**하여도 그 근거와 이유를 제시할 필요가 없다.

③ 처분의 이유의 제시는 처분과 동시에 하며, 당사자가 그 근거를 알 수 있을 정도로 상당한 이유이어야 하고, **충분히 납득할 수 있도록 구체적이고 명확하여야 한다.**

④ 「행정절차법」에 **신의성실에 대한 규정**은 있으나 **신뢰보호에 관한 규정**은 없다.

⑤ 행정절차는 **행정의 민주화, 행정의 능률화**, 사후적 **행정구제** 등의 기능을 수행한다.

문 191. 정답 ③

***해 설**

☞ ①: ×

반복되는 빈출조문 문제

행정절차법은 처분을 중심으로 규정하면서도 **신고, 입법예고, 행정예고, 행정지도 등을 규정하고** 있다. 그러나 **행정계약과 행정계획 등은 규정하고 있지 않아 입법론이 제기되고 있다.**

행정절차법의 내용으로 자주 출제하는 지문이므로 주의를 요한다.

☞ ②: ×

함정문제로 자주 출제

경미한 처분이라도 당사자의 요청이 있는 경우에는 이유를 **제시하여야 한다**(행정절차법 제23조 제2항).

제23조(처분의 이유 제시)
① 행정청은 처분을 할 때에는 다음 각 호의 어느 하나에 해당하는 경우를 제외하고는 당사자에게 그 근거와 이유를 제시하여야 한다.
1. **신청 내용을 모두 그대로 인정하는** 처분인 경우
2. **단순·반복적인 처분 또는 경미한** 처분으로서 당사**자가 그 이유를 명백히 알 수** 있는 **경우**
3. **긴급히 처분을 할 필요**가 있는 경우

② 행정청은 **제1항제2호 및 제3호의 경우에 처분 후 당사자가 요청하는 경우에는 그 근거와 이유를 제시하여야 한다.**

빈출조문 포인트

☞ ③: ○

대법원 1990. 09. 11. 선고 90누1786 판결[이른바 미금상사 사건 — 일반주류도매업면허취소처분취소]

면허의 취소처분에는 그 근거가 되는 법령이나 취소권 유보의 부관 등을 명시하여야 함은 물론 처분을 받은 자가 어떠한 위반사실에 대하여 당해 처분이 있었는지를 알 수 있을 정도로 사실을 적시할 것을 요하며, 이와 같은 취소처분의 근거와 위반사실의 적시를 빠뜨린 하자는 피처분자가 처분 당시 그 취지를 알고 있었다거나 그 후 알게 되었다 하여도 치유될 수 없다고 할 것인바, 세무서장인 피고가 주류도매업자인 원고에 대하여 한 이 사건 일반주류도매업면허취소통지에 "상기 주류도매장은 무면허 주류판매업자에게 주류를 판매하여 **주세법 제11조 및 국세법사무처리규정 제26조에 의거 지정조건위반으로 주류판매면허를 취소합니다"라고만 되어 있어서** 원고의 영업기간과 거래상대방 등에 비추어 원고가 어떠한 거래행위로 인하여 이 사건 처분을 받았는지 알 수 없게 되어 있다면 이 **사건 면허취소처분은 위법하다.**

빈출판례

☞ ④: ×

행정절차법 제4조 제1항은 신의성실의 원칙을 규정하고 있고 **제2항에서는 신뢰보호의 원칙을 규정하고 있다.** 참고로 판례는 동 규정의 신의성실의 원칙을 신뢰보호의 원칙과 동일하게 파악한다.

중요조문 문제

행정절차법 제4조(신의성실 및 신뢰보호)

① 행정청은 직무를 수행할 때 **신의(信義)에 따라 성실히 하여야 한다.**

② 행정청은 법령 등의 해석 또는 행정청의 관행이 일반적으로 **국민들에게 받아들여졌을 때에는 공익 또는 제3자의 정당한 이익을 현저히** 해칠 우려가 있는 경우를 제외하고는 새로운 해석 또는 관행에 따라 **소급하여 불리하게 처리하여서는 아니 된다.**

☞ ⑤: ×

행정절차는 **사전적인 행정구제의 기능을** 수행하므로 틀린 지문이다. 사후적인 행정구제는 행정심판과 행정소송이 그 기능과 역할을 수행한다.

행정절차는 사전적인 행정구제임을 주의

공무원/변시 공통 빈출 판례 정리

192. 행정절차에 관한 설명 중 옳은 것을 모두 고른 것은? (다툼이 있는 경우 판례에 의함) (변시 기출)

빈출

ㄱ. 신청에 따른 처분이 이루어지지 아니한 경우에는 아직 당사자에게 권익이 부과되지 아니하였으므로 특별한 사정이 없는 한 **신청에 대한 거부처분**이라고 하더라도 직접 당사자의 권익을 제한하는 것은 아니어서 신청에 대한 거부처분은 **행정절차법상의 사전통지대상이 된다고 할 수 없다.**

이때는 사전통제 불필요

ㄴ. 당사자에게 의무를 과하거나 당사자의 권익을 제한하는 처분을 함에 있어서, 행정청은 법령 등에서 요구된 자격이 없어지게 되면 반드시 일정한 처분을 하여야 하는 경우에 그 자격이 없어지게 된 사실이 **법원의 재판 등에 의하여 객관적으로 증명된 경우에도** 행정절차법상의 사전통지를 하여야 한다.

이때는 구체적 조항까지 제시 필요 없음
cf. 그러나 사유는 구체적인 정도로 기재해야 함

ㄷ. 행정청은 처분을 하는 경우 원칙적으로 당사자에게 그 근거와 이유를 제시할 의무가 있으므로, 당사자가 근거규정 등을 명시하여 신청하는 인·허가 등을 거부하는 처분을 함에 있어 당사자가 그 근거를 알 수 있을 정도로 **상당한 이유를 제시한 경우라 할지라도** 당해 처분의 근거 및 이유로서 구체적 조항 및 내용까지 명시해야 하고 그러지 아니하면 그 처분은 위법하다.

청문 포기각서는 판례가 인정하지 않음(빈출)

ㄹ. 행정청이 당사자와 도시계획사업의 시행과 관련된 협약을 체결하면서 관계 법령 및 행정절차법에 규정된 청문의 실시 등 **의견청취절차를 배제하는 조항을 두었다**고 하더라도, 위와 같은 협약의 체결로 청문의 실시에 관한 규정의 적용을 배제할 수 있다고 볼 만한 법령상의 규정이 없는 한, 청문의 실시에 관한 규정의 적용이 배제된다거나 **청문을 실시하지 않아도 되는 예외적인 경우에 해당한다고 할 수 없다.**

① ㄱ, ㄴ
② ㄱ, ㄹ
③ ㄴ, ㄷ
④ ㄴ, ㄹ
⑤ ㄷ, ㄹ

문 192. 정답 ②

***해 설**

☞ ㄱ: ○

대법원 2003. 11. 28. 선고 2003두674 판결[임용거부처분취소]

행정절차법 제21조 제1항은 행정청은 당사자에게 의무를 과하거나 권익을 제한하는 처분을 하는 경우에는 미리 처분의 제목, 당사자의 성명 또는 명칭과 주소, 처분하고자 하는 원인이 되는 사실과 처분의 내용 및 법적 근거, 그에 대하여 의견을 제출할 수 있다는 뜻과 의견을 제출하지 아니하는 경우의 처리방법, 의견제출기관의 명칭과 주소, 의견제출기한 등을 당사자 등에게 통지하도록 하고 있는바, 신청에 따른 처분이 이루어지지 아니한 경우에는 아직 당사자에게 권익이 부과되지 아니하였으므로 특별한 사정이 없는 한 신청에 대한 거부처분이라고 하더라도 직접 당사자의 권익을 제한하는 것은 아니어서 **신청에 대한 거부처분을** 여기에서 말하는 '당사자의 권익을 제한하는 처분'에 해당한다고 할 수 없는 것이어서 **처분의 사전통지대상이 된다고 할 수 없다.** 빈출

☞ ㄴ: ×

대법원 2009. 01. 30. 선고 2008두16155 판결[정규임용취소처분취소]

행정절차법 제21조 제1항, 제4항, 제22조 제1항 내지 제4항에 의하면, 행정청이 당사자에게 의무를 과하거나 권익을 제한하는 처분을 하는 경우에는 미리 처분하고자 하는 원인이 되는 사실과 처분의 내용 및 법적 근거, 이에 대하여 의견을 제출할 수 있다는 뜻과 의견을 제출하지 아니하는 경우의 처리방법 등의 사항을 당사자 등에게 통지하여야 하고, 다른 법령 등에서 필요적으로 청문을 실시하거나 공청회를 개최하도록 규정하고 있지 아니한 경우에도 당사자 등에게 의견제출의 기회를 주어야 하되, **"법령 등에서 요구된 자격이 없거나 없어지게 되면 반드시 일정한 처분을 하여야 하는 경우에 그 자격이 없거나 없어지게 된 사실이 법원의 재판 등에 의하여 객관적으로 증명된 때"**(행정절차법 제21조 제4항 제2호, 제22조 제4항), **"당해 처분의 성질상 의견청취가 현저히 곤란하거나 명백히 불필요하다고 인정될 만한 상당한 이유가 있는 경우"**(행정절차법 제21조 제4항 제3호, 제22조 제4항) **등에는 처분의 사전통지나 의견청취를 하지 아니할 수 있도록 규정**하고 있으므로, 행정청이 침해적 행정처분을 하면서 당사자에게 위와 같은 사전통지를 하거나 의견제출의 기회를 주지 아니하였다면 사전통지를 하지 않거나 의견제출의 기회를 주지 아니하여도 되는 **예외적인 경우에 해당하지 아니하는 한 그 처분은 위법하여 취소를 면할 수 없다.** 빈출

☞ ㄷ: ×

대법원 2002. 05. 17. 선고 2000두8912 판결[토지형질변경불허가처분취소]

빈출

행정절차법 제23조 제1항은, 행정청은 처분을 하는 때에는 당사자에게 그 근거와 이유를 제시하여야 한다고 규정하고 있는바, 일반적으로 당사자가 근거규정 등을 명시하여 신청하는 인·허가 등을 거부하는 처분을 함에 있어 당사자가 그 근거를 알 수 있을 정도로 상당한 이유를 제시한 경우에는 당해 처분의 **근거 및 이유를 구체적 조항 및 내용까지 명시하지 않았더라도 그로** 말미암아 그 처분이 위법한 것이 된다고 할 수 없다.

☞ ㄹ: ○

대법원 2004. 07. 08. 선고 2002두8350 판결[유희시설조성사업협약해지및사업시행자지정 거부처분취소]

청문포기각서는 판례가 인정하지 않음

빈출

행정청이 당사자와 사이에 도시계획사업의 시행과 관련한 협약을 체결하면서 관계 법령 및 행정절차법에 규정된 청문의 실시 등 의견청취절차를 배제하는 조항을 두었다고 하더라도, 국민의 행정참여를 도모함으로써 행정의 공정성·투명성 및 신뢰성을 확보하고 국민의 권익을 보호한다는 행정절차법의 목적 및 청문제도의 취지 등에 비추어 볼 때, 위와 같은 협약의 체결로 청문의 실시에 관한 규정의 적용을 배제할 수 있다고 볼 만한 법령상의 규정이 없는 한, 이러한 **협약이 체결되었다고 하여 청문의 실시에 관한 규정의 적용이 배제된다거나 청문을 실시하지 않아도 되는 예외적인 경우에 해당한다고 할 수 없다.**

행정의 실효성 확보수단 — 문제연습

193. 국민들이 행정법상 의무를 위반하였을 때 이에 대한 실효성 확보수단들을 분석한 다음의 지문들을 읽고 옳지 않은 것을 고르시오.(다툼이 있는 경우 판례에 의함)

빈출되는 실효성 수단 지문들 숙지하자

① **과거**의 행정법상 의무위반에 대하여 최근의 입법경향은 **행정형벌**에서 행정질서벌인 **과태료**로 변화하고 있다.

② 과태료에 의한 행정질서벌은 행정형벌과 달리 고의·과실을 요구하지 않으므로 처벌이 지나치게 용이하고 책임주의가 적용되지 않는다는 단점이 있다.

③ **행정형벌**과 **행정질서벌**은 동시에 부과하는 것은 **일사부재리**에 반하지 않으므로 **가능**하다.

④ **최근 판례도 과태료를 부과할 때** 질서위반행위에 대하여서도 책임주의 원칙이 적용되도록 **질서위반행위규제법**이 제정되었으므로 **고의 또는 과실이 없는 질서위반행위는 과태료를 부과할 수 없다고 판시**하고 있다.

⑤ **대집행**과 **직접강제**와 **즉시강제의** 공통점은 **권력적 사실행위**이지만, 구체적인 모습은 다르다.

문 193. 정답 ②

***해 설**

☞ ①: ○

행정형벌에 의하여 행정법상 의무위반자들을 **전과자로 만드는 폐해** 때문에 **행정형벌을 행정질서벌인 과태료 부과로 변경**하는 입법추세이다.

☞ ②: ×

이는 질서위반행위규제법 이전의 과태료에 대한 비판이었다. 그러나 **이제는 질서위반행위규제법의 제정으로 고의·과실을 요구하게 되어 책임주의**가 적용되게 되었다.

☞ ③: ○

실질적으로 비례의 원칙에 반하므로 동시에 행정질서벌과 행정형벌을 병과할 수 없다는 유력설에도 불구하고 **다수설과 판례는 행정형벌과 행정질서벌의 성질이 다르므로 동시에 병과해도 일사부재리에 반하지 않는다**는 입장이다.

☞ ④: ○

대법원 2011. 7. 14.자 2011마364 결정.

☞ ⑤: ○

대집행 = 계고 + 통지 + 실행 + 비용징수 = 계 통 실 비

대집행은 계고와 통지를 거쳐서 실행이라는 권력적 사실행위로 들어가고 그 실행비용을 국민에게 지우기 위해 비용징수명령을 발급한다.

그러나 **직접강제**는 **계고나 통지가 아예 처음부터 설정되어 있지 않은 형태**의 **권력적 사실행위**이지만 그 **실행비용을 국가나 지자체가 부담**하므로 국민에게 보다 경미한 침해가 된다. **즉시강제는 급박하거나 성질상의 사유로 인하여** 하명이나 계고, 통지 등의 **절차를 생략**하는 경우의 **권력적 사실행위**이다.

틀리기 쉬운 중요 판례 빈출 지문들 정리

194. 다음은 행정법상 의무위반에 대비한 실효성 확보수단들 중 대집행과 강제징수에 대한 판례와 학계의 논의들이다. 옳은 것을 고르시오.

규정과 판례 불일치

① **공익사업을 위한 토지 등의 취득 및 보상에 관한 법률 제89조에** 의하면 토지나 건물의 인도 및 명도의무에 대하여 **대집행할 수 있다고 규정되어** 있으므로 대집행할 수 있다는 것이 **판례의 태도이다.**

무효는 목적이 다른 행위에도 하자승계됨

② 인천시 남구청장이 주택법에 위반한 시설물을 설치한 **유원유치원장**에 대하여 **주택법에 규정이 없음에도 불구**하고 **철거명령을 내린 경우** 건축법과 달리 철거명령을 내릴 수 있는 **근거규정이 없으므로 위법하**지만 목적이 다른 계고에 **하자가 승계될 수** 없다고 판시하였다.

③ **대집행은 대체적 작위의무가 아니면 부과할 수 없다.**

빈출

④ 판례는 **1장의 문서로**써 철거명령과 계고를 동시에 하는 것은 철거를 당하는 국민에게 인정된 기한의 이익을 상실하게 하는 것이므로 위법하다고 보고 있다.

빈출

⑤ 체납자에 대한 강제징수의 경우 **공매통지를 체납자에게** 하지 않더라

도 적법하다고 보는 것이 판례의 입장이다.

문 194. 정답 ③

***해 설**

☞ ①: ×

공익사업을 위한 토지 등의 취득 및 보상에 관한 **법률 제89조의 규정에도 불구하고 이러한 인도의무나 명도의무는** 그것을 강제적으로 실현하면서 직접적인 실력행사는 가능하다고 하더라도 **대체적인 작위의무라고 볼 수 없으므로** 특별한 사정이 없는 한 행정대집행법에 의한 **대집행의 대상이 될 수 있는 것은 아니다.** 대법원 2005. 8. 19. 선고 2004다2809 판결.

주의할 판례

☞ ②: ×

판례는 유원유치원장을 구제해 주기 위하여 취소사유로 보지 않고, 철거명령을 내릴 수 있는 권한이 없는 자의 처분으로 **무효라고 할 것이므로 목적이 달라도 후속처분인 계고처분의 효력에 영향을 미치므로 하자가 승계되어** 계고도 위법하게 되고 무효가 된다는 취지의 판시를 하였다. 대법원 1996. 6. 28. 선고 96누4374 판결.

기억할 판례

☞ ③: ○

가장 중요한 대집행의 요건이다.

빈출

☞ ④: ×

판례는 **1장의 문서로 철거명령과 계고를 동시에 발급하더라도 적법하다고 판시**하고 있어, 다수설은 기한의 이익을 상실하게 하는 것이므로 위법하게 보아야 한다고 비판한다. 대법원 1992. 4. 12. 선고 91누13564 판결.

빈출

☞ ⑤: ×

변경전 판례의 태도로서 타당하지 않다.

최근 출제

***심화학습**

최근에 대법원은 전원합의체 판결을 통하여 체납자에 대한 공매통지는 국가의 강제력에 의하여 진행되는 공매에서 체납자 등의 권리 내지 재산상의 이익을 보호하기 위하여 법률로 규정한 절차적 요건이라고 보아야 한다고 입장을 변경하였다. 따라서 체납자에 대한 공매통지를 하지 않거나 하더라도 동거하지 않고 별거하는 가족에게 통지를 하였다면 이는 절차하자로서 위법하다고 판시하였다. 다만, 이는 체납자를 배려하기 위

최신 출제 대비

체납자에 대한 통지 요구

체납자와 동일하게 볼 수 있는 피고용인, 동거가족, 사무원 등에 대한 통지도 됨

담보물권자 등 다른 이해

관계인에 대한 통지는 안 됨
별거하는 가족에 대한 통지도 안 됨

한 것이므로 다른 담보물권자 등 권리자에 대한 공매통지의 하자를 들어 공매처분이 위법하다고 할 수는 없다고 판시하였다. 대법원 2008. 11. 20. 선고 2007두18154 전원합의체 판결.

195. 행정의 실효성확보수단에 관한 설명 중 옳은 것을 모두 고른 것은? (다툼이 있는 경우 판례에 의함) (변시 기출)

ㄱ. 제1차로 창고건물의 철거 및 하천부지에 대한 원상복구명령을 하였음에도 이에 불응하므로 대집행계고를 하면서 다시 자진철거 및 하천부지의 원상복구를 명한 경우, 대집행계고서에 기재된 철거 및 원상복구명령도 취소소송의 대상이 되는 독립한 행정처분이다.

ㄴ. 건물에 대한 2011. 5. 9.자 건축허가를 받은 甲이 건축 중이던 건물을 乙에게 양도하였는데, 乙이 명의를 변경하지 아니한 채 사용승인 없이 건물을 사용하였다는 사유로 관할 행정청이 甲에게 이행강제금을 부과한 경우, 甲은 이의 제기 후 비송사건절차법에 따른 재판에서 이행강제금 부과의 위법을 주장하여야 한다.

ㄷ. 아무런 권원 없이 국유재산에 설치한 시설물에 대하여 행정청이 행정대집행을 할 수 있고 따로 민사소송의 방법으로 그 시설물의 철거를 구하는 것이 허용되지는 않지만, 아무런 권원 없이 국유재산에 설치한 시설물에 대하여 행정청이 행정대집행을 실시하지 않는 경우, 그 국유재산에 대한 사용청구권을 가지고 있는 자가 국가를 대위하여 민사소송으로 그 시설물의 철거를 구할 수 있다.

① ㄱ ② ㄷ
③ ㄱ, ㄴ ④ ㄴ, ㄷ
⑤ ㄱ, ㄴ, ㄷ

문 195. 정답 ②

***해 설**

☞ ㄱ: ×

최초로 발급된 철거명령과 원상복구명령에 의하여 직접적으로 권리를 제한하고 의무를 부과하는 효과가 발생하므로, 계고장에 기재된 재차 철거명령과 원상복구 명령은 새로운 처분으로서의 효력이 없으므로 별도로 취소소송의 대상이 되지 않는다.

☞ ㄴ: ×

아직 건물에 대한 명의변경승인이 없으므로 여전히 공법상의 권리의무자는 갑이므로 갑에 대한 이행강제금은 적법하므로, 갑은 위법을 주장할 수 없다.

***** 대법원 2010. 10. 14. 선고 2010두13340 판결【이행강제금부과처분취소】[공2010하, 2102]**

[1] 건축법의 관계 규정상 건축허가 혹은 건축신고시 관할 행정청에 명의상 건축주가 실제 건축주인지 여부에 관한 실질적 심사권이 있다고 보기 어렵고, 또 명목상 건축주라도 그것이 명의대여라면, 당해 위반 건축물에 대한 직접 원인행위자는 아니라 하더라도 명의대여자로서 책임을 부담하여야 하는 점, 만약 이와 같이 보지 않을 경우 건축주는 자신이 명목상 건축주에 불과하다고 주장하여 책임회피의 수단으로 악용할 가능성이 있고, 또 건축주 명의대여가 조장되어 행정법 관계를 불명확하게 하고 법적 안정성을 저해하는 요소로 작용할 수 있는 점 등을 종합적으로 고려하여 보면, **위반 건축물에 대해 건축주 명의를 갖는 자는 명의가 도용되었다는 등의 특별한 사정이 있지 않은 한 건축법 제79조 제1항의 건축주에 해당한다고 보아야 한다.**

[2] 건물에 대한 건축허가를 받은 갑이 건축 중이던 건물 및 대지를 을에게 양도하였으나 을이 명의를 변경하지 아니한 채 사용승인을 받지 않고 건물을 사용하자, 행정청이 명의상 건축주이자 건물에 관한 소유권보존등기 명의자인 갑에게 시정명령을 한 후 이행강제금을 부과한 사안에서, 건축주 명의가 도용되었다는 등의 특별한 사정을 인정할 만한 자료가 없는 이상, **위 건물의 건축주 명의를 갖는 자이자 부동산등기부등본상 소유자인 갑이 건축법 제79조 제1항에 규정된 시정명령의 상대방인 건축주 또는 소유자가 될 수 있다고 보아야 하므로 위 처분이 적법함**에도, 이와 달리 판단한 원심에 시정명령의 상대방인 건축주 또는 소유자 등에 관하여 법리를 오해한 위법이 있다.

☞ ㄷ: ○

***** 대법원 2009. 6. 11. 선고 2009다1122 판결【가건물철거및토지인도】[공보불게재]**

피고들이 **아무런 권원 없이 이 사건 시설물을 설치함으로써 이 사건 토지를 불법점유하고 있는 이상, 특별한 사정이 없는 한, 국가로서는 소유권에 기한 방해배제청구권을 행사하여 피고들에 대하여 이 사건 시설물의 철거 및 이 사건 토지의 인도를 구할 수 있다고 할 것이나, 이 사건 토지는 잡종재산인 국유재산으로서, 국유재산법 제52조는 "정당한 사유 없이 국유재산을 점유하거나 이에 시설물을 설치한 때에는 행정대집행법을 준용하여 철거 기타 필요한 조치를 할 수 있다"고 규정하고 있으므로, 관리권자인 보령시장으로서는 행정대집행의 방법으로 이 사건 시설물을 철거할 수 있고, 이러한**

행정대집행의 절차가 인정되는 경우에는 따로 민사소송의 방법으로 피고들에 대하여 이 사건 시설물의 철거를 구하는 것은 허용되지 않는다고 할 것이다(대법원 2000. 5. 12. 선고 99다18909 판결 참조). 다만, 관리권자인 보령시장이 행정대집행을 실시하지 아니하는 경우 국가에 대하여 이 사건 토지 사용청구권을 가지는 원고로서는 위 청구권을 보전하기 위하여 국가를 대위하여 피고들을 상대로 민사소송의 방법으로 이 사건 시설물의 철거를 구하는 이외에는 이를 실현할 수 있는 다른 절차와 방법이 없어 그 보전의 필요성이 인정되므로, 원고는 국가를 대위하여 피고들을 상대로 민사소송의 방법으로 이 사건 시설물의 철거를 구할 수 있다고 보아야 할 것이고, 한편 이 사건 청구 중 이 사건 토지 인도청구 부분에 대하여는 관리권자인 보령시장으로서도 행정대집행의 방법으로 이를 실현할 수 없으므로, 원고는 당연히 국가를 대위하여 피고들을 상대로 민사소송의 방법으로 이 사건 토지의 인도를 구할 수 있다고 할 것이다.

최신 판례가 많이 출제되고 있으므로 본 교재를 통하여 판례에 대한 별도의 공부를 하는 것이 필요하다.

196. 공원관리청 A는 불법으로 국립공원 내에 시설물을 설치한 甲에 대하여 자연공원법 제31조 제1항에 따라 철거명령을 하였으나, 甲이 이를 이행하지 않자 행정대집행법에 따라 대집행을 하고자 한다. 이에 관한 다음 설명 중 옳지 않은 것은? (다툼이 있는 경우 판례에 의함) (변시 기출)

① 급박한 위험이 있어 위 시설물을 급속히 철거하여야 하는데 **계고절차를 거칠 여유가 없을 경우 계고 없이 대집행을 할 수 있다.**

빈출

② 대집행계고를 함에 있어 대집행할 행위의 내용 및 범위는 대집행계고서에 의하여 **특정되어야 하고, 계고처분 전후의 다른 문서의 송달로써는 불특정의 하자를 치유할 수** 없다.

빈출

③ 공원관리청 A가 제1차 철거대집행 계고처분 후 **다시 제2차 계고처분**을 행한 경우 제2차 계고처분은 새로운 철거의무를 부과하는 것이 아니라 대집행을 하겠다는 **기한의 연기 통지에 불과한** 것이므로 甲은 제2차 계고처분을 **항고소송으로 다툴 수 없다.**

④ 계고처분을 거쳐 **대집행 실행이 완료된 경우**, 甲은 원칙적으로 계고처분의 취소를 구할 법률상 이익을 가지지 않는다.

⑤ **대집행비용은 국세징수법의 예에 따라 징수할 수 있다.**

문 196. 정답 ②

***해 설**

☞ ①: ○

행정대집행법 제3조에서 급박한 경우에는 계고나 통지를 생략하는 즉시강제의 형태가 가능할 수 있다고 규정하고 있다. 그러므로 급박하지 않은 경우에 생략하면 절차하자가 되어 위법하게 된다.

행정대집행법 제3조(대집행의 절차)
③ 비상시 또는 위험이 절박한 경우에 있어서 당해 행위의 급속한 실시를 요하여 전2항에 규정한 수속을 취할 여유가 없을 때에는 그 수속을 거치지 아니하고 대집행을 할 수 있다.

☞ ②: ×

대법원 1997. 2. 14. 선고 96누15428 판결【행정대집행무효확인】[공 1997. 3. 15.(30), 803]

행정청이 행정대집행법 제3조 제1항에 의한 대집행계고를 함에 있어서는 의무자가 스스로 이행하지 아니하는 경우에 대집행할 행위의 내용 및 범위가 구체적으로 특정되어야 하지만, 그 행위의 내용 및 범위는 반드시 대집행계고서에 의하여서만 특정되어야 하는 것이 아니고 **계고처분 전후에 송달된 문서나 기타 사정을 종합하여 행위의 내용이 특정되거나 대집행 의무자가 그 이행의무의 범위를 알 수 있으면 족하다.**

빈출판례

☞ ③: ○

대법원 2000. 2. 22. 선고 98두4665 판결【건물철거대집행계고처분취소】[공 2000. 4. 15.(104), 854]

제1차로 철거명령 및 계고처분을 한 데 이어 제2차로 계고서를 송달하였음에도 불응함에 따라 대집행을 일부 실행한 후 철거의무자의 연기원을 받아들여 나머지 부분의 철거를 진행하지 않고 있다가 연기기한이 지나자 다시 제3차로 철거명령 및 대집행계고를 한 경우, **행정대집행법상의 철거의무는 제1차 철거명령 및 계고처분으로써 발생하였다고 할 것이고, 제3차 철거명령 및 대집행계고는 새로운 철거의무를 부과하는 것이라고는 볼 수 없으며, 단지 종전의 계고처분에 의한 건물철거를 독촉하거나 그 대집행기한을 연기한다는 통지에 불과하므로 취소소송의 대상이 되는 독립한 행정처분이라고 할 수 없다.**

빈출판례

☞ ④: ○

대법원 1995. 7. 28. 선고 95누2623 판결【계고처분등취소】[공 1995. 9. 1.(999), 3002]

계고처분에 기한 대집행의 실행이 이미 사실행위로서 완료되었다면, 계고처분이나 대집행의 실행행위 자체의 무효확인 또는 취소를 구할 법률상 이익(소의 이익)은 없다.

☞ ⑤: ○

대집행법 제6조(비용징수)
① 대집행에 요한 비용은 국세징수법의 예에 의하여 징수할 수 있다.

대집행에서 주의해야 할 기출 지문들

197. 대집행에 대한 설명으로 옳지 않은 것은? (다툼이 있는 경우 판례에 의함) (국가직 7급)

① 행정청의 **위임을 받아 대집행을 실행하는 제3자는 대집행의 주체가 아니다.**

이는 약정에 의한 사법상의 의무에 불과

② 구 '공공용지의 취득 및 손실보상에 관한 특례법'에 따른 토지 등의 **협의취득시 건물소유자가 철거의무를 부담하겠다는 약정을 한 경우,** 그 철거의무는 '행정대집행법'상 대집행의 대상이 되는 대체적 작위의무이다.

③ **토지의 명도의무**는 특별한 사정이 없는 한 '행정대집행법'에 의한 대집행의 대상이 될 수 없다.

④ 행정청이 대집행계고를 함에 있어서는 의무자가 스스로 이행하지 아니하는 경우에 대집행할 행위의 내용 및 범위가 **구체적으로 특정되어야 한다.**

문 197. 정답 ②

***해 설**

☞ ②: ×

> **대법원 2006. 10. 13. 선고 2006두7096 판결【건물철거대집행계고처분취소】[공2006. 11. 15.(262), 1925]**
>
> 행정대**집행법상 대집행의 대상이 되는 대체적 작위의무**는 **공법상 의무이어야 할 것인데**, 구 공공용지의 취득 및 손실보상에 관한 특례법(2002. 2. 4. 법률 제6656호 공익사업을 위한 토지 등의 취득 및 보상에 관한 법률 부칙 제2조로 폐지)에 따른 토지 등의 협의취득은 공공사업에 필요한 토지 등을 그 소유자와의 협의에 의하여 취득하는 것으로서 공공기관이 사경제주체로서 행하는 사법상 매매 내지 사법상 계약의 실질을 가지는 것이므로, **그 협의취득시 건물소유자가 매매대상 건물에 대한 철거의무를 부담하겠다는 취지의 약정을 하였다고 하더라도 이러한 철거의무는 공법상의 의무가 될 수 없고, 이 경우에도 행정대집행법을 준용하여 대집행을 허용하는 별도의 규정이 없는 한 위와 같은 철거의무는 행정대집행법에 의한 대집행의 대상이 되지 않는다.**

빈출판례

198. 행정상 대집행에 대한 설명으로 옳지 않은 것은? (다툼이 있는 경우 판례에 의함) (9급 국가직)

대집행에 대한 빈출지문 정리 꼭 하고 넘어가자

① **계고처분과 대집행 비용납부명령 사이**에는 **하자의 승계가** 인정되지 않는다.

② **의무의 불이행만으로 대집행이 가능한 것은 아니며** 의무의 불이행을 방치하는 것이 **심히 공익을 해한다고 인정되는 경우에 비로소 대집행**이 허용된다.

③ 행정상 대집행의 대상이 되기 위해서는 불이행된 의무가 **대체적 작위의무이어야 한다.** 따라서 **건물의 인도의무와 같이 비대체적 작위의무는 행정상 대집행의 대상이 되지 못한다.**

④ 「행정대집행법」상의 건물철거의무는 **제1차 철거명령 및 계고처분으로써 발생**하였고 **제2차, 제3차 계고처분은 새로운 철거의무를 부과한 것이 아니고 다만 대집행기한의 연기통지에 불과하여** 행정처분이 아니다.

문 198. 정답 ①

*해 설

☞ ①: × **철거명령과 대집행 행위들 사이는 추구하는 목적과 효과**가 달라서 하자가 승계되지 않으나, **계고나 통지 및 실행, 비용징수 행위들은 대집행**이라는 동일한 목적과 효과를 추구하고 있어서 하자가 승계된다.

새로운 출제유형 대비

이행강제금을 집행벌로 부르기도 함

199. 다음은 「농지법」 조문의 일부이다. 이 규정에서 살펴볼 수 있는 행정상 강제집행수단으로 옳은 것은? (9급 지방직)

> 시장·군수 또는 구청장은 제11조 제1항(제12조 제2항에 따른 경우를 포함한다)에 따라 처분명령을 받은 후 제11조 제2항에 따라 매수를 청구하여 협의 중인 경우 등 대통령령으로 정하는 정당한 사유 없이 지정기간까지 그 처분명령을 이행하지 아니한 자에게 해당 농지의 토지가액의 100분의 20에 해당하는 **이행강제금을** 부과한다.

① 대집행 ② 집행벌

③ 강제징수 ④ 직접강제

문 199. 정답 ②

*해 설

해설을 정리

☞ ② 지문 자체에서 **금전으로 의무이행을 하도록 심리적인 압박을 가하는 이행강제금**이라는 것을 알 수 있다. 최근 **이러한 박스형 지문이** 많이 출제되고 있다. 정답은 **이행강제금과 동일한 뜻으로 불리우던 집행벌**인데, 학자들은 과태료와 달리 의무위반에 대한 행정벌이 아니므로 집행벌이라는 **용어에 대하여는 문제가 있다고 지적**하고 있다.

난이도 높은 대집행 빈출 지문 정리

모두 중요 지문임

200. 행정의 실효성확보수단에 대한 설명으로 옳지 않은 것은? (다툼이 있는 경우 판례에 의함) (9급 지방직)

① **「행정대집행법」 절차에 따라 「국세징수법」의 예에 의하여 대집행비용을 징수할 수 있음**에도 민사소송절차에 의하여 그 비용의 상환을 청구할 수 있다.

② 이행강제금은 **대체적 작위의무의 위반에 대하여도** 부과될 수 있다.

③ 계고처분시 대집행할 행위의 내용 및 범위는 **반드시 대집행계고서에 의하여서만 특정되어야 하는 것은 아니다.**

④ 이행강제금과 행정벌은 **병과하여도 헌법상 이중처벌금지의 원칙에 위반되지 않는다.**

문 200. 정답 ①

***해 설**

☞ ①: ×

대법원 2011. 9. 8. 선고 2010다48240 판결【손해배상(기)】[공 2011하, 2067]

대한주택공사가 구 대한주택공사법(2009. 5. 22. 법률 제9706호 한국토지주택공사법 부칙 제2조로 폐지) 및 구 대한주택공사법 시행령(2009. 9. 21. 대통령령 제21744호 한국토지주택공사법 시행령 부칙 제2조로 폐지)에 의하여 대집행권한을 위탁받아 공무인 대집행을 실시하기 위하여 지출한 비용을 행정대집행법 절차에 따라 국세징수법의 예에 의하여 징수할 수 있음에도 민사소송절차에 의하여 그 비용의 상환을 청구한 사안에서, **행정대집행법이 대집행비용의 징수에 관하여 민사소송절차에 의한 소송이 아닌 간이하고 경제적인 특별구제절차를 마련해 놓고 있으므로,** 위 청구는 소의 이익이 없어 부적법하다.

빈출

201. 행정상 대집행에 관한 설명으로 옳지 않은 것은? (서울시 9급)

대집행 빈출 문제

① **대체적 작위의무의 불이행이** 그 대상이다.

② **대집행의 소요비용은** 행정청이 스스로 부담한다.

③ 의무자는 대집행의 실행행위에 대해서 **수인의무를** 진다.

④ 대집행의 실행행위는 **권력적 사실행위로서의** 성질을 갖는다.

⑤ 대집행의 주체는 당해 행정청이 되나, 대집행의 실행행위는 행정청에 의한 경우 이외에 **제3자에 의해서도 가능하다.**

문 201. 정답 ②

***해 설**

☞ ②: ×

대집행의 실행비용은 철거민 등 대집행의 상대방이 되는 국민에게 지운다는 점에서 매우 극단적인 수단이다. 비용납부명령을 발급하여 그 실행비용을 후속조치로서 대집행의 상대방인 국민에게 지운다. 이러한 점에서 실행비용을 국가나 지방자치단체가 부담하는 직접강제가 더 경미한 수단이라고 볼 수 있으므로, 대집행 대신 직접강제를 활용하거나 이행강제금을 활용하자는 논의가 대두되고 있다.

빈출 조문 문제

202. 다음 중 「행정조사기본법」상의 행정조사의 방법으로 옳지 않은 것은? (서울시 9급)

① 출석 및 진술요구
② 보고요구와 자료제출의 요구
③ 현장조사
④ 시료채취
⑤ 국민의 신체나 재산에 대한 실력행사

문 202. 정답 ⑤

***해 설**

☞ ⑤: ×

행정조사기본법 제2조(정의)
1. "행정조사"란 행정기관이 정책을 결정하거나 직무를 수행하는 데 필요한 정보나 자료를 수집하기 위하여 **현장조사 · 문서열람 · 시료채취 등**을 하거나 조사대상자에게 **보고요구 · 자료제출요구** 및 **출석 · 진술요구를** 행하는 활동을 말한다.

따라서 ⑤가 정답이다.

의무의 성질을 공부해 두자
대체적 작위의무와 비대체적 작위의무 등을 구별하는 대집행 요건 문제유형
새로운 출제유형임

203. 다음 중 행정대집행을 할 수 있는 경우는? (다툼이 있을 경우 판례에 의함) (서울시 7급)

① 산지전용허가 종료 후 **산지복구명령의 불이행**
② 군복무를 위한 **징집소환영장에의 불응**
③ 수용재결 후 수용의 대상이 된 **토지 등 목적물의 인도의무불이행**
④ **도급계약에 의한** 공공시설물 **공사의 불완전한 이행**

⑤ **영업정지 기간 중 영업의 계속**

문 203. 정답 ①

***해 설**

☞ ①: ○

산지복구명령은 대체적 작위의무이므로 대집행이 가능하다.

빈출

☞ ②, ③: ×

그러나 **징집소환영장에 응할 의무나 수용토지 인도의무** 등은 **비대체적인 작위의무이므로 대집행이 불가능하다.** 행정벌 등 다른 수단은 법률의 규정이 있는 경우에 가능하다.

빈출

☞ ④: ×

도급계약은 공법상 계약이나 사법상 계약이므로 곧바로 대집행을 할 수 있는 강제력이 없으며, **법원의 판결을 받아야만 집행이 가능하다.**

☞ ⑤: ×

영업**정지기간에는 영업금지의무 내지 영업부작위의무가 발생**하게 된다. **부작위의무 내지 금지의무는 대체적 작위의무가 아니므로 대집행의 대상이 되지 못한다.** 수험생들이 가장 주의하여야 할 포인트이다.

주의할 출제포인트

204. 다음 중 비대체적 작위의무 또는 부작위의무의 이행을 강제하는 데 적합한 행정강제수단은? (서울시 7급)

의무의 성질과 실효성수단을 연결하는 새로운 출제유형

① 행정형벌
② 행정질서벌
③ 징계벌
④ 대집행
⑤ 이행강제금

문 204. 정답 ⑤

*해 설

☞ ⑤: ○

해설을 통해 왜 정답인지를 숙지할 것

대집행은 대체적인 작위의무에 대하여서만 가능하므로 비대체적인 작위의무나 부작위의무에는 일단 적합하지 아니하다. 또한 **행정형벌과 행정질서벌인 과태료는 과거의 의무위반에 대한 벌에 지나지** 않고, **장래에 대하여 의무를 이행하는 강제수단으로서는 직접 해당되지 않는다. 징계벌은 국민에 대한 것이 아니라 공무원에 대한 내부적인 책임이므로 국민에 대한 의무이행확보수단으로서 논의될 수 없다.** 따라서 금전적인 급부의무를 부과하여 **심리적으로 압박을 간접적으로 강제할 수 있는 이행강제금이 타당하다.**

새로운 출제유형 대비

이른바 옥탑 방에 대한 대집행과 이행강제금 사례

205. 갑은 자신의 소유 건물의 3층 부분에 대한 외벽보강공사 및 지붕보수공사를 하면서 허가를 받지 아니하고 위 3층 부분에 무허가증축공사를 시행하였다. 이에 관할 구청장 을은 무허가증축공사를 중단함과 아울러 무허가 증축된 부분을 철거할 것을 명령하였으나, 갑이 이에 응하지 아니하고 무허가증축공사를 계속하여 이를 완공하고 주택으로 사용하고 있다. 다음 설명 중 옳은 것을 모두 고른 것은? (다툼이 있는 경우 판례에 의함) (변시 기출)

최근 중요하게 다루는 기출 지문들임

ㄱ. 을이 **계고서라는 명칭의 1장의 문서로써 일정기간 내에 위법 건축물의** 자진철거를 **명함과 동시에** 그 소정기한 내에 자진철거를 하지 아니할 때에는 **대집행할 뜻을 미리 계고한 경우**라도 건축법에 의한 철거명령과 행정대집행법에 의한 계고처분은 독립하여 있는 것으로서 각 그 요건이 충족되었다고 볼 수 있다.

ㄴ. 건축법위반 건축물에 대한 철거명령과 그 대집행의 계고에 있어서 의무자가 이행하여야 할 행위와 그 의무 불이행시 대집행할 행위의 내용 및 범위는 반드시 대집행계고서에 의하여 **특정되어야** 한다.

ㄷ. 갑이 대집행 실행에 저항하는 경우와 관련해서 행정대집행법에서는 이러한 **저항을 실력으로 배제할 수 있다는 명문의 규정을 두고** 있다.

ㄹ. 을은 현행 건축법상 위법건축물에 대한 **이행강제수단으로 대집행과 이행강제금을 선택적으로 활용할 수 있다.**

① ㄱ, ㄴ ② ㄱ, ㄷ
③ ㄱ, ㄹ ④ ㄴ, ㄷ
⑤ ㄷ, ㄹ

문 205. 정답 ③

*해 설

☞ ㄱ: ○

대법원은 1장의 문서로써 철거명령과 계고를 동시에 해도 적법하다고 보고 있지만, 국민의 기한의 이익을 고려한다면 이는 위법하다고 보는 것이 다수설의 입장이다. **판례와 다수설이 대립하는** 부분이므로 출제가 잘 되는 지문이다.

빈출판례

대법원 1992. 06. 12. 선고 91누13564 판결[건물철거대집행계고처분취소]

계고서라는 명칭의 1장의 문서로써 일정기간 내에 위법건축물의 자진철거를 명함과 동시에 그 **소정기한내에 자진철거를 하지 아니할 때에는 대집행할 뜻을 미리 계고한 경우**라도 위 건축법에 의한 철거명령과 행정대집행법에 의한 계고처분은 독립하여 있는 것으로서 각 그 **요건이 충족되었다고 볼 것**(당원 1978. 12. 26. 선고 78누114 판결 참조)이고, 이 경우 철거명령에서 주어진 일정기간이 자진철거에 필요한 상당한 기간이라면 그 기간 속에는 계고시에 필요한 '상당한 이행기간'도 포함되어 있다고 보아야 할 것이다.

☞ ㄴ: ×

빈출판례 지문

대법원 1992. 06. 12. 선고 91누13564 판결[건물철거대집행계고처분취소]

계고를 함에 있어서는 의무자가 이행하여야 할 행위와 그 의무불이행시 대집행할 행위의 내용 및 범위가 **구체적으로 특정되어야 할 것이지만** 그 **특정여부는 실제건물의 위치, 구조, 평수 등을 계고서의 표시와 대조검토하여 대집행의무자가 그 이행의무의 범위를 알 수 있을 정도로 하면 족한 것이다.**

☞ ㄷ: ×

대집행법에서는 실행에 대한 저항과 관련하여 실력으로 배제할 수 있다는 명문 규정을 두고 있지 않아 견해가 대립하고 있다. 입법론적으로는 독일처럼 명문의 규정을 두는 것이 바람직하다.

☞ ㄹ: ○

헌법재판소의 판례에서 보듯이 대체적 **작위의무 위반에 대하여도 이행강제금을**

빈출

활용할 수 있다고 보는 것이 비례의 원칙상 타당하다.[3]

전주지방법원 2012. 04. 03. 선고 2012구합185 판결: 미정[과징금및이행강제금부과처분취소]

주상복합 상가건물 구분소유자 갑이 자기 소유의 지층 상가 부분을 을에게 임대하여 을이 지층 공로에 칸막이, 천장에 조명시설 등을 설치한 다음 성인콜라텍 영업을 하여 왔는데, 관할 구청장이 건축법상 용도가 판매·근린생활시설인 위 상가 부분을 무단으로 위락시설인 콜라텍으로 용도 변경하여 사용하고 있다는 이유로 갑에게 시정명령을 하고 이행하지 않자 이행강제금을 부과한 사안에서, 건축물의 용도변경 허가권자는 무단 용도변경을 한 행위자가 소유자 아닌 임차인이라 하더라도 소유자에게 시정명령을 할 수 있고, **위법건축물에 대한 이행강제수단으로 대집행을 하지 않고 이행강제금 부과를 내용으로 하는 처분을 하였다고 하여 위법하다고 볼 수는 없으며**, 2차례에 걸쳐 시정명령을 받은 갑이 이행강제금 부과처분을 유예받았음에도 유예기간까지 위반사항을 시정하지 않은 점, 이행강제금 액수 역시 관계 법령에 따라 산출된 것인 점 등에 비추어 보면 위 처분이 갑에게 가혹하거나 과중하다고 볼 수 없다는 이유로, 처분이 적법하다.

최근 기출

오답을 피하기 위한 중요 지문들 정리

206. 행정법상 의무위반에 대한 다양한 다음의 실효성확보수단들에 대한 다음의 설명들 중 옳은 것(o)과 옳지 않은 것(x)을 올바르게 조합한 것은? (다툼이 있는 경우 판례에 의함)

ㄱ. 판례는 **위법한 세무조사가 행하여** 졌다고 하더라도 탈세의 증거가 확보된 이상 이에 터잡아 이루어진 **과세처분은** 적법하다고 판시하였다.
ㄴ. 행정법상 의무위반에 대하여 **불법적인 수익을 박탈하는** 수단은 과태료이다.
ㄷ. **변형 과징금**은 행정법상 의무위반으로 인한 **불법수익을 일부박탈**하면서 **영업은 계속**하게 하는 것이다.
ㄹ. 국세징수법에 의하면 **국세를 3회 이상 체납한 경우에는 면허를 박탈하도록** 하고 있는데, 이는 **부당결부금지의 원칙에** 위반된다고 보는데 학설이 일치한다.
ㅁ. **건축법상 의무위반이 있는** 경우에 건물에 대한 **단수조치나 단전기조치** 등 공급거부를 할 수 있도록 규정하고 있었던 **구 건축법 제69조 제2항에** 대하여 **부당결부금지의 원칙**에 위반된다고 보는 입장에 의하더라도 법률의 규정이 있는 이상 이를 위법하다고 볼 수 없다고 한다.

3 동지: 김남진 교수.

ㅂ. **공표의 법적 성질**에 대하여 **비권력적 사실행위라는 입장과 권력적 사실행위라는** 입장, 행정소송법 **제2조의 그밖에 이에 준하는 작용으로서 처분 등에 해당한다는 입장, 형식적 행정행위라는 입장** 등이 대립한다.

① ㄱ(x), ㄴ(x), ㄷ(o), ㄹ(x), ㅁ(x), ㅂ(o)
② ㄱ(o), ㄴ(x), ㄷ(o), ㄹ(x), ㅁ(x), ㅂ(o)
③ ㄱ(x), ㄴ(o), ㄷ(x), ㄹ(o), ㅁ(x), ㅂ(x)
④ ㄱ(o), ㄴ(x), ㄷ(x), ㄹ(o), ㅁ(x), ㅂ(x)
⑤ ㄱ(x), ㄴ(o), ㄷ(x), ㄹ(x), ㅁ(x), ㅂ(o)

문 206. 정답 ①

***해 설**

☞ ㄱ: ×

대법원은 **위법한 세무조사에 근거한 과세처분도 위법하다고 판시**하고 있다. 대법원 2006. 6. 2. 선고 2004두12070 판결.

빈출판례

☞ ㄴ: ×

행정법상 의무위반에 대한 강력한 수단으로서 **불법수익을 박탈하는 것은 과태료가 아니라 과징금이다.**

과태료와 과징금 구별

☞ ㄷ: ○

본래 의미의 과징금은 불법수익을 박탈하면서 해당 영업행위를 아예 하지 못하게 하는 것이고, **변형 과징금은 불법수익을 일부만 박탈하면서 영업은 계속하게** 하는 것이다. 그리고 과징금은 불법수익을 박탈한 수익으로 공익적 사업을 하여 부를 재배분한다.

최근 기출

☞ ㄹ: ×

납세의무의 이행과 허가나 특허에 대한 규제문제는 실체적인 관련성이 없으므로 부당결부금지의 원칙에 위반된다고 보는 위헌설과 3회씩이나 기회를 주었고 국세보전의 공익이 크므로 부당결부금지의 원칙에 위반되지 않는다는 합헌설이 대립한다.

☞ ㅁ: ×

부당결부금지의 원칙에 대하여 **헌법적 차원의 효력이 있다고 보는 입장** 중 **위헌설에서는 공급거부를 규정한 구 건축법 제69조 제2항은 위헌무효라고 보고 있고**, 헌법적 차원의 효력설 중 합헌설이나 법률적 차원의 효력설에서는 공급거부는 적법하다고 보고 있다. 다만 이러한 논의를 배경으로 개정 건축법 제79조 제2항에서는 다른 제재들은 놓아둔 채 공급거부만 삭제하고 있다.

☞ ㅂ: ○

공표는 행정법에 위반한 사실과 위반한 자의 성명 등을 **일반인에게 널리 알림으로써 행정법상 의무위반을 통제하는 새로운 수단인데, 성질에 대한 타당한 설명이다.**

새로운 출제유형 대비

207. 행정의 실효성확보 수단 중 ㉠에 들어갈 말로 옳은 것은?

(9급 국가직)

과징금과 과태료 구별 주의(빈출)

이행강제금과도 구별

「**대기환경보전법**」 **제37조** ① **시·도지사는** 다음 각 호의 어느 하나에 해당하는 **배출시설을 설치·운영하는 사업자에 대하여** 제36조에 따라 조업정지를 명하여야 하는 경우로서 그 조업정지가 주민의 생활, 대외적인 신용·고용·물가 등 국민경제, 그 밖에 공익에 현저한 지장을 줄 우려가 있다고 인정되는 경우 등 그 밖에 대통령령으로 정하는 경우에는 **조업정지처분을 갈음하여 2억원 이하의 (㉠)을(를) 부과할 수 있다.**

1. 「의료법」에 따른 의료기관의 배출시설
2. 사회복지시설 및 공동주택의 냉난방시설
3. 발전소의 발전 설비
4. 「집단에너지사업법」에 따른 집단에너지시설
5. 「초·중등교육법」 및 「고등교육법」에 따른 학교의 배출시설
6. 제조업의 배출시설
7. 그 밖에 대통령령으로 정하는 배출시설

① 과태료 ② 과징금
③ 가산금 ④ 이행강제금

문 207. 정답 ②

***해 설**

빈출

☞ ①: **과태료는 행정법상 의무위반을 한 행위에 대한 행정제재**이므로 사안에서 적절한 수단이 아니다.

☞ ②: **과징금은 행정법상 의무를 위반한 경우에 이로 인한 불법수익을 박탈**

함으로써 실효성을 확보하려는 새로운 수단이다. 본래 의미의 과징금은 행정법상 의무위반으로 인한 불법수익을 전면적으로 박탈하고 그러한 의무위반을 바탕으로 한 영업을 다시는 하지 못하도록 하는 유형인 반면에, **변형 과징금은** 불법수익의 일부만 박탈하고 그 영업을 계속하게 허용하는 유형이다.

빈출

☞ ③: **가산금은 세금을 늦게 내는 경우에** 대한 **지연이자의 성질을 가지므로** 사안에서 적절한 수단이 아니다.

☞ ④: **이행강제금은 의무를 이행할 때까지 계속하여 금전적인 급부**의무를 부과하여 **심리적으로 압박을 가하는 수단이므로** 사안에서 적절한 수단이 아니다.

208. 직접강제와 즉시강제를 구분하는 전통적 견해에 의할 때 성질이 다른 하나는? (9급 국가직)

빈출문제 정리

① 「출입국관리법」상의 **외국인 등록의무를 위반한 사람에 대한** 강제퇴거
② 「㊀방기본법」상의 **소방활동에 방해가 되는 물건 등에 대한 강제처분**
③ 「㊀품위생법」상의 **위해식품에 대한 압류**
④ 「㊀약류 관리에 관한 법률」상의 **승인을 받지 못한 마약류에 대한 폐기**

즉시강제규정법률 두문글자 암기
=경+마+소+식+전

문 208. 정답 ①

＊해 설

①**은 대인적인 직접강제로** 분류할 수 있고, ② ③ ④**는 급박하고 긴급한 경우에 의무부과와 절차를 생략하고 실력을 행사할 수 있는 즉시강제의 예들**이다. 암기요령을 수업시간에 자주 가르쳤는바, **경마소식전**으로 법령의 이름을 두문글자로 암기하면 될 것이다. (경)찰관직무집행법, (마)약류관리법, (소)방관직무집행법, (식)품위생법, (전)염병예방법 등은 **긴급한 사정을 고려**하여 절차를 생략하고 실력을 즉시 행사하는 즉시강제를 규정하는 법률들이다.

해설 숙지

209. 「질서위반행위규제법」상 행정질서벌에 대한 설명으로 옳지 않은 것은? (9급 국가직)

중요 빈출 법조문 시험대비

① 행정청의 **과태료 처분이나 법원의 과태료 재판이 확정된 후 법률이**

변경되어 그 행위가 질서위반행위에 해당하지 아니하게 되더라도 변경된 법률에 특별한 규정이 없는 한 **과태료의 징수 또는 집행은 면제**되지 않는다.

② 행정청이 질서위반행위에 대하여 과태료를 부과하고자 하는 때에는 **미리 당사자에게 대통령령으로 정하는 사항을 통지하고, 10일 이상의 기간을 정하여 의견을 제출할 기회를** 주어야 한다.

③ 행정청의 **과태료 부과처분을 받은 자가 그 통지를 받은 날부터 60일** 이내에 해당 행정청에 서면으로 **이의를 제기하면 행정청의 과태료 부과처분은 그 효력을 상실한다.**

④ 판례에 따르면, 질서위반행위를 한 자가 자신의 **책임 없는 사유로** 위반행위에 이르렀다고 주장하는 경우 법원은 그 내용을 살펴 행위자에게 **고의나 과실이 있는지 여부를 따져보아야 한다.**

문 209. 정답 ①

***해 설**

☞ ①: ×

질서위반행위규제법

제3조(법 적용의 시간적 범위)

① **질서위반행위의 성립과 과태료 처분은 행위 시의 법률에 따른다.**

빈출조문

② 질서위반행위 후 **법률이 변경되어** 그 행위가 질서위반행위에 **해당하지 아니하게 되거나** 과태료가 변경되기 전의 법률보다 **가볍게 된 때에는** 법률에 특별한 규정이 없는 한 **변경된 법률을 적용한다.**

③ 행정청의 과태료 처분이나 법원의 과태료 재판이 확정된 후 **법률이 변경되어** 그 **행위가 질서위반행위에 해당하지 아니하게 된 때에는** 변경된 법률에 특별한 규정이 없는 한 **과태료의 징수 또는 집행을 면제한다.**

☞ ②: ○

질서위반행위규제법에서 과태료부과이전에 사전통지의무와 의견제출절차를 보장하고 있다.

제16조(사전통지 및 의견 제출 등) ① 행정청이 질서위반행위에 대하여 과태료를 부과하고자 하는 때에는 미리 당사자(제11조제2항에 따른 고용주등을 포함한다. 이하 같다)에게 대통령령으로 정하는 **사항을 통지하고, 10일 이상의 기간을 정하여 의**

견을 제출할 기회를 주어야 한다. 이 경우 지정된 기일까지 **의견 제출이 없는 경우에는 의견이 없는 것으로 본다.** 빈출지문

☞ ③: ○

과태료를 납부하지 않고 이의를 제기하면 **과태료부과처분은 효력을 상실하고 법원의 비송재판을 받도록 되므로 타당한 지문이다.** 빈출포인트

☞ ④: ○

질서위반행위규제법 제정으로 과태료 부과시 **고의나 과실을 요구하며**, 판례도 최근 **고의나 과실을 요구한다고 판시하고 있다.** 빈출조문과 판례 변화

대법원 2011. 7. 14.자 2011마364 결정【국토의계획및이용에관한법률위반이의】 [공 2011하, 1632]

질서위반행위규제법은 과태료의 부과대상인 질서위반행위에 대하여도 책임주의 원칙을 채택하여 제7조에서 "고의 또는 과실이 없는 질서위반행위는 과태료를 부과하지 아니한다"고 규정하고 있으므로, 질서위반행위를 한 자가 자신의 책임 없는 사유로 위반행위에 이르렀다고 주장하는 경우 법원으로서는 그 내용을 살펴 행위자**에게 고의나 과실이 있는지를 따져보아야 한다.** 빈출

국가배상법 — 문제연습

빈출지문들 정리

210. 국가배상을 통한 권리구제에 대한 다음의 설명 중 틀린 것을 모두 고르면? (다툼이 있는 경우 판례에 의함)

ㄱ. **국가배상의 성질과 관할에** 대하여 **판례는 사법설을 취하**면서 **민사소송으로** 처리한다.
ㄴ. 국가배상법 **제2조 제1항 본문 전단의 국가배상청구권의 공무원은 행정조직법상의 공무원**만을 뜻하며 **기능적인 공무원으로 넓게 확장**할 수 없다.
ㄷ. **공무수탁사인이 가해행위를 하는 경우** 국가배상법 **제2조 제1항 본문 전단의 국가배상청구권에 대한 규정이 직접 적용되**는지 여부에 대하여 학설이 대립한다.
ㄹ. **국고관계에서 일어난 손해에 대하여**는 **국가배상법이 적용되지 않는다는 것이** 다수설과 판례의 입장이다.
ㅁ. 국가배상법 **제2조 제1항 본문 전단의 요건이 충족되는 듯이 보이더라도 법률상 이익이 없으면** 국가배상청구를 기각하는 입장이 다수설과 판례의 입장이다.

① ㄱ, ㄴ ② ㄴ, ㄷ
③ ㄷ, ㄹ ④ ㄹ, ㅁ
⑤ ㄴ, ㅁ

문 210. 정답 ②

***해 설**

☞ ㄱ: ○

타당한 설명이다. 그러나 다수설은 채권발생의 원인이 공법적인 것이므로 공법설을 취하면서 당사자소송이 관할이라고 한다.

☞ ㄴ: ×

빈출

다수설과 판례는 **조직법상의 공무원에 국한하지 않고 기능적으로 넓게 파악하여야** 한다고 하여 가급적 **국가배상청구권의 요건을 완화**하려는 입장이다.

☞ ㄷ: ×

이는 개정 이전의 논란이고 **국가배상법 제2조가 직접 적용되도록 가해자로서 공무원과 공무수탁사인을 나란히 규정하고** 있다. 다만 국가배상청구소송의 피고에 대하여는 여전히 국가·지자체설과 공무수탁사인설이 대립한다.

최근 개정 출제포인트

☞ ㄹ: ○

국고관계에 대하여는 민법이 적용되고, **권력관계와 관리관계에서 발생한 손해에 대하여만 국가배상법이 적용된다고 보는 광의설**이 **다수설과 판례의 입장**이다.

빈출

☞ ㅁ: ○

법률이나 법규명령이 사익보호성도 추구하고 있어야만 국가배상청구소송을 인용할 수 있다는 법률상 이익 요건 긍정설이 다수설과 판례의 입장이다(홍정선 교수, 김연태 교수 등). 그러나 법률상 이익요건부정설은 원고적격의 요건이므로 함부로 국가배상청구소송의 요건으로 인정해서는 안 된다는 입장을 취한다(박균성 교수 등).

난이도 높은 출제포인트

211. 국가배상에 대한 다음의 심도 있는 논의 중 옳은 것(o)과 옳지 않은 것(x)을 올바르게 조합한 것은? (다툼이 있는 경우 판례에 의함)

국가배상 빈출 지문 정리

ㄱ. 판례는 **시설이 불량한 선박임에도 부실하게 선박검사를 한 뒤 선박검사증서를 발급하여 페리호가 화재가 나 승객이 사망하고 재산이 침해된 사건**에서 선박안전법령의 규정은 공공의 안전 외에 **일반인의 인명과 재화의 안전보장도 그 목적으로 하고 있다고 볼 수 있으므로** 화재사고와 공무원들의 직무상 의무위반행위와의 사이에는 **상당인과 관계가 있다고 판시하였다.**

국가배상 시 법률 상 이익요건 긍정설에서의 판시

ㄴ. 다수설과 판례는 국가배상법 제2조 제1항 본문 전단의 직무집행에 대하여 고유한 직무가 아니더라도 **외형이론에 의하여 넓게 판단하고 있다.** 따라서 다수설과 판례는 **출퇴근 도중의 행위나 얼차려 같은 군부대 내에서**의 행위에 대하여도 직무집행관련성을 인정하고 있다.

외형이론

ㄷ. **취소소송에서는 고의나 과실을 요구하지 않지만 국가배상법 제2조**나 제5조의 국가배상청구소송에서는 이를 요구한다.

2조와 5조 차이 주의

ㄹ. **취소소송에서 취소인용판결**이 났다면 **국가배상법상 고의나 과실**도 인정되어야 한다.

ㅁ. 국가배상법 제2조의 요건에 대한 입증책임을 피해자인 국민에게 엄격하게 요구하는 것보다는 **입증책임을 완화하거나 국가나 지자체에게 전환**하는 것이 타당하다.

빈출

① ㄱ(x), ㄴ(x), ㄷ(x), ㄹ(x), ㅁ(o)
② ㄱ(o), ㄴ(x), ㄷ(o), ㄹ(o), ㅁ(x)
③ ㄱ(x), ㄴ(o), ㄷ(x), ㄹ(x), ㅁ(o)
④ ㄱ(o), ㄴ(o), ㄷ(x), ㄹ(x), ㅁ(x)
⑤ ㄱ(o), ㄴ(o), ㄷ(x), ㄹ(x), ㅁ(o)

문 211. 정답 ⑤

***해 설**

☞ ㄱ: ○

대법원 1993. 12. 12. 선고 91다43466 판결.

☞ ㄴ: ○

직무**집행관련성에 대하여 다수설과 판례는 외형이론을 취하**고 있다.

☞ ㄷ: ×

구별주의

취소소송에서는 고의나 과실을 요하지 않고, **국가배상법 제2조**를 원인으로 하는 국가배상청구소송에서는 **고의나 과실을 요구하며**, 국가배상법 **제5조에서는 고의나 과실을 요구하지 않는다.**

☞ ㄹ: ×

주의

국가배상법상 **고의나 과실**은 취소소송에서 심리하지 않으므로 별도로 고의나 과실을 검토하여야 하므로 **취소소송의 결과와 국가배상청구소송의 결과는 일치하지 않**는 경우가 많다.

☞ ㅁ: ○

빈출

다수설과 판례의 태도로서 타당하다.

자주 틀릴 수 있으므로 주의할 빈출 지문

212. 국가배상법 제2조의 국가배상청구권에 대한 다음의 설명 중 옳은 것은?

준수하면 고의·과실 부정

① 공무원이 **법령이나 행정규칙을 준수하여 행정행위를 발급한 경우**에도 국가배상책임이 성립한다.

일반원칙도 포함

② 국가배상청구소송에서 법령 위반의 범위에 성문법 뿐만 아니라 행정

법의 **일반원칙은 포함**되지 않는다.

③ 국가배상청구소송에서 **부작위의 경우에는 작위의무가 있어야 위법성을 인정할** 수 있는데, 법률의 규정이 없는 경우 **조리에 의한 작위의무 인정여부**에 대하여 다수설과 달리 판례는 이를 인정하지 않는다.

④ **행정행위에 대한 국가배상을** 인정하기 위해서는 **행정행위가 위법**하므로 취소한다는 취소소송이 선행되어야 한다.

⑤ 행정행위나 권력적 사실행위 등 **처분성이 인정되는 직무집행이** 위법한 경우 **국가배상을 심리하는 법원은 처분 등에 대한 위법성을 심리할 수 있는 관할이 인정된다.**

조리에 의한 작위의무는 다수설도 판례도 모두 인정

국가배상 받기 위해 취소판결을 받을 필요는 없음

위법성은 선결문제에서 민형사법원도 심리가능

문 212. 정답 ⑤

*해 설

☞ ①: ×

법령을 준수하거나 행정규칙을 **준수하여** 행정행위를 발급하는 경우에는 공무원에게 **고의나 과실을 인정할 수 없으므로** 국가배상책임이 성립되지 않는다.

빈출

☞ ②: ×

법령위반의 범위에 대한 **일원설이든 이원설이든 행정법의 일반원칙도 포함**된다고 본다.

☞ ③: ×

판례는 다수설과 마찬가지로 군산시 윤락가 화재사건, 에이즈 검사 오류 사건, 밀양여중생 성폭행 사건 등 일련의 사건을 통하여 작위의무에 대한 명문규정이 없더라도 조리상 작위의무를 인정하여 국가배상을 인정하는 판시들을 하고 있다. 따라서 **재량이 0이나 1로 수축되는 경우에는** 행정법의 일반원칙 중 **비례의 원칙이 과소보호금지의 원칙으로 작용**하여 국민의 **생명·신체 등에 대한 작위의무를 인정하게** 되고 **국가배상청구권의 요건이 충족된다**고 보게 된다. 대법원 2008. 4. 10. 선고 2005다48994 판결 등 최근 다수 판시. 그러나 부정설은 법률규정없이 작위의무를 인정할 수 없다고 본다.

어렵지만 주의할 빈출판례 정리

☞ ④: ×

다수설과 판례는 **행정행위에 대한 취소소송 없이도** 국가배상판결이 가능하다고 보고 있다. 특히 이는 행정행위의 구성요건적 효력과 관련한 논의로서 **국가배상은 선**

빈출지문

결문제 중 위법성만으로 판단이 가능한 유형이므로 국가배상심리법원도 행정행위에 대한 위법성을 판단할 수 있다.

☞ ⑤: ○

행정행위에 대한 구성요건적 효력의 문제로서 **선결문제심사가능성 중 효력부인** 유형에 대하여는 민사법원이나 당사자소송법원 및 형사법원 등이 **관할을 가지지** 못하나, **위법성 판단 유형에 대하여는 관할을 가진다고 보는 것이 다수설과 판례**의 입장이다.

213. 판례에 의할 때 국가배상법 제2조에 의하여 피해자가 국가나 지방자치단체에 대하여 배상책임을 물을 수 없는 것은? (변시 기출)

① 지방자치단체가 **교통자원봉사자에게** 공무를 위탁하여 그가 교통안내 등의 업무를 하던 중 위탁받은 범위를 넘어서 교차로 중앙에서 교통정리를 하다가 교통사고를 발생시킨 경우

② **헌법재판소 재판관이 청구**기간을 준수한 헌법소원심판청구에 대하여 **청구기간을 도과한 것으로 오인하여 심판청구를 각하**하였고, 이에 대한 불복절차 내지 시정절차가 없는 경우

③ 행정청이 구 공중위생법 시행규칙상의 **행정처분기준에 따라** 영업허가취소처분을 하였으나, 그 취소처분이 행정심판에서 재량하자를 이유로 취소된 경우

처분기준을 준수하는 경우 고의·과실을 인정할 수 없음

④ 담당공무원이 내부전산망을 통해 후보자에 대한 **범죄경력자료를 조회**하여 구「공직선거 및 선거부정방지법」위반죄로 실형을 선고받는 등 실효된 4건의 금고형 전과가 있음을 확인하고도 후보자의 공직선거 후보자용 **범죄경력조회 회보서에 이를 기재하지 않은 경우**

⑤ 경매담당공무원이 **매각물건명세서를 작성하면서 매각으로 소멸되지 않는 최선순위 전세권이 매수인에게 인수된다는 취지의 기재를 하지 아니한 경우**

문 213. 정답 ③

***해 설**

모두 국가배상을 인정한 대법원 판시내용들이다. 그러나 ③의 경우 행정규칙이나 법령을 준수하였다면 비록 행정소송이나 행정심판에서 취소인용되었다고 하더라도 고의나 과실을 물을 수 없어서 국가배상청구를 기각하여야 한다는 것이 다수설과 판례의 태도이다.

214. 서울특별시 소속의 공무원이 공무집행 중 폭행을 가하여 손해를 입힌 경우에 피해자는 누구를 피고로 하여 손해배상청구소송을 제기하여야 하는가? (서울시 9급)

① 서울특별시
② 서울특별시장
③ 안전행정부장관
④ 경찰청장
⑤ 서울시지방경찰청장

자주 출제되는 기본지식 Test 문제 유형

취소소송 등 항고소송의 피고는 행정청

국가배상소송의 피고는 국가 또는 소속 지방자치단체

문 214. 정답 ①

***해 설**

☞ ①: ○

국가배상법 **제2조 제1항 본문 전단의 규정**에 의하면 **가해자가 공무원인 경우 그 공무원이 수행하는 직무의 권리의무가 귀속하는 행정주체가 피고가** 된다. 따라서 **서울시 공무원의 폭행이므로 ①이 국가배상청구소송의 피고가 된다.**

215. 「국가배상법」 제5조의 영조물에 해당되지 않는 것은? (서울시 9급)

① 현금
② 도로
③ 수도
④ 서울시 청사

현금은 찢어지거나 손상되면 교환해 주면 족함

⑤ 관용 자동차

문 215. 정답 ①

***해 설**

☞ ①: ×

기출 지문 정리

국가배상법 제5조의 영조물은 공물로 보정해석을 하여야 한다. 이러한 공물의 종류에는 제한이 없는데, **도로나 수도와 같은 공공용물이든 서울시 청사와 같은 공용물이든 제한이 없다.** 이들 **인공공물뿐만 아니라 하천과 같은 자연공물도 포함한다. 그러나 현금은 공물이 아니므로** 이에 해당하지 아니한다.

☞ ⑤: △

관용 자동차는 국가배상법 제5조의 공물에 해당하지만, 국가배상법 제2조 제1항 후단이라는 특별법으로 규율되므로 제5조의 공물에서 배제되는 것이 타당하다. 따라서 이 문제에서는 ①과 ⑤가 **복수 정답**으로 처리되었어야 정확한 채점이 된다.

난이도 높지만 빈출 국가배상 지문들 정리

216. 국가배상에 관한 설명으로 옳은 것은? (서울시 7급)

① **위법한 환지처분에 불가쟁력이 발생한 경우**에는 국가배상청구소송은 **인용될 수** 없다.

② **국가배상법상 위법을 항고소송의 위법보다 넓은 개념으로 보는** 견해에 의하면 취소소송의 판결 중에서 인용판결의 기판력은 국가배상소송에 영향을 미치지 않지만, 기각판결의 기판력은 국가배상소송에 영향을 미친다.

③ 공무원의 **부작위로 인한 국가배상책임이 인정**되기 위해서는 형식적 의미의 법률에 의한 공무원의 **작위의무가 존재하여야** 한다.

④ 판례에 의하면 법령의 해석에는 다양한 견해가 있을 수 있으므로 **공무원의 법령해석의 잘못에는 공무원의 과실이 인정되지 않는다.**

⑤ 판례에 의하면 공무원의 **고의 또는 중과실로** 인한 위법행위로 손해를 받은 사람은 공무원 개인을 상대로 손해배상을 청구할 수 있다.

국가배상은 취소소송과 달리 제소기간과 상관이 없이 가능함

취소소송과 국가배상 청구소송간의 기판력문제가 최근 자주 출제되고 있음

조리상 작위의무도 인정하는 것이 다수설과 판례

문 216. 정답 ⑤

***해 설**

☞ ①: ×

다수설과 판례에 의하면, 처분에 **제소기간이 경과하여 불가쟁력이 발생하였다고 하더라도 국가배상청구소**송은 직무의 내용인 처분의 위법성만 심사하면 되므로 처분을 취소함이 없이도 심사하여 **인용할 수 있다.**

주의할 지문

☞ ②: ×

국가배상법상 위법을 항고소송의 위법과 달리 **넓은 개념으로 보는 견해들을 위법**성 구별설이라고 한다. 이에는 **상대적 위법성설, 직무의무위반설, 결과불법설 등이** 있다. 이러한 위법성개념 구별설에서는 취소소송의 판결이 **인용이든 기각이든 국가**배상청구소송에 영향을 **미치지 않는다고 본다.**

최근 자주 출제되는 중요 지문임

☞ ③: ×

판례는 최근 법률의 규정이 없다고 하더라도 군산 윤락가 화재사건이나 밀양 여중생 성폭행사건, 에이즈오진 사건 등에서 **조리에 의한 작위의무를 인정하고 있다.** 이는 국가의 국민에 대한 기본권 보호의무가 국민의 **생명, 신체, 재산 등에 대한 절박하고 중대한 위험이 있는 경우에는 규정이 없다고 하더라도 비례의 원칙상 발생하여야 하므로 타당하다.**

중요 빈출판례

☞ ④: ×

판례의 **법령의 해석이나 법령에 대한 부지 등에 대한 입장을** 정리하면 다음과 같다.

판례는 법령의 해석에 대하여 판례가 **확립되기 이전에는** 공무원이 나름대로 법령을 해석하여 직무를 잘못 수행하더라도 **고의나 과실을 인정하지 않는다. 그러나 판례가 확립되고 난 이후에는 공무원의 법령 해석의 잘못은 고의나 과실을 인정한다.** 또한 판례는 **법의 개정 등 법을 몰랐다고 하는 것에 대하여는 고의나 과실을 부정할 수 없다고 보고 있다.**

판례확립 이전과 이후로 나누어 정확하게 이해하고 암기해 두어야 할 판례 태도

☞ ⑤: ○

전원합의체 판례의 다수의견으로서 타당하다.

반면에 **반대의견은 공무원은 언제나** 손해배상청구의 **피고가 될 수 없다**고 한다. 이와 달리 **별개의견은 언제나 손해배상청구의 피고가 될 수 있다고 한다.**

빈출 중요 판례 태도들

국가배상법 제5조 빈출 지문들 정리

217. 국가배상책임과 관련된 설명 중 옳은 것을 모두 고른 것은? (다툼이 있는 경우 판례에 의함) (변시 기출)

ㄱ. **국가배상법 제5조 제1항의 '공공의 영조물'이라 함**은 국가 또는 지방자치단체에 의하여 특정 공공의 목적에 공여된 유체물 및 물적 설비를 말하며, 국가 또는 지방자치단체가 소유권, 임차권 그 밖의 권한에 기하여 관리하고 있는 경우로 한정되고, **사실상의 관리를 하고 있는 경우는 포함**되지 않는다.

사실상 관리도 포함

ㄴ. 관리청이 하천법 등 관련 규정에 의해 책정한 하천정비기본계획 등에 따라 개수를 완료한 하천 또는 아직 개수 중이라 하더라도 개수를 완료한 부분에 있어서는 하천정비기본계획 등에서 정한 **계획홍수량 및 계획홍수위를 충족**하여 하천이 관리되고 있다면 당초부터 계획홍수량 및 계획홍수위를 잘못 책정하였다거나 그 후 이를 시급히 변경해야 할 사정이 생겼음에도 불구하고 이를 해태하였다는 등의 특별한 사정이 없는 한 그 **하천은 용도에 따라 통상 갖추어야 할 안정성을 갖추고 있다고 볼 수 있다.**

계획고 수량이론

ㄷ. 공무원이 고의 또는 과실로 그에게 부과된 직무상의 의무를 위반하였을 경우라고 하더라도 국가는 그러한 직무상의 의무위반과 피해자가 입은 손해 사이에 **상당인과관계가 인정되는 범위 내에서만 배상책임**을 지는 것이고, 이 경우 **상당인과관계가 인정되기 위하여는 공무원에게 부과된 직무상 의무의 내용**이 단순히 공공 일반의 이익을 위한 것이거나 행정기관 내부의 질서를 규율하기 위한 것이 아니고 **전적으로 또는 부수적으로 사회구성원 개인의 안전과 이익을 보호하기 위하여 설정된 것이어야 한다.**

빈출판례 지문

ㄹ. **공무원의 부작위로 인한 국가배상책임을 인정하기 위한 조건인 '법령에 위반하여'라고 함은** 엄격하게 형식적 의미의 법령에 명시적으로 공무원의 작위의무가 정하여져 있음에도 이를 위반하는 경우만을 의미하는 것은 아니고, **인권존중·권력남용금지·신의성실과 같이 공무원으로서 마땅히 지켜야 할 준칙이나 규범을 지키지 아니하고 위반한 경우를 포함하여 널리 그 행위가 객관적인 정당성을 결여하고 있는 경우도 포함한다.**

빈출판례 지문

① ㄱ, ㄷ
② ㄴ, ㄹ
③ ㄱ, ㄴ, ㄷ
④ ㄱ, ㄷ, ㄹ
⑤ ㄴ, ㄷ, ㄹ

문 217. 정답 ⑤

***해 설**

☞ ㄱ: ×

대법원 1998. 10. 23. 선고 98다17381 판결[손해배상(기)]

[1] **국가배상법 제5조 제1항 소정의 '공공의 영조물'이라 함은** 국가 또는 지방자치단체에 의하여 특정 공공의 목적에 공여된 유체물 내지 물적 설비를 말하며, 국가 또는 지방자치단체가 **소유권, 임차권 그 밖의 권한에 기하여 관리하고 있는 경우뿐만 아니라 사실상의 관리를 하고 있는 경우도 포함된다.**

[2] **국가배상법 제5조 제1항 소정의 '설치상의 하자'라 함은** 공공의 목적에 공여된 영조물이 그 **용도에 따라 통상 갖추어야 할 안전성을 갖추지 못한 상태**에 있음을 말한다.

[3] 지방자치단체가 비탈사면인 언덕에 대하여 현장조사를 한 결과 붕괴의 위험이 있음을 발견하고 이를 붕괴위험지구로 지정하여 관리하여 오다가 붕괴를 예방하기 위하여 언덕에 옹벽을 설치하기로 하고 소외 회사에게 옹벽시설공사를 도급 주어 소외 회사가 공사를 시행하다가 깊이 3m의 구덩이를 파게 되었는데, 피해자가 공사현장 주변을 지나가다가 흙이 무너져 내리면서 위 구덩이에 추락하여 상해를 입게 된 사안에서, 위 사고 당시 설치하고 있던 옹벽은 소외 **회사가 공사를 도급받아 공사 중에 있었을 뿐만** 아니라 아직 **완성도 되지 아니하여 일반 공중의 이용에 제공되지 않고 있었던 이상 국가배상법 제5조 제1항 소정의 영조물에 해당한다고 할 수 없다.**

빈출판례

객관설을 취하면 주류적 판례

☞ ㄴ: ○

대법원 2007. 09. 21. 선고 2005다65678 판결[손해배상(기)]

[1] 국가배상법 제5조 제1항 소정의 영조물의 설치 또는 관리의 하자라 함은 영조물이 그 용도에 따라 통상 갖추어야 할 안전성을 갖추지 못한 상태에 있음을 말하는 것으로서, 영조물이 완전무결한 상태에 있지 아니하고 그 기능상 어떠한 결함이 있다는 것만으로 영조물의 설치 또는 관리에 하자가 있다고 할 수 없는 것이고, 위와 같은 안전성의 구비 여부를 판단함에 있어서는 당해 영조물의 용도, 그 설치장소의 현황 및 이용 상황 등 제반 사정을 종합적으로 고려하여 설치 관리자가 그 영조물의 위험성에 비례하여 사회통념상 일반적으로 요구되는 정도의 **방호조치의무**를 다하였는지 여부를 그 기준으로 삼아야 할 것이며, 객관적으로 보아 시간적·장소적으로 영조물의 기능상 결함으로 인한 손해발생의 **예견가능성과 회피가능성**이 없는 경우, 즉 그 영조물의 결함이 영조물의 설치관리자의 관리행위가 미칠 수 없는 상황 아래에 있는 경우에는 영조물의 설치·관리상의 하자를 인정할 수 없다.

최근 판례의 변화가 출제됨

객관설을 취하면서도 방호조치의무와 예견가능성 및 회피가능성 등을 통해 주관적 사정을 고려하기 시작

반드시 숙지해서 최근 판례 태도 출제 대비

[2] 하천관리의 하자 유무는, 과거에 발생한 수해의 규모 · 발생의 빈도 · 발생원인 · 피해의 성질 · 강우상황 · 유역의 지형 기타 자연적 조건, 토지의 이용상황 기타 사회적 조건, 개수를 요하는 긴급성의 유무 및 그 정도 등 제반 사정을 종합적으로 고려하고, 하천관리에 있어서의 위와 같은 재정적 · 시간적 · 기술적 제약하에서 같은 종류, 같은 규모 하천에 대한 하천관리의 일반수준 및 사회통념에 비추어 시인될 수 있는 안전성을 구비하고 있다고 인정할 수 있는지 여부를 기준으로 하여 판단해야 한다.

[3] 관리청이 하천법 등 관련 규정에 의해 책정한 하천정비기본계획 등에 따라 개수를 완료한 하천 또는 아직 개수 중이라 하더라도 개수를 완료한 부분에 있어서는, **위 하천정비기본계획 등에서 정한 계획홍수량 및 계획홍수위를 충족하여 하천이 관리되고 있다면 당초부터 계획홍수량 및 계획홍수위를 잘못 책정하였다거나 그 후 이를 시급히 변경해야 할 사정이 생겼음에도 불구하고 이를 해태하였다는 등의 특별한 사정이 없는 한, 그 하천은 용도에 따라 통상 갖추어야 할 안전성을 갖추고 있다.**

판례는 계획고 수량이론을 채택

☞ ㄷ: ○

대법원 2011. 09. 08. 선고 2011다34521 판결[손해배상(기)]

공무원이 고의 또는 과실로 그에게 부과된 직무상 의무를 위반하였을 경우라고 하더라도 국가는 그러한 **직무상의 의무 위반과 피해자가 입은 손해 사이에 상당인과관계가 인정되는 범위 내에서만 배상책임을 지는** 것이고, 이 경우 상당인과관계가 인정되기 위하여는 공무원에게 부과된 직무상 의무의 내용이 단순히 공공 일반의 이익을 위한 것이거나 행정기관 내부의 질서를 규율하기 위한 것이 아니고 **전적으로 또는 부수적으로 사회구성원 개인의 안전과 이익을 보호하기 위하여 설정된 것이어야** 한다.

부작위로 인한 국가배상에서 빈출되며, 판례는 법률상 이익요건 긍정설 취하고 있음

☞ ㄹ: ○

대법원 2012. 07. 26. 선고 2010다95666 판결[손해배상(기)]

공무원의 부작위로 인한 국가배상책임을 인정하기 위하여는 공무원의 작위로 인한 국가배상책임을 인정하는 경우와 마찬가지로 "공무원이 그 직무를 집행함에 당하여 고의 또는 과실로 법령에 위반하여 타인에게 손해를 가한 때"라고 하는 국가배상법 제2조 제1항의 요건이 충족되어야 할 것이다. **여기서 '법령에 위반하여'라고 함은 엄격하게 형식적 의미의 법령에 명시적으로 공무원의 작위의무가 정하여져 있음에도 이를 위반하는 경우만을 의미하는 것은 아니고, 인권존중 · 권력남용금지 · 신의성실과 같이 공무원으로서 마땅히 지켜야 할 준칙이나 규범을 지키지 아니하고 위반한 경우를 포함하여 널리 그 행위가 객관적인 정당성을 결여하고 있는 경우도** 포함한다. 따라서 **국민의 생명 · 신체 · 재산 등에 대하여 절박하고 중대한 위험상태가 발생하였거나 발생할 상당한 우려**

법령위반의 의미와 관련하여 빈출지문임. 특히 객관적 정당성의 결여라는 표현을 사용하고 있으며, 이는 대법원이 상대적 위법설을 취함을 의미

또한 판례는 조리상 작위의무로 인정하며, 빈출 판례지문임

> 가 있어서 국민의 **생명 등을 보호하는 것을 본래적 사명으로 하는 국가가 초법규적 · 일** 차적으로 그 **위험의 배제에 나서지 아니하면 국민의 생명 등을 보호할 수 없는 경우에** 는 **형식적 의미의 법령에 근거가 없더라도** 국가나 관련 공무원에 대하여 **그러한 위험을 배제할** 작위의무를 **인정할 수 있을 것이다.**

218. 다음은 국가배상에 대한 중요한 대법원 판례 및 헌재 판례, 법령 등에 대한 논의들이다. 아래 보기 중 옳지 않은 것을 고르시오. (다툼이 있는 경우 판례에 의함)

난이도 높지만 정리해두어야 할 중요 판례

① 대법원은 **동아약국 화재사건에서 결과불법설을 배척**하면서 국가배상을 부정하였다.

② 피해자가 **군인, 경찰공무원, 향토예비군 대원 등 특수 공무원**인 경우 배상과 보상 두 가지를 동시에 받을 수 없으므로 보상이 이루어지는 경우에는 **국가배상청구권이 부정된다.**

③ 최근 대법원은 이중배상금지에 대한 **국가배상법 제2조 제1항 단서는 전투 · 훈련 또는 이에 준하는 직무집행만 적용되고 일반직무**는 제외된다고 판시하였다.

일반직무도 포함되는 것으로 판례 입장 판시

④ 헌재는 민간인과 국가가 **공동불법행위로 피해자인 특수공무원들에게** 가해행위를 한 경우에는 이중배상금지의 원칙이 적용되지 않으므로 자신의 **내부적인 부담부분을 초과하여 국가배상을 하였다면 국가나 지자체에 대하여 구상청구할 수 있다**고 판시하고 있다.

⑤ 그러나 헌재의 판결에도 불구하고 **대법원은** 공동불법행위의 경우 대외적인 책임비율이 **대내적인 책임비율로 감축되므로** 자신의 책임부분을 넘는 초과지급을 하였다고 하더라도 공동불법행위자인 민간인인 국민은 국가나 지자체에 대하여 **구상청구할 수 없다**고 판시하고 있다.

문 218. 정답 ③

***해 설**

☞ ①: ○

대법원 1997. 7. 25. 선고 94다2480 판결

대법원은 국가배상책임은 공무원의 **직무집행 과정에서 개인의 권리가 침해되는 일**이 **생긴다고 하여 그 법령적합성이 곧바로 부정되는 것은** 아니라고 할 것인 바, 불법시위를 진압하는 경찰관들의 직무집행이 법령에 위반한 것이라고 하기 위하여는 그 시위진압이 불필요하거나 또는 불법시위의 태양 및 시위 장소의 상황 등에서 예측되는 **피해 발생의 구체적 위험성의 내용에 비추어 시위진압의 계속 수행 내지 그 방법 등이 현저히 합리성을 결하여 이를 위법하다고 평가할 수 있는 경우이어야** 한다.

판례는 상대적 위법성설을 취함

☞ ②: ○

국가배상법 제2조 제1항 단서에 의하여 이러한 **특수공무원에 대하여는 이중배상이 금지되므로 타당한 설명이다.**

☞ ③: ×

중요 판례 포인트

대법원은 **일반직무도 이중배상금지의 대상이 여전히 된다고 판시하고 있다.**

*심 화 학 습

대법원 2011. 3. 10. 선고 2010다85942 판결【손해배상(기)】[미간행]

경찰공무원이 낙석사고 현장 주변 교통정리를 위하여 사고현장 부근으로 이동하던 중 대형 낙석이 순찰차를 덮쳐 사망하자, 도로를 관리하는 지방자치단체가 국가배상법 제2조 제1항 단서에 따른 면책을 주장한 사안에서, 경찰공무원 등이 '전투 · 훈련 등 직무집행과 관련하여' 순직 등을 한 경우 같은 법 및 민법에 의한 손해배상책임을 청구할 수 없다고 정한 국가배상법 제2조 제1항 **단서의 면책조항은 구 국가배상법(2005. 7. 13. 법률 제7584호로 개정되기 전의 것) 제2조 제1항 단서의 면책조항과 마찬가지로 전투 · 훈련 또는 이에 준하는 직무집행뿐만 아니라 '일반 직무집행'에 관하여도 국가나 지방자치단체의 배상책임을 제한하는 것이라고 해석하여, 위 면책 주장을 받아들인 원심판단을 정당하다.**(☞ 최신 판례에 대한 상세한 내용은 성봉근 편저, 판례 행정법 참고)

일반직무도 포함하는 판시 숙지

☞ ④: ○

헌재 입장 숙지

헌재 1994. 12. 29. 93헌바21에서 **공동불법행위의 경우에 대하여 한정위헌판결을 내리면서 구상할 수 있다고 판시하였다.**

☞ ⑤: ○

대법원 2001. 2. 15. **선고** 96다42420 **전원합의체 판결의 입장이다.**

***심 화 학 습**

홍정선 교수 등 판례에 찬성하는 입장과 김연태 교수 등 판례에 반대하는 입장이 판례평석으로서 대립한다. 그러나 대법원 판결의 태도는 헌재의 한정위헌 판결의 기속력에 반하므로 비판받아야 하고, 헌재의 입장에 따라 공동불법행위의 경우에 공동불법행위자는 내부적인 책임비율을 초과하는 배상부분에 대하여 국가나 지자체에게 구상청구할 수 있다고 보는 것이 타당하다.

219. 국가나 지자체에 대한 국가배상청구권과 가해 공무원에 대한 민사상의 손해배상청구권 및 관용차 사고로 인한 국가배상청구권 등에 대한 논의이다. 다음의 논의들 중 옳은 것만 고른 것은?

※ 최다빈출 판례
난이도 높지만 출제에 대비해 이해하고 암기해두자

ㄱ. 피해자가 국가나 지자체에게 국가배상을 받은 후에도 **부족한 부분에 대하여 가해 공무원에게 손해배상청구를 할 수 있는가에 대하여** 대법원의 전원합의체 판결은 대위책임설에 따라 부정한다.

전합 다수의견은 절충설

ㄴ. 피해자가 가해 공무원에게도 손해배상청구를 할 수 있는가에 대하여 대법원의 전원합의체 판결의 **반대의견은 대위책임설**을 취하여 **언제나 부정하여야** 한다고 한다.

반대의견은 대위책임설을 취하므로 언제나 청구 부정

ㄷ. 피해자가 가해 공무원에게도 손해배상청구를 할 수 있는가에 대하여 대법원의 전원합의체 **판결의 별개의견은 자기책임설을** 취하여 고의·중과실의 경우에만 가능하다고 한다.

별개의견은 자기책임설 취하므로 언제나 청구가능

ㄹ. **관용차로 사람에 대한 인신사고가 난 경우** 피해자는 국가배상법 제2조 제1항 본문 후단에 따라 국가배상청구를 **고의·과실을 불문하고 할 수 있다.**

전단은 과실책임, 후단은 무과실책임

ㅁ. **관용차로 사람에 대한 인신사고를 직무수행 도중에 낸 경우**에는 **고의·과실**과 상관없이 국가배상법 제2조 제1항 **본문 후단의 청구할 수 있음은** 물론이고 동시에 국가배상법 제2조 제1항 본문 **전단에 따른 국가배상청구도 할 수 있지만 전단의 책임은 고의·과실을 요구한다.**

전단과 후단의 관계 숙지 지문

① ㄱ, ㄷ, ㅁ　② ㄱ, ㄹ, ㅁ
③ ㄴ, ㄷ, ㅁ　④ ㄴ, ㄹ, ㅁ
⑤ ㄱ, ㄹ, ㅁ

문 219. 정답 ④

***해 설**

☞ ㄱ: ×

※ 최다 빈출 판례 지문 (암기해두고, 숙지해두자)

대법원은 **전원합의체 판결의 다수의견으로서 절충설을 취하여 경과실로 타인에게 손해를 입힌 경우에는 그 직무수행상 통상 예기할 수 있는 흠이 있는 것에 불과하므로 국가만이 책임을 지나, 고의나 중과실의 경우에는 성질면에 있어서는 그 본질에 있어 기관행위로서의 품격을 상실하여 국가 등에게 그 책임을 귀속시킬 수 없으므로 공무원 개인에게는 불법행위로 인한 손해배상책임을 부담시키되, 정책적인 면에서는 이러한 경우에도 피해자인 국민을 두텁게 보호하기 위하여 국가 등이 공무원 개인과 중첩적으로 피해자에게 배상책임을 부담하여야 한다고 판시**하고 있다. 대법원 1996. 2. 15. 선고 95다38677 판결.

☞ ㄴ: ○

빈출

전원합의체 판결의 반대의견은 대위책임설을 취하여 국가의 자력이 풍부하고 공무원의 사기 진작을 위하여 **언제나 국가에게만 배상을 청구할 수** 있고, 피해자가 가해 공무원에 대하여 손해배상청구를 할 수 없다고 한다.

☞ ㄷ: ×

빈출

전원합의체 판결의 별개의견은 **자기책임설을 취하여 불법행위 책임의 본질상 국가도 공무원도 모두 피해자에게 배상할 의무가 고의·중과실인가 경과실인가를 따지지 않고 언제나** 있다고 한다.

☞ ㄹ: ○

다수설과 판례에 대한 정확한 이해이다.

☞ ㅁ: ○

역시 **다수설과 판례에** 대한 정확한 이해이다. 대법원 1994. 12. 27. 선고 94다31860 판결 등.

*심 화 학 습

※ 최다 빈출 판례이므로 원문을 공부하고 숙지해보자

헌법과 행정법을 복합한 문제로서 출제예상

대법원 1996. 2. 15. 선고 95다38677 전원합의체 판결【손해배상(자)】[집 44(1) 민, 165; 공 1996. 3. 15.(6), 771]

【판결요지】

[1] 헌법 제29조 제1항 단서의 취지

[다수의견]

헌법 제29조 제1항 단서는 공무원이 한 직무상 불법행위로 인하여 국가 등이 배상책임을 진다고 할지라도 그 때문에 공무원 자신의 민·형사책임이나 징계책임이 면제되지 아니한다는 원칙을 규정한 것이나, 그 **조항 자체로 공무원 개인의 구체적인 손해배상책임**의 범위까지 **규정한 것으로 보기는 어렵다.**

[별개의견]

헌법 제29조 제1항 단서의 공무원 개인책임은 그 본문과 연관하여 보면 이는 직무상 불법행위를 한 그 공무원 개인의 불법행위 책임임이 분명하며, 여기에서 말하는 불법행위의 개념은 법적인 일반개념으로서, 그것은 고의 또는 과실로 인한 위법행위로 타인에게 손해를 가한 것을 의미하고, 이때의 **과실은 중과실과 경과실을 구별하지 않는다는** 일반론에 의문을 제기할 여지가 없어 보인다.

[반대의견]

판례의 쟁점: 피해자는 언제 공무원 개인에게도 손해배상청구가 가능한가?

헌법 제29조 제1항 단서의 규정은 직무상 불법행위를 한 공무원 개인의 손해배상책임이 면제되지 아니한다는 것을 규정한 것으로 볼 수는 없고, 이는 다만 직무상 불법행위를 한 공무원의 국가 또는 공공단체에 대한 내부적 책임 등이 면제되지 아니한다는 취지를 규정한 것으로 보아야 한다.

[2] 국가배상법 제2조 제1항 본문 및 제2항의 입법 취지

[다수의견]

국가배상법 제2조 제1항 본문 및 제2항의 입법 취지는 공무원의 직무상 위법행위로 타인에게 손해를 끼친 경우에는 변제자력이 충분한 국가 등에게 선임감독상 과실 여부에 불구하고 손해배상책임을 부담시켜 국민의 재산권을 보장하되, 공무원이 직무를 수행함에 있어 **경과실로 타인에게 손해를 입힌 경우에는 그 직무수행상 통상 예기할 수 있는 흠이 있는 것에 불과하므로, 이러한 공무원의 행위는 여전히 국가 등의 기관의 행위로 보아 그로 인하여 발생한 손해에 대한 배상책임도 전적으로 국가 등에만 귀속시키고 공무원 개인에게는 그로 인한 책임을 부담시키지 아니하여 공무원의 공무집행의 안정성을 확보**하고, **반면에 공무원의 위법행위가 고의·중과실에 기한 경우에는 비록 그 행**

대법원전합의 다수의견은 절충설로서 고의·중과실 요구

위가 그의 직무와 관련된 것이라고 하더라도 그와 같은 행위는 그 본질에 있어서 기관행위로서의 품격을 상실하여 국가 등에게 그 책임을 귀속시킬 수 없으므로 공무원 개인에게 불법행위로 인한 손해배상책임을 부담시키되, 다만 이러한 경우에도 그 행위의 외관을 객관적으로 관찰하여 공무원의 직무집행으로 보여질 때에는 피해자인 국민을 두텁게 보호하기 위하여 국가 등이 공무원 개인과 중첩적으로 배상책임을 부담하되 국가 등이 배상책임을 지는 경우에는 공무원 개인에게 구상할 수 있도록 함으로써 궁극적으로 그 책임이 공무원 개인에게 귀속되도록 하려는 것이라고 봄이 합당하다.

[별개의견]

국가배상법 제2조 제2항의 입법취지가 공무원의 직무집행의 안정성 내지 효율성의 확보에 있음은 의문이 없는 바이나, 위 법 조항은 어디까지나 국가 등과 공무원 사이의 대내적 구상관계만을 규정함으로써, 즉 경과실의 경우에는 공무원에 대한 구상책임을 면제하는 것만으로써 공무집행의 안정성을 확보하려는 것이고, 대외적 관계 즉 피해자(국민)와 불법행위자(공무원) 본인 사이의 책임관계를 규율하는 취지로 볼 수는 없다. 그것은 **국가배상법의 목적이 그 제1조가 밝히고 있는 바와 같이 국가 등의 손해배상책임과 그 배상절차 즉 국가 등과 피해자인 국민 간의 관계를 규정함에 있고** 가해자인 공무원과 피해자인 국민 간의 관계를 규정함에 있는 것이 아닌 점에 비추어 보아도 명백하다.

대법원전합의 별개의견은 자기책임설로서 언제나 청구가능

[반대의견]

헌법 제29조 제1항 및 국가배상법 제2조 제1항의 규정이 공무원의 직무상 불법행위에 대하여 자기의 행위에 대한 책임에서와 같이 국가 또는 공공단체의 무조건적인 배상책임을 규정한 것은, 오로지 **변제자력이 충분**한 국가 또는 공공단체로 하여금 배상하게 함으로써 피해자 구제에 만전을 기한다는 것에 그치는 것이 아니라, 더 나아가 **국민 전체에 대한 봉사자인 공무원들로 하여금 보다 적극적이고 능동적으로 공무를 수행하게** 하기 위하여 공무원 개인의 배상책임을 면제한다는 것에 초점이 있는 것으로 보아야 한다.

대법원전합의 반대의견은 대위책임설로서 언제나 청구부정

[3] 공무원이 직무수행 중 불법행위로 타인에게 손해를 입힌 경우, 공무원 개인의 손해배상책임 유무(=제한적 긍정설)

[다수의견]

공무원이 직무수행 중 불법행위로 타인에게 손해를 입힌 경우에 국가 등이 국가배상책임을 부담하는 외에 **공무원 개인도 고의 또는 중과실이 있는 경우에는 불법행위로 인한 손해배상책임을 진다고 할 것이**지만, 공무원에게 **경과실뿐인 경우에는 공무원 개인은 손해배상책임을 부담하지 아니한다고 해석하는** 것이 헌법 제29조 제1항 본문과 단서 및 국가배상법 제2조의 입법취지에 조화되는 올바른 해석이다.

전합 다수의견은 절충설로서 고의·중과실 요구

[별개의견]

공무원의 직무상 경과실로 인한 불법행위의 경우에도 공무원 개인의 피해자에 대한 손

해배상책임은 면제되지 아니한다고 해석하는 것이, 우리 헌법의 관계 규정의 연혁에 비추어 그 명문에 충실한 것일 뿐만 아니라 헌법의 기본권보장 정신과 법치주의의 이념에도 부응하는 해석이다.

[반대의견]

공무원이 직무상 불법행위를 한 경우에 국가 또는 공공단체만이 피해자에 대하여 국가배상법에 의한 손해배상책임을 부담할 뿐, **공무원 개인은 고의 또는 중과실이 있는 경우에도 피해자에 대하여 손해배상책임을 부담하지 않는 것으로 보아야 한다.**

[반대보충의견]

주권을 가진 국민 전체에 대한 봉사자로서 공공이익을 위하여 성실히 근무해야 할 공무원이 공무수행 중 국민에게 손해를 가한 경우, 국민의 봉사자인 공무원이 봉사 대상이 되는 피해자인 국민과 직접 소송으로 그 시비와 손해액을 가리도록 그 갈등관계를 방치하는 것보다는 국가가 나서서 공무원을 대위하여 그 손해배상책임을 지고, 국가가 다시 내부적으로 공무원의 직무상 의무의 불이행 내용에 따라 고의·중과실이 있는 경우에만 구상의 형태로 그 책임을 물어 공무원의 국민과 국가에 대한 성실의무와 직무상 의무의 이행을 제도적으로 확보하겠다는 것이, 헌법 제29조 제1항 단서와 국가배상법 제2조 제2항의 취지라고 해석함이 이를 가장 조화롭게 이해하는 길이 될 것이다.

[4] 경과실에 의한 공무원의 직무상 위법행위에 대하여 공무원 개인의 손해배상책임을 인정하지 않는 것이 헌법 제23조에 위배되는지 여부

[다수의견]

공무원의 직무상 위법행위가 경과실에 의한 경우에는 국가배상책임만 인정하고 공무원 개인의 손해배상책임을 인정하지 아니하는 것이 피해자인 국민의 입장에서 보면 헌법 제23조가 보장하고 있는 재산권에 대한 제한이 될 것이지만, 이는 공무수행의 안정성이란 공공의 이익을 위한 것이라는 점과 공무원 개인책임이 인정되지 아니하더라도 충분한 자력이 있는 국가에 의한 배상책임이 인정되고 국가배상책임의 인정 요건도 민법상 사용자책임에 비하여 완화하고 있는 점 등에 비추어 볼 때, **헌법 제37조 제2항이 허용하는 기본권 제한 범위에 속하는 것이라고 할 것이다.**

[별개의견]

아무리 공무집행의 안정성이 공공의 이익에 속한다고 하더라도 그것은 어디까지나 공무집행이 적법하여야만 공공의 이익으로 되는 것이고 위법한 공무집행의 안정성이 공공의 이익에 부합될 수 없으며, 위법한 공무집행으로 손해를 입은 피해자에게 그 손해를 감수하라고 하는 것은 명분이 서지 않는다. 반대로 위법행위의 억제 기능이 느슨해져서 국가의 재정 부담이 증가하면 그것이 공공의 이익에 반하는 결과가 될 것이다. 뿐만 아니라 공공복리를 위하여 필요한 경우에도 국민의 기본권 제한은 반드시 법률로써 하여야 할

전합 별개의견은 자기책임설로서 언제나 청구가능

전합 반대의견은 대위책임설로서 언제나 청구부정

것인데, 그러한 법률이 없는데도 해석으로 이를 제한하는 것은 경계할 일이다.

[5] [3]항의 법리는 피해자가 군인 등 헌법 제29조 제2항, 국가배상법 제2조 제1항 단서 소정의 특수공무원의 경우에는 달리 보아야 하는지 여부

[다수의견]

특수공무원이 피해자라도 고의·중과실의 경우에만 공무원에 대한 배상청구가능

[3]항의 **법리는 피해자가 헌법 제29조 제2항, 국가배상법 제2조 제1항 단서 소정의 공무원으로서 위 단서 조항에 의하여 법률에 정해진 보상 외에는 국가배상법에 의한 배상을 청구할 수 없는 경우라고 하여 달리 볼 것은 아니다.** 왜냐하면 헌법 제29조 제2항은 군인, 군무원, 경찰공무원, 기타 법률이 정한 공무원의 경우 전투, 훈련 등 직무집행과 관련하여 받은 손해에 대하여 법률이 정하는 보상 외에 국가 등에 대하여 공무원의 직무상 불법행위로 인한 배상을 청구할 수 없도록 규정하고 있고 국가배상법 제2조 제1항 단서도 이를 이어 받아 이를 구체화하고 있지만, 이는 군인 등이 전투, 훈련 등과 관련하여 받는 손해에 한하여는 국가의 손해배상을 인정하지 아니하고 법률이 정한 보상만을 인정함이 타당하다는 헌법적 결단에 의한 것이기 때문이다.

[반대보충의견]

군인 등은 그 직무의 특수성으로 직무상 사고를 당할 고도의 위험성이 있으므로 그 직무집행 중의 사고에 의한 위험은 국가가 이를 인수하여 그 피해자를 국가유공자로 예우하면서 그 사고에 대하여는 배상이 아닌 보훈 차원에서 종합적으로 배려하여 보상으로 해결하겠다는 것이 헌법 제29조 제2항의 취지라 할 것이다.

국배법 5조에 대한 중요 판례 빈출 지문 정리

220. 다음은 국가배상법 제5조에 근거한 국가배상청구권에 대한 논의들이다. 다음 중 옳은 것은 모두 몇 개인가? (다툼이 있는 경우 판례에 의함)

※ 최근 판례의 태도로서 빈출

ㄱ. 국가배상법 **제5조의 영조물**은 **잘못 입법되었으므로 보정해석을 하여 공물이나 공적 시설물의 의미로 파악**하여야 한다.

ㄴ. 국가배상법 **제5조의 설치·관리상의 하자**에 대하여 다수설과 판례는 **객관설을** 취하여 공물이 구비하여야 할 통상적인 안전성의 결여로 파악하지만, **최근 판례는 가변기 오작동 사건**에서 **예견가능성과 회피가능성**을 들거나 **하천범람 사건**에서 **계획고 수량이론**으로 기준을 삼거나 **도로위 낙하물 사건에서 낙하물제거의 시간적 간격을 들어 판단하는 등 주관적 사정을 다소 고려**하는 경향에 있다.

ㄷ. 다수설과 판례는 국가배상법 **제5조의 면책사유로서 불가항력**을 인정하는데, 자연재해 중 집중호우의 경우 **308.5mm의 정도의 집중호우나 50년 이래의 최대**

강우량이 내린 집중호우 등의 경우에 면책을 인정하여야 한다고 판시한 바 있다.
ㄹ. 다수설과 판례는 국가배상법 제5조의 면책사유로서 **예산부족**도 고려하고 있다.
ㅁ. 국가배상법 **제2조**를 원인으로 한 국가배상청구권과 국가배상법 **제5조**를 원인으로 한 국가배상청구권은 **청구권이 서로 경합하므로 모두 주장할 수 있다는 청구권 경합설**이 다수설과 판례의 입장이다.

이 정도도 부정함. 990년~1000년 정도 최대강우량의 경우는 인정

예산부족은 고려 X

청구권경합설은 빈출

① 1개 ② 2개
③ 3개 ④ 4개
⑤ 5개

문 220. 정답 ③

＊해 설

☞ ㄱ: ○

다수설과 판례에 의할 때 타당한 지적이다.

☞ ㄴ: ○

다수설과 판례에 대한 정확한 이해이다. 다만 **이러한 판례의 변화에 대하여 주관설을 취하였다는 평석이나 안전의무위반설을 취하였다는 평석, 객관설을 유지하면서도 이러한 주관적 사정은 설치관리상의 하자를 부정하려는 국가나 지자체에게 입증책임을 전환하였다는 평석 등**이 대립한다. **마지막 입장이 다수설과 법원 실무가들의 다수의 입장**으로 보인다.

판례를 분석하는 평석이 최근 출제되기 시작

가변기 오작동 사건에 대한 대법원 2001. 7. 27. 선고 2000다36822 판결 등 참고

☞ ㄷ: ×

집중호우에 대하여 **308.5mm의 집중호우로 도로가 유실된 사건**에서 판례는 면책을 부정하였다(대법원 1993. 6. 8. 선고 93다11678 판결). 또한 **50년 빈도의 최대 강우량을 기록한 집중호우로 청원군의 제방도로가 유실된 사건**에서도 판례는 면책을 부정하였다(대법원 2000. 5. 26. 선고 99다53247 판결).

☞ ㄹ: ×

다수설과 판례에 의하면 손해배상금액 참작 사유에 불과할 뿐이고 면책사유로 고려될 수 없다고 한다(김연태 교수, 홍정선 교수 등 다수설). 그러나 기대불가능한 예산도 면책사유로서 고려하여야 한다는 입장도 있다(김동희 교수).

☞ ㅁ: ○

국가배상법 제5조에 의한 청구는 국가배상법 제2조에 의한 청구를 배척한다고 보는 법조경합설은 더 이상 다수설이 되고 있지 못하고, 모두 청구가 가능하다고 보는 **청구권경합설이 다수설과 판례의 입장이 되었다. 최근 대법원은 교통신호등이 동시에 초록색 신호를 내 보내 교통사고가 난 사건에서 청구권경합설의 입장으로 판시**하고 있다. 동지: 김연태 교수, 홍정선 교수 등.

난이도 높지만 공동불법행위 기출 판례이므로 정리해두자

221. 운전병인 군인 甲은 전투훈련 중 같은 부대 소속 군인 丙을 태우고 군용차량을 운전하여 훈련지로 이동하다가 민간인 乙이 운전하던 차량과 쌍방과실로 충돌하였고, 이로 인해 군인 丙이 사망하였다. 이 경우 손해배상책임 및 구상권에 관한 설명 중 옳지 않은 것은? (단, 자동차손해보험과 관련된 법적 책임은 고려하지 않음)

(변시 기출)

① 현행법상 丙의 유족이 다른 법령에 따라 유족연금 등 **보상을 받은 경우에는 국가배상청구를 할 수 없다**.

② 대법원은 甲이 **고의·중과실이 있는 경우**에만 丙의 유족에 대한 손해배상책임을 부담하고, 甲에게 경과실만 인정되는 경우에는 丙의 유족에 대한 손해배상책임을 부담하지 않는다고 보았다.

∵ 대외적 책임이 대내적 책임 비율로 감축

③ 대법원은 **공동불법행위의 일반적인 경우와 달리 乙은 자신의 부담부분만을 丙의 유족에게 배상하면 된다**고 하였다.

④ 대법원은 만일 乙이 **손해배상액 전부를 丙의 유족에게 배상한 경우**에는 자신의 귀책부분을 넘는 금액에 대해 **국가에 구상청구**를 할 수 있다고 하였다.

헌재도 입장 정리

⑤ **헌법재판소는** 乙이 공동불법행위자로서 丙의 유족에게 전액 손해배상한 후에 甲의 부담부분에 대해 국가에 구상청구하는 것을 부인하는 것은 헌법상 **국가배상청구권 규정과 평등의 원칙을 위반**하는 것이며, **비례의 원칙에 위배**하여 **재산권을** 침해하는 것이라고 판시하였다.

문 221. 정답 ④

*해 설

1. **변경 전의 대법원 판결의 입장은** 공동불법행위의 경우에도 이중배상금지규정이 적용되므로 공동불법행위자가 전액을 배상하더라도 국가나 지자체에 대한 **구상청구를 할 수 없다고 보았다.**

대법원의 변화와 헌재입장 정리

2. 그러나 **헌재는** 비례의 원칙, 평등의 원칙, 재산권 보장 등을 들어 이러한 경우까지 이중배상금지규정을 적용하는 것은 위헌이라고 **한정위헌판결을 내려 구상할 수 있다고 판시하였다.**

3. 그럼에도 불구하고 **변경된 대법원 전원합의체 판결**은 **공동불법행위자의 대외적인 책임이 처음부터 대내적인 책임비율로 감축된다고 보아 구상청구할 수 없다**고 하고 있다.

4. 결론적으로 학계는 헌재지지설과 대법원지지설이 대립되나, 대법원의 판시는 헌재의 기속력에 반하는 것이므로 **헌재에 따라 구상청구할 수** 있다고 보아야 한다.

5. **설문④는 대법원이 아니라 헌재의 입장이므로 틀린 지문이다.**

대법원과 헌재입장을 구별할 것

222. 국가배상법 제6조를 근거로 한 국가배상청구에 대한 판례들과 학설상의 다음의 논의들 중 옳은 것을 고르시오. (다툼이 있는 경우 판례에 의함)

국가배상법 6조 출제 지문 정리

① 국가나 지자체를 사무귀속자로서 피고로 정할 수 있도록 **국가배상법 제6조**가 별도로 입법되었다.

2조와 5조는 사무귀속자, 6조는 비용부담자

② 국가배상법 **제6조 제1항의 비용부담자**로서 피고가 되는 행정주체에 대하여 **ⓗ식적 비용부담자설, ⓢ질적 비용부담자설, ⓑ합설 등이 대립**하나 가장 철저하게 국가배상법 제6조 제1항의 입법취지를 추구하는 입장은 **병합설로서 다수설과 판례의 입장으로** 볼 수 있다.

6조 1항은 병합설

6조 2항은 기여도설

③ **국가배상법 제6조 제2항의 비용부담자**로서 국가와 지자체 사이의 구상부분에 대하여 **(사)무귀속자설**(관리자설), **(실)질적 비용부담자설, (기)여도설 내지 개별검토설 등이 대립**하나 구체적 타당성에 가장 부합하는 입장은 사무귀속자설로서 **다수설과 판례의 입장**으로 볼 수 있다.

④ **국도가 시를 관통할 때 시장이 국도를 관리하는 사무**에 대하여 자치사무설, 단체위임설, 기관위임사무설 등의 대립이 있으나 **다수설**과 **판례의 입장**은 자치사무설이다.

기여도설

구상금은 전액이 아니라 기여도만큼만

⑤ **광주시 국도**에서 운전자가 페아스콘 더미에 부딪쳐 사망한 사건에서 판례는 국가의 사무이므로 국가가 전액을 광주시에게 구상하여야 한다고 판시하였다.

문 222. 정답 ②

*해 설

☞ ①: ×

국가나 지자체를 **행정사무의 귀속자로서 피고**로 정할 수 있도록 규정된 것은 국가배상법 **제2조와 제5조이고**, 국가나 지자체를 **비용부담자라는 이유로** 피고로 추가할 수 있도록 국민을 위하여 입법한 것이 국가배상법 **제6조이다**. 특히 국가배상법 제6조 제1항이다.

입법취지를 구별

☞ ②: ○

*심 화 학 습

국가배상법 제6조 제1항은 국민들이 사무귀속자가 국가인지 지자체인지 잘못 판단함으로써 각하될 위험으로부터 구제하기 위하여 입법한 것인데, 그러한 의미에서 ㉾식적인 비용부담자이든 ㉿질적인 비용부담자이든 모두 가능하다고 보는 **㉼합설의 입장이 다수설과 판례의 입장으로서** 타당하다고 볼 수 있다. 그러나 소수설(류지태 교수)은 판례가 형식적 비용부담자설을 취하고 있다고 평석하고 있다.

☞ ③: ×

*심 화 학 습

국가배상법 제6조 제2항은 국가와 지자체 중 어느 하나가 피해자에게 배상을 한 뒤 다른 행정주체에게 구상을 청구하도록 규정이 되어 있는데, **㉶무귀속자설(관리자설)**은 100%를 사무귀속자에게 구상하도록 함으로써 책임의 원리에 충실하도록 규정하고 있고, **㉿질적 비용부담자설**은 법률의 규정이 정하는 비율로 획일적으로 구상액 배분이 용이하게 이루어지도록 하는데 반하여, **㉠여도설 내지 개별검토설**은 행정주체가 사고발생에 기여한 정도에 따라서 개별적으로 판단하여 자신의 책임비율을 초과하는 부분에 대하여 구상청구할 수 있도록 하고 있다. **다수설과 판례는 대체로 기여도설로** 평가된다.

☞ ④: ×

*심 화 학 습

도로법 제20조 제2항에서 국도가 시를 관통하는 경우 시장이 관리하도록 규정하고 있는데. 자치사무설(홍정선 교수), 단체위임사무설(박정훈 교수), 기관위임사무설(김남진 교수, 김연태 교수, 강구철 교수, 홍준형 교수) 등이 대립하나 **기관위임사무설이 다수설과 판례의 입장으로 대체로 평가되고 있다**.

☞ ⑤: ×

*심 화 학 습

대법원 1998. 7. 10. 선고 96다42819 판결

대법원은 "**광주 광역시와 국가 모두가 도로**의 점유자 및 관리자, 비용부담자로서의 **책임을 중첩적으로 지는 경우**이고, 이러한 경우에는 **광역시와 국가 모두가 국가배상법 제6조 제2항 소정의 궁극적으로 손해를 배상할 책임이 있는 자**라고 할 것이고, 결국 광역시와 국가의 **내부적인 부담부분**은 그 **도로의 인계 · 인수 경위, 사고의 발생 경위**, 광역시와 국가의 **그 도로에 관한 분담비용 등 제반 사정을 종합하여 결정함이 상당하다**"고 판시하고 있다.

국배법 6조에 대한 빈출 판례

223. 국가배상법 제5조 제1항은 공공의 영조물의 설치 또는 관리에 관한 하자로 인한 배상책임을 규정하고 있는데, 이에 관한 다음 설명 중 옳지 않은 것은? (다툼이 있는 경우 판례에 의함) (변시 기출)

국배법 제5조 빈출 지문 정리

① 국가 또는 지방자치단체가 공공의 영조물을 소유권, 임차권 그 밖의 권한에 기하여 관리하고 있는 경우뿐만 아니라 **사실상 관리하고 있는 경우에도 본조의 규정이 적용된다.**

② 본조에서의 하자란 영조물이 **통상 갖추어야 할 안전성을 결여한 것**을 말한다.

③ 영조물이 완전무결한 상태에 있지 않고 기능상 어떠한 결함이 있었다면 객관적으로 보아 시간적, 장소적으로 그 기능상 결함으로 인한 손해발생의 **예견가능성, 회피가능성**이 없어도 본조의 책임이 발생한다.

최근 판례는 예견가능성과 회피가능성 등 주관적 사정도 함께 고려

④ 영조물 설치의 하자 유무는 객관적 견지에서 본 안전성의 문제이고 그 설치자의 **재정사정**이나 영조물의 **사용목적에 의한 사정은 안전**

성을 결정지을 절대적 요건에는 해당하지 않는다.

⑤ 공공의 영조물의 설치 · 관리를 맡은 자뿐만 아니라 그 **비용부담자도 본조의 배상책임을 진다.**

문 223. 정답 ③

***해 설**

☞ ①: ○

국가배상법 제5조의 설치 · 관리상의 하자는 관리권한 유무를 불문한다.

☞ ②: ○

국가배상법 제5조의 설치 · 관리상의 하자에 대하여 **판례는 객관설**을 기본적으로 택하고 있으므로 타당한 설명이다.

☞ ③: ×

그러나 최근 판례의 경향은 국가배상법 제5조의 설치 · 관리상의 하자를 순수한 객관설로 파악하지 않고 **예견가능성과 회피가능성 등 주관적 사정도 고려하고 있다.**

최근 빈출 판례

대법원 2001. 7. 27. 선고 2000다56822 판결【손해배상(자)】[공 2001. 9. 15.(138), 1937]

국가배상법 제5조 제1항에 정해진 영조물의 설치 또는 관리의 하자라 함은 영조물이 그 용도에 따라 통상 갖추어야 할 안전성을 갖추지 못한 상태에 있음을 말하는 것이며, 다만 영조물이 완전무결한 상태에 있지 아니하고 그 기능상 어떠한 결함이 있다는 것만으로 영조물의 설치 또는 관리에 하자가 있다고 할 수 없는 것이고, 위와 같은 안전성의 구비 여부를 판단함에 있어서는 당해 영조물의 용도, 그 설치장소의 현황 및 이용 상황 등 제반 사정을 종합적으로 고려하여 설치 · 관리자가 그 영조물의 위험성에 비례하여 사회통념상 일반적으로 요구되는 정도의 방호조치의무를 다하였는지 여부를 그 기준으로 삼아야 하며, 만일 객관적으로 보아 시간적 · 장소적으로 영조물의 기능상 결함으로 인한 손해발생의 **예견가능성과 회피가능성이 없는 경우** 즉 그 영조물의 결함이 **영조물의 설치 · 관리자의 관리행위가 미칠 수 없는 상황 아래에 있는 경우임이 입증**되는 경우**라면 영조물의 설치 · 관리상의 하자를 인정할 수 없다.**

☞ ④: ○

중요 판례 포인트

판례는 예산부족을 **면책사유로 고려하지 않고** 손해배상금액의 참작사유로만 인정한다.

☞ ⑤: ○

국가배상법 제6조 제1항의 규정이다.

국가배상법 제6조 (비용부담자 등의 책임) ① 제2조·제3조 및 제5조에 따라 국가나 지방자치단체가 손해를 배상할 책임이 있는 경우에 공무원의 선임·감독 또는 영조물의 설치·관리를 맡은 자와 공무원의 봉급·급여, 그 밖의 비용 또는 영조물의 설치·관리 비용을 부담하는 자가 동일하지 아니하면 **그 비용을 부담하는 자도 손해를 배상하여야 한다.**

② 제1항의 경우에 손해를 배상한 자는 내부관계에서 그 손해를 배상할 책임이 있는 자에게 구상할 수 있다.

224. 행정상 손해배상에 관한 설명으로 옳지 않은 것은? (다툼이 있는 경우 판례에 의함) (9급 국가직)

국배 빈출 지문 정리

① 「국가배상법」이 정한 손해배상청구의 요건인 **'공무원의 직무'에는 국가나 지방자치단체의 권력적 작용**뿐만 아니라 **비권력적 작용도 포함**되지만 **단순한 사경제의 주체로서 하는 작용은 포함되지 않는다.**

② 지방자치단체장이 설치하여 관할 지방경찰청장에게 관리권한이 위임된 **교통신호기 고장에 의한 교통사고가 발생한** 경우 **해당지방자치단체뿐만 아니라 국가도 손해배상책임을 진다.**

국배법 제5조와 제6조 때문

③ 어떠한 **행정처분이 후에 항고소송에서 취소**되었다면 그 기판력에 의하여 당해 행정처분은 곧바로 공무원이 고의 또는 과실로 인한 것으로서 불법행위를 구성한다.

※ 빈출 지문

취소소송과 국배소송 결론이 언제나 동일한 것은 아니며, 고의·과실은 별도로 밝혀야 함

④ **생명·신체의 침해로 인한 국가배상을 받을 권리는 양도하거나 압류하지 못한다.**

문 224. 정답 ③

*해 설

☞ ①: ○

판례와 다수설은 국가배상법상 직무의 범위에 대하여 광의설을 취하고 있으며, 따라서 권력관계와 관리관계 도중의 손해는 국가배상법의 적용을 인정하지만 국고관계에서의 손해는 민법이 적용되어야 한다고 보고 있다.

이런 판례 경우도 있으므로 숙지

☞ ②: ○

교통신호기 설치 및 관리사무는 시의 자치사무이고 이를 **경찰서장에게 위임**한 것은 **시의 자치사무를 국가에게 기관위임한 것**이다. 시는 사무귀속자이자 실질적 비용부담자로서 **국가배상의 피고가 되고 국가는 형식적 비용부담자로서 국가배상의 피고가** 된다. **국가배상법 제6조 제1항에** 대하여 **판례와 다수설은 병합설을 취하고 있어 실질적 비용부담자이든 형식적 비용부담자이든 모두 피고가 된다.**

☞ ③: ×

대법원 2012. 05. 24. 선고 2012다11297 판결[손해배상(기)]

어떠한 행정처분이 후에 항고소송에서 취소되었다고 할지라도 그 기판력에 의하여 당해 행정처분이 곧바로 공무원의 고의 또는 과실로 인한 것으로서 불법행위를 구성한다고 **단정할 수는 없는 것**이고, 그 행정처분의 담당공무원이 보통 일반의 공무원을 표준으로 하여 볼 때 객관적 주의의무를 결하여 그 행정처분이 객관적 정당성을 상실하였다고 인정될 정도에 이른 경우에 국가배상법 제2조가 정한 국가배상책임의 요건을 충족하였다고 봄이 상당할 것이며, 이때에 객관적 정당성을 상실하였는지 여부는 피침해 이익의 종류 및 성질, 침해행위가 되는 행정처분의 태양 및 그 원인, 행정처분의 발동에 대한 피해자 측의 관여의 유무, 정도 및 손해의 정도 등 제반 사정을 종합하여 손해의 전보책임을 국가 또는 지방자치단체에 부담시켜야 할 실질적인 이유가 있는지 여부에 의하여 판단하여야 한다(대법원 2007. 5. 10. 선고 2005다31828 판결 등 참조).

☞ ④: ○

국가배상법 제4조 (양도 등 금지)
생명·신체의 침해로 인한 국가배상을 받을 권리는 양도하거나 압류하지 못한다.

손실보상법 — 문제연습

225. 손실보상에 대한 다음의 논의 중 옳은 것은? (다툼이 있는 경우 판례에 의함)

손실보상 기본지식 출제

① **국가나 지자체의 위법한 행정작용으로 인한 손해는 국가배상으로 논의**되고, **적법한 작용으로** 인한 재산적 손해와 생명 · 신체 등에 대한 손해는 **손실보상으로** 논의된다.

② 손실보상청구권의 성질과 관할에 대하여 다수설과 판례는 공법설을 취하면서 당사자소송으로 다투어야 한다고 본다.

③ 판례는 하천법상 제외지에 대한 손실보상청구만큼은 당사자소송으로 처리하여야 한다고 최근 판시하였다.

④ 헌법 제23조 제3항에서 공용침해의 근거에 대한 법률의 규정과 금전보상에 대한 법률의 규정을 반드시 함께 입법하여야 한다는 불가분조항 긍정설로 학설은 일치한다.

⑤ 손실보상규정이 흠결된 경우 금전손실방안에 대하여 유추적용설, 직접효력설, 위헌무효설, 방침규정설 등이 있지만, 주류적인 판례는 직접효력설의 입장에서 헌법에 근거해서 손실보상청구권을 인용한다.

문 225. 정답 ③

***해 설**

☞ ①: ×

국가나 지자체의 위법한 행정작용으로 인한 손해는 국가배상으로 논의되고, 적법한 작용으로 인한 재산적 손해는 손실보상으로 논의되며, 생명 · 신체 등에 대한 손해는 희생보상으로 논의된다. 즉 국가배상은 재산적 손해와 비재산적 손해를 모두 포함하지만, 보상은 재산에 대한 손해는 손실보상으로 **생명 · 신체에 대한 손해는 희생보상으로 구별됨을 유의**하여야 한다.

개념 구별 주의

☞ ②: ×

빈출

손실보상에 대해서도 국가배상과 마찬가지로 다수설은 공법설을 취하면서 당사자소송으로 다투어야 한다고 하나, **판례는 사법설을 취하면서 민사소송으로 다투어야 한다고 한다.**

☞ ③: ○

***심 화 학 습**

빈출 판례 태도 정리

판례는 손실보상에 대하여 민사소송으로 보면서도 하천법상 제외지 보상에 대해서는 **공법상 당사자소송으로 보아야** 한다고 **전원합의체 판결을 통하여 판시**하면서 **민사소송으로 보던 종전의 입장을 제외지 보상부분에 대해서 판례변경을 하였다.** 대법원 2006. 5. 18. 선고 2004다6207 전원합의체 판결; 대법원 2011. 8. 25. 선고 2011두2743 판결.

☞ ④: ×

***심 화 학 습**

불가분조항 긍정설이 다수설이지만, 독일 기본법의 태도와 우리 헌법의 태도가 다르고 금전보상을 대체할 만한 권리구제수단(예컨대, **토지매수청구권**)이 있다면 반드시 불가분조항일 필요없다는 **불가분조항 부정설도 유력설로서 견해가 대립한다.**

☞ ⑤: ×

***심 화 학 습**

기출인 이론·학설 내용임

금전손실보상규정이 규정이 흠결된 경우 금전보상방안에 대한 **유추적용설, 직접효력설, 위헌무효설, 방침규정설 중 주류적인 판례의 태도는 유추적용설**이라고 보아야 한다. **대법원은 하천법상 제외지 보상에** 대하여도 하천법상 제내지 보상규정을 유추적용하여 금전보상을 인정하였으며, **부산신항만 건설로 인한 어민들에 대한 어업보상에 대하여도 어업법상의 보상규정을 유추적용하여** 금전보상을 인정하였다.

중요 판례

226. 손실보상에 대한 다음의 논의들 중 옳은 것은?

대법원은 경계이론이고 헌재는 분리이론

① 대법원은 **분리이론**의 입장에 금전보상이 아니라 위헌성을 제거하고 입법적인 개선을 하는 방식의 보상을 추구하나, 헌재는 **경계이론**의 입장에서 금전보상을 추구한다.

② 대법원은 **국군보안사의 MBC 문화방송 주식 강제증여사건**에서 수용유사적 침해이론에 근거하여 손실보상을 인정하는 판시를 한 바 있다.

③ 헌재는 **구 도시계획법 제21조에 대한 사건에서** 개발제한구역 제도 자체는 합헌이지만 **나대지소유자이거나 종래용도대로 사용할 수 없는 자 등** 사회적 제약의 범위를 넘는 가혹한 부담이 발생하는 **예외적인 경우에** 대하여까지 보상규정을 두지 않은 것은 **위헌성이 있으므로 헌법불합치결정과 입법촉구결정**을 하여 **분리이론**에 입각한 판시를 하고 있다.

빈출

④ **손실보상에 대한 대표적인 법률**로서 토지수용법이 있다.

토지보상법(공토법)으로 개정

⑤ 토지수용과 손실보상청구권의 요건으로서 **공공의 필요는 반드시** 요구되는 것은 아니다.

문 226. 정답 ③

***해 설**

☞ ①: ×

대법원과 헌재의 입장이 반대로 설명되고 있다. **대법원은 경계이론에** 입각해서 **금전보상을 추구**하나, **헌재는 분리이론에 입각해서 위헌성을 제거하고 입법적인 개선**을 하는 방식을 추구한다. 대법원의 방식을 가치보장을 추구한다고 하고 헌재의 입장을 **존속보장을** 추구한다고 한다.

대법원과 헌재 구별

☞ ②: ×

서울고등법원은 국군보안사의 MBC 문화방송 주식 강제증여사건에서 수용유사적 침해이론에 근거하여 손실보상을 인정하는 판시하였으나, **대법원은 수용유사적 침해이론에 대한 판단을 유보**하였다. 대법원 1993. 10. 26. 선고 93다6409 판결.

☞ ③: ○

헌재의 입장에 대한 정확한 이해이다. 헌재 1998. 12. 24. 89헌마214, 90헌바16, 97헌바7.

☞ ④: ×

토지수용법은 개정되어 '공익사업을 위한 토지 등의 취득 및 보상에 관한 법률'로 바뀌었으므로 틀린 지문이다. 법의 명칭과 성격이 모두 다르다고 보는 것이 류지태 교수 등 다수설의 평가이다. 공익사업을 위한 토지 등의 취득 및 보상에 관한 법률은 토지보상법으로 불리우거나, 공토법이나 토상법으로도 불린다.

☞ ⑤: ×

토지수용과 손실보상청구권의 요건으로서 **공공의 필요는 반드시 요구되는 것**이다. 예컨대 토지수용을 위해서는 공공의 필요가 있어야 하며 나아가서 공공의 필요가 개인의 재산권보다 우월하여야 한다.

최신 출제경향 대비 빈출 헌재 사례

헌재는 분리이론을 취하면서, 곧바로 금전보상이 가능하지 않고 입법을 먼저 기다려야 한다고 보아 입법촉구와 헌법불합치 결정

이와 달리 경계이론에서는 경계 넘으면 곧바로 금전보상 가능

손해배상이 틀린 이유 중 하나는 적법한 침해이므로 손실보상의 문제이기 때문

헌재와 대법원 입장 대립

227. 갑(甲)은 개발제한구역 내 소재한, 지목은 대지이나 건축되지 아니한 토지(나대지)의 소유자이다. 갑(甲)은 당해 토지가 개발제한구역으로 지정됨으로써 건축을 할 수 없게 되어 사용 및 수익이 불가능하게 되었다. 이 사례에 대한 설명으로 옳지 않은 것은? (서울시 7급)

① **헌법재판소는 개발제한구역제도**를 공용침해가 아니라 **재산권의 내용과 한계에 관한 문제**로 본다.

② 헌법재판소의 판례이론에 의할 경우 사례의 근거법률에 **손실보상에 관한 규정이 없음에도 불구하고 행정청이 갑(甲)에게 손실보상**을 하는 것은 국회 **입법권의 침해이다.**

③ **헌법재판소의 판례이론에** 의할 경우 사례와 같은 경우 **법률에 조정적 보상규정을 두지 않은 것은 비례의 원칙을 위반한 위헌**이다.

④ **대법원의 판례이론에** 의할 경우 법률에 손실보상에 관한 규정을 두지 않은 경우에도 **관련 법률의 유추해석을 통하여** 갑(甲)에게 손실보상이 주어질 수 있다.

⑤ **헌법재판소의 판례이론에** 의할 경우 갑(甲)은 **개발제한구역의 지정에 대한 취소소송**과 손해배상청구소송을 통하여 재산권 침해의 구제를 받을 수 있다.

문 227. 정답 ⑤

＊해 설

☞ ①: ○

헌법재판소는 개발제한구역 제도 그 자체는 재산권의 내용규정이지만, **종래 용도대로 사용할 수 없거나 나대지인 경우에는 보상의무 있는 내용규정으로 보아 보상이 필요하다고 본다.**

헌재 1998. 12. 24. 89헌마214 등, 판례집 10-2, 927[헌법불합치]

도시계획법 제21조에 규정된 개발제한구역제도 그 자체는 원칙적으로 합헌적인 규정인데, 다만 개발제한구역의 지정으로 말미암아 일부 토지소유자에게 사회적 제약의 범위를 넘는 가혹한 부담이 발생하는 예외적인 경우에 대하여 보상규정을 두지 않은 것에 위헌성이 있는 것이고, 보상의 구체적 기준과 방법은 헌법재판소가 결정할 성질의 것이 아니라 광범위한 입법형성권을 가진 입법자가 입법정책적으로 정할 사항이므로, 입법자가 보상입법을 마련함으로써 위헌적인 상태를 제거할 때까지 위 조항을 형식적으로 존속케 하기 위하여 **헌법불합치결정을 하는 것인바, 입법자는 되도록 빠른 시일내에 보상입법을 하여 위헌적 상태를 제거할 의무가 있고,** 행정청은 보상입법이 마련되기 전에는 새로 개발제한구역을 지정하여서는 아니되며, **토지소유자는 보상입법을 기다려 그에 따른 권리행사를 할 수 있을 뿐** 개발제한구역의 지정이나 그에 따른 토지재산권의 제한 그 자체의 효력을 다투거나 위 조항에 위반하여 행한 자신들의 행위의 정당성을 주장할 수는 없다.

빈출
헌재 원칙과 예외 지문 숙지

☞ ②: ○

다만 헌재는 구 도시계획법 제21조에 대하여 국회입법권을 존중하기 위하여 직접적인 금전보상이 아니라 **헌법불합치결정과 입법촉구결정**을 내리고 있다. 이러한 헌재의 입장은 **분리이론이다**.

헌재결정 암기

☞ ③: ○

헌법재판소는 설문처럼 **나대지이거나 종래 용도대로 사용할 수 없는데도 불구하고 아무런 보상규정을 두지 않은 것은 비례의 원칙에 위반된다고 한다**.

다만 주의할 것은 위헌결정의 취지를 존중해서 그 후에 제정된 개발제한구역의지정및조치에관한법률에서는 **금전보상규정이 아니라 토지매수청구제도를 두고** 있다. 분리이론에서는 반드시 금전보상일 필요는 없다고 보고 있으므로 **토지매수청구제도**가 있으므로 **특별조치법 제정 이후는 비례의 원칙에 위반되지 않는다고 보게 된다**.

헌재결정 이후 개정된 입법내용 숙지

☞ ④: ○

하천법상 제내지 보상 규정이 있지만 제외지 보상규정이 없다. 그런데 대법원 전원합의체 판결에서는 제내지 보상규정을 유추적용하여 금전보상이 가능하다고 판시하고 있다. 주의하여야 할 것은 대**법원은 일반적인 손실보상은 민사소송으로 보나, 하천법상 손실보상만큼은 공법상의 당사자소송으로 보도록 판례를 변경하였다**.

대법원의 보상이론인 경계이론과 주의할 판례 숙지

☞ ⑤: ×

헌법재판소의 판례이론은 금전보상에 대한 경계이론이 아니라 위헌성을 제거

하고 입법을 추구하는 방식의 분리이론이다. 따라서 손해배상청구소송은 타당하지 않다. 더구나 적법한 침해에 대해서는 손실보상이 타당하다.

손실보상 기본지식 출제

부끄러운 대법원 판례 중 하나

특별희생 학설 정리
경계이론: 목+사+보+수+중+상
분리이론: 비례의 원칙

합헌

빈출 판례

228. 손실보상에 대한 다음의 논의 중 틀린 것은?

① 대법원은 **정부의 재정증대 및** 미군병사들의 휴식처를 위해 **워커힐 호텔을 짓는 것**은 문화시설에 해당하는 **공익사업이므로 수용재결은 적법하다고 판시**하였다.

② 재산권 침해에 대한 불평등을 받은 **특별희생이라는 손실보상의 요건**에 대하여 **경계이론**에서는 **㊀목적위배설, ㊀사적 효용설, ㊀보호가치성설, ㊀수인한도설, ㊀중대성설, ㊀상황구속성설 등이 제시**되지만, **분리이론**에서는 **비례의 원칙에 반하는 기본권 침해 여부로 판단**한다.

③ 헌법 제23조 제3항에서 정당한 보상을 하여야 한다고 규정하고 있는데, 이에 대하여 완전보상설과 상당보상설이 대립하는데, 우리나라의 다수설과 대법원 및 헌재 판례는 **완전보상주의**를 취한다.

④ 헌재는 **공시지가에 의한 보상을 하는 것은 합헌**이지만 **개발이익환수제도에 근거하여 보상금액을 낮추는** 것은 위헌이라고 판시하고 있다.

⑤ 헌법 제23조의 정당한 보상에 대하여 **대인적 보상에서 대물적 보상**으로 오늘날 기준이 정립되었지만, 수용 당하기 전의 생활수준을 회복할 수 있도록 원상회복을 위한 **생활보상도 인정**하여야 한다는 것이 다수설과 판례의 태도이다. 따라서 대법원은 **이주대책을 생활보상이라고 판시하고 있다.**

문 228. 정답 ④

***해 설**

☞ ①: ○

대법원 1971. 10. 22. 선고 71다1716 판결.

그런데 **워커힐 사건에 대한 대법원 판례는 학계의 비판을 받는 가장 잘못된 판례** 중의 하나이다. **어떠한 경우에도 정부의 재정증대는 국민의 재산을 수용하기 위한 공익으로 인정받을 수도 없고, 호텔시설이 문화시설이라고 보는 것은 설득력이 없기**

때문이다(동지: 김남진 교수의 판례 평석).

☞ ②: ○

특별한 희생에 대한 경계이론과 분리이론의 정확한 구별기준에 대한 설명이다.

☞ ③: ○

타당한 설명이다. 다만 완전보상주의는 미국연방수정헌법에서 유래하고, 상당보상주의는 독일기본법에서 유래한다.

☞ ④: ×

헌재는 공시지가에 의한 보상이나 개발이익환수제도를 고려하여 개발이익을 공제하고 보상하더라도 헌법 제23조 제3항의 정당한 보상이므로 합헌이라고 판시하였다. 공시지가에 대한 합헌 판결로는 헌재 1995. 4. 20. 93헌바20, 개발이익환수제도에 대한 합헌 판결로는 헌재 2009. 9. 24. 2008헌바112 전원재판부.

☞ ㅁ: ○

타당한 설명이다. 다만 생활보상의 범위와 내용에 대하여는 구체적인 법률의 규정이 필요한데, **대법원은 이주대책에 대하여 생활보상이라고 판시**하고 있다. 대법원 2011. 2. 24. 선고 2010다43498 판결.

229. 공익사업을 위한 토지 등의 취득 및 보상에 관한 법률상의 논의들 중 옳은 것(o)과 옳지 않은 것(x)을 올바르게 조합한 것은? (다툼이 있는 경우 판례에 의함)

> 난이도 높지만 숙지할 기출 지문들임
> 토지보상법에 대한 총론과 각론 결합 문제

ㄱ. 공익사업을 위한 토지 등의 취득 및 보상에 관한 법률에서 **사업인정은 제3자효 행정행위가** 아니다.

> 제3자효 행정행위임

ㄴ. 사업인정에 대하여는 **조건부 형성행위라는 견해가 다수설과 판례의** 입장이고 확인행위에 불과하다는 것은 소수설이다.

ㄷ. 수용재결의 내용 중 수용 자체에 대한 불복은 공익사업을 위한 토지 등의 취득 및 보상에 관한 법률 **제84조의 이의재결에** 의하여 구제를 받을 수 있지만, 수용재결의 내용 중 **보상금액에 대한 불복**은 이의재결로는 할 수 없다.

> 둘 다 가능하며 빈출 지문임

ㄹ. 수용재결에 대하여 소송으로 불복하고자 하는 경우 이의재결은 필요적 **행정심판 전치주의에** 해당한다.

> 임의적 전치주의

원처분인 수용재결이 대상임

ㅁ. 토지수용위원회의 수용재결 후 이의재결을 거친 경우라면 이의재결을 **대상으로** 공익사업을 위한 토지 등의 취득 및 보상에 관한 **법률 제85조 제1항**의 수용재결 취소송이나 **제85조 제2항의 보상금증감청구소송을 제기할 수** 있다.
ㅂ. 토지보상법 제85조 제2항의 보상금증감청구소송의 성격은 **형식적 당사자소송**으로 보는 것이 다수설과 판례의 입장이다.

① ㄱ(x), ㄴ(o), ㄷ(x), ㄹ(x), ㅁ(x), ㅂ(x)
② ㄱ(o), ㄴ(x), ㄷ(o), ㄹ(o), ㅁ(x), ㅂ(x)
③ ㄱ(x), ㄴ(o), ㄷ(x), ㄹ(o), ㅁ(x), ㅂ(o)
④ ㄱ(o), ㄴ(o), ㄷ(o), ㄹ(o), ㅁ(x), ㅂ(x)
⑤ ㄱ(x), ㄴ(o), ㄷ(x), ㄹ(x), ㅁ(x), ㅂ(o)

문 229. 정답 ⑤

***해 설**

☞ ㄱ: ×

사업인정으로 인하여 사업시행자에게는 수익적이지만 토지소유자나 경쟁업체에게는 침익적이므로 **제3자효 행정행위에 해당하며** 이는 사업시행자에 대한 특허이자 재량행위이다. 수용재결 역시 마찬가지로 성질이 동일하게 분석된다.

☞ ㄴ: ○

학설의 대립과 판례에 대한 정확한 이해이다.

☞ ㄷ: ×

중앙토지수용위원회가 행정심판으로서 발급하는 **이의재결을 통해 수용재결의 내용 중 수용자체에 대한 구제**와 수용재결의 내용 중 **보상금액결정에 대한 구제가 모두 가능하다.**

☞ ㄹ: ×

토지 등의 수용에 대한 이의재결은 **임의적 전치주의이므로** 반드시 거칠 필요가 없다.

☞ ㅁ: ×

구 토지수용법과 달리 **원처분주의로 개정**되었으므로 수용재결후 이행재결이라는 행정심판이 내려졌다고 하더라도 **원처분인 수용재결을 대상으로 원 수용재결을 행한**

토지수용위원회를 피고로 토지보상법 제85조 제1항의 **수용재결취소소송**이나 토지보상법 제85조 제2항의 이의재결취소소송을 제기하여야 한다고 보는 것이 **다수설과 최근 판례의 태도**이다. 대법원 2010. 1. 28. 선고 2008두1504 판결. 다만 소수설은 토지보상법 제85조 제2항의 소송은 재결주의라고 하는데, 그러나 문언으로 보나, 85조 제1항 소송과 85조 제2항 소송 모두 수용재결의 의사표시들을 다툰다는 점에서 구별할 필요가 없으므로 국민에게 유리하도록 모두 원처분주의가 적용된다고 보는 것이 타당하다.

개정 포인트로 빈출

☞ ㅂ: ○

다수설과 판례는 보상금증감청구소송의 성질을 형식적 당사자소송으로 파악한다. 그러나 항고소송설을 취하는 소수설도 과거에는 존재하였다. 보상금증감청구소송은 수용재결이라는 처분을 실질적으로 다투지만, 형식적으로는 보상금채권채무를 다투는 것이므로 형식적 당사자소송으로 보는 것이 타당하다.

***심 화 학 습**

주의하여야 할 것은 보상금증감청구소송의 피고는 수용재결취소소송의 피고와 달리 행정청이 아니라 사업시행자이거나 토지 등의 소유자 즉 당사자이다.

빈출 지문임

230. 손실보상에 대한 다음의 다양한 논의들 중 옳은 것(o)과 옳지 않은 것(x)을 올바르게 조합한 것은? (다툼이 있는 경우 판례에 의함)

손실보상에 대한 추가지식 출제 대비

ㄱ. 토지보상법 **제85조 제2항의 보상금증감청구소송은** 필요적 공동소송이 아니라 **단일소송**이다.

ㄴ. 재산권을 수용하는 것에 대한 법률의 규정은 있지만 이 경우에 대한 **금전보상규정이 흠결된 경우**에도 보상을 해 주어야 한다는 것을 수용적 침해 보상이라고 한다.

수용 유사적 침해의 경우

ㄷ. 재산권에 대한 **적법한 침해이지만 의도하지 않게 비유형적으로 재산권을 수용**하는 결과가 되어 버린 경우에도 보상하여야 한다는 것은 수용유사침해이론이다.

수용적 침해의 경우

ㄹ. 독일연방헌법재판소는 **자갈채취판결을 통하여 금전보상규정이 없는 경우에는 수용유사침해이론이나 수용적 침해이론에 따른 금전보상을 하여서는 아니되고, 분리이론에 입각하여 위헌성을 제거하여야 한다는 취지의 판시를 하였다.**

ㅁ. **생명·신체에 대한 적법한 침해로 인해** 손해가 발생한 경우 **희생보상을** 하게 되는데, 그 보상의 범위는 **병원비나 장구비, 간병인을 두는 개호비** 등 재산적인

위자료는 배상에서만 인정되고, 보상에서는 부정

결과제거청구권은 고의·과실 요구 안 함

것뿐만 아니라 정신적 손해인 위자료에 대하여도 인정한다.

ㅂ. 우리 **국가배상과 손실보상은 금전배상이나 보상에 그칠 뿐** 원상회복은 그 범위에 포함시키고 있지 않으므로 결과제거청구권을 통하여 보완할 필요가 있는데, **결과제거청구권**도 고의나 과실을 요한다.

① ㄱ(o), ㄴ(o), ㄷ(x), ㄹ(x), ㅁ(x), ㅂ(x)
② ㄱ(o), ㄴ(x), ㄷ(x), ㄹ(o), ㅁ(x), ㅂ(x)
③ ㄱ(x), ㄴ(o), ㄷ(x), ㄹ(o), ㅁ(x), ㅂ(o)
④ ㄱ(o), ㄴ(x), ㄷ(x), ㄹ(o), ㅁ(o), ㅂ(x)
⑤ ㄱ(x), ㄴ(o), ㄷ(o), ㄹ(x), ㅁ(o), ㅂ(o)

문 230. 정답 ②

*해 설

☞ ㄱ: ○

주의할 기출 지문

구 토지수용법은 필요적 공동소송으로 규정하고 있었지만, 지금은 토지보상법으로 개정되어 사업시행자와 토지 등의 소유자 간의 **단일소송으로 개정되었다**.

☞ ㄴ: ×

개념 구별

재산권을 수용하는 것에 대한 법률의 규정은 있지만 이 경우에 대한 금전보상규정이 흠결된 경우에도 보상을 해 주어야 한다는 것은 **수용유사적 침해이론**이라고 한다.

☞ ㄷ: ×

개념 구별

재산권에 대한 적법한 침해이지만 의도하지 않게 비유형적으로 재산권을 수용하는 결과가 되어 버린 경우에도 보상하여야 한다는 것은 **수용적 침해보상(이론)**이라고 한다.

☞ ㄹ: ○

타당한 설명이다. **독일연방헌법재판소의 자갈채취판결**에 의하여 수용유사적 침해이론과 수용적 침해이론에 의한 보상은 위축이 되다가 최근 독일연방통상재판소에서 독일의 관습법이라는 점과 희생법리를 강조하여 다시 활용하기 시작하고 있다.

독일연방헌재의 판결은 Nassauskleisungsbeschluss, 1981. 7. 15, BVerfGE 58, 300.

☞ ㅁ: ×

국가배상은 위자료까지 인정하지만, **희생보상은 위자료는 그 지급범위에서 제외** 된다는 것이 다수설과 판례의 입장이다.

빈출

☞ ㅂ: ×

우리 국가배상과 손실보상은 금전배상이나 보상에 그칠 뿐 원상회복은 그 범위에 포함시키고 있지 않으므로 결과제거청구권을 통하여 보완할 필요가 있는데, **결과제거청구권은 고의나 과실을 요하지 아니하는 원상회복청구권의 성질을 가진다.**

231. 손실보상에 관한 설명 중 옳지 않은 것은? (다툼이 있는 경우 판례에 의함) (변시 기출)

① 헌법 제23조 제3항에서 규정한 **"정당한 보상"이란** 원칙적으로 피수용재산의 객관적인 재산가치를 완전하게 보상하여야 한다는 **완전보상을 뜻하는** 것이지만, **공익사업의 시행으로 인한 개발이익**은 완전보상의 범위에 포함되는 피수용토지의 객관적 가치 내지 피수용자의 손실이라고 볼 수 없다.

개발이익환수 배제는 합헌

② 토지수용으로 인한 손실보상액을 공시지가를 기준으로 산정하되 **개별공시지가**가 아닌 **표준지공시지가**를 기준으로 하는 것은 헌법 제23조 제3항이 규정한 정당보상의 원칙에 위배되지 않는다.

둘 다 가능

③ **대법원은, 이주대책은 이른바 생활보상에 해당하는 것**으로서 헌법 제23조 제3항이 규정하는 손실보상의 한 형태로 보아야 하므로, 법률이 사업시행자에게 이주대책의 수립·실시의무를 부과하였다면 이로부터 사업시행자가 수립한 이주대책상의 택지분양권 등의 구체적 권리가 이주자에게 직접 발생한다고 본다.

빈출
구체적 관계 들어가야

④ 토지수용 **보상금의 증감에 관한 행정소송에 있어**서, 그 소송을 제기하는 자가 토지소유자 또는 관계인일 때에는 **사업시행자를 피고**로 한다.

주의할 빈출 지문

⑤ 대법원은, 공익사업을 위한 토지 등의 취득 및 보상에 관한 법령상 공익사업의 시행에 따라 이주하는 주거용 건축물의 세입자에게 지급하는 **주거이전비와 이사비는 사회보장적 차원에서 지급하는 금원의**

빈출

성격을 갖는다고 본다.

문 231. 정답 ③

*해 설

☞ ①: ○

빈출

개발이익환수제도는 합헌이라고 보는 것이 다수설과 헌재의 입장이다.

☞ ②: ○

빈출

개별공시지가와 표준공시지가에 의한 보상 모두 정당한 보상에 해당한다.

☞ ③: ×

주의할 빈출

대법원은 **분양권결정이나 거부라는 구체적인 단계에 이르러야** 수분양권에 대한 구체적인 권리가 비로소 발생한다는 입장이다.

☞ ④: ○

형식적 당사자소송이므로 피고는 행정청이 아니라 **당사자이다.**

☞ ⑤: ○

기출

대법원은 **주거이전비와 이사비, 분양대책 등을 모두 사회보장적인 차원의 생활보상으로 보고 있다.**

※ 중요 법조문 출제 유형

232. 「공익사업」을 위한 토지 등의 취득 및 보상에 관한 법률상 손실보상의 원칙에 대한 설명으로 옳지 않은 것은? (9급 국가직)

빈출

① 공익사업에 필요한 토지등의 취득 또는 사용으로 인하여 토지소유자나 관계인이 입은 손실은 **사업시행자가 보상하여야** 한다.

기출

② 사업시행자는 동일한 사업지역에 보상시기를 달리하는 동일인소유의 토지등이 여러 개 있는 경우 토지소유자나 관계인이 **요구할 때에는 한꺼번에 보상금을 지급하도록 하여야 한다.**

사후 가격변동 고려 불필요

③ 재결에 의한 수용 또는 사용의 경우 보상액의 산정은 (수용)**재결당시의 가격을 기준으로** 하고, 해당 공익사업으로 인하여 토지등의 가격이 변동되었을 때에는 이를 고려하여야 한다.

주의할 기출 지문: 토지

④ 사업시행자는 동일한 소유자에게 속하는 일단의 **토지의 일부를 취득**

하거나 사용하는 경우 해당 공익사업의 시행으로 인하여 **잔여지의 가격이 증가하거나 그 밖의 이익이 발생한 경우**에도 그 이익을 그 취득 또는 사용으로 인한 **손실과 상계할 수** 없다.

소유자 등을 위해 수용 부분을 제대로 보상해 주어야 하므로 보상은 함부로 상계할 수 없음
cf. 배상은 상계가능이 원칙

문 232. 정답 ③

***해 설**

☞ ①: ○

공익사업과 보상의 주체에 대하여 **다수설과 판례는 사업시행자설을 취하고** 있다. 따라서 토지보상법에서는 **사업시행자 보상의 원칙을 규정하고 있다.**

공익사업을 위한 토지 등의 취득 및 보상에 관한 법률

제61조(사업시행자 보상)
공익사업에 필요한 토지등의 취득 또는 사용으로 인하여 토지소유자나 관계인이 입은 손실은 **사업시행자가 보상하여야 한다.**

빈출

☞ ②: ○

제65조(일괄보상)
사업시행자는 동일한 사업지역에 **보상시기를 달리하는 동일인 소유의 토지등이 여러 개** 있는 경우 **토지소유자나 관계인이 요구할 때에는 한꺼번에 보상금을 지급하도록 하여야** 한다.

빈출

☞ ③: ×

제70조(취득하는 토지의 보상)
① 협의나 재결에 의하여 취득하는 토지에 대하여는 「**부동산 가격공시 및 감정평가에 관한 법률**」**에 따른 공시지가를 기준으로 하여 보상**하되, **그 공시기준일부터 가격시점까지의 관계 법령에 따른 그 토지의 이용계획, 해당 공익사업으로 인한 지가의 영향을 받지 아니하는 지역의 대통령령으로 정하는 지가변동률, 생산자물가상승률**(「한국은행법」 제86조에 따라 한국은행이 조사·발표하는 생산자물가지수에 따라 산정된 비율을 말한다)과 그 밖에 **그 토지의 위치·형상·환경·이용상황 등을 고려하여 평가한 적정가격으로 보상하여야 한다.**

빈출

☞ ④: ○

주의할 기출 조문

제66조(사업시행 이익과의 상계금지)
사업시행자는 **동일한 소유자에게 속하는 일단**(一團)**의 토지**의 **일부를 취득**하거나 사용하는 경우 해당 **공익사업의 시행으로 인하여 잔여지**(殘餘地)**의 가격이 증가하거나** 그 밖의 이익이 **발생한 경우에도 그 이익을 그 취득 또는 사용으로 인한 손실과 상계**(相計)**할 수 없다.**

행정심판법 — 문제연습

233. 다음 행정심판에 대한 논의들 중 옳은 것은?(다툼이 있는 경우 판례에 의함)

행정심판 기본지식 출제

① 행정심판은 행정소송처럼 위법한 행정행위를 통제하고 권리구제를 하는 제도이다.

차이점 숙지

② 행정심판의 종류로는 **취소심판과 무효등 확인심판이 있지만, 의무이행심판**은 현행법상 인정되지 않아 입법론적으로 도입할 것이 요청되고 있다.

의무이행심판은 있고, 의무이행소송은 없음

③ 행정심판위원회는 **중앙행정심판위원회, 상급 행정청 소속하의** 행정심판위원회, **당해 행정청 소속하의 행정심판위원회**로 분류되지만 **지방행정심판위원회**는 실질적인 기능이 적어서 폐지하였다.

유지

④ 행정심판의 공정한 운영을 위하여 **민간인 위원이 과반수 이상 참여**하게 하고 있고, 행정심판위원회의 **제척 · 기피 · 회피 제도 등**을 두고 있다.

⑤ 행정심판청구인적격에 대하여 **행정심판법 제13조에서 법률상** 이익으로 규정하고 있어 행정소송법 제12조의 원고적격과 **동일하게 법률상 이익을 입법하고 있는 것은** 행정심판과 행정소송의 유사성에 비추어 타당하다.

입법상 과오

문 233. 정답 ④

***해 설**

☞ ①: ×

행정심판은 행정소송과 유사한 행정쟁송제도이기는 하지만 법원이 아니라 행정심판위원회가 행하고, **위법뿐만 아니라 부당한 행정행위까지 통제하고 구제를 한다**는 점에서 범위가 더 넓다는 차이가 있다.

☞ ②: ×

행정심판은 행정소송과 달리 권력분립의 장벽이 없으므로 행정심판위원회가 행정청에게 거부나 부작위의 내용이 되는 행정행위를 발급할 수 있도록 이행을 명하는 의무이행심판을 규정하고 있다. 행정심판법 제5조 제3호.

☞ ③: ×

행정심판법을 개정하면서도 지역적인 자율성과 자치권을 배려하기 위하여 기능이 적지만 지방행정심판위원회를 여전히 두고 있다.

☞ ④: ◯

타당한 설명이다. 행정심판법 제9조.

☞ ⑤: ×

*심 화 학 습

입법상 과오설과 입법상 비과오설 및 입법상 미흡설 등이 대립하는데, 행정심판은 행정소송과 달리 위법뿐만 아니라 부당에 대해서도 다툴 수 있으므로 법률상 이익으로 규정한 것은 **입법상 과오라는 입장이 다수설의 입장**이다. 따라서 행정심판법 제13조의 규정을 정당한 이익으로 입법하자는 입법론이 유력하게 주장되고 있다.

234. 행정심판법상 행정심판에 대한 다음 논의 중 옳은 것은? (다툼이 있는 경우 판례에 의함)

① 행정심판기간은 처분이 있음을 알게 된 날로부터 90일 이내, 처분이 있었던 날로부터 180일 이내에 청구하여야 하는데, 동 기간이 경과하면 행정심판청구를 할 수 없다.

② 우리는 행정심판이나 행정소송을 제기하면 처분에 대한 집행이 정지되는 원칙을 취하고 있다.

③ 우리 행정심판법이나 행정소송법은 집행정지의 요건이 엄격하지 않다.

④ 거부나 부작위에 대한 가처분은 행정심판이나 행정소송에서 아직 인정되고 있지 않다.

⑤ 행정심판법 제31조의 임시처분은 집행정지의 엄격한 요건을 충족하여야 할 뿐만 아니라 보충성 요건도 충족하여야 하므로 실질적으로 활용도가 너무 낮다는 비판론이 있다.

문 234. 정답 ⑤

***해 설**

☞ ①: ×

원칙적으로 타당하지만 행정심판법 제27조 제3항에서는 정당한 사유가 있는 경우에는 제기할 수 있다고 규정하고 있다. 대표적으로 제3자효 행정행위의 제3자는 처분에 대한 직권고지를 받지 못하는 경우가 대부분이므로 정당한 사유를 인정받게 된다.

☞ ②: ×

우리는 독일처럼 집행정지원칙을 취하는 것이 아니라 집행부정지원칙을 취하고 있다. 행정심판법 제30조와 행정소송법 제23조. 그러나 입법론적으로는 독일처럼 집행정지의 원칙으로 개정하는 것이 바람직하다.

☞ ③: ×

우리 집행정지규정들은 요건이 너무 지나치게 엄격하여 문제이다. 특히 금전으로 회복할 수 있는 손해는 집행정지를 받을 수 있는 중대한 손해로 보지 않는다.

☞ ④: ×

***심 화 학 습**

거부나 부작위에 대한 가처분은 잠정적인 지위보전이나 급부에 대한 이행을 명령하는 것이므로 행정소송법상으로는 권력분립에 반하여 규정되고 있지 않지만, 행정심판에 대하여는 권력분립상으로도 문제가 없고 의무이행심판이 인정되는 이상 이와 호응관계를 가지는 가처분이 부정될 이유가 없다. 따라서 임시처분제도를 행정심판법 제31조에서 규정하게 되었다.

☞ ⑤: ○

***심 화 학 습**

행정심판법 제31조에 대한 비판으로서 타당하다(김중권 교수).

235. 행정심판에 대한 다음의 설명들 중 맞는 것은 모두 몇 개인가?(다툼이 있는 경우 행정심판법 규정에 의함)

중요 기출 지문 출제

ㄱ. 행정심판법상 취소심판 인용재결의 형태는 **취소재결**과 취소명령재결, **변경재결**, **변경명령재결 등**이 인정된다.

취소명령재결은 규정에서 삭제되었음

ㄴ. 행정심판법상 의무이행심판 인용재결의 형태는 **처분재결과 처분명령재결이 모두** 가능하다.

ㄷ. 행정심판법상 사정재결은 행정행위가 **위법하거나 부당하다고 인정되는 경우**에도 현저한 **공공복리에 크게 위반된다고 인정될 때 내리는 기각결정**의 일종인데, **무효 등 확인심판의 경우에는 적용되지 않는다.**

출제 조문 지문

ㄹ. 행정심판법상 **사정재결을 할** 때 행정심판위원회가 청구인에 대한 **상당한 구제방법**을 행정청에게 명령할 수 있는데, 행정소송상 **사정판결**과 마찬가지로 소극적인 손해배상 등에 그친다.

사정판결과 다르게 사정재결은 적극적으로 구제명령과 직접처분 가능

ㅁ. 행정심판위원회는 아무리 재결의 결과가 달라질 가능성이 있거나 중대한 위법 및 부당한 사유를 발견하더라도 청구인이 **심판청구의 대상으로 청구한 사항 이외에는 재결할 수 없다.**

빈출 조문: 불고불리의 원칙

① 1개　　② 2개
③ 3개　　④ 4개
⑤ 5개

문 235. 정답 ③

***해 설**

☞ ㄱ: ×

행정심판법 제43조 제3항을 개정하면서 취소인용재결의 형태로서 취소재결, 변경재결, 변경명령재결의 경우만 규정하고 **취소명령재결은 삭제하였다.**

주의할 지문

***심 화 학 습**

이에 대하여 문리해석을 하는 입장에서는 취소명령재결의 형태가 불가능하다고 본다. 다만, 취소명령재결의 형태가 직접 행정심판위원회가 직접 취소하지 않고 당해 행정청에게 취소하도록 권유하는 방식으로서 권한존중의 측면에 보다 부합하고, 의무이행심판의 경우는 처분재결과 처분명령재결이 모두 허용되는 점에 비추어 목적론적으로 해석하여 가능하다고 보는 입장이 대립한다.

☞ ㄴ: ○

행정심판법 제43조 제5항에 의하여 의무이행심판의 인용재결의 형태로서 처분재결과 처분명령재결이 모두 가능하다고 규정되어 있어 스스로 처분을 발급하도록 권유한다는 점에서 권한존중상 바람직하다.

☞ ㄷ: ○

행정심판법 **제44조 제1항과 제3항의 규정을 설명**한 것으로 타당하다.

☞ ㄹ: ×

권력분립에 반하지 않으므로 행정심판은 행정소송과 달리 사정재결을 하면서 적극적인 구제방법으로서 **구제명령과 직접처분을 할 수 있다는 점**에서 사정재결과 사정판결의 차이가 있다.

☞ ㅁ: ○

행정심판법 **제47조 제1항에서 불고불리의 원칙**을 규정하고 있다. 이는 당사자주의 중 처분권주의를 표현하고 있는 것이다.

**** 행정심판법 제47조(재결의 범위)**
① 위원회는 심판청구의 대상이 되는 처분 또는 부작위 외의 사항에 대하여는 재결하지 못한다.

236. 행정심판에 대한 다음의 설명 중 틀린 것은? (다툼이 있는 경우 행정심판법에 의함)

중요 기출 지문들 정리

① 행정심판위원회는 **아무리 원처분이 지나치게 상대방**에게 수익적인 면에서 **지나치게 발급되었더라도 원처분보다 불리하게 재결할 수 없다**.

중요 조문: 불이익변경금지의 원칙

② 행정심판의 인용재결의 기속력은 행정심판위원회의 **인용재결의 취지를 존중하도록 요구하는** 힘인데, 피고인 행정청이나 관계 행정청이 재결의 기속력을 위반하는 경우 간접강제에 의하여 통제한다.

③ 행정심판은 행정소송과 달리 재심사유가 있으면 **행정심판에 대한 재심사를 청구할 수 없다**.

④ 행정심판을 하는 과정에서 **중앙행정심판위원회는** 처분의 근거가 되는 법규명령, 행정규칙, 조례 등의 불합리성을 발견하면 법령 등에 대한 **시정권고를 할 수 있으며**, 관계 행정청은 정당한 사유가 없으면 이에 따라야 하는 **기속력을 받게 된다**.

⑤ **행정심판의 경우**는 행정소송과 달리 거부나 부작위에 대한 가처분의

일종인 **임시처분이 가능하다.**

문 236. 정답 ②

***해 설**

☞ ①: ○

행정심판법 **제47조 제2항에서 불이익변경금지의 원칙**을 규정하고 있다. 이는 행정심판을 활성화하기 위한 것이기는 하지만, 행정통제기능의 절반을 상실하게 하므로 불이익하게도 변경할 수 있게 하자는 유력한 **입법론적인 주장이** 있다.

**** 행정심판법 제47조(재결의 범위)**
② 위원회는 심판청구의 대상이 되는 처분보다 청구인에게 **불리한 재결을 하지 못한다.**

☞ ②: ×

주의할 지문

재결의 기속력은 취소판결의 기속력과 달리 권력분립의 장벽이 없어서 행정심판법 제50조에서 **시정명령과 직접처분이 가능하도록 규정하고 있다.**

***심 화 학 습**

최근 빈출 지문들임. 숙지할 것

이와 달리 **취소판결의 기속력은 행정소송법 제34조에 의한 간접강제로서 손해배상명령을 하도록 할 수밖에 없어서 한계가** 있다. 반면에 행정청이 **정보를 독점하는** 경우에는 **직접처분이 불가능하고 실효성이 없으므로** 행정소송법상의 간접강제가 필요하게 되는데, 이를 위해 **행정심판법에서도 간접강제를 도입하자는 유력한 입법론이 있다.**

☞ ③: ○

***심 화 학 습**

주의할 지문

행정심판은 행정소송과 달리 재심을 인정하지 않는다. 행정소송도 행정소송법 제31조에서 재심을 규정하고 있는 이상 행정심판도 재심사를 인정하는 것이 필요하므로 이를 도입하자는 입법론이 김남진 교수, 김연태 교수, 류지태 교수 등에 의하여 강력하게 주장되고 있다.

기출 지문

**** 행정심판법 제51조(행정심판 재청구의 금지)**
심판청구에 대한 재결이 있으면 그 재결 및 같은 처분 또는 부작위에 대하여 다시 행정심판을 **청구할 수 없다.**

☞ ④: ○

***** 행정심판법 제59조(불합리한 법령 등의 개선)**

① **중앙행정심판위원회**는 심판청구를 심리 · 재결할 때에 처분 또는 부작위의 근거가 되는 명령 등(대통령령 · 총리령 · 부령 · 훈령 · 예규 · 고시 · 조례 · 규칙 등을 말한다. 이하 같다)이 법령에 근거가 없거나 상위 법령에 위배되거나 국민에게 과도한 부담을 주는 등 크게 불합리하면 관계 행정기관에 그 명령 등의 개정 · 폐지 등 **적절한 시정조치를 요청할 수 있다.**

② 제1항에 따른 요청을 받은 관계 행정기관은 **정당한 사유가 없으면 이에 따라야 한다.**

지방행심위는 없고 중앙행심위만 있음

빈출 조문

☞ ⑤: ○

**** 행정심판법 제31조(임시처분)**

① 위원회는 처분 또는 부작위가 위법 · 부당하다고 상당히 의심되는 경우로서 처분 또는 부작위 때문에 당사자가 받을 우려가 있는 **중대한 불이익이나 당사자에게 생길 급박한 위험을 막기 위하여 임시지위를 정하여야 할 필요가 있는 경우에는 직권으로 또는 당사자의 신청에 의하여 임시처분을 결정할 수 있다.**

② 제1항에 따른 임시처분에 관하여는 제30조 제3항부터 제7항까지를 준용한다. 이 경우 같은 조 제6항 전단 중 **"중대한 손해가 생길 우려"**는 **"중대한 불이익이나 급박한 위험이 생길 우려"**로 본다.

③ 제1항에 따른 임시처분은 제30조 제2항에 따른 **집행정지로 목적을 달성할 수 있는 경우에는 허용되지 아니한다.**

중요 출제 신설 조문

237. 행정심판에 관한 설명 중 옳지 않은 것은? (변시 기출)

중요 출제 행정심판 지문 정리

① **무효등확인심판은 심판청구기간의 제한이** 없고, **사정재결도 인정되지 아니한다.**

② **행정심판위원회는** 처분 또는 부작위가 위법 · 부당하다고 상당히 의심되는 경우로서 그로 인하여 당사자가 받을 우려가 있는 중대한 불이익을 막기 위하여 임시지위를 정하여야 할 필요가 있을 때에는 **임시처분을 결정할 수 있다.**

③ 행정심판위원회는 당사자의 **신청을 거부하거나 부작위로 방치한 처분의 이행을 명하는 재결**이 있었음에도 당해 행정청이 재결의 취지에 따른 처분을 하지 아니하는 때에는 당사자의 신청에 의하여 **시정을 명하고 불이행시 직접 당해 처분을 행할 수도 있다.**

빈출: 행정심판은 재심사 X, 행정소송은 재심 O

④ **행정심판법의** 개정으로 시·도행정심판위원회의 재결에 불복하는 경우 청구인은 그 재결 및 같은 처분 또는 부작위에 대하여 중앙행정심판위원회에 **재심사를** 청구할 수 있다.

최신 기출 지문

⑤ 심판청구의 대상과 관계되는 **권리나 이익을 양수한 자는** 행정심판위원회의 허가를 받아 청구인의 지위를 **승계할 수 있고**, 위 위원회가 이를 허가하지 않으면 **이의신청을 할 수 있다.**

문 237. 정답 ④

***해 설**

☞ ①: ○

행정심판법 제44조 제3항.

☞ ②: ○

행정심판법 제31조.

☞ ③: ○

행정심판법 제49조와 제50조.

☞ ④: ×

***심 화 학 습**

행정심판법 제51조에서 행정심판에 대한 재심사를 금지하고 있어, 보다 엄격한 법원의 판결조차 행정소송법 제31조에서 재심을 허용하고 있는 것과 균형이 맞지 않아 개정이 논의되고 있다.

☞ ⑤: ○

행정심판법 제16조.

난이도 높지만 빈출되는 지문들 정리

238. 행정소송과 행정심판의 관계에 관한 설명으로 옳지 않은 것은? (다툼이 있는 경우 판례에 의함) (9급 국가직)

재결 고유의 위법만

① **원처분의 위법을 이유로** 행정심판**재결에 대한 취소소송을 제기할 수 없다.**

② 원고가 전심절차에서 주장하지 아니한 처분의 위법사유를 소송절차

에서 새로이 주장한 경우 다시 그 처분에 대하여 **별도의 전심절차**를 거쳐야 한다.

빈출: 행정심판은 사건 단위로 한번 기회부여하면 족함

③ 「행정소송법」 이외의 법률에 당해 처분에 대한 행정심판의 재결을 거치지 아니하면 취소소송을 제기할 수 없다는 규정이 있는 경우에도, 처분의 집행 또는 절차의 속행으로 생길 중대한 손해를 예방하여야 할 **긴급한 필요가 있는 때**에는 **행정심판의 재결을 거치지 아니하고** 취소소송을 제기할 수 있다.

빈출 암기법: 60 + 긴 + 법 + 정

④ 「행정소송법」 이외의 법률에 당해 처분에 대한 행정심판의 재결을 거치지 아니하면 취소소송을 제기할 수 없다는 규정이 있는 경우에도, **동종사건에 관하여** 이미 행정심판의 기각재결이 있은 때에는 행정심판을 **제기함이 없이 취소소송을 제기할 수 있다**.

빈출 암기법: 오 + 관 + 변 + 동

문 238. 정답 ②

***해 설**

☞ ①: ○

행정소송법 제19조 단서는 원처분이 행정심판을 거친 경우 재결에 대한 취소소송은 **재결 고유의 위법이 있어야만** 다툴 수 있다고 규정하고 있다. 이를 원처분주의라고 한다.

빈출

☞ ②: ×

행정심판은 사건이 동일한 경우 행정부가 **반성의 기회를 한 번 가지면 족하며**, 행정 심판의 주장과 행정소송의 **주장이 다소 다르다고** 하더라도 **기본적인 점에서 동일하다면 동일한 사건이므로 행정심판을 또 다시 거칠** 필요가 없다.

중요 빈출 포인트

대법원 1999. 11. 26. 선고 99두9407 판결[택지초과소유부담금부과처분취소]

행정소송이 전심절차를 거쳤는지 여부를 판단함에 있어서 전심절차에서의 주장과 행정소송에서의 주장이 전혀 별개의 것이 아닌 한 그 주장이 반드시 일치하여야 하는 것은 아니고, 당사자는 전심절차에서 미처 주장하지 아니한 사유를 공격방어방법으로 제출할 수 있다.

☞ ③: ○

행정소송법 제18조 제2항은 행정심판청구는 하되 재결을 기다릴 필요가 없는 경

빈출 포인트: 참고로 암

기요령은 60, 긴, 법, 정으로 암기하면 될 것이다.

우로서 60일 경과시, 긴급한 경우, 법률규정 있는 경우, 정당한 사유를 들고 있다.

☞ ④: ○

빈출 포인트: 참고로 암기요령은 오, 관, 변, 동으로 암기하면 될 것이다.

행정소송법 제18조 제3항은 행정심판청구조차 불필요한 경우로서 오고지, 관련처분에 대해 행정심판거친 경우, 처분변경있는 경우, 동종 사건인 경우를 들고 있다.

빈출 행정심판 지문 정리

239. 행정심판에 대한 설명으로 옳지 않은 것은? (9급 지방직)

불가능

① 행정심판은 행정의 자기통제절차이므로 심판청구의 대상이 되는 처분보다 청구인에게 **불리한 재결을 하는 것**도 가능하다.

주의할 포인트

② **기속력은 인용재결에만 발생하고** 각하재결이나 기각재결에는 발생하지 않는다.

③ 처분청은 기각재결을 받은 후에도 **정당한 이유가 있으면** 원처분을 취소·변경할 수 있다.

빈출

④ **무효등확인심판의 경우에는 사정재결이 인정되지 않는다.**

문 239. 정답 ①

***해 설**

① 행정심판법 제47조(재결의 범위) ②항에서 위원회는 심판청구의 대상이 되는 처분보다 청구인에게 불리한 재결을 하지 못한다는 규정을 두고 있다. 이는 **불이익변경금지의 원칙이라고** 하는데, 행정심판을 두려워하지 않고 활성화하기 위하여 원처분보다 유리하게 되거나 그대로 유지될 뿐이므로 행정심판을 마음껏 제기하라는 취지이다. 만일 불리한 수정재결을 하면 동 조항에 위반되므로 재결고유의 위법이 있어 재결소송 사유가 된다.

④ 행정심판법 제44조(사정재결) ③항에서 제1항과 제2항은 무효등확인심판에는 적용하지 아니한다는 규정을 두고 있다. 그러나 취소소송은 이러한 규정이 없어서 견해 대립이 있음을 주의하여야 한다.

항고소송과 행정심판 피청구인은 동일하게 행정청

240. 행정심판에 있어 피청구인은? (서울시 9급)

① 처분의 상대방

② 법무부장관
③ 직근상급행정청
④ 처분행정청
⑤ 행정심판위원회

문 240. 정답 ④

***해 설**

☞ ③: ○

행정심판법 제17조(피청구인의 적격 및 경정)
① 행정심판은 **처분을 한 행정청**(의무이행심판의 경우에는 청구인의 신청을 받은 행정청)을 피청구인으로 하여 청구하여야 한다.

빈출

행정소송의 피고적격이나 행정심판의 피청구인적격은 **원칙적으로** 행정청이므로 정답은 ④이다.

241. 행정심판의 재결의 효력과 관련하여 「행정심판법」이 명문의 규정을 두고 있는 것은? (서울시 9급)

빈출

① 불가변력
② 확정력
③ 공정력
④ 기속력
⑤ 기판력

문 241. 정답 ④

***해 설**

☞ ④: ○

행정심판법 제49조 제1항에서 인용재결의 반복금지효, 제2항에서 재처분의무, 제3항에서 절차에 대한 재처분의무 등을 규정하고 있다. 그러나 나머지 지문들에 대해서는 규정하고 있지 않다.

빈출 조문

- 1항은 반복금지효
- 2항은 재처분의무
- 3항은 절차를 이유로 한 재처분의무

행정심판법 제49조(재결의 기속력 등)

① 심판청구를 인용하는 재결은 **피청구인과 그 밖의 관계 행정청을 기속**(羈束)한다.
② 당사자의 신청을 **거부하거나 부작위로 방치한 처분의** 이행을 명하는 재결이 있으면 행정청은 지체 없이 **이전의 신청에 대하여 재결의 취지에 따라 처분을 하여야** 한다.
③ 신청에 따른 처분이 **절차의 위법 또는 부당을 이유로** 재결로써 취소된 경우에는 제2항을 준용한다.

틀리기 쉬운 빈출 지문들 정리

242. 행정심판에 대한 설명 중 옳은 것은? (서울시 7급)

① **무효등확인심판에**는 심판청구기간의 **제한이 없다.**
② 무효등확인심판에서는 **사정재결**을 인정한다. — 부정
③ 취소심판에서는 **스스로 처분을 취소**하거나 **다른 처분으로 변경**할 수 없다. — 있음
④ **거부처분에 대한 의무이행심판**에는 심판청구에 **기간상의 제한**이 없다. — 있음
⑤ **부작위에 대한 의무이행심판**에는 심판청구에 기간상의 제한이 있다. — 없음

문 242. 정답 ①

***해 설**

☞ ①: ○

무효등확인심판은 무효확인소송과 마찬가지로 심판청구기간의 제한이 없으므로 언제나 청구할 수 있다. 이와 달리 **취소심판은 처분이 있음을 안 날로부터 90일, 처분이 있은 날로부터 180일 이내에 청구하여야 한다.**

☞ ②: ×

행정심판법 **제44조 제3항에서는 무효사유에는 사정재결을 부정한다**는 명문규정을 두고 있다. 그러나 행정소송법에서는 이러한 규정이 없어서 견해 대립이 있는데, 다만 다수설과 판례는 무효의 경우에는 사정판결을 부정하고 있다.

빈출 조문

행정심판법 제44조(사정재결)

① 위원회는 심판청구가 이유가 있다고 인정하는 경우에도 이를 **인용**(認容)**하는 것이** 공공복리에 크게 위배된다고 인정하면 그 심판청구를 **기각하는 재결을 할 수 있다.** 이 경우 위원회는 **재결의 주문**(主文)**에서 그 처분 또는 부작위가 위법하거나 부당하다는 것을 구체적으로 밝혀야 한다.**

② 위원회는 제1항에 따른 재결을 할 때에는 청구인에 대하여 상당한 구제방법을 취하거나 상당한 구제방법을 취할 것을 피청구인에게 명할 수 있다.
③ 제1항과 제2항은 **무효등확인심판에는 적용하지 아니한다**.

☞ ③: ×

취소심판은 인용재결의 형태가 **취소재결, 처분변경재결, 처분변경명령재결**이 가능하다.

자주 출제되는 중요 기출

개정전과 달리 취소명령재결은 삭제되었다.[4]

의무이행심판은 이와 달리 처분재결과 처분명령재결까지 모두 가능하다.

빈출되는 조문

제43조(재결의 구분)
③ 위원회는 취소심판의 청구가 이유가 있다고 인정하면 처분을 **취소** 또는 다른 처분으로 **변경**하거나 처분을 다른 처분으로 **변경할 것을 피청구인에게 명**한다.
④ 위원회는 무효등확인심판의 청구가 이유가 있다고 인정하면 처분의 효력 유무 또는 처분의 존재 여부를 확인한다.
⑤ 위원회는 의무이행심판의 청구가 이유가 있다고 인정하면 지체 없이 신청에 따른 **처분**을 하거나 **처분을 할 것을 피청구인에게 명**한다.

☞ ④: × ☞ ⑤: ×

행정심판법상 **거부로 인한 의무이행심판의 경우**에는 **부작위로 인한 의무이행심판과 달리 심판청구기간의 제한이 있다**. 행정심판법 제27조에서는 **무효등확인심판청구와 부작위에 대한 의무이행심판청구에는 심판청구기간에 대한 규정을 적용하지 아니한다고 규정하고 있다.**

틀리기 쉬운 빈출 지문

4 다만, 취소명령재결이 행심위가 직접 취소하는 것보다 행정청의 권한을 존중한다는 면이 있고, 처분명령재결도 허용된다는 관점에서 이론의 여지가 있다.

행정소송법 — 문제연습

빈출 기본 문제

243. 「행정소송법」상 소송유형에 포함되지 않는 것은? (9급 지방직)

① 민중소송
② 기관소송
③ 예방적 금지소송
④ 항고소송

문 243. 정답 ③

*해 설

☞ ③: ×

암기법: 항+당+민+기
빈출

행정소송법 제3조에서 ㉻고소송, ㉳사자소송, ㉠관소송, ㉰중소송 **네 가지**를 인정하고 있고, 반면에 **예방적 부작위소송**이나 **의무이행소송**은 현행법상 인정되지 않아 이름이 없다고 하여 무명항고소송이라 한다. 이번에 법무부 개정안에도 의무이행소송이 들어 온 반면 예방적 부작위소송은 들어오지 못해 출제가 예상되었다.

최신 출제 유형 대비+중요 빈출 판례 정리

244. 판례상 '행정청이 행하는 구체적 사실에 관한 법집행으로서의 공권력의 행사 또는 그 거부와 그 밖에 이에 준하는 행정작용'에 해당하지 않는 것과, 이 경우 그 불복을 다투는 소송의 유형을 바르게 연결한 것은? (9급 지방직)

ㄱ. 처분성 인정되어 취소소송 가능
ㄴ. 개정되어 퇴직연금삭감은 법률규정에 의한 효력이고 처분성이 없어서 당사자소송에 의함
ㄷ. 처분성 인정되어 취소소송
ㄹ. 처분성 부정되므로

ㄱ. 임용권자의 **국립대학 조교수에 대한 임용기간만료통지**
ㄴ. **공무원연금관리공단의 퇴직연금지급거부의 의사표시**
ㄷ. **친일반민족행위자재산조사위원회의 재산조사개시결정**
ㄹ. **광주광역시문화예술회관장의 시립합창단원 재위촉거부**

① ㄱ, ㄴ — 당사자소송
② ㄱ, ㄷ — 민사소송

③ ㄴ, ㄹ - 당사자소송 ④ ㄷ, ㄹ - 민사소송

당사자소송

문 244. 정답 ③

*해 설

☞ ㄱ: **국립대 조교수 임용기간만료통지**는 **실질적인 재임용거부처분**으로서 취소소송의 대상이 되어야 한다고 판시하였다.

빈출

☞ ㄴ: 설문의 배경이 되는 판례도 공무원연금관리공단의 인정에 의하여 퇴직연금을 지급받아 오던 중 **구 공무원연금법령의 개정 등**으로 퇴직연금 중 일부 금액의 지급이 정지된 경우에는 **당연히 개정된 법령에 따라 퇴직연금이 확정되는 것이지** 공무원연금법에 정해진 공무원연금관리공단의 **퇴직연금 결정과 통지에 의하여 비로소 그 금액이 확정되는 것이 아니므로**, 공무원연금관리공단이 퇴직연금 중 일부 금액에 대하여 지급거부의 의사표시를 하였다고 하더라도 그 의사표시는 퇴직연금 청구권을 형성·확정하는 **행정처분이 아니라** 공법상의 법률관계의 한쪽 당사자로서 그 지급의무의 존부 및 범위에 관하여 나름대로의 사실상·법률상 의견을 밝힌 것에 불과하다고 할 것이어서, 이를 **행정처분이라고 볼 수는 없다고 판시하고** 있다. 따라서 이러한 경우는 당사자소송으로 소송을 제기하여야 한다(대법원 2004. 12. 24. 선고 2003두15195 판결【퇴직연금지급청구거부처분취소】[공 2005. 2. 1.(219), 207]).

주의할 기출

그러나 이러한 경우가 아닌 때에는 **원칙적으로 취소소송으로 제기**하여야 한다. 따라서 ㄴ은 상대적인 지문이 될 수 있다.

☞ ㄷ: **친일반민족행위자재산조사위원회의 재산조사개시결정은 취소소송**으로 심리하고 있다(대법원 2013. 5. 23. 선고 2011두31390 판결【친일재산국가귀속결정취소】[공 2013하, 1119]).

기출

☞ ㄹ: **광주시립합창단원 재위촉거부는 공법상 계약에 대한 해제이므로** 당사자소송으로 소송을 제기하여야 한다고 판시하고 있다(대법원 2001. 12. 11. 선고 2001두7794 판결【합창단재위촉거부처분취소】[공 2002. 2. 1.(147), 306]).

빈출

245. 행정소송에 대한 다음의 설명 중 틀린 것은?

중요 기본지식 출제

① 우리 행정소송법은 **행정통제기능과 권리구제 기능을 모두** 추구하는데, **권리구제기능에 주안점**을 두는 체계라고 보는 것이 다수설과 판례의 입장이다.

이를 주관적 쟁송체계라 함

② 행정소송법 제2조의 처분 등에서 공권력, 그 거부, 그 밖에 이에 준하는 작용 등으로 규정되어 있는 것은 실질적으로 **행정행위나 행정행위와 성질이 동일한 것들을 의미한다는 것이 일원설과 판례**의 입장이다.

빈출: 포함됨

③ 행정행위를 발급할 수 있는 행정청에는 **공무수탁사인은** 포함되지 않는다.

④ 행정소송법 제3조에 규정된 행정소송의 종류 중 **㉻고소송과 ㉼사자소송은 주관적 쟁송으로 분류**되고, **㉯중소송과 ㉮관소송은 객관적 쟁송**으로 분류된다.

⑤ 우리 행정소송법은 다양한 행정소송 중 **항고소송 중심주의와 취소소송 중심주의를 취한다.**

문 245. 정답 ③

***해 설**

☞ ①: ○

우리 행정소송법은 행정통제기능과 권리구제 기능 중 **권리구제 기능에 보다 비중을 두는 주관적 쟁송체계**라고 보는 것이 **다수설과 판례의 입장**이며, **독일행정법과 유사하다**. 그러나 **행정통제기능에 비중을 두는 객관적 쟁송체계는 프랑스 행정법과 유사**한 체계로서 우리 행정소송법과는 거리가 멀다.

☞ ②: ○

***심 화 학 습**

최근 출제되기 시작하는 이론과 판례 포인트

처분개념 일원설에서는 처분개념의 순수성을 지키면서도 행정행위가 아닌 것들은 다양한 쟁송형태로 구제가 가능하므로 행정행위를 입법한 것으로 보고 있는데, **판례도 일원설의 입장에 있다**. 그러나 **다수설적인 이원설은** 행정행위보다도 처분 등이 더 넓게 입법되어 있으되 법적인 작용까지만 입법되어 있다고 보고 있다.

또한 **소수설인 이원설 역시** 행정행위 보다도 처분 등이 더 넓게 입법되어 있지만, 형식적 행정행위와 같은 사실적인 작용도 포함된다고 한다.

☞ ③: ×

빈출

공무수탁사인도 포함된다고 기능적으로 넓게 파악하는 것이 법률의 규정 및 다수설과 판례의 태도이다.

**** 행정소송법 제2조**
② 이 **법을 적용함에 있어서** 행정청에는 **법령에 의하여 행정권한의 위임 또는 위탁을 받은 행정기관, 공공단체 및 그 기관 또는 사인이 포함된다.**

☞ ④: ○

타당한 설명이다. 물론 항고소송을 객관적 쟁송체계로 보는 소수설도 있지만, 다수설과 판례는 항고소송을 주관적 쟁송체계로 보므로 직접적인 피해자가 아니면 항고소송을 제기할 수 없다.

☞ ⑤: ○

박정훈 교수의 지적으로서 논리적이고도 **정확한 지적이다.** 그런데 항고소송과 취소소송의 요건이 지나치게 엄격해서 문제인 면이 있다고 동시에 지적되고 있다.

246. 행정소송에 대한 다음의 논의 중 틀린 것만을 연결한 것은?

ㄱ. 실정법상 의무이행소송이나 예방적 소송, 적극적 형성소송, 가처분 등도 인정될 수 있다.

ㄴ. **행정행위나 권력적 사실행위** 등에 대하여 **민사법원의 선결문제**가 되는 경우 무효나 부존재에 대하여만 민사법원은 심리할 수 있다.

ㄷ. 민사법원은 **부당이득반환청구소송처럼 행정행위의 효력을 부인하여야 하는** 경우에는 과세처분이 **무효라고** 하더라도 선결문제를 심사할 수 없다.

ㄹ. 행정소송법 **제12조 제1문의 법률상 이익에 대하여 ㉠리구제설, ㉡률상 보호이익설, ㉢호가치이익설, ㉣법성 보장설 등의** 견해 대립이 있는데, 다수설과 판례의 입장은 보호가치이익설의 입장을 취한다.

ㅁ. 행정소송법 제12조 제1문의 법률상 이익에 대한 **법률상 보호이익설**에서는 보호규범이론에 의하여 사익도 보호되는 것으로 법령의 취지가 해석될 수 있어야 한다고 보는데, 다수설과 판례의 태도는 관련 법률설을 취하고 있다.

난이도 높지만 빈출 지문으로 정리할 것들
모두 부정
빈출: 취소사유라도 위법성판단은 가능 + 효력부인은 불가능
최근 빈출: 무효사유인 경우는 가능
암기법: 권 + 법 + 보 + 적
법률상 보호이익설이 다 · 판
판례는 관련법률설, 다수설은 기본권고려설

① ㄱ
② ㄱ, ㄴ
③ ㄱ, ㄴ, ㄷ
④ ㄱ, ㄴ, ㄷ, ㄹ
⑤ ㄱ, ㄴ, ㄷ, ㄹ, ㅁ

문 246. 정답 ⑤

***해 설**

☞ ㄱ: ×

의무이행소송이나 예방적 소송, 적극적 형성소송, 가처분 등에 대하여는 긍정설과 부정설, 절충설 등의 대립이 있지만, **다수설과 판례는** 대체로 현행 법률의 규정에 없고, 권력분립에 반하므로 실정법에 대한 해석론으로는 **인정할 수 없다고** 본다. 다만 입법론적으로 이들의 도입에 대하여는 대체로 긍정설이 다수설이다.

☞ ㄴ: ×

중요 빈출

행정소송법 제11조에서는 무효나 부존재에 대하여만 규정하고 있지만, 취소사유인 단순위법인 경우 **위법성 판단유형**(예컨대, 국가배상소송)에 대하여는 민사법원이 행정행위를 심사할 수 있다는 **긍정설이 다수설과 판례**이고 부정설은 소수설로서 거의 주장하는 이가 없다. 다만, **효력부인까지 요구하는 유형**(예컨대, 부당이득반환청구소송)에 대하여는 **부정설이 다수설과 판례**이다.

☞ ㄷ: ×

최근 자주 출제

무효의 경우는 민사법원도 행정소송법 제11조 제1항에 의하여 직접 심리할 수 있다. 즉 선결문제의 **논의의 전제로서 행정행위의 위법성의 정도가 취소사유일 것**이 요구된다.

☞ ㄹ: ×

다수설과 판례는 행정소송법 제12조 제1문의 법률상 이익에 대하여 **법률상 보호이익설을 취한다**.

☞ ㅁ: ×

판례와 다수설 대립

행정소송법 제12조 제1문의 법률상 이익에 대한 보호규범이론의 범위에 관하여 **대법원 판례는 관련 법률설을 주로 취하고** 있으나, **다수설과 헌재 판례는 기본권고려설의 입장**에 있다.

원고적격에 대한 중요 빈출 지문들 정리

247. 행정소송에 대한 다음의 논의들 중 옳은 것은?

① **보호규범이론과 관련**하여 **대법원은** 다만 사익보호성 해석의 범위에 대하여 대법원은 당해 법률설에서 **관련 법률설로 최근 넓게 보고** 있

으며 나아가서 종교단체가 설립한 납골당 사건에서는 다른 운영주체가 설립 및 운영하는 납골당과 달리 주민보호조항이 없더라도 본질이 유사하므로 **관련 법률을 유추적용할 수** 있다고 판시하고 있다. 그러나 **헌재는 기본권고려설의 입장을** 취하면서 병마개제조업자사건에서 **영업의 자유만으로** 원고적격이 인정될 수 있다고 판시하고 있다. 빈출 빈출

② 행정소송법 **제12조 제1문의 법률상 이익과 관련**하여 침해의 정도는 **개별적 · 직접적 · 구체적 이익**일 뿐만 아니라 간접적 · 사실적 · 경제적 이익도 포함한다. 개+직+구만 인정

③ 행정소송법 제13조에서 **항고소송의 피고는** 국가나 지자체라고 규정하고 있다. 행정청

④ 원고가 **피고를 잘못 지정한 경우라** 하더라도 법원은 원고의 신청에 의하여 함부로 피고의 경정을 허가할 수 없다. 가능

⑤ 행정행위에 대한 **취소소송에서 국가배상청구소송으로 소를 변경**하는 경우에는 피고인 행정청을 변경함이 없이 취소소송에서 진행된 소송절차를 그대로 이용할 수 있어 소송경제에 부합한다. 피고경정도 수반됨

문 247. 정답 ①

＊해 설

☞ ①: ○

최근 판례에 대한 정확한 이해를 하고 있는 설문이다.

☞ ②: ×

개별적이고 직접적이며 구체적인 이익만을 원고적격으로 인정하고 있고, **간접적이고 사실적이며 경제적인 이이에 불과한 경우에는** 원고적격을 부정하고 있는 것이 다수설과 판례의 입장이다. 빈출

☞ ③: ×

항고소송의 피고는 **소송수행의 편의를 위하여 국가**나 지자체가 아니라 **행정청**이 되도록 행정소송법 제13조에서 규정하고 있다. 그러나 당사자소송의 경우는 국가나 지자체 등 당사자인 행정주체가 피고가 된다.

☞ ④: ×

민사소송과 **달리 행정소송은 공익적 성격이 강하므로** 임의적 당사자변경에 해

기출

당하는 피고경정을 **특별한 사정이 없는 한 결정으로 허가할 수 있다.**

☞ ⑤: ×

기출

행정소송법 **제21조의 소변경에 의하여 피고경정이 수반되게 되므로 취소소송**의 피고인 **행정청에서 국가배상청구소송의 국가나 지자체로 피고가 변경되게 된다.**

소의 이익에 대해 자주 출제되는 중요 포인트 정리

꼭 정리해두자

248. 행정소송에 대한 다음의 논의들 중 옳은 것(o)과 옳지 않은 것(x)을 올바르게 조합한 것은? (다툼이 있는 경우 판례에 의함)

대립

ㄱ. 행정소송법 **제12조 제2문의 법률상** 이익은 소의 이익을 의미하므로 원고적격과 동일하게 법률상 이익이라는 용어를 사용하는 것은 입법상 과오라고 보는 데 학설은 일치한다.

다르게 확인소송으로

ㄴ. 행정소송법 **제12조 제2문의 취소소송**은 실효된 처분에 대한 취소소송인데, 처분이 존재하는 경우의 통상적인 취소소송과 마찬가지로 형성소송으로 보아야 한다.

ㄷ. 행정소송법 제12조 제2문의 취소소송의 법률상 이익의 범위에는 **정치 · 경제 · 사회 · 문화적 이익이 모두 포함된다고 넓게 보는 것이** 타당하다.

암기법: 경+사+반+가

ㄹ. 판례는 실효된 처분이라도 침해㉶복의 위험이 있거나 ㉮중적 제재의 위험이 있거나 회복할 수 있는 정당한 ㉳회적 지위나 회복할 수 있는 정당한 (경)제적 이익이 있는 경우에는 행정소송법 제12조 제2문의 취소소송을 **예외적으로 허용하고** 있다.

있다고 판례 변경

ㅁ. 대법원은 **가중적 제재가 시행규칙에 규정된 경우에**는 기간의 경과로 제재처분이 실효된 이상 행정소송법 제12조 제2문의 취소소송을 인정할 소의 이익이 없다고 보고 있다.

① ㄱ(x), ㄴ(x), ㄷ(o), ㄹ(o), ㅁ(x)
② ㄱ(o), ㄴ(x), ㄷ(o), ㄹ(o), ㅁ(x)
③ ㄱ(x), ㄴ(o), ㄷ(x), ㄹ(o), ㅁ(x)
④ ㄱ(o), ㄴ(o), ㄷ(o), ㄹ(o), ㅁ(x)
⑤ ㄱ(x), ㄴ(o), ㄷ(o), ㄹ(o), ㅁ(x)

문 248. 정답 ①

***해 설**

☞ ㄱ: ×

행정소송법 제12조 **제1문의 법률상 이익은 원고적격**이고 제12조 **제2문의 법률상 이익은 소의 이익이므로 동일한 용어를 사용한 것은 입법상 과오라는 입법상 과오설**이 다수설로 지지를 받고 있지만, 행정소송법 제12조 제2문의 법률상 이익은 처분의 효력이 소멸한 후의 원고적격이므로 원고적격에 관한 법률상 이익으로 사용하는 것은 입법상 과오가 아니라는 입법상 비과오설이 주장되고 있으므로(홍정선 교수) **학설이 일치하는 것은 아니다.**

기출

☞ ㄴ: ×

통상적인 취소소송은 형성소송이지만 처분이 실효된 경우에 제기하는 취소소송은 **확인소송으로 보는 것이 다수설의 입장으로서 타당**하다. 즉 행정소송법 제12조 제2문의 법률상 이익은 **계속적 확인소송의 정당한 이익으로 보는** 것이 타당하다. 물론 둘다 확인소송으로 보는 반대설도 있기는 하다.

출제될 중요 지문

☞ ㄷ: ○

행정소송법 제12조 제2문의 법률상 이익에 대하여 재산적 이익국한설도 있지만 비재산이익도 포함하며, **정치 · 경제 · 사회 · 문화적 이익이라도 모두 포함**된다고 넓게 보는 **것이 다수설과 최근 판례의 태도로서 타당하다.**

빈출

☞ ㄹ: ○

판례의 **최근 동향에 대한 정확한 분석이다.**

암기법: 경+사+반+가

☞ ㅁ: ×

이는 **변경전 판례의 입장이며 최근에 변경된 전원합의체 판결의 다수의견은** 가중적 제재를 규정하고 있는 **근거규정의 법적 성질과 무관하게 소의 이익을 긍정**하여야 하고, 가중적 제재의 위험단계에 있다고 하더라도 **신속하고 효과적인 재판청구권**의 보장을 위하여 소의 이익을 긍정하여야 한다고 판례를 변경하고 있다. **다만 별개의견은** 시행규칙으로 가중적 제재를 규정하고 있는 경우 **법규명령으로 파악하는 이론적 기초하에 소의 이익을 긍정하여야** 한다고 판시하고 있다.

최다 빈출되는 판례변경 지문

항고소송대상 또는 처분성 인정되는 것을 묻는 최다 출제 기출 유형

최신 기출 판례 정리

249. 항고소송의 대상이 되는 것을 모두 고른 것은? (다툼이 있는 경우 판례에 의함) (변시 기출)

ㄱ. 관리청이 국유재산법에 따라 행정재산의 **무단점유자에 대하여 변상금을 부과**하는 행위
ㄴ. 건축물대장 소관 행정청이 **건축물대장의 용도변경신청을 거부하는 행위**
ㄷ. 건축물대장 소관 행정청이 **건축물에 관한 건축물대장을 직권말소한 행위**
ㄹ. 과세관청이 행한 부가가치세에 대한 **국세환급금결정 또는 이 결정을 구하는 신청에 대한 환급**거부결정
ㅁ. 국가인권위원회가 성희롱 행위자로 결정된 자에 대하여 한 **성희롱결정과 이에 따른 시정조치의 권고**

① ㄱ, ㄷ ② ㄱ, ㄴ, ㅁ
③ ㄴ, ㄷ, ㄹ ④ ㄱ, ㄴ, ㄷ, ㅁ
⑤ ㄱ, ㄴ, ㄷ, ㄹ, ㅁ

문 249. 정답 ④

*해 설

다수설과 판례는 **행정청의 국민의 권리·의무에 대하여 직접적인 영향을 미치는 행위**를 처분성의 요건으로 보고 있는데, 보기의 지문들 중 ㄱ, ㄴ, ㄷ, ㅁ은 최근 판례의 변화나 변경을 통해 처분성을 긍정하고 있는 것들이다. 그러나 **과세 환급금액은 이미 법령에 의하여 결정되어 있는 것이고 과세관청의 결정이나 거부는 사실적인 집행에 지나지 않는 것이므로 처분성이 부정**된다. 따라서 항고소송의 대상이 되는 것은 ㄱ, ㄴ, ㄷ, ㅁ 네 가지이다.

중요판례 출제

※ 그 밖에도 최근 출제되는 판례 정리
⇒ 민사소송이 아니라 당사자소송으로 입장을 바꾼 경우들 또는
① **㉢제외지 보상금 청구소송**
② **(사)업폐지보상**
③ **(보)상금증감청구소송**
④ **(소)방공무원 보수지급 소송**
⑤ **(부)가가치세환급소송**
⇒ 암기법: 제+사+보+소+부

250. 행정심판과 취소소송의 관계에 대한 설명으로 옳지 않은 것은?(다툼이 있는 경우 판례에 의함) (국가직 7급)

시험에서 잘 틀리는 지문들 정리하는 문제

① **행정심판절차에서 주장하지 아니한 사항에 대해**서도 **원고는 취소소송에서 주장할 수 있다.**

② **'도로교통법'에 따른 처분**에 대해서는 **행정심판의 재결을 거치지 아니하면 취소소송을 제기할 수 없다.**

③ **지방노동위원회의 구제명령에** 대해서는 **중앙노동위원회에 재심을** 신청한 후 그 재심판정에 대하여 중앙노동위원회를 **피고로** 하여 **재심판정 취소의 소를 제기하여야 한다.**

최근 빈출: 중앙노동위원장을 피고

④ **적법한 행정심판청구를 각하한 재결**은 **재결 자체에 고유한 위법이 있는** 경우에 해당하므로 **재결취소소송**을 제기할 수 있다.

문 250. 정답 ③

***해 설**

☞ ③: ×

> 대법원 2010. 7. 29. 선고 2007두18406 판결【부당해고구제재심판정중직위해제부분취소】[공 2010하, 1761]
>
> **노동위원회법에서 필요적 전치주의와 재결주의 등 예외적인 조항을 두고 있는 점**을 지적한 것은 옳지만 피고를 일반적인 취소소송의 경우와 달리 위원회가 아니라 **중노위위원㉷**으로 규정하고 있다. 판례도 동일하게 판시하고 있다.

주의할 기출 판례

251. 행정심판 청구기간 및 행정소송 제기기간에 관한 다음 설명 중 옳지 않은 것은? (다툼이 있는 경우 판례에 의함) (변시 기출)

제소기간 등에 대한 빈출 지문 정리

① 고시 또는 공고에 의하여 행정처분을 하는 경우에는 **고시 또는 공고가 효력이 발생하여도 그날** 이해관계인이 그 처분이 있음을 바로 알 수 없으므로 이해관계인이 실제로 그 고시 또는 공고된 처분이 있음을 알게 된 날을 제소기간의 기산점으로 삼아야 한다.

주의할 빈출: 고시가 효력발생한 날

② 행정심판의 경우 행정처분의 직접상대방이 아닌 제3자는 처분이 있음을 곧 알 수 없는 처지이므로 **위 제3자가** 행정심판 청구기간 내에 처

분이 있음을 알았거나 쉽게 알 수 있었다는 특별한 사정이 없는 한 '처분이 있었던 날부터 180일'의 심판청구기간의 적용을 **배제할 정당한 사유가 있는 때에 해당한다.**

빈출

③ 법원은 ㉢사자소송을 ㉤소소송으로 변경하는 것이 상당하다고 인정할 때에는 **청구의 기초에 변경이 없는** 한 **사실심의 변론종결시까지** 원고의 **신청에 의하여 결정으로써 소의 변경을 허가할 수** 있는데, 이때 제소기간은 애초에 **당사자소송을 제기한 시점을 기준으로 계산한다.**

기출

④ **보충역편입처분에** 따라 **공익근무요원으로 소집되어** 근무 중 **보충역편입처분을 취소당한** 후 **공익근무요원 복무중단처분** 및 **현역병입영대상편입처분이** 순차로 내려지자, 원고가 **보충역편입처분취소처분의 취소를 구하는 소를 제기**하였다가 공익근무요원 복무중단처분의 취소 및 현역병입영대상편입처분의 취소를 **청구취지로 추가한 경우,** 추가된 부분의 제소기간은 **청구취지의 추가신청이 있은 때를 기준**으로 계산한다.

기출

⑤ 국세부과처분에 대한 이의신청에 있어서 재조사결정이 내려지고 그에 따라 후속 처분이 내려진 경우 **재조사결정에 따른** 심사청구기간이나 심판청구기간은 **이의신청인이 후속 처분의 통지를 받은 날부터 기산된다.**

재조사결정은 처분성이 있지만, 규정 때문에 제소기간 기산점은 아님

문 251. 정답 ①

***해 설**

☞ ①: ×

주의해야 할 빈출 판례

<u>대법원 2006. 4. 14. 선고 2004두3847 판결【토지수용재결처분취소】[공 2006. 5. 15.(250), 813]</u>

통상 고시 또는 공고에 의하여 행정처분을 하는 경우에는 그 처분의 상대방이 불특정 다수인이고, 그 처분의 효력이 불특정 다수인에게 일률적으로 적용되는 것이므로, 그 행정처분에 이해관계를 갖는 자는 고시 또는 공고가 있었다는 사실을 **현실적으로 알았는지 여부에 관계없이 고시가 효력을 발생하는 날에 행정처분**이 있음을 알았다고 보아야 하고, 따라서 그에 대한 취소소송은 그 날로부터 90일 이내에 제기하여야 한다.

☞ **다만, 비교판례로서 주의하여야 할 것이 있다.**

대법원 2006. 4. 28. 선고 2005두14851 판결【주민등록직권말소처분무효확인】[공 2006. 6. 1.(251), 939]

행정소송법 제20조 제1항 소정의 **제소기간 기산점인 '처분이 있음을 안 날'이라 함은 당사자가 통지, 공고 기타의 방법에 의하여 당해 처분이 있었다는 사실을 현실적으로 안 날을 의미하는바**(대법원 1991. 6. 28. 선고 90누6521 판결, 1995. 11. 24. 선고 95누11535 판결 등 참조), 특정인에 대한 행정처분을 **주소불명 등의 이유로 송달할 수 없어** 관보·공보·게시판·일간신문 **등에 공고한 경우에는, 공고가 효력을 발생하는 날에** 상대방이 그 **행정처분이 있음을 알았다고 볼 수는 없고, 상대방이 당해 처분이 있었다는 사실을 현실적으로 안 날에 그 처분이 있음을 알았다고 보아야 할 것**이다.

비교 빈출 판례

☞ ②: ○

제3자는 행정행위의 직접 상대방이 아니므로 제소기간 도과에 대한 정당한 사유가 있다고 본다. 다만 제3자라도 **제소기간을 알았다면 제소기간이 그대로 적용된다.**

☞ ③: ○

대법원 1992. 12. 24. 선고 92누3335 판결【보상금지급결정취소】[공 1993. 2. 15.(938), 627]

판례는 **소변경시를 기준으로** 제소기간을 판단한다. 따라서 그 반대의 경우도 마찬가지인데, **㉯소소송을 제기하였다가 나중에 ㉰사자 소송으로 변경하는 경우**에는 행정소송법 제21조 제4항, 제14조 제4항에 따라 처음부터 당사자 소송을 제기한 것으로 보아야 하므로 **당초의 취소소송이 적법한 기간 내에 제기된 경우에는 당사자소송의 제소기간을 준수한 것으로 보아야 할 것이다.**

주의할 빈출 판례

☞ ④: ○

대법원 2004. 12. 10. 선고 2003두12257 판결【병역처분취소처분취소】[공보불게재]

이 사건 공익근무요원복무중단처분, 현역병입영대상편입처분 및 현역병입영통지처분은 보충역편입처분취소처분을 전제로 한 것이기는 하나 **각각 단계적으로 별개의 법률효과를 발생시키는 독립된 행정처분으로서 하나의 소송물로 평가할 수 없고, 보충역편입처분취소처분의 효력을 다투는 소에 공익근무요원복무중단처분, 현역병입영대상편입처분 및 현역병입영통지처분을 다투는 소도 포함되어 있다고 볼 수는 없다고 할 것이므로**, 공익근무요원복무중단처분, 현역병입영대상편입처분 및 현역병입영통지처분의 취소

다시 90일을 계산하는 것은 아님

를 구하는 소의 제소기간의 준수 여부는 각 그 **청구취지의 추가 · 변경신청이 있은 때를 기준으로 개별적으로 살펴야 할 것이지, 최초에 보충역편입처분취소처분의 취소를 구하는 소가 제기된 때를 기준으로 할 것은 아니라고 할 것이다.**

☞ ⑤: ○

※ 중요 출제 판례

대법원 2010. 6. 25. 선고 2007두12514 전원합의체 판결【부가가치세부과처분취소】[공 2010하, 1493]

【판시사항】

재결청의 재조사결정에 따른 심사청구기간이나 심판청구기간 또는 행정소송의 제소기간의 기산점(**=후속 처분의 통지를 받은 날**)

정리

cf. 부가가치세 부과 처분은 취소소송으로 구제 ≠ 그러나 부가가치세 환급청구소송은 당사자소송으로 구제

【판결요지】

[다수의견]

이의신청 등에 대한 결정의 한 유형으로 실무상 행해지고 있는 재조사결정은 처분청으로 하여금 하나의 과세단위의 전부 또는 일부에 관하여 당해 결정에서 지적된 사항을 재조사하여 그 결과에 따라 **과세표준과 세액을 경정하거나 당초 처분을 유지하는** 등의 후속 **처분을 하도록 하는 형식을 취하고 있다.** 이에 따라 **재조사결정을 통지받은 이의신청인 등은 그에 따른 후속 처분의 통지를 받은 후에야 비로소 다음 단계의 쟁송절차에서 불복할 대상과 범위를 구체적으로 특정할 수 있게 된다.** 이와 같은 재조사결정의 형식과 취지, 그리고 행정심판제도의 자율적 행정통제기능 및 복잡하고 전문적 · 기술적 성격을 갖는 조세법률관계의 특수성 등을 감안하면, **재조사결정은 당해 결정에서 지적된 사항에 관해서는 처분청의 재조사결과를 기다려 그에 따른 후속 처분의 내용을 이의신청 등에 대한 결정의 일부분으로 삼겠다는 의사가 내포된 변형결정에 해당한다고 볼 수밖에 없다.** 그렇다면 **재조사결정은 처분청의 후속 처분에 의하여 그 내용이 보완됨으로써 이의신청 등에 대한 결정으로서의 효력이 발생한다고 할 것이므로, 재조사결정에 따른 심사청구기간이나 심판청구기간 또는 행정소송의 제소기간은 이의신청인 등이 후속 처분의 통지를 받은 날부터 기산된다고 봄이 타당하다.**

중요 기출 판례

재조사결정은 처분성이 있으면서도, 제소기간 기산점이 되지 않는 특수한 경우이므로 숙지

[대법관 김영란, 대법관 양승태, 대법관 안대희의 별개의견]

재조사결정은 단지 효율적인 사건의 심리를 위하여 처분청에 재조사를 지시하는 사실상의 내부적 명령에 불과하다고 보아야 할 것이므로 그로써 이의신청 등에 대한 결정이 있었다고 할 수 없고, 후속 처분에 의하여 그 효력이 발생한다고 의제할 수도 없다. 따라서 이의신청인 등에게 재조사결정이나 후속 처분이 통지되었다고 하더라도 그 후 다시 재결청이 국세기본법에 규정된 유형의 결정을 하여 이의신청인 등에게 이를 통지할 때까지는 심사청구기간 등이 진행하지 않는다고 보아야 한다.

252. 행정소송법상 재결에 대한 취소소송은 재결 자체에 고유한 위법이 있음을 이유로 하는 경우에 한한다(제19조 단서). '재결 자체에 고유한 위법'에 관한 다음 판례의 내용 중 옳지 않은 것은?

(변시 기출)

재결소송에 대한 중요 빈출 지문 정리

① **행정심판청구가 부적법하지 않음에도 각하한 재결**은 심판청구인의 실체심리를 받을 권리를 박탈한 것으로서 재결에 **고유한 하자가 있는 경우에 해당하여** 재결 자체가 취소소송의 대상이 된다.

빈출

② **의약품제조품목허가처분에** 대하여 원처분의 상대방이 아닌 **제3자가** 행정심판을 청구하여 재결청이 원처분을 취소하는 형성재결을 한 경우에 그 원처분의 상대방은 그 재결에 대하여 항고소송을 제기할 수 밖에 없는데, 이 경우 위 재결은 원처분과 내용을 달리하는 것이어서 재결의 취소를 구하는 것은 **원처분에 없는 재결 고유의 위법을 주장**하는 것이 된다.

빈출

③ 행정청이 골프장 사업계획승인을 얻은 자의 **사업시설 착공계획서를 수리한 것에 불복하여** 인근 주민들이 그 수리처분의 취소를 구하는 행정심판을 청구한 것에 대하여, 재결청이 처분성의 결여를 이유로 위 취소심판청구를 **부적법 각하하여야 함에도 불구**하고 **이를 각하하지 않고 심판청구를 인용하여 취소재결을 하였다면** 재결 자체에 고유한 하자가 있는 것이다.

④ 재결 자체에 고유한 위법에는 재결 자체의 주체, 절차, 형식상의 위법뿐만 아니라 **재결 자체의 내용상의 위법도 포함된다.**

빈출

⑤ 공무원인 원고에 대한 **감봉 1월의 징계처분을 관할** 소청심사위원회가 **견책으로 변경하는 소청결정**을 내린 경우, 원고가 위 소청결정 중 견책에 처한 조치는 재량권의 일탈·남용이 있어 위법하다는 사유를 들어 다툰다면 이는 위 소청결정 자체에 고유한 위법이 있는 경우에 해당한다.

기출: 더 유리해졌으므로 고유한 위법이 없다

문 252. 정답 ⑤

***해 설**

☞ ①: ○

빈출 판례

대법원 2001. 7. 27. 선고 99두2970 판결【용화집단시설지구기본설계변경승인처분취소】[집 49(2)특, 379; 공 2001. 9. 15.(138), 1967]

행정소송법 제19조에 의하면 행정심판에 대한 재결에 대하여도 그 재결 자체에 고유한 위법이 있음을 이유로 하는 경우에는 항고소송을 제기하여 그 취소를 구할 수 있고, 여기에서 말하는 '재결 자체에 고유한 위법'이란 그 재결자체에 주체, 절차, 형식 또는 내용상의 위법이 있는 경우를 의미하는데, **행정심판청구가 부적법하지 않음에도 각하한 재결은 심판청구인의 실체심리를 받을 권리를 박탈한 것으로서 원처분에 없는 고유한 하자가 있는 경우에 해당하고, 따라서 위 재결은 취소소송의 대상이 된다.**

☞ ②: ○

빈출 판례

대법원 1998. 4. 24. 선고 97누17131 판결【-보령 정로환- 의약품제조품목허가취소처분취소】[공 1998. 6. 1.(59), 1517]

원처분의 상대방이 아닌 **제3자가** 행정심판을 청구하여 재결청이 원처분을 취소하는 형성재결을 한 경우에 그 원처분의 상대방은 그 재결에 대하여 항고소송을 제기할 수밖에 없고, 이 경우 재결은 원처분과 내용을 달리 하는 것이어서 재결의 취소를 구하는 것은 원처분에 없는 재결 고유의 위법을 주장하는 것이 된다.

☞ ③: ○

빈출 판례

대법원 2001. 5. 29. 선고 99두10292 판결【재결취소】[공 2001. 7. 15.(134), 1520]

행정청이 **골프장 사업계획승인을 얻은 자의 사업시설 착공계획서를 수리한 것에 대하여** 인근 주민들이 그 수리처분의 취소를 구하는 행정심판을 청구하자 재결청이 그 청구를 인용하여 수리처분을 취소하는 형성적 재결을 한 경우, 그 수리처분 취소 심판청구는 행정심판의 대상이 되지 아니하여 **부적법 각하하여야 함에도** 위 재결은 그 청구를 인용하여 수리처분을 취소하였으므로 **재결 자체에 고유한 하자가 있다.**

☞ ④: ○

빈출

재결고유의 위법에 대하여 주체 · 절차 · 형식 국한설과 **내용포함설**이 대립하나, 판례와 다수설은 내용을 제외할 합리적인 이유가 없으므로 내용상의 고유한 위법도 인정하고 있다.

대법원 2009. 10. 15. 선고 2009두11829 판결【소청심사청구사건결정취소】[공보불게재]

국립대학교 총장의 국립대학교 교원에 대한 징계 등 불리한 처분은 행정처분이므로 국립대학교 교원이 국립대학교 총장의 징계 등 불리한 처분에 대하여 불복이 있으면 교원소청심사위원회에 소청심사를 청구하고 위 심사위원회의 소청심사결정에 불복이 있으면 항고소송으로 이를 다퉈야 할 것인데, 이 경우 그 소송의 대상이 되는 처분은 원칙적으로 원처분인 국립대학교 총장의 처분이고, 국립대학교 총장의 처분이 정당한 것으로 인정되어 소청심사청구를 기각한 소청심사결정 자체에 대한 항고소송은 원처분의 하자를 이유로 주장할 수 없고, 그 소청심사결정 자체에 고유한 주체, 절차, 형식 또는 내용상의 위법이 있는 경우, 즉 **원처분에는 없고 소청심사결정에만 있는 교원소청심사위원회의 권한 또는 구성의 위법, 소청심사결정의 절차나 형식의 위법, 내용의 위법 등이 존재하는 때에 한하고**(대법원 1993. 8. 24. 선고 93누5673 판결; 대법원 1994. 2. 8. 선고 93누17874 판결 등 참조), 신청을 기각하는 소청심사결정에 사실오인이나 재량권 남용 · 일탈 등의 위법이 있다는 사유는 소청심사결정 자체에 고유한 위법을 주장하는 것으로 볼 수 없다.

판례는 내용포함설

☞ ⑤: ×

1월 감봉에서 견책으로 변경하는 소청결정은 **유리하게 수정된 재결이므로 재결 고유의 위법이 없어 유리한 견책의 형태로 감축된 1월 감봉으로 다투어야 한다**. 유리한 **수정재결은 원처분의 잔존물로서 동일성을 유지하기 때문**이다.

대법원 1993. 8. 24. 선고 93누5673 판결【소청결정취소】[공 1993. 10. 15.(954), 2642]

항고소송은 원칙적으로 당해 처분을 대상으로 하나, 당해 처분에 대한 재결 자체에 고유한 주체, 절차, 형식 또는 내용상의 위법이 있는 경우에 한하여 그 재결을 대상으로 할 수 있다고 해석되므로, **징계혐의자에 대한 감봉 1월의 징계처분을 견책으로 변경한 소청결정 중 그를 견책에 처한 조치는 재량권의 남용 또는 일탈로서 위법하다는 사유는 소청결정 자체에 고유한 위법을 주장하는 것으로 볼 수 없어 소청결정의 취소사유가 될 수 없다**.

빈출

253. 항고소송의 대상이 되는 행정처분에 관한 다음 설명 중 옳지 않은 것은? (다툼이 있는 경우 판례에 의함) (변시 기출)

최근 출제되는 어려운 판례 지문들 정리

① 군의관은 행정청이라고 볼 수 없고, 신체등위판정 자체만으로는 권리

빈출

의무가 정하여지는 것이 아니고 병역처분에 의하여 비로소 병역의무의 종류가 정하여지므로 **군의관이 하는 신체등위판정은 행정처분이 아니다.**

빈출

② 「도시 및 주거환경정비법」에 의한 **주택재개발정비사업조합은** 조합원에 대한 법률관계에서 적어도 특수한 존립목적을 부여받은 **특수한 행정주체로서 국가**의 감독하에 그 존립목적인 특정한 공공사무를 행하고 있다고 볼 수 있는 범위 내에서는 공법상의 권리의무관계에 서 있는 것이므로 **분양신청 ㊨에 정하여진 관리처분계획은 행정처분이다.**

기출

③ **지방의회 의장에 대한 불신임 의결**은 지방의회의 내부적 결정에 불과하므로 행정처분이 아니다.

최근 출제되고 있는 중요 판례

④ **한국자산관리공사의 공매통지는** 공매의 요건이 아니라 **공매사실 자체를 체납자에게 알려주는 데 불과한 것으로서**, 통지받은 상대방의 법적 지위나 권리의무에 직접 영향을 주는 것이 아니라고 할 것이므로 **행정처분이 아니다.**

최근 기출

⑤ 금융감독원장으로부터 **문책경고를 받은 금융기관의** 임원이 일정기간 금융업종 임원선임의 자격제한을 받도록 관계법령에 규정되어 있는 경우, 그 문책**경고는 그 상대방의 권리의무에 직접 영향을 미치는 행위이므로 행정처분에 해당한다.**

문 253. 정답 ③

***해 설**

☞ ①: ○

대법원 1993. 8. 27. 선고 93누3356 판결【신체등위1급판정취소】[공 1993. 10. 15.(954), 2648].

☞ ②: ○

빈출

대법원 2009. 11. 26. 선고 2008다41383 판결【총회결의무효확인】[공보불게재]

(1) 주택재건축조합의 법적 지위

「도시 및 주거환경정비법」(이하 '도시정비법'이라 한다)상의 주택재건축정비사업조합(이하 '재건축조합'이라고 한다)은 관할 행정청의 감독 아래 도시정비법상의 주택재건축사업을 시행하는 공법인으로서, 그 목적 범위 내에서 법령이 정하는 바에 따라 일정한 행정작용을 행하는 행정주체의 지위를 갖는다.

※반드시 정리할 것

(2) 주택재건축조합의 관리처분계획의 성질

그리고 **재건축조합이 행정주체의 지위에서 도시정비법 제48조에 따라 수립하는 관리처분계획은 정비사업의 시행 결과 조성되는 대지 또는 건축물의 권리귀속에 관한 사항과 조합원의 비용 분담에 관한 사항 등을 정함으로써 조합원의 재산상 권리·의무 등에 구체적이고 직접적인 영향을 미치게 되므로, 이는 구속적 행정계획으로서 재건축조합이 행하는 독립된 행정처분**에 해당한다(대법원 1996. 2. 15. 선고 94다31235 전원합의체 판결; 대법원 2007. 9. 6. 선고 2005두11951 판결 등 참조).

(3) 주택재개발조합설립인가 이전의 관리처분계획에 대한 조합총회결의 하자

그런데 관리처분계획은 재건축조합이 조합원의 분양신청 현황을 기초로 관리처분계획안을 마련하여 그에 대한 조합 총회결의와 토지 등 소유자의 공람절차를 거친 후 관할 행정청의 인가·고시를 통해 비로소 그 효력이 발생하게 되므로(도시정비법 제24조 제3항 제10호, 제48조 제1항, 제49조), 관리처분계획안에 대한 조합 총회결의는 관리처분계획이라는 행정처분에 이르는 절차적 요건 중 하나로, 그것이 위법하여 효력이 없다면 관리처분계획은 하자가 있는 것으로 된다.

따라서 **행정주체인 재건축조합을 상대로 관리처분계획안에 대한 조합 총회결의의 효력 등을 다투는 소송은 행정처분에 이르는 절차적 요건의 존부나 효력 유무에 관한 소송으로서 그 소송결과에 따라 행정처분의 위법 여부에 직접 영향을 미치는 공법상 법률관계에 관한 것이므로, 이는 「행정소송법」상의 당사자소송에 해당한다.**

그리고 이러한 소송은, **관리처분계획이 인가·고시되기 전**이라면 위법한 총회결의에 대해 무효확인 판결을 받아 이를 관할 행정청에 자료로 제출하거나 재건축조합으로 하여금 새로이 적법한 관리처분계획안을 마련하여 다시 총회결의를 거치도록 함으로써 하자 있는 관리처분계획이 인가·고시되어 행정처분으로서 효력이 발생하는 단계에까지 나아가지 못하도록 저지할 수 있고, 또 총회결의에 대한 무효확인판결에도 불구하고 관리처분계획이 인가·고시되는 경우에도 관리처분계획의 효력을 다투는 항고소송에서 총회결의 무효확인소송의 판결과 증거들을 소송자료로 활용함으로써 신속하게 분쟁을 해결할 수 있으므로, 관리처분계획에 대한 인가·고시가 있기 전에는 허용할 필요가 있다.

(4) 주택재개발조합설립인가 이후의 관리처분계획에 대한 조합총회결의 하자

그러나 나아가 관리처분계획에 대한 관할 행정청의 인가·고시까지 있게 되면 관리처분계획은 행정처분으로서 효력이 발생하게 되므로, 총회결의의 하자를 이유로 하여 행정처분의 효력을 다투는 항고소송의 방법으로 관리처분계획의 취소 또는 무효확인을 구하여야 하고, 그와 별도로 행정처분에 이르는 절차적 요건 중 하나에 불과한 총회결의 부분만을 따로 떼어내어 효력 유무를 다투는 확인의 소를 제기하는 것은 특별한 사

정이 없는 한 허용되지 않는다고 보아야 한다(대법원 2009. 9. 17. 선고 2007다2428 전원합의체 판결 참조).

☞ ③: ×

대법원 1994. 10. 11.자 94두23 결정【행정처분효력정지】[공 1994. 12. 1.(981), 3131]

지방의회를 대표하고 의사를 정리하며 회의장 내의 질서를 유지하고 의회의 사무를 감독하며 위원회에 출석하여 발언할 수 있는 등의 직무권한을 가지는 지방의회 의장에 대한 불신임의결은 **의장으로서의 권한을 박탈하는 행정처분의 일종으로서 항고소송의 대상이 된다.**

☞ ④: ○

대법원 2011. 3. 24. 선고 2010두25527 판결【양도소득세부과처분취소】[공 2011상, 838]

국세징수법이 압류재산을 공매할 때에 공고와 별도로 체납자 등에게 공매통지를 하도록 한 이유는, 체납자 등으로 하여금 공매절차가 유효한 조세부과처분 및 압류처분에 근거하여 적법하게 이루어지는지 여부를 확인하고 이를 다툴 수 있는 기회를 주는 한편, 국세징수법이 정한 바에 따라 체납세액을 납부하고 공매절차를 중지 또는 취소시켜 소유권 또는 기타의 권리를 보존할 수 있는 기회를 갖도록 함으로써 체납자 등이 감수하여야 하는 강제적인 재산권 상실에 대응한 절차적인 적법성을 확보하기 위한 것으로 보아야 하고, **따라서 체납자 등에 대한 공매통지는 국가의 강제력에 의하여 진행되는 공매에서 체납자 등의 권리 내지 재산상의 이익을 보호하기 위하여 법률로 규정한 절차적 요건이라고 보아야 하며, 공매처분을 하면서 체납자 등에게 공매통지를 하지 않았거나 공매통지를 하였더라도 그것이 적법하지 아니한 경우에는 절차상의 흠이 있어 그 공매처분이 위법하게 되는 것**이지만, **공매통지 자체가 그 상대방인 체납자 등의 법적 지위나 권리·의무에 직접적인 영향을 주는 행정처분에 해당한다고 할 것은 아니므로 다른 특별한 사정이 없는 한 체납자 등은 공매통지의 결여나 위법을 들어 공매처분의 취소 등을 구할 수 있는 것이지 공매통지 자체를 항고소송의 대상으로 삼아 그 취소 등을 구할 수는 없다.**

최근 기출되는 중요 포인트

***** 비교판례로서 대법원 2008. 11. 20. 선고 2007두18154 전원합의체 판결【매각결정취소】[집 56(2)특, 317; 공 2008하, 1799]**

체납자 등에 대한 공매통지는 국가의 강제력에 의하여 진행되는 공매에서 체납자 등의 권리 내지 재산상의 이익을 보호하기 위하여 법률로 규정한 절차적 요건이라고 보아야 하며, 공매처분을 하면서 체납자 등에게 공매통지를 하지 않았거나 공매통지를 하였더라도 그것이 적법하지 아니한 경우에는 절차상의 흠이 있어 그 공매처분은 위법하다. 다만, 공매통지의 목적이나 취지 등에 비추어 보면, 체납자 등은 자신에 대한 공매통지의 하자만을 공매처분의 위법사유로 주장할 수 있을 뿐 다른 권리자에 대한 공매통지의 하자를 들어 공매처분의 위법사유로 주장하는 것은 허용되지 않는다.

공매통지는 공매의 요건이 아니라 공매사실 자체를 체납자 등에게 알려주는 데 불과한 것이라는 취지로 판시한 대법원 1971. 2. 23. 선고 70누161 판결, 대법원 1996. 9. 6. 선고 95누12026 판결 등을 비롯한 같은 취지의 판결들은 이 판결의 견해에 배치되는 범위 내에서 이를 모두 변경하기로 한다.

☞ ⑤: ○

대법원 2005. 2. 17. 선고 2003두14765 판결【대표자문책경고처분취소】[공 2005. 3. 15.(222), 423]

금융기관검사및제재에관한규정(이하 '제재규정'이라 한다) 제22조는 금융기관의 임원이 문책경고를 받은 경우에는 금융업 관련 법 및 당해 금융기관의 감독 관련 규정에서 정한 바에 따라 일정기간 동안 임원선임의 자격제한을 받는다고 규정하고 있고, 은행법 제18조 제3항의 위임에 기한 구 은행업감독규정(2002. 9. 23. 금융감독위원회공고 제2002-58호로 개정되기 전의 것) 제17조 제2호 (다)목, 제18조 제1호는 제재규정에 따라 문책경고를 받은 자로서 문책경고일로부터 3년이 경과하지 아니한 자는 은행장, 상근감사위원, 상임이사, 외국은행지점 대표자가 될 수 없다고 규정하고 있어서, **문책경고는 그 상대방에 대한 직업선택의 자유를 직접 제한하는 효과를 발생하게 하는 등 상대방의 권리의무에 직접 영향을 미치는 행위로서 행정처분에 해당한다.**

254. 항고소송의 제소기간에 대한 설명으로 옳지 않은 것은? (9급 지방직) 난이도 上 빈출지문 정리

① 취소소송의 제소기간은 **불변기간이다.**

② 법원은 취소소송의 제소기간을 확장하거나 단축할 수 없으나 **주소 또**

는 **거소가 멀리 떨어진 곳에 있는 자를 위하여** 부가기간을 정할 수 있다.

재결도 재처분이므로

③ 행정청이 행정심판청구를 할 수 있다고 **잘못 알려** 행정심판청구를 한 경우 취소소송의 제소기간은 **행정심판재결서 정본을 송달받은 날부터 기산**한다.

④ 부작위위법확인소송은 **행정심판 등 전심절차를 거친 경우**에도 제소기간의 제한을 받지 않는다는 것이 판례의 입장이다.

문 254. 정답 ④

***해 설**

☞ ④: ×

① ② ③ 세 가지 모두 중요 기출 포인트 정리

부작위위법확인소송은 ① **제소기간 준용규정이 있음에도** 불구하고 ② **처분이 없는 것이 부작위이므로 제소기간이라는 요건은 필요하지 않다는 것**이 판례이지만, ③ **행정심판을 거친 경우에는 제소기간이 적용된다고 판시**한다.

빈출 기본 문제

255. 주관적 소송에 속하지 않는 것은? (서울시 9급)

① 취소소송
② 부작위위법확인소송
③ 당사자소송
④ 기관소송
⑤ 무효등확인소송

문 255. 정답 ④

***해 설**

☞ 행정소송법 제3조에서 ㉠ **항고소송과** ㉡ **당사자소송을** ① **주관적 소송으로 분류하고** 있고, ㉢ **민중소송과** ㉣ **기관소송을** ② **객관적 소송으로 분류하고 있다.** 항고소송에는 취소소송과 무효확인소송 및 부작위위법확인소송이 있는 것으로 행정소송법 제4조에서 분류하고 있다. 주관적 **소송은 피해를 입은 국민이 자신의 권리구제를 위하여 다투는 소송**인 반면에, 객관적 소송은 **피해 당사자와 관계없이 객관적인 위법성을 다투는 소송**이다. 따라서 정답은 ④이다.

[그림 이해]

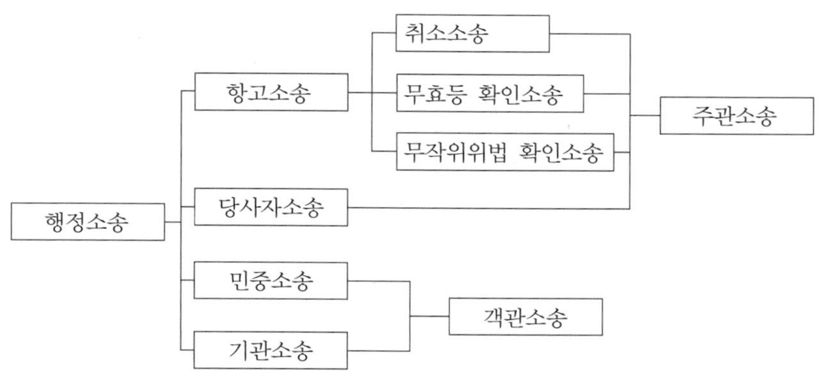

256. 다음 중 피고적격에 관한 설명으로 옳지 않은 것은? (서울시 9급)

피고적격에 대한 빈출

① 항고소송의 경우 **권한을 위임한 경우에는 수임청이 피고**가 된다.

② 항고소송의 경우 권한을 **내부위임한 경우로서 위임청의 명의**로 처분을 발하면 위임청이 피고가 된다.

③ 항고소송의 경우 권한을 **내부위임한 경우로서 수임청의 이름**으로 처분을 발하면 위임청이 피고가 된다.

권한이 없지만 수임청

④ 당사자소송은 **국가·공공단체 그 밖의 권리주체를 피고**로 한다.

⑤ 처분 등이 있은 뒤에 그 처분 등에 관계되는 권한이 다른 행정청에 승계된 경우에는 **이를 승계한 행정청을 피고**로 한다.

문 256. 정답 ③

*해 설

☞ ①: ○

위임에 의하여 위임청의 권한이 수임청에게 이전되므로 수임청이 처분의 명의청이 됨과 동시에 피고적격이 있는 행정청이 된다.

☞ ②: ○

내부위임은 행정청의 권한이 이전하지는 않으므로 사실상으로만 내부수임청이 행정행위를 발급하되 내부위임청의 명의로 하여야 한다. 이때 내부위임청의 명의로 처분을 발하면 권한이 있는 내부위임청이 피고적격이 있는 행정청이 된다.

☞ ③: ×

그러나 내부수임청이 자신의 명의로 처분을 발급하면 주체상의 하자가 있는 행정행위로서 무효사유나 취소사유가 된다. 참고로 판례는 무효로 본 판시와 취소로 본 판시 모두 있다. 판례는 이때 국민이 피고를 잘못 지정하여 각하되지 않도록 소송수행상의 편의를 위하여 오히려 명의가 있는 처분청이 피고가 되도록 하고 있다. 따라서 내부수임청이 피고가 됨을 주의하여야 한다. 수험생들이 주의하여야 하는 법리이자 판시 내용이다.

대법원 1994. 08. 12. 선고 94누2763 판결[자동차운전면허정지처분취소등]

행정처분의 취소 또는 무효확인을 구하는 행정소송은 다른 법률에 특별한 규정이 없는 한 그 처분을 행한 행정청을 피고로 하여야 하며, 행정처분을 행할 적법한 권한 있는 상급행정청으로부터 내부위임을 받은 데 불과한 하급행정청이 권한 없이 행정처분을 한 경우에도 실제로 그 처분을 행한 하급행정청을 피고로 하여야 할 것이지 그 처분을 행할 적법한 권한 있는 상급행정청을 피고로 할 것은 아니다.

☞ ④: ○

당사자소송은 항고소송과 달리 국가나 공공단체, 지방자치단체 등 권리의무 주체를 피고로 한다.

☞ ⑤: ○

행정소송법 제13조 제1항 단서의 내용으로서 타당하다.

행정소송법 제13조(피고적격)

① 취소소송은 다른 법률에 특별한 규정이 없는 한 그 처분등을 행한 행정청을 피고로 한다. 다만, 처분등이 있은 뒤에 그 처분등에 관계되는 권한이 다른 행정청에 승계된 때에는 이를 승계한 행정청을 피고로 한다.
② 제1항의 규정에 의한 행정청이 없게 된 때에는 그 처분등에 관한 사무가 귀속되는 국가 또는 공공단체를 피고로 한다.

257. 취소소송에 대한 설명 중 옳지 않은 것은? (다툼이 있는 경우 판례에 의함) (서울시 7급)

① 행정심판청구가 부적법하지 않음에도 각하한 재결은 심판 청구인의 실체심리를 받을 권리를 박탈한 것으로서 원처분에는 없는 고유한 하

자에 해당하고, 이 재결은 취소소송의 대상이 된다.

② 감사원의 변상판정처분에 대해서는 행정소송을 제기할 수 없고, 재결에 해당하는 재심의 판정에 대해서만 감사원을 피고로 하여 행정소송을 제기할 수 있다.

③ 특허출원에 대한 심사관의 거절사정에 대하여 행정소송을 제기할 수 없고, 특허심판원에 심판청구를 한 후 그 심결을 소송대상으로 하여 특허법원에 심결취소를 요구하는 소를 제기하여야 한다.

④ 행정소송에서 쟁송의 대상이 되는 행정처분의 존부는 자백의 대상이므로 그 존재를 당사자들이 다투지 아니하는 경우, 의심이 있어도 그 존부에 대해 법원이 직권으로 조사할 권한이 없다.

⑤ 행정처분이 취소되면 그 처분은 효력을 상실하여 더 이상 존재하지 않는 것이고, 존재하지 않는 행정처분을 대상으로 한 취소소송은 소의 이익이 없어 부적법하다.

문 257. 정답 ④

***해 설**

☞ ①: ○

이러한 경우에도 재결고유의 위법이 있다고 보아야 한다.

대법원 2001. 07. 27. 선고 99두2970 판결[용화집단시설지구기본설계변경승인처분취소]

행정소송법 제19조에 의하면 행정심판에 대한 재결에 대하여도 그 재결 자체에 고유한 위법이 있음을 이유로 하는 경우에는 항고소송을 제기하여 그 취소를 구할 수 있고, 여기에서 말하는 '재결 자체에 고유한 위법'이란 그 재결 자체에 주체, 절차, 형식 또는 내용상의 위법이 있는 경우를 의미하는데, 행정심판청구가 부적법하지 않음에도 각하한 재결은 심판청구인의 실체심리를 받을 권리를 박탈한 것으로서 원처분에 없는 고유한 하자가 있는 경우에 해당하고, 따라서 위 재결은 취소소송의 대상이 된다.

☞ ②: ○

감사원법에 의하여 예외적으로 재결주의를 취하고 있기 때문이다.

대법원 1984. 04. 10. 선고 84누91 판결[변상판정처분취소] 〉 종합법률정보 판례

감사원의 변상판정처분에 대하여서는 행정소송을 제기할 수 없고, 재결에 해당하는 재심의 판정에 대하여서만 감사원을 피고로 하여 행정소송을 제기할 수 있다.

☞ ③: ○

역시 개별법에 의하여 재결주의의 예외가 인정되는 경우이기 때문이다.

☞ ④: ×

대법원 2001. 11. 09. 선고 98두892 판결[상속세부과처분취소] 〉 종합법률정보 판례

행정소송에서 쟁송의 대상이 되는 행정처분의 존부는 소송요건으로서 직권조사사항이고, 자백의 대상이 될 수 없는 것이므로, 설사 그 존재를 당사자들이 다투지 아니한다 하더라도 그 존부에 관하여 의심이 있는 경우에는 이를 직권으로 밝혀 보아야 한다.

☞ ⑤: ○

대법원 2010. 04. 29. 선고 2009두16879 판결[공익근무요원소집처분취소]

[1] 행정처분이 취소되면 그 처분은 효력을 상실하여 더 이상 존재하지 않는 것이고, 존재하지 않는 행정처분을 대상으로 한 취소소송은 소의 이익이 없어 부적법하다.

[2] 절차상 또는 형식상 하자로 무효인 행정처분에 대하여 행정청이 적법한 절차 또는 형식을 갖추어 다시 동일한 행정처분을 하였다면, 종전의 무효인 행정처분에 대한 무효확인 청구는 과거의 법률관계의 효력을 다투는 것에 불과하므로 무효확인을 구할 법률상 이익이 없다.

[3] 지방병무청장이 병역감면요건 구비 여부를 심사하지 않은 채 병역감면신청서 회송처분을 하고 이를 전제로 공익근무요원 소집통지를 하였다가, 병역감면신청을 재검토하기로 하여 신청서를 제출받아 병역감면요건 구비 여부를 심사한 후 다시 병역감면 거부처분을 하고 이를 전제로 다시 공익근무요원 소집통지를 한 경우, 병역감면신청서 회송처분과 종전 공익근무요원 소집처분은 직권으로 취소되었다고 볼 수 있으므로, 그에 대한 무효확인과 취소를 구하는 소는 더 이상 존재하지 않는 행정처분을 대상으로 하거나 과거의 법률관계의 효력을 다투는 것에 불과하므로 소의 이익이 없어 부적법하다.

258. 취소소송의 원고적격에 관한 판례의 태도와 부합하는 것을 모두 고른 것은?

ㄱ. 법인의 주주는 당해 법인에 대한 행정처분에 관하여 사실상이나 간접적인 이해관계를 가질 뿐이어서 스스로 그 처분의 취소를 구할 원고적격이 없는 것이 원칙이라고 할 것이지만, 그 처분으로 인하여 궁극적으로 주식이 소각되거나 주주의 법인에 대한 권리가 소멸하는 등 주주의 지위에 중대한 영향을 초래하게 되는데도 그 처분의 성질상 당해 법인이 이를 다툴 것을 기대할 수 없고 달리 주주의 지위를 보전할 구제방법이 없는 경우에는 주주도 그 처분의 취소를 구할 원고적격이 있다.

ㄴ. 면허나 인·허가 등의 수익적 행정처분의 근거가 되는 법률이 해당 업자들 사이의 과당경쟁으로 인한 경영의 불합리를 방지하는 것을 그 목적으로 하고 있는 경우라도 다른 업자에 대한 면허나 인·허가 등의 수익적 행정처분에 대하여 미리 같은 종류의 면허나 인·허가 등의 수익적 행정처분을 받아 영업을 하고 있는 기존의 업자는 경업자에 대하여 이루어진 면허나 인·허가 등 행정처분의 상대방이 아니므로 당해 행정처분의 취소를 구할 원고적격이 없다.

ㄷ. 인·허가 등의 수익적 행정처분을 신청한 수인이 서로 경쟁관계에 있어서 일방에 대한 허가 등의 처분이 타방에 대한 불허가 등으로 귀결될 수밖에 없는 때 허가 등의 처분을 받지 못한 자는 자신에 대한 불허가처분 등의 취소를 구하면 되는 것이지, 경원자에 대하여 이루어진 허가 등 처분의 상대방이 아니므로 당해 처분의 취소를 구할 원고적격이 없다.

ㄹ. 행정처분의 근거 법규 또는 관련 법규에 그 처분으로써 이루어지는 행위 등 사업으로 인하여 환경상 침해를 받으리라고 예상되는 영향권의 범위가 구체적으로 규정되어 있는 경우에는, 그 영향권 내의 주민들에 대하여는 당해 처분으로 인하여 직접적이고 중대한 환경피해를 입으리라고 예상할 수 있고, 이와 같은 환경상의 이익은 주민 개개인에 대하여 개별적으로 보호되는 직접적·구체적 이익으로서 그들에 대하여는 특단의 사정이 없는 한 환경상 이익에 대한 침해 또는 침해우려가 있는 것으로 사실상 추정되어 법률상 보호되는 이익으로 인정됨으로써 원고적격이 인정된다.

ㅁ. 광업권설정허가처분과 그에 따른 광산 개발로 인하여 재산상·환경상 이익의 침해를 받거나 받을 우려가 있다는 것을 증명함으로써 그 처분의 취소를 구할 원고적격을 인정받을 수 있다.

① ㄱ, ㄴ, ㄹ ② ㄱ, ㄷ, ㅁ

③ ㄱ, ㄹ, ㅁ ④ ㄴ, ㄷ, ㄹ

⑤ ㄴ, ㄷ, ㅁ

문 258. 정답 ③

*해 설

☞ ㄱ: ○

대법원 2004. 12. 23. 선고 2000두2648 판결[부실금융기관결정등처분취소]

일반적으로 법인의 주주는 당해 법인에 대한 행정처분에 관하여 사실상이나 간접적인 이해관계를 가질 뿐이어서 스스로 그 처분의 취소를 구할 원고적격이 없는 것이 원칙이라고 할 것이지만, 그 처분으로 인하여 궁극적으로 주식이 소각되거나 주주의 법인에 대한 권리가 소멸하는 등 주주의 지위에 중대한 영향을 초래하게 되는데도 그 처분의 성질상 당해 법인이 이를 다툴 것을 기대할 수 없고 달리 주주의 지위를 보전할 구제방법이 없는 경우에는 주주도 그 처분에 관하여 직접적이고 구체적인 법률상 이해관계를 가진다고 보아 그 취소를 구할 원고적격이 있다고 하여야 할 것이다.

기록에 의하면, 이 사건 각 처분은 예금보험공사의 공적자금 투입을 통한 원고 회사의 조기 경영정상화를 위하여 원고 회사로 하여금 신주를 전부 제3자인 예금보험공사에게만 배정하는 신주발행을 하게 하고 위 원고들의 기존 주식 전부를 무상으로 소각하게 하는 것을 내용으로 하여 동시에 이루어진 일단의 처분이고, 실제 이 사건 각 처분의 실행결과 예금보험공사가 원고 회사의 1인주주가 되고 그 후 개최된 임시주주총회에서 위 원고들 등 기존 주주들에 의하여 선임된 기존 임원들이 모두 해임되고 새로운 임원들이 선임되어 그들로 구성된 이사회에서 새로운 대표이사가 선정된 사실을 알 수 있는바, 이러한 사정하에서라면, 원고 회사의 새로운 대표이사 등 집행기관으로서는 그들을 선임해 준 새로운 주주를 탄생시킨 이 사건 각 처분의 효력을 다툴 것을 기대할 수 없는 경우에 해당한다 할 것이고(실제로, 새 대표이사가 된 이정명이 구 대표이사에 의하여 제기된 이 사건 소를 취하하기까지 하였다.), 이 사건 각 처분의 효력을 배제시키지 않고서는 이 사건 각 처분을 그대로 실행에 옮긴 위 신주발행 및 기존 주식 무상소각의 효력을 다툴 수 없으며, 달리 구제방법을 찾을 수도 없으므로, 원고 회사의 주주들이었던 원고 최순영 등 13인에게도 그 취소를 구할 원고적격이 인정되어야 할 것이다.

☞ ㄴ: ×

대법원 2010. 06. 10. 선고 2009두10512 판결[여객자동차운송사업계획변경인가처분취소]

[1] 면허나 인·허가 등의 수익적 행정처분의 근거가 되는 법률이 해당 업자들 사이의 과당경쟁으로 인한 경영의 불합리를 방지하는 것도 그 목적으로 하고 있는 경우, 다른 업자에 대한 면허나 인·허가 등의 수익적 행정처분에 대하여 미리 같은 종류의 면허나 인·허가 등의 처분을 받아 영업을 하고 있는 기존의 업자는 경업자에 대하여 이루어진 면허나 인·허가 등 행정처분의 상대방이 아니라 하더라도 당해 행정처분의 취소를 구할 원고적격이 있다.

[2] 갑 회사의 시외버스운송사업과 을 회사의 시외버스운송사업이 다 같이 운행계통을 정하여 여객을 운송하는 노선여객자동차 운송사업에 속하고, 갑 회사에 대한 시외버스운송사업계획변경인가 처분으로 기존의 시외버스운송사업자인 을 회사의 노선 및 운행계통과 갑 회사의 노선 및 운행계통이 일부 같고, 기점 혹은 종점이 같거나 인근에 위치한 을 회사의 수익감소가 예상되므로, 기존의 시외버스운송사업자인 을 회사에 위 처분의 취소를 구할 법률상의 이익이 있다.

☞ ㄷ: ×

대법원 2009. 12. 10. 선고 2009두8359 판결[예비인가처분취소]

인·허가 등의 수익적 행정처분을 신청한 수인이 서로 경쟁관계에 있어서 일방에 대한 허가 등의 처분이 타방에 대한 불허가 등으로 귀결될 수밖에 없는 때 허가 등의 처분을 받지 못한 자는 비록 경원자에 대하여 이루어진 허가 등 처분의 상대방이 아니라 하더라도 당해 처분의 취소를 구할 원고 적격이 있다. 다만, 명백한 법적 장애로 인하여 원고 자신의 신청이 인용될 가능성이 처음부터 배제되어 있는 경우에는 당해 처분의 취소를 구할 정당한 이익이 없다.

☞ ㄹ: ○

대법원 2013. 03. 14. 선고 2012두24474 판결[레미콘공장신설승인처분취소]

행정처분의 직접 상대방이 아닌 자로서 그 처분에 의하여 자신의 환경상 이익을 침해받거나 침해받을 우려가 있다는 이유로 취소소송을 제기하는 제3자는, 자신의 환경상 이익이 그 처분의 근거 법규 또는 관련 법규에 의하여 개별적·직접적·구체적으로 보호되는 이익, 즉 법률상 보호되는 이익임을 증명하여야 원고적격이 인정되고, 다만 그 처분의 근거 법규 또는 관련 법규에 그 처분으로써 이루어지는 행위 등 사업으로 인하여 환경상 침해를 받으리라고 예상되는 영향권의 범위가 구체적으로 규정되어 있는 경우, **그 영향권 내의 주민들**에 대하여는 당해 처분으로 인하여 직접적이고 중대한 환경피해를 입으리라고 예상할 수 있고, 이와 같은 환경상의 이익은 주민 개개인에 대하여 개별적으로 보호되는 직접적·구체적 이익으로서 그들에 대하여는 특단의 사정이 없는 한 환경상 이익에 대한 침해 또는 침해의 우려가 있는 것으로 **사실상 추정되어 법률상 보호되는 이익으로 인정**됨으로써 원고적격이 인정된다.

관할시장이, 벽돌공장을 철거하고 기존 공장이 건축되어 있지 않은 부분까지 포함하는 부지 위에 레미콘제조업 공장을 신설하는 것을 내용으로 하는 갑 주식회사의 공장설립 신청을 승인하자 지역 주민 갑 등이 취소소송을 제기한 사안에서, 위 공장의 신설은 구 산업집적활성화 및 공장설립에 관한 법률 제20조 제1항, 구 개발제한구역의 지정 및 관리에 관한 특별조치법 제12조 제1항에 의해 과밀억제지역이자 개발제한구역 내에 있는 위 부지 위에서 허용될 수 없으므로 위 처분이 위법하다.

☞ ㅁ: ○

대법원 2008. 09. 11. 선고 2006두7577 판결[광업권설정허가처분취소등]

[1] 광업권설정허가처분의 근거 법규 또는 관련 법규의 취지는 광업권설정허가처분과 그에 따른 광산 개발과 관련된 후속 절차로 인하여 직접적이고 중대한 재산상·환경상 피해가 예상되는 토지나 건축물의 소유자나 점유자 또는 이해관계인 및 주민들이 전과 비교하여 수인한도를 넘는 재산상·환경상 침해를 받지 아니한 채 토지나 건축물 등을 보유하며 쾌적하게 생활할 수 있는 개별적 이익까지도 보호하려는 데 있으므로, **광업권설정허가처분과 그에 따른 광산 개발로 인하여 재산상·환경상 이익의 침해를 받거나 받을 우려가 있는 토지나 건축물의 소유자와 점유자 또는 이해관계인 및 주민들은 그 처분 전과 비교하여 수인한도를 넘는 재산상·환경상 이익의 침해를 받거나 받을 우려가 있다는 것을 증명**함으로써 그 처분의 취소를 구할 원고적격을 인정받을 수 있다.

[2] 구 광업법에 정한 **채광계획인가나 변경인가는 행정청의 재량행위**에 속하고, 채광계획의 내용의 합리성과 사업성 및 안정성의 측면이나 당해 채광계획이 수반할 수 있는 수질과 토양의 오염, 지하수의 고갈 등 환경 보전의 측면에서 중대한 공익상 필요가 있다고 인정할 때에는 채광계획인가나 변경인가를 거부할 수 있으며, 이는 당해 채광계획에 나타난 사업의 내용, 규모, 방법과 그것이 환경에 미치는 영향 등 제반 사정을 종합하여 사회 관념상 공익 침해의 우려가 현저한지 여부에 의하여 판단할 수 있다.

259. 행정소송에서의 피고적격에 관한 설명 중 옳지 않은 것은? (변시 기출)

> 피고적격에 대한 중요 빈출 지문 정리

① 개별법령에 합의제 행정청의 장을 피고로 한다는 명문규정이 없는 한 합의제 행정청 명의로 한 행정처분의 취소소송의 피고적격자는 합의제 행정청의 장이 아닌 **당해 합의제 행정청이다.**

> 원칙: 위원회가 피고
> 예외: 위원장이 피고가 되는 중앙노동위원장

② 행정처분을 행할 적법한 권한 있는 상급행정청으로부터 **내부위임을 받은 데 불과한 하급행정청이 권한 없이 자기의 명의로 행정처분을 한 경우 그 취소소송에서는 실제로 그 처분을 행한 하급행정청이** 아니라 그 처분을 행할 적법한 권한 있는 상급행정청을 피고로 하여야 한다.

> 최다 빈출 지문 중 하나: 실제 처분청이 피고

③ **수용재결에 불복하여** 취소소송을 제기하는 때에는 **이의신청을 거친 경우에도** 수용재결을 한 중앙토지수용위원회 또는 지방토지수용위원회를 피고로 하여 **수용재결의 취소를 구하여야 하고,** 다만 이의신청에 대한 **재결 자체에 고유한 위법이 있음을 이유로 하는** 경우에만 그 이의재결을 한 중앙토지수용위원회를 피고로 하여 이의재결의 취소를 구할 수 있다.

> 기출

④ **납세의무부존재확인의 소는** 공법상의 법률관계 그 자체를 다투는 소송으로서 당사자소송이라 할 것이므로 과세관청이 아니라 그 법률관계의 한쪽 당사자인 **국가 · 공공단체 그 밖의 권리구제가 피고적격**을 가진다.

> 기출

⑤ 원고가 피고를 잘못 지정한 경우 **피고경정은 취소소송과 당사자소송 모두에서 사실심 변론종결에 이르기까지 허용된다.**

> 기출

문 259. 정답 ②

***해 설**

☞ ①: ○

타당한 설명이다. 행정심판위원회와 같은 합의제 행정청의 경우 재결취소소송의 피고는 행정심판위원회가 된다. 그러나 중앙노동위원회의 재심판정에 대한 취소소송의 경우는 예외적으로 법률의 규정에 의하여 **중앙노동위원회의 장이 피고가 된다.**

> 난이도 높은 중요 기출

☞ ②: ×

대법원 1994. 08. 12. 선고 94누2763 판결[자동차운전면허정지처분취소등]

행정처분의 취소 또는 무효확인을 구하는 행정소송은 다른 법률에 특별한 규정이 없는 한 그 처분을 행한 행정청을 피고로 하여야 하며, 행정처분을 행할 적법한 권한 있는 상급행정청으로부터 내부위임을 받은 데 불과한 하급행정청이 권한 없이 행정처분을 한 경우에도 실제로 그 처분을 행한 하급행정청을 피고로 하여야 할 것이지 그 처분을 행할 적법한 권한 있는 상급행정청을 피고로 할 것은 아니다.

☞ ③: ○

빈출 판례

토지보상법이 원처분주의로 개정됨에 따라 **최근 대법원도 수용재결을 행한 토지수용위원회를 피고로 하고 수용재결을 대상으로 하여 취소소송을 제기**하여야 하는 것이 원칙이라는 점을 분명하게 판시하였다. 따라서 과거의 구법을 배경으로 이의재결을 대상으로 취소소송을 제기하여야 한다고 판시한 구 판례의 태도는 실질적으로 변경되었다고 보아야 한다.

대법원 2010. 01. 28. 선고 2008두1504 판결[수용재결취소등]

빈출 판례 지문

공익사업을 위한 토지 등의 취득 및 보상에 관한 법률 제85조 제1항 전문의 문언 내용과 같은 법 제83조, 제85조가 중앙토지수용위원회에 대한 이의신청을 임의적 절차로 규정하고 있는 점, 행정소송법 제19조 단서가 행정심판에 대한 재결은 재결 자체에 고유한 위법이 있음을 이유로 하는 경우에 한하여 취소소송의 대상으로 삼을 수 있도록 규정하고 있는 점 등을 종합하여 보면, **수용재결에 불복하여 취소소송을 제기하는 때에는 이의신청을 거친 경우에도 수용재결을 한 중앙토지수용위원회 또는 지방토지수용위원회를 피고로 하여 수용재결의 취소를 구하여야 하고**, 다만 이의신청에 대한 **재결 자체에 고유한** 위법이 있음을 이유로 하는 경우에는 그 **이의재결을 한 중앙토지수용위원회를 피고로 하여 이의재결의 취소를 구할 수 있다고** 보아야 한다.

☞ ④: ○

대법원 2000. 09. 08. 선고 99두2765 판결[취득세등부과처분취소]

[1] **납세의무부존재확인의 소는** 공법상의 법률관계 그 자체를 다투는 소송으로서 당사자소송이라 할 것이므로 행정소송법 제3조 제2호, 제39조에 의하여 그 **법률관계의 한쪽 당사자인 국가·공공단체 그 밖의 권리주체가 피고적격**을 가진다.

[2] 구 지방세법을 종합하여 볼 때, 구(區)가 특별시세인 취득세를 신고 납부받아 특별시

에 납입하는 것은 특별시 사무의 처리에 불과하여 구가 취득세를 신고 납부받는다고 하더라도 이로 인한 취득세의 귀속주체는 특별시라 할 것이고, 국세기본법과 동 시행령을 종합하여 보면, 구가 국세인 농어촌특별세를 지방세인 취득세에 부가하여 신고 납부받아 국고에 납입하는 것은 국가 사무의 처리에 불과하여 구가 농어촌특별세를 신고 납부받는다고 하더라도 이로 인한 **농어촌특별세의 귀속주체는 국가라 할 것이다**.

☞ ⑤ : ○

피고경정의 종기는 사실심 변론종결시이며 이는 취소소송이든 당사자소송이든 제1심이든 제2심이든 불문한다.

중요 기출 지문

대법원 2006. 02. 23.자 2005부4 결정[산재보험료부과처분취소]

행정소송법 제14조에 의한 피고경정은 **사실심 변론종결에 이르기까지 허용되는 것**으로 해석하여야 할 것이고, **굳이 제1심 단계에서만 허용되는 것으로 해석할 근거는 없다.**

260. 항고소송의 소송요건에 관한 설명 중 옳은 것을 모두 고른 것은? (다툼이 있는 경우 판례에 의함) (변시 기출)

ㄱ. 제재적 행정처분이 그 처분에서 정한 제재기간의 경과로 인하여 그 효과가 소멸되었으나, 부령인 시행규칙의 형식으로 정한 처분기준에서 제재적 행정처분(이하 '선행처분'이라고 함)을 받은 것을 가중사유나 전제요건으로 삼아 장래의 제재적 행정처분(이하 '후행처분'이라고 함)을 하도록 정하고 있는 경우, 위 시행규칙이 정한 바에 따라 선행처분을 가중사유 또는 전제요건으로 하는 후행처분을 받을 우려가 현실적으로 존재하는 경우에도 선행처분을 받은 상대방은 그 처분에서 정한 제재기간이 경과한 선행처분의 취소를 구할 법률상 이익이 없다.

ㄴ. 사업양도·양수에 따른 허가관청의 지위승계신고의 수리대상인 사업양도·양수가 존재하지 아니하거나 무효인 때에는 사업의 양도행위가 무효라고 주장하는 양도자는 민사쟁송으로 양도·양수행위의 무효를 구함이 없이 막바로 허가관청을 상대로 하여 행정소송으로 사업양도·양수에 따른 허가관청의 지위승계신고 수리처분의 무효확인을 구할 법률상 이익이 있다.

ㄷ. 통상 고시에 의하여 행정처분을 하는 경우에는 그 처분의 상대방이 불특정 다수인이고, 그 처분의 효력이 불특정 다수인에게 일률적으로 적용되는 것이므로, 그 행정처분에 이해관계를 갖는 자는 고시가 있었다는 사실을 현실적으로 알았는지 여

부에 관계없이 고시가 효력을 발생하는 날에 행정처분이 있음을 알았다고 보아야 하고, 따라서 그에 대한 취소소송은 그 날로부터 90일 이내에 제기하여야 한다.

ㄹ. 부작위위법확인의 소는 부작위 상태가 계속되는 한 그 위법의 확인을 구할 이익이 있다고 보아야 하므로 원칙적으로 제소기간의 제한을 받지 않지만, 행정심판을 거친 경우에는 재결서의 정본을 송달받은 날부터 90일 이내에 부작위위법확인의 소를 제기하여야 한다.

ㅁ. 국가공무원 갑에 대한 파면처분취소소송이 사실심이 계속되고 있는 동안에 징계권자가 파면처분을 3월의 정직처분으로 감경하여서 갑이 변경된 처분에 맞추어 소를 변경하는 경우, 변경된 처분에 대하여 새로이 소청심사위원회의 심사·결정을 거쳐야 한다.

① ㄱ, ㄴ, ㄷ　　② ㄱ, ㄹ, ㅁ
③ ㄴ, ㄷ, ㄹ　　④ ㄴ, ㄹ, ㅁ
⑤ ㄷ, ㄹ, ㅁ

문 260. 정답 ③

***해 설**

☞ ㄱ: ×

이는 변경전 전원합의체 판결의 다수의견이다. 변경된 위 판례의 다수의견은 가중적 제재의 근거 규정의 성질과 무관하게 실효된 처분의 취소소송의 소의 이익을 인정할 수 있다는 입장이다. 논거는 신속하고 효과적인 국민의 재판청구권의 보장과 현실적인 직업의 자유에 대한 위험이 존재하기 때문이라고 한다.

***심 화 학 습**

***** 가중적 제재가 시행규칙에 예정된 경우 실효처분의 소의 이익**

대법원 2006. 6. 22. 선고 2003두1684 전원합의체 판결【영업정지처분취소】[공 2006. 8. 1.(255), 1363]

제재적 행정처분이 그 처분에서 정한 제재기간의 경과로 인하여 그 효과가 소멸되었으나, 부령인 시행규칙 또는 지방자치단체의 규칙의 형식으로 정한 처분기준에서 제재적 행정처분을 받은 것을 가중사유나 전제요건으로 삼아 장래의 제재적 행정처분을 하도록 정하고 있는 경우, 제재적 행정처분의 가중사유나 전제요건에 관한 규정이 법령이 아니라 규칙의 형식으로 되어 있다고 하더라도, 그러한 규칙이 법령에 근거를 두고 있는 이상

그 법적 성질이 대외적 · 일반적 구속력을 갖는 법규명령인지 여부와는 상관없이, 관할 행정청이나 담당공무원은 이를 준수할 의무가 있으므로 이들이 그 규칙에 정해진 바에 따라 행정작용을 할 것이 당연히 예견되고, 그 결과 행정작용의 상대방인 국민으로서는 그 규칙의 영향을 받을 수밖에 없다. 따라서 그러한 규칙이 정한 바에 따라 선행처분을 받은 상대방이 **그 처분의 존재로 인하여 장래에 받을 불이익, 즉 후행처분의 위험은 구체적이고 현실적인 것**이므로, 상대방에게는 선행처분의 취소소송을 통하여 그 불이익을 제거할 필요가 있다. 또한, 나중에 후행처분에 대한 취소소송에서 선행처분의 사실관계나 위법 등을 다툴 수 있는 여지가 남아 있다고 하더라도, 이러한 사정은 후행처분이 이루어지기 전에 이를 방지하기 위하여 직접 선행처분의 위법을 다투는 취소소송을 제기할 필요성을 부정할 이유가 되지 못한다. 그러한 쟁송방법을 막는 것은 여러 가지 불합리한 결과를 초래하여 권리구제의 실효성을 저해할 수 있기 때문이다. 오히려 앞서 본 바와 같이 행정청으로서는 선행처분이 적법함을 전제로 후행처분을 할 것이 당연히 예견되므로, 이러한 선행처분으로 인한 불이익을 선행처분 자체에 대한 소송에서 **사전에 제거할 수 있도록 해 주는 것이 상대방의 법률상 지위에 대한 불안을 해소하는 데 가장 유효적절한 수단이 된다**고 할 것이고, 또한 그 소송을 통하여 선행처분의 사실관계 및 위법 여부가 **조속히 확정됨으로써 이와 관련된 장래의 행정작용의 적법성을 보장함과 동시에 국민생활의 안정을 도모**할 수 있다. 이상의 여러 사정과 아울러, **국민의 재판청구권을 보장한 헌법 제27조 제1항의 취지와 행정처분으로 인한 권익침해를 효과적으로 구제하려는 행정소송법의 목적 등에 비추어** 행정처분의 존재로 인하여 국민의 권익이 실제로 침해되고 있는 경우는 물론이고 권익침해의 구체적 · 현실적 위험이 있는 경우에도 이를 구제하는 소송이 허용되어야 한다는 요청을 고려하면, 규칙이 정한 바에 따라 선행처분을 가중사유 또는 전제요건으로 하는 후행처분을 받을 우려가 현실적으로 존재하는 경우에는, 선행처분을 받은 상대방은 비록 그 처분에서 정한 제재기간이 경과하였다 하더라도 그 처분의 취소소송을 통하여 그러한 불이익을 제거할 권리보호의 필요성이 충분히 인정된다고 할 것이므로, 선행처분의 취소를 구할 (행정소송법 제12조 제2문상의) 법률상 이익이 있다고 보아야 한다.

☞ ㄴ: ○

대법원 2005. 12. 23. 선고 2005두3554 판결[채석허가수허가자변경신고수리처분취소]

[1] 사업양도 · 양수에 따른 허가관청의 지위승계신고의 수리는 적법한 사업의 양도 · 양수가 있었음을 전제로 하는 것이므로 그 수리대상인 사업양도 · 양수가 존재하지 아니하거나 무효인 때에는 수리를 하였다 하더라도 그 수리는 유효한 대상이 없는 것으로서 당연히 무효라 할 것이고, 사업의 양도행위가 무효라고 주장하는 양도자는 민사쟁송으로 양도 · 양수행위의 무효를 구함이 없이 막바로 허가관청을 상대로 하여 행정소송으로 위

신고수리처분의 무효확인을 구할 법률상 이익이 있다.

[2] 하자 있는 행정처분을 놓고 이를 무효로 볼 것인지 아니면 단순히 취소할 수 있는 처분으로 볼 것인지는 동일한 사실관계를 토대로 한 법률적 평가의 문제에 불과하고, 행정처분의 무효확인을 구하는 소에는 특단의 사정이 없는 한 그 취소를 구하는 취지도 포함되어 있다고 보아야 하는 점 등에 비추어 볼 때, 동일한 행정처분에 대하여 무효확인의 소를 제기하였다가 그 후 그 처분의 취소를 구하는 소를 추가적으로 병합한 경우, 주된 청구인 무효확인의 소가 적법한 제소기간 내에 제기되었다면 추가로 병합된 취소청구의 소도 적법하게 제기된 것으로 봄이 상당하다.

☞ ㄷ: ○

대법원 2007. 06. 14. 선고 2004두619 판결[청소년유해매체물결정및고시처분무효확인]

[1] 구 청소년보호법에 따른 청소년유해매체물 결정 및 고시처분은 당해 유해매체물의 소유자 등 특정인만을 대상으로 한 행정처분이 아니라 일반 불특정 다수인을 상대방으로 하여 일률적으로 표시의무, 포장의무, 청소년에 대한 판매·대여 등의 금지의무 등 각종 의무를 발생시키는 행정처분으로서, 정보통신윤리위원회가 특정 인터넷 웹사이트를 청소년유해매체물로 결정하고 청소년보호위원회가 효력발생시기를 명시하여 고시함으로써 그 명시된 시점에 효력이 발생하였다고 봄이 상당하고, 정보통신윤리위원회와 청소년보호위원회가 위 처분이 있었음을 위 웹사이트 운영자에게 제대로 통지하지 아니하였다고 하여 그 효력 자체가 발생하지 아니한 것으로 볼 수는 없다.

[2] **통상 고시 또는 공고에 의하여 행정처분을 하는 경우에는 그 처분의 상대방이 불특정 다수인이고 그 처분의 효력이 불특정 다수인에게 일률적으로 적용되는 것이므로, 그 행정처분에 이해관계를 갖는 자가 고시 또는 공고가 있었다는 사실을 현실적으로 알았는지 여부에 관계없이 고시가 효력을 발생하는 날 행정처분이 있음을 알았다고 보아야 한다**.

[3] 인터넷 웹사이트에 대하여 구 청소년보호법에 따른 청소년유해매체물 결정 및 고시처분을 한 사안에서, 위 결정은 이해관계인이 고시가 있었음을 알았는지 여부에 관계없이 관보에 고시됨으로써 효력이 발생하고, 그가 위 결정을 통지받지 못하였다는 것이 제소기간을 준수하지 못한 것에 대한 정당한 사유가 될 수 없다.

☞ ㄹ: ○

대법원 2009. 07. 23. 선고 2008두10560 판결[부작위위법확인의소]

[1] 4급 공무원이 당해 지방자치단체 인사위원회의 심의를 거쳐 3급 승진대상자로 결정되고 임용권자가 그 사실을 대내외에 공표까지 하였다면, 그 공무원은 승진임용에 관한 법률상 이익을 가진 자로서 임용권자에 대하여 3급 승진임용을 신청할 조리상의 권리가 있고, 이러한 공무원으로부터 소청심사청구를 통해 승진임용신청을 받은 행정청으로서는 상당한 기간 내에 그 신청을 인용하는 적극적 처분을 하거나 각하 또는 기각하는 등의 소극적 처분을 하여야 할 법률상의 응답의무가 있다. 그럼에도, 행정청이 위와 같은 권리자의 신청에 대해 아무런 적극적 또는 소극적 처분을 하지 않고 있다면 그러한 행정청의 부작위는 그 자체로 위법하다.

[2] **부작위위법확인의 소는 부작위상태가 계속되는 한 그 위법의 확인을 구할 이익이 있다고 보아야 하므로 원칙적으로 제소기간의 제한을 받지 않는다. 그러나 행정소송법 제38조 제2항이 제소기간을 규정한 같은 법 제20조를 부작위위법확인소송에 준용하고 있는 점에 비추어 보면, 행정심판 등 전심절차를 거친 경우에는 행정소송법 제20조가 정한 제소기간 내에 부작위위법확인의 소를 제기하여야 한다**.

[3] 당사자가 동일한 신청에 대하여 부작위위법확인의 소를 제기하였으나 그 후 소극적 처분이 있다고 보아 처분취소소송으로 소를 교환적으로 변경한 후 여기에 부작위위법확인의 소를 추가적으로 병합한 경우, 최초의 부작위위법확인의 소가 적법한 제소기간 내에 제기된 이상 그 후 처분취소소송으로의 교환적 변경과 처분취소소송에의 추가적 변경 등의 과정을 거쳤다고 하더라도 여전히 제소기간을 준수한 것으로 봄이 상당하다.

☞ ㅁ: ×

행정심판은 동일한 사건에 대하여 한 번의 기회를 부여하면 족하므로 행정심판요부는 처분이나 사람 단위가 아니라 사건단위로 판단하여야 한다. 따라서 파면처분을 3월의 정직처분으로 소송도중 변경되는 경우에 이미 행정심판을 거친 사건이므로 또다시 변경된 처분에 대한 소청을 또다시 거칠 필요가 없다.

또한 행정소송법 제18조 제3항은 행정심판청구조차 불필요한 경우로서 오고지, 관련처분에 대해 행정심판을 거친 경우, 처분 변경 있는 경우, 동종 사건인 경우를 들고 있다.

참고로 암기요령은 오, 관, 변, 동으로 암기하면 될 것이다

261. 소송참가와 행정심판전치주의 등 주요한 행정소송에 대한 다음의 논의들 중 옳은 것을 고르시오.

① 제3자효 행정행위의 제3자는 행정소송법 제12조에 의한 원고로서 소를 제기하거나, 행정소송법 제16조의 소송참가를 할 수 있지만, 행정소송법 제31조의 재심을 청구함으로써 소송법적으로 자신을 방어할 수는 없다.

② 행정소송법 제16조의 소송참가를 한 제3자라 하더라도 재심사유가 있으면 행정소송법 제31조에 의한 재심을 다시 청구할 수 있다.

③ 행정소송법 제16조의 소송참가를 하려는 제3자는 반사적 이익이어도 가능하다.

④ 행정소송법 제16조의 소송참가는 제3자가 불리하게 판결의 형성력을 받지 않기 위하여 하는 것이고, 행정소송법 제17조의 소송참가는 관계 행정청이 원하지 않는 판결의 기속력을 받지 않기 위해서이다.

⑤ 행정소송법 제18조에 의하여 원칙적으로 임의적 전치주의이지만 예외적으로 법률의 규정이 있는 경우에는 필요적 전치주의의 적용을 받는다. 다만 이때도 행정심판을 거칠 필요가 없다고 오고지를 받은 경우에는 행정심판청구는 하여야 하지만 행정심판재결을 기다릴 필요가 없다.

문 261. 정답 ④

***해 설**

☞ ①: ×

제3자의 소송법상 방어수단으로서 제12조의 원고적격, 제16조의 소송참가, 제31조의 재심이 모두 가능하다. 그러나 제3자는 이중 하나를 선택할 수 있을 뿐, 중복되게 이용할 수 없다. (사시 2011 기출)

☞ ②: ×

제3자는 원고로서 소송을 제기하거나 소송에 참가하거나 재심을 청구하는 것 중의 어느 하나만 방어수단으로 사용할 수 있으므로 소송에 참가한 제3자는 행정소송법 제31조의 재심을 청구할 수 없다.

☞ ③: ×

행정소송법 제31조의 소송참가를 하려면 제3자는 법률상 이익이 있어야 한다는 것이 다수설과 판례의 입장이다.

☞ ④: ○

행정소송법 제16조의 소송참가와 제17조의 소송참가에 대한 입법취지를 정확하게 설명하고 있다.

☞ ⑤: ×

오고지의 경우에는 아예 행정심판을 제기할 필요조차 없으므로 타당하지 아니하다. 행정심판 제기는 하되 재결을 기다릴 필요가 없는 경우는 60일이 지나도 재결이 없거나 긴급한 필요가 있거나 법령의 규정이 있거나 정당한 사유가 있는 경우이다. 반면에 행정심판을 청구할 필요도 없는 경우는 동종사건에 관해 기각재결이 있거나, 관련처분에 대한 행정심판을 거쳤거나, 처분변경이 있거나 오고지한 경우이다.

☞ 특히 다음의 행정소송법 제18조 제2항과 제3항을 참조

*심 화 학 습

***** 행정소송법 제18조(행정심판과의 관계)**

① 취소소송은 법령의 규정에 의하여 당해 처분에 대한 행정심판을 제기할 수 있는 경우에도 이를 거치지 아니하고 제기할 수 있다. 다만, 다른 법률에 당해 처분에 대한 행정심판의 재결을 거치지 아니하면 취소소송을 제기할 수 없다는 규정이 있는 때에는 그러하지 아니하다.

② 제1항 단서의 경우에도 다음 각호의 1에 해당하는 사유가 있는 때에는 행정심판의 재결을 거치지 아니하고 취소소송을 제기할 수 있다.

1. 행정심판청구가 있은 날로부터 60일이 지나도 재결이 없는 때
2. 처분의 집행 또는 절차의 속행으로 생길 중대한 손해를 예방하여야 할 긴급한 필요가 있는 때
3. 법령의 규정에 의한 행정심판기관이 의결 또는 재결을 하지 못할 사유가 있는 때
4. 그 밖의 정당한 사유가 있는 때

③ 제1항 단서의 경우에 다음 각호의 1에 해당하는 사유가 있는 때에는 행정심판을 제기함이 없이 취소소송을 제기할 수 있다.

1. 동종사건에 관하여 이미 행정심판의 기각재결이 있은 때
2. 서로 내용상 관련되는 처분 또는 같은 목적을 위하여 단계적으로 진행되는 처분중 어느 하나가 이미 행정심판의 재결을 거친 때
3. 행정청이 사실심의 변론종결 후 소송의 대상인 처분을 변경하여 당해 변경된 처분에

관하여 소를 제기하는 때
4. 처분을 행한 행정청이 행정심판을 거칠 필요가 없다고 잘못 알린 때
④ 제2항 및 제3항의 규정에 의한 사유는 이를 소명하여야 한다.

262. 행정소송의 대상적격에 대한 원처분주의에 대한 다음의 설문들 중 옳은 것을 고르시오.

① 우리 행정소송법 제19조 단서는 법률의 규정을 불문하고 처분에 대하여 행정심판을 거친 경우 취소소송의 대상은 원처분이 원칙이고 재결은 재결고유의 위법이 있는 경우에만 가능하다는 원처분주의를 취하고 있다.

② 원처분주의에서 요구하는 재결 고유의 위법에 대하여 주체 · 절차 · 형식국한설과 내용포함설이 대립하는데, 다수설과 판례의 입장은 내용포함설이다.

③ 거부처분이 있은 뒤 행정심판위원회의 처분명령재결이 있고, 행정청의 최종 처분이 있는 사안에서 재결고유의 위법이 있다면 취소소송의 대상은 최종 처분만 인정된다는 것이 판례의 태도이다.

④ 행정처분에 대하여 행정심판을 거친 경우 재결 고유의 위법이 없는데도 재결에 대한 취소소송을 제기하면 수소법원은 소송의 대상을 잘못 택하였으므로 각하하여야 한다.

⑤ 행정심판에서 유리하게 수정재결된 경우 유리하게 감축된 원처분을 대상으로 원행정청을 피고로 하여 취소소송을 제기하여야 하고, 불리하게 수정재결된 경우 불리한 수정재결을 대상으로 행정심판위원회를 피고로 하여 취소소송을 제기할 수 있다.

문 262. 정답 ②

***해 설**

☞ ①: ×

행정소송법 제19조 단서는 법률의 규정이 없을 때 적용되는 원칙이다. 법률의 규정이 있는 경우에는 재결주의에 따라 재결을 대상으로 하여 취소소송을 제기하여야

한다.

☞ ②: ○

행정심판의 재결 단계에서 내용상으로 새로운 침해가 발생하는 경우를 제외할 합리적인 이유가 없으므로 재결 고유의 위법사유로서 내용포함설이 다수설과 판례의 입장으로서 타당하다.

☞ ③: ×

명령재결대상설, 최종 처분 대상설, 양자 포함설 등의 대립이 있으나 판례는 둘 다 취소소송의 대상이 된다고 판시하고 있다.

☞ ④: ×

재결 고유의 위법이 있는지 주체 · 절차 · 형식 · 내용에 관한 위법성 심사를 하여야 하고, 이에 따라 재결 고유의 위법이 없다고 보아 기각 판결을 하여야 한다는 것이 다수설과 판례의 입장이다. 그러므로 각하 판결을 하여야 한다는 소수설의 입장을 제시하고 있는 지문은 타당하지 않다.

☞ ⑤: ○

원처분주의를 수정재결에 적용시키면 유리한 수정재결은 재결고유의 위법이 없고 다만 제재처분에 대하여 양적인 부분에서 일부 유리하게 변경된 것에 불과하므로 유리하게 감축된 형태의 원처분의 잔존물을 대상으로 원행정청을 피고로 취소소송을 제기하여야 한다. 반면에 불리한 수정재결은 행정심판 단계에서 새로운 침해가 발생하고 행정심판법의 불이익변경금지의 원칙에 위반되므로 재결고유의 위법이 있어서 재결처분을 대상으로 행정심판위원회를 피고로 취소소송을 제기하여야 한다.

263. 행정소송에 대한 다음의 설명들 중 타당한 것은 모두 몇 개인가? (9급 5회)

ㄱ. 행정처분에 대하여 행정심판을 거친 경우 원처분주의에 따라 제소기간은 원처분이 발급된 날을 기준으로 한다.

ㄴ. 취소소송에서 국가배상청구소송으로 소를 변경하는 것은 국가배상청구소송을 당사자소송으로 보는 다수설의 입장에 의하면 행정소송법 제42조의 소변경에 의하여 가능하다.

ㄷ. 취소소송에서 국가배상청구소송으로 소를 변경하는 것은 국가배상청구소송을 민사소송으로 보는 판례의 입장에 의하면 행정소송법에 규정도 없고 관할도 달라서 소의 변경이 부정된다.
ㄹ. 행정소송법상의 소변경은 구소취하 신소제기의 효과를 가져오면서 종전 소송절차와 진행이 그대로 유지되게 하는데, 가장 중요한 요건 중의 하나로서 청구기초의 동일성이 요구된다.
ㅁ. 소변경에 대한 청구기초의 동일성은 법률적 평가 이전의 역사적, 사실적 평가로서 재판을 통해 원고가 회복하려는 법률상 이익에 변경이 없어야 함을 의미한다.

① 1개
② 2개
③ 3개
④ 4개
⑤ 5개

문 263. 정답 ②

***해 설**

☞ ㄱ: ×

대상적격은 행정소송법 제19조 단서에 따라 국민에게 유리하도록 원처분을 대상으로 하여야 하지만, 제소기간은 행정소송법 제20조의 규정에 따라 역시 국민에게 유리하게 재결처분을 기준으로 하여야 한다. 만일 행정심판을 거쳤더라도 원처분을 제소기간의 기산점을 잡으면 금방 제소기간이 도과되어 국민에게 불리하기 때문이다.

**** 행정소송법 제20조(제소기간)**
① 취소소송은 처분 등이 있음을 안 날부터 90일 이내에 제기하여야 한다. 다만, 제18조 제1항 단서에 규정한 경우와 그 밖에 행정심판청구를 할 수 있는 경우 또는 행정청이 행정심판청구를 할 수 있다고 잘못 알린 경우에 **행정심판청구가 있은 때의 기간은 재결서의 정본을 송달받은 날부터 기산**한다.

☞ ㄴ: ×

취소소송에서 당사자소송으로 소를 변경하는 것은 행정소송법 제21조에서 규정하고 있다. 행정소송법 제42조의 소변경은 취소소송 등 항고소송에서 당사자소송으로 소를 변경하는 것이다.

☞ ㄷ: ×

＊심 화 학 습

취소소송에서 민사소송으로 소를 변경하는 것에 대하여 설문과 같은 부정설은 법률의 규정이 없고 관할이 다르므로 소 변경이 불가능하다고 보고 있다. 그러나 판례는 다수설과 마찬가지로 동일한 국가배상을 당사자소송으로 보는 경우에는 행정소송법 제21조에 의하여 가능하다고 하면서 민사소송으로 보는 경우에는 불가능하다고 보는 것은 형평에 맞지 않으므로 법률의 규정이 없고 관할이 다름에도 불구하고 긍정하고 있으며, 나아가서 형평상 행정청에서 국가나 지자체로 피고경정수반 되는 것도 인정하고 있다. 이와 관련하여 행정소송법 개정안에서는 관할이 다른 경우의 소 변경을 인정하는 규정을 두고 있다.

☞ ㄹ: ○

소 변경에 대한 타당한 설명이다.

☞ ㅁ: ○

타당한 설명으로서 청구기초의 동일성에 대한 판시 내용이자 다수설의 태도이다. 따라서 법률적 평가로 판단한다는 지문이 출제되면 틀린 것으로 보아야 한다.

264. 행정소송에 대한 다음의 논의들 중 옳은 것(o)과 옳지 않은 것(x)을 올바르게 조합한 것은? (다툼이 있는 경우 판례에 의함)

(9급 6회)

ㄱ. 행정소송법 제22조의 처분변경으로 인한 소변경은 처분 변경이 있음을 안 날로부터 90일 이내에 하여야 한다.

ㄴ. 행정소송법 제23조의 집행정지는 금전으로 회복할 수 있는 손해의 경우에는 인정하지 아니한다.

ㄷ. 행정소송법 제23조의 집행정지는 현역병입영처분의 경우처럼 수인불가능한 경우에는 회복할 수 없는 손해로서 인정이 되는데, 기업체의 경우에는 중대한 경영상의 위기가 있어야만 인정된다.

ㄹ. 집행정지의 요건으로서 본안청구가 이유 없음이 명백하지 않을 것은 행정소송법 제23조의 규정에 없으므로 요건이 되지 않는다는 요건 부정설이 다수설과 판례의 입장이다.

ㅁ. 집행정지의 요건으로서 공공복리에 중대한 영향을 미칠 우려가 없을 것에 대하여는 신청인인 국민이 주장책임과 소명책임이 있다.

① ㄱ(x), ㄴ(x), ㄷ(o), ㄹ(o), ㅁ(x)
② ㄱ(o), ㄴ(x), ㄷ(o), ㄹ(o), ㅁ(x)
③ ㄱ(x), ㄴ(o), ㄷ(x), ㄹ(o), ㅁ(x)
④ ㄱ(o), ㄴ(o), ㄷ(o), ㄹ(o), ㅁ(x)
⑤ ㄱ(x), ㄴ(o), ㄷ(o), ㄹ(x), ㅁ(x)

문 264. 정답 ⑤

***해 설**

☞ ㄱ: ×

행정소송법 제22조의 처분변경으로 인한 소의 변경은 처분의 변경이 있음을 안 날로부터 60일 이내에 하여야 한다.

☞ ㄴ: ○

다수설과 판례에 의하면 금전으로 회복할 수 있는 손해의 경우는 집행으로 인한 회복하기 어려운 손해로 보지 않는다.

☞ ㄷ: ○

다수설과 판례에 대한 정확한 지적이다.

☞ ㄹ: ×

본안청구의 이유없음이 명백하지 않을 것이라는 요건에 대하여 행정소송법 제23조의 규정에는 없지만 본안소송과 보전소송과의 관계상 소극적 요건으로 보아야 한다는 소극적 요건설이 다수설과 판례의 입장이다.

☞ ㅁ: ×

법률요건분류설에 의하면 집행정지의 적극적 요건들은 신청인인 국민에게 주장책임과 소명책임이 있지만, 집행정지의 소극적 요건들은 행정청에게 주장책임과 소명책임에게 있다. 그런데 공공복리에 중대한 영향이 없을 것은 소극적 요건이므로 행정청이 주장하고 소명하여야 한다.

265. 다음 사례에 관한 설명 중 옳은 것은? (다툼이 있는 경우 판례에 의함) (변시 기출)

> 甲은 관할 행정청 乙로부터 2009. 8. 3.을 납부기한으로 하는 **과징금부과처분**을 같은 해 6. 1. 고지받았으나, 이에 불복하여 **과징금부과처분 취소소송**을 제기하고 동시에 과징금부과처분에 대한 **집행정지도 신청**하였다. 법원은 2009. 7. 2. 위 본안소송에 대한 판결선고시까지 과징금부과처분의 **집행을 정지한다는 결정을 내렸으나** 甲이 2011. 6. 21. **결국 본안소송에서 패소**하였다. 이에 甲이 2011. 6. 27. 당초 고지된 과징금을 납부하자 乙은 2009. 8. 3.의 납부기한을 도과하였으므로 그때부터 2011. 6. 27.까지의 체납에 따른 **가산금도 납부하라는 징수처분을 하였다.**

① 집행정지결정은 **단지 징수권자가 징수집행을 하지 못하게 할 뿐** 납부기간의 진행을 **막을 수는** 없으므로 甲은 마땅히 가산금을 납부하여야 한다.

막을 수 있음

② 본안소송에서 乙이 한 당초의 **과징금부과처분이 적법하다고 판결**이 내려진 이상 과징금부과처분에 기초하여 **기간도과를 이유로 부과**된 가산금징수처분에 중대하고 명백한 하자가 있다고 볼 수는 없다. 따라서 甲은 乙의 가산금징수처분에 대하여 **취소소송**으로 다툴 수 있음은 별론으로 하고 가산금을 일단 납부하여야 한다.

가산금을 납부할 필요 없음

③ 집행정지결정이 있으면 납부기간의 진행도 중단되기는 하지만 **甲이 본안소송에서 패소하면 집행정지결정이 실효**되므로 납부기간 중단의 효력도 소급하여 상실되어 甲이 가산금납부의무를 면할 수는 없다.

소급하지 않지만 납부의무 면함

④ 甲의 집행정지신청이 받아들여지지 않았다 하더라도 과징금부과처분에 대한 **취소소송이 진행되고 있는 동안에는 甲은 과징금을 납부할 의무가 없고**, 따라서 과징금체납에 따른 **가산금의 납부의무도 없다.**

⑤ **집행정지결정으로 납부기간의 진행도 함께 중단**되므로 **본안소송에서 패소한 때부터 이미 진행된 기간을 제외한 나머지 기간이 다시 진행**되어 甲의 납부는 **납부기한 내에 납부한 것이 되고 가산금납부의무는 없다.**

이때는 지연이자(가산금)를 물을 필요 없기 때문

문 265. 정답 ⑤

***해 설**

최신 판례가 집중적으로 출제되고 있으므로 판례에 대한 공부를 충실히 하여야 할 것이다.

***심 화 학 습**

대법원 2003. 7. 11. 선고 2002다48023 판결【부당이득금】[집 51(2)민, 77; 공 2003. 8. 15.(184), 1711]

【판시사항】

[1] 행정소송법 제23조 소정의 처분에 대한 집행정지의 취지 및 그 효력의 시적 범위

빈출

행정소송법 제23조에 정해져 있는 처분에 대한 집행정지는 행정처분의 집행으로 인하여 회복하기 어려운 손해를 예방하기 위하여 긴급한 필요가 있고 달리 공공복리에 중대한 영향을 미치지 아니할 것을 요건으로 하여 본안판결이 있을 때까지 당해 행정처분의 집행을 잠정적으로 정지함으로써 위와 같은 손해를 예방하고자 함에 그 취지가 있고, 그 집행정지의 효력 또한 당해 결정의 주문에 표시된 시기까지 존속하다가 그 시기의 도래와 동시에 당연히 소멸한다.

난이도 높은 기출

[2] 일정한 납부기한을 정한 과징금부과처분에 대한 집행정지결정이 내려진 경우 그 집행정지기간 동안 납부기간이 진행되는지 여부(×)

일정한 납부기한을 정한 과징금부과처분에 대하여 '회복하기 어려운 손해'를 예방하기 위하여 긴급한 필요가 있고 달리 공공복리에 중대한 영향을 미치지 아니한다는 이유로 집행정지결정이 내려졌다면 그 집행정지기간 동안은 과징금부과처분에서 정한 과징금의 납부기간은 더 이상 진행되지 아니하고 집행정지결정이 당해 결정의 주문에 표시된 시기의 도래로 인하여 실효되면 그 때부터 당초의 과징금부과처분에서 정한 기간(집행정지결정 당시 이미 일부 진행되었다면 그 나머지 기간)이 다시 진행하는 것으로 보아야 한다.

빈출 지문 정리

266. 다음 중 행정소송의 판결에 대한 설명으로 옳은 것?

(서울시 7급)

각하

① 기각판결은 소송요건의 불비를 이유로 본안의 심리를 거부하는 판결이다.

치유되지 않고 위법성

② 사정판결은 처분이 위법함에도 청구가 기각되는 것으로, 이로 인하여

당해 처분은 **위법성**이 치유되어 적법하게 된다.

③ 사정판결은 **무효 등 확인소송**에도 적용된다.

④ 사정판결에서의 **소송비용**은 패소한 원고가 부담한다.

⑤ 사정판결의 경우 법원은 **판결의 주문**에 당해 처분이 **위법함으로 명시**하여야 한다.

유지

적용 ×

승소한 피고가 부담

문 266. 정답 ⑤

***해 설**

☞ ①: ×

소송요건의 불비를 이유로 본안심리를 거부하는 판결은 각하판결이다.

☞ ②: ×

사정판결은 처분의 위법성은 판결주문을 통하여 그대로 인정하되, 현저한 공익을 위하여 정책적으로 내리는 기각판결이다.

☞ ③: ×

사정판결은 무효 등 확인소송의 경우에는 적용되지 않고 취소소송의 경우에만 적용된다고 보는 것이 다수설과 판례의 입장이다.

대법원 1996. 03. 22. 선고 95누5509 판결[토지수용재결처분취소등]

당연무효의 행정처분을 소송목적물로 하는 행정소송에서는 존치시킬 효력이 있는 행정행위가 없기 때문에 행정소송법 제28조 소정의 사정판결을 할 수 없다.

☞ ④: ×

사정판결은 행정청의 행정행위가 위법하지만 현저한 공익을 위하여 내리는 정책적인 관점에서 인정되는 기각판결이므로, 예외를 인정하여 승소한 피고인 행정청이 부담한다.

☞ ⑤: ○

행정소송법 제28조(사정판결)

① 원고의 청구가 이유있다고 인정하는 경우에도 처분등을 취소하는 것이 현저히 공공복리에 적합하지 아니하다고 인정하는 때에는 법원은 원고의 청구를 기각할 수 있다. **이 경우 법원은 그 판결의 주문에서 그 처분등이 위법함을 명시하여야 한다.**

② 법원이 제1항의 규정에 의한 판결을 함에 있어서는 미리 원고가 그로 인하여 입게

될 손해의 정도와 배상방법 그 밖의 사정을 조사하여야 한다.
③ 원고는 피고인 행정청이 속하는 국가 또는 공공단체를 상대로 손해배상, 제해시설의 설치 그 밖에 적당한 구제방법의 청구를 당해 취소소송 등이 계속된 법원에 병합하여 제기할 수 있다.

동의서 부제출은 구체적 사유

267. 갑은 2013. 3. 6. 산림 내에서의 토석채취허가신청을 하였는데 허가권자는 A는 2013. 4. 1. 인근 주민들의 동의서를 제출하지 않았다는 사유로 이를 반려하였다. 이에 갑은 2013. 5. 1. 인근 주민들의 동의서를 받지 못한 것은 사실이나 이 사유는 적법한 반려사유가 아니라는 이유로 서울행정법원에 위 반려처분의 취소를 구하는 소를 제기하였고, 서울행정법원은 2013. 9. 20. 위 반려처분을 취소하는 판결을 선고하였고, 그 후 위 판결은 확정되었다. 위 사례와 관련된 설명 중 옳은 것을 모두 고른 것은? (다툼이 있는 경우 판례에 의함)

(변시 기출)

빈출

ㄱ. 행정소송에서 쟁송의 대상이 되는 행정처분의 존부는 소송요건으로서 **직권조사사항**이고, 자백의 대상이 될 수 없는 것이므로, 당사자들이 위 반려처분의 존재를 다투지 아니한다 하더라도 그 존부에 관하여 의심이 있는 경우에는 **수소법원은 이를 직권으로 밝혀보아야** 한다.

다툼이 없으면 증거조사 불필요

ㄴ. 행정소송은 민사소송과 달리 공법상 권리관계를 다투는 소송이어서 **원칙적으로 변론주의가 적용**되지 않으므로, 수소법원은 인근 주민들의 동의서를 제출하지 않았다는 사실에 대하여 당사자 사이에 **다툼이 없더라도** 증거를 조사하여 그 사실을 확정해야 한다.

빈출 지문: 판단기준시는 처분시이지만 자료는 변론종결시까지

ㄷ. 수소법원은 위 반려처분 당시 A가 알고 있었던 자료뿐만 아니라 **변론종결 당시까지 제출된 모든 자료를 종합**하여 처분 당시 존재하였던 객관적 사실을 확정하고 그 사실에 기초하여 위 반려처분의 위법 여부를 판단할 수 있다.

구체적 사유와 구체적 사유 사이는 기본적 사실관계 동일성 부정

ㄹ. **A가 소송 계속 중**에 토석채취를 하게 되면 **자연경관이 심히 훼손되고** 토석운반차량의 통행시 일어나는 소음, 먼지의 발생, 토석채취장에서 흘러내리는 토사가 **부근의 농경지를 매몰할 우려**가 있는 등 공익에 미치는 영향이 지대하기 때문에 위 반려처분이 적법하다는 사유를 들어 새로이 처분사유로 추가하는 것은 당초의 처분사유와 기본적 사실관계의 동일성이 없는 별개의 처분사유를 주장하는

것이므로 허용되지 아니한다.

ㅁ. A는 위 확정 판결의 취지에 따라 이전의 신청에 대하여 **재처분할 의무**가 있으므로, **위 소송의 변론종결 이후에 발생한 새로운 사유**를 내세워 다시 이전의 신청에 대하여 거부처분을 할 수 없고 토석채취허가를 해야 한다.

빈출

① ㄱ, ㄴ, ㄹ
② ㄱ, ㄴ, ㅁ
③ ㄱ, ㄷ, ㄹ
④ ㄴ, ㄷ, ㅁ
⑤ ㄷ, ㄹ, ㅁ

문 267. 정답 ③

*해 설

앞으로 이와 같은 사례형 출제들이 많이 이루어질 것으로 기대되는 바이다.

☞ ㄱ: ○

행정소송의 요건은 소의 적법성에 대한 판단의 대상이 되는 것이므로 원칙적으로 직권조사사항이다. 그러나 평가지역 외의 주민들이 법률상 이익이 직접 침해되는지에 대하여 다툼이 있는 경우 이에 대한 입증을 하면 원고적격이 인정될 수 있듯이 소송요건도 다툼이 있는 경우에는 예외적으로 입증을 요한다.

☞ ㄴ: ×

행정소송의 본안심리원칙은 행정소송법 제26조의 규정에 대하여 행정소송법 제8조에 의하여 민사소송법상의 당사자주의의 원칙을 준용하게 되어 있다는 것을 고려하여 판단하여야 한다. 따라서 직권주의가 아니라 당사자주의가 원칙이므로 처분권주의와 변론주의가 기본적으로 적용된다. 그러나 행정소송은 공익적 특성이 강하므로 민사소송과 다르게 취급하여 예외적으로 법원이 직권으로 탐지하고 조사하는 범위를 완화하는 것이 타당하다(이른바 직권탐지주의가미설).[5]

따라서 주민들의 동의서 제출이라는 허가요건에 대하여 다툼이 없다면 이러한 주요사실에 대하여 법원은 함부로 직권으로 증거를 조사하여 사실을 확정할 수 없다.

☞ ㄷ: ○

처분사유의 추가·변경은 기본적 사실관계의 동일성이 인정되는 범위 내에서만

---

5 이와 달리 행정소송을 철저하게 민사소송과 동일하게 파악하려는 반대입장도 있다(이른바 변론주의보충설).

가능하고, 또한 그 사유들이 처분 당시의 것들이어야만 한다는 것이 통설과 판례의 태도이다. 그러나 처분 당시의 위법한 사유를 판단하기 위하여 참고하는 자료들은 변론종결 당시까지 제출된 모든 자료들이라는 점을 주의하여야 한다.

☞ ㄹ: ○

주민동의와 자연경관 등은 기본적 사실관계의 동일성이 부정되는 별개의 사유이므로 처분사유로서 추가·변경할 수 없다. 대체로 판례는 일반적 사유와 구체적 사유 사이는 기본적 사실관계의 동일성을 인정하지만, 구체적 사유와 구체적 사유 사이는 기본적 사실관계의 동일성이 부정되는 별개의 사유로 보는 경향에 있다. 이 점을 참고하면 어려운 문제들도 대부분 판단해 낼 수 있을 것이다.

대법원 1992. 08. 18. 선고 91누3659 판결[토석채취허가신청반려처분취소]

행정처분의 취소를 구하는 항고소송에 있어서는 실질적 법치주의와 행정처분의 상대방인 국민에 대한 신뢰보호라는 견지에서 처분청은 당초 처분의 근거로 삼은 사유와 기본적 사실관계에 있어서 동일성이 인정되는 한도 내에서만 새로운 처분사유를 추가하거나 변경할 수 있을 뿐 기본적 사실관계와 동일성이 인정되지 않는 별개의 사실을 들어 처분사유로 주장하는 것은 허용되지 아니하며 법원으로서도 당초의 처분사유와 기본적 사실관계의 동일성이 없는 사실은 처분사유로 인정할 수 없는 것이다.

원심이 확정한 사실에 의하면, 원고의 이 사건 토석채취허가신청에 대하여 피고인 나주군수는 인근주민들의 동의서를 제출하지 아니하였음을 이유로 이를 반려하였음이 분명하고 피고인 나주군수가 이 사건 소송에서 위 반려사유로 새로이 추가하는 처분사유는 이 사건 허가신청지역은 전남 나주군 문평면에 소재한 백용산의 일부로서 토석채취를 하게 되면 자연경관이 심히 훼손되고 암반의 발파시 생기는 소음, 토석운반차량의 통행시 일어나는 소음, 먼지의 발생, 토석채취장에서 흘러 내리는 토사가 부근의 농경지를 매몰할 우려가 있는 등 공익에 미치는 영향이 지대하고 이는 산림내토석채취사무취급요령 제11조 소정의 제한사유에도 해당되기 때문에 위 반려처분이 적법하다는 것인바, 이는 피고인 나주군수가 **당초 위 반려처분의 근거로 삼은 사유와는 그 기본적 사실관계에 있어서 동일성이 인정되지 아니하는 별개의 사유라고 할 것이므로 피고는 이와 같은 사유를 이 사건 반려처분의 근거로 추가할 수 없다**고 보아야 할 것이다.

☞ ㅁ: ×

판결의 기속력과 처분사유의 추가·변경은 서로 표리의 관계에 있다. 기본적 사실관계의 동일성이 없는 별개의 사유로는 추가·변경할 수 없지만, 취소인용판결이 내려졌다고 하더라도 별개의 사유로 재차 거부나 침해를 하더라도 판결의 취지를 무시한 것이 아니므로 기속력에 반하지 아니한다. 또한 취소인용판결은 법원이 지적한 처분 당시의 위법사유를 시정하라는 것이므로, 처분시 이후나 변론종결시 이후 또는 판결시 이후에 발생한 사유를 들어 재차 거부하거나 침해를 하더라도 판결의 취지를 무시하는 것이 아니므로 기속력에 반하지 아니한다.

268. 행정소송의 본안심리와 관련된 다음의 설명들 중 옳은 것은?

빈출 기출 지문 정리

① 행정소송법 **제26조는 행정소송의 본안심리원칙으로** 직권주의를 규정하고 있다.

직권탐지주의 가미설과 변론주의보충설 대립

② 처분사유의 추가·변경은 행정청이 소송 도중에 원래의 처분사유를 자신에게 유리하게 새로운 처분사유를 추가하거나 변경하는 것을 의미하는데, 이에 대하여 ㊀부정설과 ㊁긍정설 및 ㊂절충설의 대립이 있지만 다수설과 판례의 태도는 소송경제를 위하여 긍정설의 입장을 취한다.

절충설

③ 처분사유의 추가·변경의 객관적 요건으로서 판례가 요구하는 **기본적 사실관계의 동일성**은 법적인 평가가 달라지면 부정되므로 처분사유를 추가·변경하는 것은 허용되지 않는다.

빈출: 법적 평가 ×, 사실적 평가

④ **처분사유의 추가·변경의 시간적 요건**으로서 다수설과 판례는 변론종결시로 보고 있다.

처분시

⑤ **처분사유의 추가·변경과 기속력의 관계**는 **표리의 관계**이므로 동일한 판단기준을 사용하고 있는데, **기본적 사실관계의 동일성**이 있으면 처분사유를 추가·변경하는 것이 **가능**하지만 만일 기회를 놓쳐서 취소인용판결이 내려지면 **동일한 사유로 재차 거부나 침해시 기속력에 위반하므로 무효**라고 보게 된다.

빈출 지문

문 268. 정답 ⑤

***해 설**

☞ ①: ×

***심 화 학 습**

행정소송법 **제26조**에 대하여 **직권주의설을 취하는 학자는 거의 없고**, 당사자주의를 원칙으로 하는 입장들 중에서 철저하게 민사소송과 동일하게 하자고 보는 **변론주의보충설**(홍정선 교수 등)과 행정소송의 공익적 특성을 강조하여 민사소송과 다르게 직권개입의 여지를 완화해서 보자는 **직권탐지주의 가미설**(김연태 교수 등) 등이 실질적으로 대립하고 있다. **판례의 입장에 대하여도 변론주의보충설을 취하고 있다는 평석과 직권탐지주의 가미설을 취하고 있다는 평석이 대립**한다. **행정소송의 공익적 특성**을 **판례도 인정**하여 **민사소송과 다소 다른 판시**를 하고 있으므로 직권탐지주의가미설을 취하는 것이 타당하다.

☞ ②: ×

다수설과 판례는 처분사유의 추가·변경에 대하여 상대방의 **예측가능성과 방어권 보장 및 소송경제의 충돌**하는 **이해관계를 조화**롭게 처리하자는 **절충설**의 입장에 있다.

☞ ③: ×

*심 화 학 습

판례와 다수설이 처분사유의 추가·변경의 객관적 요건으로서 요구하는 기본적 사실관계의 동일성은 "처분사유를 법률적으로 평가하기 이전의 구체적 사실관계에 착안하여 그 기초되는 사회적 사실관계가 기본적인 점에서 동일한가 여부"로 판단한다. 구체적으로 시간적 장소적 근접성, 행위, 태양, 결과 등 제반사정을 종합적으로 고려하여 판단한다.

☞ ㄹ: ×

판례와 다수설이 처분사유의 추가·변경의 시적 요건으로서 처분당시에 존재하는 사유일 것이라고 하여 처분시를 기준으로 설정하고 있다. 이는 법원의 역할이 사후적이고 소극적으로 위법성을 판단하는 것이므로 처분당시의 사유만 심리할 수 있기 때문이다. 그러므로 판결시설은 타당하지 않다.

☞ ㅁ: ○

처분사유의 추가·변경과 기속력과의 관계에 대한 정확한 지적이다.

빈출 지문들 정리

269. 행정소송에 대한 다음의 논의들 중 틀린 것을 고르시오.

최다 빈출 지문

① **처분사유의 추가·변경과 기속력의 관계**는 **표리의 관계**이므로 **동일한 판단기준을 사용**하고 있는데, **기본적 사실관계의 동일성이 없**으면 **처분사유를 추가·변경하지 못하나, 취소인용판결 후 별개의 사유로 재차 거부하거나 침해하더라도 기속력에 위반된다고 볼 수 없고** 기속력에 부합한다고 보아야 한다.

② 판례는 **일**반적 사유와 **구**체적인 사유는 기본적 사실관계의 동일성이 없다고 보고 있다.

일반적 사유와 구체적 사유는 있다고 봄. 그러나 구체적 사유끼리는 없다고 봄

③ 판례는 **근거 법령의 변경**을 하는 경우에는 **사실관계를 달리하는 법령의 근거변경은 기본적 사실관계의 동일성이 없어서 부정**되지만, **사실관계를 달리 하지 않는 경우의 법령의 근거변경은 기본적 사실관계의 동일성이 부정되지 않아 허용된다**고 판시하고 있다.

주의할 기출

④ 행정소송법 **제28조의 사정판결**은 원고의 청구가 이유가 있다고 인정하는 경우에도 처분을 취소하는 것이 현저히 공공복리에 적합하지 않을 때 내리는 **정책적 의미의 기각판결**인데, 법원은 사정판결을 함부로 적용하여서는 안 되고 **신중**하여야 한다.

빈출

⑤ 대법원은 **사정판결 제도 자체는 합헌이라고** 판시하였다.

빈출

문 269. 정답 ②

***해 설**

☞ ①: ○

처분사유의 추가·변경과 기속력과의 관계에 대한 정확한 지적이다.

☞ ②: ×

판례는 일반적 사유와 구체적 사유 사이에는 기본적 사실관계의 동일성이 인정된다고 보고 있다.

☞ ③: ○

판례에 대한 정확한 이해이다.

☞ ④: ○

행정소송법 제28조의 사정판결은 법치주의의 예외이므로 엄격한 요건 아래 예외적으로만 허용되어야 한다.

☞ ⑤: ○

대법원은 조선대학교가 전남대학교에게 발급된 로스쿨 인가를 다툰 사건에서 비록 전남대학교에 대한 로스쿨인가가 제척사유있는 로스쿨 심사위원들의 관여로 인하여 절차하자가 있지만, 이미 로스쿨 재학생들이 재학 중이므로 사정판결을 하면서, 사정판결 자체는 합헌이라고 판시하고 있다.

*심 화 학 습

***** 로스쿨과 원고적격 및 절차하자 판례들 [조선대학교의 전남대학교 로스쿨 인가 취소소송]**

빈출 판례

대법원 2009. 12. 10. 선고 2009두8359 판결【예비인가처분취소】

[1] 제3자로서 경원자의 원고적격

비록 **경원자에 대하여 이루어진 허가 등 처분의 상대방이 아니라 하더라도** 당해 처분의 취소를 구할 **원고 적격이 있다.**

[2] 전남대 로스쿨 교수들이 로스쿨 인가심사에 관여한 절차의 하자와 위법성의 정도

교수위원들이 위원회 제15차 회의에 관여한 것은 소속대학에 대한 관계에서 법 제13조를 위반한 것이기는 하나, 법 제13조의 적용 범위 등에 관하여 해석상 논의의 여지가 있고, 교수위원이 소속한 전남대학교의 경우 서울외권역 중 2순위의 평가점수를 받아 소속 교수위원이 배제된 상태에서 심의를 하였더라도 동일한 심의결과가 나왔을 것으로 보이는 점 등에 비추어, 그러한 위반은 이 사건 인가처분의 무효사유가 아니라 취소사유에 해당한다.

사정판결을 예외적으로 인정한 판례

[3] 사정판결

이미 로스쿨학생들이 재학중에 있어 사정판결하여야 하며, **이는 합헌적인 제도이다.**

*심 화 학 습

2. 국민대학교 교수들의 로스쿨 인가 헌법소원

헌재 2008. 11. 27. 2008헌마372

학교법인과 달리 교수나 학생은 로스쿨인가취소소송의 원고적격 없음

청구인들이 주장하는 법학전문대학원의 교수로서의 지위와 그에 따르는 각종 권리는 법적으로 보장받고 있던 지위나 권리가 아니라 '장차 법학전문대학원의 교수로서 활동할 수 있으리라는 사실상의 기대'가 실현되지 않게 된 것에 불과하다. 학교법인 국민학원이 법학전문대학원 예비인가를 받지 못함에 따른 반사적 결과로서 사실적·간접적·경제적 불이익에 지나지 않는다.

빈출 지문 정리

270. 처분사유의 추가·변경에 대한 판례의 태도로 옳은 것은? (국가직 7급)

빈출: 기·사·동 있어야 함

① 피고의 방어권 보장을 위해 **기본적 사실관계의 동일성**이 없더라도

처분사유의 추가 · 변경을 인정한다.

② 추가 또는 변경된 사유가 당초의 처분시 그 사유가 명기되지 않았을 뿐 **처분시에 이미 존재하고 있었고 당사자도 그 사실을 알고 있었다**면 당초의 처분사유와 동일성이 인정된다.

빈출: 당사자가 알고 있었는지 여부와는 상관 없음

③ 군사시설 보호구역 밖의 토지에 주유소를 설치 · 경영하도록 하기 위한 석유판매업 허가를 함에 있어서 관할 부대장의 동의를 얻어야 할 법령상의 근거가 없음에도 그 **동의가 없다는 이유로** 한 불허가처분에 대한 소송에서, 당해 토지가 **탄약창에 근접한 지점에 위치하고** 있다는 사실을 불허가사유로 추가하는 것은 허용되지 않는다.

구체적 사유들 사이는 기·사·동 없음

④ 주택신축을 위한 산림형질변경허가신청에 대한 거부처분의 근거로 제시된 **준농림지역에서의 행위제한이라는 사유**와 나중에 거부처분의 근거로 추가한 **자연경관 및 생태계의 교란, 국토 및 자연의 유지와 환경보전 등 중대한 공익상의 필요라는 사유**는 기본적 사실관계의 동일성이 없다.

구체적 사유와 일반적 사유 사이는 기·사·동 있음

문 270. 정답 ③

***해 설**

☞ ①: ×

기본적 사실관계의 동일성이 인정되는 범위 내에서만 처분사유의 추가 · 변경을 인정한다.

☞ ②: ×

***심 화 학 습**

대법원 2003. 12. 11. 선고 2001두8827 판결【정보공개청구거부처분취소】[집 51(2)특, 438; 공 2004. 1. 15.(194), 153]

[1] 공공기관의정보공개에관한법률 제1조, 제3조, 제6조는 국민의 알권리를 보장하고 국정에 대한 국민의 참여와 국정운영의 투명성을 확보하기 위하여 공공기관이 보유 · 관리하는 정보를 모든 국민에게 원칙적으로 공개하도록 하고 있으므로, 국민으로부터 보유 · 관리하는 정보에 대한 공개를 요구받은 공공기관으로서는 같은 법 제7조 제1항 각 호에서 정하고 있는 비공개사유에 해당하지 않는 한 이를 공개하여야 할 것이고, 만일 이를 거부하는 경우라 할지라도 대상이 된 정보의 내용을 구체적으로 확인 · 검토하여 어느 부

분이 어떠한 법익 또는 기본권과 충돌되어 같은 법 제7조 제1항 몇 호에서 정하고 있는 비공개사유에 해당하는지를 주장·입증하여야만 할 것이며, 그에 이르지 아니한 채 개괄적인 사유만을 들어 공개를 거부하는 것은 허용되지 아니한다.

빈출 판례 지문

기·사·동 = 법 × 구+사+기

[2] 행정처분의 취소를 구하는 항고소송에 있어서, 처분청은 당초 처분의 근거로 삼은 사유와 기본적 사실관계가 동일성이 있다고 인정되는 한도 내에서만 다른 사유를 추가하거나 변경할 수 있고, 여기서 ㉠**기본적 사실관계의 동일성 유무는 처분사유를 ㉡법률적으로 평가하기 이전의 ㉢구체적인 사실에 착안하여 그 기초인 ㉣사회적 사실관계가 ㉠기본적인 점에서 동일한지 여부에 따라 결정되며** 이와 같이 기본적 사실관계와 동일성이 인정되지 않는 별개의 사실을 들어 처분사유로 주장하는 것이 허용되지 않는다고 해석하는 이유는 행정처분의 상대방의 방어권을 보장함으로써 실질적 법치주의를 구현하고 행정처분의 상대방에 대한 신뢰를 보호하고자 함에 그 취지가 있고, **추가 또는 변경된 사유가 당초의 처분시 그 사유를 명기하지 않았을 뿐 처분시에 이미 존재하고 있었고 당사자도 그 사실을 알고 있었다 하여 당초의 처분사유와 동일성이 있는 것이라 할 수 없다.**

빈출 지문

[3] 당초의 정보공개거부처분사유인 공공기관의정보공개에관한법률 제7조 제1항 제4호 및 제6호의 사유는 새로이 추가된 같은 항 제5호의 사유와 기본적 사실관계의 동일성이 없다.

☞ ③: ○

대법원 1991. 11. 8. 선고 91누70 판결【석유판매업불허가처분취소】[공 1992. 1. 1.(911), 126]

가. 당초부터 군사시설보호구역 밖에 위치하고 있는 토지여서 그 지상에 주유소를 설치·경영하도록 하기 위한 석유판매업허가를 함에 있어서 국방부장관 또는 관할 부대장과 협의하여야 하거나 그 동의를 얻어야 할 아무런 법령상의 근거가 없음에도 위 관할 부대장의 부동의만을 이유로 한 불허가처분은 위법하다.

나. 행정처분의 취소를 구하는 항고소송에 있어서 행정청은 당초 처분의 근거로 삼은 사유와 기본적 사실관계에 있어서 동일성이 인정되는 한도 내에서만 새로운 처분사유를 추가하거나 변경할 수 있을 뿐, 기본적 사실관계와 동일성이 인정되지 않는 별개의 사실을 들어 처분사유로 주장하는 것은 허용되지 않는다.

다. 피고는 석유판매업허가신청에 대하여 당초 사업장소인 토지가 군사보호시설구역 내에 위치하고 있는 관할 **군부대장의 동의**를 얻지 못하였다는 이유로 이를 불허가하였다가, 소송에서 위 토지는 **탄약창**에 근접한 지점에 위치하고 있어 공공의 안전과 군사시설의 보호라는 공익적인 측면에서 보아 허가신청을 불허한 것은 적법하다는 것을 불허가사유로 추가한 경우, 양자는 기본적 사실관계에 있어서의 동일성이 인정되지 아니하는 **별개**의 사유라고 할 것이므로 이와 같은 사유를 불허가처분의 근거로 추가할 수 없다.

☞ ④: ×

대법원 2004. 11. 26. 선고 2004두4482 판결【산림형질변경불허가처분취소】[공 2005. 1. 1.(217), 52]

주택신축을 위한 산림형질변경허가신청에 대하여 행정청이 거부처분을 하면서 당초 거부처분의 근거로 삼은 **준농림지역**에서의 행위제한이라는 사유와 나중에 거부처분의 근거로 추가한 **자연경관** 및 생태계의 교란, 국토 및 자연의 유지와 환경보전 등 중대한 공익상의 필요라는 사유는 기본적 사실관계에 있어서 동일성이 인정된다.

빈출

일반적 사유와 구체적 사유 사이는 기·사·동 인정

※ 일반적 사유의 예

① 허가 기준

② 계발계획 미수립

③ 준농림지역에서 행위제한

271. 법원의 판결의 효력에 대한 다음의 설명 중 옳은 것을 고르시오. (다툼이 있는 경우 판례에 의함)

기본 기출 정리

① 대법원은 행정청이 **신청하지 않더라도 직권에 의한 사정판결을 인정**하고 있다.

빈출

② **취소판결의 효력**은 원고와 피고 사이에서만 효력이 발생하고 **제3자에 대하여는 효력이 발생**하지 않는다.

발생함(절대적 형성력설 — 다·판)

③ **취소소송의 성격**을 확인소송으로 보아 **법적 소급효**를 부정하는 입장이 다수설과 판례의 태도이다.

형성소송으로 보아 법적 소급효 인정

④ 판결의 취지를 존중할 것을 요구하는 **기속력**은 **기판력**과 동일하다고 보는 것이 타당하다.

구별

⑤ 판결의 기속력의 내용으로서 ㉥반복금지효, ㉤재처분의무, ㉠결과제거의무는 행정소송법 제30조에 규정되어 있다.

결과제거의무는 규정이 없지만, 기속력으로 인정됨

문 271. 정답 ①

***해 설**

☞ ①: ○

빈출

판례는 **환지처분 사건들에서 행정청의 신청이 없더라도** 행정소송의 공익적 특성을 고려하여 직권에 의한 **사정판결을 할 수 있다고 판시**하고 있다.

☞ ②: ×

행정소송법 제29조 제1항에서는 취소소송은 민사소송과 달리 제3자에 대하여도 판결의 효력이 미친다고 하여 대세적 효력을 판결의 형성력 중 하나로서 인정하고 있다.

☞ ③: ×

취소소송의 성격에 대하여 형성소송설과 확인소송설이 대립하는 바, 형성소송설이 다수설과 판례의 입장이다. 형성소송설은 법적 소급효를 인정하는 데 반하여, 확인소송설은 이를 부정한다.

☞ ④: ×

판결의 기판력은 소송법적인 효력이고 판결의 기속력은 실체법적인 효력이므로 양자를 구별하는 것이 다수설의 입장으로서 타당하다. 그러나 판례는 종종 기판력과 기속력을 혼용하고 있어 비판을 받고 있다.

☞ ⑤: ×

빈출 포인트

행정소송법 제30조 제1항에서 ㉶복금지효, 행정소송법 제30조 제2항에서는 거부처분에 대한 ㉷처분의무, 행정소송법 제30조 제3항에서 절차하자를 이유로 한 ㉷처분의무 등을 규정하고 있지만, **결과제거의무는 규정이 없고 행정소송법 제30조의 취지상 인정한다**. 입법론으로서 행정소송법 개정안에서는 결과제거의무를 명문으로 규정하고 있다.

272. 행정소송에 있어서 다음의 논의들 중 틀린 것을 고르시오.

① 취소판결의 이유가 절차하자 때문인 경우 **절차를 보완하여** 재차 허가를 거부하거나 침해하더라도 기속력에 부합한다.

② 행정청이 거부처분 취소판결의 기속력에 반하여 재처분의무를 이행하지 않는 경우 행정소송법 **제34조의 간접강제에 의하여 통제할 수** 있을 뿐 법원이 시정명령이나 직접처분을 할 수 없다.

③ 민중소송과 기관소송은 법률의 규정이 있는 경우에 한하여 **법률에서 정한 자만 제기**할 수 있다.

④ 무효확인소송에서 **확인의 소의 보충성**이 요구된다.

부정으로 판례 변경

⑤ 부작위위법확인소송에서 **절차적 심리설**과 **실체적 심리설**의 대립이 있는데, 부작위 유무만 심리하면 되므로 인용판결의 기속력도 **어떠한 처분이면 족하므로 거부처분을 발급하더라도 기속력에 반하지 않는다는 것이 다수설과 판례의 입장인 절차적 심리설의 결론**이다.

빈출 지문

문 272. 정답 ④

***해 설**

☞ ①: ○

행정소송법 제30조 제3항에 따라 절차를 보완하여 재차 거부하거나 재차 침해하더라도 판결의 기속력에 위반하지 않는다.

☞ ②: ○

취소판결의 기속력 중 재처분의무에 위반하는 경우 권력분립과 의무이행소송이 부정된다는 점을 고려하여 행정소송법 제34조의 간접강제만 신청할 수 있을 뿐, 행정심판 재결의 기속력에서 인정되는 시정명령과 직접처분을 통해 통제하는 것은 부정된다. 이것이 취소소송의 기속력과 행정심판의 기속력의 차이이다.

☞ ③: ○

이러한 행정소송법 제45조의 입법태도를 객관소송 법정주의라고 한다. 입법론으로서 독일처럼 법정주의를 폐지하자고 하는 주장이 유력하게 주장된다.

☞ ④: ×

이는 변경 전 판례의 입장이고 최근 판례는 전원합의체 판결을 통하여 항고소송에 대하여는 확인의 소의 보충성 요건을 부정하고 있다. 이는 **항고소송에서는** 판결주문이 위법확인이든 취소이든 **판결 이유에서 행정청의 재처분의무의 방향을 요구할 수 있으므로 효과적인 구제수단이 될 수 있으며**, 우리 행정소송법은 확인의 소의 보충성에 대한 규정을 **일본과 달리 두고 있지 않기 때문이라는 것이 판례 변경의 논거**이다.

빈출 포인트이므로 논거까지 공부해 둘 것

☞ ⑤: ○

***심 화 학 습**

이와 반대로 부작위위법확인소송을 거부처분취소소송과 동일하게 부작위를 하게 된 구체적인 위법사유까지 모두 검토하여 인용판결의 기속력으로서 기속행위의 경우에는 신청대로 처분의무가 발생하게 하고, 재량행위의 경우에는 신청에 대한 하자없는 재량행사의무가 발생하게 하자는 실체적 심리설이 유력하게 제시되고 있다(김연태 교수).

신출제경향

취소인용판결의 형성력

취소인용판결의 기속력

273. 다음 설명에 해당하는 취소소송의 판결의 효력을 바르게 묶은 것은? (국가직 7급)

A: 과세처분을 취소하는 판결이 확정되면 그 **과세처분은 처분시에 소급하여 소멸**하는 것이므로 과세처분을 **취소하는 판결이 확정된 뒤에는** 그 과세처분을 경정하는 이른바 **경정처분을 할 수 없다.**

B: 처분을 취소하는 판결이 확정되면 **당사자인 행정청과 그 밖의 관계 행정청은 동일한 사실관계에 대하여 동일한 사유로 취소된 처분과 동일한 처분을 할 수 없다.**

	A	B
①	자박력	기판력
②	형성력	기속력
③	불가쟁력	집행력
④	형성력	자박력

문 273. 정답 ②

***해 설**

☞ 최근 등장하기 시작한 새로운 출제유형이다. 최근 로스쿨 시험문제와 출제경향이 유사해지고 있다. A는 취소판결이 확정되면 권리의무관계가 확정적으로 소급하여 형성되는 것이라는 판결의 형성력에 대한 설명이고, B는 취소판결이 확정되면 행정청이 판결의 취지를 존중하여야 한다는 기속력에 대한 설명이다. **앞으로 이러한 유형의 출제는** 더욱 발전된 형태를 보일 것으로 예상된다.

274. 행정소송에 관한 설명 중 옳은 것을 모두 고른 것은? (다툼이 있는 경우 판례에 의함) (변시 기출)

난이도 높은 기출 정리

ㄱ. 행정처분의 근거 법률에 의하여 보호되는 직접적이고 구체적인 이익이 있는 경우에는 행정소송법 제35조에 규정된 '무효확인을 구할 법률상 이익'이 있다고 보아야 하고, 이와 별도로 **무효확인소송의 보충성이 요구되는 것은 아니므로** 행정처분의 무효를 전제로 한 이행소송 등과 같은 직접적인 구제수단이 있는지 여부를 **따질 필요가 없다.**

빈출

ㄴ. 거부처분 후 법령이 개정 · 시행된 경우에 거부처분 취소의 확정판결을 받은 행정청이 **개정법령상의 새로운 사유를 내세워 다시 거부처분을 하는 것**은 행정소송법상의 재처분의무에 반한다.

빈출: 기본적 사실관계의 동일성이 없는 별개의 사유이므로 기속력 위반이 아님

ㄷ. 헌법 제35조 제1항에서 정하고 있는 **환경권에 관한 규정만으로는** 그 권리의 주체 · 대상 · 내용 · 행사방법 등이 구체적으로 정립되어 있다고 볼 수 없으므로, 환경영향평가 대상지역 ㉮밖에 거주하는 주민에게 헌법상의 환경권에 근거하여 공유수면매립면허처분과 농지개량사업시행인가처분의 무효확인을 구할 **원고적격**은 인정될 수 없다.

빈출: 안의 주민은 법률상 이익이 추정되나, 밖의 주민은 입증하면 법률상 이익 인정가능하도록 판례 변경

ㄹ. 조세부과처분이 당연무효임을 전제로 하여 **이미 납부한 세금의 반환을 청구**하는 ㉮**오납금반환청구소송**은 공법상 당사자소송으로 취급되고 있다.

민사소송

ㅁ. 행정소송의 입증책임은 피고 행정청에 있으므로 피고는 당해 행정처분에 중대 · 명백한 하자가 없어 **무효가 아니라는 입증**을 하여야 한다.

빈출: 무효에 대한 입증은 원고

① ㄱ ② ㄴ, ㅁ
③ ㄱ, ㄷ, ㄹ ④ ㄴ, ㄹ, ㅁ
⑤ ㄱ, ㄷ, ㄹ, ㅁ

문 274. 정답 ①

***해 설**

☞ ㄱ: ○

대법원은 **전원합의체 판결을 통하여 무효확인의 소에서 확인의 소의 보충성**을 **부정하는 입장으로 판례를 변경하였으므로** 타당하다.

빈출

*심 화 학 습

빈출 판례

***** 대법원 2008. 3. 20. 선고 2007두6342 전원합의체 판결【하수도원인자부담금부과처분취소】[집 56(1)특, 327; 공 2008상, 593]**

행정소송은 행정청의 위법한 처분 등을 취소·변경하거나 그 효력 유무 또는 존재 여부를 확인함으로써 국민의 권리 또는 이익의 침해를 구제하고 공법상의 권리관계 또는 법 적용에 관한 다툼을 적정하게 해결함을 목적으로 하므로, 대등한 주체 사이의 사법상 생활관계에 관한 분쟁을 심판대상으로 하는 **민사소송과는 목적, 취지 및 기능 등을 달리**한다. 또한 행정소송법 제4조에서는 무효확인소송을 **항고소송의 일종으로 규정**하고 있고, 행정소송법 **제38조 제1항에서는 처분 등을 취소하는 확정판결의 기속력 및 행정청의 재처분 의무에 관한 행정소송법 제30조를 무효확인소송에도 준용**하고 있으므로 **무효확인판결 자체만으로도 실효성을 확보**할 수 있다. 그리고 무효확인소송의 보충성을 규정하고 있는 **외국의 일부 입법례와는 달리** 우리나라 행정소송법에는 명문의 규정이 없어 이로 인한 명시적 제한이 존재하지 않는다. 이와 같은 사정을 비롯하여 행정에 대한 사법통제, 권익구제의 확대와 같은 행정소송의 기능 등을 종합하여 보면, 행정처분의 근거 법률에 의하여 보호되는 직접적이고 구체적인 이익이 있는 경우에는 행정소송법 제35조에 규정된 '무효확인을 구할 법률상 이익'이 있다고 보아야 하고, 이와 별도로 무효확인소송의 보충성이 요구되는 것은 아니므로 **행정처분의 무효를 전제로 한 이행소송 등과 같은 직접적인 구제수단이 있는지 여부를 따질 필요가 없다고 해석함이 상당하다.**

☞ ㄴ: ×

대법원은 거부처분취소확정판결이후 개정법령상의 새로운 사유를 들어 재차 거부하는 것은 기본적 사실관계의 동일성이 없는 별개의 사유이므로 판결의 기속력에 반하지 않는다고 판시하고 있다.

☞ ㄷ: ×

빈출

대법원은 새만금사건에서 **환경권만으로는 원고적격이 인정될 수 없다고** 판시하면서, **과거와 달리 법률상 이익이 침해되었음을 입증하면 원고적격이 인정될 수 있다고 판시하고 있다.**

☞ ㄹ: ×

주의할 빈출 포인트

과오납금반환청구소송 등 부당이득반환청구소송이나 **국가배상청구소송, 손실보상청구소송 등에 대하여 다수설은 당사자소송설을 취하나 판례는 민사소송설을 취한다.** 다만 **제외지 보상청구소송이나 보상금증감청구소송만큼은 대법원이라도 당사자소송으로 보고 있음을 주의**하여야 한다.

☞ ㅁ: ×

행정행위의 입증책임도 법률요건분류설에 따라 원고와 피고 사이에 공평하게 처리하여야 하는데, 행정행위가 **중대 · 명백해서 무효라는 주요사실**은 침익적인 행정행위라면 국민에게 유리하므로 **원고인 국민이 입증하여야 하며**, 수익적인 행정행위라면 행정청에게 유리하므로 피고인 행정청이 입증하여야 한다.

275. '행정소송법'상 항고소송에 대한 설명으로 옳지 않은 것은? (국가직 7급)

가끔 구석진 데서 출제되는 기출

① **간접강제결정에 기한 배상금**은 확정판결에 따른 재처분의 지연에 대한 제재 또는 손해배상이라는 것이 판례의 입장이다.

지연제재나 손배가 아니라, 심리적 강제

② 행정청이 **처분 등을 취소 또는 변경함으로 인하여 취소청구가 각하 또는 기각된 경우, 소송비용은 피고의 부담이 된다.**

처분변경은 행정청의 잘못이므로

③ 무효등확인소송에는 취소소송의 **제소기간에 관한 규정이 준용되지 않는다.**

④ 판례는 **무효를 선언하는 의미의 취소판결을 인정**하고 있다.

빈출

문 275. 정답 ①

***해 설**

☞ ①: ×

대법원 2004. 1. 15. 선고 2002두2444 판결【청구이의】[공 2004. 2. 15.(196), 360]

행정소송법 제34조 소정의 간접강제결정에 기한 배상금은 거부처분취소판결이 확정된 경우 그 처분을 행한 행정청으로 하여금 확정판결의 취지에 따른 재처분의무의 이행을 확실히 담보하기 위한 것으로서, 확정판결의 취지에 따른 재처분의무내용의 불확정성과 그에 따른 재처분에의 해당 여부에 관한 쟁송으로 인하여 간접강제결정에서 정한 재처분의무의 기한 경과에 따른 배상금이 증가될 가능성이 자칫 행정청으로 하여금 인용처분을 강제하여 행정청의 재량권을 박탈하는 결과를 초래할 위험성이 있는 점 등을 감안하면, 이는 확정판결의 취지에 따른 **재처분의 지연에 대한 제재나 손해배상이 아니고 재처분의 이행에 관한 심리적 강제수단에 불과**한 것으로 보아야 하므로, 특별한 사정이 없는 한 **간접강제결정에서 정한 의무이행기한이 경과한 후에라도 확정판결의 취지에 따른 재처분의 이행이 있으면 배상금을 추심함으로써 심리적 강제를 꾀할 목적이 상실되어** 처분상대방이 **더 이상 배상금을 추심하는 것은 허용되지 않는다.**

주의할 기출

빈출

276. 행정소송법상의 당사자소송에 관한 다음 설명 중 옳지 않은 것은? (다툼이 있는 경우 판례에 의함) (변시 기출)

구석진 기출 판례 정리

① 「**도시 및 주거환경정비법**」**상 주택재건축정비사업조합을 상대로 관리처분계획안에 대한 조합 총회결의의 효력 등을 다투는 소송**은 행정소송법상의 **당사자소송에 해당**한다.

② 지방자치단체가 보조금 지급결정을 하면서 일정 기한 내에 보조금을 반환하도록 하는 교부조건을 부가한 경우, 보조사업자의 지방자치단체에 대한 보조금 반환의무는 보조사업자가 지방자치단체에 부담하는 공법상 의무이므로, 보조사업자에 대한 지방자치단체의 보조금반환청구소송은 당사자소송에 해당한다.

③ 관계법령상 구 하천법 시행으로 하천구역으로 편입되어 국유로 되었으나 그에 대한 보상규정이 없었거나 보상청구권이 시효로 소멸되어 보상을 받지 못한 토지들에 대하여 시 · 도지사가 그 손실을 보상하도록 규정하고 있고 위 관계법령에 의한 손실보상청구권이 그 법령상 요건이 충족되면 당연히 발생되는 경우, 위 관계법령에 의한 손실보상금의 지급을 구하는 소송은 당사자소송에 해당한다.

④ 당사자소송에서 원고가 피고를 잘못 지정한 것으로 보이는 경우, **피고경정은 원고의 신청에 의하여야** 하므로 법원으로서는 원고의 피고경정신청이 없는 경우 소를 각하하면 족하고 석명권을 행사하여 원고로 하여금 정당한 피고로 경정하게 할 필요는 없다.

⑤ 당사자소송의 경우에도 취소소송에서의 직권심리 원칙을 규정한 **행정소송법 제26조가 준용된다.**

문 276. 정답 ④

***해 설**

☞ ①: ○

빈출 판례 정리

대법원 2010. 2. 25. 선고 2007다73598 판결【창립총회결의무효확인】[공보불게재]

(1) 주택재건축조합이나 주택재개발조합의 지위(판례 변경에 해당 – 동지: 홍정선 교수)

빈출

행정청이 도시정비법 등 관련 법령에 근거하여 행하는 조합설립 인가처분은 단순히 사인들의 조합설립행위에 대한 **보충행위로서의 성질을 갖는 것에 그치는 것이 아니라**, 재건축조합에 대하여 도시정비법상 주택재건축사업을 시행할 수 있는 권한을 갖는 행정주체(공법인)로서의 지위를 부여하는 일종의 **설권적 처분**의 성격을 갖는다고 보아야 한다.

(2) 주택재건축조합 설립인가 ⓘ이전

행정주체인 재건축조합을 상대로 사업시행계획 또는 관리처분계획(이하 '관리처분계획 등'이라 한다)에 관한 조합 총회결의의 효력 등을 다투는 소송은 행정처분에 이르는 절차적 요건의 존부나 효력 유무에 관한 소송으로서 그 소송결과에 따라 행정처분의 위법 여부에 직접 영향을 미치는 **공법상 법률관계에 관한 것이므로, 이는 행정소송법상의 당사자소송에 해당한다**(대법원 2009. 9. 17. 선고 2007다2428 전원합의체 판결 참조).

Before(함정지문)

(3) 주택재건축조합 설립인가 이후

나아가, **관리처분계획 등에 관한 관할 행정청의 인가 · 고시까지 있게 되면 이제는 관리처분계획 등이 행정처분으로서의 효력을 갖게 되므로, 관리처분계획 등에 관한 조합 총회결의의 하자를 이유로 그 효력을 다투려면 재건축조합을 상대로 항고소송의 방법으로 관리처분계획 등의 취소 또는 무효확인을 구하여야 하고,** 이와는 별도로 행정처분에 이르는 절차적 요건 중 하나에 불과한 총회결의의 부분만을 따로 떼어내 그 효력을 다투는 확인의 소를 제기하는 것은 허용되지 않는다(대법원 2009. 9. 17. 선고 2007다2428 전원합의체 판결; 대법원 2009. 10. 15. 선고 2008다93001 판결 등 참조).

After(빈출)

☞ ②: ○

대법원 2011. 6. 9. 선고 2011다2951 판결【대여금】[공 2011하, 1372]

지방자치단체가 보조금 지급결정을 하면서 일정 기한 내에 보조금을 반환하도록 하는 교부조건을 부가한 사안에서, 보조사업자의 지방자치단체에 대한 보조금 반환의무는 행정처분인 위 보조금 지급결정에 부가된 부관상 의무이고, 이러한 부관상 의무는 보조사업자가 지방자치단체에 부담하는 공법상 의무이므로, 보조사업자에 대한 지방자치단체의 보조금반환청구는 공법상 권리관계의 일방 당사자를 상대로 하여 공법상 의무이행을 구하는 청구로서 행정소송법 제3조 제2호에 규정한 당사자소송의 대상이다.

☞ ③: ○

하천법상 제외지 보상에 대해서만큼은 다른 손실보상과 달리 전원합의체 판결을 통하여 민사소송에서 당사자소송으로 관할을 변경하였다.

대법원 2006. 5. 18. 선고 2004다6207 전원합의체 판결【보상청구권확인】[집 54(1)민, 186; 공 2006. 6. 15.(252), 1041]

하천법 부칙(1984. 12. 31.) 제2조와 '법률 제3782호 하천법 중 개정법률 부칙 제2조의 규정에 의한 보상청구권의 소멸시효가 만료된 하천구역 편입토지 보상에 관한 특별조치법' 제2조, 제6조의 각 규정들을 종합하면, 위 규정들에 의한 손실보상청구권은 1984. 12. 31. 전에 토지가 하천구역으로 된 경우에는 당연히 발생되는 것이지, 관리청의 보상금지급결정에 의하여 비로소 발생하는 것은 아니므로, **위 규정들에 의한 손실보상금의 지급을 구하거나 손실보상청구권의 확인을 구하는 소송은 행정소송법 제3조 제2호 소정의 당사자소송에 의하여야 한다.**

빈출: 하천법상 제외지 보상은 행정소송 중 당사자 소송으로 판례 변경

따라서 **개정 하천법 부칙 제2조나 특별조치법 제2조에 의한 손실보상청구는** 민사소송이 아닌 **행정소송절차에 의하여야 할 것인바,** 이와는 달리 위 규정들에 의한 손실보상청구가 행정소송이 아닌 민사소송의 대상이라고 한 대법원 1990. 12. 21. 선고 90누5689 판결; 대법원 1991. 4. 26. 선고 90다8978 판결; 대법원 1996. 1. 26. 선고 94누12050 판결; 대법원 2002. 11. 8. 선고 2002다46065 판결; 대법원 2003. 5. 13. 선고 2003다2697 판결 등을 비롯한 같은 취지의 판결들은 **이 판결의 견해에 배치되는 범위 내에서 이를 모두 변경하기로 한다.**

☞ ④: ×

대법원 1978. 2. 14. 선고 77누107 판결【토지수용행정처분취소】[공 1978. 5. 15.(584), 10733]

1–3줄은 예외임(원처분주의 위반시 어차피 각하이므로 경정 필요 없음)

그러나 이하가 원칙

중앙토지수용위원회의 재결이 행정소송의 대상임에도 불구하고 **지방토지수용위원회를 피고로 하고 지방토지수용위원회의 재결을 소송의 대상으로 하여 소송을 제기한 경우** 법원이 피고경정의 기회를 주지 아니하고 **각하하였다 하여도 석명권불행사의 위법은** 없다. **그러나 소송이 적법하게 제기된 경우에는 피고를 잘못 지정한 것으로 보이는 경우 석명권을 행사하여 정당한 피고로 경정하게 할 필요가 있다.**(편저자 판례해설, 추가)

☞ ⑤: ○

행정소송법 제44조(준용규정)

① 제14조 내지 제17조, 제22조, 제25조, 제26조, 제30조제1항, 제32조 및 제33조의 규정은 당사자소송의 경우에 준용한다.

② 제10조의 규정은 당사자소송과 관련청구소송이 각각 다른 법원에 계속되고 있는 경우의 이송과 이들 소송의 병합의 경우에 준용한다.

빈출 지문 정리

277. 판례의 태도로 옳은 것은? (9급 국가직)

빈출: 제3자라도 법률상

① 처분의 **직접상대방이 아닌 경우**에는 처분의 근거법률에 의하여 보호

되는 법률상 이익이 있는 경우에도 원고적격이 인정될 수 없다. 이익 있으면 가능

② 「행정소송법」 **제35조에 규정된 '무효확인을 구할 법률상 이익**'이 있다고 보기 위하여는 행정처분의 근거 법률에 의하여 보호되는 직접적이고 구체적인 이익이 있어야 하며 이와는 별도로 **무효확인소송의 보충성**이 요구되므로 행정처분의 무효를 전제로한 이행소송 등과 같은 직접적인 구제수단이 있는지 여부를 따질 필요가 있다.

요구되지 않는 것으로 판례 변경

③ 수익적 행정처분의 근거가 되는 법률이 해당 업자들 사이의 **과다경쟁으로 인한 경영의 불합리를 방지하는 목적도 가지고 있는 경우**, 기존업자가 경업자에 대한 면허나 인·허가등의 수익적 행정처분의 취소를 구할 **원고적격이 있다**.

빈출

④ **개발제한구역 중 일부 취락을 개발제한구역에서 해제하는 내용**의 도시관리계획변경결정에 대하여, 개발제한구역 해제 대상에서 **누락된 토지의 소유자**는 위 결정의 취소를 구할 법률상 이익이 있다.

종전과 동일하게 개발제한구역 내에 남게 되어 변화가 없으므로 법률상 이익이 없음

문 277. 정답 ③

***해 설**

☞ ①: ×

판례는 **㉑웃소송, ㉎업자소송, ㉎원자소송 등의 경우 제3자라도 법률상 이익이 있는 경우 원고적격을 인정하고 있다.**

빈출

☞ ②: ×

전원합의체 판례 변경에 의하여 더 이상 확인의 소의 보충성 요건을 요구하지 않게 되었으므로 **부당이득반환청구소송이라는 이행의 소가 가능하더라도 무효확인소송을 제기할 수 있다**. 다음의 판례를 잘 숙지해서 다음 번 시험에 잘 대비하기 바란다.

최다 빈출

***심 화 학 습**

***** 확인의 소의 보충성 요구 여부**

대법원 2008. 3. 20. 선고 2007두6342 전원합의체 판결【하수도원인자부담금부과처분취소】[공 2008상, 593]

[1] 행정소송은 행정청의 위법한 처분 등을 취소·변경하거나 그 효력 유무 또는 존재 여부를 확인함으로써 국민의 권리 또는 이익의 침해를 구제하고 공법상의 권리관계 또는

빈출 판례 정리

법 적용에 관한 다툼을 적정하게 해결함을 목적으로 하므로, 대등한 주체 사이의 사법상 생활관계에 관한 분쟁을 심판대상으로 하는 **민사소송과는 목적, 취지 및 기능 등을 달리**한다. 또한 행정소송법 제4조에서는 무효확인소송을 **항고소송의 일종**으로 규정하고 있고, **행정소송법 제38조 제1항에서는 처분 등을 취소하는 확정판결의 기속력 및 행정청의 재처분 의무에 관한 행정소송법 제30조를 무효확인소송에도 준용**하고 있으므로 **무효확인판결 자체만으로도 실효성을 확보**할 수 있다. 그리고 무효확인소송의 보충성을 규정하고 있는 **외국의 일부 입법례와는 달리** 우리나라 행정소송법에는 명문의 규정이 없어 이로 인한 명시적 제한이 존재하지 않는다. 이와 같은 사정을 비롯하여 **행정에 대한 사법통제, 권익구제의 확대와 같은 행정소송의 기능 등을 종합**하여 보면, **행정처분의 근거 법률에 의하여 보호되는 직접적이고 구체적인 이익이 있는 경우에는 행정소송법 제35조에 규정된 '무효확인을 구할 법률상 이익'이 있다고 보아야 하고, 이와 별도로 무효확인소송의 보충성이 요구되는 것은 아니므로 행정처분의 무효를 전제로 한 이행소송 등과 같은 직접적인 구제수단이 있는지 여부를 따질 필요가 없다고 해석함이 상당하다.**

빈출

☞ ③: ○

경업자소송의 경우로서 판례는 기존업자에게 원고적격을 인정하고 있다.

☞ ④: ×

※ 판례의 내용을 아주 깊숙이 알고 있어야 하는 문제이다. 앞으로의 출제경향을 의미하니 잘 새겨두기 바란다.

대법원 2008. 07. 10. 선고 2007두10242 판결[도시관리계획변경결정취소의소]

그런데 **이 사건 토지는 이 사건 도시관리계획변경결정 전후를 통하여 개발제한구역으로 지정된 상태에 있으므로** 이 사건 도시관리계획변경결정으로 인하여 그 소유자인 원고가 위 토지를 사용·수익·처분하는 데 새로운 공법상의 제한을 받거나 **종전과 비교하여 더 불이익한 지위에 있게 되는 것은 아니다.**

또한, 원고의 청구취지와 같이 이 사건 도시관리계획변경결정 중 중리취락 부분이 취소된다 하더라도 그 결과 이 사건 도시관리계획변경결정으로 개발제한구역에서 해제된 제3자 소유의 토지들이 **종전과 같이 개발제한구역으로 남게 되는 결과가 될 뿐**, 원고 소유의 이 사건 토지가 **개발제한구역에서 해제되는 것도 아니다.** 따라서 원고에게 제3자 소유의 토지에 관한 이 사건 도시관리계획변경결정의 취소를 구할 **직접적이고 구체적인 이익이 있다고 할 수 없다.**

즉 **개발제한구역 중 일부 취락을 개발제한구역에서 해제하는 내용의 도시관리계획변경결정에 대하여, 개발제한구역 해제 대상에서 누락된 이 사건의 토지의 소유자는 위 결정의 취소를 구할 법률상 이익이 없다.**

278. 「행정소송법」상 취소소송에 관한 규정 중 부작위위법확인소송에 준용되는 것을 모두 옳게 고른 것은? (9급 국가직)

가끔씩 출제되는 조문 기출

ㄱ. 행정심판과의 관계
ㄴ. 제소기간
ㄷ. 집행정지
ㄹ. 사정판결
ㅁ. 거부처분취소판결의 간접강제

행정심판관계 18조, 제소기간 20조, 간접강제 34조는 36조에서 준용. 그러나 집행정지나 사정판결은 준용 ×

① ㄱ, ㄹ
② ㄱ, ㄴ, ㅁ
③ ㄱ, ㄴ, ㄷ, ㄹ
④ ㄱ, ㄴ, ㄷ, ㅁ

문 278. 정답 ②

***해 설**

☞ ②: 행정소송법 제38조 제2항의 규정이 출제되었다. 그러나 **제소기간에 대하여는 준용규정이 있음에도 불구**하고 **다수설과 판례**는 처분이 없는 것이 부작위이므로 **적용부정설**을 취한다는 것을 **주의**하여야 하며 다음에 출제될 수 있을 것으로 예상된다.

주의할 조문 출제 포인트

집행정지의 대상은 처분이 있어야 가능하고, 사정판결도 작위에 의하여 공익에 부합하는 적극적인 사정이 만들어져야 하므로 부작위위법확인소송에서 준용될 수 없다는 것을 이해하면서 공부해야 한다.

279. 당사자소송에 대한 설명으로 옳지 않은 것은? (다툼이 있는 경우 판례에 의함) (9급 지방직)

당사자소송 기출 정리

① **대등 당사자 간에 다투어지는 공법상의 법률관계를 소송의 대상**으로 한다.
② 개인의 권익구제를 주된 목적으로 하는 **주관적 소송**이다.
③ 당사자소송에도 **제3자의 소송참가가 허용**된다.
④ **당사자소송이 부적법하여 각하되는 경우 그에 병합된 관련청구소송 역시 부적법 각하**되어야 하는 것은 아니다.

빈출 지문: 병합청구 부적법 각하

문 279. 정답 ④

*해 설

☞ ④: ×

기출 판례

대법원 2011. 9. 29. 선고 2009두10963 판결【영업권보상】[공 2011하, 2238]

행정소송법 제44조, 제10조에 의한 **관련청구소송 병합은 본래의 당사자소송이 적법할 것을 요건으로 하는 것이어서 본래의 당사자소송이 부적법하여 각하되면 그에 병합된 관련청구소송도 소송요건을 흠결하여 부적합하므로 각하되어야** 한다.

무효소송과 부작위소송 기출 정리

280. 무효등확인소송 및 부작위위법확인소송에 관한 설명으로 옳은 것은? (서울시 9급)

① 무효등확인소송에서는 **사정판결이 인정되지 않는다**.

빈출: 준용규정 있지만 적용 ×

② 취소소송의 제소기간에 관한 규정은 **무효등확인소송과 부작위위법확인소송에서는 준용되지 않는다**.

부작위 계속되는 동안

③ 부작위위법확인소송에서의 **위법판단의 기준시**는 처분시이다.

④ 부작위위법확인소송에서 '부작위'라 함은 행정청이 당사자의 신청에 대하여 상당한 기간 내에 일정한 처분을 하여야 할 **법률상의 의무가 있음에도 불구하고 처분을 하지 않는다**는 의사를 통지하는 것을 말한다.

요구 ×

⑤ 무효등확인소송은 확인소송의 일종이므로 무효등확인소송을 제기하기 위해서는 '**확인의 이익' 내지 '보충성**'이 요구된다.

문 280. 정답 ①

*해 설

☞ ①: ○

행정소송법 제28조에서는 취소소송에서만 사정판결을 규정하고 있다. 따라서 무효등확인소송에서도 사정판결이 인정되는지 여부에 대하여 견해대립이 있다. 다수설과 판례는 법치주의의 예외가 지나치게 중대하게 되므로 무효등확인소송에 대해서는 사정판결을 부정하고 있다. 그러나 행정정책적인 관점에서 공익이 우월한 경우에 인정하는 것이므로 인정하여야 한다는 반대견해(김남진 교수)도 있다.

☞ ②: ×

빈출되는 조문 문제이며, 수험생들이 가장 많이 틀리는 부분이다.

취소소송의 제소기간에 관한 규정은 행정소송법 제20조인데, 행정소송법 제38조 제1항에서 무효등확인소송에 대해서는 동 규정을 준용하지 않고 있다. 그러나 행정소송법 제38조 제2항의 부작위위법확인소송에서는 동 규정을 준용하고 있다.

참고로 동 규정의 준용 때문에 부작위위법확인소송에 대해서도 제소기간이 적용된다는 긍정설과 처분이 없는 것이 부작위이므로 처분을 안 날로부터라는 기산점이 성립할 수 없다는 부정설이 대립한다. 다수설과 판례의 입장은 부정설이다.

☞ ③: ×

부작위위법확인소송에서의 위법판단의 기준시는 부작위는 처분의무가 있음에도 불구하고 처분을 하지 않는 것이므로 처분시가 아니라 **신청시부터 부작위가 계속되고 있는 동안은 계속해서 위법하다**. 이는 계속적 처분도 마찬가지이다.

☞ ④: ×

함정지문이다. 부작위는 신청에 대하여 상당한 기간 내에 처분할 법적 의무가 있음에도 불구하고, 아무런 조치도 취하지 않는 것이다. 따라서 **통지조차 하지 않는 것**을 의미하며, 처분을 하지 않는다는 **의사를 통지하는 것은 이미 거부처분이 되어버리게 된다**.

☞ ⑤: ×

전원합의체 판결에 의하여 무효등확인소송에서는 확인의 소의 보충성이 요구되지 않도록 부정설로 변경되었다. 무효등확인소송은 항고소송으로서 민사소송과 다르고, 행정소송법 제38조에서 인용판결의 기속력에 대한 행정소송법 제30조 제2항이 준용되어 재처분의무가 있으므로 확인판결만으로도 효과적인 권리구제수단이 될 수 있으며, 일본과 달리 **확인의 소의 보충성을 요구하는 규정이 없기 때문이다**.

281. 행정소송에 관한 설명 중 옳은 것(o)과 옳지 않은 것(x)을 올바르게 조합한 것은? (다툼이 있는 경우 판례에 의함) (변시 기출)

ㄱ. **행정처분의 효력정지를 구하는 신청사건**에 있어서는 **행정처분 자체의 적법 여부**는 궁극적으로 본안판결에서 심리를 거쳐 판단할 성질의 것이므로 원칙적으로는 **판단할 것이 아니고**, 그 행정처분의 효력을 정지할 것인가에 대한 행정소송

빈출 지문

처분의 위법성은 집행정지 요건 아니지만, 명백한 경우는 요건이 됨

법상 **집행정지에 관한 규정에서 정한 요건의 존부만이 판단의 대상**이 되나, 본안소송에서의 처분의 취소가능성이 없음에도 불구하고 처분의 효력정지를 인정한다는 것은 제도의 취지에 반하므로, 효력정지사건 자체에 의하여도 신청인의 본안청구가 이유 없음이 **명백할 때에는 행정처분의 효력정지를 명할 수 없다.**

ㄴ. 항고소송인 행정처분에 관한 무효확인소송을 제기하려면 행정소송법에 규정된 **'무효확인을 구할 법률상 이익'이 있어야 하는바,** 행정처분의 근거 법률에 의하여 보호되는 직접적이고 구체적인 이익이 있는 경우에는 행정소송법상 '무효확인을 구할 법률상 이익'이 있다고 보아야 하고, 이와 별도로 **무효확인소송의 보충성이 요구되는 것은 아니므로** 행정처분의 무효를 전제로 한 이행소송 등과 같은 직접적인 구제수단이 있는지 여부를 따질 필요가 없다.

무효는 사정판결 ×

ㄷ. 행정처분 **무효확인소송에서** 원고의 청구가 이유 있다고 인정하는 경우에도 처분의 무효를 확인하는 것이 현저히 공공복리에 적합하지 아니하다고 인정하는 때에는 법원은 원고의 청구를 기각할 수 있다.

ㄹ. **납세의무자에 대한 국가의 부가가치세 환급세액 지급의무는** 그 납세의무자로부터 어느 과세기간에 과다하게 거래 징수된 세액 상당을 국가가 실제로 납부받았는지와 관계없이 부가가치세법령의 규정에 의하여 직접 발생하는 것으로서, 그 법적 성질은 부당이득반환의무가 아니라 부가가치세법령에 의하여 그 존부나 범위가 구체적으로 확정되고 조세 정책적 관점에서 특별히 인정되는 **공법상 의무**이다. 그렇다면 납세의무자에 대한 국가의 부가가치세 환급세액 지급의무에 대응하는 국가에 대한 납세의무자의 부가가치세 환급세액 지급청구는 민사소송이 아니라 **행정소송법상 당사자소송의 절차에 따라야** 한다.

① ㄱ(o), ㄴ(o), ㄷ(x), ㄹ(o)
② ㄱ(o), ㄴ(o), ㄷ(o), ㄹ(x)
③ ㄱ(x), ㄴ(o), ㄷ(x), ㄹ(x)
④ ㄱ(x), ㄴ(x), ㄷ(o), ㄹ(x)
⑤ ㄱ(o), ㄴ(x), ㄷ(x), ㄹ(o)

문 281. 정답 ①

*해 설

☞ ㄱ: ○

대법원 2008. 05. 06.자 2007무147 결정[집행정지]

행정처분의 효력정지나 집행정지제도는 신청인이 본안 소송에서 승소판결을 받을 때까지 그 지위를 보호함과 동시에 후에 받을 승소판결을 무의미하게 하는 것을 방지하려는 것이어서 본안소송에서 처분의 취소가능성이 없음에도 처분의 효력이나 집행의 정지를 인정한다는 것은 제도의 취지에 반하므로 효력정지나 집행정지사건 자체에 의하여도 신청인의 본안 청구가 이유 없음이 명백하지 않아야 한다는 것도 효력정지나 집행정지의 요건에 포함시켜야 한다(대법원 2004. 5. 17.자 2004무6 결정; 대법원 2007. 7. 13.자 2005무85 결정 등 참조).

☞ ㄴ: ○

전원합의체 판례 변경에 의하여 더 이상 확인의 소의 보충성 요건을 요구하지 않게 되었으므로 부당이득반환청구소송이라는 이행의 소가 가능하더라도 무효확인소송을 제기할 수 있다. 다음의 판례를 잘 숙지해서 다음 번 시험에 잘 대비하기 바란다.

***심 화 학 습**

***** 확인의 소의 보충성 요구 여부**

대법원 2008. 3. 20. 선고 2007두6342 전원합의체 판결【하수도원인자부담금부과처분취소】[공 2008상, 593]

[1] 행정소송은 행정청의 위법한 처분 등을 취소·변경하거나 그 효력 유무 또는 존재 여부를 확인함으로써 국민의 권리 또는 이익의 침해를 구제하고 공법상의 권리관계 또는 법 적용에 관한 다툼을 적정하게 해결함을 목적으로 하므로, 대등한 주체 사이의 사법상 생활관계에 관한 분쟁을 심판대상으로 하는 **민사소송과는 목적, 취지 및 기능 등을 달리**한다. 또한 행정소송법 제4조에서는 무효확인소송을 **항고소송의 일종**으로 규정하고 있고, **행정소송법 제38조 제1항에서는 처분 등을 취소하는 확정판결의 기속력 및 행정청의 재처분 의무에 관한 행정소송법 제30조를 무효확인소송에도 준용**하고 있으므로 **무효확인판결 자체만으로도 실효성을 확보**할 수 있다. 그리고 무효확인소송의 보충성을 규정하고 있는 **외국의 일부 입법례와는 달리** 우리나라 행정소송법에는 명문의 규정이 없어 이로 인한 명시적 제한이 존재하지 않는다. 이와 같은 사정을 비롯하여 **행정에 대한 사법통제, 권익구제의 확대와 같은 행정소송의 기능 등을 종합**하여 보면, **행정처분의 근거 법률에 의하여 보호되는 직접적이고 구체적인 이익이 있는 경우에는 행정소송법 제35조에 규정된 '무효확인을 구할 법률상 이익'이 있다고 보아야 하고, 이와 별도로 무효확인소송의 보충성이 요구되는 것은 아니므로 행정처분의 무효를 전제로 한 이행소송 등과 같은 직접적인 구제수단이 있는지 여부를 따질 필요가 없다고 해석함이 상당하다.**

☞ ㄷ: ×

대법원 1996. 03. 22. 선고 95누5509 판결[토지수용재결처분취소등]

당연무효의 행정처분을 소송목적물로 하는 행정소송에서는 존치시킬 효력이 있는 행정행위가 없기 때문에 행정소송법 제28조 소정의 사정판결을 할 수 없다고 할 것이다.

☞ ㄹ: ○

대법원 2013. 03. 21. 선고 2011다95564 전원합의체 판결[양수금]

부가가치세법령의 내용, 형식 및 입법 취지 등에 비추어 보면, 납세의무자에 대한 국가의 부가가치세 환급세액 지급의무는 그 납세의무자로부터 어느 과세기간에 과다하게 거래징수된 세액 상당을 국가가 실제로 납부받았는지와 관계없이 부가가치세법령의 규정에 의하여 직접 발생하는 것으로서, 그 법적 성질은 정의와 공평의 관념에서 수익자와 손실자 사이의 재산상태 조정을 위해 인정되는 부당이득 반환의무가 아니라 부가가치세법령에 의하여 그 존부나 범위가 구체적으로 확정되고 조세 정책적 관점에서 특별히 인정되는 공법상 의무라고 봄이 타당하다. 그렇다면 납세의무자에 대한 국가의 부가가치세 환급세액 지급의무에 대응하는 국가에 대한 납세의무자의 **부가가치세 환급세액 지급청구는 민사소송이 아니라 행정소송법 제3조 제2호에 규정된 당사자소송의 절차에 따라야 한다**.

난이도 최상
항고소송의 대상이 되는 공권력은 처분성 있는 것만 됨

vs 헌법소원의 공권력은 처분성이 없는 것으로서 기본권을 직접 침해하는 것만 됨

282. 판례에 의할 때, 항고소송 또는 헌법소원의 대상으로 인정된 경우를 각각 바르게 고른 것? (변시 기출)

ㄱ. 여신전문금융회사의 임원에 대한 금융감독원장의 **문책경고**

ㄴ. 서울특별시 선거관리위원회위원장이 발송한 **'선거법위반행위에 대한 중지촉구' 공문**이 그 형식에 있어서 '안내' 또는 '협조요청'이라는 표현을 사용하고, 갑이 계획하는 행위가 「공직선거 및 선거부정방지법」에 위반된다는 헌재의 법적 상황에 대한 행정청의 의견을 표명하면서, 갑이 위 법에 위반되는 행위를 하는 경우 취할 수 있는 조치를 취할 것을 통고하는 내용을 담고 있는 경우, **위 선거법위반행위에 대한 중지촉구 공문**

ㄷ. 구치소장이 미결수용자로 하여금 수용시는 물론 수사 및 재판을 받을 때에도 **재소자용 의류를 입게 한 행위**

ㄹ. 「민주화운동관련자 명예회복 및 보상 등에 관한 법률」의 관련자 등으로서 보상

금 등을 지급받고자 하는 신청에 대하여 '민주화운동관련자 명예회복 및 보상심의위원회'가 관련자 해당요건의 전부 또는 일부를 인정하지 아니하여 **보상금 등의 지급을 기각하는 결정**

ㅁ. 원처분인 **의약품제조품목허가처분**(처분 1)에 대하여 제3자가 행정심판을 청구하여 재결청이 **원처분을 취소하는 형성재결**(재결처분)을 하여 확정된 후, **처분청이 다시 원처분을 취소하는** 행위

	항고소송	헌법소원
①	ㄱ, ㄹ	ㄴ, ㄷ
②	ㄱ, ㄹ	ㄷ
③	ㅁ	ㄴ
④	ㄱ	ㄴ, ㄷ
⑤	ㄹ, ㅁ	ㄷ

문 282. 정답 ②

***해 설**

☞ ㄱ: **문책경고는 항고소송의 대상이 되는 행정처분에 해당한다.**

빈출

대법원 2005. 02. 17. 선고 2003두14765 판결[대표자문책경고처분취소]

금융기관검사및제재에관한규정 제22조는 금융기관의 임원이 문책경고를 받은 경우에는 금융업 관련 법 및 당해 금융기관의 감독 관련 규정에서 정한 바에 따라 일정기간 동안 임원선임의 자격제한을 받는다고 규정하고 있고, 은행법 제18조 제3항의 위임에 기한 구 은행업감독규정 제17조 제2호 (다)목, 제18조 제1호는 제재규정에 따라 문책경고를 받은 자로서 문책경고일로부터 3년이 경과하지 아니한 자는 은행장, 상근감사위원, 상임이사, 외국은행지점 대표자가 될 수 없다고 규정하고 있어서, **문책경고는 그 상대방에 대한 직업선택의 자유를 직접 제한하는 효과를 발생하게 하는 등 상대방의 권리의무에 직접 영향을 미치는 행위로서 행정처분에 해당한다.**

빈출 판례

☞ ㄴ: **'선거법위반행위에 대한 중지촉구' 공문은 헌법소원의 대상이 되는 공권력에 해당하지 아니한다.**

비권력적 사실행위로서 아무런 기본권 침해성이 없음

헌재 2003. 2. 27. 2002헌마106, 판례집 15-1, 223[각하]

서울특별시 선거관리위원회위원장이 2002. 2. 1. 발송한 '선거법위반행위에 대한 중지촉구' 공문은 그 형식에 있어서 '안내' 또는 '협조요청'이라는 표현을 사용하고 있으며, 또한

그 내용에 있어서도 청구인이 계획하는 행위가 공선법에 위반된다는, 현재의 법적 상황에 대한 행정청의 의견을 단지 표명하면서, 청구인이 공선법에 위반되는 행위를 하는 경우 서울특별시 선거관리위원회위원장이 취할 수 있는 조치를 통고하고 있을 뿐이다. 따라서 **서울특별시 선거관리위원회위원장의 2002. 2. 1.자 '중지촉구' 공문은 국민에 대하여 직접적인 법률효과를 발생시키지 않는 단순한 권고적, 비권력적 행위로서, 헌법소원의 심판대상이 될 수 있는 '공권력의 행사'에 해당하지 않으므로**, '선거법위반행위에 대한 중지촉구'에 대한 이 사건 심판청구는 부적법하다. ◯

둘 다 해당되는 경우이므로 주의

☞ ㄷ: **교도소장이 재소자용 의류를 입게 한 행위는 헌법소원의 대상이 되는 공권력**에 해당한다. 또한 이는 **권력적 사실행위**이므로 **항고소송의 대상이 되는 공권력에도 해당**한다.

헌재 1999. 5. 27. 97헌마137 등, 판례집 11-1, 653[인용(위헌확인), 기각]

1. 미결수용자에 대하여 재소자용 의류를 입게 한 행위에 대한 헌법소원심판 계속중 청구인들이 석방되어 주관적인 권리보호이익이 소멸되었으나, 그러한 **기본권 침해행위가 반복될 위험이 있고** 그 해명이 헌법질서의 수호·유지를 위하여 긴요한 사항으로서 중대한 의미를 지니고 있으므로 심판청구의 이익이 인정된다.

2. 구치소 등 수용시설 안에서는 재소자용 의류를 입더라도 일반인의 눈에 띄지 않고, 수사 또는 재판에서 변해(辯解)·방어권을 행사하는 데 지장을 주는 것도 아닌 반면에, 미결수용자에게 사복을 입도록 하면 의복의 수선이나 세탁 및 계절에 따라 의복을 바꾸는 과정에서 증거인멸 또는 도주를 기도하거나 흉기, 담배, 약품 등 소지금지품이 반입될 염려 등이 있으므로 **미결수용자에게 시설 안에서 재소자용 의류를 입게 하는 것은** 구금목적의 달성, 시설의 규율과 안전유지를 위한 필요최소한의 제한으로서 정당성·합리성을 갖춘 재량의 범위 내의 조치이다.

3. **수사 및 재판단계에서** 유죄가 확정되지 아니한 **미결수용자에게 재소자용 의류를 입게 하는 것**은 미결수용자로 하여금 모욕감이나 수치심을 느끼게 하고, 심리적인 위축으로 방어권을 제대로 행사할 수 없게 하여 실체적 진실의 발견을 저해할 우려가 있으므로, 도주 방지 등 어떠한 이유를 내세우더라도 그 제한은 정당화될 수 없어 헌법 제37조 제2항의 기본권 제한에서의 비례원칙에 위반되는 것으로서, 무죄추정의 원칙에 반하고 인간으로서의 존엄과 가치에서 유래하는 인격권과 행복추구권, 공정한 재판을 받을 권리를 침해하는 것이다.

☞ ㄹ: **광주민주화보상심의위원회의 보상금지급거부결정에 대하여 전합 다수**

주의할 기출 지문

의견은 보상금결정이나 거부에 의하여 비로소 권리·의무가 직접 제한되므로 처분으로 보고 취소소송으로 다투어야 한다고 판시하였다. 그러나 전합 반대의견은 보상심의위원회의의 결정은 피해와 권리에 대한 확인에 불과하지 처분이 아니므로 당사자소송으로 다투어야 한다고 반대하고 있다.

(광주가 들어가면 처분성 긍정)

광주민주화운동 보상거부에 대한 쟁송형태에 관한 전원합의체 판결의 다수의견과 반대의견의 대립

대법원 2008. 4. 17. 선고 2005두16185 전원합의체 판결【민주화운동관련자불인정처분취소】[집 56(1)특, 350; 공 2008상, 691]

주의할 기출 판례

쟁점: '민주화운동관련자 명예회복 및 보상 심의위원회'의 보상금 등의 지급 대상자에 관한 결정이 행정처분인지 여부(○) 및 '민주화운동관련자 명예회복 및 보상 등에 관한 법률'에 따른 보상금 등의 지급을 구하는 소송의 형태(=취소소송)

[다수의견]

(가) '민주화운동관련자 명예회복 및 보상 등에 관한 법률'들의 규정들의 취지와 내용에 비추어 보면, 같은 법 제2조 제2호 각 목은 민주화운동과 관련한 피해 유형을 추상적으로 규정한 것에 불과하여 제2조 제1호에서 정의하고 있는 민주화운동의 내용을 함께 고려하더라도 그 규정들만으로는 바로 법상의 보상금 등의 지급 대상자가 확정된다고 볼 수 없고, '민주화운동관련자 명예회복 및 보상 심의위원회'에서 심의·결정을 받아야만 비로소 보상금 등의 지급 대상자로 확정될 수 있다. 따라서 그와 같은 심의위원회의 결정은 국민의 권리의무에 직접 영향을 미치는 행정처분에 해당하므로, 관련자 등으로서 보상금 등을 지급받고자 하는 신청에 대하여 심의위원회가 관련자 해당 요건의 전부 또는 일부를 인정하지 아니하여 보상금 등의 지급을 기각하는 결정을 한 경우에는 신청인은 심의위원회를 상대로 그 결정의 취소를 구하는 소송을 제기하여 보상금 등의 지급대상자가 될 수 있다.

(나) '민주화운동관련자 명예회복 및 보상 등에 관한 법률'의 규정이 보상금 등의 지급에 관한 처분의 취소소송을 제한하거나 또는 심의위원회에 의하여 관련자 등으로 결정되지 아니한 신청인에게 국가를 상대로 보상금 등의 지급을 구하는 이행소송을 직접 제기할 수 있도록 허용하는 취지라고 풀이할 수는 없다.

[대법관 김황식, 김지형, 이홍훈의 반대의견]

'민주화운동관련자 명예회복 및 보상 등에 관한 법률' 제17조의 규정은 입법자가 결정전치주의에 관하여 특별한 의미를 부여하고 있는 것으로, 심의위원회의 결정과 같은 사전심사를 거치거나 사전심사를 위한 일정한 기간이 지난 후에는 곧바로 당사자소송의 형태로 권리구제를 받을 수 있도록 하려는 데 그 진정한 뜻이 있는 것이다. 또한, 소송경제나 분쟁의 신속한 해결을 도모한다는 측면에서도 당사자소송에 의하는 것이 국민의 권익침해 해소에 가장 유효하고 적절한 수단이다. 따라서 보상금 등의 지급신청을 한 사람이 심의위원회의 보상금 등의 지급에 관한 결정을 다투고자 하는 경우에는 곧바로 보상금 등의 지급을 구하는 소송을 제기하여야 하고, 관련자 등이 갖게 되는 보상금 등에 관한 권리는 위 법이 특별히 인정하고 있는 공법상 권리이므로 그 보상금 등의 지급에 관한 소송은 행정소송법 제3조 제2호에 정한 국가를 상대로 하는 당사자소송에 의하여야 한다.

주의할 기출

☞ ㅁ: 이때에는 **원래의 의약품제조허가의 상대방에게는 내용상 재결 고유의 위법이 있는 경우이므로 원처분은 취소소송의 대상이 되지 아니하고, 재결처분이 취소소송**의 대상이 된다(행정소송법 제19조 단서).

대법원 1998. 04. 24. 선고 97누17131 판결[의약품제조품목허가취소처분취소]

빈출

당해 사안에서와 같이 원처분의 상대방이 아닌 제3자가 행정심판을 청구하여 재결청이 원처분을 취소하는 형성재결을 한 경우에 그 원처분의 상대방은 **그 재결에 대하여 항고소송을 제기할 수밖에 없고**, 이 경우 재결은 원처분과 내용을 달리 하는 것이어서 재결의 취소를 구하는 것은 원처분에 없는 재결 고유의 위법을 주장하는 것이 된다.

행정법각론 — 문제연습

283. 다음의 경찰작용이나 공물관리작용 등에 대한 각론적인 설명들 중 옳은 것을 고르시오.

자주 출제되는 필수 지문들 정리

① 경찰권발동을 위한 법률유보는 개별규정에 의하는 경우, 경찰관직무집행법과 같은 표준조항에 의하는 경우, 개괄적 수권조항에 의하는 경우로 분류되는데, 특히 개괄적 수권조항에 근거한 경찰권 발동에 대하여 부정설, 긍정설, 입법필요설의 대립에도 불구하고 판례는 부정설의 입장에서 판시하고 있다.

② 경찰권발동의 한계로서 검토되는 원칙들 중 경찰공공의 원칙과 관련하여 판례는 특정인들만 사용하는 아파트 단지 내의 공간과 같은 곳에서는 설사 음주운전을 하더라도 도로교통법상 도로가 아니므로 음주측정요구를 할 수 없다고 판시하고 있다.

③ 경찰위험을 제거하라는 하명을 누구에게 할 것인가에 관한 경찰책임의 원칙에 대하여 행위책임자, 상태책임자 등 다수인이 경합하는 경우 비례의 원칙에 따라 판단하여야 한다.

④ 경찰위험이 있는 경우 위험방지조치를 취할 수 있는 재량이 경찰관직무집행법 제5조에 의하여 인정되므로, 위험방지를 위한 경찰권발동이 의무적인 것은 아니다.

⑤ 공물은 국가나 지자체가 소유하여만 하므로 개인이 소유하는 물건에 대하여는 성립하지 않는다.

문 283. 정답 ②

***해 설**

☞ ①: ×

판례는 청원경찰이 절도를 단속하다가 폭행치상을 당한 사건에서 개괄적 수권조항에 근거한 경찰권발동을 전제로 공무집행방해치상에 대한 유죄판결을 판시하고 있다. 대법원 1986. 1. 28. 선고 85도2448, 85감도356 판결.

☞ ②: ○

최근 판례는 불특정 다수인이 사용하는 장소라면 비록 아파트 단지 내라고 하더라도 도로교통법상의 도로이므로 음주측정요구를 할 수 있지만, 특정인들만 사용하는 장소라면 아파트 단지 내의 주차장에서의 음주운전에 대한 단속을 위하여 음주측정요구를 할 수 없다고 판시하고 있다.

☞ ③: ×

경찰책임의 원칙의 경우는 책임의 크기에 따른 비례의 원칙이 아니라, 책임의 크기와 상관없이 경찰위험을 가장 효율적으로 잘 제거할 수 있는 장소와 시간적 상황에 있는 자에게 발동하여야 하므로 효율성의 원칙에 따라 판단하여야 한다.

☞ ④: ×

원칙적으로는 재량행위이지만, 국민의 생명 · 신체 · 재산 등에 대한 침해가 급박하여 재량이 0이나 1로 수축되는 경우에는 행정개입에 대한 경찰권발동은 의무적으로 된다.

☞ ⑤: ×

이는 공물법제에 대한 일원주의의 설명이고, 우리의 공물법제는 소유권 유무를 불문하므로 이원주의를 취하고 있어 국가나 지자체 소유의 공물과 개인 소유의 공물이 병존하다.

284. 다음은 공물법 및 공무원법에 대한 설명들이다. 아래 보기 중 옳은 것(o)과 옳지 않은 것(x)을 올바르게 조합한 것은? (다툼이 있는 경우 판례에 의함)

주의할 판례 정리

ㄱ. 공물이 성립하기 위하여는 의사적 요소로서 공용지정과 형태적 요소로서 제공이 필요한데, 다수설과 판례에 의하면 공용지정은 행정행위로만 가능하고 법령의 규정에 의해서는 불가능하다.

ㄴ. 공물이 소멸하기 위하여는 공용폐지와 형태적 요소의 소멸이 필요한데, 자연공물이나 공용물에 대하여 공용폐지가 되어 취득시효가 진행하기 위하여서 의사적 요소인 공용폐지가 필요한가에 대한 견해 대립이 있는데, 판례는 의사적 요소가 필요 없으므로 갯벌의 경우 간척완료시부터 취득시효가 기산된다고 한다.

ㄷ 도로와 같은 공물의 특허사용의 경우에는 독점적인 사용을 하는 것이므로 공물의

일반사용을 배척하게 된다.

ㄹ. 임용결격 사유 있는 공무원을 임용한 행위에 대하여 다수설과 판례는 무효사유라고 보고 있고 아무리 오랜 기간 근무하였다고 하더라도 하자가 치유되지 않으며 이들에 대한 퇴직통보는 처분성이 없으므로 취소소송의 대상이 되지 않는다고 한다.

ㅁ. 다수설과 판례는 임용결격 공무원이 대외적으로 발급한 처분에 대하여는 외부관계에 대해서는 유효로 전환하여 사실상 공무원이 발급한 것으로 보아 주체상의 하자가 없다고 본다.

ㅂ. 공익사업을 위한 토지 등의 취득 및 보상에 관한 법률에서 사업인정은 제3자효 행정행위가 아니다.

① ㄱ(x), ㄴ(x), ㄷ(x), ㄹ(o), ㅁ(o), ㅂ(x)
② ㄱ(o), ㄴ(x), ㄷ(o), ㄹ(o), ㅁ(x), ㅂ(x)
③ ㄱ(x), ㄴ(o), ㄷ(x), ㄹ(o), ㅁ(x), ㅂ(o)
④ ㄱ(o), ㄴ(o), ㄷ(o), ㄹ(o), ㅁ(x), ㅂ(x)
⑤ ㄱ(x), ㄴ(x), ㄷ(o), ㄹ(x), ㅁ(o), ㅂ(x)

문 284. 정답 ①

***해 설**

☞ ㄱ: ×

그 반대이다. 공물이 성립하기 위하여는 의사적 요소로서 공용지정과 형태적 요소로서 제공이 필요한데, 다수설과 판례에 의하면 공용지정은 법령으로도 행정행위로도 모두 가능하지만, 소수설에 의하면 행정행위에 의해서만 가능하다.

☞ ㄴ: ×

자연공물이나 공용물에 대한 취득시효가 기산되기 위해서는 공물성이 소멸되어야 하는데, 의사적 요소불요설이 다수설로서 개인의 재산권보호에 치중하는 데 반하여, 판례와 유력설은 의사적 요소필요설로서 행정재산의 보존목적을 강화하는 공익에 치중한다. 즉 판례와 유력설은 명시적이든 묵시적이든 공용폐지가 있어야 한다고 보고 있다.

☞ ㄷ: ×

다수설과 판례는 공물의 특성상 공물의 특허사용이라 하더라도 공물의 일반사용을 배제할 수 없고 양립가능하다고 보고 있다.

☞ ㄹ: ○

이와 달리 유력설(김연태 교수, 김중권 교수)은 임용결격 공무원에 대한 임용은 임용권자 조차 간과할 정도이므로 일반 국민의 관점에서 명백하지 않아 취소사유라고 보고 일단 공무원의 신분은 성립하였으므로 이들에 대한 퇴임통보는 처분성이 있고, 하자치유나 신뢰보호의 원칙, 실권법리 등에 의하여 내부적으로나 외부적으로 모두 공무원의 신분을 회복할 수 있다고 한다.

☞ ㅁ: ○

타당한 지적이며, 이를 사실상 공무원이론이라고도 한다.

☞ ㅂ: ×

사업인정으로 인하여 사업시행자에게는 수익적이지만 토지소유자나 경쟁업체에게는 침익적이므로 제3자효 행정행위에 해당하며 이는 사업시행자에 대한 특허이자 재량행위이다. 수용재결 역시 마찬가지로 성질이 동일하게 분석된다.

285. 공물에 관한 다음 설명 중 판례의 입장에 부합하는 것을 모두 고른 것은? (변시 기출)

주의할 기출 정리

ㄱ. 도로를 일반적으로 이용하는 사람은 원칙적으로 도로의 용도폐지를 다툴 법률상의 이익이 없다.
ㄴ. 공용폐지의 의사표시는 묵시적인 방법으로도 가능한바, 행정재산이 본래의 용도에 제공되지 않는 상태에 있다면 그 자체로 묵시적인 공용폐지의 의사표시가 있다고 보아야 한다.
ㄷ. 행정재산이 공용폐지되어 시효취득의 대상이 된다는 점에 대한 증명책임은 시효취득을 주장하는 자에게 있다.
ㄹ. 도로의 지표뿐만 아니라 지하도 도로법상의 도로점용의 대상이 된다.
ㅁ. 공유재산의 관리청이 행정재산의 사용·수익에 대한 허가를 하는 것은 사경제주체로서 행하는 사법(私法)상의 행위이다.

① ㄱ, ㄷ
② ㄱ, ㄹ
③ ㄷ, ㄹ
④ ㄱ, ㄴ, ㅁ

⑤ ㄱ, ㄷ, ㄹ

문 285. 정답 ⑤

*해 설

☞ ㄱ: ○

대법원 1992. 9. 22. 선고 91누13212 판결【국유도로의공용폐지처분무효확인등】[공 1992. 11. 15.(932), 3012]

일반적으로 도로는 국가나 지방자치단체가 직접 공중의 통행에 제공하는 것으로서 일반 국민은 이를 자유로이 이용할 수 있는 것이기는 하나, 그렇다고 하여 그 이용관계로부터 당연히 그 도로에 관하여 특정한 권리나 법령에 의하여 보호되는 이익이 개인에게 부여되는 것이라고까지는 말할 수 없으므로, **일반적인 시민생활에 있어 도로를 이용만 하는 사람은 그 용도폐지를 다툴 법률상의 이익이 있다고 말할 수 없지만,** 공공용재산이라고 하여도 당해 공공용재산의 성질상 특정개인의 생활에 개별성이 강한 직접적이고 구체적인 이익을 부여하고 있어서 그에게 그로 인한 이익을 가지게 하는 것이 법률적인 관점으로도 이유가 있다고 인정되는 특별한 사정이 있는 경우에는 그와 같은 이익은 법률상 보호되어야 할 것이고, 따라서 **도로의 용도폐지처분에 관하여 이러한 직접적인 이해관계를 가지는 사람이 그와 같은 이익을 현실적으로 침해당한 경우에는 그 취소를 구할 법률상의 이익이 있다.**

☞ ㄴ: ×

대법원 2009. 12. 10. 선고 2006다19528 판결【소유권이전등기말소등기등】[공보불게재]

공용폐지의 의사표시는 명시적이든 묵시적이든 상관이 없으나 적법한 의사표시가 있어야 하고, **행정재산이나 보존재산이 사실상 본래의 용도에 사용되고 있지 않다거나 행정주체가 점유를 상실하였다는 정도의 사정이나 무효인 매도행위를 가지고 묵시적 공용폐지가 있었다고 볼 수 없다.**

☞ ㄷ: ○

대법원 2009. 12. 10. 선고 2006다19528 판결【소유권이전등기말소등기등】[공보불게재]

국유재산에 대한 취득시효가 완성되기 위하여는 그 국유재산이 취득시효기간 동안 계속하여 시효취득의 대상이 될 수 있는 잡종재산이어야 하고, **이러한 점에 대한 증명책임은 시효취득을 주장하는 자에게 있다고 할 것이다.**

☞ ㄹ: ○

대법원 2008. 11. 27. 선고 2008두4985 판결【건축불허가처분취소】[공보불게재]

교회 건물 지하도로 점용을 전제로 한 건축허가변경신청사건에서 판례는 도로법(2008. 3. 21. 법률 제8976호로 전문 개정되기 전의 것) 제40조 제1항에 의한 도로점용은 일반공중의 교통에 사용되는 도로에 대하여 이러한 일반사용과는 별도로 도로의 특정부분을 유형적·고정적으로 특정한 목적을 위하여 사용하는 이른바 특별사용을 뜻하는 것이고, 이러한 도로점용의 허가는 특정인에게 일정한 내용의 공물사용권을 설정하는 설권행위로서 공물관리자가 신청인의 적격성, 사용목적 및 공익상 영향 등을 참작하여 허가 여부를 결정하는 재량행위라고 판시하고 있다.

☞ ㅁ: ×

대법원 2006. 3. 9. 선고 2004다31074 판결【채무부존재확인】[공 2006. 4. 15.(248), 575]

국유재산 등의 관리청이 하는 행정재산의 사용·수익에 대한 허가는 순전히 사경제주체로서 행하는 사법상의 행위가 아니라 **관리청이 공권력을 가진 우월적 지위에서 행하는 행정처분으로서 특정인에게 행정재산을 사용할 수 있는 권리를 설정하여 주는 강학상 특허에 해당한다.**

286. 공물에 대한 판례의 태도로 옳지 않은 것은? (국가직 7급)

빈출

① 1949. 6. 4. 대구국도사무소가 폐지되고 그 소장관사로 사용되던 부동산이 그 이후에 달리 공용으로 사용된 바 없다면, 그 부동산은 이로 인하여 묵시적으로 공용이 폐지되어 시효취득의 대상이 되었다 할 것이다.

② 원래 잡종재산(현행법상 일반재산)이던 것이 행정재산으로 된 경우, 잡종재산일 당시에 이미 취득시효가 완성되었다면 행정재산이 되었다 하더라도 이를 원인으로 하는 소유권 이전등기를 청구할 수 있다.

③ 시장 등의 권한으로 규정되어 있는 도로에서의 안전표시의 설치·관

리에 관한 권한이 경찰서장 등에게 위임된 경우 안전표시의 하자에 따른 국가배상책임은 시장 등이 속한 지방자치단체가 부담한다.

④ 지방자치단체가 국도의 관리상 비용부담자로서 책임을 지는 것은 '국가배상법'이 정한 자신의 고유한 배상책임이므로, 도로의 하자로 인한 손해에 대하여 지방자치단체는 부진정연대채무자인 공동불법행위자와의 내부관계에서 배상책임을 분담하게 된다.

문 286. 정답 ②

***해 설**

☞ ②: ×

대법원 1997. 11. 14. 선고 96다10782 판결【토지소유권이전등기】[집 45(3)민, 297; 공 1997. 12. 15.(48), 3797]

국유재산법 제5조 제2항은 "국유재산은 민법 제245조의 규정에 불구하고 시효취득의 대상이 되지 아니한다. 다만, 잡종재산의 경우는 그러하지 아니하다"고 규정하고 있는바, **원래 잡종재산이던 것이 행정재산으로 된 경우 잡종재산일 당시에 취득시효가 완성되었다고 하더라도 행정재산으로 된 이상 이를 원인으로 하는 소유권이전등기를 청구할 수 없다고 할 것이다.**

그리고 도시계획법상 공원으로 결정·고시된 국유토지라도 적어도 도시공원법 제4조에 의하여 조성계획이 결정되어 그 위치, 범위 등이 확정되어야만 국유재산법 제4조 제2항 제2호, 그 시행령 제2조 제1항에서 규정하고 있는 '공공용으로 사용하기로 결정한 재산'으로서 행정재산이 된다고 할 것이다.

287. '공익사업을 위한 토지 등의 취득 및 보상에 관한 법률'과 관련된 아래 보기 중 옳은 것(o)과 옳지 않은 것(x)을 올바르게 조합한 것은? (다툼이 있는 경우 판례에 의함)

난이도 높은 기출 정리

ㄱ. 사업인정에 대하여는 조건부 형성행위라는 견해가 다수설과 판례의 입장이고 확인행위에 불과하다는 것은 소수설이다.

ㄴ. 수용재결의 내용 중 수용 자체에 대한 불복은 공익사업을 위한 토지 등의 취득 및 보상에 관한 법률 제84조의 이의재결에 의하여 구제를 받을 수 있지만, 수용

재결의 내용 중 보상금액에 대한 불복은 이의재결로는 할 수 없다.
ㄷ. 수용재결에 대하여 소송으로 불복하고자 하는 경우 이의재결은 필요적 행정심판 전치주의에 해당한다.
ㄹ. 토지수용위원회의 수용재결 후 이의재결을 거친 경우라면 이의재결을 대상으로 공익사업을 위한 토지 등의 취득 및 보상에 관한 법률 제84조 제1항의 수용재결 취소송이나 제84조 제2항의 보상금증감청구소송을 제기할 수 있다.
ㅁ. 토지보상법 제85조 제2항의 보상금증감청구소송의 성격은 형식적 당사자소송으로 보는 것이 다수설과 판례의 입장이다.
ㅂ. 토지보상법 제85조 제2항의 보상금증감청구소송은 필요적 공동소송이 아니라 단일소송이다.

① ㄱ(o), ㄴ(o), ㄷ(o), ㄹ(x), ㅁ(x), ㅂ(x)
② ㄱ(o), ㄴ(x), ㄷ(o), ㄹ(x), ㅁ(x), ㅂ(o)
③ ㄱ(x), ㄴ(o), ㄷ(x), ㄹ(o), ㅁ(x), ㅂ(o)
④ ㄱ(o), ㄴ(x), ㄷ(x), ㄹ(x), ㅁ(o), ㅂ(o)
⑤ ㄱ(x), ㄴ(o), ㄷ(o), ㄹ(x), ㅁ(o), ㅂ(o)

문 287. 정답 ④

***해 설**

☞ ㄱ: ○

학설의 대립과 판례에 대한 정확한 이해이다.

☞ ㄴ: ×

중앙토지수용위원회가 행정심판으로서 발급하는 이의재결을 통해 수용재결의 내용 중 수용자체에 대한 구제와 수용재결의 내용 중 보상금액결정에 대한 구제가 모두 가능하다.

☞ ㄷ: ×

토지 등의 수용에 대한 이의재결은 임의적 전치주의이므로 반드시 거칠 필요가 없다.

☞ ㄹ: ×

*심 화 학 습

구 토지수용법과 달리 원처분주의로 개정되었으므로 수용재결후 이행재결이라는 행정심판이 내려졌다고 하더라도 원처분인 수용재결을 대상으로 원 수용재결을 행한 토지수용위원회를 피고로 토지보상법 제85조 제1항의 수용재결취소소송이나 토지보상법 제85조 제2항의 이의재결취소소송을 제기하여야 한다고 보는 것이 다수설과 최근 판례의 태도이다. 대법원 2010. 1. 28. 선고 2008두1504 판결. 다만 소수설인 박균성 교수는 토지보상법 제85조 제2항의 소송은 재결주의라고 하는데, 그러나 문언으로 보나, 제85조 제1항 소송과 제85조 제2항 소송 모두 수용재결의 의사표시들을 다툰다는 점에서 구별할 필요가 없으므로 국민에게 유리하도록 모두 원처분주의가 적용된다고 보는 것이 타당하다.

☞ ㅁ: ○

다수설과 판례는 보상금증감청구소송의 성질을 형식적 당사자소송으로 파악한다. 그러나 항고소송설을 취하는 소수설도 과거에는 존재하였다. 보상금증감청구소송은 수용재결이라는 처분을 실질적으로 다투지만, 형식적으로는 보상금채권채무를 다투는 것이므로 형식적 당사자소송으로 보는 것이 타당하다.

*심 화 학 습

주의하여야 할 것은 보상금증감청구소송의 피고는 수용재결취소소송의 피고와 달리 행정청이 아니라 사업시행자이거나 토지 등의 소유자 즉 당사자이다.

☞ ㅂ: ○

구 토지수용법은 필요적 공동소송으로 규정하고 있었지만, 지금은 토지보상법으로 개정되어 사업시행자와 토지 등의 소유자 간의 단일소송으로 개정되었다.

288. 수용 또는 행정상 손실보상에 관한 다음 설명 중 대법원과 헌법재판소의 입장에 부합하는 것을 모두 고른 것은? (변시 기출)

주의할 기출 정리

ㄱ. 사업인정을 함에 있어서는 사업 자체에 공익성이 있는지 여부 외에도 당해 사업과 관련된 자들의 이익을 공익과 사익 사이에서는 물론, 공익 상호간 및 사익 상호간에도 정당하게 비교·교량하여야 한다.

ㄴ. 사업인정을 함에 있어서 이해관계자의 의견을 듣지 않은 하자가 있을 경우, 이러한 하자는 수용재결의 선행처분인 사업인정단계에서 다투어야 하므로, 선행처분

인 사업인정에 대한 쟁송기간이 도과한 후 위 하자를 이유로 수용재결의 취소를 구할 수 없다.

ㄷ. 토지수용 시 지급되어야 할 '정당한 보상'에는 당해 공익사업으로 인한 지가 상승분 등 개발이익은 포함되지 않으나, 당해 공익사업으로 수용당하지 않은 채 사실상 개발이익을 향유하는 인근 토지소유자와의 관계에서 평등권의 침해는 인정된다.

ㄹ. 토지수용재결에 대한 소송이 보상금 증감에 관한 것일 경우에는 토지수용위원회를 피고로 하는 항고소송이나 사업시행자 또는 토지소유자를 피고로 하는 형식적 당사자소송 중 하나를 선택적으로 제기할 수 있다.

ㅁ. 이주대책 실시 여부는 입법자의 입법정책적 재량의 영역에 속하므로 법률상 이주대책의 대상자에서 세입자를 제외하고 있는 것이 세입자의 재산권을 침해하여 위헌이라고는 할 수 없다.

① ㄱ, ㄴ, ㄷ
② ㄱ, ㄴ, ㅁ
③ ㄱ, ㄹ, ㅁ
④ ㄴ, ㄷ, ㅁ
⑤ ㄷ, ㄹ

문 288. 정답 ②

*** 해 설**

☞ ㄱ: ○

대법원 2011. 1. 27. 선고 2009두1051 판결【토지수용재결처분취소】[공 2011상, 448]

사업인정이란 공익사업을 토지 등을 수용 또는 사용할 사업으로 결정하는 것으로서 공익사업의 시행자에게 **그 후 일정한 절차를 거칠 것을 조건으로 일정한 내용의 수용권을 설정하여 주는 형성행위**이므로, 해당 사업이 외형상 토지 등을 수용 또는 사용할 수 있는 사업에 해당한다고 하더라도 사업인정기관으로서는 그 사업이 공용수용을 할 만한 **공익성이 있는지의 여부와 공익성이 있는 경우에도 그 사업의 내용과 방법에 관하여 사업인정에 관련된 자들의 이익을 공익과 사익 사이에서는 물론, 공익 상호간 및 사익 상호간에도 정당하게 비교·교량하여야 하고, 그 비교·교량은 비례의 원칙에 적합하도록 하여야** 한다.

*** 그뿐만 아니라 해당 공익사업을 수행하여 공익을 실현할 의사나 능력이 없는 자에게 타인의 재산권을 공권력적·강제적으로 박탈할 수 있는 수용권을 설정하여 줄 수는 없으므로, 사업시행자에게 **해당 공익사업을 수행할 의사와 능력이 있어야 한다는 것도 사업인정의 한 요건이라고 보아야** 한다.

☞ ㄴ: ○

대법원 1987. 9. 8. 선고 87누395 판결【토지수용재결처분취소】[집 35(3)특, 407; 공 1987. 11. 1.(811), 1583]

사업인정은 그 후 일정한 절차를 거칠 것을 조건으로 하여 일정한 내용의 수용권을 설정해 주는 행정처분의 성격을 띠는 것으로서 그 사업인정을 받음으로써 수용할 목적물의 범위가 확정되고 수용권으로 하여금 목적물에 관한 현재 및 장래의 권리자에게 대항할 수 있는 일종의 공법상의 권리로서의 효력을 발생시킨다고 할 것이므로 위 사업인정단계에서의 하자를 다투지 아니하여 이미 쟁송기간이 도과한 수용재결단계에 있어서는 위 사업인정처분에 중대하고 명백한 하자가 있어 당연무효라고 볼 만한 특단의 사정이 없다면 그 처분의 불가쟁력에 의하여 **사업인정처분의 위법, 부당함을 이유로 수용재결처분의 취소를 구할 수 없다.**

☞ ㄷ: ×

대법원과 헌재 모두 개발이익환수제도는 합헌이라고 보고 있다.

대법원 2009. 3. 12. 선고 2008두19321 판결【개발부담금부과처분취소】[공 2009상, 478]

대통령령에 규정될 대강의 기준이 예측 가능하도록 위임의 범위를 구체적으로 명확하게 규정하여 포괄위임금지의 원칙에 위배되지 않고, 위 법률에서 규정하고 있는 부담금 비율과 지가산정의 적정성 및 불복절차 등 여러 사정을 종합하면 실질과세의 원칙과 헌법상의 과잉금지의 원칙에 위배된다거나 헌법상의 재산권과 평등권을 침해한다고 보기 어려울 뿐 아니라, 이에 따른 구 개발이익환수에 관한 법률 시행령(2006. 12. 15. 대통령령 제19752호로 개정되기 전의 것) 제9조 제5항 제1호가 모법의 위임범위를 벗어나 법이 예정하고 있지 아니한 사항을 국민에게 불리하게 규정하고 있다고 볼 수도 없다(동지: 헌재 2009. 12. 29, 2008헌바171, 판례집 21-2하, 817[합헌]).

☞ ㄹ: ×

토지보상법 제85조 제2항의 보상금증감청구소송은 항고소송이 아니라 형식적 당사자소송이므로 행정청이 아니라 반대 당사자만 피고가 된다.

***** 공익사업을 위한 토지 등의 취득 및 보상에 관한 법률 제85조 제2항**
제1항에 따라 제기하려는 행정소송이 보상금의 증감(增減)에 관한 소송인 경우 그 소송을 제기하는 자가 토지소유자 또는 관계인일 때에는 **사업시행자를**, 사업시행자일 때에는 토지소유자 또는 관계인을 각각 피고로 한다.

☞ ㅁ: ○

헌재 2006. 2. 23, 2004헌마19, 판례집 18-1상, 242[기각]

이주대책은 헌법 제23조 제3항에 규정된 정당한 보상에 포함되는 것이라기보다는 이에 부가하여 이주자들에게 종전의 생활상태를 회복시키기 위한 생활보상의 일환으로서 국가의 정책적인 배려에 의하여 마련된 제도라고 볼 것이다. 따라서 이주대책의 실시 여부는 입법자의 입법정책적 재량의 영역에 속하므로 공익사업을위한토지등의취득및보상에관한법률시행령 제40조 제3항 제3호(이하 '이 사건 조항'이라 한다)가 이주대책의 대상자에서 세입자를 제외하고 있는 것이 세입자의 재산권을 침해하는 것이라 볼 수 없다.

289. 공무원의 임용과 승진에 관한 설명 중 옳은 것은? (다툼이 있는 경우 판례에 의함) (변시 기출)

주의할 기출 지문 정리

① 공무원법에 규정되어 있는 공무원임용 결격사유는 공무원으로 임용되기 위한 절대적인 소극적 요건이지만, 임용 당시 이러한 결격사유가 있었음에도 임용권자가 과실로 임용결격자임을 밝혀내지 못하였고 임용 후 70일 만에 사면으로 결격사유가 소멸되었다면 그 임용의 하자는 치유된 것이다.

② 공무원관계는 관련 규정에 의한 채용후보자 명부에 등록한 때 설정되는 것이므로 공무원임용 결격사유가 있는지의 여부는 채용후보자 명부에 등록한 당시에 시행되던 법률을 기준으로 하여 판단하여야 한다.

③ 기간제로 임용되어 임용기간이 만료된 국·공립대학의 조교수에 대하여 재임용하지 않기로 결정하고 임용기간이 만료되었다는 취지의 통지를 했더라도, 위 결정 및 통지가 행정소송의 대상이 되는 행정처분이라 할 수 없다.

④ 임용결격사유의 발생 사실을 알지 못하고 직위해제되어 있던 중 임용결격사유가 발생하여 당연퇴직된 자에게 임용권자가 복직처분을 하였다고 하더라도 이로 인해 그 자가 공무원의 신분을 회복하는 것은 아니다.

⑤ 공무원법령에 의하여 시험승진후보자명부에 등재되어 있던 자가 그 명부에서 삭제됨으로써 승진임용의 대상에서 제외된 경우에 이러한 삭

제행위는 그 자체가 공무원 승진임용에 관한 권리나 의무를 설정하거나 법률상 이익에 직접적인 변동을 초래하는 별도의 행정처분이 된다.

문 289. 정답 ④

***해 설**

임용결격사유 있는 자임을 간과한 임명행위의 효력에 대한 판례사례에 대한 심도 깊은 출제이다.

☞ ①: × ☞ ④: ○

이는 임용결격을 간과한 임명행위의 효력을 취소사유라고 보고 하자치유가 되고 신뢰보호의 원칙과 실권법리가 모두 적용된다고 보는 유력설(김연태 교수, 김중권 교수)의 주장이다. 이와 달리 판례와 다수설은 무효사유라고 보고 하자치유와 신뢰보호의 원칙 및 실권법리를 모두 부정한다.

☞ ②: ×

공무원임용당시를 기준으로 판단한다.

☞ ③: ×

김민수 조교수에 대한 기간만료통지는 일반공무원과 달리 실질적인 거부처분이 되고, 조교수들은 일반 공무원과 달리 계속 재임용될 것에 대한 법규상·조리상 신청권이 헌법상 보장된 대학의 자유와 학문·예술의 자유 등에 기초하여 인정되므로 거부처분취소소송의 대상이 되는 거부라고 판시하고 있다.

☞ ⑤: ×

대법원 1997. 11. 14. 선고 97누7325 판결【정직처분취소】[공 1997. 12. 15.(48), 3874]

구 경찰공무원법(1996. 8. 8. 법률 제5153호로 개정되기 전의 것) 제11조 제2항, 제13조 제1항, 제2항, 경찰공무원승진임용규정 제36조 제1항, 제2항에 의하면, 경정 이하 계급에의 승진에 있어서는 승진심사와 함께 승진시험을 병행할 수 있고, 승진시험에 합격한 자는 시험승진후보자명부에 등재하여 그 등재순위에 따라 승진하도록 되어 있으며, 같은 규정 제36조 제3항에 의하면 시험승진후보자명부에 등재된 자가 승진임용되기 전에 감봉 이상의 징계처분을 받은 경우에는 임용권자 또는 임용제청권자가 위 징계처분을 받은 자를 시험승진후보자명부에서 삭제하도록 되어 있는바, 이처럼 시험승진후보자명부에 등재되어 있던 자가 그 명부에서 삭제됨으로써 승진임용의 대상에서 제외되었다 하더라도,

그와 같은 시험승진후보자명부에서의 삭제행위는 결국 그 명부에 등재된 자에 대한 승진 여부를 결정하기 위한 행정청 내부의 준비과정에 불과하고, 그 자체가 어떠한 권리나 의무를 설정하거나 법률상 이익에 직접적인 변동을 초래하는 별도의 행정처분이 된다고 할 수 없다.

☞ 최신 판례가 많이 출제되고 있으므로 본 교재를 통하여 판례에 대한 심도 깊은 공부가 별도로 필요하다.

290. 수용 또는 행정상 손실보상에 관한 다음 설명 중 대법원과 헌법재판소의 입장에 부합하는 것을 모두 고른 것은? (변시 기출)

주의할 기출 정리

ㄱ. 사업인정을 함에 있어서는 사업 자체에 공익성이 있는지 여부 외에도 당해 사업과 관련된 자들의 이익을 공익과 사익 사이에서는 물론, 공익 상호간 및 사익 상호간에도 정당하게 비교·교량하여야 한다.

ㄴ. 사업인정을 함에 있어서 이해관계자의 의견을 듣지 않은 하자가 있을 경우, 이러한 하자는 수용재결의 선행처분인 사업인정단계에서 다투어야 하므로, 선행처분인 사업인정에 대한 쟁송기간이 도과한 후 위 하자를 이유로 수용재결의 취소를 구할 수 없다.

ㄷ. 토지수용 시 지급되어야 할 '정당한 보상'에는 당해 공익사업으로 인한 지가 상승분 등 개발이익은 포함되지 않으나, 당해 공익사업으로 수용당하지 않은 채 사실상 개발이익을 향유하는 인근 토지소유자와의 관계에서 평등권의 침해는 인정된다.

ㄹ. 토지수용재결에 대한 소송이 보상금 증감에 관한 것일 경우에는 토지수용위원회를 피고로 하는 항고소송이나 사업시행자 또는 토지소유자를 피고로 하는 형식적 당사자소송 중 하나를 선택적으로 제기할 수 있다.

ㅁ. 이주대책 실시 여부는 입법자의 입법정책적 재량의 영역에 속하므로 법률상 이주대책의 대상자에서 세입자를 제외하고 있는 것이 세입자의 재산권을 침해하여 위헌이라고는 할 수 없다.

① ㄱ, ㄴ, ㄷ
② ㄱ, ㄴ, ㅁ
③ ㄱ, ㄹ, ㅁ
④ ㄴ, ㄷ, ㅁ
⑤ ㄷ, ㄹ

문 290. 정답 ②

***해 설**

☞ ㄱ: ○

대법원 2011. 1. 27. 선고 2009두1051 판결【토지수용재결처분취소】[공 2011상, 448]

사업인정이란 공익사업을 토지 등을 수용 또는 사용할 사업으로 결정하는 것으로서 공익사업의 시행자에게 **그 후 일정한 절차를 거칠 것을 조건으로 일정한 내용의 수용권을 설정하여 주는 형성행위**이므로, 해당 사업이 외형상 토지 등을 수용 또는 사용할 수 있는 사업에 해당한다고 하더라도 사업인정기관으로서는 그 사업이 공용수용을 할 만한 **공익성이 있는지의 여부와 공익성이 있는 경우에도 그 사업의 내용과 방법에 관하여 사업인정에 관련된 자들의 이익을 공익과 사익 사이에서는 물론, 공익 상호간 및 사익 상호간에도 정당하게 비교·교량하여야 하고, 그 비교·교량은 비례의 원칙에 적합하도록 하여야** 한다.

*** 그뿐만 아니라 해당 공익사업을 수행하여 공익을 실현할 의사나 능력이 없는 자에게 타인의 재산권을 공권력적·강제적으로 박탈할 수 있는 수용권을 설정하여 줄 수는 없으므로, 사업시행자에게 **해당 공익사업을 수행할 의사와 능력이 있어야 한다는 것도 사업인정의 한 요건이라고 보아야** 한다.

☞ ㄴ: ○

대법원 1987. 9. 8. 선고 87누395 판결【토지수용재결처분취소】[집 35(3)특, 407; 공 1987. 11. 1.(811), 1583]

사업인정은 그 후 일정한 절차를 거칠 것을 조건으로 하여 일정한 내용의 수용권을 설정해 주는 행정처분의 성격을 띠는 것으로서 그 사업인정을 받음으로써 수용할 목적물의 범위가 확정되고 수용권으로 하여금 목적물에 관한 현재 및 장래의 권리자에게 대항할 수 있는 일종의 공법상의 권리로서의 효력을 발생시킨다고 할 것이므로 위 사업인정단계에서의 하자를 다투지 아니하여 이미 쟁송기간이 도과한 수용재결단계에 있어서는 위 사업인정처분에 중대하고 명백한 하자가 있어 당연무효라고 볼만한 특단의 사정이 없다면 그 처분의 불가쟁력에 의하여 **사업인정처분의 위법, 부당함을 이유로 수용재결처분의 취소를 구할 수 없다.**

☞ ㄷ: ×

대법원과 헌재 모두 개발이익환수제도는 합헌이라고 보고 있다.

대법원 2009. 3. 12. 선고 2008두19321 판결【개발부담금부과처분취소】[공 2009상, 478]

대통령령에 규정될 대강의 기준이 예측 가능하도록 위임의 범위를 구체적으로 명확하게 규정하여 포괄위임금지의 원칙에 위배되지 않고, 위 법률에서 규정하고 있는 부담금 비율과 지가산정의 적정성 및 불복절차 등 여러 사정을 종합하면 실질과세의 원칙과 헌법상의 과잉금지의 원칙에 위배된다거나 헌법상의 재산권과 평등권을 침해한다고 보기 어려울 뿐 아니라, 이에 따른 구 개발이익환수에 관한 법률 시행령(2006. 12. 15. 대통령령 제19752호로 개정되기 전의 것) 제9조 제5항 제1호가 모법의 위임범위를 벗어나 법이 예정하고 있지 아니한 사항을 국민에게 불리하게 규정하고 있다고 볼 수도 없다(동지: 헌재 2009. 12. 29, 2008헌바171, 판례집 21-2하, 817[합헌]).

☞ ㄹ: ×

토지보상법 제85조 제2항의 보상금증감청구소송은 항고소송이 아니라 형식적 당사자소송이므로 행정청이 아니라 반대 당사자만 피고가 된다.

***** 공익사업을 위한 토지 등의 취득 및 보상에 관한 법률 제85조 제2항**
제1항에 따라 제기하려는 행정소송이 보상금의 증감(增減)에 관한 소송인 경우 그 소송을 제기하는 자가 토지소유자 또는 관계인일 때에는 **사업시행자를**, 사업시행자일 때에는 토지소유자 또는 관계인을 각각 피고로 한다.

☞ ㅁ: ○

헌재 2006. 2. 23, 2004헌마19, 판례집 18-1상, 242[기각]

이주대책은 헌법 제23조 제3항에 규정된 정당한 보상에 포함되는 것이라기보다는 이에 부가하여 이주자들에게 종전의 생활상태를 회복시키기 위한 생활보상의 일환으로서 국가의 정책적인 배려에 의하여 마련된 제도라고 볼 것이다. 따라서 이주대책의 실시 여부는 입법자의 입법정책적 재량의 영역에 속하므로 공익사업을위한토지등의취득및보상에관한법률시행령 제40조 제3항 제3호(이하 '이 사건 조항'이라 한다)가 이주대책의 대상자에서 세입자를 제외하고 있는 것이 세입자의 재산권을 침해하는 것이라 볼 수 없다.

빈출 기출

291. 환경행정에 대한 설명으로 옳지 않은 것은? (관세사 기출)

① 환경권은 헌법상 기본권으로 보장되어 있다.

② 환경영향평가제도는 사전배려의 원칙이 구체화된 것이다.

③ 비권력적 수단도 환경행정의 규제수단으로 활용되고 있다.

④ 대법원 판례는 환경영향평가의 실체상 하자가 있으면, 당연히 당해 승인 등의 처분이 위법하다고 본다.

문 291. 정답 ④

***해 설**

대법원 2004. 12. 9. 선고 2003두12073 판결【납골당허가처분무효확인】[공보불게재]

구 환경영향평가법 제4조에서 환경영향평가를 실시하여야 할 사업을 정하고, 그 제16조 내지 제19조에서 대상사업에 대하여 반드시 환경영향평가를 거치도록 한 취지 등에 비추어 보면, 같은 법에서 정한 환경영향평가를 거쳐야 할 대상사업에 대하여 그러한 환경영향평가를 거치지 아니하였음에도 승인 등 처분을 하였다면 그 처분은 위법하다 할 것이나, 그러한 절차를 거쳤다면, 비록 그 환경영향평가의 내용이 다소 부실하다 하더라도, 그 부실의 정도가 환경영향평가제도를 둔 입법 취지를 달성할 수 없을 정도이어서 환경영향평가를 하지 아니한 것과 다를 바 없는 정도의 것이 아닌 이상 **그 부실은 당해 승인 등 처분에 재량권 일탈·남용의 위법이 있는지 여부를 판단하는 하나의 요소로 됨에 그칠 뿐, 그 부실로 인하여 당연히 당해 승인 등 처분이 위법하게 되는 것이 아니다(대법원 2001. 6. 29. 선고 99두9902 판결 참조).**

그러므로 구 환경영향평가법에 따라 환경영향평가를 거쳐야 할 대상사업에 대하여 처분이 이루어진 경우 법원으로서는 먼저 구 환경영향평가법에 따라 환경영향평가절차가 제대로 진행되었는지 여부와 환경영향평가절차가 제대로 진행되었다면 환경영향평가서를 기초로 환경영향평가의 내용이 부실한지 여부를 따져야 할 것이고, 만약 환경영향평가의 내용이 부실하다면 그 부실의 정도가 환경영향평가제도를 둔 입법 취지를 달성할 수 없을 정도이어서 환경영향평가를 하지 아니한 것과 다를 바 없는 정도인지 여부, 그 부실의 정도가 환경영향평가제도를 둔 입법 취지를 달성할 수 없을 정도에 이르지 아니한 경우에는 그 부실로 인하여 당해 처분에 재량권 일탈·남용의 위법이 있는지 여부 등을 심리하여 그 결과에 따라 당해 처분의 적법 여부를 판단하여야 할 것이다.

292. 행정청의 권한 위임에 관한 설명으로 옳지 않은 것은?

(관세사 기출)

① 일부 위임만이 인정되며 전부위임은 인정되지 않는다. 주의할 빈출로서 최다 출제

② 위임은 위임자와 수임자의 신뢰관계를 기초로 한 것이므로 재위임은 부인된다.
③ 위임은 하급행정청뿐만 아니라 다른 행정기관에게도 행하여질 수 있다.
④ 법령의 근거가 없는 위임은 허용되지 않는다.
⑤ 내부위임은 권한의 귀속 자체의 변경을 가져오는 것이 아니다.

문 292. 정답 ②

*해 설

☞ ① 전면적인 백지재위임은 행정조직법정주의를 왜곡시키므로 인정되지 않는다.

☞ ② 행정권한의 위임 및 위탁에 관한 규정 제4조에 의하면 특별시장·광역시장·도지사 또는 특별자치도지사나 시장·군수 또는 구청장은 행정의 능률향상과 주민의 편의를 위하여 필요하다고 인정될 때에는 수임사무의 일부를 그 위임기관의 장의 승인을 받아 규칙으로 정하는 바에 따라 시장·군수·구청장(교육장을 포함한다) 또는 읍·면·동장, 그 밖의 소속기관의 장에게 다시 위임할 수 있다고 규정하고 있다.

293. 행정청의 권한 대리에 관한 설명으로 옳지 않은 것은?

(관세사 기출)

최다 빈출

① 자신의 권한의 일부를 타 기관으로 하여금 행사하게 하는 경우이다.
② 대리관청은 자신의 이름으로 행정사무를 행하되, 그 효과는 피대리관청에 귀속한다.
③ 법정대리는 직접 법령의 규정에 의거하여 이루어지는 일부대리이다.
④ 권한의 대리는 권한자체의 이양은 아니다.
⑤ 임의대리의 경우 피대리관청은 대리자에 대하여 감독권을 행사할 수 있다.

문 293. 정답 ③

*해 설

법정대리는 임의 대리와 달리 전부 대리가 가능하므로 일부 대리라고 단정하는 것은 틀린 지문이다.

294. 행정청의 권한에 대한 설명으로 옳지 않은 것은? (국가직 7급)

주의할 최다 빈출

① 행정청의 권한은 그 권한이 부여된 특정의 행정청만이 행사할 수 있고, 타 행정청은 특별한 사유가 없는 한 이를 행사할 수 없다.

② 권한의 이양의 경우에는 수권규범의 변경이 있으나, 권한의 위임의 경우에는 수권규범의 변경없이 위임근거규정을 통해 이루어진다.

③ 판례에 따르면 행정권한의 위임의 경우에는 수임자가 자기의 명의로 권한을 행사할 수 있으나, 내부위임의 경우에는 수임자는 위임관청의 명의로 이를 할 수 있을 뿐이다.

④ 국가가 스스로 하여야 할 사무를 지방자치단체나 그 기관에 위임하여 수행하는 경우, 국가가 그 경비의 일부를 그 지방자치단체에 교부하여야 한다.

문 294. 정답 ④

*** 해 설**

지방자치법 분야와 국가배상법 분야가 중첩되는 중요조문인 지방재정법 제21조 제2항이 출제되었다.

☞ ④: × ⇒ 일부가 아니라 전부를 교부하여야 하도록 규정하고 있으며 이는 실질적 비용부담자 규정에 해당한다.

지방재정법 제21조(부담금과 교부금)
② 국가가 스스로 하여야 할 사무를 지방자치단체나 그 기관에 위임하여 수행하는 경우 그 경비는 국가가 전부를 그 지방자치단체에 교부하여야 한다.

295. 공무원의 비밀엄수의무에 관한 설명으로 옳은 것은? (관세사 기출)

기출 정리

① 비밀엄수대상으로서의 비밀은 공무원이 직무상 알게 된 것으로 자신

의 직무뿐만 아니라 타부서의 직무에 관련된 것도 포함한다.

② 직무상 비밀은 행정기관이 분류한 3급 이상의 비밀을 의미한다는 것이 통설 판례이다.

③ 직무상 비밀은 '공공기관의 정보공개에 관한 법률'에서의 비공개대상 정보와 일치한다.

④ 공무원의 직무상비밀 엄수의무는 국회에서의 증언의무보다 우선한다.

⑤ 공무원의 직무상비밀 엄수의무도 퇴직과 동시에 소멸한다.

문 295. 정답 ①

*해 설

☞ ② 대법원은 이문옥 감사관 사건이후 비밀의 개념을 형식설을 버리고 비밀로 보호할 실질적 가치가 있을 것을 요구하는 실질설을 취하고 있다. 그러므로 틀린 지문이다.

☞ ③ 따라서 직무상 비밀은 반드시 정보공개법상의 비공개정보와 일치하는 것은 아니며 사안에 따라 달라진다.

☞ ④ 국회에서의 증언·감정 등에 관한 법률에 의하면 직무상 비밀에 속하더라도 증언이나 서류제출을 원칙적으로 거부할 수 없도록 되어 있으므로 틀린 지문이다.

☞ ⑤ 공무원의 비밀엄수의무는 재직 중은 물론이고 퇴직후에도 유지된다는 것이 다수설과 판례이다.

주의할 기출

296. '국가공무원법'에 관한 설명으로 옳지 않은 것은? (관세사 기출)

① 외국인도 공무원으로 임용될 수 있다.

② 임용된 날로부터 1년 이내에 다른 직위로 전보될 수 없음이 원칙이다.

③ 형사상 약식명령이 청구된 자는 직위해제사유에 해당된다.

④ 군인·경찰공무원에 대해서는 계급정년이 적용된다.

⑤ 자기직무를 떠나 다른 기관에서 근무하는 파견직원의 급여는 원 소속기관에서 지급한다.

문 296. 정답 ⑤

*해 설

국가공무원법 제73조의3(직위해제)

① 임용권자는 다음 각 호의 어느 하나에 해당하는 자에게는 직위를 부여하지 아니할 수 있다.

2. 직무수행 능력이 부족하거나 근무성적이 극히 나쁜 자
3. 파면·해임·강등 또는 정직에 해당하는 징계 의결이 요구 중인 자
4. 형사 사건으로 기소된 자(약식명령이 청구된 자는 제외한다)
5. 고위공무원단에 속하는 일반직공무원으로서 제70조의2 제1항 제2호 및 제3호의 사유로 적격심사를 요구받은 자

② 제1항에 따라 직위를 부여하지 아니한 경우에 그 사유가 소멸되면 임용권자는 지체 없이 직위를 부여하여야 한다.

③ 임용권자는 제1항 제2호에 따라 직위해제된 자에게 3개월의 범위에서 대기를 명한다.

④ 임용권자 또는 임용제청권자는 제3항에 따라 대기 명령을 받은 자에게 능력 회복이나 근무성적의 향상을 위한 교육훈련 또는 특별한 연구과제의 부여 등 필요한 조치를 하여야 한다.

⑤ 공무원에 대하여 제1항 제2호와 제3호 또는 제4호의 직위해제 사유가 경합하면 제3호 또는 제4호의 직위해제 처분을 하여야 한다.

297. 공공용물 사용의 법적 형태에 관한 설명으로 옳지 않은 것은? (관세사 기출)

빈출

① 해수욕장에서 수영을 하는 것은 자유사용이라 할 수 있다.

② 자동차로 고속도로를 주행하는 것도 자유사용이라 할 수 있다.

③ 시의 승인을 얻어 하루 동안 시립운동장에서 체육대회를 개최하는 것은 특허사용이라 할 수 있다.

④ 가설창고를 건축하기 위하여 항만 일부의 점용허가를 받아 사용하는 것은 특허사용이라 할 수 있다.

⑤ 도시공원에서 매점을 설치·경영하기 위하여 점용허가를 받는 것은 특허사용이라 할 수 있다.

문 297. 정답 ③

*해 설

하루 동안 시립운동장에서 체육대회를 개최하는 것은 일시적으로 사용금지를 해제하여 사용할 자유를 회복하여 주는 것이므로 공물의 허가사용에 해당한다.

주의할 빈출

298. 경찰책임에 관한 설명으로 옳지 않은 것은? (관세사 기출)

① 외국인 또는 무국적자도 경찰책임을 부담한다.
② 사법상의 권리능력 없는 사단도 경찰책임을 부담한다.
③ 경찰권 발동으로 제3자가 손실을 입었을 때 그 손실은 원칙적으로 보상된다.
④ 부주의(과실)로 인하여 공공질서를 교란하였을 경우에는 책임이 없다.
⑤ 지배자책임은 자기의 지배범위 안에서의 자기책임이다.

문 298. 정답 ④

*해 설

경찰책임은 행위책임이건 상태책임이건 고의나 과실을 요구하지 않는다는 점에서 일반 민형사책임과 차이가 있다.

최다 빈출 정리

299. 경찰권의 한계에 대한 설명으로 옳지 않은 것은? (국가직 7급)

① 법률유보의 원칙상 국민의 권익을 침해하는 경찰권의 발동은 법률의 근거가 있어야 한다.
② 근거 법규의 효과부분이 경찰행정청에 재량을 부여하고 있다 하더라도 경찰행정청은 이를 의무에 합당하게 행사하여야 적법한 것으로 인정된다.
③ 경찰소극의 원칙이란 경찰권이 국가의 안전보장 · 질서유지 · 공공복리를 위해서만 발동될 수 있다는 원칙을 말한다.
④ 경찰평등의 원칙이란 경찰권의 행사에 있어서 성별 · 종교 · 사회적 신분 등을 이유로 차별이 있어서는 안 된다는 원칙을 말한다.

문 299. 정답 ③

***해 설**

☞ ③: ×

경찰소극의 원칙에 부합하는 공익에 공공복리는 제외된다.

300. 공무원관계의 소멸에 해당하지 않는 것은? (서울시 7급)

① 임기만료
② 강임
③ 사망
④ 의원면직
⑤ 파면

문 300. 정답 ②

***해 설**

☞ ②: ×

강임은 공무원의 신분을 박탈하지 아니하고 하위의 직위로 강등시키는 것이므로 공무원 관계의 소멸에 해당하지 아니한다.

국가공무원법 제73조의4(강임)
① 임용권자는 직제 또는 정원의 변경이나 예산의 감소 등으로 직위가 폐직되거나 하위의 직위로 변경되어 과원이 된 경우 또는 본인이 동의한 경우에는 소속 공무원을 강임할 수 있다.
② 제1항에 따라 강임된 공무원은 상위 직급 또는 고위공무원단 직위에 결원이 생기면 제40조 · 제40조의2 · 제40조의4 및 제41조에도 불구하고 우선 임용된다. 다만, 본인이 동의하여 강임된 공무원은 본인의 경력과 해당 기관의 인력 사정 등을 고려하여 우선 임용될 수 있다.

301. 공물과 관련된 설명 중 옳지 않은 것은? (다툼이 있는 경우 판례에 의함)

① 공물의 인접주민은 다른 일반인보다 인접공물의 일반사용에 있어 특

별한 이해관계를 가지는 경우가 있고, 그러한 의미에서 다른 사람에게 인정되지 아니하는 이른바 고양된 일반사용권이 보장될 수 있다.

② 행정목적을 위하여 공용되는 행정재산은 공용폐지가 되지 않는 한 사법상 거래의 대상이 될 수 없으므로 취득시효의 대상도 되지 않는 것이고, 공물의 용도폐지 의사표시는 명시적이든 묵시적이든 불문하나 적법한 의사표시여야 한다.

③ 국유재산법상 행정재산에 대해서도 사권설정이 인정될 수 있으므로 이에 대한 강제집행이 가능하다.

④ 하천의 점용허가권은 특허에 의한 공물사용권의 일종으로서 하천의 관리주체에 대하여 일정한 특별사용을 청구할 수 있는 채권에 지나지 아니하고 대세적 효력이 있는 물권이라 할 수 없다.

⑤ 지방자치단체가 개인 소유의 부동산을 매수한 후 유지를 조성하여 공용개시를 하였다고 하더라도 법률의 규정에 의하여 등기를 거칠 필요 없이 부동산의 소유권을 취득하는 특별한 경우가 아닌 한 부동산에 대한 소유권이전등기를 거치기 전에는 소유권을 취득할 수 없는 것이므로 이를 지방자치단체 소유의 공공용물이라고 볼 수 없다.

문 301. 정답 ③

***해 설**

☞ ①: ○

대법원 2006. 12. 22. 선고 2004다68311 판결[점포명도 · 임대차보증금반환]

공물의 인접주민은 다른 일반인보다 인접공물의 일반사용에 있어 특별한 이해관계를 가지는 경우가 있고, 그러한 의미에서 다른 사람에게 인정되지 아니하는 **이른바 고양된 일반사용권이 보장될 수 있으며**, 이러한 고양된 일반사용권이 침해된 경우 다른 개인과의 관계에서 민법상으로도 보호될 수 있다.

그러나, 그 권리도 공물의 일반사용의 범위 안에서 인정되는 것이므로, 특정인에게 어느 범위에서 이른바 고양된 일반사용권으로서의 권리가 인정될 수 있는지의 여부는 당해 공물의 목적과 효용, 일반사용관계, 고양된 일반사용권을 주장하는 사람의 법률상의 지위와 당해 공물의 사용관계의 인접성, 특수성 등을 종합적으로 고려하여 판단하여야 한다. 따라서 구체적으로 공물을 사용하지 않고 있는 이상 그 공물의 인접주민이라는 사정만으로는 공물에 대한 고양된 일반사용권이 인정될 수 없다.

☞ ②: ○

대법원 1997. 08. 22. 선고 96다10737 판결[소유권이전등기]

[1] 국유 하천부지는 공공용 재산이므로 그 일부가 사실상 대지화되어 그 본래의 용도에 공여되지 않는 상태에 놓여 있더라도 국유재산법령에 의한 용도폐지를 하지 않은 이상 당연히 잡종재산으로 된다고는 할 수 없다.

[2] **공용폐지의 의사표시는 명시적이든 묵시적이든 상관없으나 적법한 의사표시가 있어야 한다. 그리고 행정재산이 사실상 본래의 용도에 사용되고 있지 않다는 사실만으로 공용폐지의 의사표시가 있었다고 볼 수 없다. 이때 원래의 행정재산이 공용폐지되어 취득시효의 대상이 된다는 입증책임은 시효취득을 주장하는 자에게 있다.**

[3] 행정재산은 국가가 공용, 공공용, 또는 기업용 재산으로 사용하거나 1년 이내에 사용하기로 결정한 재산을 말하는바(국유재산법 제4조 제2항 및 같은법시행령 제2조 제1항), 도로와 같은 인공적 공공용 재산은 법령에 의하여 지정되거나 행정처분으로 공공용으로 사용하기로 결정한 경우, 또는 행정재산으로 실제 사용하는 경우의 어느 하나에 해당하여야 행정재산이 되는데, 도로는 도로로서의 형태를 갖추어야 하고, 도로법에 따른 노선의 지정 또는 인정의 공고 및 도로구역의 결정, 고시가 있는 때부터 또는 도시계획법 소정의 절차를 거쳐 도로를 설치하였을 때부터 공공용물로서 공용개시행위가 있는 것이므로, 토지에 대하여 도로로서의 도시계획시설결정 및 지적승인만 있었을 뿐 그 도시계획사업이 실시되었거나 그 토지가 자연공로로 이용된 적이 없는 경우에는 도시계획결정 및 지적승인의 고시만으로는 아직 공용개시행위가 있었다고 할 수 없으므로 그 토지가 행정재산이 되었다고 할 수 없다.

☞ ③: ×

국유재산법상 행정재산은 공용폐지가 되지 않는 이상 사권설정이 인정될 수 없고, 강제집행의 대상도 되지 않는다. 공물에 대한 강제집행이 되기 위해서는 공물성을 소멸시키는 공용폐지가 먼저 선행되어야 한다.

대법원 1996. 05. 28. 선고 95다52383 판결[토지소유권이전등기]

행정재산은 공용폐지가 되지 아니하는 한 사법상 거래의 대상이 될 수 없으므로 시효취득의 대상이 되지 아니하고, 관재당국이 이를 모르고 행정재산을 매각하였다 하더라도 그 매매는 당연무효이다.

☞ ④: ○

대법원 1990. 02. 13. 선고 89다카23022 판결[소유권확인]

하천의 점용허가권은 특허에 의한 공물사용권의 일종으로서 하천의 관리주체에 대하여 일정한 특별사용을 청구할 수 있는 채권에 지나지 아니하고 대세적 효력이 있는 물권이라고 할 수 없다.

☞ ⑤: ○

대법원 1992. 11. 24. 선고 92다26574 판결[토지소유권이전등기말소등]

지방자치단체가 개인 소유의 부동산을 매수한 후 유지를 조성하여 공용개시를 하였다고 하더라도 법률의 규정에 의하여 등기를 거칠 필요 없이 그 부동산의 소유권을 취득하는 특별한 경우가 아닌 한 그 부동산에 대한 소유권이전등기를 거치기 전에는 그 소유권을 취득할 수는 없는 것이므로 이를 지방자치단체소유의 공공용물이라고 볼 수는 없는 것이다. 이 사건에 있어서 전주시가 이 사건 토지에 관한 등기 없이도 그 소유권을 취득한다고 볼 법률상 근거가 없는 이상 전주시가 위 토지를 매수한 후 그의 명의로 소유권이전등기를 경료하지 않았다면 위 토지의 소유권을 취득할 수 없으므로, 위 토지에 대한 공용개시가 있었다고 하여도 이러한 사유만으로는 위 토지를 전주시 소유의 공공용물이라고 볼 수 없고 따라서 소유권 등 사권의 목적이 될 수 없는 불융통물이 되었다고 할 수 없을 것이다.

302. 「공익사업을 위한 토지 등의 취득 및 보상에 관한 법률」에 관련된 설명 중 옳지 않은 것은?(다툼이 있는 경우 판례에 의함)

(변시 기출)

난이도 높은 기출 정리

① 사업인정이란 공익사업을 토지 등을 수용 또는 사용할 사업으로 결정하는 것으로서 공익사업의 시행자에게 그 후 일정한 절차를 거칠 것을 조건으로 일정한 내용의 수용권을 설정하여 주는 형성행위이므로, 해당 사업이 외형상 토지 등을 수용 또는 사용할 수 있는 사업에 해당한다고 하더라도 사업인정기관으로서는 그 사업이 공용수용을 할 만한 공익성이 있는지의 여부와 공익성이 있는 경우에도 그 사업의 내용과 방법에 관하여 사업인정에 관련된 자들의 이익을 공익과 사익 사이에서는 물론, 공익 상호간 및 사익 상호간에도 정당하게 비교·

교량하여야 하고, 그 비교·교량은 비례의 원칙에 적합하도록 하여야 한다.

② 공공사업의 시행자가 그 사업에 필요한 토지를 취득하는 경우 그것이 협의에 의한 취득이고 「공익사업을 위한 토지 등의 취득 및 보상에 관한 법률」상의 협의 성립의 확인이 없는 이상, 그 취득행위는 어디까지나 사경제 주체로서 행하는 사법상의 취득으로서 승계취득한 것으로 보아야 할 것이고, 재결에 의한 취득과 같이 원시취득한 것으로 볼 수는 없다.

③ 공익사업을 위해 협의취득하거나 수용한 토지가 제3자에게 처분된 경우에는 특별한 사정이 없는 한 그 토지는 당해 공익사업에는 필요 없게 된 것이라고 보아야 한다.

④ 국토교통부장관이 사업인정의 고시를 누락한 경우 이는 절차상의 위법으로 그 사업인정 자체를 무효로 할 중대하고 명백한 하자라고 볼 수 없으므로, 위와 같은 위법을 들어 수용재결처분의 취소를 구하거나 무효확인을 구할 수 있다.

⑤ 공익사업에 필요한 토지등의 취득 또는 사용으로 인하여 토지소유자나 관계인이 입은 손실은 사업시행자가 보상하여야 한다.

문 302. 정답 ④

＊해 설

☞ ①: ○

대법원 2011. 1. 27. 선고 2009두1051 판결【토지수용재결처분취소】[공 2011상, 448]

- 사업인정기관이 공익사업을 위한 토지 등의 취득 및 보상에 관한 법률상의 사업인정을 하기 위한 요건

사업인정이란 공익사업을 토지 등을 수용 또는 사용할 사업으로 결정하는 것으로서 **공익사업의 시행자에게 그 후 일정한 절차를 거칠 것을 조건으로 일정한 내용의 수용권을 설정하여 주는 형성행위**이다.

따라서 해당 사업이 외형상 토지 등을 수용 또는 사용할 수 있는 사업에 해당한다고 하더라도 사업인정기관으로서는 그 사업이 공용수용을 할 만한 공익성이 있는지의 여부와 공익성이 있는 경우에도 그 사업의 내용과 방법에 관하여 사업인정에 관련된 자들의 이익을 공익과 사익 사이에서는 물론, 공익 상호간 및 사익 상호간에도 **정당하게 비교·교량하여야 하고, 그 비교·교량은 비례의 원칙에 적합하도록 하여야 한다.**

그뿐만 아니라 해당 공익사업을 수행하여 공익을 실현할 의사나 능력이 없는 자에게 타인의 재산권을 공권력적·강제적으로 박탈할 수 있는 수용권을 설정하여 줄 수는 없으므로, 사업시행자에게 해당 공익사업을 수행할 의사와 능력이 있어야 한다는 것도 사업인정의 한 요건이라고 보아야 한다.

참고로 수용의사와 수용능력의 유지를 사업인정과 수용재결의 요건으로 판시한 것은 일종의 판례 변경으로서 지나치게 수용주체에게 유리하던 과거의 판결을 수정한 것으로 볼 수 있다. 이러한 판례의 태도는 타당하다고 할 것이다.

☞ ②: ○

구 토지수용법하의 판례와 개정된 토지보상법 하의 최신 판례를 종합하여 볼 때 타당한 지문이다.

대법원 2012. 02. 23. 선고 2010다91206 판결[토지보상금]

공익사업을 위한 토지 등의 취득 및 보상에 관한 법령(이하 '공익사업법령'이라고 한다)에 의한 협의취득은 사법상의 법률행위이므로 당사자 사이의 자유로운 의사에 따라 채무불이행책임이나 매매대금 과부족금에 대한 지급의무를 약정할 수 있다.

대법원 1997. 07. 08. 선고 96다53826 판결[소유권이전등기말소등]

기업자와 토지 소유자 사이에 토지수용법이 정하는 협의가 성립하였으나 기업자가 같은 법이 정하는 바에 따라 협의성립에 관하여 관할 토지수용위원회의 확인을 받지는 아니한 경우에 기업자가 토지소유권을 취득하기 위하여는 법률행위로 인한 부동산물권변동의 일반원칙에 따라 소유권이전등기를 마쳐야 하고, 소유권이전등기를 마치지 아니하고도 토지소유권을 원시취득하는 것은 아니다.

☞ ③: ○

대법원 2010. 09. 30. 선고 2010다30782 판결[소유권이전등기]

공익사업의 원활한 시행을 위한 무익한 절차의 반복 방지라는 '공익사업의 변환'을 인정한 입법 취지에 비추어 볼 때, 만약 사업시행자가 협의취득하거나 수용한 당해 토지를 제3자에게 처분해 버린 경우에는 어차피 변경된 사업시행자는 그 사업의 시행을 위하여 제3자로부터 토지를 재취득해야 하는 절차를 새로 거쳐야 하는 관계로 위와 같은 공익사업의 변환을 인정할 필요성도 없게 되므로, 공익사업의 변환을 인정하기 위해서는 적어도 변경된 사업의 사업시행자가 당해 토지를 소유하고 있어야 한다. 나아가 공익사업을 위해 협의취득하거나 수용한 토지가 제3자에게 처분된 경우에는 특별한 사정이 없는 한 그 토지는 당해 공익사업에는 필요 없게 된 것이라고 보아야 하고, 변경된 공익사업에 관해서도 마찬가지이므로, **그 토지가 변경된 사업의 사업시행자 아닌 제3자에게 처분된 경우에는 공익사업의 변환을 인정할 여지도 없다.**

☞ ④: ×

사업인정과 수용재결은 추구하는 목적과 효과가 다르며, 사업인정이 통지되는 이상 하자승계되지 않는 구속력이 발생한다. 따라서 취소사유의 경우에는 하자승계가 인정되지 않는다. 다만 사업인정이 무효인 경우에는 하자가 승계된다.

대법원 1988. 12. 27. 선고 87누1141 판결[토지등수용재결처분취소]

도시계획사업허가의 공고시에 토지세목의 고시를 누락한 것은 절차상의 위법으로서 취소사유에 불과하고 그 하자가 중대하고 명백하여 사업인정 자체가 무효라고는 할 수 없으므로 이러한 위법을 선행처분인 사업인정단계에서 다투지 아니하였다면 그 쟁송기간이 이미 도과한 후인 **수용재결단계에 있어서는 그 처분의 불가쟁력에 의하여 위 도시계획사업허가의 위와 같은 위법 부당함을 들어 수용재결처분의 취소를 구할 수는 없다.**

☞ ⑤: ○

수용보상금 지급의무자는 수용사업의 주체인데 이에 대하여 사업시행자라고 보는 것이 다수설과 판례의 태도이다.

공익사업을 위한 토지 등의 취득 및 보상에 관한 법률
제40조 ① **사업시행자는** 제38조 또는 제39조에 따른 사용의 경우를 제외하고는 수용 또는 사용의 개시일까지 관할 토지수용위원회가 재결한 보상금을 지급하여야 한다.

303. 지방자치법상 조례와 관련된 다음의 설명들 중 옳은 것(o)과 옳지 않은 것(x)을 올바르게 조합한 것은? (다툼이 있는 경우 판례에 의함)

ㄱ. 지자체 사무의 종류로서 자치사무, 단체위임사무, 기관위임사무 등이 있는데, 판례는 법규 규정 형식과 취지를 우선 고려하고, 사무의 성질이 전국적 통일적인지 지역적 자율적인지, 나아가 경비부담과 최종적인 책임의 귀속주체를 고려하여야 한다고 판시한다.

자주 출제되는 기본지문 정리

ㄴ. 지방자치법 제28조 본문의 법령의 범위 내의 사무에는 자치사무와 단체위임사무 및 기관위임사무가 있다.

ㄷ. 동일한 대상에 대하여 동일한 목적을 가진 법률규정이 먼저 제정되어 있어 조례와 충돌하게 될 때에는 상위 법률의 취지가 전국적 통일적 규율의도이면 조례가 무효이지만, 지역적이고 자율적인 규율을 허용하려는 의도이면 조례가 무효가 되지 않고 유효하게 된다.

ㄹ. 대법원은 수원시 차고지 조례안에서 소형 차량까지 차고지를 자동차 등록의 요건으로 추가하여 상위법인 도시교통정비법에 위반하는 것은 상위 법령의 취지가 지역적이고 자율적인 규율을 허용하려는 취지이므로 유효하다고 판시하고 있다.

ㅁ. 지방자치법 제28조 단서에서 주민의 권리를 제한하거나 의무를 부과하는 조례는 스스로 제정하지 못하고 법률의 위임이 있어야 한다는 것에 대하여 판례와 다수설은 헌법 제37조 제2항의 법률적합성을 강조하여 합헌설을 취하고 있다.

① ㄱ(x), ㄴ(x), ㄷ(o), ㄹ(o), ㅁ(x)
② ㄱ(o), ㄴ(x), ㄷ(o), ㄹ(o), ㅁ(x)
③ ㄱ(x), ㄴ(o), ㄷ(x), ㄹ(o), ㅁ(x)
④ ㄱ(o), ㄴ(x), ㄷ(o), ㄹ(x), ㅁ(o)
⑤ ㄱ(x), ㄴ(o), ㄷ(o), ㄹ(o), ㅁ(x)

문 303. 정답 ④

***해 설**

☞ ㄱ: ○

타당한 설명이다.

☞ ㄴ: ×

다수설과 판례에 의하면 지방자치법 제28조 본문의 법령의 범위 내의 사무에는 자치사무와 단체위임사무는 들어가지만, 기관위임사무는 들어가지 않으므로 조례로 제정할 수 없다고 본다. 다만 법률에서 조례로 제정하도록 위임하는 경우인 위임조례의 경우에는 가능하다.

☞ ㄷ: ○

법률선점이론을 엄격하게 적용하는 입장과 완화해서 적용하는 입장이 대립하는데, 후자가 다수설과 판례의 입장으로서 타당하므로 설문은 옳다고 보아야 한다. 특히 조례가 법률보다 요건을 추가하거나 초과하여 주민에게 불리한 경우에도 상위 법률의 취지를 고려하여 판단하여야 한다.

☞ ㄹ: ×

대법원은 수원시 차고지 조례안에서 소형 차량까지 차고지를 자동차 등록의 요건으로 추가하여 상위법인 도시교통정비법에 위반하는 것은 상위 법령의 취지가 전국적이고 통일적인 규율을 하려는 취지이므로 무효라고 판시하고 있다. 대법원 1997. 4. 25. 선고 96추251 판결.

☞ ㅁ: ○

합헌설을 취하는 다수설과 판례에 대한 타당한 지적이다. 반면에 위헌설은 지자체의 지역적 자율성 보장과 헌법 제117조, 제118조의 제도보장을 강조한다.

304. 지방자치법에 대한 다음의 설명들 중 옳은 것은?

기본적인 중요 기출 지문 정리

① 판례와 다수설은 조례는 대통령령이나 부령과 달리 포괄적 위임이 허용된다고 보고 있다.

② 조례는 성문법이므로 행정법의 일반원칙인 비례의 원칙이나 평등의 원칙 등 불문법원리에 의하여 개폐될 수 없다.

③ 조례에 대하여 지자체장이 대법원에 소송을 제기할 수 있다는 규정이 지방자치법 제26조에 없으므로 지자체장이 지방의회를 피고로 하여 조례에 대한 재의결을 법원에 제소할 수 없다.

④ 감독청이 지자체장에게 지방의회의 조례안에 대한 재의요구명령을 내린 경우에 지자체장이 재의요구명령에 불응하는 경우 대법원에 제소할 수 있다는 규정이 없으므로 각하할 수밖에 없다.

⑤ 주민들은 1인이라도 조례에 대하여 조례제정개폐청구권을 행사할 수 있다.

문 304. 정답 ①

***해 설**

☞ ①: ○

조례의 경우는 지역적인 자율성과 민주적인 정당성을 고려하여 포괄적 위임을 허용한다는 것이 다수설과 대법원 및 헌재 판결의 판시내용이다. 그러나 구체적 수권이 조례에 대하여도 필요하다는 반대설도 있다.

☞ ②: ×

행정법의 일반원칙인 비례의 원칙, 평등의 원칙, 자기구속의 원칙, 신뢰보호의 원칙, 부당결부금지의 원칙 등은 헌법적 차원의 효력이라고 보는 입장이 다수설과 판례의 태도이므로 조례 등 성문법령을 개폐할 수 있다. 이와 달리 법률적 차원의 효력으로 보는 소수설의 입장에 의하면 성문법령을 개폐할 수 없다.

☞ ③: ×

지자체장의 지방의회에 대한 자발적인 통제로서 지방자치법 제26조가 규정되어 있는데, 지자체장의 재의요구에도 불구하고 재의결이 되는 경우 지방자치법 제106조 제3항에 의하여 대법원에 제소할 수 있다는 것이 다수설과 판례의 태도이다. 즉 지방자치법 제106조 제3항은 지방의회의 의결에 대한 일반법이지만 지방자치법 제26조의 조례에 대한 특별법의 흠결을 보충하는 관계로 입법되어 있다고 보고 있다.

☞ ④: ×

이는 지방자치법 제192조가 개정되기 이전의 사정으로서 타당하지 않다. 지금은 지방자치법 제192조 제7항이 신설되어 지자체장이 재의요구명령에 불응하는 경우에도 감독청이 지자체장(공포 이후)이나 지방의회(공포 이전)를 상대로 제소할 수 있다. 또한 재의요구명령에 응하여 재의결을 요구하였음에도 불구하고 재의결된 경우는 지방자치법 제172조 제3항과 제4항에 의하여 제소할 수 있다.

☞ ⑤: ×

조례제정개폐청구권은 일정수 이상의 주민들이 연서하여 집단적으로만 청구할 수 있다. 주민들의 정치적 권리 중 대부분은 집단적 행사만이 가능하지만, 유일하게 주민소송만큼은 1인이라도 주민감사를 청구하였던 주민이라면 행사가 가능하다는 점을 주의하여야 한다.

305. 지방자치법에 대한 다음의 설명 중 옳은 것은?

기본적인 중요 기출 지문 정리

① 지방자치법 제188조에 의하여 지자체장의 위법하거나 공익을 저해하는 처분에 대하여 시정명령을 내릴 수 있는데, 그 범위는 자치사무와 단체위임사무 그리고 기관위임사무를 모두 포함한다.

② 울산북구청장이 파업공무원에 대한 징계의결을 요구하지 않고 오히려 승진처분하는 인사재량의 남용을 보이자 감독청인 울산시장이 시정명령을 내리자 울산북구청장이 대법원에 제소한 사건에서 대법원 전원합의체 판결의 다수의견은 지방자치법 제188조 단서의 위법사유에 대한 대법원 제소는 성문법 위반만 인정되고 재량의 일탈·남용은 포함하지 않는 것으로 해석함으로써 지역적 자율성을 보장하여야 한다고 판시하였다.

③ 지방자치법 제189조의 직무이행명령은 지자체장이 기관위임사무를 전부 이행하지 않거나 일부만 부실하게 이행하는 경우에 가능하며 2차적인 조치로서 감독청이 대집행을 할 수도 있다.

④ 주민의 정치적인 권리 중 주민소송에는 주민소청도 포함된다.

⑤ 기관위임사무에 대하여는 감독청이 시정명령을 내리는 것은 가능하다.

문 305. 정답 ⑤

***해 설**

☞ ①: × ☞ ⑤: ○

지방자치법 제188조의 시정명령은 자치사무와 단체위임사무만 가능하도록 규정되어 있다. 따라서 기관위임사무의 경우는 지방자치법 제185조의 감독규정을 목적론적으로 확장해석하거나 행정권한의 위임 및 위탁에 관한 규정 제6조에 따라 비로소 시정명령과 직권취소가 가능하다고 해석된다. 따라서 객관식 지문에서 기관위임사무에 대한 시정명령과 직권취소가 '지방자치법 제188조'상으로는 부정된다는 것이 옳은 지문이고, 또한 기관위임사무에 대한 시정명령과 직권취소가 가능하다는 것이 올바른 지문이 된다.

☞ ②: ×

이는 대법원 전원합의체 판결의 반대의견의 입장이다. 오히려 대법원 전원합의체 판결의 다수의견은 헌법 제37조 제2항의 법률적합성의 전국적이고 통일적인 규율을 위하여 지방자치법 제188조 제1항 단서의 위법사유에 성문법 위반과 재량의 일탈·남용을 모두 포함시켜야 한다고 판시하였다. 대법원 2007. 3. 22. 선고 2005추62 전원합의체 판결.

*심화학습

***〈울산 북구청의 파업공무원 승진처분 사건〉

대법원 2007. 3. 22. 선고 2005추62 전원합의체【판결승진임용직권취소처분취소청구】

[1] [다수의견][6]

지방자치법 제188조 제1항 전문은 "지방자치단체의 사무에 관한 그 장의 명령이나 처분이 법령에 위반되거나 현저히 부당하여 공익을 해한다고 인정될 때에는 시·도에 대하여는 주무부장관이, 시·군 및 자치구에 대하여는 시·도지사가 기간을 정하여 서면으로 시정을 명하고 그 기간 내에 이행하지 아니할 때에는 이를 취소하거나 정지할 수 있다"고 규정하고 있고, 같은 항 후문은 "이 경우 자치사무에 관한 명령이나 처분에 있어서는 법령에 위반하는 것에 한한다"고 규정하고 있는바, 지방자치법 제188조 제1항 전문 및 후문에서 규정하고 있는 지방자치단체의 사무에 관한 그 장의 명령이나 처분이 법령에 위반되는 경우라 함은 명령이나 처분이 현저히 부당하여 공익을 해하는 경우, 즉 합목적성을 현저히 결하는 경우와 대비되는 개념으로, 시·군·구의 장의 사무의 집행이 명시적인 법령의 규정을 구체적으로 위반한 경우뿐만 아니라 그러한 사무의 집행이 재량권을 일탈·남용하여 위법하게 되는 경우를 포함한다고 할 것이므로, 시·군·구의 장의 자치사무의 일종인 당해 지방자치단체 소속 공무원에 대한 승진처분이 재량권을 일탈·남용하여 위법하게 된 경우 시·도지사는 지방자치법 제188조 제1항 후문에 따라 그에 대한 시정명령이나 취소 또는 정지를 할 수 있다.

[대법관 김영란, 박시환, 김지형, 이홍훈, 전수안의 반대의견]

헌법이 보장하는 지방자치제도의 본질상 재량판단의 영역에서는 국가나 상급 지방자치단체가 하급 지방자치단체의 자치사무 처리에 개입하는 것을 엄격히 금지하여야 할 필요성이 있으므로, 지방자치법 제188조 제1항 후문은 지방자치제도의 본질적 내용이 침해되지 않도록 헌법합치적으로 조화롭게 해석하여야 하는바, 일반적으로 '법령위반'의 개념에 '재량권의 일탈·남용'도 포함된다고 보고 있기는 하나, 지방자치법 제169조 제1항에서 정한 취소권의 행사요건은 위임사무에 관하여는 '법령에 위반되거나 현저히 부당하여 공익을 해한다고 인정될 때', 자치사무에 관하여는 '법령에 위반하는 때'라고 규정되어 있어, 여기에서의 '법령위반'이라는 문구는 '현저히 부당하여 공익을 해한다고 인정될 때'와 대비적으로 쓰이고 있고, 재량권의 한계 위반 여부를 판단할 때에 통상적으로는 '현저히 부당하여 공익을 해하는' 경우를 바로 '재량권이 일탈·남용된 경우'로 보는 견해가 일반적이므로, 위 법조항에서 '현저히 부당하여 공익을 해하는 경우'와 대비되어 규정된 '법령

---

6 판례상의 구법령을 현행 지방자치법 조문에 맞게 수정하였다.

에 위반하는 때'의 개념 속에는 일반적인 '법령위반'의 개념과는 다르게 '재량권의 일탈·남용'은 포함되지 않는 것으로 해석하여야 한다. 가사 이론적으로는 합목적성과 합법성의 심사가 명확히 구분된다고 하더라도 '현저히 부당하여 공익을 해한다는 것'과 '재량권의 한계를 일탈하였다는 것'을 실무적으로 구별하기 매우 어렵다는 점까지 보태어 보면, 지방자치법 제188조 제1항 후문의 '법령위반'에 '재량권의 일탈·남용'이 포함된다고 보는 다수의견의 해석은 잘못된 것이다.

[다수의견에 대한 대법관 김용담, 김황식의 보충의견]

행정청이 재량권을 행사함에 함에 있어서는 재량권의 한계를 벗어나지 않는 행위를 할 것이 요청되고, 행정청이 행정행위를 함에 있어 재량권의 한계를 벗어나 일탈·남용한 경우에는 법이 정한 한계를 벗어나지는 않는 범위 내에서 재량을 그르쳐 단순히 부당함에 그치는 경우와는 달리 그 행정행위는 위법한 행위로서 사법심사의 대상이 된다. 지방자치법 제169조 제1항 전문도 이러한 점을 염두에 두고 '명령이나 처분이 법령에 위반되거나 현저히 부당하여 공익을 해한다고 인정될 때'라고 하여 위법한 경우와 위법은 아니지만 공익을 해함으로써 단순히 부당한 경우를 나누어 규정하고 있다. 그러므로 반대의견이 지적하는 것처럼 자치사무의 집행이 '현저히 부당하여 공익을 해하는 경우'를 곧바로 재량권의 일탈·남용이 있는 것으로 볼 수는 없고, 이것이 재량권 일탈·남용이 되기 위해서는 현저히 부당하여 공익을 해하는 것에서 나아가 법의 규정뿐만 아니라 일반조리, 평등의 원칙, 비례의 원칙, 신뢰보호의 원칙 등 법 원칙의 위배 여부까지 고려하여야 한다. 이처럼 '현저히 부당하여 공익을 해하는 경우'와 '재량권의 일탈·남용이 있어 위법한 경우'가 명백하게 구분되는 이상 지방자치법 제188조 제1항의 법령위반에 재량권의 일탈·남용으로 인한 재량권 행사의 위법을 제외할 이유가 없다.

[다수의견에 대한 대법관 양승태의 보충의견]

지방자치단체장이 소속 정당의 정책이나 정강에 따라 시정을 펴는 것은 당연하고 이는 선거에 의해 그를 선출한 지역 주민의 바람이기도 하겠으나, 그의 권한은 반드시 법률이 허용한 범위 안에서 행사되어야 하고, 이를 핑계로 법률의 테두리를 넘어서는 것까지 용납될 수는 없으므로, 법률이 지방자치단체장에게 일정한 재량을 부여하고 있는 경우에도 자신의 정책이나 정강을 편다는 미명으로 재량권을 일탈하거나 남용하여서는 아니 되는 것은 당연하다. 일반적으로 재량권의 일탈·남용은 위법, 즉 '법령위반'에 해당하고, 그것이 지방자치단체의 자치사무에 관한 것이라고 해서 다를 바가 없어 위법하기는 마찬가지이기 때문이다. 지방자치단체장이 위법한 권한 행위에 나아가는 경우에는 국가나 상급 지방자치단체가 직접 감독권을 발휘하여 이를 시정하게 하는 것이 가장 효과적인 수단임은 두말할 나위가 없고, 이는 국법질서를 유지할 책임이 있는 국가 등의 당연한 의무이기도 하거니와, 사안에 따라서는 국가 등이 직접 개입하지 아니하면 그 시정이 어려운 경우도 있는바, 지방자치법 제188조는 국가 등이 바로 이러한 기능을 하도록 하기 위해 마련한 규정이므로 그 제1항 후문의 '법령위반'에서 재량권의 일탈·남용을 제외하여야 할 아무런 이유가 없다.

[반대의견에 대한 대법관 이홍훈의 보충의견]

지방자치법 제188조는 위법·부당한 행정처분에 대한 국민의 권리구제를 위하여 그 대상 적격의 범위를 규정하는 것이 아니고, 국가나 상급 지방자치단체가 지방자치단체의 자치사무에 대한 지도·지원이란 한도 내에서 시정조치를 할 수 있는 통제 관여범위에 관한 규정인바, 그 통제의 범위에 관하여는 헌법과 지방자치법이 보장하고 있는 자치권의 확보를 위하여 제한적으로 해석하여야 하므로, 그 '법령위반'의 개념은 일반적인 '위법'의 개념과는 달리 좁은 의미에서의 형식적인 '법령의 위반'으로 풀이하여야 한다. 뿐만 아니라 위 조문의 문리해석상 위 법조문이 '법령위반'과 별개로 '현저히 공익을 해한다'고 규정하고 있는 의미는 단순한 부당행위는 국가나 상급 지방자치단체의 통제의 범위대상에서 아예 제외하고 '재량권의 일탈·남용' 등 현저한 부당행위의 경우에 한정하여 통제하려는 취지로 보아야 한다.

[2] [다수의견]

지방공무원법에서 정한 공무원의 집단행위금지의무 등에 위반하여 전국공무원노동조합의 불법 총파업에 참가한 지방자치단체 소속 공무원들의 행위는 임용권자의 징계의결요구 의무가 인정될 정도의 징계사유에 해당함이 명백하므로, 임용권자인 하급 지방자치단체장으로서는 위 공무원들에 대하여 지체 없이 관할 인사위원회에 징계의결의 요구를 하여야 함에도 불구하고 상급 지방자치단체장의 여러 차례에 걸친 징계의결요구 지시를 이행하지 않고 오히려 그들을 승진임용시키기에 이른 경우, 하급 지방자치단체장의 위 승진처분은 법률이 임용권자에게 부여한 승진임용에 관한 재량권의 범위를 현저하게 일탈한 것으로서 위법한 처분이라 할 것이다.

따라서 상급 지방자치단체장이 하급 지방자치단체장에게 기간을 정하여 그 시정을 명하였음에도 이를 이행하지 아니하자 지방자치법 제169조 제1항에 따라 위 승진처분을 취소한 것은 적법하고, 그 취소권 행사에 재량권 일탈·남용의 위법이 있다고 할 수 없다.

[대법관 김영란, 박시환, 김지형, 이홍훈, 전수안의 반대의견]

승진처분은 한 공무원의 일순간의 과오만이 아니라 근속기간이나 경력, 근무성적, 상훈 등을 두루 살펴서 행하여지는 것으로서 임용권자의 판단과 재량이 전적으로 존중되어야 하는바, 하급 지방자치단체장이 전국공무원노동조합의 불법 총파업에 참가한 소속 공무원들에 대하여 징계의결 요구를 하지 아니하고 오히려 그들을 승진임용시킨 경우에 있어서, 당시 위 공무원들에 대한 징계의결요구 중에 있었던 것도 아니고 장차 그들이 어느 정도의 징계를 받을지 아니면 징계를 받지 않을지 알 수 없는 상황이었음에도 불구하고, 위 공무원들의 공적 등 다른 어떠한 사정도 고려함이 없이 단지 그 임용권자인 하급 지방자치단체장이 그들에 대한 징계의결요구를 하였어야 하나 하지 않았다는 이유 하나만으로 위 승진처분이 지방자치법 제188조 제1항에 따라 상급 지방자치단체장에 의하여 취소되어야 할 정도로 재량권을 일탈·남용한 것이라고 단정할 수는 없는 것이다. 또한 자치사무에 대한 국가 또는 상급 지방자치단체장의 취소권의 행사는 지방자치단체의 자율적인 책임 수행을 제한하지 않는 범위 내에서 취소권 행사의 구체적 결과가 자치사무 수행에 관한 지방자치단체의 결정권을 크게 위축시키거나 무의미하게 하지 않는 방향으로 이루어져야 하고, 이를 넘어선 경우 그 취소권의 행사가 오히려 재량권의 일탈·남용에 해당하게 되는바, 상급 지방자치단체장이 위 조항에 따라 하급 지방자치단체장의 위 승진임용처분을 취소함에 있어, 위 공무원의 비위 정도가 겨우 불문경고를 받을 만큼 경미하였다는 사정이나 그들에게 승진임용을 저해하는 사유 외에 승진임용을 수긍하게 하는 공무원 개인의 근무성적과 같은 구체적인 인적 사정 등을 모두 감안하더라도 위 승진처분이 재량권을 일탈·남용한 것이라고 볼 수밖에 없다는 점에 관하여 충분히 숙고하고 판단한 끝에 이에 대한 취소권을 행사하게 된 것이라고는 보이지 않고, 오히려 위 불법 총파업에 참가한 다른 공무원들과의 전국적인 징계의 형평성이나 공직사회 또는 일반 국민들에게 미치는 영향 등 정책적 목적에서 이를 행사한 것임을 숨길 수 없기 때문에, 그러한 취소권 행사는 재량권을 일탈하거나 남용한 것으로서 위법하다.

[다수의견에 대한 대법관 김용담, 김황식의 보충의견]

하급 지방자치단체장이 징계사유가 있는 소속 공무원들에 대하여 징계의결을 요구하지 않은 채 행한 승진처분이나 지방자치법 제169조 제1항에 따라 위 승진처분을 취소하는 상급 지방자치단체장의 처분이 재량권을 일탈·남용하였는지 여부를 판단함에 있어서는, 위 공무원들에 대한 사후의 징계 결과 불문경고에 그쳤다는 사정 하나만을 참작하여서는 아니 되고, 징계사유인 행위에 이르게 된 경위와 과정, 그에 의하여 침해되는 법익의 성격과 그 정도, 위 행위가 국가·지방 행정조직·국민에게 끼치는 영향, 행위자의 직위 및 수행직무의 내용, 평소의 소행과 직무성적, 승진처분 당시 징계사유에 해당함이 명백하였는지 여부 등 여러 사정을 건전한 사회통념에 따라 종합적으로 판단하여 결정하여야 하는바, 다수의견은 이러한 사정들을 종합적으로 고려하여 하급 지방자치단체장의 승진처분이 재량권을 현저하게 일탈·남용한 것이라고 본 것이다. 더욱이 전국공무원노동조합의 불법 총파업에 참가한 소속 공무원들의 행위는 그 임용권자에게 징계의결요구 의무가 인정될 정도의 징계사유에 해당함이 명백하였으므로 임용권자인 하급 지방자치단체장이 그 의무를 이행하였더라면 지방공무원임용령 제34조 제1항 제1호의 제한규정으로 인해 위 공무원들의 승진임용이 원천적으로 불가능한 것이었는데, 하급 지방자치단체장이 징계절차상의 의무를 이행하지 아니한 채 오히려 위 공무원들을 승진시킴으로써 위 제한규정을 잠탈하는 결과를 초래하였다는 점에서도 그 재량권 일탈·남용의 정도가 매우 심하다고 보지 않을 수 없다.

☞ ③: ×

지방자치법 제189조의 직무이행명령은 기관위임사무를 전혀 이행하지 않는 부작위에 대하여만 가능하고 일부만이라도 이행하면 발급할 수 없도록 규정되어 있어 한계가 있는 제도이다.

☞ ④: ×

구 지방자치법상의 주민소청제도는 폐지되었지만 궁극적인 직접민주주의의 발현으로서 입법론적으로 도입이 요청된다. 주민소송은 주민감사청구를 한 후 비리가 드러나거나 문제가 있는 경우 처분취소소송, 처분중지소송, 변상소송 등의 유형을 인정하고 있으며, 주민소송과 주민소청은 전혀 다른 별개의 제도이다.

306. A 지방자치단체에서는 조례제정권의 범위에 대해 법무법인 B에 자문을 구하였다. B는 이에 관한 법률의견서를 작성해주었는데, 아래 ㄱ.~ㅁ.은 그 내용 중 일부이다. 옳은 것을 모두 고른 것은? (다툼이 있는 경우 판례에 의함) (변시 기출)

중요 기출 지문 정리

ㄱ. 지방자치법상 지방자치단체는 법령의 범위 안에서 그 사무에 관하여 조례를 제정할 수 있으며, 다만 주민의 권리 제한 또는 의무 부과에 관한 사항이나 벌칙을 정할 때에는 법률의 위임이 있어야 한다.

ㄴ. 그리고 조례가 지방의회의 의결로 제정되는 지방자치단체의 자주법이라고 하더라도 그것이 법률의 위임에 따라 제정되는 것인 이상, 조례도 위임명령과 마찬가지로 포괄적 위임은 허용될 여지가 없다.

ㄷ. 그런데 지방자치단체가 자치조례를 제정할 수 있는 사항은 지방자치단체의 고유사무인 자치사무와 개별법령에 의하여 지방자치단체에 위임된 단체위임사무에 한하는 것이고, 국가사무가 지방자치단체의 장에게 위임된 기관위임사무는 원칙적으로 자치조례의 제정범위에 속하지 않는다 할 것이지만, 기관위임사무에 있어서도 그에 관한 개별법령에서 일정한 사항을 조례로 정하도록 위임하고 있는 경우에는 위임받은 사항에 관하여 개별법령의 취지에 부합하는 범위 내에서 이른바 위임조례를 정할 수 있다.

ㄹ. 한편, 조례가 규율하는 특정사항에 관하여 그것을 규율하는 국가의 법령이 이미 존재하는 경우에도, 조례가 법령과 별도의 목적에 기하여 규율함을 의도하는 것으로서 그 적용에 의하여 법령의 규정이 의도하는 목적과 효과를 전혀 저해하는 바가 없는 때, 또는 양자가 동일한 목적에서 출발한 것이라고 할지라도 국가의 법령이 반드시 그 규정에 의하여 전국에 걸쳐 일률적으로 동일한 내용을 규율하

려는 취지가 아니고 각 지방자치단체가 그 지방의 실정에 맞게 별도로 규율하는 것을 용인하는 취지라고 해석되는 때에는 그 조례가 국가의 법령에 위배되는 것은 아니라고 보아야 한다.

ㅁ. 지방자치단체는 조례의 실효성을 확보하기 위한 수단으로 조례위반행위에 대한 벌칙을 정할 수 있는데, 여기서 말하는 벌칙의 개념에는 별도의 제한이 없으므로, 지방자치단체는 법률의 위임이 없이도 조례위반행위에 대한 벌칙으로서 벌금, 구류, 과료와 같은 형벌을 정하여 부과할 수 있다.

① ㄱ, ㄴ, ㅁ
② ㄱ, ㄷ, ㄹ
③ ㄱ, ㄷ, ㅁ
④ ㄴ, ㄷ, ㄹ
⑤ ㄱ, ㄴ, ㄷ, ㄹ

문 306. 정답 ②

***해 설**

☞ ㄱ: ○

지방자치법 제28조 본문과 단서의 규정으로서 타당하다.

☞ ㄴ: ×

조례는 지방의회가 지역적이고 자율적인 민주적 정당성을 가지고 있으므로 지방자치를 배려하여 포괄적인 위임이 허용된다는 것이 다수설과 판례의 태도이다.

☞ ㄷ: ○

조례제정권의 범위 내의 사무는 자치사무와 단체위임사무로 국한되나, 국회가 기관위임사무에 대하여 규정하도록 조례에게 수권하고 있는 경우인 위임조례의 경우에는 예외적으로 기관위임사무라도 가능하다.

☞ ㄹ: ○

법률선점이론을 엄격하게 적용하지 않고 완화해서 적용하는 입장이 다수설과 판례의 태도로서 조례가 충돌하는 상위 법령의 취지에 따라 조례의 유효여부를 판단하여야 한다는 타당한 설명이다.

☞ ㅁ: ×

지방자치법 제28조 단서에 따라 주민의 권리제한, 의무부과, 벌칙 등은 법률의 규정이 필요하다. 다만 이에 대하여 합헌설과 위헌설의 대립이 있으나 합헌설이 다수설과 판례의 태도이다.

307. 지방자치에 관한 설명 중 옳지 않은 것을 모두 고른 것은? (변시 기출)

난이도 높은 중요판례 기출 정리

ㄱ. 헌법재판소 결정에 의할 때, 중앙행정기관이 자치사무에 대한 감사에 착수하기 위해서는 자치사무에 관하여 특정한 법령위반행위가 확인되었거나 위법행위가 있었으리라는 합리적 의심이 가능한 경우이어야 하고, 또한 그 감사대상을 특정해야 하므로 포괄적 · 사전적 일반감사나 위법사항을 특정하지 않고 개시하는 감사 또는 법령위반사항을 적발하기 위한 감사는 모두 허용될 수 없다.

ㄴ. 헌법재판소 결정에 의할 때, 구 폐기물관리법 제43조 제1항에 의한 행정기관의 감사가 과다감사 및 중복감사에 해당하여 감사대상의 영업의 자유를 침해할 소지가 있지만, 환경보전과 쾌적한 생활환경 유지라는 동 조항의 입법목적에 비추어 행정기관은 민원이 있는 경우 다시 감사할 수 있다.

ㄷ. 대법원 판결에 의할 때, 구 지방자치법 제157조 제1항은 "지방자치단체의 사무에 관한 그 장의 명령이나 처분이 법령에 위반되거나 현저히 부당하여 공익을 해한다고 인정될 때에는 시 · 도에 대하여는 주무부장관이, … 기간을 정하여 서면으로 시정을 명하고 그 기간 내에 이행하지 아니할 때에는 이를 취소하거나 정지할 수 있다. 이 경우 자치사무에 관한 명령이나 처분에 있어서는 법령에 위반하는 것에 한한다"고 규정하고 있는바, 지방자치단체의 사무에 관한 그 장의 명령이나 처분이 법령에 위반되는 경우라 함은 그 장의 사무의 집행이 명시적인 법령의 규정을 구체적으로 위반한 경우만을 말하고, 그러한 사무의 집행이 재량권을 일탈 · 남용하여 위법하게 되는 경우는 포함되지 아니한다.

ㄹ. 헌법재판소 결정에 의할 때, 감사원이 지방자치단체를 상대로 감사를 하면서 위임사무에 대하여 뿐만 아니라 자치사무에 대하여도 합법성 감사와 더불어 합목적성 감사까지 하는 것은 그것이 법률에 근거하여 이루어진 감사행위라고 하여도 헌법상 보장된 지방자치권의 본질적 내용을 침해한 것이다.

① ㄱ, ㄴ
② ㄱ, ㄷ
③ ㄴ, ㄷ
④ ㄴ, ㄹ
⑤ ㄷ, ㄹ

문 307. 정답 ⑤

*해 설

☞ ㄱ: ○

지자체의 자율성과 민주성을 보장하기 위하여 포괄적 감사는 금지된다.

☞ ㄴ: ○

헌재 2003. 12. 18. 2001헌마754, 판례집 제15권 2집 하, 609.

☞ ㄷ: ×

설문은 전원합의체 판결의 반대의견이고 다수의견은 성문법 위반과 재량의 일탈·남용의 경우에도 포함된다고 보고 있다.

☞ 매년 출제될 수 있는 판례이므로 숙지할 것

*** 대법원 2007. 3. 22. 선고 2005추62 전원합의체 판결【승진임용직권취소처분취소청구】〈울산 북구청 승진처분취소 사건〉[집 55(1)특, 373; 공 2007. 4. 15.(272), 543]

[1] 지방자치법 제188조 제1항에서 정한 지방자치단체장의 명령·처분의 취소 요건인 '법령위반'에 '재량권의 일탈·남용'이 포함된다.

[2] 하급 지방자치단체장이 전국공무원노동조합의 불법 총파업에 참가한 소속 지방공무원들에 대하여 징계의결을 요구하지 않은 채 승진임용하는 처분을 한 것이 재량권의 범위를 현저히 일탈한 것으로서 위법한 처분이다. 그리고 상급 지방자치단체장이 지방자치법 제169조 제1항에 따라 위 승진임용처분을 취소한 것은 적법하다.

☞ ㄹ: ×

법률에 근거가 있다면 합목적성 감사까지 가능하며 지방자치권의 본질적 침해가 아니라고 보아야 할 것이다. 헌재 판례의 사안은 합목적성 감사 규정이 삭제되어 더 이상 존재하지 않으므로 위헌이라는 취지로 이해하여야 한다.

*** 헌재 2009. 05. 28. 2006헌라6, 판례집 제21권 1집 하, 418

서울특별시와 정부 간의 권한쟁의

(2009. 5. 28. 2006헌라6 전원재판부)

1. 지방자치제 실시를 유보하던 개정전 헌법 부칙 제10조를 삭제한 현행헌법 및 이에 따라 자치사무에 관한 감사규정은 존치하되 '위법성 감사'라는 단서를 추가하여 자치사무에 대한 감사를 축소한 구 지방자치법 제158조 신설경위, 자치사무에 관한 한 중앙행정기관

과 지방자치단체의 관계가 상하의 감독관계에서 상호보완적 지도·지원의 관계로 변화된 지방자치법의 취지, 중앙행정기관의 감독권 발동은 지방자치단체의 구체적 법위반을 전제로 하여 작동되도록 제한되어 있는 점, 그리고 국가감독권 행사로서 지방자치단체의 자치사무에 대한 감사원의 사전적·포괄적 합목적성 감사가 인정되므로 국가의 중복감사의 필요성이 없는 점 등을 종합하여 보면, 중앙행정기관의 지방자치단체의 자치사무에 대한 구 지방자치법 제158조 단서 규정의 감사권은 사전적·일반적인 포괄감사권이 아니라 그 대상과 범위가 한정적인 제한된 감사권이라 해석함이 마땅하다.

2. 중앙행정기관이 구 지방자치법 제158조 단서 규정상의 감사에 착수하기 위해서는 자치사무에 관하여 특정한 법령위반행위가 확인되었거나 위법행위가 있었으리라는 합리적 의심이 가능한 경우이어야 하고, 또한 그 감사대상을 특정해야 한다. 따라서 전반기 또는 후반기 감사와 같은 포괄적·사전적 일반감사나 위법사항을 특정하지 않고 개시하는 감사 또는 법령위반사항을 적발하기 위한 감사는 모두 허용될 수 없다.

3. 행정안전부장관 등이 감사실시를 통보한 사무는 서울특별시의 거의 모든 자치사무를 감사대상으로 하고 있어 사실상 피감사대상이 특정되지 아니하였고 행정안전부장관 등은 합동감사 실시계획을 통보하면서 구체적으로 어떠한 자치사무가 어떤 법령에 위반되는지 여부를 밝히지 아니하였는바, 그렇다면 행정안전부장관 등의 합동감사는 구 지방자치법 제158조 단서 규정상의 감사개시요건을 전혀 충족하지 못하였다 할 것이므로 헌법 및 지방자치법에 의하여 부여된 서울특별시의 지방자치권을 침해한 것이다.

308. A시(市)의 시장은 빈약한 시의 재정을 확충하고 시의 경기를 활성화하고자 공업단지를 신규로 조성하기로 하고 이를 위한 재원을 마련한다는 취지로 시 관내에 광역화장장(火葬場)을 유치하기로 결정하였다. 또한 시의회 의원 10명(비례대표의원 2명 포함)이 의회운영공동경비를 전용하여 친목등산회에서 신을 등산화를 구입한 사실이 언론을 통해 보도되었다. 그러자 시민들은 시장의 광역화장장 유치결정과 시의회의 예산낭비를 비판하며 연일 맹렬한 시위를 하는 한편, 주민대책위원회는 위 사태에 대응하기 위한 법적 조치를 준비하고 있다. 이 상황에서 A시의 시민들이 지금 곧바로 취할 수 있는 법적 대응에 해당하지 않는 것은? (A시의 시장과 위 시의회 의원들은 각 취임한 지 1년이 경과하였고 잔여 임기가 1년 이상임) (변시 기출)

빈출 정리

① 시장에 대하여 직접 주민소환을 하는 것

② 시의회의 의회운영공동경비 사용 등에 관하여 주민감사청구를 하는 것
③ 시의회 의원 10명에 대하여 직접 부당이득의 반환을 청구하는 주민소송을 제기하는 것
④ 등산화를 구입한 8명의 시의원(비례대표의원 2명 제외)에 대하여 직접 주민소환을 하는 것
⑤ 광역화장장의 유치 여부에 관하여 주민투표를 청구하는 것

문 308. 정답 ③

***해 설**

지방자치법의 주민의 정치적 권리들을 출제하고 있다. 지방자치법 규정들과 관련 판례를 숙지하여야 한다.

☞ ①: ○과 ☞ ④: ○

지방자치법 제25조(주민소환) ① 주민은 **그 지방자치단체의 장 및 지방의회의원(비례대표 지방의회의원은 제외한다)**을 소환할 권리를 가진다. 주민소환투표가 의결되면 지자체장이나 지방의회의원은 공직을 상실하게 된다.

☞ ②: ○

지방자치법 제21조(주민의 의무) 주민은 법령으로 정하는 바에 따라 소속 지방자치단체의 비용을 분담하여야 하는 의무를 진다.

☞ ③: ×

지방자치법상 주민소송의 피고는 비리 공무원이 아니라 지자체장이므로 A시 시장이 되어야 하므로 틀린 지문이다.

지방자치법 제17조(주민소송) ① 제16조 제1항에 따라 공금의 지출에 관한 사항, 재산의 취득·관리·처분에 관한 사항, 해당 지방자치단체를 당사자로 하는 매매·임차·도급 계약이나 그 밖의 계약의 체결·이행에 관한 사항 또는 지방세·사용료·수수료·과태료 등 공금의 부과·징수를 게을리한 사항을 감사청구한 주민은 다음 각 호의 어느 하나에 해당하는 경우에 그 감사청구한 사항과 관련이 있는 위법한 행위나 업무를 게을리 한 사실에 대하여 해당 **지방자치단체의 장**(해당 사항의 사무처리에 관한 권한을 소속 기관의 장에게 위임한 경우에는 그 소속 기관의 장을 말한다. 이하 이 조에서 같다)**을 상대방으로 하여 소송을 제기할 수 있다**.

☞ ⑤: ○

지방자치법 제14조(주민투표) ① 지방자치단체의 장은 **주민에게 과도한 부담을 주거나 중대한 영향을 미치는 지방자치단체의 주요 결정사항 등에 대하여 주민투표에 부칠 수 있다**.

309. 조례에 관한 대법원 판례의 입장으로 옳지 않은 것은? (관세사 기출)

빈출 정리

① 조례가 항고소송의 대상이 되는 행정처분에 해당되는 경우의 조례무효확인소송의 피고적격은 지방자치단체의 장이다.

② 합의제 행정기관인 옴부즈맨(Ombudsman)을 집행기관의 장인 도지사 소속으로 설치함을 지방자치단체의 조례로는 정할 수 없다.

③ 지방의회가 감사·조사위원회의 의결에 의하여 지방의회의장을 통하지 아니하고도 현지확인, 보고·서류제출의 요구 등을 할 수 있도록 규정한 조례안은 위법하다.

④ 지방자치단체가 조례를 제정할 수 있는 사항은 자치사무와 단체위임사무에 한하고, 기관위임사무는 원칙적으로 조례의 제정범위에 속하지 않는다.

⑤ 조례제정권의 범위는 '법령에 위반되지 않는 범위 내에서'를 가리키므로 지방자치단체가 제정한 조례가 법령에 위반되는 경우에는 효력이 없다.

문 309. 정답 ②

***해 설**

대법원 1997. 4. 11. 선고 96추138 판결【옴부즈만조례안재의결무효확인】[공1997. 5. 15.(34), 1462]

[1] **합의제 행정기관인 옴부즈맨(Ombudsman)을 집행기관의 장인 도지사 소속으로 설치하는 데 있어서는 지방자치법 제107조 제1항의 규정에 따라 당해 지방자치단체의 조례로 정하면 되는 것이지 헌법이나 다른 법령상으로 별도의 설치근거가 있어야 되는 것은 아니다**.

[2] 지방자치법시행령 제41조는 "지방자치단체가 법 제107조의 규정에 의하여 합의제 행

정기관을 설치하고자 하는 때에는 따로 법령으로 정한 경우를 제외하고는 내무부장관의 승인을 얻어야 한다"고 규정하고 있지만, 이는 국가가 지방자치단체의 행정조직을 통제하기 위한 내부 절차규정에 불과할 뿐 지방의회의 의결권을 제한하는 규정으로 보여 지지 아니하므로, 합의제 행정기관의 설치에 관한 내무부장관의 승인은 조례의 시행단계에서 취하여져야 할 절차로서 그 승인 여부가 합의제 행정기관의 설치를 규정한 조례안의 의결의 효력을 좌우하는 전제조건으로 되는 것은 아니다.

[3] 지방자치단체의 집행기관의 사무집행에 관한 감시 · 통제기능은 지방의회의 고유권한이므로 이러한 지방의회의 권한을 제한 · 박탈하거나 제3의 기관 또는 집행기관 소속의 어느 특정 행정기관에 일임하는 내용의 조례를 제정한다면 이는 지방의회의 권한을 본질적으로 침해하거나 그 권한을 스스로 저버리는 내용의 것으로서 지방자치법령에 위반되어 무효이다.

[4] 지방자치단체의 집행기관 중 독립성을 갖는 옴부즈맨이라는 합의제 행정기관으로 하여금 지방실정에 맞게 신속하고 효율적으로 주민고충을 처리하고 지방행정에 대한 감시 · 통제기능을 수행하도록 하는 지방자치단체의 옴부즈맨제도는, 중앙정부 차원에서 전국적인 행정 감시 · 통제기능을 수행하는 기관 · 제도 또는 독립성이 약한 기관에 의한 자체 행정 감시 · 통제제도와는 다른 기능과 효율성을 가지며, 나아가 그 옴부즈맨제도가 위와 같은 다른 감시 · 통제제도의 이용을 배제하거나 그 전치조건으로 옴부즈맨에 의한 고충처리를 받도록 규정하고 있지 아니하고 오히려 행정심판, 소송, 헌법재판소의 심판, 헌법소원, 감사원의 심사청구 기타 다른 법령에 의한 불복 · 규제절차가 진행중인 사항을 옴부즈맨의 관할에서 배제하고 있다면 이는 주민으로 하여금 그와 같은 다른 불복 · 규제제도와 동시에 또는 선택적으로 지방행정에 대한 불복 · 규제제도를 추가로 이용할 수 있도록 한 것으로서 독자적인 기능과 효율성을 가진다고 본 사례.

[5] **집행기관의 구성원의 전부 또는 일부를 지방의회가 임면하도록 하는 것은 지방의회가 집행기관의 인사권에 사전에 적극적으로 개입하는 것이어서 원칙적으로 허용되지 않지만, 지방자치단체의 집행기관의 구성원을 집행기관의 장이 임면하되 다만 그 임면에 지방의회의 동의를 얻도록 하는 것은 지방의회가 집행기관의 인사권에 소극적으로 개입하는 것으로서 지방자치법이 정하고 있는 지방의회의 집행기관에 대한 견제권의 범위 안에 드는 적법한 것이므로, 지방의회가 조례로써 옴부즈맨의 위촉(임명) · 해촉시에 지방의회의 동의를 얻도록 정하였다고 해서 집행기관의 인사권을 침해한 것이라 할 수 없다**.

[6] 지방자치단체에 두는 지방공무원의 정수를 정하는 내용의 조례는 지방자치법 제103조 제1항, 지방자치단체의행정기구와정원기준등에관한규정 제14조 제1항과 제21조 제1항, 지방자치단체의행정기구와정원기준등에관한규정시행규칙 제3조 제1항 [별표 1]의 규정에 의한 지방공무원의 총정원의 범위 내에서 정원관리기관별로 지방공무원의 정수를

정하는 것일 경우에 한하여 유효하고, 내무부장관의 사전승인을 얻지 아니하고 총정원을 늘리는 것을 내용으로 하는 조례는 위 법령에 위반되어 무효이다.

[7] **집행기관의 하나인 옴부즈맨에 4급 이상의 지방공무원 1명을 상임 옴부즈맨으로 임명하도록 하고 있는 옴부즈맨조례안에 대하여, 그 조례안이 당해 지방자치단체에 두는 지방공무원의 현 정원이 지방자치법령상의 산식에 의한 총정원을 초과하고 있는 상태에서 의결됨으로써 지방자치단체에 두는 지방공무원의 총정원을 결과적으로 늘리는 것을 내용으로 하고 있다는 이유로, 그 의결시 내무부장관의 사전승인을 얻지 아니하여 무효라고 본 사례.**

310. 지방자치단체에 관한 설명으로 옳지 않은 것은? (관세사 기출)

① 지방자치단체는 조례로 과태료를 정할 수 있다.

② 다른 자치단체로부터 위임받아 행하는 사무는 모두 자치사무이다.

③ 지방의원에게는 회기 중의 불체포특권이 인정되지 않는다.

④ 지방자치단체의 장은 선결처분권을 가진다.

⑤ 조례가 기본권을 침해한 경우에는 조례자체에 대하여 헌법소원이 가능하다.

문 310. 정답 ②

***해 설**

다른 지자체 단체로부터 지자체 단체에게 위임하면 단체위임사무이고, 지자체장에게 위임하면 기관위임사무이다. 따라서 자치사무는 위임이 없을 때를 의미하므로 틀린 지문이다.

311. 지방자치와 공유재산 관리에 대한 설명으로 옳지 않은 것은? (국가직 7급)

① 판례는 행정재산의 사용허가는 강학상 특허의 성질을 지니며 그에 의하여 형성되는 이용관계는 공법관계로 판시하였다.

② 판례는 잡종재산의 대부행위는 공법상 계약이며 그에 의하여 형성되는 이용관계는 공법관계로 판시하였다.

③ 주민은 법령으로 정하는 바에 따라 소속 지방자치단체의 재산과 공공시설을 이용할 권리와 그 지방자치단체로부터 균등하게 행정의 혜택을 받을 권리를 가진다.

④ 판례는 지방자치법 제13조 제1항에서 정한 주민의 권리조항은 권리를 추상적이고 선언적으로 규정한 것으로서 이 규정에 의하여 주미에게 지방자치단체에 대하여 구체적이고 특정한 권리가 발생하는 것은 아니라고 하였다.

문 311. 정답 ②

***해 설**

☞ ②: ×

대법원 2000. 2. 11. 선고 99다61675 판결【부당이득금】[공 2000. 4. 1.(103), 691]

[1] 국유재산법 제31조, 제32조 제3항, 산림법 제75조 제1항의 규정 등에 의하여 국유잡종재산에 관한 관리 처분의 권한을 위임받은 기관이 국유잡종재산을 대부하는 행위는 국가가 사경제 주체로서 상대방과 대등한 위치에서 행하는 사법상의 계약이고, 행정청이 공권력의 주체로서 상대방의 의사 여하에 불구하고 일방적으로 행하는 행정처분이라고 볼 수 없으며, 국유잡종재산에 관한 대부료의 납부고지 역시 사법상의 이행청구에 해당하고, 이를 행정처분이라고 할 수 없다.

[2] 국유잡종재산 대부계약에서 대부료를 지정 기간 내에 납부하지 아니할 때에는 국세징수법 제21조, 제22조의 규정을 준용하여 가산금 및 중가산금을 납부하기로 약정하였다 하여도, 조세부과처분은 행정처분이고 대부계약은 사법상의 계약이며, 가산금이라고 하여도 조세부과처분의 경우에는 징벌적 성격의 제재이고 대부계약의 경우에는 지연손해금의 약정으로 보아야 할 것이므로, 자연 그 성질상 준용에는 한계가 있을 수밖에 없어 대부계약의 경우에는 정당한 이행청구(과다청구의 경우라도 정당한 청구로 볼 수 있는 경우는 포함된다.)의 경우에 그 지연 시기 및 이에 따른 가산금의 비율 등만이 준용된다고 할 것이고, 또 국유재산법 제38조, 제25조의 규정에 의하여 국세징수법의 체납처분에 관한 규정을 준용하여 대부료를 징수할 수 있다고 하더라도 이로 인하여 대부계약의 성질이 달라지는 것은 아니라 할 것이므로 대부계약에 있어서는 어느 경우에나 과세처분의 경우처럼 가산금이 부과된다고 할 수는 없다.

☞ ④: ○

대법원 2008. 6. 12. 선고 2007추42 판결【인천시 공항고속도로 통행료 지원조례안 재의결무효확인】[공 2008하, 982]

[1] 인천광역시의회가 의결한 '인천광역시 공항고속도로 통행료지원 조례안'이 규정하고 있는 인천국제공항고속도로를 이용하는 지역주민에게 통행료를 지원하는 내용의 사무는, 구 지방자치법(2007. 5. 11. 법률 제8423호로 전문 개정되기 전의 것) 제9조 제2항 제2호 (가)목에 정한 주민복지에 관한 사업으로서 **지방자치사무**이다.

[2] 구 지방자치법(2007. 5. 11. 법률 제8423호로 전문 개정되기 전의 것) 제15조 본문은 "지방자치단체는 법령의 범위 안에서 그 사무에 관하여 조례를 제정할 수 있다"고 규정하고 있으므로, 지방자치단체가 제정한 조례가 법령을 위반하는 경우에는 효력이 없고, 조례가 법령을 위반하는지 여부는 법령과 조례 각각의 규정 취지, 규정의 목적과 내용 및 효과 등을 비교하여 둘 사이에 모순·저촉이 있는지의 여부에 따라서 개별적·구체적으로 결정하여야 한다.

[3] **'인천광역시 공항고속도로 통행료지원 조례안'은 그 내용이 현저하게 합리성을 결여하여 자의적인 기준을 설정한 것이라고 볼 수 없으므로 헌법의 평등원칙에 위배된다고 할 수 없고, 구 지방자치법(2007. 5. 11. 법률 제8423호로 전문 개정되기 전의 것) 제13조 제1항 등에도 위배되지 않는다.**

[4] 지방자치법 제13조 제1항은 주민이 지방자치단체로부터 행정적 혜택을 균등하게 받을 수 있다는 권리를 추상적이고 선언적으로 규정한 것으로서, 위 규정에 의하여 주민이 지방자치단체에 대하여 구체적이고 특정한 권리가 발생하는 것이 아닐 뿐만 아니라, 지방자치단체가 주민에 대하여 균등한 행정적 혜택을 부여할 구체적인 법적 의무가 발생하는 것도 아니므로, 이 사건 조례안으로 인하여 주민들 가운데 일정한 조건에 해당하는 일부 주민이 지원을 받게 되는 혜택이 발생하였다고 하여 위 조례안이 지방자치법 제13조 제1항에 위반한 것이라고 볼 수는 없다.

312. 지방자치법상의 구역에 관한 설명으로 옳지 않은 것을 고르시오. (다툼이 있는 경우 판례에 의함) (국회직 8급 기출)

① 지방자치단체의 명칭과 구역은 종전과 같이 하고, 명칭과 구역을 바꾸거나 지방자치단체를 폐지, 설치, 분할을 할 때에는 법률로 정한다. 다만 지방자치단체의 관할구역에 대한 경계변경과 한자 명칭 변경은 대통령령으로 한다.

② 지방자치단체를 폐지, 설치, 분할, 합병 또는 명칭이나 구역 변경시 관계 지방자치단체의 의회의 의견을 들어야 한다. 다만 주민투표법 제8조에 따라 주민투표를 한 경우에는 그러하지 아니하다.

③ 공유수면 관리 및 매립에 관한 법률에 따른 매립지가 속할 지방자치단체는 안전행정부장관이 정한다.

④ 지방자치단체의 구역변경이나 폐치, 분합에 따라 새로 그 지역을 관할하게 된 지방자치단체가 승계하게 되는 재산에는 현금 외의 모든 재산적 가치가 있는 물건 및 권리만을 의미하고, 채무는 이에 포함되지 아니한다.

⑤ 기초지방자치단체의 경계에 관해 분쟁이 있는 경우, 당해 지방자치단체 간의 협의가 성립하지 않을 때에는 시, 도지사가 직권으로 조정한다.

문 312. 정답 ⑤

***해 설**

지방자치법 제5조(지방자치단체의 명칭과 구역)

① 지방자치단체의 명칭과 구역은 종전과 같이 하고, 명칭과 구역을 바꾸거나 지방자치단체를 폐지하거나 설치하거나 나누거나 합칠 때에는 법률로 정한다.

② 제1항에도 불구하고 지방자치단체의 구역변경 중 관할 구역 경계변경(이하 "경계변경"이라 한다)과 지방자치단체의 한자 명칭의 변경은 대통령령으로 정한다. 이 경우 경계변경의 절차는 제6조에서 정한 절차에 따른다.

③ 다음 각 호의 어느 하나에 해당할 때에는 관계 지방의회의 의견을 들어야 한다. 다만, 「주민투표법」 제8조에 따라 주민투표를 한 경우에는 그러하지 아니하다.

1. 지방자치단체를 폐지하거나 설치하거나 나누거나 합칠 때
2. 지방자치단체의 구역을 변경할 때(경계변경을 할 때는 제외한다)
3. 지방자치단체의 명칭을 변경할 때(한자 명칭을 변경할 때를 포함한다)

④ 제1항 및 제2항에도 불구하고 다음 각 호의 지역이 속할 지방자치단체는 제5항부터 제8항까지의 규정에 따라 행정안전부장관이 결정한다.

1. 「공유수면 관리 및 매립에 관한 법률」에 따른 매립지
2. 「공간정보의 구축 및 관리 등에 관한 법률」 제2조제19호의 지적공부(이하 "지적공부"라 한다)에 등록이 누락된 토지

⑤ 제4항제1호의 경우에는「공유수면 관리 및 매립에 관한 법률」제28조에 따른 매립면허관청(이하 이 조에서 “면허관청”이라 한다) 또는 관련 지방자치단체의 장이 같은 법 제45조에 따른 준공검사를 하기 전에, 제4항제2호의 경우에는「공간정보의 구축 및 관리 등에 관한 법률」제2조제18호에 따른 지적소관청(이하 이 조에서 “지적소관청”이라 한다)이 지적공부에 등록하기 전에 각각 해당 지역의 위치, 귀속희망 지방자치단체(복수인 경우를 포함한다) 등을 명시하여 행정안전부장관에게 그 지역이 속할 지방자치단체의 결정을 신청하여야 한다. 이 경우 제4항제1호에 따른 매립지의 매립면허를 받은 자는 면허관청에 해당 매립지가 속할 지방자치단체의 결정 신청을 요구할 수 있다.

⑥ 행정안전부장관은 제5항에 따른 신청을 받은 후 지체 없이 제5항에 따른 신청내용을 20일 이상 관보나 인터넷 홈페이지에 게재하는 등의 방법으로 널리 알려야 한다. 이 경우 알리는 방법, 의견 제출 등에 관하여는「행정절차법」제42조 · 제44조 및 제45조를 준용한다.

⑦ 행정안전부장관은 제6항에 따른 기간이 끝나면 다음 각 호에서 정하는 바에 따라 결정하고, 그 결과를 면허관청이나 지적소관청, 관계 지방자치단체의 장 등에게 통보하고 공고하여야 한다.

1. 제6항에 따른 기간 내에 신청내용에 대하여 이의가 제기된 경우: 제166조에 따른 지방자치단체중앙분쟁조정위원회(이하 이 조 및 제6조에서 “위원회”라 한다)의 심의 · 의결에 따라 제4항 각 호의 지역이 속할 지방자치단체를 결정

2. 제6항에 따른 기간 내에 신청내용에 대하여 이의가 제기되지 아니한 경우: 위원회의 심의 · 의결을 거치지 아니하고 신청내용에 따라 제4항 각 호의 지역이 속할 지방자치단체를 결정

⑧ 위원회의 위원장은 제7항제1호에 따른 심의과정에서 필요하다고 인정되면 관계 중앙행정기관 및 지방자치단체의 공무원 또는 관련 전문가를 출석시켜 의견을 듣거나 관계 기관이나 단체에 자료 및 의견 제출 등을 요구할 수 있다. 이 경우 관계 지방자치단체의 장에게는 의견을 진술할 기회를 주어야 한다.

⑨ 관계 지방자치단체의 장은 제4항부터 제7항까지의 규정에 따른 행정안전부장관의 결정에 이의가 있으면 그 결과를 통보받은 날부터 15일 이내에 대법원에 소송을 제기할 수 있다.

⑩ 행정안전부장관은 제9항에 따른 소송 결과 대법원의 인용결정이 있으면 그 취지에 따라 다시 결정하여야 한다.

⑪ 행정안전부장관은 제4항 각 호의 지역이 속할 지방자치단체 결정과 관련하여

제7항제1호에 따라 위원회의 심의를 할 때 같은 시·도 안에 있는 관계 시·군 및 자치구 상호 간 매립지 조성 비용 및 관리 비용 부담 등에 관한 조정(調整)이 필요한 경우 제165조제1항부터 제3항까지의 규정에도 불구하고 당사자의 신청 또는 직권으로 위원회의 심의·의결에 따라 조정할 수 있다. 이 경우 그 조정 결과의 통보 및 조정 결정 사항의 이행은 제165조제4항부터 제7항까지의 규정에 따른다.

제165조(지방자치단체 상호 간의 분쟁조정)

① 지방자치단체 상호 간 또는 지방자치단체의 장 상호 간에 사무를 처리할 때 의견이 달라 다툼(이하 "분쟁"이라 한다)이 생기면 다른 법률에 특별한 규정이 없으면 행정안전부장관이나 시·도지사가 당사자의 신청을 받아 조정할 수 있다. 다만, 그 분쟁이 공익을 현저히 해쳐 조속한 조정이 필요하다고 인정되면 당사자의 신청이 없어도 직권으로 조정할 수 있다.

② 제1항 단서에 따라 행정안전부장관이나 시·도지사가 분쟁을 조정하는 경우에는 그 취지를 미리 당사자에게 알려야 한다.

③ 행정안전부장관이나 시·도지사가 제1항의 분쟁을 조정하려는 경우에는 관계 중앙행정기관의 장과의 협의를 거쳐 제166조에 따른 지방자치단체중앙분쟁조정위원회나 지방자치단체지방분쟁조정위원회의 의결에 따라 조정을 결정하여야 한다.

④ 행정안전부장관이나 시·도지사는 제3항에 따라 조정을 결정하면 서면으로 지체 없이 관계 지방자치단체의 장에게 통보하여야 하며, 통보를 받은 지방자치단체의 장은 그 조정 결정 사항을 이행하여야 한다.

⑤ 제3항에 따른 조정 결정 사항 중 예산이 필요한 사항에 대해서는 관계 지방자치단체는 필요한 예산을 우선적으로 편성하여야 한다. 이 경우 연차적으로 추진하여야 할 사항은 연도별 추진계획을 행정안전부장관이나 시·도지사에게 보고하여야 한다.

⑥ 행정안전부장관이나 시·도지사는 제3항의 조정 결정에 따른 시설의 설치 또는 서비스의 제공으로 이익을 얻거나 그 원인을 일으켰다고 인정되는 지방자치단체에 대해서는 그 시설비나 운영비 등의 전부나 일부를 행정안전부장관이 정하는 기준에 따라 부담하게 할 수 있다.

⑦ 행정안전부장관이나 시·도지사는 제4항부터 제6항까지의 규정에 따른 조정 결정 사항이 성실히 이행되지 아니하면 그 지방자치단체에 대하여 제189조를 준용하여 이행하게 할 수 있다.

빈출 정리

313. '지방자치법'상 주민소송에 대한 설명으로 옳지 않은 것은? (국가직 7급)

① '지방자치법' 제22조 제1항에 따라 공금의 지출에 관한 사항 등을 감사청구한 주민은 원고적격이 있다.

② 주민소송은 '행정소송법' 제3조에서 규정하고 있는 민중소송에 해당한다.

③ 주민소송의 대상에는 원칙적으로 지방자치단체의 공금의 지출원인행위 및 그러한 지출원인행위를 수반하게 하는 당해 지방자치단체의 장 및 직원, 지방의회 의원의 선행행위가 포함된다.

④ 주민소송에서 당사자는 법원의 허가를 얻지 않고는 소의 취하, 소송의 화해 또는 청구의 포기를 할 수 없다.

문 313. 정답 ③

***해 설**

최근 주민소송이 각종 시험에서 집중적으로 출제되고 있다. 출제가 예상된 문제이다. 지방자치법의 중요 조문에 대한 출제이다.

☞ ①: ○

지방자치법상 주민들의 정치적 권리는 집단적인 행사만 대부분 가능하지만, 주민소송은 1인이라도 행사할 수 있으나 단, 주민감사를 청구한 주민이어야 한다(지방자치법 제22조 제1항).

☞ ②: ○

타당한 설명이다. 이러한 민중소송은 행정소송법 제45조상 법정주의가 적용되는데, 지방자치법 제22조에 이를 충족시키기 위하여 규정한 것으로서 의미가 있다.

☞ ③: × ⇒ 수업교재 적중문제이며 최신 판례문제로서 원칙과 예외가 뒤집힌 문장이므로 틀린 지문이다.

*심 화 학 습

대법원 2011. 12. 22. 선고 2009두14309 판결【손해배상청구】[공 2012상, 185]

[1] 주민소송에 대한 지방자치법 제22조의 해석

구 지방자치법(2007. 5. 11. 법률 제8423호로 전부 개정되기 전의 것, 이하 '구 지방자치법'이라 한다) 제13조의4 제1항, 제13조의5 제1항, 제2항 제4호, 구 지방재정법(2006. 10. 4. 법률 제8050호로 개정되기 전의 것) 제67조 제1항, 제69조, 제70조의 내용, 형식 및 취지 등을 종합해 보면, 구 지방자치법 제13조의5 제1항에 규정된 **주민소송의 대상으로서 '공금의 지출에 관한 사항'이란 지출원인행위 즉, 지방자치단체의 지출원인이 되는 계약 그 밖의 행위로서 당해 행위에 의하여 지방자치단체가 지출의무를 부담하는 예산집행의 최초 행위와 그에 따른 지급명령 및 지출 등에 한정되고, 특별한 사정이 없는 한 이러한 지출원인행위 등에 선행하여 그러한 지출원인행위를 수반하게 하는 당해 지방자치단체의 장 및 직원, 지방의회 의원의 결정 등과 같은 행위는 포함되지 않는다고 보아야 한다.** (그러나 특별한 사정이 있으면 다음처럼 예외적으로 허용)

[2] 지방자치법 제22조의5 제1항에서 주민소송 대상으로 정한 '공금의 지출에 관한 사항'에 해당하는지 판단할 때 지출원인행위의 선행행위에 위법사유가 존재하는지 심사할 수 있는 경우 및 이때 위법사유가 존재하는지 판단하는 방법

구 지방자치법(2007. 5. 11. 법률 제8423호로 전부 개정되기 전의 것) 제13조의5 제1항에 규정된 주민소송의 대상인 '공금의 지출에 관한 사항'에는 지출원인행위에 선행하는 당해 지방자치단체의 장 및 직원, 지방의회 의원의 결정 등과 같은 행위가 포함되지 않으므로 선행행위에 위법사유가 존재하더라도 이는 주민소송의 대상이 되지 않는다. **그러나 지출원인행위 등을 하는 행정기관이 선행행위의 행정기관과 동일하거나 선행행위에 대한 취소·정지권을 갖는 경우 지출원인행위 등을 하는 행정기관은 지방자치단체에 직접적으로 지출의무를 부담하게 하는 지출원인행위 단계에서 선행행위의 타당성 또는 재정상 합리성을 다시 심사할 의무가 있는 점, 이러한 심사를 통하여 선행행위가 현저하게 합리성을 결하고 있다는 것을 확인하여 이를 시정할 수 있었음에도 그에 따른 지출원인행위 등을 그대로 진행하는 것은 부당한 공금 지출이 되어 지방재정의 건전하고 적정한 운용에 반하는 점, 지출원인행위 자체에 고유한 위법이 있는 경우뿐만 아니라 선행행위에 간과할 수 없는 하자가 존재하고 있음에도 이에 따른 지출원인행위 등 단계에서 심사 및 시정의무를 소홀히 한 경우에도 당해 지출원인행위를 위법하다고 보아야 하는 점 등에 비추어 보면, 선행행위가 현저하게 합리성을 결하여 그 때문에 지방재정의 적정성 확보라는 관점에서 지나칠 수 없는 하자가 존재하는 경우에는 지출원인행위 단계에서 선행행위를 심사하여 이를 시정해야 할 회계관계 법규상 의무가 있다고 보아야 한다. 따라서 이러한 하자를 간과하여 그대로 지출원인행위 및 그에 따른 지급명령·지출 등 행위에 나아간 경우에는 그러한 지출원인행위 등 자체가 회계관계 법규에**

반하여 위법하다고 보아야 하고, 이러한 위법사유가 존재하는지를 판단할 때에는 선행행위와 지출원인행위의 관계, 지출원인행위 당시 선행행위가 위법하여 직권으로 취소하여야 할 사정이 있었는지 여부, 지출원인행위 등을 한 당해 지방자치단체의 장 및 직원 등이 선행행위의 위법성을 명백히 인식하였거나 이를 인식할 만한 충분한 객관적인 사정이 존재하여 선행행위를 시정할 수 있었는지 등을 종합적으로 고려해야 한다.

☞ ④: ○ 주민소송의 공익적 특성을 고려한 특별한 규정이다.

314. 지방자치단체의 행정조직에 대한 설명으로 옳지 않은 것은? (서울시 7급)

최다 빈출

① 제주특별자치도의 제주시와 서귀포시는 기초지방자치단체이다.
② 경기도 성남시 분당구는 지방자치단체가 아니다.
③ 면장은 지방자치단체의 하급행정기관이다.
④ 제주특별자치도에는 자치경찰단을 두되 그 장은 도지사가 임명한다.
⑤ 정무직 또는 일반직 공무원으로 보하는 부시장·부지사는 시·도지사의 제청으로 안전행정부장관을 거쳐 대통령이 임명한다.

문 314. 정답 ①

***해 설**

☞ ①: ×

기초지방자치단체는 시, 군, 구를 의미하지만, 지방자치단체로서 종래의 제주도의 제주시·서귀포시·북제주군 및 남제주군은 폐지되었다.[7]

지방자치법 제2조(지방자치단체의 종류)
① 지방자치단체는 다음의 두 가지 종류로 구분한다.
1. 특별시, 광역시, 특별자치시, 도, 특별자치도
2. 시, 군, 구
② 지방자치단체인 구(이하 "자치구"라 한다)는 특별시와 광역시의 관할 구역의 구만을 말하며, 자치구의 자치권의 범위는 법령으로 정하는 바에 따라 시·군과 다르게 할 수 있다.

7 동지: 홍정선, 행정법특강, 박영사, 제13판, 959면.

③ 제1항의 지방자치단체 외에 특정한 목적을 수행하기 위하여 필요하면 따로 특별지방자치단체를 설치할 수 있다. 이 경우 특별지방자치단체의 설치 등에 관하여는 제12장에서 정하는 바에 따른다.

☞ ②: ○

지방자치단체로서의 구는 특별시, 광역시, 특별자치시의 관할구역 내에 위치하는 것을 의미한다. 그러므로 성남시처럼 특별시나 광역시가 아닌 경우에는 이에 해당하지 아니한다. 따라서 경기도 성남시 분당구는 자치구가 아닌 구에 해당한다.

☞ ③: ○

지방자치법 제131조(하부행정기관의 장)
자치구가 아닌 구에 구청장, 읍에 읍장, 면에 면장, 동에 동장을 둔다. 이 경우 면·동은 제4조의2 제3항 및 제4항에 따른 행정면·행정동을 말한다.

☞ ④: ○

제주특별자치도 설치 및 국제자유도시 조성을 위한 특별법 제106조(자치경찰기구의 설치)
① 제108조의 규정에 의한 자치경찰사무를 처리하기 위하여 제주자치도에 자치경찰단을 둔다.
② 자치경찰단의 조직 및 자치경찰공무원의 정원 등에 관한 사항은 도조례로 정한다.

☞ ⑤: ○

지방자치법 제123조(부지사·부시장·부군수·부구청장)
① 특별시·광역시 및 특별자치시에 부시장, 도와 특별자치도에 부지사, 시에 부시장, 군에 부군수, 자치구에 부구청장을 두며, 그 정수는 다음 각 호와 같다.
1. 특별시의 부시장의 정수 : 3명을 넘지 아니하는 범위에서 대통령령으로 정한다.
2. 광역시와 특별자치시의 부시장 및 도와 특별자치도의 부지사의 정수 : 2명(인구 800만 이상의 광역시나 도는 3명)을 초과하지 아니하는 범위에서 대통령령으로 정한다.
3. 시의 부시장, 군의 부군수 및 자치구의 부구청장의 정수 : 1명으로 한다.

② 특별시·광역시 및 특별자치시의 부시장, 도와 특별자치도의 부지사는 대통령령으로 정하는 바에 따라 정무직 또는 일반직 국가공무원으로 보한다. 다만, 제1항 제1호와 제2호에 따라 특별시·광역시 및 특별자치시의 부시장, 도와 특별자치도의 부지사를 2명이나 3명 두는 경우에 1명은 대통령령으로 정하는 바에 따라 정무직·일반직 또는 별정직 지방공무원으로 보하되, 정무직과 별정직 지방공무원으로 보할 때의 자격기준은 해당 지방자치단체의 조례로 정한다.

③ **제2항의 정무직 또는 일반직 국가공무원으로 보하는 부시장 · 부지사는 시 · 도지사의 제청으로 안전행정부장관을 거쳐 대통령이 임명한다**. 이 경우 제청된 자에게 법적 결격사유가 없으면 30일 이내에 그 임명절차를 마쳐야 한다.
④ 시의 부시장, 군의 부군수, 자치구의 부구청장은 일반직 지방공무원으로 보하되, 그 직급은 대통령령으로 정하며 시장 · 군수 · 구청장이 임명한다.
⑤ 시 · 도의 부시장과 부지사, 시의 부시장 · 부군수 · 부구청장은 해당 지방자치단체의 장을 보좌하여 사무를 총괄하고, 소속직원을 지휘 · 감독한다.
⑥ 제1항 제1호와 제2호에 따라 시 · 도의 부시장과 부지사를 2명이나 3명 두는 경우에 그 사무 분장은 대통령령으로 정한다. 이 경우 부시장 · 부지사를 3명 두는 시 · 도에서는 그 중 1명에게 특정지역의 사무를 담당하게 할 수 있다.

빈출

315. 조례에 대한 설명 중 옳지 않은 것은? (서울시 7급)

① 판례는 지방자치단체의 사무에 관한 조례와 규칙 중 조례가 상위규범이라고 한다.
② 지방자치단체의 장은 조례안에 대해 이의가 있으면 이유를 붙여 일부 환부나 수정환부를 할 수 있다.
③ 지방의회는 새로운 재정 부담을 수반하는 조례나 안건을 의결하려면 미리 지방자치단체의 장의 의견을 들어야 한다.
④ 판례는 헌법 제117조 제1항에서 규정하는 법령에는 법규명령으로서 기능하는 행정규칙이 포함된다고 한다.
⑤ 판례는 기관위임사무에 있어서도 그에 관한 개별 법령에서 일정한 사항을 조례로 정하도록 위임하고 있는 경우에는 그 범위에서 위임조례를 제정할 수 있다고 한다.

문 315. 정답 ②

*해 설

☞ ①: ○ ☞ ④: ○

대법원 1995. 07. 11. 선고 94누4615 전원합의체판결[건설업영업정지처분무효확인]

[다수의견]

조례 제정권의 범위를 벗어나 국가사무를 대상으로 한 무효인 서울특별시행정권한위임조례의 규정에 근거하여 구청장이 건설업영업정지처분을 한 경우, 그 처분은 결과적으로 적법한 위임 없이 권한 없는 자에 의하여 행하여진 것과 마찬가지가 되어 그 하자가 중대하나, 지방자치단체의 사무에 관한 조례와 규칙은 **조례가 보다 상위규범이라고 할 수 있고**, 또한 **헌법 제107조 제2항의 "규칙"에는 지방자치단체의 조례와 규칙이 모두 포함되는 등** 이른바 규칙의 개념이 경우에 따라 상이하게 해석되는 점 등에 비추어 보면 위 처분의 위임 과정의 하자가 객관적으로 명백한 것이라고 할 수 없으므로 이로 인한 하자는 결국 당연무효사유는 아니라고 봄이 상당하다.

[반대의견]

구청장의 건설업영업정지처분은 그 상대방으로 하여금 적극적으로 어떠한 행위를 할 수 있도록 금지를 해제하거나 권능을 부여하는 것이 아니라 소극적으로 허가된 행위를 할 수 없도록 금지 내지 정지함에 그치고 있어 그 처분의 존재를 신뢰하는 제3자의 보호나 행정법 질서에 대한 공공의 신뢰를 고려할 필요가 크지 않다는 점, 처분권한의 위임에 관한 조례가 무효이어서 결국 처분청에게 권한이 없다는 것은 극히 중대한 하자에 해당하는 것으로 보아야 할 것이라는 점, 그리고 다수의견에 의하면 위 영업정지처분과 유사하게 규칙으로 정하여야 할 것을 조례로 정하였거나 상위규범에 위반하여 무효인 법령에 기하여 행정처분이 행하여진 경우에 그 처분이 무효로 판단될 가능성은 거의 없게 되는데, 지방자치의 전면적인 실시와 행정권한의 하향분산화 추세에 따라 앞으로 위와 같은 성격의 하자를 가지는 행정처분이 늘어날 것으로 예상되는 상황에서 이에 대한 법원의 태도를 엄정하게 유지함으로써 행정의 법 적합성과 국민의 권리구제 실현을 도모하여야 할 현실적인 필요성도 적지 않다는 점 등을 종합적으로 고려할 때, 위 영업정지처분은 그 처분의 성질이나 하자의 중대성에 비추어 그 하자가 외관상 명백하지 않더라도 당연무효라고 보아야 한다.

☞ ②: ×

다수설과 판례는 조례에 대한 전체적인 취지를 왜곡시킬 위험 때문에 일부환부나 수정환부를 부정하고 있다.

지방자치법 제32조(조례와 규칙의 제정 절차 등)

① 조례안이 지방의회에서 의결되면 의장은 의결된 날부터 5일 이내에 그 지방자치단체의 장에게 이를 이송하여야 한다.

② 지방자치단체의 장은 제1항의 조례안을 이송받으면 20일 이내에 공포하여야 한다.

③ 지방자치단체의 장은 이송받은 조례안에 대하여 이의가 있으면 제2항의 기간에 이유를 붙여 지방의회로 환부(還付)하고, 재의(再議)를 요구할 수 있다. **이 경우 지방자치단체의 장은 조례안의 일부에 대하여 또는 조례안을 수정하여 재의를 요구할 수 없다**.

④ 제3항에 따른 재의요구를 받은 지방의회가 재의에 부쳐 재적의원 과반수의 출석과 출석의원 3분의 2 이상의 찬성으로 전과 같은 의결을 하면 그 조례안은 조례로서 확정된다.

⑤ 지방자치단체의 장이 제2항의 기간에 공포하지 아니하거나 재의요구를 하지 아니할 때에도 그 조례안은 조례로서 확정된다.
⑥ 지방자치단체의 장은 제4항과 제5항에 따라 확정된 조례를 지체 없이 공포하여야 한다. 제5항에 따라 조례가 확정된 후 또는 제4항에 따른 확정조례가 지방자치단체의 장에게 이송된 후 5일 이내에 지방자치단체의 장이 공포하지 아니하면 지방의회의 의장이 이를 공포한다.
⑦ 제2항 및 제6항 전단에 따라 지방자치단체의 장이 조례를 공포한 때에는 즉시 해당 지방의회의 의장에게 통지하여야 하며, 제6항 후단에 따라 지방의회의 의장이 조례를 공포한 때에는 이를 즉시 해당 지방자치단체의 장에게 통지하여야 한다.
⑧ 조례와 규칙은 특별한 규정이 없으면 공포한 날부터 20일이 지나면 효력을 발생한다.
⑨ 조례와 규칙의 공포에 관하여 필요한 사항은 대통령령으로 정한다.

☞ ③: ○

지방자치법 제148조(재정부담을 수반하는 조례제정 등)
지방의회는 새로운 재정부담을 수반하는 조례나 안건을 의결하려면 미리 지방자치단체의 장의 의견을 들어야 한다.

☞ ⑤: ○

대법원 2000. 05. 30. 선고 99추85 판결[공원조례중개정조례안무효]

지방자치단체가 자치조례를 제정할 수 있는 사항은 지방자치단체의 고유사무인 자치사무와 개별법령에 의하여 지방자치단체에 위임된 단체위임사무에 한하는 것이고, 국가사무가 지방자치단체의 장에게 위임된 기관위임사무는 원칙적으로 자치조례의 제정범위에 속하지 않는다 할 것이고, 다만 기관위임사무에 있어서도 그에 관한 개별법령에서 일정한 사항을 조례로 정하도록 위임하고 있는 경우에는 위임받은 사항에 관하여 개별법령의 취지에 부합하는 범위 내에서 이른바 위임조례를 정할 수 있다.

316. 지방자치에 관한 설명 중 옳은 것을 모두 고른 것은? (다툼이 있는 경우 판례에 의함) (변시 기출)

ㄱ. 지방자치법에 의하면 지방자치단체의 주민은 그 지방자치단체의 장 및 비례대표 지방의회의원을 포함한 지방의회의원에 대하여 소환할 권리를 가진다.
ㄴ. 지방자치법에 의하면 지방자치단체의 사무에 관한 그 장의 명령이나 처분이 법

령에 위반되거나 현저히 부당하여 공익을 해친다고 인정되면 시 · 도(특별시, 광역시, 특별자치시, 도, 특별자치도를 말함)에 대하여는 주무부장관이 기간을 정하여 서면으로 시정할 것을 명하고, 그 기간에 이행하지 아니하면 이를 취소하거나 정지할 수 있다. 이 경우 자치사무에 관한 명령이나 처분에 대하여는 법령을 위반하는 것에 한한다.

ㄷ. 법령상 지방자치단체의 장이 처리하도록 하고 있는 사무가 자치사무인지 아니면 기관위임사무인지를 판단하기 위해서는 그에 관한 법령의 규정 형식과 취지를 우선 고려하여야 하지만, 그 밖에 그 사무의 성질이 전국적으로 통일적인 처리가 요구되는 사무인지, 그에 관한 경비부담과 최종적인 책임귀속의 주체가 누구인지 등도 함께 고려하여야 한다.

ㄹ. 지방자치단체의 집행기관의 사무집행에 관한 감시 · 통제기능은 지방의회의 고유권한이므로 이러한 지방의회의 권한을 제한 · 박탈하거나 제3의 기관 또는 집행기관 소속의 어느 특정 행정기관에 일임하는 내용이 조례를 제정한다면 이는 지방의회의 권한을 제한 · 박탈하거나 제3의 기관 또는 집행기관 소속의 어느 특정 행정기관에 일임하는 내용의 조례를 제정한다면 이는 지방의회의 권한을 본질적으로 침해하거나 그 권한을 스스로 저버리는 내용의 것으로서 지방자치법령에 위반되어 무효이다.

ㅁ. 지방자치법상 지방의회의원에게 지급하는 월정수당은 지방의회의원의 직무활동에 대하여 매월 지급되는 것이기는 하나, 이는 지방의회의원이 명예직으로서 주민을 대표하여 의정활동을 하는 데 사용되는 비용을 보전하는 성격을 가지고 있으므로 지방의회의원의 직무활동에 대한 대가로 지급되는 보수의 일종으로 볼 수 없다.

① ㄱ, ㄴ, ㄷ ② ㄱ, ㄹ, ㅁ
③ ㄴ, ㄷ, ㄹ ④ ㄴ, ㄹ, ㅁ
⑤ ㄷ, ㄹ, ㅁ

문 316. 정답 ③

＊해 설

☞ ㄱ: ×

지방자치법 제25조(주민소환)
① 주민은 그 지방자치단체의 장 및 지방의회의원(비례대표 지방의회의원은 제외한다)을 소환할 권리를 가진다.
② 주민소환의 투표 청구권자 · 청구요건 · 절차 및 효력 등에 관하여는 따로 법률로 정한다.

☞ ㄴ: ○

지방자치법 제188조(위법 · 부당한 명령 · 처분의 시정)
① 지방자치단체의 사무에 관한 그 장의 명령이나 처분이 법령에 위반되거나 현저히 부당하여 공익을 해친다고 인정되면 시 · 도에 대하여는 주무부장관이, 시 · 군 및 자치구에 대하여는 시 · 도지사가 기간을 정하여 서면으로 시정할 것을 명하고, 그 기간에 이행하지 아니하면 이를 취소하거나 정지할 수 있다. 이 경우 자치사무에 관한 명령이나 처분에 대하여는 법령을 위반하는 것에 한한다.
② 지방자치단체의 장은 제1항에 따른 자치사무에 관한 명령이나 처분의 취소 또는 정지에 대하여 이의가 있으면 그 취소처분 또는 정지처분을 통보받은 날부터 15일 이내에 대법원에 소(訴)를 제기할 수 있다.

☞ ㄷ: ○

대법원 2013. 05. 23. 선고 2011추56 판결[취소처분등취소] 종합법률정보 판례

법령상 지방자치단체의 장이 처리하도록 하고 있는 사무가 자치사무인지 아니면 기관위임사무인지를 판단하기 위해서는 그에 관한 법령의 규정 형식과 취지를 우선 고려하여야 하지만, 그 밖에 그 사무의 성질이 전국적으로 통일적인 처리가 요구되는 사무인지, 그에 관한 경비부담과 최종적인 책임귀속의 주체가 누구인지 등도 함께 고려하여야 한다.

☞ ㄹ: ○

대법원 1997. 04. 11. 선고 96추138 판결[옴부즈만조례안재의결무효확인]

[1] 합의제 행정기관인 옴부즈맨(Ombudsman)을 집행기관의 장인 도지사 소속으로 설치하는 데 있어서는 지방자치법 제107조 제1항의 규정에 따라 당해 지방자치단체의 조례로 정하면 되는 것이지 헌법이나 다른 법령상으로 별도의 설치근거가 있어야 되는 것은 아니다.

[2] 지방자치법시행령 제41조는 "지방자치단체가 법 제107조의 규정에 의하여 합의제 행정기관을 설치하고자 하는 때에는 따로 법령으로 정한 경우를 제외하고는 내무부장관의 승인을 얻어야 한다"고 규정하고 있지만, 이는 국가가 지방자치단체의 행정조직을 통제하기 위한 내부 절차규정에 불과할 뿐 지방의회의 의결권을 제한하는 규정으로 보여지지

아니하므로, 합의제 행정기관의 설치에 관한 내무부장관의 승인은 조례의 시행단계에서 취하여져야 할 절차로서 그 승인 여부가 합의제 행정기관의 설치를 규정한 조례안의 의결의 효력을 좌우하는 전제조건으로 되는 것은 아니다.

[3] 지방자치단체의 집행기관의 사무집행에 관한 감시 · 통제기능은 지방의회의 고유권한이므로 이러한 지방의회의 권한을 제한 · 박탈하거나 제3의 기관 또는 집행기관 소속의 어느 특정 행정기관에 일임하는 내용의 조례를 제정한다면 이는 지방의회의 권한을 본질적으로 침해하거나 그 권한을 스스로 저버리는 내용의 것으로서 지방자치법령에 위반되어 무효이다.

[4] 집행기관의 구성원의 전부 또는 일부를 지방의회가 임면하도록 하는 것은 지방의회가 집행기관의 인사권에 사전에 적극적으로 개입하는 것이어서 원칙적으로 허용되지 않지만, 지방자치단체의 집행기관의 구성원을 집행기관의 장이 임면하되 다만 그 임면에 지방의회의 동의를 얻도록 하는 것은 지방의회가 집행기관의 인사권에 소극적으로 개입하는 것으로서 지방자치법이 정하고 있는 지방의회의 집행기관에 대한 견제권의 범위 안에 드는 적법한 것이므로, 지방의회가 조례로써 옴부즈맨의 위촉(임명) · 해촉시에 지방의회의 동의를 얻도록 정하였다고 해서 집행기관의 인사권을 침해한 것이라 할 수 없다.

[5] 지방자치단체에 두는 지방공무원의 정수를 정하는 내용의 조례는 지방자치법 제103조 제1항, 지방자치단체의행정기구와정원기준등에관한규정 제14조 제1항과 제21조 제1항, 지방자치단체의행정기구와정원기준등에관한규정시행규칙 제3조 제1항 [별표 1]의 규정에 의한 지방공무원의 총정원의 범위 내에서 정원관리기관별로 지방공무원의 정수를 정하는 것일 경우에 한하여 유효하고, 내무부장관의 사전승인을 얻지 아니하고 총정원을 늘리는 것을 내용으로 하는 조례는 위 법령에 위반되어 무효이다.

☞ ㅁ: ×

대법원 2009. 01. 30. 선고 2007두13487 판결[본회의개의및본회의제명의결처분취소]

지방자치법(2007. 5. 11. 법률 제8423호로 전문 개정되기 전의 것) 제32조 제1항(현행 지방자치법 제33조 제1항 참조)은 지방의회 의원에게 지급하는 비용으로 의정활동비(제1호)와 여비(제2호) 외에 월정수당(제3호)을 규정하고 있는바, 이 규정의 입법연혁과 함께 특히 월정수당(제3호)은 지방의회 의원의 직무활동에 대하여 매월 지급되는 것으로서, 지방의회 의원이 전문성을 가지고 의정활동에 전념할 수 있도록 하는 기틀을 마련하고자 하는 데에 그 입법 취지가 있다는 점을 고려해 보면, 지방의회 의원에게 지급되는 비용 중 적어도 월정수당(제3호)은 지방의회 의원의 직무활동에 대한 대가로 지급되는 보수의 일종으로 봄이 상당하다.

지은이 약력

김연태 교수

고려대학교 법과대학(법학사)
고려대학교 대학원 법학과(법학석사)
독일 Osnabrück 대학교(법학박사)
변호사시험, 사법시험, 행정고시, 외무고시, 지방고시 등 시험위원
현 고려대학교 법학전문대학원 교수

저 서

행정법 Ⅰ(공저), 법문사
행정법 Ⅱ(공저), 법문사
행정법사례연습, 홍문사
행정법 객관식 연습(공저), 박영사
세법(공저), 법문사
경찰법연구(공저), 세창출판사
환경보전작용연구, 고려대학교 출판부
치안정보의 효율적인 관리방안에 관한 연구, 치안연구소
범죄진압장비의 효과적 사용에 관한 연구, 치안연구소

성봉근 교수

고려대학교 법과대학(법학사)
고려대학교 대학원 법학과(법학석사)
고려대학교 대학원 법학과(법학박사)
법학연구소 연구원
비교법 연구소 연구원
공무원·경찰·공기업 및 공단 시험출제위원, 각종 시험 면접위원 등
현 서경대학교 교수

저 서

헌법개정연구(공저, 헌법개정연구위원회), 박영사, 2020
4차산업혁명의 이해(공저), 박영사, 2020
환경판례백선(공저), 박영사, 2019
행정법 객관식 연습(공저), 박영사
행정법 주관식 연습(공저), 박영사 근간
실전 교수논제, 슈페리어
다이제스트 행정법, 슈페리어
EBS 행정쟁송법, 고시계

제 2 판
행정법 객관식 연습

초판발행 2014년 5월 30일
제 2 판발행 2021년 10월 30일

지은이 김연태·성봉근
펴낸이 안종만·안상준

편 집 장유나
기획/마케팅 오치웅
표지디자인 이수빈
제 작 고철민·조영환

펴낸곳 ㈜박영사
서울특별시 금천구 가산디지털2로 53, 210호(가산동, 한라시그마밸리)
등록 1959. 3. 11. 제300-1959-1호(倫)
전 화 02)733-6771
f a x 02)736-4818
e-mail pys@pybook.co.kr
homepage www.pybook.co.kr
ISBN 979-11-303-3710-4 93360

정 가 69,000원